Civilrechtliche Fristen und Verjährungen der deutschen Reichsgesetze

zusammengestellt von

Johannes Hermann

München 1901
J. Schweitzer Verlag
(Arthur Sellier)

Vorwort.

Unter dem Titel **„Civilrechtliche Fristen und Verjährungen der deutschen Reichsgesetze“** gebe ich hier eine Zusammenstellung aller derjenigen Gesetzesstellen des Reichscivilrechts, welche Fristen und Verjährungen enthalten.

Die Einteilung ist so getroffen worden, daß unter I. alle civilrechtlichen Fristen, unter II a ein Abdruck des Verjährungsabschnittes des Bürgerlichen Gesetzbuches und endlich unter II b die Gesetzesbestimmungen über die civilrechtlichen Verjährungen zur Aufnahme gekommen sind. Berücksichtigt wurden lediglich die rein civilrechtlichen Fristen, dagegen alle prozessualen außer Acht gelassen.

Es lag in der Natur der Sache, die alphabetische Reihenfolge für die einzelnen Schlagworte zu wählen; jede andere Anordnung wäre unübersichtlich gewesen und hätte ein Register nötig gemacht.

In der vorliegenden praktischen Form möge sich das Werk im täglichen Gebrauch recht nützlich erweisen.

Bamberg, im Herbst 1900.

Joh. Hermann,
gepr. Rechtspraktikant.

I.

Fristen.

Abgesonderte Befriedigung im Konkurse.

Gläubiger, welche an einem zur Konkursmasse gehörigen Gegenstand ein durch Rechtsgeschäft bestelltes Pfandrecht haben, können aus den ihnen verpfändeten Gegenständen abgesonderte Befriedigung wegen ihrer Pfandforderung verlangen, zunächst wegen der Kosten, dann wegen der Zinsen, zuletzt wegen des Kapitals.

§ 48 K.O.

Den in § 48 bezeichneten Pfandgläubigern stehen gleich:

— —

2.) Diejenigen, welche an gewissen Gegenständen ein gesetzliches oder ein durch Pfändung erlangtes Pfandrecht haben; das dem Vermieter und dem Verpächter nach den §§ 559, 581, 585 des B.G.B. zustehende Pfandrecht kann in Ansehung des Miet- oder Pachtzinses für eine frühere Zeit als das letzte Jahr 1 Jahr
vor der Eröffnung des Verfahrens, sowie in Ansehung des dem Vermieter oder dem Verpächter in Folge der Kündigung des Verwalters entstehenden Entschädigungsanspruchs nicht geltend gemacht werden; das Pfandrecht des Verpächters eines landwirtschaftlichen Grundstücks unterliegt in Ansehung des Pachtzinses der Beschränkung nicht;

— —

§ 49 Ziffer 2 K.O.

Der Vermieter eines Grundstückes hat für seine Forderungen aus dem Mietverhältnis ein Pfandrecht an den eingebrachten Sachen des Mieters. Für künftige Entschädigungsforderungen und für den Mietzins für eine spätere Zeit als das laufende 2 Jahre
und das folgende Mietjahr kann das Pfandrecht nicht geltend gemacht werden. Es erstreckt sich nicht auf die der Pfändung nicht unterworfenen Sachen.

§ 559 B.G.B.

Das Pfandrecht des Verpächters eines landwirtschaftlichen Grundstücks kann für den gesamten Pachtzins geltend gemacht werden und unterliegt nicht der im § 563 bestimmten Beschränkung.

„Wird eine dem Pfandrechte des Vermieters unterliegende Sache für einen anderen Gläubiger gepfändet, so kann diesem gegenüber das Pfandrecht nicht wegen des Mietzinses für eine frühere Zeit als das letzte Jahr vor der Pfändung geltend gemacht werden". (§ 563 B.G.B.)

§ 585 B.G.B.

Ablehnung der Fortsetzung der Gütergemeinschaft.

Der überlebende Ehegatte kann die Fortsetzung der Gütergemeinschaft ablehnen.

Auf die Ablehnung finden die für die Ausschlagung einer Erbschaft geltenden Vorschriften der §§ 1943 bis 1947, 1950, 1952, 1954 bis 1957, 1959 entsprechende Anwendung. Steht der überlebende Ehegatte unter Vormundschaft oder unter elterlicher Gewalt, so ist zur Ablehnung die Genehmigung des Vormundschaftsgerichts erforderlich.

Die Ausschlagung (hier: Ablehnung) kann nur binnen
6 Wochen sechs Wochen erfolgen.

§§ 1484 und 1944 B.G.B. Siehe auch unter: „Ausschlagung einer Erbschaft".

Ablehnung eines Mandats.

Wer zur Besorgung gewisser Geschäfte öffentlich bestellt ist oder sich öffentlich erboten hat, ist, wenn er einen auf solche Geschäfte gerichteten Auftrag nicht annimmt, verpflichtet, die
unverzüglich Ablehnung dem Auftraggeber unverzüglich anzuzeigen. Das Gleiche gilt, wenn sich Jemand dem Auftraggeber gegenüber zur Besorgung gewisser Geschäfte erboten hat.

§ 663 B.G.B.

Abwesende.

Vertrag unter Abwesenden,
siehe unter „Annahme eines Antrags".

Adoption.

Wer keine ehelichen Abkömmlinge hat, kann durch Vertrag mit einem Andern diesen an Kindesstatt annehmen. Der Vertrag bedarf der Bestätigung durch das zuständige Gericht. Die Annahme an Kindesstatt kann nicht unter einer Bedingung oder einer Zeitbestimmung erfolgen. Der Annehmende muß das fünfzigste Lebensjahr vollendet haben und mindestens achtzehn Jahre älter sein als das Kind. Von diesen Erfordernissen kann Befreiung bewilligt werden, von der Vollendung des fünfzigsten Lebensjahres jedoch nur, wenn der Annehmende volljährig ist. 50 Jahre 18 Jahre

Ein eheliches Kind kann bis zur Vollendung des einundzwanzigsten Lebensjahres nur mit Einwilligung der Eltern, ein uneheliches Kind kann bis zum gleichen Lebensalter nur mit Einwilligung der Mutter an Kindesstatt angenommen werden. Hat das Kind nicht das vierzehnte Lebensjahr vollendet, so kann sein gesetzlicher Vertreter den Vertrag mit Genehmigung des Vormundschaftsgerichts schließen. 21 Jahre 14 Jahre

§§ 1741, 1742, 1744, 1745, 1747 und 1750 B.G.B.

Aktien-Ankündigung (Haftung).

Wer vor der Eintragung der Gesellschaft in das Handelsregister oder in den ersten zwei Jahren nach der Eintragung eine öffentliche Ankündigung der Aktien erläßt, um sie in den Verkehr einzuführen, ist der Gesellschaft im Falle der Unrichtigkeit oder Unvollständigkeit von Angaben, welche die Gründer in Ansehung der Zeichnung oder Einzahlung des Grundkapitals oder in Ansehung der im § 186 vorgesehenen Festsetzungen zum Zwecke der Eintragung der Gesellschaft in das Handelsregister machen, sowie im Falle einer böslichen Schädigung der Gesellschaft durch Einlagen oder Uebernahmen für den Ersatz des ihr daraus entstehenden Schadens mit den im § 202 bezeichneten Personen als Gesamtschuldner verhaftet, wenn er die Unrichtigkeit oder Unvollständigkeit der Angaben oder die bösliche Schädigung kannte oder bei Anwendung der Sorgfalt eines ordentlichen Geschäftsmannes kennen mußte. 2 Jahre

§ 203 H.G.B.

Aktienbeträge, deren Einzahlung.

Ein Aktionär, der den auf die Aktie eingeforderten Betrag nicht zur rechten Zeit einzahlt, hat Zinsen von dem Tage an zu entrichten, an welchem die Zahlung hätte geschehen sollen. Die Geltendmachung eines weiteren Schadens ist nicht ausgeschlossen.

Im Gesellschaftsvertrage können für den Fall, daß die Einzahlung nicht rechtzeitig erfolgt, Vertragsstrafen festgesetzt werden.

Ist im Gesellschaftsvertrage nicht ein Anderes bestimmt, so hat die Aufforderung zur Einzahlung in der Weise zu geschehen, in welcher die Bekanntmachungen der Gesellschaft nach dem Gesellschaftsvertrag erfolgen. —

Erfolgt die Einzahlung nicht rechtzeitig, so kann den
Frist säumigen Aktionären für die Zahlung eine Frist mit der Androhung bestimmt werden, daß sie nach dem Ablaufe der Frist ihres Anteilsrechtes und der geleisteten Einzahlungen verlustig erklärt werden.

Die Aufforderung muß drei Mal in den im § 182 Abs. 3 bezeichneten Blättern (Gesellschaftsblättern) bekannt gemacht werden; die erste Bekanntmachung muß mindestens
3 Monate 1 Monat drei Monate, die letzte Bekanntmachung mindestens einen Monat vor dem Ablaufe der für die Einzahlung gesetzten Nachfrist erfolgen. Sind die Anteilsrechte nicht ohne Zustimmung der Gesellschaft übertragbar, so genügt an Stelle der öffentlichen Bekanntmachungen der einmalige Erlaß besonderer Aufforderungen an die säumigen Aktionäre; in diesen Aufforderungen muß eine
1 Monat Nachfrist gewährt werden, die mindestens einen Monat von dem Empfange der Aufforderung an beträgt.

Zahlt der Aktionär den auf die Aktie zu leistenden Betrag ungeachtet der Aufforderung nicht ein, so ist er seines Anteilsrechtes und der geleisteten Einzahlungen zu Gunsten der Gesellschaft verlustig zu erklären. Die Erklärung erfolgt mittelst Bekanntmachung in den Gesellschaftsblättern.

An Stelle der bisherigen Urkunde ist eine neue auszugeben, die außer den früher geleisteten Teilzahlungen den eingeforderten Betrag zu umfassen hat. Wegen des Ausfalls, den die Gesellschaft an diesem Betrage oder an den später eingeforderten Beträgen erleidet, bleibt ihr der ausgeschlossene Aktionär verhaftet.

Soweit der ausgeschlossene Aktionär den eingeforderten Betrag nicht zahlt, ist dafür der Gesellschaft der letzte und jeder frühere in dem Aktienbuche verzeichnete Rechtsvorgänger verhaftet, ein früherer Rechtsvorgänger, so weit die Zahlung von dessen Rechtsnachfolger nicht zu erlangen ist. Dies wird vermutet, wenn von dem letzteren die Zahlung nicht bis zum Ablaufe von einem Monat geleistet wird, nachdem an ihn die Zahlungsaufforderung und an den Rechtsvorgänger die Benachrichtigung von dieser erfolgt ist. Der Rechtsvorgänger erhält gegen Zahlung des rückständigen Betrages die neu auszugebende Urkunde. 1 Monat

Die Haftpflicht des Rechtsvorgängers ist auf die innerhalb der Frist von zwei Jahren auf die Aktien eingeforderten Beträge beschränkt. Die Frist beginnt mit dem Tage, an welchem die Uebertragung des Anteilsrechts zum Aktienbuche der Gesellschaft angemeldet wird. 2 Jahre

Ist die Zahlung des rückständigen Betrages von Rechtsvorgängern nicht zu erlangen, so kann die Gesellschaft das Anteilsrecht zum Börsenpreis und in Ermangelung eines solchen durch öffentliche Versteigerung verkaufen.

§§ 218, 219, 220 H.G.B.

Aktiengesellschaften,

hier: Wirksamkeit deren Verträge
siehe unter „Verträge".

Alimente unehelicher Kinder.

Der Vater des unehelichen Kindes ist verpflichtet, dem Kinde bis zur Vollendung des sechzehnten Lebensjahres den der Lebensstellung der Mutter entsprechenden Unterhalt zu gewähren. Der Unterhalt umfaßt den gesammten Lebensbedarf sowie die Kosten der Erziehung und Vorbildung zu einem Berufe. 16 Jahre

Ist das Kind zur Zeit der Vollendung des sechzehnten Lebensjahres in Folge körperlicher oder geistiger Gebrechen außer stande, sich selbst zu unterhalten, so hat ihm der Vater auch über diese Zeit hinaus Unterhalt zu gewähren; die Vorschrift des § 1603 Abs. I findet Anwendung. [nämlich: „Unterhaltspflichtig ist nicht, wer bei Berücksichtigung seiner sonstigen Verpflichtungen außer stande ist, ohne Gefährdung seines standesgemäßen Unterhalts den Unterhalt zu gewähren" § 1603 Abs. I].

Der Unterhalt ist durch Entrichtung einer Geldrente zu

3 Monate gewähren. Die Rente ist für drei Monate vorauszuzahlen. Durch eine Vorausleistung für eine spätere Zeit wird der Vater nicht befreit. Hat das Kind den Beginn des Vierteljahres erlebt, so gebührt ihm der volle, auf das Vierteljahr entfallende Betrag. —

§§ 1708 und 1710 B.G.B.

Alter für Verantwortlichkeit.

7 Jahre Wer nicht das siebente Lebensjahr vollendet hat, ist für einen Schaden, den er einem Andern zufügt, nicht verantwortlich.

18 Jahre Wer das siebente, aber nicht das achtzehnte Lebensjahr vollendet hat, ist für einen Schaden, den er einem Andern zufügt, nicht verantwortlich, wenn er bei der Begehung der schädigenden Handlung nicht die zur Erkenntnis der Verantwortlichkeit erforderliche Einsicht hat. Das Gleiche gilt von einem Taubstummen. --

§ 828 B.G.B.

Alternativobligation (Ausübung des Wahlrechts).

Werden mehrere Leistungen in der Weise geschuldet, daß nur die eine oder die andere zu bewirken ist, so steht das Wahlrecht im Zweifel dem Schuldner zu.

Die Wahl erfolgt durch Erklärung gegenüber dem anderen Teile. Die gewählte Leistung gilt als die von Anfang an allein geschuldete.

Nimmt der wahlberechtigte Schuldner die Wahl nicht vor dem Beginne der Zwangsvollstreckung vor, so kann der Gläubiger die Zwangsvollstreckung nach seiner Wahl auf die eine oder auf die andere Leistung richten; der Schuldner kann sich jedoch, so lange nicht der Gläubiger die gewählte Leistung ganz oder zum Teil empfangen hat, durch eine der übrigen Leistungen von seiner Verbindlichkeit befreien.

Ist der wahlberechtigte Gläubiger im Verzuge, so kann
Frist der Schuldner ihn unter Bestimmung einer angemessenen Frist zur Vornahme der Wahl auffordern.

Mit dem Ablaufe der Frist geht das Wahlrecht auf den Schuldner über, wenn nicht der Gläubiger rechtzeitig die Wahl vornimmt.

§§ 262–264 B.G.B.

Aenderungen der Vereinssatzungen.

Aenderungen der Vereinssatzungen dürfen in das Register erst eingetragen werden, wenn (soferne nicht die Verwaltungsbehörde dem Amtsgerichte mitteilt, daß Einspruch nicht erhoben werde) seit der Mitteilung der Anmeldung an die Verwaltungsbehörde sechs Wochen verstrichen sind und Einspruch nicht erhoben oder wenn der erhobene Einspruch endgültig aufgehoben ist. 6 Wochen

§§ 71 und 63 B.G.B.

Androhung des Verkaufs eines Pfandes.

Hat der Pfandgläubiger für sein Recht zum Verkauf einen vollstreckbaren Titel gegen den Eigentümer erlangt, so kann er den Verkauf auch nach den für den Verkauf einer gepfändeten Sache geltenden Vorschriften bewirken lassen.

Der Pfandgläubiger hat dem Eigentümer den Verkauf vorher anzudrohen und dabei den Geldbetrag zu bezeichnen, wegen dessen der Verkauf stattfinden soll.

Die Androhung kann erst nach dem Eintritte der Verkaufsberechtigung erfolgen; sie darf unterbleiben, wenn sie unthunlich ist.

Der Verkauf darf nicht vor dem Ablauf eines Monats nach der Androhung erfolgen. Ist die Androhung unthunlich, so wird der Monat von dem Eintritte der Verkaufsberechtigung an berechnet. 1 Monat

§§ 1233 und 1234 B.G.B.

Bei dem Verkauf eines Pfandes tritt, wenn die Verpfändung auf der Seite des Pfandgläubigers und des Verpfänders ein Handelsgeschäft ist, an die Stelle der im § 1234 des B.G.B. bestimmten Frist von einem Monat eine solche von einer Woche. 1 Woche

Diese Vorschrift findet auf das gesetzliche Pfandrecht des Kommissionärs, des Spediteurs, des Lagerhalters und des Frachtführers entsprechende Anwendung, auf das Pfandrecht des Spediteurs und des Frachtführers auch dann, wenn nur auf ihrer Seite der Speditions- oder Frachtvertrag ein Handelsgeschäft ist.

§ 368 H.G.B.

Anfechtung
der Annahme oder Ausschlagung einer Erbschaft.

Ist die Annahme oder Ausschlagung (einer Erbschaft)
6 Wochen anfechtbar, so kann die Anfechtung nur binnen sechs Wochen erfolgen.

Die Frist beginnt im Falle der Anfechtbarkeit wegen Drohung mit dem Zeitpunkte, in welchem die Zwangslage aufhört, in den übrigen Fällen mit dem Zeitpunkt, in welchem der Anfechtungsberechtigte von dem Anfechtungsgrunde Kenntnis erlangt. Auf den Lauf der Frist finden die für die Verjährung geltenden Vorschriften der §§ 203, 206, 207 [siehe II a „Verjährungsabschnitt"] entsprechende Anwendung.

6 Monate Die Frist beträgt sechs Monate, wenn der Erblasser seinen letzten Wohnsitz nur im Auslande gehabt hat oder wenn sich der Erbe bei dem Beginne der Frist im Auslande aufhält.

Die Anfechtung ist ausgeschlossen, wenn seit der An-
30 Jahre nahme oder der Ausschlagung dreißig Jahre verstrichen sind.

Die Anfechtung der Annahme oder Ausschlagung erfolgt durch Erklärung gegenüber dem Nachlaßgerichte. Für die Erklärung gelten die Vorschriften des § 1945, [nämlich: „die Ausschlagung erfolgt durch Erklärung gegenüber dem Nachlaßgericht; die Erklärung ist in öffentlich beglaubigter Form abzugeben. Ein Bevollmächtigter bedarf einer öffentlich beglaubigten Vollmacht. Die Vollmacht muß der Erklärung beigefügt oder innerhalb der Ausschlagungsfrist nachgebracht werden" § 1945 B.G.B.].

§§ 1954 und 1955 B.G.B.

Anfechtung von Beschlüssen
der Generalversammlung einer Aktiengesellschaft.

Ein Beschluß der Generalversammlung kann wegen Verletzung des Gesetzes oder des Gesellschaftsvertrages im Wege der Klage angefochten werden.

1 Monat Die Klage muß binnen einem Monat erhoben werden.

Zur Anfechtung befugt ist jeder in der Generalversammlung erschienene Aktionär, sofern er gegen den Beschluß Widerspruch zum Protokoll erklärt hat, und jeder nicht erschienene Aktionär, sofern er zu der Generalversammlung unberechtigterweise nicht zugelassen worden ist oder sofern er die Anfechtung darauf gründet, daß die Berufung der Versammlung oder die Ankündigung des Gegenstandes der Beschlußfassung nicht gehörig erfolgt sei. Eine Anfechtung, die darauf gegründet wird, daß durch den Beschluß Abschreibungen oder Rücklagen über das nach dem Gesetz oder nach dem Gesellschaftsvertrage statthafte Maß hinaus angeordnet seien, ist nur zulässig, wenn die Anteile des Aktionärs oder der Aktionäre, welche die Anfechtungsklage erheben, den zwanzigsten Teil des Grundkapitals erreichen.

Außerdem ist der Vorstand und sofern der Beschluß eine Maßregel zum Gegenstande hat, durch deren Ausführung sich die Mitglieder des Vorstandes und des Aufsichtsrates strafbar oder den Gläubigern der Gesellschaft haftbar machen würden, jedes Mitglied des Vorstandes und des Aufsichtsrats zur Anfechtung befugt.

§ 271 H.G.B.

Anfechtung von Beschlüssen der Generalversammlung einer Erwerbs- und Wirtschaftsgenossenschaft.

Ein Beschluß der Generalversammlung kann wegen Verletzung des Gesetzes oder des Statuts im Wege der Klage angefochten werden. Die Klage muß binnen einem Monat erhoben werden. 1 Monat

Zur Anfechtung befugt ist jeder in der Generalversammlung erschienene Genosse, sofern er gegen den Beschluß Widerspruch zu Protokoll erklärt hat, und jeder nicht erschienene Genosse, sofern er zu der Generalversammlung unberechtigterweise nicht zugelassen worden ist oder sofern er die Anfechtung darauf gründet, daß die Berufung der Versammlung oder die Ankündigung des Gegenstandes der Beschlußfassung nicht gehörig erfolgt sei. Außerdem ist der Vorstand und, wenn der Beschluß eine Maßregel zum Gegenstande hat, durch deren Ausführung sich die Mitglieder des Vorstandes und des Aufsichtsrates strafbar oder den Gläubigern der Genossenschaft haftbar machen würden, jedes Mitglied des Vorstandes und des Aufsichtsrates zur Anfechtung befugt.

Die Klage ist gegen die Genossenschaft zu richten. Die Genossenschaft wird durch den Vorstand, sofern dieser nicht selbst klagt, und durch den Aufsichtsrat vertreten. Zuständig für die Klage ist ausschließlich das Landgericht, in dessen Bezirke die Genossenschaft ihren Sitz hat. Die mündliche Verhandlung erfolgt nicht vor Ablauf der im ersten Absatze bezeichneten
1 Monat Frist. Mehrere Anfechtungsprozesse sind zur gleichzeitigen Verhandlung und Entscheidung zu verbinden.

§ 51 des R.G. betr. die Erwerbs- und Wirtschaftsgenossenschaften. (Fassung vom 20. Mai 1898.)

Anfechtung einer Ehe.

6 Monate Die Anfechtung (einer Ehe) kann nur binnen sechs Monaten erfolgen.

Die Frist beginnt in den Fällen des § 1331 mit dem Zeitpunkt, in welchem die Eingehung oder die Bestätigung der Ehe dem gesetzlichen Vertreter bekannt wird oder der Ehegatte die unbeschränkte Geschäftsfähigkeit erlangt, in den Fällen der §§ 1332 bis 1334 mit dem Zeitpunkt, in welchem der Ehegatte den Irrtum oder die Täuschung entdeckt, in dem Falle des § 1335 mit dem Zeitpunkt, in welchem die Zwangslage aufhört.

Auf die Frist finden die für die Verjährung geltenden Vorschriften der §§ 203, 206 [siehe sub IIa „Verjährungsabschnitt"] entsprechende Anwendung.

§ 1339 B.G.B.

Die oben zitierten §§ 1331 bis 1335 B.G.B. lauten folgendermaßen:

§ 1331: Eine Ehe kann von dem Ehegatten angefochten werden, der zur Zeit der Eheschließung oder im Falle des § 1325 [nämlich: „Eine Ehe ist nichtig, wenn einer der Ehegatten zur Zeit der Eheschließung geschäftsunfähig war oder sich im Zustande der Bewußtlosigkeit oder vorübergehender Störung der Geistesthätigkeit befand. Die Ehe ist als von Anfang an gültig anzusehen, wenn der Ehegatte sie nach dem Wegfalle der Geschäftsunfähigkeit, der Bewußtlosigkeit oder der Störung der Geistesthätigkeit bestätigt, bevor sie für nichtig erklärt und aufgelöst worden ist. Die

Bestätigung bedarf nicht der für die Eheschließung vorgeschriebenen Form. § 1325] zur Zeit der Bestätigung in der Geschäftsfähigkeit beschränkt war, wenn die Eheschließung oder die Bestätigung ohne Einwilligung seines gesetzlichen Vertreters erfolgt ist.

§ 1332: Eine Ehe kann von dem Ehegatten angefochten werden, der bei der Eheschließung nicht gewußt hat, daß es sich um eine Eheschließung handle, oder dies zwar gewußt hat, aber eine Erklärung, die Ehe eingehen zu wollen, nicht hat abgeben wollen.

§ 1333: Eine Ehe kann von dem Ehegatten angefochten werden, der sich bei der Eheschließung in der Person des anderen Ehegatten oder über solche persönliche Eigenschaften des anderen Ehegatten geirrt hat, die ihn bei Kenntnis der Sachlage und bei verständiger Würdigung des Wesens der Ehe von der Eingehung der Ehe abgehalten haben würden.

§ 1334: Eine Ehe kann von dem Ehegatten angefochten werden, der zur Eingehung der Ehe durch arglistige Täuschung über solche Umstände bestimmt worden ist, die ihn bei Kenntnis der Sachlage und bei verständiger Würdigung des Wesens der Ehe von der Eingehung der Ehe abgehalten haben würden. Ist die Täuschung nicht von dem anderen Ehegatten verübt worden, so ist die Ehe nur dann anfechtbar, wenn dieser die Täuschung bei der Eheschließung gekannt hat. Auf Grund einer Täuschung über Vermögensverhältnisse findet die Anfechtung nicht statt.

§ 1335: Eine Ehe kann von dem Ehegatten angefochten werden, der zur Eingehung der Ehe widerrechtlich durch Drohung bestimmt worden ist.

Anfechtung eines Erbvertrages.

Die Anfechtung (eines Erbvertrages) durch den Erblasser kann nur binnen Jahresfrist erfolgen. 1 Jahr

Die Frist beginnt im Falle der Anfechtbarkeit wegen Drohung mit dem Zeitpunkt, in welchem die Zwangslage aufhört, in den übrigen Fällen mit dem Zeitpunkt, in welchem der Erblasser von dem Anfechtungsgrunde Kenntnis erlangt. Auf den Lauf der Frist finden die für die Verjährung geltenden Vorschriften der §§ 203, 206 [siehe sub IIa „Verjährungsabschnitt"] entsprechende Anwendung.

Hat im Falle des § 2282 Abs. 2 [nämlich: „Für einen geschäftsunfähigen Erblasser kann sein gesetzlicher Vertreter mit Genehmigung des Vormundschaftsgerichts den Erbvertrag anfechten"] der gesetzliche Vertreter den Erbvertrag nicht rechtzeitig angefochten, so kann nach dem Wegfalle der Geschäftsunfähigkeit der Erblasser selbst den Erbvertrag in gleicher Weise anfechten, wie wenn er ohne gesetzlichen Vertreter gewesen wäre.

§ 2283 B.G.B.

Anfechtung von Rechtshandlungen, welche vor der Eröffnung des Konkursverfahrens vorgenommen sind.

Rechtshandlungen, welche vor der Eröffnung des Konkursverfahrens vorgenommen sind, können als den Konkursgläubigern gegenüber unwirksam nach Maßgabe der folgenden Bestimmungen angefochten werden.

§ 29 der R.K.O. in der Fassung vom 20. Mai 1898.

Anfechtbar sind:

1) Die nach der Zahlungseinstellung oder dem Antrage auf Eröffnung des Verfahrens von dem Gemeinschuldner eingegangenen Rechtsgeschäfte, durch deren Eingehung die Konkursgläubiger benachteiligt werden, wenn dem anderen Teile zu der Zeit, als er das Geschäft einging, die Zahlungseinstellung oder der Eröffnungsantrag bekannt war; sowie die nach der Zahlungseinstellung oder dem Eröffnungsantrage erfolgten Rechtshandlungen, welche einem Konkursgläubiger Sicherung oder Befriedigung gewähren, wenn dem Gläubiger zu der Zeit, als die Handlung erfolgte, die Zahlungseinstellung oder der Eröffnungsantrag bekannt war;

2) die nach der Zahlungseinstellung oder dem Antrage
10 Tage auf Eröffnung des Verfahrens oder in den letzten zehn Tagen vor der Zahlungseinstellung oder dem Eröffnungsantrage erfolgten Rechtshandlungen, welche einem Konkursgläubiger eine Sicherung oder Befriedigung gewähren, die er nicht, oder nicht in der Art oder nicht zu der Zeit zu beanspruchen hatte, so-

fern er nicht beweist, daß ihm zur Zeit der Handlung weder die Zahlungseinstellung und der Eröffnungsantrag, noch eine Absicht des Gemeinschuldners, ihn vor den übrigen Gläubigern zu begünstigen, bekannt war.

§ 30 K.O.

Anfechtbar sind:

1) Rechtshandlungen, welche der Gemeinschuldner in der dem andern Teile bekannten Absicht, seine Gläubiger zu benachteiligen, vorgenommen hat;

2) die in dem letzten Jahre vor der Eröffnung des Verfahrens geschlossenen, entgeltlichen Verträge des Gemeinschuldners 1 Jahr

mit seinem Ehegatten vor oder während der Ehe, mit seinen oder seines Ehegatten Verwandten in auf- und absteigender Linie, mit seinen oder seines Ehegatten voll- und halbbürtigen Geschwistern, oder mit dem Ehegatten einer dieser Personen, sofern durch den Abschluß des Vertrages die Gläubiger des Gemeinschuldners benachteiligt werden und der andere Teil nicht beweist, daß ihm zur Zeit des Vertragsabschlusses eine Absicht des Gemeinschuldners, die Gläubiger zu benachteiligen, nicht bekannt war.

§ 31 K.O.

Anfechtbar sind:

1) Die in dem letzten Jahre vor der Eröffnung des Verfahrens von dem Gemeinschuldner vorgenommenen unentgeltlichen Verfügungen, sofern nicht dieselben gebräuchliche Gelegenheitsgeschenke zum Gegenstande hatten; 1 Jahr

2) Die in den letzten zwei Jahren vor der Eröffnung des Konkurses von dem Gemeinschuldner vorgenommenen unentgeltlichen Verfügungen zu Gunsten seines Ehegatten. 2 Jahre

§ 32 K.O.

Rechtshandlungen, welche früher als sechs Monate vor der Eröffnung des Verfahrens erfolgt sind, können aus dem Grunde einer Kenntnis der Zahlungseinstellung nicht angefochten werden. 6 Monate

§ 33 K.O.

1 Jahr Die Anfechtung kann nur binnen Jahresfrist seit der Eröffnung des Verfahrens erfolgen. Auf den Lauf der Frist finden die für die Verjährung geltenden Vorschriften des § 203 Absatz 2 und des § 207 des B.G. [siehe unten unter IIa „Verjährungsabschnitt"] entsprechende Anwendung. Die Anfechtung nach § 31 Nr. 1 (siehe oben) ist ausgeschlossen, wenn
30 Jahre seit der Vornahme der Handlung dreißig Jahre verstrichen sind.

§ 41 K.O.

Anfechtung von Rechtshandlungen eines Schuldners außerhalb des Konkursverfahrens.

Rechtshandlungen eines Schuldners können außerhalb des Konkursverfahrens zum Zwecke der Befriedigung eines Gläubigers als diesem gegenüber unwirksam nach Maßgabe der folgenden Bestimmungen angefochten werden.

§ 1 des R.Anf.Ges. in der Fassung vom 20. Mai 1898.

Anfechtbar sind:

1) Rechtshandlungen, welche der Schuldner in der dem andern Teile bekannten Absicht, seine Gläubiger zu benachteiligen, vorgenommen hat;

1 Jahr 2) Die in dem letzten Jahre vor der Anfechtung geschlossenen entgeltlichen Verträge des Schuldners
mit seinem Ehegatten vor oder während der Ehe, mit seinen oder seines Ehegatten Verwandten in auf- und absteigender Linie, mit seinen oder seines Ehegatten voll- und halbbürtigen Geschwistern, oder mit dem Ehegatten einer dieser Personen,
sofern durch den Abschluß des Vertrages die Gläubiger des Schuldners benachteiligt werden und der andere Teil nicht beweist, daß ihm zur Zeit des Vertragsabschlusses eine Absicht des Schuldners, die Gläubiger zu benachteiligen, nicht bekannt war;

1 Jahr 3) die in dem letzten Jahre vor der Anfechtung von dem Schuldner vorgenommenen unentgeltlichen Verfügungen, sofern nicht dieselben gebräuchliche Gelegenheitsgeschenke zum Gegenstande hatten;

2 Jahre 4) die in den letzten zwei Jahren vor der Anfechtung von dem Schuldner vorgenommenen unentgeltlichen Verfügungen zu Gunsten seines Ehegatten.

§ 3 des R.Anf.Ges.

Hat der Gläubiger, bevor er einen vollstreckbaren Schuldtitel erlangt hatte oder seine Forderung fällig war, denjenigen, welchem gegenüber eine im § 3 Nr. 2—4 (siehe oben) bezeichnete Rechtshandlung vorgenommen ist, von seiner Absicht, die Handlung anzufechten, durch Zustellung eines Schriftsatzes in Kenntnis gesetzt, so wird die Frist von dem Zeitpunkte der Zustellung zurückgerechnet, sofern schon zu dieser Zeit der Schuldner zahlungsunfähig war und bis zum Ablaufe von zwei Jahren seit diesem Zeitpunkte die Anfechtung erfolgt ist. 2 Jahre

§ 4 des R.Anf.Ges.

Die Erhebung des Anfechtungsanspruches im Wege der Einrede kann erfolgen, bevor ein vollstreckbarer Schuldtitel für die Forderung erlangt ist; der Gläubiger hat denselben jedoch vor der Entscheidung binnen einer von dem Gerichte zu bestimmenden Frist beizubringen. Frist

§ 5 des R.Anf.Ges.

Die Anfechtung einer nach § 3 Nr. 1 (siehe oben) anfechtbaren Handlung kann nur binnen zehn Jahren erfolgen. 10 Jahre Auf den Lauf der Frist finden die für die Verjährung geltenden Vorschriften des § 203 Abs. 2 und der §§ 206, 207 des B.G.B. [siehe sub IIa „Verjährungsabschnitt" des B.G.B.] entsprechende Anwendung.

Die Frist beginnt mit dem Zeitpunkt, in welchem der Gläubiger den vollstreckbaren Schuldtitel erlangt hatte und seine Forderung fällig war, wenn aber die Rechtshandlung nach diesem Zeitpunkte vorgenommen ist, mit der Vornahme der Handlung.

Die Anfechtung ist ausgeschlossen, wenn seit der Vornahme der Rechtshandlung dreißig Jahre verstrichen sind. 30 Jahre

§ 12 des R.Anf.Ges.

Nach der Beendigung des Konkursverfahrens können Anfechtungsrechte, deren Ausübung dem Konkursverwalter zustand, von den einzelnen Gläubigern nach Maßgabe dieses Gesetzes verfolgt werden, soweit nicht dem Anspruche entgegenstehende Einreden gegen den Verwalter erlangt sind. War die Anfechtung nicht schon zur Zeit der Eröffnung des Konkursverfahrens erfolgt, so wird die im § 3 Nr. 2—4 [siehe oben] bestimmte Frist von diesem Zeitpunkte berechnet, sofern die

1 Jahr Anfechtung bis zum Ablauf eines Jahres seit der Beendigung des Konkursverfahrens erfolgt.

§ 13 des R.Anf.Ges.

Anfechtung der Rückgewähr der Einlage beziehungsweise des Erlasses des Verlustanteiles eines stillen Gesellschafters.

1 Jahr Ist auf Grund einer in dem letzten Jahre vor der Eröffnung des Konkurses zwischen dem Inhaber des Handelsgeschäfts und dem stillen Gesellschafter getroffenen Vereinbarung diesem die Einlage ganz oder teilweise zurückgewährt oder sein Anteil an dem entstandenen Verluste ganz oder teilweise erlassen worden, so kann die Rückgewähr oder der Erlaß von dem Konkursverwalter angefochten werden. Es begründet keinen Unterschied, ob die Rückgewähr oder der Erlaß unter Auflösung der Gesellschaft stattgefunden hat oder nicht.

Die Anfechtung ist ausgeschlossen, wenn der Konkurs in Umständen seinen Grund hat, die erst nach der Vereinbarung der Rückgewähr oder des Erlasses eingetreten sind.

Die Vorschriften der Konkursordnung über die Geltendmachung der Anfechtung und deren Wirkung finden Anwendung.

§ 342 H.G.B.

Anfechtung eines Testaments.

Die Anfechtung (einer letztwilligen Verfügung) kann nur
1 Jahr binnen Jahresfrist erfolgen.

Die Frist beginnt mit dem Zeitpunkte, in welchem der Anfechtungsberechtigte von dem Anfechtungsgrunde Kenntnis erlangt. Auf den Lauf der Frist finden die für die Verjährung geltenden Vorschriften der §§ 203, 206, 205 (siehe sub IIa „Verjährungsabschnitt") entsprechende Anwendung.

Die Anfechtung ist ausgeschlossen, wenn seit dem Erb-
30 Jahre falle dreißig Jahre verstrichen sind.

§ 2082 des B.G.B.

Anfechtung der Vorschußberechnung bei Erwerbs- und Wirtschaftsgenossenschaften im Konkurse.

Jeder Genosse ist befugt, die für vollstreckbar erklärte Berechnung [siehe auch unten bei „Vorschußberechnung"] im Wege der Klage anzufechten. Die Klage ist gegen den Konkursverwalter zu richten. Sie findet nur binnen der Notfrist eines Monats seit der Verkündung der Entscheidung und nur insoweit statt, als der Kläger den Anfechtungsgrund in dem Termine (§ 107, nämlich: Zur Erklärung über die Berechnung bestimmt das Gericht einen Termin, welcher nicht über zwei Wochen hinaus anberaumt werden darf. Derselbe ist öffentlich bekannt zu machen; die in der Berechnung aufgeführten Genossen sind besonders zu laden. Die Berechnung ist spätestens drei Tage vor dem Termine auf der Gerichtsschreiberei zur Einsicht der Beteiligten niederzulegen. Hierauf ist in der Bekanntmachung und den Ladungen hinzuweisen.) geltend gemacht hat oder ohne sein Verschulden geltend zu machen außer stande war. Das rechtskräftige Urteil wirkt für und gegen alle beitragspflichtigen Genossen.

1 Monat

2 Wochen

3 Tage

§ 111 des R.G. betreffend die Erwerbs- und Wirtschaftsgenossenschaften in der Fassung vom 20. Mai 1898.

Anfechtung von Willenserklärungen.

Eine nicht ernstlich gemeinte Willenserklärung, die in der Erwartung abgegeben wird, der Mangel der Ernstlichkeit werde nicht verkannt werden, ist nichtig.

§ 118 B.G.B.

Wer bei der Abgabe einer Willenserklärung über deren Inhalt im Irrtum war oder eine Erklärung dieses Inhalts überhaupt nicht abgeben wollte, kann die Erklärung anfechten, wenn anzunehmen ist, daß er sie bei Kenntnis der Sachlage und bei verständiger Würdigung des Falles nicht abgegeben haben würde. Als Irrtum über den Inhalt der Erklärung gilt auch der Irrtum über solche Eigenschaften der Person oder der Sache, die im Verkehr als wesentlich angesehen werden.

§ 119 B.G.B.

Eine Willenserklärung, welche durch die zur Uebermittelung verwendete Person oder Anstalt unrichtig übermittelt worden ist, kann unter der gleichen Voraussetzung angefochten werden wie nach § 119 (siehe oben) eine irrtümlich abgegebene Willenserklärung.

§ 120 B.G.B.

Die Anfechtung muß in den Fällen der §§ 119, 120 (siehe oben) ohne schuldhaftes Zögern (unverzüglich) erfolgen, nachdem der Anfechtungsberechtigte von dem Anfechtungsgrunde

unverzüglich

Kenntnis erlangt hat. Die einem Abwesenden gegenüber erfolgte Anfechtung gilt als rechtzeitig erfolgt, wenn die Anfechtungserklärung
unverzüglich fechtungserklärung unverzüglich abgesendet worden ist.

Die Anfechtung ist ausgeschlossen, wenn seit der Abgabe
30 Jahre der Willenserklärung dreißig Jahre verstrichen sind.

§ 121 B.G.B.

Ist eine Willenserklärung nach § 118 (siehe oben) nichtig oder auf Grund der §§ 119, 120 (siehe oben) angefochten, so hat der Erklärende, wenn die Erklärung einem Andern gegenüber abzugeben war, diesem, andernfalls jedem Dritten den Schaden zu ersetzen, den der Andere oder der Dritte dadurch erleidet, daß er auf die Gültigkeit der Erklärung vertraut, jedoch nicht über den Betrag des Interesses hinaus, welches der Andere oder der Dritte an der Gültigkeit der Erklärung hat.

Die Schadensersatzpflicht tritt nicht ein, wenn der Beschädigte den Grund der Nichtigkeit oder der Anfechtbarkeit kannte oder infolge von Fahrlässigkeit nicht kannte (kennen mußte).

§ 122 B.G.B.

Wer zur Abgabe einer Willenserklärung durch arglistige Täuschung oder widerrechtlich durch Drohung bestimmt worden ist, kann die Erklärung anfechten.

Hat ein Dritter die Täuschung verübt, so ist eine Erklärung, die einem Andern gegenüber abzugeben war, nur dann anfechtbar, wenn dieser die Täuschung kannte oder kennen mußte. Soweit ein anderer als derjenige, welchem gegenüber die Erklärung abzugeben war, aus der Erklärung unmittelbar ein Recht erworben hat, ist die Erklärung ihm gegenüber anfechtbar, wenn er die Täuschung kannte oder kennen mußte.

§ 123 B.G.B.

Die Anfechtung einer nach § 123 (siehe oben) anfecht-
1 Jahr baren Willenserklärung kann nur binnen Jahresfrist erfolgen.

Die Frist beginnt im Falle der arglistigen Täuschung mit dem Zeitpunkte, in welchem der Anfechtungsberechtigte die Täuschung entdeckt, im Falle der Drohung mit dem Zeitpunkte, in welchem die Zwangslage aufhört. Auf den Lauf der Fristen finden die für die Verjährung geltenden Vorschriften des § 203 Abs. 2 und der §§ 206, 207 [siehe sub II a „Verjährungsabschnitt" des B.G.B.] entsprechende Anwendung.

Die Anfechtung ist ausgeschlossen, wenn seit der Abgabe der Willenserklärung dreißig Jahre verstrichen sind. 30 Jahre

§ 124 B.G.B.

Angestellte, deren Dienstverhältnis.

Ist bei einem dauernden Dienstverhältnisse, welches die Erwerbsthätigkeit des Verpflichteten vollständig oder hauptsächlich in Anspruch nimmt, der Verpflichtete in die häusliche Gemeinschaft aufgenommen, so hat der Dienstberechtigte ihm im Falle der Erkrankung die erforderliche Verpflegung und ärztliche Behandlung bis zur Dauer von sechs Wochen, jedoch nicht über die Beendigung des Dienstverhältnisses hinaus, zu gewähren, sofern nicht die Erkrankung von dem Verpflichteten vorsätzlich oder durch grobe Fahrlässigkeit herbeigeführt worden ist. Die Verpflegung und ärztliche Behandlung kann durch Aufnahme des Verpflichteten in eine Krankenanstalt gewährt werden. Die Kosten können auf die für die Zeit der Erkrankung geschuldete Vergütung angerechnet werden, wird das Dienstverhältnis wegen der Erkrankung von dem Dienstberechtigten nach § 626 (siehe unten) gekündigt, so bleibt die dadurch herbeigeführte Beendigung des Dienstverhältnisses außer Betracht. 6 Wochen

Die Verpflichtung des Dienstberechtigten tritt nicht ein, wenn für die Verpflegung und ärztliche Behandlung durch eine Versicherung oder durch eine Einrichtung der öffentlichen Krankenpflege Vorsorge getroffen ist. —

§ 617 B.G.B.

Das Dienstverhältnis endigt mit dem Ablaufe der Zeit, für die es eingegangen ist. Zeitablauf

Ist die Dauer des Dienstverhältnisses weder bestimmt noch aus der Beschaffenheit oder dem Zwecke der Dienste zu entnehmen, so kann jeder Teil das Dienstverhältnis nach Maßgabe der §§ 621 bis 623 (siehe unten) kündigen.

§ 620 B.G.B.

Ist die Vergütung nach Tagen bemessen, so ist die Kündigung an jedem Tage für den folgenden Tag zulässig.

Ist die Vergütung nach Wochen bemessen, so ist die Kündigung nur für den Schluß einer Kalenderwoche zulässig; sie hat spätestens am ersten Werktage der Woche zu erfolgen.

Ist die Vergütung nach Monaten bemessen, so ist die Kündigung nur für den Schluß eines Kalendermonats zulässig;
14 Tage sie hat spätestens am fünfzehnten des Monats zu erfolgen.

Ist die Vergütung nach Vierteljahren oder längeren Zeitabschnitten bemessen, so ist die Kündigung nur für den Schluß eines Kalendervierteljahres und nur unter Einhaltung
6 Wochen einer Kündigungsfrist von sechs Wochen zulässig. —

§ 621 B.G.B.

Das Dienstverhältnis der mit festen Bezügen zur Leistung von Diensten höherer Art Angestellten, deren Erwerbsthätigkeit durch das Dienstverhältnis vollständig oder hauptsächlich in Anspruch genommen wird, insbesondere der Lehrer, Erzieher, Privatbeamten, Gesellschafterinnen, kann nur für den Schluß eines Kalendervierteljahres und nur unter Einhaltung
6 Wochen einer Kündigungsfrist von sechs Wochen gekündigt werden, auch wenn die Vergütung nach kürzeren Zeitabschnitten als Vierteljahren bemessen ist. —

§ 622 B.G.B.

Ist die Vergütung nicht nach Zeitabschnitten bemessen, so kann das Dienstverhältnis jeder Zeit gekündigt werden; bei einem die Erwerbsthätigkeit des Verpflichteten vollständig oder hauptsächlich in Anspruch nehmenden Dienstverhältnis ist jedoch
2 Wochen eine Kündigungsfrist von zwei Wochen einzuhalten.

§ 623 B.G.B.

Ist das Dienstverhältnis für die Lebenszeit einer Person oder für längere Zeit als fünf Jahre eingegangen, so kann es
5 Jahre von dem Verpflichteten nach dem Ablaufe von fünf Jahren ge-
6 Monate kündigt werden. Die Kündigungsfrist beträgt sechs Monate. —

§ 624 B.G.B.

Wird das Dienstverhältnis nach dem Ablaufe der Dienstzeit von dem Verpflichteten mit dem Wissen des andern Teiles
unbestimmt fortgesetzt, so gilt es auf unbestimmte Zeit verlängert, sofern nicht der andere Teil unverzüglich widerspricht.

§ 625 B.G.B.

Das Dienstverhältnis kann von jedem Teile ohne Einhaltung einer Kündigungsfrist gekündigt werden, wenn ein wichtiger Grund vorliegt.

§ 626 B.G.B.

Nach der Kündigung eines dauernden Dienstverhältnisses hat der Dienstberechtigte dem Verpflichteten auf Verlangen angemessene Zeit zum Aufsuchen eines anderen Dienstverhältnisses zu gewähren. — angemessene Zeit

§ 629 B.G.B.

Anmeldefrist im Konkurse.

Die Frist zur Anmeldung der Konkursforderungen beträgt zwei Wochen bis drei Monate. Der Zeitraum zwischen dem Ablaufe der Anmeldefrist und dem allgemeinen Prüfungstermine soll mindestens eine Woche und höchstens zwei Monate betragen. — 2 Wochen bis 3 Monate 1 Woche bis 2 Monate

§ 138 K.O.

Annahme eines Antrages unter Abwesenden und Anwesenden.

Wer einem Andern die Schließung eines Vertrages anträgt, ist an den Antrag gebunden, es sei denn, daß er die Gebundenheit ausgeschlossen hat.

§ 145 B.G.B.

Der Antrag erlischt, wenn er dem Antragenden gegenüber abgelehnt oder wenn er nicht diesem gegenüber nach den §§ 147 bis 149 (siehe unten) rechtzeitig angenommen wird.

§ 146 B.G.B.

Der einem Anwesenden gemachte Antrag kann nur sofort angenommen werden. Dies gilt auch von einem mittelst Fernsprechers von Person zu Person gemachten Antrage. sofort

Der einem Abwesenden gemachte Antrag kann nur bis zu dem Zeitpunkte angenommen werden, in welchem der Antragende den Eingang der Antwort unter regelmäßigen Umständen erwarten darf. normal

§ 147 B.G.B.

Hat der Antragende für die Annahme des Antrags eine Frist bestimmt, so kann die Annahme nur innerhalb der Frist erfolgen. Frist

§ 148 B.G.B.

Ist eine dem Antragenden verspätet zugegangene Annahmeerklärung dergestalt abgesendet worden, daß sie bei regelmäßiger Beförderung ihm rechtzeitig zugegangen sein würde, und mußte der Antragende dies erkennen, so hat er die Verspätung dem unverzüglich Annehmenden unverzüglich nach dem Empfange der Erklärung anzuzeigen, sofern es nicht schon vorher geschehen ist. Verzögert er die Absendung der Anzeige, so gilt die Annahme als nicht verspätet. —

§ 149 B.G.B.

Geht einem Kaufmann, dessen Gewerbebetrieb die Besorgung von Geschäften für Andere mit sich bringt, ein Antrag über die Besorgung solcher Geschäfte von Jemand zu, mit dem er unverzüglich in Geschäftsverbindung steht, so ist er verpflichtet, unverzüglich zu antworten; sein Schweigen gilt als Annahme des Antrags. Das Gleiche gilt, wenn einem Kaufmann ein Antrag über die Besorgung von Geschäften von Jemand zugeht, dem gegenüber er sich zur Besorgung solcher Geschäfte erboten hat. Auch wenn der Kaufmann den Antrag ablehnt, hat er die mitgesendeten Waren auf Kosten des Antragstellers, soweit er für diese Kosten gedeckt ist und soweit es ohne Nachteil für ihn geschehen kann, einstweilen vor Schaden zu bewahren. —

§ 362 H.G.B.

Annahme an Kindesstatt

siehe unter „Adoption". —

Annahme eines Mandats

siehe unter „Ablehnung eines Mandats". —

Annahme einer Schenkung.

Eine Zuwendung, durch die Jemand aus seinem Vermögen einen Andern bereichert, ist Schenkung, wenn beide Teile darüber einig sind, daß die Zuwendung unentgeltlich erfolgt.

Ist die Zuwendung ohne den Willen des Andern erfolgt, so kann ihn der Zuwendende unter der Bestimmung einer angemessene Frist angemessenen Frist zur Erklärung über die Annahme auffordern. Nach dem Ablaufe der Frist gilt die Schenkung als angenommen, wenn nicht der Andere sie vorher abgelehnt hat. Im Falle der Ablehnung kann die Herausgabe des Zugewendeten nach den Vorschriften über die Herausgabe einer ungerechtfertigten Bereicherung gefordert werden. —

§ 516 B.G.B.

Der Anspruch auf Herausgabe des Geschenkes ist ausgeschlossen, wenn der Schenker seine Bedürftigkeit vorsätzlich oder durch grobe Fahrlässigkeit herbeigeführt hat oder wenn zur Zeit des Eintrittes seiner Bedürftigkeit seit der Leistung des geschenkten Gegenstandes zehn Jahre verstrichen sind. 10 Jahre

Das Gleiche gilt, soweit der Beschenkte bei Berücksichtigung seiner sonstigen Verpflichtungen außer stande ist, das Geschenk herauszugeben, ohne daß sein standesmäßiger Unterhalt oder die Erfüllung der ihm kraft Gesetzes obliegenden Unterhaltspflichten gefährdet wird. —

§ 529 B.G.B.

Eine Schenkung kann widerrufen werden, wenn sich der Beschenkte durch eine schwere Verfehlung gegen den Schenker oder einen nahen Angehörigen des Schenkers groben Undanks schuldig macht.

Den Erben des Schenkers steht das Recht des Widerrufs nur zu, wenn der Beschenkte vorsätzlich und widerrechtlich den Schenker getötet oder am Widerrufe gehindert hat.

§ 530 B.G.B.

Der Widerruf (einer Schenkung) ist ausgeschlossen, wenn der Schenker dem Beschenkten verziehen hat oder wenn seit dem Zeitpunkt, in welchem der Widerrufsberechtigte von dem Eintritte der Voraussetzungen seines Rechtes Kenntnis erlangt hat, ein Jahr verstrichen ist. Nach dem Tode des Beschenkten ist der Widerruf nicht mehr zulässig. 1 Jahr

§ 532 B.G.B.

Anonyme Autoren.

Anonyme und pseudonyme Werke, welche zur Zeit ihrer ersten rechtmäßigen öffentlichen Aufführung noch nicht durch den Druck veröffentlicht sind, werden dreißig Jahre vom Tage der ersten rechtmäßigen Aufführung an, posthume Werke dreißig Jahre vom Tode des Urhebers an gegen unbefugte öffentliche Aufführung geschützt. 30 Jahre

Wenn der Urheber des anonymen oder pseudonymen Werkes oder sein hiezu legitimierter Rechtsnachfolger innerhalb der Frist von dreißig Jahren den wahren Namen des Urhebers vermittelst Eintragung in die Eintragsrolle bekannt macht, oder wenn der Urheber das Werk innerhalb derselben Frist unter seinem wahren Namen veröffentlicht, so gelangt die Bestimmung des § 8 zur Anwendung, (nämlich: „der Schutz des gegenwärtigen Gesetzes gegen Nachdruck wird, vorbehaltlich der folgenden 30 Jahre

besonderen Bestimmungen, für die Lebensdauer des Urhebers und
30 Jahre dreißig Jahre nach dem Tode desselben gewährt" § 8).

§ 52 des R.G. vom 11. Juni 1870 betr. das Urheberrecht an Schriftwerken, Abbildungen, musikalischen Kompositionen und dramatischen Werken. —

Ansprüche der Aktiengesellschaft gegen die Gründer sowie die Mitglieder des Vorstandes und Aufsichtsrats:

Die Geltendmachung eines Anspruchs auf Verlangen der
3 Monate Minderheit muß binnen drei Monaten von dem Tage der Generalversammlung an erfolgen. Der Klage ist das Protokoll der Generalversammlung, soweit es die Geltendmachung des Anspruchs betrifft, in öffentlich beglaubigter Abschrift beizufügen. Die Minderheit hat eine den zehnten Teil des Grundkapitals der Gesellschaft erreichende Anzahl von Aktien für die Dauer des Rechtsstreits zu hinterlegen; es ist glaubhaft zu
6 Monate machen, daß sich die Aktien seit mindestens sechs Monaten von der Generalversammlung zurückgerechnet, im Besitze der die Minderheit bildenden Aktionäre befinden.

§ 269 H.G.B.

Ansprüche der Konkursgläubiger gegen die Genossen einer Erwerbs- und Wirtschaftsgenossenschaft:

Im Falle des Konkursverfahrens sind neben der Genossenschaft die einzelnen Genossen solidarisch und mit ihrem ganzen Vermögen den Konkursgläubigern für den Ausfall verhaftet, welchen diese an ihren bei der Schlußverteilung (K.O. § 161, nämlich „die Schlußverteilung erfolgt, sobald die Verwertung der Masse beendigt ist. Die Vornahme der Schlußverteilung unterliegt der Genehmigung des Gerichts") berücksichtigten Forderungen bei denselben erleiden. Nach Ablauf von drei
3 Monate Monaten seit dem Termine, in welchem die Nachschußberechnung für vollstreckbar erklärt ist, können die Gläubiger, soweit sie bisher nicht befriedigt sind, die einzelnen Genossen in Anspruch nehmen.

§ 122 des Reichsgesetzes betr. die Erwerbs- und Wirtschaftsgenossenschaften in der Fassung vom 20. Mai 1898.

Anteil des Ausgeschiedenen aus einer Gesellschaft.

Der Ausgeschiedene nimmt an dem Gewinne und dem Verluste teil, welcher sich aus den zur Zeit seines Ausscheidens schwebenden Geschäften ergibt. Die übrigen Gesellschafter sind berechtigt, diese Geschäfte so zu beendigen, wie es ihnen am vorteilhaftesten erscheint.

Der Ausgeschiedene kann am Schlusse jedes Geschäftsjahr Rechenschaft über die inzwischen beendigten Geschäfte, Auszahlung des ihm gebührenden Betrages und Auskunft über den Stand der noch schwebenden Geschäfte verlangen.

§ 740 B.G.B.

Anteilscheine.

Der Anspruch aus einer Schuldverschreibung auf den Inhaber erlischt mit dem Ablaufe von dreißig Jahren nach dem Eintritte der für die Leistung bestimmten Zeit, wenn nicht die Urkunde vor dem Ablaufe der dreißig Jahre dem Aussteller zur Einlösung vorgelegt wird. Erfolgt die Vorlegung, so verjährt der Anspruch in zwei Jahren von dem Ende der Vorlegungsfrist an. Der Vorlegung steht die gerichtliche Geltendmachung des Anspruchs aus der Urkunde gleich. 30 Jahr 2 Jahre

Bei Zins, Renten- und Gewinnanteilscheinen beträgt die Vorlegungsfrist vier Jahre. Die Frist beginnt mit dem Schlusse des Jahres, in welchem die für die Leistung bestimmte Zeit eintritt. Die Dauer und der Beginn der Vorlegungsfrist konnen von dem Aussteller in der Urkunde anders bestimmt werden. 4 Jahre

§ 801 B.G.B.

Der Beginn und der Lauf der Vorlegungsfrist sowie die Verjährung werden durch die Zahlungssperre zu Gunsten des Antragstellers gehemmt. Die Hemmung beginnt mit der Stellung des Antrags auf Zahlungssperre; sie endigt mit der Erledigung des Aufgebotsverfahrens und, falls die Zahlungssperre vor der Einleitung des Verfahrens verfügt worden ist, auch dann, wenn seit der Beseitigung des der Einleitung entgegenstehenden Hindernisses sechs Monate verstrichen sind und nicht vorher die Einleitung beantragt worden ist. Auf diese Frist finden die Vorschriften der §§ 203, 206, 207 [siehe unter II a „Verjährungsabschnitt"] entsprechende Anwendung. 6 Monate

§ 802 B.G.B.

Ist ein Zins-, Renten- oder Gewinnanteilschein abhanden gekommen oder vernichtet und hat der bisherige Inhaber den Verlust dem Aussteller vor dem Ablaufe der Vorlegungsfrist Frist angezeigt, so kann der bisherige Inhaber nach dem Ablaufe der Frist die Leistung von dem Aussteller verlangen.

Der Anspruch ist ausgeschlossen, wenn der abhanden gekommene Schein dem Aussteller zur Einlösung vorgelegt oder der Anspruch aus dem Schein gerichtlich geltend gemacht worden ist, es sei denn, daß die Vorlegung oder die gerichtliche Geltendmachung nach dem Ablaufe der Frist erfolgt ist. Der
4 Jahre Anspruch verjährt in vier Jahren.

In dem Zins-, Renten- oder Gewinnanteilscheine kann der im Absatz 1 bestimmte Anspruch ausgeschlossen werden.

§ 804 B.G.B.

Antrag auf Ernennung von Liquidatoren

siehe Liquidatoren.

Anwesende siehe oben bei:

Annahme eines Antrags unter Abwesenden und Anwesenden.

Arglist,

hier Anfechtung einer Willenserklärung in Folge arglistiger Täuschung; siehe unter: „Willenserklärung".

Aufbewahrung der Bücher einer Aktiengesellschaft:

Ist die Liquidation beendigt und die Schlußrechnung gelegt, so haben die Liquidatoren das Erlöschen der Gesellschaftsfirma zur Eintragung in das Handelsregister anzumelden.

Die Bücher und Papiere der Gesellschaft sind an einem von dem Gerichte des Sitzes der Gesellschaft zu bestimmenden
10 Jahre sicheren Ort zur Aufbewahrung auf die Dauer von zehn Jahren zu hinterlegen.

Die Aktionäre und die Gläubiger können zur Einsicht der Bücher und Papiere von dem Gericht ermächtigt werden.

§ 302 H.G.B.

Aufbewahrung der Bücher einer Erwerbs- und Wirtschaftsgenossenschaft.

Nach Beendigung der Liquidation sind die Bücher und Schriften der aufgelösten Genossenschaft für die Dauer von
10 Jahre zehn Jahren einem der gewesenen Genossen oder einem Dritten

in Verwahrung zu geben. Der Genosse oder der Dritte wird in Ermangelung einer Bestimmung des Statuts oder eines Beschlusses der Generalversammlung durch das Gericht bestimmt. Dasselbe kann die Genossen und deren Rechtsnachfolger, sowie die Gläubiger der Genossenschaft zur Einsicht der Bücher und Schriften ermächtigen.

§ 93 des R.G. betr. die Erwerbs- und Wirtschaftsgenossenschaften vom 20. Mai 1898.

Aufbewahrung der Bücher einer Gesellschaft mit beschränkter Haftung:

Nach Beendigung der Liquidation sind die Bücher und Schriften der Gesellschaft für die Dauer von zehn Jahren einem der Gesellschafter oder einem Dritten in Verwahrung zu geben. Der Gesellschafter oder der Dritte wird in Ermangelung einer Bestimmung des Gesellschaftsvertrages oder eines Beschlusses der Gesellschafter durch das Gericht bestimmt. **10 Jahre**

Die Gesellschafter und deren Rechtsnachfolger sind zur Einsicht der Bücher und Schriften berechtigt. Gläubiger der Gesellschaft können von dem Gerichte zur Einsicht ermächtigt werden.

§ 74 des R.G. betr. die Gesellschaften mit beschränkter Haftung in der Fassung vom 20. Mai 1898.

Aufforderung an den gesetzlichen Vertreter eines **Minderjährigen** behufs Herbeiführung seiner **Genehmigung** zu einem Vertrage:

Schließt der Minderjährige einen Vertrag ohne die erforderliche Einwilligung des gesetzlichen Vertreters, so hängt die Wirksamkeit des Vertrages von der Genehmigung des Vertreters ab.

Fordert der andere Teil den Vertreter zur Erklärung über die Genehmigung auf, so kann die Erklärung nur ihm gegenüber erfolgen; eine vor der Aufforderung dem Minderjährigen gegenüber erklärte Genehmigung oder Verweigerung der Genehmigung wird unwirksam. Die Genehmigung kann nur bis zum Ablaufe von zwei Wochen nach dem Empfange der Aufforderung erklärt werden; wird sie nicht erklärt, so gilt sie als verweigert. **2 Wochen**

Ist der Minderjährige unbeschränkt geschäftsfähig geworden, so tritt seine Genehmigung an die Stelle der Genehmigung des Vertreters.

§ 108 B.G.B

Aufforderung zur Erklärungsabgabe über einen ohne Vollmacht abgeschlossenen Vertrag;
siehe unter: „Vertragsabschluß ohne Vollmacht".

Aufforderung an die Gläubiger einer Aktiengesellschaft bei Liquidation:

Die Liquidatoren haben unter Hinweis auf die Auflösung der Gesellschaft die Gläubiger der Gesellschaft aufzufordern
3 mal ihre Ansprüche anzumelden. Die Aufforderung ist dreimal in den Gesellschaftsblättern zu veröffentlichen.

§ 297 H.G.B.

Die Verteilung des Vermögens darf nur erfolgen, wenn seit dem Tage, an welchem die im § 297 (siehe oben) vorgeschriebene öffentliche Aufforderung an die Gläubiger zum dritten
1 Jahr Male stattgefunden hat, ein Jahr verstrichen ist.

§ 301 H.G.B.

Aufforderung eines Ehegatten bei Ehenichtigkeit:

War dem einen Ehegatten die Nichtigkeit der Ehe bei der Eheschließung bekannt, so kann der andere Ehegatte, sofern nicht auch ihm die Nichtigkeit bekannt war, nach der Nichtigkeitserklärung oder der Auflösung der Ehe verlangen, daß ihr Verhältnis in vermögensrechtlicher Beziehung, insbesondere auch in Ansehung der Unterhaltspflicht, so behandelt wird, wie wenn die Ehe zur Zeit der Nichtigkeitserklarung oder der Auflösung geschieden und der Ehegatte, dem die Nichtigkeit bekannt war, für allein schuldig erklärt worden wäre.

Diese Vorschrift findet keine Anwendung, wenn die Nichtigkeit auf einem Formmangel beruht und die Ehe nicht in das Heiratsregister eingetragen worden ist.

§ 1345 B.G.B.

Erklärt der Ehegatte, dem das im § 1345 Abs. 1 bestimmte Recht zusteht, dem andern Ehegatten, daß er von dem Rechte Gebrauch mache, so kann er die Folgen der Nichtigkeit der Ehe nicht mehr geltend machen; erklärt er dem andern Ehegatten, daß es bei diesen Folgen bewenden solle, so erlischt das im § 1345 Abs. 1 bestimmte Recht.

Der andere Ehegatte kann den berechtigten Ehegatten unter Bestimmung einer angemessenen Frist zur Erklärung darüber auffordern, ob er von dem Rechte Gebrauch mache. Das Recht kann in diesem Falle nur bis zum Ablaufe der Frist ausgeübt werden. angemessene Frist

§ 1347 B.G.B.

Aufforderung zur Erklärung, ob Wandelung verlangt wird:

Behauptet der Käufer dem Verkäufer gegenüber einen Mangel der Sache, so kann der Verkäufer ihn unter dem Erbieten zur Wandelung und unter Bestimmung einer angemessenen Frist zur Erklärung darüber auffordern, ob er Wandelung verlange. Die Wandelung kann in diesem Falle nur bis zum Ablaufe der Frist verlangt werden. angemessene Frist

§ 466 B.G.B.

Aufführungsrecht hinsichtlich dramatischer, musikalischer oder dramatisch-musikalischer Werke:

In Betreff der Dauer des ausschließlichen Rechts zur öffentlichen Aufführung kommen die §§ 8 bis 17 (siehe unten) zur Anwendung.

Anonyme und pseudonyme Werke, welche zur Zeit ihrer ersten rechtmäßigen öffentlichen Aufführung noch nicht durch den Druck veröffentlicht sind, werden dreißig Jahre vom Tage 30 Jahre
der ersten rechtmäßigen Aufführung an, posthume Werke dreißig 30 Jahre
Jahre vom Tode des Urhebers an gegen unbefugte öffentliche Aufführung geschützt.

Wenn der Urheber des anonymen oder pseudonymen Werkes oder sein hiezu legitimierter Rechtsnachfolger innerhalb der Frist von dreißig Jahren den wahren Namen des Urhebers 30 Jahre
vermittelst Eintragung bekannt macht, oder wenn der Urheber das Werk innerhalb derselben Frist unter seinem wahren Namen veröffentlicht, so gelangt die Bestimmung des § 8 (siehe unten) zur Anwendung.

§ 52 des R.G. vom 11. Juni 1870 betr. das Urheberrecht an Schriftwerken, Abbildungen, musikalischen Kompositionen und dramatischen Werken.

Der Schutz des gegenwärtigen (vom 11. Juni 1870) Gesetzes gegen Nachdruck wird, vorbehaltlich der folgenden be-
Lebensdauer sonderen Bestimmungen, für die Lebensdauer des Urhebers und
30 Jahre dreißig Jahre nach dem Tode desselben gewährt.

§ 8 des R.U.G. vom 11. Juni 1870.

Bei einem von mehreren Personen als Miturheber verfaßten Werke erstreckt sich die Schutzfrist auf die Dauer von
30 Jahre dreißig Jahren nach dem Tode des Letztlebenden derselben.

Bei Werken, welche durch Beiträge mehrerer Mitarbeiter gebildet werden, richtet sich die Schutzfrist für die einzelnen Beiträge danach, ob die Urheber derselben genannt sind oder nicht (§ 8, 11).

§ 9 des U.G. vom 11. Juni 1870.

Einzelne Aufsätze, Abhandlungen ꝛc., welche in periodischen Werken, als: Zeitschriften, Taschenbüchern, Kalendern ꝛc. erschienen sind, darf der Urheber, falls nicht Anderes verabredet ist, auch ohne Einwilligung des Herausgebers oder Verlegers des Werkes, in welches dieselben aufgenommen sind,
2 Jahre nach zwei Jahren vom Ablauf des Jahres des Erscheinens an gerechnet, anderweitig abdrucken.

§ 10 des U.G. vom 11. Juni 1870.

Bei Schriftwerken, welche bereits veröffentlicht sind, ist die im § 8 (siehe oben) vorgeschriebene Dauer des Schutzes an die Bedingung geknüpft, daß der wahre Name des Urhebers auf dem Titelblatte oder unter der Zueignung oder unter der Vorrede angegeben ist.

Bei Werken, welche durch Beiträge mehrerer Mitarbeiter gebildet werden, genügt es für den Schutz der Beiträge, wenn der Name des Urhebers an der Spitze oder am Schlusse des Beitrags angegeben ist.

Ein Schriftwerk, welches entweder unter einem anderen, als dem wahren Namen des Urhebers veröffentlicht, oder bei
30 Jahre welchem ein Urheber gar nicht angegeben ist, wird dreißig Jahre lang, von der ersten Herausgabe an gerechnet, gegen Nachdruck geschützt (28). [Dieser § 28 lautet: „Die Verfolgung des Nachdrucks steht Jedem zu, dessen Urheber- oder Verlagsrechte durch die widerrechtliche Vervielfältigung beeinträchtigt oder gefährdet sind. Bei Werken, welche bereits veröffentlicht sind, gilt bis zum Gegenbeweise derjenige als Urheber, welcher nach Maßgabe des § 11 Abs. 1. 2. (s. o.) als Urheber auf

dem Werke angegeben ist. Bei anonymen und pseudonymen Werken ist der Herausgeber, und wenn ein solcher nicht angegeben ist, der Verleger berechtigt, die dem Urheber zustehenden Rechte wahrzunehmen. Der auf dem Werke angegebene Verleger gilt ohne weiteren Nachweis als der Rechtsnachfolger des anonymen oder pseudonymen Urhebers.“]

Wird innerhalb dreißig Jahren, von der ersten Herausgabe an gerechnet, der wahre Name des Urhebers von ihm selbst oder seinen hierzu legitimierten Rechtsnachfolgern zur Eintragung in die Eintragsrolle angemeldet, so wird dadurch dem Werke die im § 8 (s. o.) bestimmte längere Dauer des Schutzes erworben. 30 Jahre

§ 11 des U.G. vom 11. Juni 1870.

Die erst nach dem Tode des Urhebers erschienenen Werke werden dreißig Jahre lang, vom Tode des Urhebers an gerechnet, gegen Nachdruck geschützt. 30 Jahre

§ 12 des U.G. vom 11. Juni 1870.

Akademien, Universitäten, sonstige juristische Personen, öffentliche Unterrichtsanstalten, sowie gelehrte oder andere Gesellschaften, wenn sie als Herausgeber dem Urheber gleich zu achten sind (§ 2),

[Dieser § 2 lautet: „Dem Urheber wird in Beziehung auf den durch das gegenwärtige Gesetz gewährten Schutz der Herausgeber eines aus Beiträgen Mehrerer bestehenden Werkes gleich geachtet, wenn dieses ein einheitliches Ganzes bildet. Das Urheberrecht an den einzelnen Beiträgen steht den Urhebern derselben zu.“],

genießen für die von ihnen herausgegebenen Werke einen Schutz von dreißig Jahren nach deren Erscheinen. 30 Jahre

§ 13 des U.G. vom 11. Juni 1870.

Bei Werken, die in mehreren Bänden oder Abteilungen erscheinen, wird die Schutzfrist von dem ersten Erscheinen eines jeden Bandes oder einer jeden Abteilung an berechnet.

Bei Werken jedoch, die in einem oder mehreren Bänden eine einzige Aufgabe behandeln und mithin als in sich zusammenhängend zu betrachten sind, beginnt die Schutzfrist erst nach dem Erscheinen des letzten Bandes oder der letzten Abteilung.

Wenn indessen zwischen der Herausgabe einzelner Bände oder Abteilungen ein Zeitraum von mehr als drei Jahren ver- 3 Jahre

flossen ist, so sind die vorher erschienenen Bände, Abteilungen 2c. als ein für sich bestehendes Werk und ebenso die nach Ablauf
3 Jahre der drei Jahre erscheinenden Fortsetzungen als ein neues Werk zu behandeln.

§ 14 des U.G. vom 11. Juni 1870.

Das Verbot der Herausgabe von Uebersetzungen dauert
5 Jahre in dem Falle des § 6 Lit. b (s. unten) fünf Jahre vom Er-
5 Jahre scheinen des Originalwerkes, im Falle des § 6 Lit. c fünf Jahre vom ersten Erscheinen der rechtmäßigen Uebersetzung ab gerechnet.

[Dieser § 6 lautet: „Uebersetzungen ohne Genehmigung des Urhebers des Originalwerkes gelten als Nachdruck:

a) wenn von einem, zuerst in einer toten Sprache erschienenen Werke eine Uebersetzung in einer lebenden Sprache herausgegeben wird;

b) wenn von einem gleichzeitig in verschiedenen Sprachen herausgegebenen Werke eine Uebersetzung in einer dieser Sprachen veranstaltet wird;

c) wenn der Urheber sich das Recht der Uebersetzung auf dem Titelblatte oder an der Spitze des Werkes vorbehalten hat, vorausgesetzt, daß die Veröffentlichung der vorbehaltenen Uebersetzung nach dem Erscheinen des
1 Jahr Originalwerkes binnen einem Jahre begonnen und binnen
3 Jahre drei Jahren beendet wird. Das Kalenderjahr, in welchem das Originalwerk erschienen ist, wird hierbei nicht mitgerechnet. 2c.]

§ 15 des U.G. vom 11. Juni 1870.

In dem Zeitraum der gesetzlichen Schutzfrist (§ 8 ff.) (siehe oben) wird das Todesjahr des Verfassers, beziehungsweise das Kalenderjahr des ersten Erscheinens des Werkes oder der Uebersetzung nicht eingerechnet.

§ 16 des U.G. vom 11. Juni 1870.

Ein Heimfallsrecht des Fiskus oder anderer zu herrenlosen Verlassenschaften berechtigter Personen findet auf das ausschließliche Recht des Urhebers und seiner Rechtsnachfolger nicht statt.

§ 17 des U.G. vom 11. Juni 1870.

Aufgebot bei Eheschließungen.

Der Eheschließung soll ein Aufgebot vorangehen. Das
6 Monate Aufgebot verliert seine Kraft, wenn die Ehe nicht binnen sechs

Monaten nach der Vollziehung des Aufgebots geschlossen wird. Das Aufgebot darf unterbleiben, wenn die lebensgefährliche Erkrankung eines der Verlobten den Aufschub der Eheschließung nicht gestattet. Von dem Aufgebote kann Befreiung bewilligt werden.

§ 1316 B.G.B.

Aufhebung einer Gemeinschaft.

Jeder Teilhaber kann jederzeit die Aufhebung der Gemeinschaft verlangen. jeder Zeit

Wird das Recht, die Aufhebung zu verlangen, durch Vereinbarung für immer oder auf die Zeit ausgeschlossen, so kann die Aufhebung gleichwohl verlangt werden, wenn ein wichtiger Grund vorliegt. Unter der gleichen Voraussetzung kann, wenn eine Kündigungsfrist bestimmt wird, die Aufhebung ohne Einhaltung der Frist verlangt werden. Frist

Eine Vereinbarung, durch welche das Recht, die Aufhebung zu verlangen, diesen Vorschriften zuwider ausgeschlossen oder beschränkt wird, ist nichtig.

Haben die Teilhaber das Recht, die Aufhebung der Gemeinschaft zu verlangen, auf Zeit ausgeschlossen, so tritt die Vereinbarung im Zweifel mit dem Tode eines Teilhabers außer Kraft.

§§ 749, 750 B.G.B.

Aufkündigung bei Erwerbs- und Wirtschaftsgenossenschaften.

Jeder Genosse hat das Recht, mittelst Aufkündigung seinen Austritt aus der Genossenschaft zu erklären. Die Aufkündigung findet nur zum Schlusse eines Geschäftsjahres statt. Sie muß mindestens drei Monate vorher schriftlich erfolgen. 3 Monate Durch das Statut kann eine längere, jedoch höchstens zweijährige Kündigungsfrist festgesetzt werden. 2 Jahre Ein den vorstehenden Bestimmungen zuwider laufendes Abkommen ist ohne rechtliche Wirkung.

§ 65 des R.G. betr. die Erwerbs- und Wirtschaftsgenossenschaften vom 20. Mai 1898.

Der Gläubiger eines Genossen, welcher, nachdem innerhalb der letzten sechs Monate eine Zwangsvollstreckung in das Vermögen des Genossen fruchtlos versucht ist, die Pfändung 6 Monate und Ueberweisung des demselben bei der Auseinandersetzung mit der Genossenschaft zukommenden Guthabens erwirkt hat, kann behufs seiner Befriedigung das Kündigungsrecht des Genossen an dessen Stelle ausüben, sofern der Schuldtitel nicht blos vorläufig vollstreckbar ist.

Der Aufkündigung muß eine beglaubigte Abschrift des Schuldtitels und der Urkunden über die fruchtlose Zwangsvollstreckung beigefügt sein.

§ 66 des R.G. betr. die Erwerbs- und Wirtschaftsgenossenschaften.

Ist durch das Statut die Mitgliedschaft an den Wohnsitz innerhalb eines bestimmten Bezirks geknüpft, so kann ein Genosse, welcher den Wohnsitz in dem Bezirke aufgiebt, zum Schlusse des Geschäftsjahres seinen Austritt schriftlich erklären.

Imgleichen kann die Genossenschaft dem Genossen schriftlich erklären, daß er zum Schlusse des Geschäftsjahres auszuscheiden habe.

Ueber die Aufgabe des Wohnsitzes ist die Bescheinigung einer öffentlichen Behörde beizubringen.

§ 67 des Erwerbs- und Wirtschaftsgenossenschaftsgesetzes.

Der Vorstand (einer Erwerbs- und Wirtschaftsgenossenschaft) ist verpflichtet, die Aufkündigung des Genossen oder des
6 Wochen Gläubigers mindestens sechs Wochen vor dem Ende des Geschäftsjahrs, zu dessen Schlusse sie stattgefunden hat, dem Gerichte zur Liste der Genossen einzureichen. Er hat zugleich die schriftliche Versicherung abzugeben, daß die Aufkündigung rechtzeitig erfolgt ist. Der Aufkündigung des Gläubigers sind die im § 66 Abs. 2 bezeichneten Urkunden [nämlich: beglaubigte Abschrift des Schuldtitels und die Urkunden über die fruchtlose Zwangsvollstreckung], sowie eine beglaubigte Abschrift des Pfändungs- und Ueberweisungsbeschlusses beizufügen.

Imgleichen hat der Vorstand im Falle des § 67 (s. o.) mit der Bescheinigung die Erklärung des Genossen oder Abschrift der Erklärung der Genossenschaft, sowie im Falle der Ausschließung Abschrift des Beschlusses dem Gerichte einzureichen. Die Einreichung ist bis zu dem im ersten Absatz be-
Wochen zeichneten Zeitpunkte und, wenn die Erklärung oder der Beschluß später erfolgt, ohne Verzug zu bewirken.

§ 69 des Erwerbs- und Wirtschaftsgenossenschaftsgesetzes.

Auflage.

Der Erblasser kann bei der Anordnung einer Auflage, deren Zweck er bestimmt hat, die Bestimmung der Person, an welche die Leistung erfolgen soll, dem Beschwerten oder einem Dritten überlassen.

Steht die Bestimmung dem Beschwerten zu, so kann ihm wenn er zur Vollziehung der Auflage rechtskräftig verurteilt ist, von dem Kläger eine angemessene Frist zur Vollziehung Frist bestimmt werden; nach dem Ablaufe der Frist ist der Kläger berechtigt, die Bestimmung zu treffen, wenn nicht die Vollziehung rechtzeitig erfolgt.

Steht die Bestimmung einem Dritten zu, so erfolgt sie durch Erklärung gegenüber dem Beschwerten. Kann der Dritte die Bestimmnng nicht treffen, so geht das Bestimmungsrecht auf den Beschwerten über. Die Vorschrift des § 2151 Absatz 3 [nämlich: „Kann der Beschwerte oder der Dritte die Bestimmung nicht treffen, so sind die Bedachten Gesammtgläubiger. Das Gleiche gilt, wenn das Nachlaßgericht dem Beschwerten oder dem Dritten auf Antrag eines der Beteiligten eine Frist zur Abgabe der Erklärung bestimmt hat und die Frist verstrichen ist, sofern nicht vorher die Erklärung erfolgt."] findet entsprechende Anwendung; zu den Beteiligten im Sinne dieser Vorschrift gehören der Beschwerte und diejenigen, welche die Vollziehung der Auflage zu verlangen berechtigt sind.

§ 2193 B.G.B.

Gegen eine Verfügung durch die nach den §§ pp. 2193 (s. o.) des B.G.B. dem Beschwerten oder einem Dritten eine Frist zur Erklärung bestimmt wird, findet die sofortige Beschwerde statt. 14 Tage

§ 80 des R.G. über die Angelegenheiten der freiwilligen Gerichtsbarkeit vom 17. Mai 1898.

Auflösung eines Vereins, hier:

Bekanntmachung und Aufforderung an die Gläubiger.

Die Auflösung des Vereins oder die Entziehung der Rechtsfähigkeit ist durch die Liquidatoren öffentlich bekannt zu machen. In der Bekanntmachung sind die Gläubiger zur Anmeldung ihrer Ansprüche aufzufordern. Die Bekanntmachung erfolgt durch das in der Satzung für Veröffentlichungen bestimmte Blatt, in Ermangelung eines solchen durch dasjenige

Blatt, welches für Bekanntmachungen des Amtsgerichts bestimmt ist, in dessen Bezirk der Verein seinen Sitz hatte. Die
2 Tage Bekanntmachung gilt mit dem Ablaufe des zweiten Tages nach der Einrückung oder der ersten Einrückung als bewirkt.

Bekannte Gläubiger sind durch besondere Mitteilung zur Anmeldung aufzufordern.

§ 50 B.G.B.

Das Vermögen darf den Anfallberechtigten nicht vor
1 Jahr dem Ablaufe eines Jahres nach der Bekanntmachung der Auflösung des Vereins oder der Entziehung der Rechtsfähigkeit ausgeantwortet werden.

§ 51 B.G.B.

Aufsetzen bei Pferden 2c.

Für den Verkauf von Nutz- und Zugtieren gelten als Hauptmängel:

I. bei Pferden, Eseln, Mauleseln und Maultieren:

Ziff. 6. Koppen (Krippensetzen, Aufsetzen, Freikoppen, Luftschnappen, Windschnappen) mit einer Gewährsfrist
14 Tage von vierzehn Tagen.

Der Verkäufer hat nur bestimmte Fehler (Hauptmängel) und diese nur dann zu vertreten, wenn sie sich innerhalb bestimmter Fristen (Gewährsfristen) zeigen.

Die Hauptmängel und die Gewährsfristen werden durch eine mit Zustimmung des Bundesrats zu erlassende Kaiserliche Verordnung bestimmt. Die Bestimmung kann auf demselben Wege ergänzt und abgeändert werden.

§ 482 B.G.B.; § 1 Abs. 1 Ziff. 6 der kaiserlichen Verordnung vom 27. März 1899 betr. die Hauptmängel und Gewährfristen beim Viehhandel.

Aufsichtsrat einer Aktiengesellschaft.

Der Aufsichtsrat besteht, sofern nicht der Gesellschaftsvertrag eine höhere Zahl festsetzt, aus drei von der Generalversammlung zu wählenden Mitgliedern.

Die Wahl des ersten Aufsichtsrats gilt für die Zeit bis zur Beendigung der ersten Generalversammlung, welche nach
1 Jahr dem Ablaufe eines Jahres seit der Eintragung der Gesellschaft in das Handelsregister zur Beschlußfassung über die Jahresbilanz abgehalten wird.

Später kann der Aufsichtsrat nicht für längere Zeit als bis zur Beendigung derjenigen Generalversammlung gewählt werden, welche über die Bilanz für das vierte Geschäftsjahr nach der Ernennung beschließt; das Geschäftsjahr, in welchem die Ernennung erfolgt, wird hiebei nicht mitgerechnet.

Die Bestellung zum Mitgliede des Aufsichtsrats kann auch vor dem Ablaufe des Zeitraums, für den das Mitglied gewählt ist, durch die Generalversammlung widerrufen werden. Sofern nicht der Gesellschaftsvertrag ein Anderes bestimmt, bedarf der Beschluß einer Mehrheit, die mindestens drei Vierteile des bei der Beschlußfassung vertretenen Grundkapitals umfaßt.

§ 243 H.G.

Auftrag.

Wer zur Besorgung gewisser Geschäfte öffentlich bestellt ist oder sich öffentlich erboten hat, ist, wenn er einen auf solche Geschäfte gerichteten Auftrag nicht annimmt, verpflichtet, die Ablehnung dem Auftraggeber unverzüglich anzuzeigen. Das Gleiche gilt, wenn sich Jemand dem Auftraggeber gegenüber zur Besorgung gewisser Geschäfte erboten hat. unverzüglich

Der Auftrag kann von dem Auftraggeber jederzeit widerrufen, von dem Beauftragten jederzeit gekündigt werden. jederzeit

Der Beauftragte darf nur in der Art kündigen, daß der Auftraggeber für die Besorgung des Geschäfts anderweit Fürsorge treffen kann, es sei denn, daß ein wichtiger Grund für die unzeitige Kündigung vorliegt. Kündigt er ohne solchen Grund zur Unzeit, so hat er dem Auftraggeber den daraus entstehenden Schaden zu ersetzen.

§ 663, 671 B.G.B.

Augenentzündung, periodische, bei Pferden 2c.

Der Verkäufer hat nur bestimmte Fehler (Hauptmängel) und diese nur dann zu vertreten, wenn sie sich innerhalb bestimmter Fristen (Gewährfristen) zeigen.

Die Hauptmängel und die Gewährfristen werden durch eine mit Zustimmung des Bundesrats zu erlassende kaiserliche Verordnung bestimmt. Die Bestimmung kann auf demselben Wege ergänzt und abgeändert werden.

§ 482 B.G.B.

Für den Verkauf von Nutz- und Zugtieren gelten als Hauptmängel:

I. bei Pferden, Eseln, Mauleseln und Maultieren:

Ziff. 5. Periodische Augenentzündung (innere Augenentzündung, Mondblindheit) mit einer Gewährsfrist von vier-
14 Tage zehn Tagen; als periodische Augenentzündung ist anzusehen die auf inneren Einwirkungen beruhende, entzündliche Veränderung an den inneren Organen des Auges;

§ 1 Abs. 1 Ziff. 5 der kaiserl. V.O. vom 27. März 1899, betr. die Hauptmängel und Gewährsfristen beim Viehhandel.

Ausantwortung des Vereinsvermögens an die Anfallberechtigten.

Das Vermögen darf den Anfallberechtigten nicht vor dem
1 Jahr Ablauf eines Jahres nach der Bekanntmachung der Auflösung des Vereines oder der Entziehung der Rechtsfähigkeit ausgeantwortet werden.

§ 51 B.G.B.

Ausantwortung des Stiftungsvermögens an die Anfallberechtigten.

siehe unter: „Stiftungsvermögen".

Auseinandersetzung des Nachlasses.

Der Erblasser kann durch letztwillige Verfügung die Auseinandersetzung in Ansehung des Nachlasses oder einzelner Nachlaßgegenstände ausschließen oder von der Einhaltung einer Kündigungsfrist abhängig machen. Die Verfügung wird un-
30 Jahre wirksam, wenn dreißig Jahre seit dem Eintritte des Erbfalls verstrichen sind. Der Erblasser kann jedoch anordnen, daß die Verfügung bis zum Eintritte eines bestimmten Ereignisses in der Person eines Miterben oder, falls er eine Nacherbfolge oder ein Vermächtnis anordnet, bis zum Eintritte der Nacherbfolge oder bis zum Anfalle des Vermächtnisses gelten soll. Ist der Miterbe, in dessen Person das Ereignis eintreten soll, eine juristische Person, so bewendet es bei der dreißigjährigen Frist.

§ 2044 B.G.B.

Auslobung.

Eine Auslobung, die eine Preisbewerbung zum Gegenstande hat, ist nur gültig, wenn in der Bekanntmachung eine
Frist Frist für die Bewerbung bestimmt wird.

Die Entscheidung darüber, ob eine innerhalb der Frist erfolgte Bewerbung der Auslobung entspricht oder welche von mehreren Bewerbungen den Vorzug verdient, ist durch die in der Auslobung bezeichnete Person, in Ermangelung einer solchen durch den Auslobenden zu treffen. Die Entscheidung ist für die Beteiligten verbindlich. rc. —

§ 661 B.G.B.

Ausschlagung einer Erbschaft.

Die Erbschaft geht auf den berufenen Erben unbeschadet des Rechts über, sie auszuschlagen (Anfall der Erbschaft).

Der Fiskus kann die ihm als gesetzlichem Erben angefallene Erbschaft nicht ausschlagen.

Der Erbe kann die Erbschaft nicht mehr ausschlagen, wenn er sie angenommen hat oder wenn die für die Ausschlagung vorgeschriebene Frist verstrichen ist; mit dem Ablaufe Frist der Frist gilt die Erbschaft als angenommen.

Die Ausschlagung kann nur binnen sechs Wochen er- 6 Wochen folgen.

Die Frist beginnt mit dem Zeitpunkt, in welchem der Erbe von dem Anfall und dem Grunde der Berufung Kenntnis erlangt. Ist der Erbe durch Verfügung von Todeswegen berufen, so beginnt die Frist nicht vor der Verkündung der Verfügung. Auf den Lauf der Frist finden die für die Verjährung geltenden Vorschriften der §§ 203, 206 (siehe unten bei IIa „Verjährungsabschnitt") entsprechende Anwendung.

Die Frist beträgt sechs Monate, wenn der Erblasser 6 Monate seinen letzten Wohnsitz nur im Auslande gehabt hat oder wenn sich der Erbe bei dem Beginne der Frist im Auslande aufhält.

§§ 1942, 1943, 1944 B.G.B.

Ausschlußfrist im Konkurse.

Konkursgläubiger, deren Forderungen nicht festgestellt sind und für deren Forderungen ein mit der Vollstreckungsklausel versehener Schuldtitel, ein Endurteil oder ein Vollstreckungsbefehl nicht vorliegt, haben bis zum Ablaufe einer Ausschlußfrist von zwei Wochen nach der öffentlichen Bekannt- 2 Wochen machung dem Verwalter den Nachweis zu führen, daß und für welchen Betrag die Feststellungsklage erhoben oder das Verfahren in dem früher anhängigen Prozesse aufgenommen ist.

Wird der Nachweis nicht rechtzeitig geführt, so werden die Forderungen bei der vorzunehmenden Verteilung nicht berücksichtigt.

§ 152 der R.K.O. in der Fassung vom 20. Mai 1898.

3 Tage| Binnen drei Tagen nach dem Ablaufe der Ausschlußfrist hat der Verwalter die auf Grund der vorstehenden Bestimmungen erforderlichen Aenderungen des Verzeichnisses zu bewirken.

Bei einer Abschlagsverteilung sind Einwendungen gegen
1 Woche das Verzeichnis bis zum Ablaufe einer Woche nach dem Ende der Ausschlußfrist bei dem Konkursgerichte zu erheben. ꝛc. —

§§ 157, 158 K.O.

Außerordentliche Kündigung der Miete.

Wird dem Mieter der vertragsmäßige Gebrauch der gemieteten Sache ganz oder zum Teil nicht rechtzeitig gewährt oder wieder entzogen, so kann der Mieter ohne Einhaltung einer Kündigungsfrist das Mietverhältnis kündigen. Die Kündigung ist erst zulässig, wenn der Vermieter eine ihm von dem
Frist Mieter bestimmte angemessene Frist hat verstreichen lassen, ohne Abhülfe zu schaffen. Der Bestimmung einer Frist bedarf es nicht, wenn die Erfüllung des Vertrags in Folge des die Kündigung rechtfertigenden Umstandes für den Mieter kein Interesse hat.

Wegen einer unerheblichen Hinderung oder Vorenthaltung des Gebrauches ist die Kündigung nur zulässig, wenn sie durch ein besonderes Interesse des Mieters gerechtfertigt wird.

Bestreitet der Vermieter die Zulässigkeit der erfolgten Kündigung, weil er den Gebrauch der Sache rechtzeitig gewährt oder vor dem Ablaufe der Frist die Abhülfe bewirkt habe, so trifft ihn die Beweislast.

§ 542 B.G.B.

ohne Frist Der Vermieter kann ohne Einhaltung einer Kündigungsfrist das Mietverhältnis kündigen, wenn der Mieter oder derjenige, welchem der Mieter den Gebrauch der gemieteten Sache überlassen hat, ungeachtet einer Abmahnung des Vermieters einen vertragswidrigen Gebrauch der Sache fortsetzt, der die Rechte des Vermieters in erheblichem Maße verletzt, insbesondere einem Dritten den ihm unbefugt überlassenen Gebrauch beläßt, oder die Sache durch Vernachlässigung der dem Mieter obliegenden Sorgfalt erheblich gefährdet. —

Der Vermieter kann ohne Einhaltung einer Kündigungsfrist das Mietverhältnis kündigen, wenn der Mieter für zwei auf einander folgende Termine mit der Entrichtung des Mietzinses oder eines Teiles des Mietzinses in Verzug ist. Die Kündigung ist ausgeschlossen, wenn der Mieter den Vermieter befriedigt, bevor sie erfolgt. ohne Frist 2 Termine

Die Kündigung ist unwirksam, wenn sich der Mieter von seiner Schuld durch Aufrechnung befreien konnte und unverzüglich nach der Kündigung die Aufrechnung erklärt. unverzüglich

§§ 553, 554 B.G.B.

Aussteuer.

Der Vater ist verpflichtet, einer Tochter im Falle ihrer Verheiratung zur Einrichtung des Haushalts eine angemessene Aussteuer zu gewähren, soweit er bei Berücksichtigung seiner sonstigen Verpflichtungen ohne Gefährdung seines standesmäßigen Unterhalts dazu im stande ist und nicht die Tochter ein zur Beschaffung der Aussteuer ausreichendes Vermögen hat. Die gleiche Verpflichtung trifft die Mutter, wenn der Vater zur Gewährung der Aussteuer außer stande oder wenn er gestorben ist.

Die Vorschriften des § 1604 und des § 1607 Abs. 2 diese beiden Paragraphen lauten:

§ 1604: „Soweit die Unterhaltspflicht einer Frau ihren Verwandten gegenüber davon abhängt, daß sie zur Gewährung des Unterhalts im stande ist, kommt die dem Manne an dem eingebrachten Gute zustehende Verwaltung und Nutznießung nicht in Betracht.

Besteht allgemeine Gütergemeinschaft, Errungenschaftsgemeinschaft oder Fahrnisgemeinschaft, so bestimmt sich die Unterhaltspflicht des Mannes oder der Frau Verwandten gegenüber so, wie wenn das Gesammtgut dem unterhaltspflichtigen Ehegatten gehörte. Sind bedürftige Verwandte beider Ehegatten vorhanden, so ist der Unterhalt aus dem Gesammtgute so zu gewähren, wie wenn die Bedürftigen zu beiden Ehegatten in dem Verwandtschaftsverhältnisse ständen, auf dem die Unterhaltspflicht des verpflichteten Ehegatten beruht."

§ 1607: „Soweit ein Verwandter auf Grund des § 1603 (nämlich, wenn er bei Berücksichtigung seiner sonstigen Verpflichtungen außer stande ist, ohne Gefährdung seines standesmäßigen Unterhalts den Unterhalt zu gewähren) nicht unterhaltspflichtig ist, hat der nach ihm haftende Verwandte den Unterhalt zu gewähren.

Das Gleiche gilt, wenn die Rechtsverfolgung gegen einen Verwandten im Inland ausgeschlossen oder erheblich erschwert ist. Der Anspruch gegen einen solchen Verwandten geht, soweit ein anderer Verwandter den Unterhalt gewährt, auf diesen über. Der Uebergang kann nicht zum Nachteile des Unterhaltsberechtigten geltend gemacht werden".] finden entsprechende Anwendung.

§ 1620 B.G.B.

Der Vater und die Mutter können die Aussteuer verweigern, wenn sich die Tochter ohne die erforderliche elterliche Einwilligung verheiratet.

Das Gleiche gilt, wenn sich die Tochter einer Verfehlung schuldig gemacht hat, die den Verpflichteten berechtigt, ihr den Pflichtteil zu entziehen.

Die Tochter kann eine Aussteuer nicht verlangen, wenn sie für eine frühere Ehe von dem Vater oder der Mutter eine Aussteuer erhalten hat.

Der Anspruch auf die Aussteuer ist nicht übertragbar.
1 Jahr Er verjährt in einem Jahre von der Eingehung der Ehe an.

§§ 1621, 1622 und 1623 B.G.B.

Austritt aus einem Lehrverhältnis.

Wird von dem gesetzlichen Vertreter eines Lehrlings oder, sofern dieser volljährig ist, von ihm selbst dem Lehrherrn die schriftliche Erklärung abgegeben, daß der Lehrling zu einem anderen Gewerbe oder zu einem anderen Berufe übergehen werde, so endigt, wenn nicht der Lehrling früher entlassen
1 Monat wird, das Lehrverhältnis nach dem Ablaufe eines Monats.

Tritt der Lehrling der abgegebenen Erklärung zuwider
9 Monate vor dem Ablaufe von neun Monaten nach der Beendigung des Lehrverhältnisses in ein anderes Geschäft als Handlungslehrling oder als Handlungsgehilfe ein, so ist er dem Lehrherrn zum Ersatze des diesem durch die Beendigung des Lehrverhältnisses

entstehenden Schadens verpflichtet. Mit ihm haftet als Gesammtschuldner der neue Lehrherr oder Prinzipal, sofern er von dem Sachverhalte Kenntnis hatte.

§ 78 des H.G.B.

Auszahlung des Geschäftsguthabens eines ausgeschiedenen Genossen bei Erwerbs- und Wirtschaftsgenossenschaften.

Die Auseinandersetzung des Ausgeschiedenen mit der Genossenschaft bestimmt sich nach der Vermögenslage derselben und dem Bestande der Mitglieder zur Zeit seines Ausscheidens.

Die Auseinandersetzung erfolgt auf Grund der Bilanz. Das Geschäftsguthaben des Genossen ist binnen sechs Monaten 6 Monate nach dem Ausscheiden auszuzahlen; an den Reservefonds und das sonstige Vermögen der Genossenschaft hat er keinen Anspruch. Reicht das Vermögen einschließlich des Reservefonds und aller Geschäftsguthaben zur Deckung der Schulden nicht aus, so hat der Ausgeschiedene von dem Fehlbetrage den ihn treffenden Anteil an die Genossenschaft zu zahlen; der Anteil wird in Ermangelung einer anderen Bestimmung des Statuts nach der Kopfzahl der Mitglieder berechnet.

§ 73 des R.G. betr. die Erwerbs- und Wirtschaftsgenossenschaften in der Fassung vom 20. Mai 1898.

Die Klage des ausgeschiedenen Genossen auf Auszahlung des Geschäftsguthabens verjährt in zwei Jahren. 2 Jahre

§ 74 des Erwerbs- und Wirtschaftsgenossenschaftsgesetzes.

Wird die Genossenschaft binnen sechs Monaten nach dem 6 Monate Ausscheiden des Genossen aufgelöst, so gilt dasselbe als nicht erfolgt.

§ 75 des Erwerbs- und Wirtschaftsgenossenschaftsgesetzes.

Bauchschlägigkeit bei Pferden, Eseln 2c.

Der Verkäufer hat nur bestimmte Fehler (Hauptmängel) und diese nur dann zu vertreten, wenn sie sich innerhalb bestimmter Fristen (Gewährsfristen) zeigen.

Die Hauptmängel und Gewährfristen werden durch eine mit Zustimmung des Bundesrats zu erlassende Kaiserliche Verordnung bestimmt. Die Bestimmung kann auf demselben Wege ergänzt und abgeändert werden.

§ 482 des B.G.B.

Für den Verkauf von Nutz- und Zuchttieren gelten als Hauptmängel:

I. bei Pferden, Eseln, Mauleseln und Maultieren:

Ziff. 3. Dämpfigkeit (Dampf, Hartschlägigkeit, Bauchschlägigkeit) mit einer Gewährfrist von vierzehn Tagen; als
14 Tage
Dämpfigkeit ist anzusehen die Athembeschwerde, die durch einen chronischen, unheilbaren Krankheitszustand der Lungen oder des Herzens bewirkt wird. —

§ 1 der kaiserlichen Verordnung vom 27. März 1899 betreffend die Hauptmängel und Gewährfristen beim Viehhandel. —

Bedürftigkeit des Schenkers:

Der Anspruch auf Herausgabe des Geschenkes ist ausgeschlossen, wenn der Schenker seine Bedürftigkeit vorsätzlich oder durch grobe Fahrlässigkeit herbeigeführt hat oder wenn zur Zeit des Eintrittes seiner Bedürftigkeit seit der Leistung des ge-
10 Jahre
schenkten Gegenstandes zehn Jahre verstrichen sind.

Das Gleiche gilt, soweit der Beschenkte bei Berücksichtigung seiner sonstigen Verpflichtungen außer stande ist, das Geschenk herauszugeben, ohne daß sein standesmäßiger Unterhalt oder die Erfüllung der ihm kraft Gesetzes obliegenden Unterhaltspflichten gefährdet wird. —

§ 529 B.G.B.

Befreiung von der Nachschußpflicht bei Gesellschaften mit beschränkter Haftung:

Ist die Nachschußpflicht nicht auf einen bestimmten Betrag beschränkt, so hat jeder Gesellschafter, falls er die Stammeinlage vollständig eingezahlt hat, daß Recht, sich von der Zahlung des auf den Geschäftsanteil eingeforderten Nachschusses
1 Monat
dadurch zu befreien, daß er innerhalb eines Monats nach der Aufforderung zur Einzahlung den Geschäftsanteil der Gesellschaft zur Befriedigung aus demselben zur Verfügung stellt. Ebenso kann die Gesellschaft, wenn der Gesellschafter binnen der
1 Monat
angegebenen Frist weder von der bezeichneten Befugnis Gebrauch macht, noch die Einzahlung leistet, demselben mittels eingeschriebenen Briefes erklären, daß sie den Geschäftsanteil als zur Verfügung gestellt betrachte.

1 Monat
Die Gesellschaft hat den Geschäftsanteil innerhalb eines Monats nach der Erklärung des Gesellschafters oder der Gesellschaft im Wege öffentlicher Versteigerung verkaufen zu lassen.

Eine andere Art des Verkaufs ist nur mit Zustimmung des Gesellschafters zulässig. Ein nach Deckung der Verkaufskosten und des rückständigen Nachschusses verbleibender Überschuß gebührt dem Gesellschafter.

Ist die Befriedigung der Gesellschaft durch den Verkauf nicht zu erlangen, so fällt der Geschäftsanteil der Gesellschaft zu. Dieselbe ist befugt, den Anteil für eigene Rechnung zu veräußern.

Im Gesellschaftsvertrage kann die Anwendung der vorstehenden Bestimmungen auf den Fall beschränkt werden, daß die auf den Geschäftsanteil eingeforderten Nachschüsse einen bestimmten Betrag überschreiten.

§ 27 des R.G. betr. die Gesellschaften mit beschränkter Haftung in der Fassung vom 20. Mai 1898.

Befriedigung aus Pfandgegenständen:

Der Pfandgläubiger hat dem Eigentümer den Verkauf vorher anzudrohen und dabei den Geldbetrag zu bezeichnen, wegen dessen der Verkauf stattfinden soll. Die Androhung kann erst nach dem Eintritte der Verkaufsberechtigung erfolgen; sie darf unterbleiben, wenn sie unthunlich ist.

Der Verkauf darf nicht vor dem Ablaufe eines Monats 1 Monat
nach der Androhung erfolgen. Ist die Androhung unthunlich, so wird der Monat von dem Eintritte der Verkaufsberechtigung an berechnet.

§ 1234 B.G.B.

Der Gläubiger ist kraft des Zurückbehaltungsrechtes befugt, sich aus dem zurückbehaltenen Gegenstande für seine Forderung zu befriedigen. Steht einem Dritten ein Recht an dem Gegenstande zu, gegen welches das Zurückbehaltungsrecht nach § 369 Abs. II [nämlich: einem Dritten gegenüber besteht das Zurückbehaltungsrecht insoweit, als dem Dritten die Einwendungen gegen den Anspruch des Schuldners auf Herausgabe des Gegenstandes entgegengesetzt werden können"] geltend gemacht werden kann, so hat der Gläubiger in Ansehung der Befriedigung aus dem Gegenstande den Vorrang.

Die Befriedigung erfolgt nach den für das Pfandrecht geltenden Vorschriften des B.G.B. An die Stelle der im § 1234 [siehe oben] des B.G.B. bestimmten Frist von einem Monate tritt eine solche von einer Woche. 1 Woche

Sofern die Befriedigung nicht im Wege der Zwangsvollstreckung stattfindet, ist sie erst zulässig, nachdem der Gläubiger einen vollstreckbaren Titel für sein Recht auf Befriedigung gegen den Eigentümer oder, wenn der Gegenstand ihm selber gehört, gegen den Schuldner erlangt hat; in dem letzteren Falle finden die den Eigentümer betreffenden Vorschriften des B.G.B. über die Befriedigung auf den Schuldner entsprechende Anwendung. In Ermanglung des vollstreckbaren Titels ist der Verkauf des Gegenstandes nicht rechtmäßig.

Die Klage auf Gestattung der Befriedigung kann bei dem Gerichte, in dessen Bezirke der Gläubiger seinen allgemeinen Gerichtsstand oder den Gerichtsstand der Niederlassung hat, erhoben werden.

§ 371 H.G.B.

Bekanntmachungen im Konkurse.

Die öffentlichen Bekanntmachungen erfolgen durch mindestens einmalige Einrückung in das zur Veröffentlichung amtlicher Bekanntmachungen des Gerichts bestimmte Blatt; die Einrückung kann auszugsweise geschehen. Die Bekanntmachung gilt als
2 Tage bewirkt mit dem Ablaufe des zweiten Tages nach der Ausgabe des die Einrückung oder die erste Einrückung enthaltenden Blattes.

Das Gericht kann weitere Bekanntmachungen anordnen. Die öffentliche Bekanntmachung gilt als Zustellung an alle Beteiligten, auch wenn dieses Gesetz neben ihr eine besondere Zustellung vorschreibt.

§ 76 K.O.

Bekanntmachung bei Vereinsauflösung 2c.

Die Auflösung des Vereins oder die Entziehung der Rechtsfähigkeit ist durch die Liquidatoren öffentlich bekannt zu machen. In der Bekanntmachung sind die Gläubiger zur Anmeldung ihrer Ansprüche aufzufordern. Die Bekanntmachung erfolgt durch das in der Satzung für Veröffentlichungen bestimmte Blatt, in Ermangelung eines solchen durch dasjenige Blatt, welches für Bekanntmachungen des Amtsgerichts bestimmt ist, in dessen Bezirk der Verein seinen Sitz hatte. Die Be-
2 Tage kanntmachung gilt mit dem Ablaufe des zweiten Tages nach der Einrückung als bewirkt.

Bekannte Gläubiger sind durch besondere Mitteilung zur Anmeldung aufzufordern.

§ 50 B.G.B.

Benachrichtigung bei Wechselprotest:

Der Inhaber eines mangels Zahlung protestirten Wechsels ist verpflichtet, seinen unmittelbaren Vormann innerhalb zweier Tage nach dem Tage der Protesterhebung von der Nichtzahlung des Wechsels schriftlich zu benachrichtigen, zu welchem Ende es genügt, wenn das Benachrichtigungsschreiben innerhalb dieser Frist zur Post gegeben ist. Jeder benachrichtigte Vormann muß binnen derselben, vom Tage des empfangenen Berichts zu berechnenden Frist seinen nächsten Vormann in gleicher Weise benachrichtigen. Der Inhaber oder Indossatar, welcher die Benachrichtigung unterläßt oder dieselbe nicht an den unmittelbaren Vormann ergehen läßt, wird hiedurch den sämtlichen oder den übersprungenen Vormännern zum Ersatze des aus der unterlassenen Benachrichtigung entstandenen Schadens verpflichtet. Auch verliert derselbe gegen diese Personen den Anspruch auf Zinsen und Kosten, so daß er nur die Wechselsumme zu fordern berechtigt ist.

2 Tage

2 Tage

Artikel 45 der allgemeinen deutschen Wechselordnung.

Berechnung der Fristen:

Ist für den Anfang einer Frist ein Ereignis oder ein in den Lauf des Tages fallender Zeitpunkt maßgebend, so wird bei der Berechnung der Frist der Tag nicht mitgerechnet, in welchen das Ereignis oder der Zeitpunkt fällt.

Ist der Beginn eines Tages der für den Anfang einer Frist maßgebende Zeitpunkt, so wird dieser Tag bei der Berechnung dieser Frist mitgerechnet. Das Gleiche gilt von dem Tage der Geburt bei Berechnung des Lebensalters.

§ 187 B.G.B.

Eine nach Tagen bestimmte Frist endigt mit dem Ablaufe des letzten Tages der Frist.

Eine Frist, die nach Wochen, nach Monaten oder nach einem mehrere Monate umfassenden Zeitraum — Jahr, halbes Jahr, Vierteljahr — bestimmt ist, endigt im Falle des § 187 Absatz 1 (siehe oben) mit dem Ablaufe desjenigen Tages der letzten Woche, oder des letzten Monats, welcher durch seine

Benennung oder seine Zahl dem Tage entspricht, in den das Ereignis oder der Zeitpunkt fällt, im Falle des § 187 Absatz 2 (siehe oben) mit dem Ablaufe desjenigen Tages der letzten Woche oder des letzten Monats, welcher dem Tage vorhergeht, der durch seine Benennung oder seine Zahl dem Anfangstage der Frist entspricht.

Fehlt bei einer nach Monaten bestimmten Frist in dem letzten Monate der für ihren Ablauf maßgebende Tag, so endigt die Frist mit dem Ablaufe des letzten Tages dieses Monats.

§ 188 B.G.B.

6 Monate Unter einem halben Jahr wird eine Frist von sechs
3 Monate Monaten, unter einem Vierteljahr eine Frist von drei Monaten,
15 Tage unter einem halben Monat eine Frist von fünfzehn Tagen verstanden.

Ist eine Frist auf einen oder mehrere ganze Monate und einen halben Monat gestellt, so sind die fünfzehn Tage zuletzt zu zählen.

§ 189 B.G.B.

Im Falle der Verlängerung einer Frist wird die neue Frist von dem Ablaufe der vorigen Frist an berechnet.

§ 190 B.G.B.

Ist ein Zeitraum nach Monaten oder nach Jahren in dem Sinne bestimmt, daß er nicht zusammenhängend zu ver-
30 Tage laufen braucht, so wird der Monat zu dreißig, das Jahr zu
365 Tage dreihundertfünfundsechzig Tagen gerechnet.

§ 191 B.G.B.

Unter Anfang des Monats wird der erste, unter Mitte
15 ten des Monats der fünfzehnte, unter Ende des Monats der letzte Tag des Monats verstanden.

§ 192 B.G.B.

Ist an einem bestimmten Tag oder innerhalb einer Frist eine Willenserklärung abzugeben oder eine Leistung zu bewirken, und fällt der bestimmte Tag oder der letzte Tag der Frist auf einen Sonntag oder einen am Erklärungs- oder Leistungsorte staatlich anerkannten allgemeinen Feiertag, so tritt an die Stelle des Sonntags oder des Feiertags der nächstfolgende Werktag.

§ 193 B.G.B.

Ist als Zeit der Leistung das Frühjahr oder der Herbst oder ein in ähnlicher Weise bestimmter Zeitpunkt vereinbart, so entscheidet im Zweifel der Handelsgebrauch des Ortes der Leistung.

Ist eine Frist von acht Tagen vereinbart, so sind hier- unter im Zweifel volle acht Tage zu verstehen. 8 Tage

§ 359 des Deutschen H.G.B.

Berichtigung von Nachlaßverbindlichkeiten.

Der Erbe ist berechtigt, die Berichtigung einer Nachlaß- verbindlichkeit bis zum Ablaufe der ersten drei Monate nach 3 Monate der Annahme der Erbschaft, jedoch nicht über die Errichtung des Inventars hinaus zu verweigern.

§ 2014 B.G.B.

Hat der Erbe den Antrag auf Erlassung des Aufgebots der Nachlaßgläubiger innerhalb eines Jahres nach der Annahme 1 Jahr der Erbschaft gestellt und ist der Antrag zugelassen, so ist der Erbe berechtigt, die Berichtigung einer Nachlaßverbindlichkeit bis zur Beendigung des Aufgebotsverfahrens zu verweigern.

Der Beendigung des Aufgebotsverfahrens steht es gleich, wenn der Erbe in dem Aufgebotstermine nicht erschienen ist und nicht binnen zwei Wochen die Bestimmung eines neuen 2 Wochen Termines beantragt oder wenn er auch in dem neuen Termine nicht erscheint.

Wird das Ausschlußurteil erlassen oder der Antrag auf Erlassung des Urteils zurückgewiesen, so ist das Verfahren nicht vor dem Ablauf einer mit der Verkündigung der Entscheidung beginnenden Frist von zwei Wochen und nicht vor der Er- 2 Wochen ledigung einer rechtzeitig eingelegten Beschwerde als beendigt anzusehen. —

§ 2015 B.G.B.

Wird vor der Annahme der Erbschaft zur Verwaltung des Nachlasses ein Nachlaßpfleger bestellt, so beginnen die in § 2014 [siehe oben] und im § 2015 Abs. 1 [siehe oben] be- stimmten Fristen mit der Bestellung.

§ 2017 B.G.B.

Berufung der Generalversammlung bei Aktien- gesellschaften.

Die Generalversammlung beschließt über die Genehmigung des Jahresbilanz und die Gewinnverteilung sowie über die Entlastung des Vorstandes und des Aufsichtsrats.

Der Vorstand hat in den ersten drei Monaten des Ge- 3 Monate schäftsjahrs für das verflossene Geschäftsjahr eine Bilanz, eine

Gewinn- und Verlustrechnung sowie einen den Vermögensstand und die Verhältnisse der Gesellschaft entwickelnden Bericht dem Aufsichtsrat und mit dessen Bemerkungen der General-Versammlung vorzulegen. Im Gesellschaftsvertrage kann eine andere
6 Monate Frist, jedoch nicht über die Dauer von sechs Monaten hinaus bestimmt werden.

§ 260 H.G.B.

Beseitigung des Mangels bei Werkverträgen.

Der Unternehmer ist verpflichtet, das Werk so herzustellen, daß es die zugesicherten Eigenschaften hat und nicht mit Fehlern behaftet ist, die den Wert oder die Tauglichkeit zu dem gewöhnlichen oder dem nach dem Vertrage vorausgesetzten Gebrauch aufheben oder mindern.

Ist das Werk nicht von dieser Beschaffenheit, so kann der Besteller die Beseitigung des Mangels verlangen. Der Unternehmer ist berechtigt, die Beseitigung zu verweigern, wenn sie einen unverhältnismäßigen Aufwand erfordert.

Ist der Unternehmer mit der Beseitigung des Mangels im Verzuge, so kann der Besteller den Mangel selbst beseitigen und Ersatz der erforderlichen Aufwendungen verlangen.

§ 633 B.G.B.

Zur Beseitigung eines Mangels der im § 633 [siehe oben] bezeichneten Art kann der Besteller dem Unternehmer
angemessene Frist
eine angemessene Frist mit der Erklärung bestimmen, daß er die Beseitigung des Mangels nach dem Ablaufe der Frist ablehne. Zeigt sich schon vor der Ablieferung des Werkes ein Mangel, so kann der Besteller die Frist sofort bestimmen; die Frist muß so bemessen werden, daß sie nicht vor der für die Ablieferung bestimmten Frist abläuft. Nach dem Ablaufe der Frist kann der Besteller Rückgängigmachung des Vertrages (Wandelung) oder Herabsetzung der Vergütung (Minderung) verlangen, wenn nicht der Mangel rechtzeitig beseitigt worden ist; der Anspruch auf Beseitigung des Mangels ist ausgeschlossen.

Der Bestimmung einer Frist bedarf es nicht, wenn die Beseitigung des Mangels unmöglich ist oder von dem Unternehmer verweigert wird oder wenn die sofortige Geltendmachung des Anspruchs auf Wandelung oder auf Minderung durch ein besonderes Interesse des Bestellers gerechtfertigt wird.

Die Wandelung ist ausgeschlossen, wenn der Mangel den Wert oder die Tauglichkeit des Werkes nur unerheblich mindert.

Auf die Wandelung und die Minderung finden die für den Kauf geltenden Vorschriften der §§ 465 bis 467, 469 bis 475 [siehe unten bei „Wandelung" und „Minderung"] entsprechende Anwendung.

§ 634 B.G.B.

Beseitigung von Hindernissen bei Eintragungen in das Grundbuch.

Werden mehrere Eintragungen beantragt, durch die dasselbe Recht betroffen wird, so darf die später beantragte Eintragung nicht vor der Erledigung des früher gestellten Antrages erfolgen.

§ 17 Grundbuchordnung.

Steht einer beantragten Eintragung ein Hindernis entgegen, so hat das Grundbuchamt entweder den Antrag unter Angabe der Gründe zurückzuweisen oder dem Antragsteller eine angemessene Frist zur Hebung des Hindernisses zu bestimmen. angemessene Frist Im letzteren Falle ist der Antrag nach dem Ablaufe der Frist zurückzuweisen, wenn nicht inzwischen die Hebung des Hindernisses nachgewiesen ist.

Wird vor der Erledigung des Antrags eine andere Eintragung beantragt, durch die dasselbe Recht betroffen wird, so ist zu Gunsten des früher gestellten Antrages von Amtswegen eine Vormerkung oder ein Widerspruch einzutragen; die Eintragung gilt im Sinne des § 17 [siehe oben] als Erledigung dieses Antrags. Die Vormerkung oder der Widerspruch wird von Amtswegen gelöscht, wenn der früher gestellte Antrag zurückgewiesen wird.

§ 18 Grundbuchordnung.

Beseitigung einer Gefährdung der Hypothek.

Ist infolge einer Verschlechterung des Grundstücks die Sicherheit der Hypothek gefährdet, so kann der Gläubiger dem Eigentümer eine angemessene Frist zur Beseitigung der Gefährdung bestimmen. angemessene Frist Nach dem Ablaufe der Frist ist der Gläubiger berechtigt, sofort Befriedigung aus dem Grundstücke zu suchen, wenn nicht die Gefährdung durch Verbesserung des Grundstücks oder durch anderweitige Hypothekenbestellung beseitigt worden ist. Ist die Forderung unverzinslich und noch nicht fällig, so gebührt dem Gläubiger nur die Summe, welche mit Hinzurechnung der gesetzlichen Zinsen für die Zeit von der Zahlung bis zur Fälligkeit dem Betrage der Forderung gleichkommt.

§ 1133 B.G.B.

Bewegliche Sache, hier Kündigung der Miete.

Bei beweglichen Sachen hat die Kündigung spätestens
3 Tage am dritten Tage vor dem Tage zu erfolgen, an welchem das Mietverhältnis endigen soll.

§ 565 Abs. II des B G.B.

Bezugsrecht von neuen Aktien.

Jedem Aktionär muß auf sein Verlangen ein seinem Anteil an dem bisherigen Grundkapital entsprechender Teil der neuen Aktien zugeteilt werden, soweit nicht in dem Beschluß über die Erhöhung des Grundkapitals ein Anderes bestimmt ist.

Der Betrag, zu welchem die neuen Aktien an die Aktionäre ausgegeben werden, ist von dem Vorstand in den Gesellschaftsblättern zu veröffentlichen. In der Veröffentlichung kann eine Frist für die Ausübung des Bezugsrechts bestimmt
2 Wochen werden; die Frist muß mindestens zwei Wochen betragen.

§ 282 H.G.B.

Bilanz eines Einzelkaufmanns.

Jeder Kaufmann hat bei dem Beginne seines Handelsgewerbes seine Grundstücke, seine Forderungen und Schulden, den Betrag seines baaren Geldes und seine sonstigen Vermögensgegenstände genau zu verzeichnen, dabei den Wert der einzelnen Vermögensgegenstände anzugeben und einen das Verhältnis des Vermögens und der Schulden darstellenden Abschluß zu machen.

1 Jahr Er hat demnächst für den Schluß eines jeden Geschäftsjahrs ein solches Inventar und eine solche Bilanz aufzustellen; die Dauer des Geschäftsjahres darf zwölf Monate nicht überschreiten. Die Aufstellung des Inventars und der Bilanz ist innerhalb der einem ordnungsmäßigen Geschäftsgang entsprechenden Zeit zu bewirken.

Hat der Kaufmann ein Waarenlager, bei dem nach der Beschaffenheit des Geschäfts die Aufnahme des Inventars nicht füglich in jedem Jahre geschehen kann, so genügt es, wenn sie alle zwei Jahre erfolgt. Die Verpflichtung zur jährlichen Auf- 2 Jahre
stellung der Bilanz wird hiedurch nicht berührt.

§ 39 H.G.B.

Bilanz einer offenen Handelsgesellschaft.

Am Schlusse jedes Geschäftsjahres wird auf Grund der 1 Jahr
Bilanz der Gewinn oder der Verlust des Jahres ermittelt und für jeden Gesellschafter sein Anteil daran berechnet.

Der einem Gesellschafter zukommende Gewinn wird dem Kapitalanteile des Gesellschafters zugeschrieben; der auf einen Gesellschafter entfallende Verlust sowie das während des Geschäftsjahrs auf den Kapitalanteil entnommene Geld wird davon abgeschrieben.

§ 120 H.G.B.

Bilanz einer Aktiengesellschaft.

Die Generalversammlung beschließt über die Genehmigung der Jahresbilanz und die Gewinnverteilung sowie über die Entlastung des Vorstandes und des Aufsichtsrats.

Der Vorstand hat in den ersten drei Monaten des Ge- 3 Monate
schäftsjahrs für das verflossene Geschäftsjahr eine Bilanz, eine Gewinn- und Verlustrechnung sowie einen den Vermögensstand und die Verhältnisse der Gesellschaft entwickelnden Bericht dem Aufsichtsrat und mit dessen Bemerkungen der Generalversammlung vorzulegen. Im Gesellschaftsvertrage kann eine andere Frist, jedoch nicht über die Dauer von sechs Monaten hinaus, 6 Monate
bestimmt werden.

§ 260 H.G.B.

Bilanz einer Erwerbs- und Wirtschaftsgenossenschaft.

Der Vorstand ist verpflichtet, Sorge zu tragen, daß die erforderlichen Bücher der Genossenschaft geführt werden.

Er muß binnen sechs Monaten nach Ablauf jedes Ge- 6 Monate
schäftsjahrs die Bilanz desselben, die Zahl der im Laufe des Jahres eingetretenen oder ausgeschiedenen, sowie die Zahl der am Jahresschlusse der Genossenschaft angehörigen Genossen ver-

öffentlichen. Die Bekanntmachung ist zu dem Genossenschaftsregister einzureichen.

§ 33 des Erwerbs- und Wirtschaftsgenossenschaftsgesetzes vom 20. Mai 1898.

Die Generalversammlung hat über die Genehmigung der Bilanz zu beschließen und von dem Gewinn oder Verlust den auf die Genossen fallenden Betrag festzusetzen.

Die Bilanz, sowie eine den Gewinn und Verlust des
1 Jahr Jahres zusammenstellende Berechnung (Jahresrechnung) sollen
1 Woche mindestens eine Woche vor der Versammlung in dem Geschäftslokale der Genossenschaft oder an einer anderen, durch den Vorstand bekannt zu machenden, geeigneten Stelle zur Einsicht der Genossen ausgelegt oder sonst denselben zur Kenntnis gebracht werden. Jeder Genosse ist berechtigt, auf seine Kosten eine Abschrift der Bilanz sowie der Jahresrechnung zu verlangen.

§ 48 des Erwerbs- und Wirtschaftsgenossenschaftsgesetzes in der Fassung vom 20. Mai 1898.

Bilanz einer Gesellschaft mit beschränkter Haftung.

Die Geschäftsführer sind verpflichtet, für die ordnungsgemäße Buchführung der Gesellschaft zu sorgen.

3 Monate Sie müssen in den ersten drei Monaten des Geschäftsjahres die Bilanz für das verflossene Geschäftsjahr nebst einer Gewinn- und Verlustrechnung aufstellen.

Durch den Gesellschaftsvertrag kann die bezeichnete Frist
6 Monate bis auf sechs Monate, bei Gesellschaften, deren Unternehmen den Betrieb von Geschäften in überseeischen Gebieten zum Gegen-
9 Monate stande hat, bis auf neun Monate erstreckt werden.

Für Gesellschaften, bei welchen der Gegenstand des Unternehmens im Betriebe von Bankgeschäften besteht, ist die Bilanz innerhalb der vorbezeichneten Fristen in den im § 30 Abs. 2 bestimmten öffentlichen Blättern [nämlich: in den im Gesellschaftsvertrage für die Bekanntmachungen der Gesellschaft bestimmten öffentlichen Blättern und in Ermangelung solcher in den für die Bekanntmachungen aus dem Handelsregister bestimmten öffentlichen Blätter] durch die Geschäftsführer bekannt zu machen. Die Bekanntmachung ist zum Handelsregister einzureichen.

§ 41 des R.G. betr. die Gesellschaften mit beschränkter Haftung in der Fassung vom 20. Mai 1898.

Billigung eines auf Probe oder auf Besicht gekauften Gegenstandes.

Die Billigung eines auf Probe oder auf Besicht gekauften Gegenstandes kann nur innerhalb der vereinbarten Frist und in Ermangelung einer solchen nur bis zum Ablauf einer dem Käufer von dem Verkäufer bestimmten angemessenen Frist erklärt werden. War die Sache dem Käufer zum Zwecke der Probe oder der Besichtigung übergeben, so gilt sein Schweigen als Billigung. angemessene Frist

§ 496 B.G.B.

Börsenbesuche.

Vom Börsenbesuche sind ausgeschlossen:

1) Personen weiblichen Geschlechts;
2) Personen, welche sich nicht im Besitze der bürgerlichen Ehrenrechte befinden;
3) Personen, welche in Folge gerichtlicher Anordnung in der Verfügung über ihr Vermögen beschränkt sind;
4) Personen, welche wegen betrüglichen Bankerutts rechtskräftig verurteilt sind;
5) Personen, welche wegen einfachen Bankerutts rechtskräftig verurteilt sind;
6) Personen, welche sich im Zustande der Zahlungsunfähigkeit befinden;
7) Personen, gegen welche durch rechtskräftige oder für sofort wirksam erklärte ehrengerichtliche Entscheidung auf Ausschließung von dem Besuche einer Börse erkannt ist.

Die Zulassung oder Wiederzulassung zum Börsenbesuche kann in den Fällen unter 2 und 3 nicht vor der Beseitigung des Ausschließungsgrundes, in dem Falle unter 5 nicht vor Ablauf von sechs Monaten, nachdem die Strafe verbüßt, verjährt oder erlassen ist, erfolgen; sie darf in dem letzteren Falle und ebenso in dem Falle unter 6 nur stattfinden, wenn der Börsenvorstand den Nachweis für geführt erachtet, daß die Schuldverhältnisse sämmtlichen Gläubigern gegenüber durch Zahlung, Erlaß oder Stundung geregelt sind. Einer Person, welche im Wiederholungsfalle in Zahlungsunfähigkeit oder in Konkurs geraten ist, muß die Zulassung oder Wiederzulassung mindestens für die Dauer eines Jahres verweigert werden. In dem Falle unter 4 ist der Ausschluß ein dauernder. 6 Monate 1 Jahr

Die Börsenordnungen können weitere Ausschließungsgründe festsetzen.

Auf Antrag der Börsenorgane kann die Landesregierung in besonderen Fällen Ausnahmen von den Vorschriften über die Ausschließung vom Börsenbesuche zulassen.

§ 7 des Börs.Ges. vom 22. Juni 1896.

Börsenhandel einer Aktiengesellschaft.

Die Zulassung von Aktien eines zur Aktiengesellschaft oder zur Kommanditgesellschaft auf Aktien umgewandelten Unternehmens zum Börsenhandel darf vor Ablauf eines Jahres nach Eintragung der Gesellschaft in das Handelsregister und vor der Veröffentlichung der ersten Jahresbilanz nebst Gewinn- und Verlustrechnung nicht erfolgen. In besonderen Fällen kann diese Frist von der Landesregierung ganz oder teilweise erlassen werden.

1 Jahr

Die Zulassung von Anteilscheinen oder staatlich nicht garantierten Obligationen ausländischer Erwerbsgesellschaften ist davon abhängig, daß die Emittenten sich auf die Dauer von fünf Jahren verpflichten, die Bilanz, sowie die Gewinn- und Verlustrechnung jährlich nach Feststellung derselben in einer oder mehreren von der Zahlungsstelle zu bestimmenden deutschen Zeitungen zu veröffentlichen.

5 Jahre jährlich

§ 39 des Börs.Ges. vom 22. Juni 1896.

Bösliches Verlassen als Ehescheidungsgrund.

Ein Ehegatte kann auf Scheidung klagen, wenn der andere Ehegatte ihn böslich verlassen hat.

Bösliche Verlassung liegt nur vor:

1) wenn ein Ehegatte, nachdem er zur Herstellung der häuslichen Gemeinschaft rechtskräftig verurteilt worden ist, ein Jahr lang gegen den Willen des anderen Ehegatten in böslicher Absicht dem Urteile nicht Folge geleistet hat; (1 Jahr)

2) wenn ein Ehegatte sich ein Jahr lang gegen den Willen des anderen Ehegatten in böslicher Absicht von der häuslichen Gemeinschaft fern gehalten hat und die Voraussetzungen für die öffentliche Zustellung seit Jahresfrist gegen ihn bestanden haben. (1 Jahr)

Die Scheidung ist im Falle des Abs. 2 Nr. 2 unzulässig, wenn die Voraussetzungen für die öffentliche Zustellung am Schlusse der mündlichen Verhandlung, auf die das Urteil ergeht, nicht mehr bestehen.

§ 1567 B.G.B.

Bürgschaft.

Hat sich der Bürge für eine bestehende Verbindlichkeit auf bestimmte Zeit verbürgt, so wird er nach dem Ablaufe der bestimmten Zeit frei, wenn nicht der Gläubiger die Einziehung der Forderung unverzüglich nach Maßgabe des § 772 unverzüglich
[Dieser § 772 lautet: „Besteht die Bürgschaft für eine Geldforderung, so muß die Zwangsvollstreckung in die beweglichen Sachen des Hauptschuldners an seinem Wohnsitze und, wenn der Hauptschuldner an einem anderen Orte eine gewerbliche Niederlassung hat, auch an diesem Orte, in Ermangelung eines Wohnsitzes und einer gewerblichen Niederlassung an seinem Aufenthaltsorte versucht werden. „Steht dem Gläubiger ein Pfandrecht oder ein Zurückbehaltungsrecht an einer beweglichen Sache des Hauptschuldners zu, so muß er auch aus dieser Sache Befriedigung suchen. Steht dem Gläubiger ein solches Recht an der Sache auch für eine andere Forderung zu, so gilt dies nur, wenn beide Forderungen durch den Wert der Sache gedeckt werden."]
betreibt, das Verfahren ohne wesentliche Verzögerung fortsetzt und unverzüglich nach der Beendigung des Verfahrens dem unverzüglich
Bürgen anzeigt, daß er ihn in Anspruch nehme. Steht dem Bürgen die Einrede der Vorausklage nicht zu, so wird er nach dem Ablaufe der bestimmten Zeit frei, wenn nicht der Gläubiger ihm unverzüglich diese Anzeige macht. unverzüglich

Erfolgt die Anzeige rechtzeitig, so beschränkt sich die Haftung des Bürgen im Falle des Absatz 1 Satz 1 auf den Umfang, den die Hauptverbindlichkeit zur Zeit der Beendigung des Verfahrens hat, im Falle des Absatz 1 Satz 2 auf den Umfang, den die Hauptverbindlichkeit bei dem Ablaufe der bestimmten Zeit hat.

§ 777 B.G.B.

Commanditgesellschaft auf Aktien.

Die den Vorstand der Aktiengesellschaft betreffenden Vorschriften:

1. über die Anmeldungen, Einreichungen und Erklärungen zum Handelsregister,

2. über die Berufung der Generalversammlung,
3. über die Aufstellung, Vorlegung und Veröffentlichung der Jahresbilanz und der Gewinn- und Verlustrechnung sowie über die Vorlegung des Geschäftsberichts,
4. über die Anfechtung von Beschlüssen der Generalversammlung,
5. über das Verfahren im Falle der Bestellung von Revisoren zur Prüfung der Bilanz oder zur Prüfung von Vorgängen bei der Gründung oder Geschäftsführung sowie über die Obliegenheiten gegenüber den Revisoren und dem Aufsichtsrate,
6. über die im Falle einer Herabsetzung des Grundkapitals an die Gläubiger zu richtende Aufforderung,
7. über die Geltendmachung von Ersatzansprüchen der Gesellschaft wegen der Geschäftsführung,
8. über die Stellung des Antrages auf Eröffnung des Konkursverfahrens,
9. über die strafrechtliche Verantwortlichkeit und über die Verhängung von Ordnungsstrafen

finden auf die persönlich haftenden Gesellschafter entsprechende Anwendung.

§ 325 H.G.B.

Convaleszenz der Ehe.

Die Ehe wird dadurch geschlossen, daß die Verlobten vor einem Standesbeamten persönlich und bei gleichzeitiger Anwesenheit erklären, die Ehe mit einander eingehen zu wollen. Der Standesbeamte muß zur Entgegennahme der Erklärungen bereit sein.

Die Erklärungen können nicht unter einer Bedingung oder Zeitbestimmung abgegeben werden.

§ 1317 B.G.B.

Eine Ehe ist nichtig, wenn bei der Eheschließung die im § 1317 [siehe oben] vorgeschriebene Form nicht beobachtet worden ist.

Ist die Ehe in das Heiratsregister eingetragen worden
10 Jahre und haben die Ehegatten nach der Eheschließung zehn Jahre
oder, falls einer von ihnen vorher gestorben ist, bis zu dessen
3 Jahre Tode jedoch mindestens drei Jahre, als Ehegatten miteinander
gelebt, so ist die Ehe als von Anfang an gültig anzusehen.

Diese Vorschrift findet keine Anwendung, wenn bei dem Ablaufe der zehn Jahre oder zur Zeit des Todes des einen Ehegatten die Nichtigkeitsklage erhoben ist.

§ 1324 B.G.B.

Dämpfigkeit, Dampf bei Pferden, Eseln ꝛc.

Der Verkäufer hat nur bestimmte Fehler (Hauptmängel) und diese nur dann zu vertreten, wenn sie sich innerhalb bestimmter Fristen (Gewährfristen) zeigen.

Die Hauptmängel und die Gewährfristen werden durch eine mit Zustimmung des Bundesrats zu erlassende kaiserliche Verordnung bestimmt. Die Bestimmung kann auf demselben Wege ergänzt und abgeändert werden.

§ 482 B.G.B.

Für den Verkauf von Nutz- und Zuchttieren gelten als Hauptmängel:

I bei Pferden, Eseln, Mauleseln und Maultieren:

3. Dämpfigkeit (Dampf, Hautschlägigkeit, Bauchschlägigkeit) mit einer Gewährfrist von vierzehn Tagen; 14 Tage als Dämpfigkeit ist anzusehen die Atembeschwerde, die durch einen chronischen, unheilbaren Krankheitszustand der Lungen oder des Herzens bewirkt wird.

§ 1 der Kaiserlichen Verordnung vom 27 März 1899, betreffend die Hauptmängel und Gewährfristen beim Viehhandel.

Darlehen, hier deren Kündigungsfrist.

Ist ein höherer Zinsfuß als sechs vom Hundert für das Jahr vereinbart, so kann der Schuldner nach dem Ablaufe von sechs Mo- 6 Monate naten das Kapital unter Einhaltung einer Kündigungsfrist von sechs Monaten kündigen. Das Kündigungsrecht kann nicht durch 6 Monate Vertrag ausgeschlossen oder beschränkt werden.

Diese Vorschriften gelten nicht für Schuldverschreibungen auf den Inhaber.

§ 247 B G B.

Ist für die Rückerstattung eines Darlehens eine Zeit nicht bestimmt, so hängt die Fälligkeit davon ab, daß der Gläubiger oder der Schuldner kündigt.

Die Kündigungsfrist beträgt bei Darlehen von mehr als dreihundert Mark drei Monate, bei Darlehen von geringerem 3 Monate Betrag einen Monat. 1 Monat

Sind Zinsen nicht bedungen, so ist der Schuldner auch ohne Kündigung zur Rückerstattung berechtigt.

§ 609 B.G.B.

Dauerndes Dienstverhältnis.

Nach der Kündigung eines dauernden Dienstverhältnisses hat der Dienstberechtigte dem Verpflichteten auf Verlangen angemessene Zeit zum Aufsuchen eines anderen Dienstverhältnisses zu gewähren.

angemessene Zeit

§ 629 B.G.B.

Deposition der Wechselsumme.

Wird die Zahlung des Wechsels zur Verfallzeit nicht gefordert, so ist der Akzeptant nach Ablauf der für die Protesterhebung mangels Zahlung bestimmten Frist [siehe unten] befugt, die Wechselsumme auf Gefahr und Kosten des Inhabers bei Gericht oder bei einer anderen zur Annahme von Depositen ermächtigten Behörde oder Anstalt niederzulegen. Der Vorladung des Inhabers bedarf es nicht.

Art. 40 der deutschen Wechselordnung.

Zur Ausübung des bei nicht erlangter Zahlung statthaften Regresses gegen den Aussteller und die Indossanten ist erforderlich:

1. daß der Wechsel zur Zahlung präsentiert worden ist, und
2. daß sowohl diese Präsentation, als die Nichterlangung der Zahlung durch einen rechtzeitig darüber aufgenommenen Protest dargethan wird.

Die Erhebung des Protestes ist am Zahlungstage zulässig, sie muß aber spätestens am zweiten Werktage nach dem Zahlungstage geschehen.

2 Tage

Art. 41 der deutschen Wechselordnung.

Depositum.

Das Recht des Gläubigers auf den hinterlegten Betrag erlischt mit dem Ablaufe von dreißig Jahren nach dem Empfange der Anzeige von der Hinterlegung, wenn nicht der Gläubiger sich vorher bei der Hinterlegungsstelle meldet; der Schuldner ist zur Rücknahme berechtigt, auch wenn er auf das Recht zur Rücknahme verzichtet hat.

30 Jahre

§ 382 B.G.B.

Dienstboten, deren Verpflegung.

Ist bei einem dauernden Dienstverhältnisse, welches die Erwerbsthätigkeit des Verpflichteten vollständig oder hauptsächlich in Anspruch nimmt, der Verpflichtete in die häusliche Gemeinschaft aufgenommen, so hat der Dienstberechtigte ihm im Falle der Erkrankung die erforderliche Verpflegung und ärztliche Behandlung bis zur Dauer von sechs Wochen, jedoch nicht über 6 Wochen die Beendigung des Dienstverhältnisses hinaus, zu gewähren, sofern nicht die Erkrankung von dem Verpflichteten vorsätzlich oder durch grobe Fahrlässigkeit herbeigeführt worden ist. Die Verpflegung und ärztliche Behandlung kann durch Aufnahme des Verpflichteten in eine Krankenanstalt gewährt werden. Die Kosten können auf die für die Zeit der Erkrankung geschuldete Vergütung angerechnet werden. Wird das Dienstverhältnis wegen der Erkrankung von dem Dienstberechtigten nach § 626 [nämlich: „das Dienstverhältnis kann von jedem Teile ohne Einhaltung einer Kündigungsfrist gekündigt werden, wenn ein wichtiger Grund vorliegt.“ § 626] gekündigt, so bleibt die dadurch herbeigeführte Beendigung des Dienstverhältnisses außer Betracht.

Die Verpflichtung des Dienstberechtigten tritt nicht ein, wenn für die Verpflegung und ärztliche Behandlung durch eine Versicherung oder durch eine Einrichtung der öffentlichen Krankenpflege Vorsorge getroffen ist.

§ 617 B.G.B.

Dienstverhältnis, dessen Kündigung.

siehe unten „Kündigung“.

Drohung.

Hier: Frist für die Anfechtung einer Willenserklärung in Folge Drohung:

siehe unter „Willenserklärung“.

Dummkoller (Koller, Dummsein) bei Pferden, Eseln 2c.

Der Verkäufer hat nur bestimmte Fehler (Hauptmängel) und diese nur dann zu vertreten, wenn sie sich innerhalb bestimmter Fristen (Gewährfristen) zeigen.

Die Hauptmängel und die Gewährfristen werden durch eine mit Zustimmung des Bundesrats zu erlassende kaiserliche Verordnung bestimmt. Die Bestimmung kann auf demselben Wege ergänzt und abgeändert werden.

§ 482 B.G.B.

Für den Verkauf von Nutz- und Zuchttieren gelten als Hauptmängel:

I. bei Pferden, Eseln, Mauleseln und Maultieren:

2. Dummkoller (Koller, Dummsein) mit einer Gewähr-
14 Tage frist von vierzehn Tagen; als Dummkoller ist anzusehen die allmählich oder in Folge der akuten Gehirnwassersucht entstandene unheilbare Krankheit des Gehirns, bei der das Bewußtsein des Pferdes herabgesetzt ist.

§ 1 der kaiserlichen Verordnung vom 27. März 1899 betr. die Hauptmängel und Gewährfristen beim Viehhandel.

Ehe, deren Gültigkeit bezw. Nichtigkeit.

Eine Ehe ist nichtig, wenn bei der Eheschließung die im § 1317 vorgeschriebene Form (nämlich: „die Ehe wird dadurch geschlossen, daß die Verlobten vor einem Standesbeamten persönlich und bei gleichzeitiger Anwesenheit erklären, die Ehe mit einander eingehen zu wollen. Der Standesbeamte muß zur Entgegennahme der Erklärung bereit sein. Die Erklärungen können nicht unter einer Bedingung oder einer Zeitbestimmung abgegeben werden.") nicht beobachtet worden ist.

Ist die Ehe in das Heiratsregister eingetragen worden
10 Jahre und haben die Ehegatten nach der Eheschließung zehn Jahre oder, falls einer von ihnen vorher gestorben ist, bis zu dessen
3 Jahre Tod, jedoch mindestens drei Jahre als Ehegatten mit einander gelebt, so ist die Ehe als von Anfang an gültig anzusehen. Diese Vorschrift findet keine Anwendung, wenn bei dem Ablaufe der zehn Jahre oder zur Zeit des Todes des einen Ehegatten die Nichtigkeitsklage erhoben ist.

§ 1324 B.G.B.

Eheliche Abstammung.

Ein Kind, das nach der Eingehung der Ehe geboren wird, ist ehelich, wenn die Frau es vor oder während der Ehe empfangen und der Mann innerhalb der Empfängniszeit der Frau beigewohnt hat. Das Kind ist nicht ehelich, wenn es den

Umständen nach offenbar unmöglich ist, daß die Frau das Kind von dem Manne empfangen hat.

Es wird vermutet, daß der Mann innerhalb der Empfängniszeit der Frau beigewohnt habe. Soweit die Empfängniszeit in die Zeit vor der Ehe fällt, gilt die Vermutung nur, wenn der Mann gestorben ist, ohne die Ehelichkeit des Kindes angefochten zu haben.

§ 1591 B.G.B.

Als Empfängniszeit gilt die Zeit von dem einhundert- 181 Tage
einundachtzigsten bis zu dem dreihundertundzweiten Tage vor 302 Tage
dem Tage der Geburt des Kindes, mit Einschluß sowohl des einhunderteinundachtzigsten als des dreihundertundzweiten Tages.

Steht fest, daß das Kind innerhalb eines Zeitraumes empfangen worden ist, der weiter als dreihundertundzwei Tage vor dem Tage der Geburt zurückliegt, so gilt zu Gunsten der Ehelichkeit des Kindes dieser Zeitraum als Empfängniszeit.

§ 1592 B.G.B.

Wird von einer Frau, die sich nach der Auflösung ihrer Ehe wieder verheiratet hat, ein Kind geboren, das nach den §§ 1591 bis 1599 ein eheliches Kind sowohl des ersten als des zweiten Mannes sein würde, so gilt das Kind, wenn es
innerhalb zweihundertsiebzig Tagen nach der Auflösung der 270 Tage
früheren Ehe geboren wird, als Kind des ersten Mannes, wenn es später geboren wird, als Kind des zweiten Mannes.

§ 1600 B.G.B.

Ehelichkeitserklärung.

Ein uneheliches Kind kann auf Antrag seines Vaters durch eine Verfügung der Staatsgewalt für ehelich erklärt werden.

Die Ehelichkeitserklärung steht dem Bundesstaate zu, dem der Vater angehört; ist der Vater ein Deutscher, der keinem Bundesstaat angehört, so steht sie dem Reichskanzler zu.

Ueber die Erteilung der einem Bundesstaate zustehenden Ehelichkeitserklärung hat die Landesregierung zu bestimmen.

§ 1723 B.G.B.

Zur Ehelichkeitserklärung ist die Einwilligung des Kindes
und, wenn das Kind nicht das einundzwanzigste Lebensjahr 21 Jahre
vollendet hat, die Einwilligung der Mutter erforderlich. Ist

der Vater verheiratet, so bedarf er auch der Einwilligung seiner Frau.

Die Einwilligung hat dem Vater oder der Behörde gegenüber zu erfolgen, bei welcher der Antrag einzureichen ist; sie ist unwiderruflich.

Die Einwilligung der Mutter ist nicht erforderlich, wenn die Mutter zur Abgabe einer Erklärung dauernd außer stande ist oder ihr Aufenthalt dauernd unbekannt ist. Das Gleiche gilt von der Einwilligung der Frau des Vaters.

§ 1726 B.G.B.

Der Antrag auf Ehelichkeitserklärung sowie die Einwilligung der im § 1726 [siehe oben] bezeichneten Personen kann nicht durch einen Vertreter erfolgen.

Ist das Kind geschäftsunfähig, oder hat es nicht das
14 Jahre vierzehnte Lebensjahr vollendet, so kann sein gesetzlicher Vertreter die Einwilligung mit Genehmigung des Vormundschaftsgerichts erteilen.

§ 1728 B.G.B.

Ehemündigkeit.

21 Jahre Ein Mann darf nicht vor dem Eintritte der Volljährig-
16 Jahre keit, eine Frau darf nicht vor der Vollendung des sechszehnten Lebensjahres eine Ehe eingehen.

Einer Frau kann Befreiung von dieser Vorschrift bewilligt werden.

§ 1303 B.G.B.

Ein eheliches Kind bedarf bis zur Vollendung des ein-
21 Jahre und zwanzigsten Lebensjahres zur Eingehung einer Ehe der Einwilligung des Vaters, ein uneheliches Kind bedarf bis zum
21 Jahre gleichen Lebensalter der Einwilligung der Mutter. An die Stelle des Vaters tritt die Mutter, wenn der Vater gestorben ist oder wenn ihm die sich aus der Vaterschaft ergebenden Rechte nach § 1701 nicht zustehen. [Nämlich: „War dem Vater die Nichtigkeit der Ehe bei der Eheschließung bekannt, so hat er nicht die sich aus der Vaterschaft ergebenden Rechte. Die elterliche Gewalt steht der Mutter zu" § 1701.] Ein für ehelich erklärtes Kind bedarf der Einwilligung der Mutter auch dann nicht, wenn der Vater gestorben ist.

Dem Tode des Vaters oder der Mutter steht es gleich, wenn sie zur Abgabe einer Erklärung dauernd außer stande sind oder wenn ihr Aufenthalt dauernd unbekannt ist.

§ 1305 B.G.B.

Ehenichtigkeit, hier: Aufforderung zur Erklärung.

War dem einen Ehegatten die Nichtigkeit der Ehe bei der Eheschließung bekannt, so kann der andere Ehegatte, sofern nicht auch ihm die Nichtigkeit bekannt war, nach der Nichtigkeitserklärung oder der Auflösung der Ehe verlangen, daß ihr Verhältnis in vermögensrechtlicher Beziehung, insbesondere auch in Ansehung der Unterhaltspflicht, so behandelt wird, wie wenn die Ehe zur Zeit der Nichtigkeitserklärung oder der Auflösung geschieden und der Ehegatte, dem die Nichtigkeit bekannt war, für allein schuldig erklärt worden wäre.

Diese Vorschrift findet keine Anwendung, wenn die Nichtigkeit auf einem Formmangel beruht und die Ehe nicht in das Heiratsregister eingetragen worden ist.

§ 1345 B.G.B.

Erklärt der Ehegatte, dem das im § 1345 Abs. 1 [siehe oben] bestimmte Recht zusteht, dem andern Ehegatten, daß er von dem Rechte Gebrauch mache, so kann er die Folgen der Nichtigkeit der Ehe nicht mehr geltend machen; erklärt er dem andern Ehegatten, daß es bei diesen Folgen bewenden solle, so erlischt das im § 1345 Abs. 1 [siehe oben] bestimmte Recht.

Der andere Ehegatte kann den berechtigten Ehegatten unter Bestimmung einer angemessenen Frist zur Erklärung darüber auffordern, ob er von dem Rechte Gebrauch mache. Das Recht kann in diesem Falle nur bis zum Ablaufe der Frist ausgeübt werden. angemessene Frist

§ 1347 B.G.B.

Ehescheidung wegen böslichen Verlassens und Geisteskrankheit.

Ein Ehegatte kann auf Scheidung klagen, wenn der andere Ehegatte ihn böslich verlassen hat:

Bösliche Verlassung liegt nur vor:

1) wenn ein Ehegatte, nachdem er zur Herstellung der häuslichen Gemeinschaft rechtskräftig verurteilt worden ist, ein Jahr lang gegen den Willen des andern Ehegatten in böslicher Absicht dem Urteile nicht Folge geleistet hat; 1 Jahr

2) wenn ein Ehegatte sich ein Jahr lang gegen den Willen des anderen Ehegatten in böslicher Absicht von der häus- 1 Jahr

lichen Gemeinschaft fern gehalten hat und die Voraus-
1 Jahr setzungen für die öffentliche Zustellung seit Jahresfrist gegen
ihn bestanden haben.

Die Scheidung ist im Falle des Absatz 2 Nummer 2 unzulässig, wenn die Voraussetzungen für die öffentliche Zustellung am Schlusse der mündlichen Verhandlung, auf die das Urteil ergeht, nicht mehr bestehen.

§ 1567 B.G.B.

Ein Ehegatte kann auf Scheidung klagen, wenn der andere Ehegatte in Geisteskrankheit verfallen ist, die Krankheit
3 Jahre während der Ehe mindestens drei Jahre gedauert und einen
solchen Grad erreicht hat, daß die geistige Gemeinschaft zwischen den Ehegatten aufgehoben, auch jede Aussicht auf Wiederherstellung dieser Gemeinschaft ausgeschlossen ist.

§ 1569 B.G.B.

Die Scheidungsklage muß in den Fällen der §§ 1565 bis 1568 [§ 1565: Ehebruch; § 1566: Trachten nach dem Leben; § 1567: Bösliche Verlassung und § 1568: schwere Verletzung der ehelichen Pflichten oder ehrloses oder sittenloses
6 Monate Verhalten] binnen sechs Monaten von dem Zeitpunkte an er-
hoben werden, in dem der Ehegatte von dem Scheidungsgrunde Kenntnis erlangt. Die Klage ist ausgeschlossen, wenn seit dem
10 Jahre Eintritte des Scheidungsgrundes zehn Jahre verstrichen sind.

Die Frist läuft nicht, so lange die häusliche Gemeinschaft der Ehegatten aufgehoben ist. Wird der zur Klage berechtigte Ehegatte von dem andern Ehegatten aufgefordert, entweder die häusliche Gemeinschaft herzustellen oder die Klage zu erheben, so läuft die Frist von dem Empfange der Aufforderung an.

Der Erhebung der Klage steht die Ladung zum Sühnetermine gleich. Die Ladung verliert ihre Wirkung, wenn der zur Klage berechtigte Ehegatte im Sühnetermine nicht erscheint
3 Monate oder wenn drei Monate nach der Beendigung des Sühneverfahrens
verstrichen sind und nicht vorher die Klage erhoben worden ist.

Auf den Lauf der sechsmonatigen und der dreimonatigen Frist finden die für die Verjährung geltenden Vorschriften der §§ 203, 206 (siehe unten sub IIa „Verjährungsabschnitt") entsprechende Anwendung.

§ 1571 B.G.B.

Ein Scheidungsgrund kann, auch wenn die für seine Geltend...achung im § 1571 (siehe oben) bestimmte Frist verstrichen ist, im Laufe des Rechtsstreits geltend gemacht werden, soferne die Frist zur Zeit der Erhebung der Klage noch nicht verstrichen war.

§ 1572 B.G.B.

Ehrenaccept bei Wechseln.

Der Ehrenacceptant muß sich den Protest mangels Annahme gegen Erstattung der Kosten aushändigen und in einem Anhange zu demselben die Ehrenannahme bemerken lassen. Er muß den Honoraten unter Uebersendung des Protestes von der geschehenen Intervention benachrichtigen und diese Benachrichtigung mit dem Proteste innerhalb zweier Tage nach dem 2 Tage
Tage der Protesterhebung zur Post geben. Unterläßt er dies, so haftet er für den durch die Unterlassung entstehenden Schaden.

Artikel 58 der deutschen Wechselordnung.

Der Ehrenacceptant wird den sämmtlichen Nachmännern des Honoraten durch die Annahme wechselmäßig verpflichtet. Diese Verpflichtung erlischt, wenn dem Ehrenacceptanten der Wechsel nicht spätestens am zweiten Werktage nach dem Zah- 2 Tage
lungstage zur Zahlung vorgelegt wird.

Artikel 60 der deutschen Wechselordnung.

Ehrenzahlung bei Wechseln.

Befinden sich auf dem von dem Bezogenen nicht eingelösten Wechsel oder der Kopie Notadressen oder ein Ehrenaccept, welche auf den Zahlungsort lauten, so muß der Inhaber den Wechsel spätestens am zweiten Werktage nach dem Zahlungstage 2 Tage
den sämmtlichen Notadressen und dem Ehrenacceptanten zur Zahlung vorlegen, und den Erfolg im Proteste mangels Zahlung oder in einem Anhange zu demselben bemerken lassen.

Unterläßt er dies, so verliert er den Regreß gegen den Adressanten oder Honoraten und deren Nachmänner. Weist der Inhaber die von einem andern Intervenienten angebotene Ehrenzahlung zurück, so verliert er den Regreß gegen die Nachmänner des Honoraten.

Artikel 62 der deutschen Wechselordnung.

Eingebrachtes Gut der Ehefrau; hier: Verfügung der Frau.

Verfügt die Frau durch Vertrag ohne Einwilligung des Mannes über eingebrachtes Gut, so hängt die Wirksamkeit des Vertrags von der Genehmigung des Mannes ab.

Fordert der andere Teil den Mann zur Erklärung über die Genehmigung auf, so kann die Erklärung nur ihm gegenüber erfolgen; eine vor der Aufforderung der Frau gegenüber erklärte Genehmigung oder Verweigerung der Genehmigung wird unwirksam. Die Genehmigung kann nur bis zum Ablaufe von zwei Wochen nach dem Empfange der Aufforderung erklärt werden; wird sie nicht erklärt, so gilt sie als verweigert.

2 Wochen

Verweigert der Mann die Genehmigung, so wird der Vertrag nicht dadurch wirksam, daß die Verwaltung und Nutznießung aufhört.

§ 1396 B.G.B.

Einhaltung der Kündigungsfrist: siehe unter: „Außerordentliche Kündigung".

Einkaufskommission.

Ist der Kauf für beide Teile ein Handelsgeschäft, so hat der Käufer die Waare unverzüglich nach der Ablieferung durch den Verkäufer, soweit dies nach ordnungsmäßigem Geschäftsgange thunlich ist, zu untersuchen und, wenn sich ein Mangel zeigt, dem Verkäufer unverzüglich Anzeige zu machen.

unverzüglich

unverzüglich

Unterläßt der Käufer die Anzeige, so gilt die Waare als genehmigt, es sei denn, daß es sich um einen Mangel handelt, der bei der Untersuchung nicht erkennbar war.

Zeigt sich später ein solcher Mangel, so muß die Anzeige unverzüglich nach der Entdeckung gemacht werden; andernfalls gilt die Waare auch in Ansehung dieses Mangels als genehmigt.

unverzüglich

Zur Erhaltung der Rechte des Käufers genügt die rechtzeitige Absendung der Anzeige.

Hat der Verkäufer den Mangel arglistig verschwiegen so kann er sich auf diese Vorschriften nicht berufen.

§ 377 H.G.B.

Die Vorschriften des § 377 (siehe oben) finden auch dann Anwendung, wenn eine andere als die bedungene Waare oder eine andere als die bedungene Menge von Waaren geliefert ist, sofern die gelieferte Waare nicht offensichtlich von der Bestellung so erheblich abweicht, daß der Verkäufer die Genehmigung des Käufers als ausgeschlossen betrachten mußte.

§ 378 H.G.B.

Ist der Kauf für beide Teile ein Handelsgeschäft, so ist der Käufer, wenn er die ihm von einem andern Orte übersendete Waare beanstandet, verpflichtet, für ihre einstweilige Aufbewahrung zu sorgen.

Er kann die Waare, wenn sie dem Verderb ausgesetzt und Gefahr im Verzug ist, unter Beobachtung der Vorschriften des § 373 verkaufen lassen.

§ 379 H.G.B.

[Die Vorschriften des § 373 lauten: „Ist der Käufer mit der Annahme der Waare im Verzug, so kann der Verkäufer die Waare auf Gefahr und Kosten des Käufers in einem öffentlichen Lagerhaus oder sonst in sicherer Weise hinterlegen. Er ist ferner befugt, nach vorgängiger Androhung die Waare öffentlich versteigern zu lassen, er kann, wenn die Waare einen Börsen- oder Marktpreis hat, nach vorgängiger Androhung den Verkauf auch aus freier Hand durch einen zu solchen Verkäufen öffentlich ermächtigten Handelsmäkler oder durch eine zur öffentlichen Versteigerung befugte Person zum laufenden Preise bewirken. Ist die Waare dem Verderb ausgesetzt und Gefahr im Verzuge, so bedarf es der vorgängigen Androhung nicht; dasselbe gilt, wenn die Androhung aus anderen Gründen unthunlich ist. Der Selbsthülfeverkauf erfolgt für Rechnung des säumigen Käufers. Der Verkäufer und der Käufer können bei der öffentlichen Versteigerung mitbieten. Im Falle der öffentlichen Versteigerung hat der Verkäufer dem Käufer von der Zeit und dem Orte der Versteigerung vorher zu benachrichtigen; von dem vollzogenen Verkaufe hat er bei jeder Art des Verkaufs dem Käufer unverzüglich Nachricht zu geben. Im Falle der unverzüglich
Unterlassung ist er zum Schadensersatze verpflichtet. Die Benachrichtigungen dürfen unterbleiben, wenn sie unthunlich sind."]

Ist eine Einkaufskommission erteilt, die für beide Teile ein Handelsgeschäft ist, so finden in Bezug auf die Verpflichtung des Kommittenten das Gut zu untersuchen und dem Kommissionär von den entdeckten Mängeln Anzeige zu machen, sowie in Bezug auf die Sorge für die Aufbewahrung des beanstandeten Guts und auf den Verkauf bei drohendem Verderbe die für den Käufer geltenden Vorschriften der §§ 377 bis 379 (siehe oben) entsprechende Anwendung. Der Anspruch des Kommittenten auf Abtretung der Rechte, die dem Kommissionär gegen den Dritten zustehen, von welchem er das Gut für Rechnung des Kommittenten gekauft hat, wird durch eine verspätete Anzeige des Mangels nicht berührt.

§ 391 H.G.B.

Einsetzung von Nacherben.

Der Erblasser kann einen Erben in der Weise einsetzen, daß dieser erst Erbe wird, nachdem zunächst ein Anderer Erbe geworden ist (Nacherbe).

§ 2100 B.G.B.

Die Einsetzung eines Nacherben wird mit dem Ablaufe
30 Jahre von dreißig Jahren nach dem Erbfall unwirksam, wenn nicht vorher der Fall der Nacherbfolge eingetreten ist. Sie bleibt auch nach dieser Zeit wirksam:

1) Wenn die Nacherbfolge für den Fall angeordnet ist, daß in der Person des Vorerben oder des Nacherben ein bestimmtes Ereignis eintritt, und derjenige, in dessen Person das Ereignis eintreten soll, zur Zeit des Erbfalls lebt;
2) wenn dem Vorerben oder einem Nacherben für den Fall, daß ihm ein Bruder oder eine Schwester geboren wird, der Bruder oder die Schwester als Nacherbe bestimmt ist.

Ist der Vorerbe oder der Nacherbe, in dessen Person das Ereignis eintreten soll, eine juristische Person, so bewendet es
30 Jahre bei der dreißigjährigen Frist.

§ 2109 B.G.B.

Einspruch der Verwaltungsbehörde gegen die Eintragung eines Vereins im Register.

Siehe unter: „Rechtsmittel".

Einstellung des Konkursverfahrens.

Das Konkursverfahren ist auf Antrag des Gemeinschuldners einzustellen, wenn er nach dem Ablaufe der Anmeldefrist die Zustimmung aller Konkursgläubiger, welche Forderungen angemeldet haben, beibringt. In wie weit es der Zustimmung oder der Sicherstellung von Gläubigern bedarf, deren Forderungen angemeldet, aber nicht festgestellt sind, entscheidet das Konkursgericht nach freiem Ermessen.

Das Verfahren kann auf Antrag des Gemeinschuldners vor dem Ablaufe der Anmeldefrist eingestellt werden, wenn außer den Gläubigern, deren Zustimmung der Gemeinschuldner beibringt, andere Gläubiger nicht bekannt sind.

§ 202 R.K.O.

Der Antrag ist öffentlich bekannt zu machen und mit den zustimmenden Erklärungen auf der Gerichtsschreiberei zur Einsicht der Konkursgläubiger niederzulegen. Die Konkursgläubiger können binnen einer mit der öffentlichen Bekanntmachung beginnenden Frist von einer Woche Widerspruch gegen 1 Woche
den Antrag erheben. Im Falle des § 202 Abs. I (siehe oben) steht der Widerspruch jedem Gläubiger zu, welcher bis zum Ablaufe der Frist eine Forderung angemeldet hat.

Das Gericht beschließt über die Einstellung nach Anhörung des Gemeinschuldners und des Verwalters. Im Falle eines Widerspruchs ist auch der widersprechende Gläubiger zu hören.

§ 203 R.K.O.

Einsturz von Gebäuden, hier: Schadensersatz.

Wird durch den Einsturz eines Gebäudes oder eines anderen mit einem Grundstücke verbundenen Werkes oder durch die Ablösung von Teilen des Gebäudes oder des Werkes ein Mensch getötet, der Körper oder die Gesundheit eines Menschen verletzt oder eine Sache beschädigt, so ist der Besitzer des Grundstücks, soferne der Einsturz oder die Ablösung die Folge fehlerhafter Errichtung oder mangelhafter Unterhaltung ist, verpflichtet, dem Verletzten den daraus entstehenden Schaden zu ersetzen. Die Ersatzpflicht tritt nicht ein, wenn der Besitzer zum Zwecke der Abwendung der Gefahr die im Verkehr erforderliche Sorgfalt beobachtet hat.

Ein früherer Besitzer des Grundstückes ist für den Schaden verantwortlich, wenn der Einsturz oder die Ablösung innerhalb eines Jahres nach der Beendigung seines Besitzes eintritt, es 1 Jahr
sei denn, daß er während seines Besitzes die im Verkehr erforderliche Sorgfalt beobachtet hat oder ein späterer Besitzer durch Beobachtung dieser Sorgfalt die Gefahr hätte abwenden können.

Besitzer im Sinne dieser Vorschriften ist der Eigenbesitzer.

§ 836 B.G.B.

Eintrag von Uebersetzungen in die Eintragsrolle.

Uebersetzungen ohne Genehmigung des Urhebers des Originalwerkes gelten als Nachdruck:

a) wenn von einem, zuerst in einer toten Sprache erschienenen Werke eine Uebersetzung in einer lebenden Sprache herausgegeben wird;

b) wenn von einem gleichzeitig in verschiedenen Sprachen herausgegebenen Werke eine Uebersetzung in einer dieser Sprachen veranstaltet wird;

c) wenn der Urheber sich das Recht der Uebersetzung auf dem Titelblatte oder an der Spitze des Werkes vorbehalten hat, vorausgesetzt, daß die Veröffentlichung der vorbehaltenen Uebersetzung nach dem Erscheinen des Originalwerkes binnen 1 Jahr einem Jahre begonnen und binnen drei Jahren beendet 3 Jahre wird. Das Kalenderjahr, in welchem das Originalwerk erschienen ist, wird hierbei nicht mitgerechnet.

Bei Originalwerken, welche in mehreren Bänden oder Abteilungen erscheinen, wird jeder Band oder jede Abteilung im Sinne dieses Paragraphen als ein besonderes Werk angesehen, und muß der Vorbehalt der Uebersetzung auf jedem Band oder jeder Abteilung wiederholt werden.

Bei dramatischen Werken muß die Uebersetzung innerhalb Monate sechs Monaten, vom Tage der Veröffentlichung des Originals an gerechnet, vollständig erschienen sein.

Der Beginn und beziehungsweise die Vollendung der Uebersetzung muß zugleich innerhalb der angegebenen Fristen zur Eintragung in die **Eintragsrolle** angemeldet werden, widrigenfalls der Schutz gegen neue Uebersetzungen erlischt.

§ 6 des R.G. vom 11. Juni 1870 betr. das Urheberrecht an Schriftwerken, Abbildungen, musikalischen Kompositionen und dramatischen Werken.

Die Eintragsrolle, in welche die im § 6 u. 11 vorgeschriebenen Eintragungen stattzufinden haben, wird bei dem Stadtrat zu Leipzig geführt.

§ 39 des Urheberrechtsgesetzes vom 11. Juni 1870.

Eintragung des Vereins im Vereinsregister.

Die Eintragung darf, sofern nicht die Verwaltungsbehörde dem Amtsgerichte mitteilt, daß Einspruch nicht erhoben werde, erst erfolgen, wenn seit der Mitteilung der Anmeldung

an die Verwaltungsbehörde sechs Wochen verstrichen sind und 6 Wochen
Einspruch nicht erhoben oder wenn der erhobene Einspruch endgiltig aufgehoben ist.

§ 63 B.G.B.

Einwendungen gegen das Verteilungsverzeichnis im Konkurse.

Bei einer Abschlagsverteilung sind Einwendungen gegen
das Verzeichnis bis zum Ablaufe einer Woche nach dem Ende 1 Woche
der Ausschlußfrist bei dem Konkursgerichte zu erheben.

Das Gericht entscheidet über die Einwendungen. Die Entscheidung, durch welche eine Berichtigung des Verzeichnisses angeordnet wird, ist auf der Gerichtsschreiberei niederzulegen. Die Beschwerdefrist beginnt mit dem Tage, an welchem die Niederlegung der Entscheidung erfolgt ist.

§ 158 K.K.O.

Einwilligung des gesetzlichen Vertreters eines Minderjährigen zu einem Vertragsabschlusse desselben.

Der Minderjährige bedarf zu einer Willenserklärung, durch die er nicht lediglich einen rechtlichen Vorteil erlangt, der Einwilligung seines gesetzlichen Vertreters.

§ 107 B.G.B.

Schließt der Minderjährige einen Vertrag ohne die erforderliche Einwilligung des gesetzlichen Vertreters, so hängt die Wirksamkeit des Vertrags von der Genehmigung des Vertreters ab.

Fordert der andere Teil den Vertreter zur Erklärung über die Genehmigung auf, so kann die Erklärung nur ihm gegenüber erfolgen; eine vor der Aufforderung dem Minderjährigen gegenüber erklärte Genehmigung oder Verweigerung der Genehmigung wird unwirksam.

Die Genehmigung kann nur bis zum Ablaufe von zwei 2 Wochen
Wochen nach dem Empfange der Aufforderung erklärt werden; wird sie nicht erklärt, so gilt sie als verweigert.

Ist der Minderjährige unbeschränkt geschäftsfähig geworden, so tritt seine Genehmigung an die Stelle der Genehmigung des Vertreters.

§ 108 B.G.B

Bis zur Genehmigung des Vertrags ist der andere Teil zum Widerrufe berechtigt. Der Widerruf kann auch dem Minderjährigen gegenüber erklärt werden.

Hat der andere Teil die Minderjährigkeit gekannt, so kann er nur widerrufen, wenn der Minderjährige der Wahrheit zuwider die Einwilligung des Vertreters behauptet hat; er kann auch in diesem Falle nicht widerrufen, wenn ihm das Fehlen der Einwilligung bei dem Abschlusse des Vertrags bekannt war.

§ 109 B.G.B.

Einzahlung der Aktienbeträge.

Ein Aktionär, der den auf die Aktie eingeforderten Betrag nicht zur rechten Zeit einzahlt, hat Zinsen von dem Tage an zu entrichten, an welchem die Zahlung hätte geschehen sollen. Die Geltendmachung eines weiteren Schadens ist nicht ausgeschlossen.

Im Gesellschaftsvertrage können für den Fall, daß die Einzahlung nicht rechtzeitig erfolgt, Vertragsstrafen festgesetzt werden.

Ist im Gesellschaftsvertrage nicht ein Anderes bestimmt, so hat die Aufforderung zur Einzahlung in der Weise zu geschehen, in welcher die Bekanntmachungen der Gesellschaft nach dem Gesellschaftsvertrag erfolgen.

§ 218 H.G.B.

Erfolgt die Einzahlung nicht rechtzeitig, so kann den säumigen Aktionären für die Zahlung eine Frist mit der Androhung bestimmt werden, daß sie nach dem Ablaufe der Frist ihres Anteilsrechtes und der geleisteten Einzahlungen verlustig erklärt werden.

Die Aufforderung muß drei Mal in den im § 182 Abs. 3 bezeichneten Blättern (Gesellschaftsblättern) [nämlich: „Bekanntmachungen, die durch öffentliche Blätter erfolgen sollen, sind in den Deutschen Reichsanzeiger einzurücken. Andere Blätter außer diesem bestimmt der Gesellschaftsvertrag". § 182, III] bekannt gemacht werden; die erste Bekanntmachung
3 Monate muß mindestens drei Monate, die letzte Bekanntmachung min-
1 Monat destens einen Monat vor dem Ablaufe der für die Einzahlung gesetzten Nachfrist erfolgen. Sind die Anteilsrechte nicht ohne Zustimmung der Gesellschaft übertragbar, so genügt an Stelle der öffentlichen Bekanntmachungen der einmalige Erlaß beson-

derer Aufforderungen an die säumigen Aktionäre; in diesen Aufforderungen muß eine Nachfrist gewährt werden, die mindestens einen Monat von dem Empfange der Aufforderung an beträgt. 1 Monat

Zahlt ein Aktionär den auf die Aktie zu leistenden Betrag ungeachtet der Aufforderung nicht ein, so ist er seines Anteilsrechtes und der geleisteten Einzahlungen zu Gunsten der Gesellschaft verlustig zu erklären. Die Erklärung erfolgt mittelst Bekanntmachung in den Gesellschaftsblättern.

An Stelle der bisherigen Urkunde ist eine neue auszugeben, die außer den früher geleisteten Teilzahlungen den eingeforderten Betrag zu umfassen hat. Wegen des Ausfalls, den die Gesellschaft an diesem Betrag oder an den später eingeforderten Beträgen erleidet, bleibt ihr der ausgeschlossene Aktionär verhaftet.

§ 219 H.G.B.

Soweit der ausgeschlossene Aktionär den eingeforderten Betrag nicht zahlt, ist dafür der Gesellschaft der letzte und jeder frühere in dem Aktienbuche verzeichnete Rechtsvorgänger verhaftet, ein früherer Rechtsvorgänger, soweit die Zahlung von dessen Rechtsnachfolger nicht zu erlangen ist. Dies wird vermutet, wenn von dem letzteren die Zahlung nicht bis zum Ablaufe von einem Monate geleistet wird, nachdem an ihn die 1 Monat Zahlungsaufforderung und an den Rechtsvorgänger die Benachrichtigung von dieser erfolgt ist. Der Rechtsvorgänger erhält gegen Zahlung des rückständigen Betrags die neu auszugebende Urkunde.

Die Haftpflicht des Rechtsvorgängers ist auf die innerhalb der Frist von zwei Jahren auf die Aktien eingeforderten Be- 2 Jahre träge beschränkt. Die Frist beginnt mit dem Tage, an welchem die Uebertragung des Anteilsrechtes zum Aktienbuche der Gesellschaft angemeldet wird.

Ist die Zahlung des rückständigen Betrages von Rechtsvorgängern nicht zu erlangen, so kann die Gesellschaft das Anteilsrecht zum Börsenpreis und in Ermangelung eines solchen durch öffentliche Versteigerung verkaufen.

§ 220 H.G.B.

Eisenbahn, hier: Ansprüche gegen dieselbe wegen Beschädigung oder Minderung.

Wegen einer Beschädigung oder Minderung, die bei der Annahme des Gutes durch den Empfänger äußerlich nicht er-

kennbar ist, können Ansprüche gegen die Eisenbahn nach § 438 Abs. 3 [nämlich: Wegen einer Beschädigung oder Minderung des Gutes, die bei der Annahme äußerlich nicht erkennbar ist, kann der Frachtführer auch nach der Annahme des Gutes und der Bezahlung der Fracht in Anspruch genommen werden, wenn der Mangel in der Zeit zwischen der Uebernahme des Guts durch den Frachtführer und der Ablieferung entstanden ist und die Feststellung des Mangels durch amtlich bestellte Sachverständige
unverzüglich ständige unverzüglich nach der Entdeckung und spätestens binnen
1 Woche einer Woche nach der Annahme beantragt wird. Ist dem Frachtführer der Mangel unverzüglich nach der Entdeckung und binnen der bezeichneten Frist angezeigt, so genügt es, wenn die Feststellung unverzüglich nach dem Zeitpunkte beantragt wird, bis zu welchem der Eingang einer Antwort des Frachtführers unter regelmäßigen Umständen erwartet werden darf" —]
1 Woche nur geltend gemacht werden, wenn binnen einer Woche nach der Annahme zur Feststellung des Mangels entweder bei Gericht die Besichtigung des Gutes durch Sachverständige oder schriftlich bei der Eisenbahn eine von dieser nach den Vorschriften der Eisenbahnverkehrsordnung vorzunehmende Untersuchung beantragt wird.

Ist der Schaden durch Vorsatz oder grobe Fahrlässigkeit der Eisenbahn herbeigeführt, so kann sie sich auf diese Vorschrift nicht berufen.

§ 464 H.G.B.

Elterliche Gewalt.

21 Jahre Das Kind steht, solange es minderjährig ist, unter elterlicher Gewalt.

§ 1626 B.G.B.

Ist die Ehe aus einem der in den §§ 1565 bis 1568 bestimmten Gründe (nämlich Ehebruch, Trachten nach dem Leben, bösliches Verlassen und Pflichtverletzung) geschieden, so steht, so lange die geschiedenen Ehegatten leben, die Sorge für die Person des Kindes, wenn ein Ehegatte allein für schuldig erklärt ist, dem andern Ehegatten zu; sind beide Ehegatten für schuldig erklärt, so steht die Sorge für einen Sohn unter sechs
6 Jahre Jahren oder für eine Tochter der Mutter zu, für einen Sohn, der über sechs Jahre alt ist, dem Vater zu. Das Vormundschaftsgericht kann eine abweichende Anordnung treffen, wenn eine solche aus besonderen Gründen im Interesse des Kindes

geboten ist; es kann die Anordnung aufheben, wenn sie nicht mehr erforderlich ist.

§ 1635 B.G.B.

Empfängniszeit.

Als Vater des unehelichen Kindes im Sinne der §§ 1708 bis 1716 (betrifft die Unterhaltspflicht) gilt, wer der Mutter innerhalb der Empfängniszeit beigewohnt hat, es sei denn, daß auch ein Anderer ihr innerhalb dieser Zeit beigewohnt hat. Eine Beiwohnung bleibt jedoch außer Betracht, wenn es den Umständen nach offenbar unmöglich ist, daß die Mutter das Kind aus dieser Beiwohnung empfangen hat.

Als Empfängniszeit gilt die Zeit von dem einhundert- 181 Tage
einundachtzigsten bis zu dem dreihundertundzweiten Tage 302 Tage
vor dem Tage der Geburt des Kindes, mit Einschluß sowohl des einhunderteinundachtzigsten als des dreihundertundzweiten Tages.

§ 1717 B.G.B.

Entbindungskosten.

Der Vater ist verpflichtet, der Mutter die Kosten der Entbindung sowie die Kosten des Unterhalts für die ersten
sechs Wochen nach der Entbindung und, falls infolge der 6 Wochen
Schwangerschaft oder der Entbindung weitere Aufwendungen notwendig werden, auch die dadurch entstehenden Kosten zu ersetzen. Den gewöhnlichen Betrag der zu ersetzenden Kosten kann die Mutter ohne Rücksicht auf den wirklichen Aufwand verlangen.

Der Anspruch steht der Mutter auch dann zu, wenn der Vater vor der Geburt des Kindes gestorben oder wenn das Kind tot geboren ist.

Der Anspruch verjährt in vier Jahren. Die Verjährung 4 Jahre
beginnt mit dem Ablaufe von sechs Wochen nach der Geburt 6 Wochen
des Kindes.

§ 1715 B.G.B.

Schon vor der Geburt des Kindes kann auf Antrag der Mutter durch einstweilige Verfügung angeordnet werden, daß
der Vater den für die ersten drei Monate zu gewährenden 3 Monate
Unterhalt alsbald nach der Geburt an die Mutter oder an den Vormund zu zahlen und den erforderlichen Betrag angemessene
Zeit vor der Geburt zu hinterlegen hat. Frist

In gleicher Weise kann auf Antrag der Mutter die Zahlung des gewöhnlichen Betrages der nach § 1715 Abs. 1 (siehe oben) zu ersetzenden Kosten an die Mutter und die Hinterlegung des erforderlichen Betrags angeordnet werden.

Zur Erlassung der einstweiligen Verfügung ist nicht erforderlich, daß eine Gefährdung des Anspruchs glaubhaft gemacht werde.

§ 1716 B.G.B.

Entziehung der Rechtsfähigkeit eines Vereins.

Sinkt die Zahl der Vereinsmitglieder unter drei herab, so hat das Amtsgericht auf Antrag des Vorstandes und, wenn
3 Monate der Antrag nicht binnen drei Monaten gestellt wird, von amtswegen nach Anhörung des Vorstandes dem Vereine die Rechtsfähigkeit zu entziehen. Der Beschluß ist dem Vereine zuzu-
14 Tage stellen, wogegen die sofortige Beschwerde der Z.P.O. stattfindet.

§ 73 B.G.B.

Erbe, dessen Unterhaltspflicht.

Der Erbe ist verpflichtet, Familienangehörigen des Erblassers, die zur Zeit des Todes des Erblassers zu dessen Hausstande gehört oder von ihm Unterhalt bezogen haben, in den
30 Tage ersten dreißig Tagen nach dem Eintritte des Erbfalls in demselben Umfange wie der Erblasser es gethan hat, Unterhalt zu gewähren und die Benutzung der Wohnung und der Haushaltungsgegenstände zu gestatten. Der Erblasser kann durch letztwillige Verfügung eine abweichende Anordnung treffen.

Die Vorschriften über Vermächtnisse finden entsprechende Anwendung.

§ 1969 B.G.B.

Erbrecht, hier Anmeldungsfrist.

Der Feststellung hat eine öffentliche Aufforderung zur Anmeldung der Erbrechte unter Bestimmung einer Anmeldungsfrist vorauszugehen; die Art der Bekanntmachung und die
Frist Dauer der Anmeldungsfrist bestimmen sich nach den für das Aufgebotsverfahren geltenden Vorschriften. Die Aufforderung darf unterbleiben, wenn die Kosten dem Bestande des Nachlasses gegenüber unverhältnismäßig groß sind.

Ein Erbrecht bleibt unberücksichtigt, wenn nicht dem Nach-
3 Monate laßgerichte binnen drei Monaten nach dem Ablaufe der An-

meldungsfrist nachgewiesen wird, daß das Erbrecht besteht oder daß es gegen den Fiskus im Wege der Klage geltend gemacht ist. Ist eine öffentliche Aufforderung nicht ergangen, so beginnt die dreimonatige Frist mit der gerichtlichen Aufforderung, das Erbrecht oder die Erhebung der Klage nachzuweisen.

§ 1965 B.G.B.

Erbschaft, deren Ausschlagung.

Der Erbe kann die Erbschaft nicht mehr ausschlagen, wenn er sie angenommen hat oder wenn die für die Ausschlagung vorgeschriebene Frist verstrichen ist; mit dem Ablaufe der Frist gilt die Erbschaft als angenommen. Frist

§ 1943 B.G.B.

Die Ausschlagung kann nur binnen sechs Wochen erfolgen. 6 Wochen

Die Frist beginnt mit dem Zeitpunkte, in welchem der Erbe von dem Anfall und dem Grunde der Berufung Kenntnis erlangt. Ist der Erbe durch Verfügung von Todeswegen berufen, so beginnt die Frist nicht vor der Verkündigung der Verfügung. Auf den Lauf der Frist finden die für die Verjährung geltenden Vorschriften der §§ 203, 206 (siehe unten sub IIa „Verjährungsabschnitt") entsprechende Anwendung.

Die Frist beträgt sechs Monate, wenn der Erblasser seinen letzten Wohnsitz nur im Auslande gehabt hat oder wenn sich der Erbe bei dem Beginne der Frist im Ausland aufhält. 6 Monate

§ 1944 B.G.B

Erbschaft, hier: Anfechtung der Annahme oder Ausschlagung derselben.

Ist die Annahme oder Ausschlagung (einer Erbschaft) anfechtbar, so kann die Anfechtung nur binnen sechs Wochen erfolgen. 6 Wochen

Die Frist beginnt im Falle der Anfechtbarkeit mit dem Zeitpunkte, in welchem die Zwangslage aufhört, in den übrigen Fällen mit dem Zeitpunkte, in welchem der Anfechtungsberechtigte von dem Anfechtungsgrunde Kenntnis erlangt.

Auf den Lauf der Frist finden die für die Verjährung geltenden Vorschriften der §§ 203, 206, 207 (siehe sub IIa „Verjährungsabschnitt") entsprechende Anwendung.

6 Monate Die Frist beträgt sechs Monate, wenn der Erblasser seinen letzten Wohnsitz nur im Auslande gehabt hat oder wenn sich der Erbe bei dem Beginne der Frist im Auslande aufhält.

Die Anfechtung ist ausgeschlossen, wenn seit der An-
30 Jahre nahme oder der Ausschlagung dreißig Jahre verstrichen sind.

§ 1954 B.G.B.

Erbschein, hier: Kraftloserklärung eines Erbscheines.

Ergiebt sich, daß der erteilte Erbschein unrichtig ist, so hat ihn das Nachlaßgericht einzuziehen. Mit der Einziehung wird der Erbschein kraftlos.

Kann der Erbschein nicht sofort erlangt werden, so hat ihn das Nachlaßgericht durch Beschluß für kraftlos zu erklären. Der Beschluß ist nach den für die öffentliche Zustellung einer Ladung geltenden Vorschriften der Zivilprozeßordnung bekannt
1 Monat zu machen. Mit dem Ablauf eines Monats nach der letzten Einrückung des Beschlusses in die öffentlichen Blätter wird die Kraftloserklärung wirksam.

Das Nachlaßgericht kann von Amtswegen über die Richtigkeit eines erteilten Erbscheins Ermittelungen veranstalten.

§ 2361 B.G.B.

Erbunwürdigkeit.

Die Erbunwürdigkeit wird durch Anfechtung des Erbschaftserwerbes geltend gemacht.

Die Anfechtung ist erst nach dem Anfalle der Erbschaft zulässig. Einem Nacherben gegenüber kann die Anfechtung erfolgen, sobald die Erbschaft dem Vorerben gegenüber angefallen ist. Die Anfechtung kann nur innerhalb der im § 2082
Frist (siehe unten) bestimmten Fristen erfolgen.

§ 2340 B.G.B.

1 Jahr Die Anfechtung kann nur binnen Jahresfrist erfolgen. Die Frist beginnt mit dem Zeitpunkt, in welchem der Anfechtungsberechtigte von dem Anfechtungsgrunde Kenntnis erlangt. Auf den Lauf der Frist finden die für die Verjährung geltenden Vorschriften der §§ 203, 206, 207 (siehe unten sub IIa „Verjährungsabschnitt des B.G.B.") entsprechende Anwendung.

Die Anfechtung ist ausgeschlossen, wenn seit dem Erbfalle dreißig Jahre verstrichen sind. 30 Jahre

§ 2082 B.G.B.

Erbvertrag, hier: Anfechtung des Erbvertrags.

Die Anfechtung (eines Erbvertrags) durch den Erblasser kann nur binnen Jahresfrist erfolgen. 1 Jahr

Die Frist beginnt im Falle der Anfechtbarkeit wegen Drohung mit dem Zeitpunkt, in welchem die Zwangslage aufhört, in den übrigen Fällen mit dem Zeitpunkt, in welchem der Erblasser von dem Anfechtungsgrunde Kenntnis erlangt. Auf den Lauf der Frist finden die für die Verjährung geltenden Vorschriften der §§ 203, 206 (siehe unter IIa „Verjährungsabschnitt") entsprechende Anwendung.

Hat im Falle des § 2282 Abs. 2 (nämlich: „Für einen geschäftsunfähigen Erblasser kann sein gesetzlicher Vertreter mit Genehmigung des Vormundschaftsgerichts den Erbvertrag anfechten") der gesetzliche Vertreter den Erbvertrag nicht rechtzeitig angefochten, so kann nach dem Wegfalle der Geschäftsunfähigkeit der Erblasser selbst den Erbvertrag in gleicher Weise anfechten, wie wenn er ohne gesetzlichen Vertreter gewesen wäre.

§ 2283 B.G.B.

Erfindungen, hier: Patentschutz.

Patente werden erteilt für neue Erfindungen, welche eine gewerbliche Verwertung gestatten.

Ausgenommen sind:

1) Erfindungen, deren Verwertung den Gesetzen oder guten Sitten zuwiderlaufen würde;
2) Erfindungen von Nahrungs-, Genuß- und Arzneimitteln, sowie von Stoffen, welche auf chemischem Wege hergestellt werden, soweit die Erfindungen nicht ein bestimmtes Verfahren zur Herstellung der Gegenstände betreffen.

Eine Erfindung gilt nicht als neu, wenn sie zur Zeit der auf Grund dieses Gesetzes erfolgten Anmeldung in öffentlichen Druckschriften aus den letzten hundert Jahren bereits 100 Jahre derart beschrieben oder im Inlande bereits so offenkundig benutzt ist, daß danach die Benutzung durch andere Sachverständige möglich erscheint.

Die im Auslande amtlich herausgegebenen Patentbeschreibungen stehen den öffentlichen Druckschriften erst nach Ablauf
3 Monate von drei Monaten seit dem Tage der Herausgabe gleich, sofern das Patent von demjenigen, welcher die Erfindung im Auslande angemeldet hat, oder von seinem Rechtsnachfolger nachgesucht wird. Diese Begünstigung erstreckt sich jedoch nur auf die amtlichen Patentbeschreibungen derjenigen Staaten, in welchen nach einer im Reichsgesetzblatt enthaltenen Bekanntmachung die Gegenseitigkeit verbürgt ist. (Siehe auch unter: „Patentschutz".)

§ 1 u. 2 des Reichspatentgesetzes vom 7. April 1891.

Erlöschen der Stiftungen.

Mit dem Erlöschen der Stiftung fällt das Vermögen an die in der Verfassung bestimmten Personen, eventuell an den Fiskus. Fällt es nicht an den Fiskus, so muß Liquidation stattfinden; es hat eine Bekanntmachung zu erfolgen, welche
2 Tage mit dem Ablaufe des zweiten Tages nach der Einrückung oder der ersten Einrückung als bewirkt gilt. Doch darf das Ver-
1 Jahr mögen an die Berechtigten nicht vor Ablauf eines Jahres nach der Bekanntmachung des Erlöschens der Stiftung ausgeantwortet werden.

(Siehe auch unter: „Stiftungsvermögen".)

§§ 88, 47, 50 u. 51 B.G.B.

Erlöschen der Vollmacht.

Die Vertretungsmacht bleibt bestehen, bis die Vollmachtsurkunde dem Vollmachtgeber zurückgegeben oder für kraftlos erklärt wird. [Siehe auch unter: „Kraftloserklärung"].

§ 172 Abs. II B.G.B.

Hat Jemand durch besondere Mitteilung an einen Dritten oder durch öffentliche Bekanntmachung kundgegeben, daß er einen Anderen bevollmächtigt habe, so ist dieser auf Grund der Kundgebung im ersteren Falle dem Dritten gegenüber, im letzteren Falle jedem Dritten gegenüber zur Vertretung befugt.

Die Vertretungsmacht bleibt bestehen, bis die Kundgebung in derselben Weise, wie sie erfolgt ist, widerrufen wird.

§ 171 B.G.B.

Erzieher, deren Kündigung.

Das Dienstverhältnis der mit festen Bezügen zur Leistung von Diensten höherer Art Angestellten, deren Erwerbsthätigkeit durch das Dienstverhältnis vollständig oder hauptsächlich in Anspruch genommen wird, insbesondere der Lehrer, Erzieher, Privatbeamten, Gesellschafterinnen, kann nur für den Schluß eines Kalendervierteljahrs und nur unter Einhaltung einer Kündigungsfrist von 6 Wochen gekündigt werden, auch wenn die Vergütung nach kürzeren Zeitabschnitten als Vierteljahren bemessen ist.

§ 622 B.G.B.

Fähigkeit, ein Testament zu errichten.

Wer in der Geschäftsfähigkeit beschränkt ist, bedarf zur Errichtung eines Testaments nicht der Zustimmung seines gesetzlichen Vertreters.

Ein Minderjähriger kann ein Testament erst errichten, wenn er das sechzehnte Lebensjahr vollendet hat. 16 Jahre

Wer wegen Geistesschwäche, Verschwendung oder Trunksucht entmündigt ist, kann ein Testament nicht errichten. Die Unfähigkeit tritt schon mit der Stellung des Antrags ein, auf Grund dessen die Entmündigung erfolgt.

§ 2229 B.G.B.

Fälligkeit bei Darlehen.

Ist für die Rückerstattung eines Darlehens eine Zeit nicht bestimmt, so hängt die Fälligkeit davon ab, daß der Gläubiger oder der Schuldner kündigt.

Die Kündigungsfrist beträgt bei Darlehen von mehr als dreihundert Mark drei Monate, bei Darlehen von geringerem 3 Monate
Betrag einen Monat. 1 Monat

Sind Zinsen nicht bedungen, so ist der Schuldner auch ohne Kündigung zur Rückerstattung berechtigt.

§ 609 B.G.B.

Fälligkeit bei Zinsen.

Sind für ein Darlehen Zinsen bedungen, so sind sie, sofern nicht ein Anderes bestimmt ist, nach dem Ablaufe je eines Jahres und, wenn das Darlehen vor dem Ablauf eines 1 Jahr
Jahres zurückzuerstatten ist, bei der Rückerstattung zu entrichten.

§ 608 B.G.B.

Finnen.

Der Verkäufer hat nur bestimmte Fehler (Hauptmängel) und diese nur dann zu vertreten, wenn sie sich innerhalb bestimmter Fristen (Gewährfristen) zeigen.

Die Hauptmängel und die Gewährfristen werden durch eine mit Zustimmung des Bundesrats zu erlassende Kaiserliche Verordnung bestimmt. Die Bestimmung kann auf demselben Wege ergänzt und abgeändert werden.

§ 482 B.G.B.

Für den Verkauf solcher Tiere, die alsbald geschlachtet werden sollen und bestimmt sind, als Nahrungsmittel für Menschen zu dienen (Schlachttiere), gelten als Hauptmängel:

IV. bei Schweinen.

14 Tage 3) Finnen mit einer Gewährfrist von vierzehn Tagen. —

§ 2 der Kaiserlichen Verordnung vom 27. März 1899.

Fixgeschäft.

Ist in einem gegenseitigen Vertrage vereinbart, daß die Leistung des einen Teiles genau zu einer festbestimmten Zeit oder innerhalb einer festbestimmten Frist bewirkt werden soll, so ist im Zweifel anzunehmen, daß der andere Teil zum Rücktritte berechtigt sein soll, wenn die Leistung nicht zu der bestimmten Zeit oder innerhalb der bestimmten Frist erfolgt. Frist

§ 361 B.G.B.

Ist bedungen, daß die Leistung des einen Teiles genau zu einer festbestimmten Zeit oder innerhalb einer festbestimmten Frist bewirkt werden soll, so kann der andere Teil, wenn die Leistung nicht zu der bestimmten Zeit oder nicht innerhalb der bestimmten Frist erfolgt, von dem Vertrage zurücktreten oder, falls der Schuldner im Verzug ist, statt der Erfüllung Schadensersatz wegen Nichterfüllung verlangen. Erfüllung kann er nur beanspruchen, wenn er sofort nach dem Ablaufe der Zeit oder der Frist dem Gegner anzeigt, daß er auf Erfüllung bestehe. Frist

Wird Schadensersatz wegen Nichterfüllung verlangt und hat die Ware einen Börsen- oder Marktpreis, so kann der Unterschied des Kaufpreises und des Börsen- oder Marktpreises zur Zeit und am Orte der geschuldeten Leistung gefordert werden.

Das Ergebnis eines anderweit vorgenommenen Verkaufs oder Kaufs kann, falls die Ware einen Börsen- oder Marktpreis hat, dem Ersatzanspruche nur zu Grunde gelegt werden, wenn der Verkauf oder Kauf sofort nach dem Ablauf der bedungenen Leistungszeit oder Leistungsfrist bewirkt ist. Der Verkauf oder Kauf muß, wenn er nicht in öffentlicher Versteigerung geschieht, durch einen zu solchen Verkäufen oder Käufen öffentlich ermächtigten Handelsmäkler oder eine zur öffentlichen Versteigerung befugte Person zum laufenden Preise erfolgen.

Auf den Verkauf mittelst öffentlicher Versteigerung findet die Vorschrift des § 373 Abs. 4 Anwendung.

[Abs. 4 u. 5 lautet: „Der Verkäufer und der Käufer können bei der öffentlichen Versteigerung mitbieten. — Im Falle der öffentlichen Versteigerung hat der Verkäufer den Käufer von der Zeit und dem Orte der Versteigerung vorher zu benachrichtigen; von dem vollzogenen Verkaufe hat er bei jeder Art des Verkaufs dem Käufer unverzüglich Nachricht zu geben. Im Falle der Unterlassung ist er zum Schadensersatze verpflichtet. Die Benachrichtigungen dürfen unterbleiben, wenn sie unthunlich sind."] **unverzüglich**

Von dem Verkaufe oder Kaufe hat der Gläubiger den Schuldner unverzüglich zu benachrichtigen; im Falle der Unterlassung ist er zum Schadensersatze verpflichtet.

§ 376 H.G.B.

Fortsetzung der ehelichen Gütergemeinschaft, hier: Ablehnung derselben.

Siehe: Ablehnung der Fortsetzung der G.G.

Fortsetzung des Mietverhältnisses.

Wird nach dem Ablaufe der Mietzeit der Gebrauch der Sache von dem Mieter fortgesetzt, so gilt das Mietverhältnis als auf unbestimmte Zeit verlängert, sofern nicht der Vermieter oder der Mieter seinen entgegenstehenden Willen binnen einer Frist von zwei Wochen dem andern Teile gegenüber erklärt. Die Frist beginnt für den Mieter mit der Fortsetzung des Gebrauchs, für den Vermieter mit dem Zeitpunkt, in welchem er von der Fortsetzung Kenntnis erlangt. **2 Wochen**

§ 568 B.G.B.

Fortsetzung einer offenen Handelsgesellschaft.

Ist im Gesellschaftsvertrage bestimmt, daß im Falle des Todes eines Gesellschafters die Gesellschaft mit dessen Erben fortgesetzt werden soll, so kann jeder Erbe sein Verbleiben in der Gesellschaft davon abhängig machen, daß ihm unter Belassung des bisherigen Gewinnanteils die Stellung eines Kommanditisten eingeräumt und der auf ihn fallende Teil der Einlage des Erblassers als seine Kommanditeinlage anerkannt wird.

Nehmen die übrigen Gesellschafter einen dahin gehenden Antrag des Erben nicht an, so ist dieser befugt, ohne Einhaltung einer Kündigungsfrist sein Ausscheiden aus der Gesellschaft zu erklären.

Die bezeichneten Rechte können von dem Erben nur
3 Monate innerhalb einer Frist von drei Monaten nach dem Zeitpunkt, in welchem er von dem Anfalle der Erbschaft Kenntnis erlangt hat, geltend gemacht werden. Auf den Lauf der Frist finden die für die Verjährung geltenden Vorschriften des § 206 B.G.B. (siehe unter IIa „Verjährungsfristen") entsprechende Anwendung. Ist bei dem Ablaufe der drei Monate das Recht zur Ausschlagung der Erbschaft noch nicht verloren, so endigt die Frist nicht vor dem Ablaufe der Ausschlagungsfrist. — [„Die Aus-
6 Wochen schlagung kann nur binnen sechs Wochen erfolgen. Die Frist
6 Monate beträgt sechs Monate, wenn der Erblasser seinen letzten Wohnsitz nur im Auslande gehabt hat oder wenn sich der Erbe bei dem Beginne der Frist im Auslande aufhält. § 1944, siehe auch unter „Ausschlagung".] —

3 Monate Scheidet innerhalb der Frist des Absatz 3 der Erbe aus der Gesellschaft aus oder wird innerhalb der Frist die Gesellschaft aufgelöst oder dem Erben die Stellung eines Kommanditisten eingeräumt, so haftet er für die bis dahin entstandenen Gesellschaftsschulden nur nach Maßgabe der die Haftung des Erben für die Nachlaßverbindlichkeiten betreffenden Vorschriften des bürgerlichen Rechtes.

Der Gesellschaftsvertrag kann die Anwendung der Vorschriften der Abs. 1 bis 4 nicht ausschließen; es kann jedoch für den Fall, daß der Erbe sein Verbleiben in der Gesellschaft von der Einräumung der Stellung eines Kommanditisten abhängig macht, sein Gewinnanteil anders als der des Erblassers bestimmt werden.

§ 139 H.G.B.

Frachtführer, hier: Frist für die Güterbeförderung.

Ist über die Zeit, binnen welcher der Frachtführer die Beförderung bewirken soll, nichts bedungen, so bestimmt sich die Frist, innerhalb deren er die Reise anzutreten und zu vollenden hat, nach dem Ortsgebrauche. Besteht ein Ortsgebrauch nicht, so ist die Beförderung binnen einer den Umständen nach angemessenen Frist zu bewirken. Frist angemessene Frist

Wird der Antritt oder die Fortsetzung der Reise ohne Verschulden des Absenders zeitweilig verhindert, so kann der Absender von dem Vertrage zurücktreten; er hat jedoch den Frachtführer, wenn diesem kein Verschulden zur Last fällt, für die Vorbereitung der Reise, die Wiederausladung und den zurückgelegten Teil der Reise zu entschädigen. Über die Höhe der Entschädigung entscheidet der Ortsgebrauch; besteht ein Ortsgebrauch nicht, so ist eine den Umständen nach angemessene Entschädigung zu gewähren.

§ 428 H.G.B.

Frachtführer, hier: dessen Haftung für Beschädigung oder Minderung des Guts.

Ist die Fracht nebst den sonst auf dem Gute haftenden Forderungen bezahlt und das Gut angenommen, so sind alle Ansprüche gegen den Frachtführer aus dem Frachtvertrage erloschen.

Diese Vorschrift findet keine Anwendung, soweit die Beschädigung oder Minderung des Guts vor dessen Annahme durch amtlich bestellte Sachverständige festgestellt ist.

Wegen einer Beschädigung oder Minderung des Gutes, die bei der Annahme äußerlich nicht erkennbar ist, kann der Frachtführer nach der Annahme des Gutes und der Bezahlung der Fracht in Anspruch genommen werden, wenn der Mangel in der Zeit zwischen der Übernahme des Gutes durch den Frachtführer und der Ablieferung entstanden ist und die Feststellung des Mangels durch amtlich bestellte Sachverständige unverzüglich nach der Entdeckung und spätestens binnen einer Woche nach der Annahme beantragt wird. Ist dem Fracht- unverzüglich 1 Woche unverzüglich führer der Mangel unverzüglich nach der Entdeckung und binnen der bezeichneten Frist angezeigt, so genügt es, wenn die Feststellung unverzüglich nach dem Zeitpunkte beantragt wird, bis zu welchem der Eingang einer Antwort des Frachtführers unter regelmäßigen Umständen erwartet werden darf.

Die Kosten einer von dem Empfangsberechtigten beantragten Feststellung sind von dem Frachtführer zu tragen wenn ein Verlust oder eine Beschädigung ermittelt wird, für welche der Frachtführer Ersatz leisten muß.

Der Frachtführer kann sich auf diese Vorschriften nicht berufen, wenn er den Schaden durch Vorsatz oder grobe Fahrlässigkeit herbeigeführt hat.

§ 438 H.G.B.

Frachtführer, hier: dessen Pfandrecht.

Siehe unter: „Pfandrecht des Frachtführers".

Freikoppen bei Pferden 2c.

Der Verkäufer hat nur bestimmte Fehler (Hauptmängel) und diese nur dann zu vertreten, wenn sie sich innerhalb bestimmter Fristen (Gewährfristen) zeigen.

Die Hauptmängel und die Gewährfristen werden durch eine mit Zustimmung des Bundesrats zu erlassende Kaiserliche Verordnung bestimmt. Die Bestimmung kann auf demselben Wege ergänzt und abgeändert werden.

§ 482 B.G.B

Fur den Verkauf von Nutz- und Zuchttieren gelten als Hauptmängel:

I. bei Pferden, Eseln, Mauleseln und Maultieren:

Ziffer 6. Koppen (Krippensetzen, Aufsetzen, Freikoppen, Luftschnappen, Windschnappen) mit einer Gewährfrist
14 Tage von vierzehn Tagen.

§ 1 Abs. I Ziff. 6 der Kaiserl. V.O. vom 27. März 1899 betr. die Hauptmängel und Gewährfristen beim Viehhandel

Fristenberechnung.

Siehe unter: „Berechnung der Fristen".

Gastwirt, dessen Haftung für eingebrachte Sachen.

Ein Gastwirt, der gewerbsmäßig Fremde zur Beherbergung aufnimmt, hat einem im Betriebe dieses Gewerbes aufgenommenen Gaste den Schaden zu ersetzen, den der Gast durch den Verlust oder die Beschädigung eingebrachter Sachen erleidet. Die Ersatzpflicht tritt nicht ein, wenn der Schaden von dem Gaste, einem Begleiter des Gastes oder einer Person, die er bei sich aufgenommen hat, verursacht wird oder durch die Beschaffenheit der Sachen oder durch höhere Gewalt entsteht.

Als eingebracht gelten die Sachen, welche der Gast dem Gastwirt oder Leuten des Gastwirts, die zur Entgegennahme der Sachen bestellt oder nach den Umständen als dazu bestellt anzusehen waren, übergeben oder an einem ihm von diesen angewiesenen Ort oder in Ermangelung einer Anweisung an den hierzu bestimmten Ort gebracht hat.

Ein Anschlag, durch den der Gastwirt die Haftung ablehnt, ist ohne Wirkung.

§ 701 B.G.B.

Für Geld, Wertpapiere und Kostbarkeiten haftet der Gastwirt nach § 701 (siehe oben) nur bis zu dem Betrage von eintausend Mark, es sei denn, daß er diese Gegenstände in Kenntnis ihrer Eigenschaft als Wertsachen zur Aufbewahrung übernimmt oder die Aufbewahrung ablehnt oder daß der Schaden von ihm oder von seinen Leuten verschuldet wird.

§ 702 B.G.B.

Der dem Gaste auf Grund der §§ 701, 702 (siehe oben) zustehende Anspruch erlischt, wenn nicht der Gast unverzüglich, nachdem er von dem Verlust oder der Beschädigung Kenntnis erlangt hat, dem Gastwirt Anzeige macht. Der Anspruch erlischt nicht, wenn die Sachen dem Gastwirte zur Aufbewahrung übergeben waren. **unverzüglich**

§ 703 B.G.B.

Gastwirt, hier:
dessen Pfandrecht an eingebrachten Sachen.

Der Gastwirt hat für seine Forderungen für Wohnung und andere dem Gaste zur Befriedigung seiner Bedürfnisse gewährte Leistungen, mit Einschluß der Auslagen, ein Pfandrecht an den eingebrachten Sachen des Gastes. Die für das Pfandrecht des Vermieters geltenden Vorschriften des § 559 Satz 3 und der §§ 560 bis 563 finden entsprechende Anwendung.

§ 04 B.G.B.

Diese Vorschriften lauten:

§ 559 Satz 3: „Es (das Pfandrecht) erstreckt sich nicht auf die der Pfändung nicht unterworfenen Sachen."

§ 560: „Das Pfandrecht des Vermieters erlischt mit der Entfernung der Sachen von dem Grundstück, es sei denn, daß die Entfernung ohne Wissen oder unter Widerspruch des Vermieters erfolgt. Der Vermieter kann der Entfernung nicht widersprechen, wenn sie im regelmäßigen Betriebe des Geschäfts des Mieters oder den gewöhnlichen Lebensverhältnissen entsprechend erfolgt oder wenn die zurückbleibenden Sachen zur Sicherung des Vermieters offenbar ausreichen."

§ 561: „Der Vermieter darf die Entfernung der seinem Pfandrecht unterliegenden Sachen, soweit er ihr zu widersprechen berechtigt ist, auch ohne Anrufen des Gerichts verhindern und, wenn der Mieter auszieht, die Sachen in seinen Besitz nehmen.

Sind die Sachen ohne Wissen oder unter Widerspruch des Vermieters entfernt worden, so kann er die Herausgabe zum Zwecke der Zurückschaffung in das Grundstück und, wenn der Mieter ausgezogen ist, die Ueberlassung des Besitzes verlangen. Das Pfandrecht erlischt mit dem Ablauf eines Monats, nachdem der Vermieter von der Entfernung der Sachen Kenntnis erlangt hat, wenn nicht der Vermieter diesen Anspruch vorher gerichtlich geltend gemacht hat."

1 Monat

§ 562: „Der Mieter kann die Geltendmachung des Pfandrechts des Vermieters durch Sicherheitsleistung abwenden; er kann jede einzelne Sache dadurch von dem Pfandrechte befreien, daß er in Höhe ihres Wertes Sicherheit leistet."

§ 563: „Wird eine dem Pfandrechte des Vermieters unterliegende Sache für einen andern Gläubiger gepfändet, so kann diesem gegenüber das Pfandrecht nicht wegen des Mietzinses für eine frühere Zeit als das letzte Jahr vor der Pfändung geltend gemacht werden."

1 Jahr

Gattungskauf.

Der Käufer eines nur der Gattung nach bestimmten Tieres kann statt der Wandelung verlangen, daß ihm an Stelle des mangelhaften Tieres ein mangelfreies geliefert wird. Auf diesen Anspruch finden die Vorschriften der §§ 488 bis 490 entsprechende Anwendung.

§ 491 B.G.B.

Diese Vorschriften lauten:

§ 488: „Der Verkäufer hat im Falle der Wandelung dem Käufer auch die Kosten der Fütterung und Pflege, die Kosten der tierärztlichen Untersuchung und Behandlung sowie die Kosten der notwendig gewordenen Tötung und Wegschaffung des Tieres zu ersetzen."

§ 489: „Ist über den Anspruch auf Wandelung ein Rechtsstreit anhängig, so ist auf Antrag der einen oder der andern Partei die öffentliche Versteigerung des Tieres und die Hinterlegung des Erlöses durch einstweilige Verfügung anzuordnen, sobald die Besichtigung des Tieres nicht mehr erforderlich ist."

§ 490: „Der Anspruch auf Wandelung sowie der Anspruch auf Schadensersatz wegen eines Hauptmangels, dessen Nichtvorhandensein der Verkäufer zugesichert hat, verjährt in sechs Wochen von dem Ende der Gewährsfrist an. Im Uebrigen bleiben die Vorschriften des § 477 (siehe unten) unberührt. 6 Wochen

An die Stelle der in den §§ 210, 212, 215 (siehe bei IIa „Verjährungsabschnitt") bestimmten Fristen tritt eine Frist von sechs Wochen. 6 Wochen

Der Käufer kann auch nach der Verjährung des Anspruchs auf Wandelung die Zahlung des Kaufpreises verweigern. ꝛc."

Der oben zitierte § 477 lautet:

„Der Anspruch auf Wandelung oder auf Minderung sowie der Anspruch auf Schadensersatz wegen Mangels einer zugesicherten Eigenschaft verjährt, sofern nicht der Verkäufer den Mangel arglistig verschwiegen hat, bei beweglichen Sachen in sechs Monaten von der Ablieferung, bei Grundstücken in 6 Monate einem Jahre von der Uebergabe an. Die Verjährungsfrist 1 Jahr kann durch Vertrag verlängert werden.

Beantragt der Käufer gerichtliche Beweisaufnahme zur Sicherung des Beweises, so wird die Verjährung unterbrochen. Die Unterbrechung dauert bis zur Beendigung des Verfahrens fort. Die Vorschriften des § 211 Abs. II und des § 212 (siehe unten bei IIa „Verjährungsabschnitt") finden entsprechende Anwendung.

Die Hemmung oder Unterbrechung der Verjährung eines der im Absatz I bezeichneten Ansprüche bewirkt auch die Hemmung oder Unterbrechung der Verjährung der anderen Ansprüche."

Gefährdung einer Hypotheksicherheit.

Ist in Folge einer Verschlechterung des Grundstücks die Sicherheit der Hypothek gefährdet, so kann der Gläubiger dem angemessene Frist Eigentümer eine angemessene Frist zur Beseitigung der Gefährdung bestimmen. Nach dem Ablaufe der Frist ist der Gläubiger berechtigt, sofort Befriedigung aus dem Grundstücke zu suchen, wenn nicht die Gefährdung durch Verbesserung des Grundstücks oder durch anderweite Hypothekenbestellung beseitigt worden ist. Ist die Forderung unverzinslich und noch nicht fällig, so gebührt dem Gläubiger nur die Summe, welche mit Hinzurechnung der gesetzlichen Zinsen für die Zeit von der Zahlung bis zur Fälligkeit dem Betrage der Forderung gleichkommt.

§ 1133 B.G.B.

Gegenseitiger Vertrag.

Ist bei einem gegenseitigen Vertrage der eine Teil mit der ihm obliegenden Leistung im Verzuge, so kann ihm der angemessene Frist andere Teil zur Bewirkung der Leistung eine angemessene Frist mit der Erklärung bestimmen, daß er die Annahme der Leistung nach dem Ablaufe der Frist ablehne. Nach dem Ablaufe der Frist ist er berechtigt, Schadensersatz wegen Nichterfüllung zu verlangen oder von dem Vertrage zurückzutreten, wenn nicht die Leistung rechtzeitig erfolgt ist; der Anspruch auf Erfüllung ist ausgeschlossen. Wird die Leistung bis zum Ablaufe der Frist teilweise nicht bewirkt, so findet die Vorschrift des § 325 Abs. 1 Satz 2 [nämlich: „Bei teilweiser Unmöglichkeit ist er (der andere Vertragsteil), wenn die teilweise Erfüllung des Vertrags für ihn kein Interesse hat, berechtigt, Schadensersatz wegen Nichterfüllung der ganzen Verbindlichkeit nach Maßgabe des § 280 Abs. 2 (siehe unter „Rücktrittsrecht") zu verlangen oder von dem ganzen Vertrage zurückzutreten] entsprechende Anwendung.

Hat die Erfüllung des Vertrags in Folge des Verzugs für den anderen Teil kein Interesse, so stehen ihm die im Abs. 1 bezeichneten Rechte zu, ohne daß es der Bestimmung einer Frist bedarf.

§ 326 B.G.B.

Gehalt der Handlungsgehülfen.

Wird der Handlungsgehülfe durch unverschuldetes Unglück an der Leistung der Dienste verhindert, so behält er seinen Anspruch auf Gehalt und Unterhalt, jedoch nicht über die Dauer von sechs Wochen hinaus. 6 Wochen

Der Handlungsgehülfe ist nicht verpflichtet, sich den Betrag anrechnen zu lassen, der ihm für die Zeit der Verhinderung aus einer Kranken- oder Unfallversicherung zukommt. Eine Vereinbarung, welche dieser Vorschrift zuwiderläuft, ist nichtig.

§ 63 H.G.B.

Die Zahlung des dem Handlungsgehülfen zukommenden Gehalts hat am Schlusse jedes Monats zu erfolgen. Eine Vereinbarung, nach der die Zahlung des Gehalts später erfolgen soll, ist nichtig. 1 Monat

§ 64 H.G.B.

Geisteskrankheit (Ehescheidungsgrund).

Ein Ehegatte kann auf Scheidung klagen, wenn der andere Ehegatte in Geisteskrankheit verfallen ist, die Krankheit während der Ehe mindestens drei Jahre gedauert und einen solchen Grad erreicht hat, daß die geistige Gemeinschaft zwischen den Ehegatten aufgehoben, auch jede Aussicht auf Wiederherstellung dieser Gemeinschaft ausgeschlossen ist. 3 Jahre

§ 1569 B.G.B.

Geldrente bei Leibrente.

Wer zur Gewährung einer Leibrente verpflichtet ist, hat die Rente im Zweifel für die Lebensdauer des Gläubigers zu entrichten. Lebensdauer

Der für die Rente bestimmte Betrag ist im Zweifel der Jahresbetrag der Rente. Jahresbetrag

§ 759 B.G.B.

Die Leibrente ist im voraus zu entrichten.

Eine Geldrente ist für drei Monate vorauszuzahlen; bei einer anderen Rente bestimmt sich der Zeitabschnitt, für den sie im voraus zu entrichten ist, nach der Beschaffenheit und dem Zwecke der Rente. 3 Monate

Hat der Gläubiger den Beginn des Zeitabschnitts erlebt, für den die Rente im voraus zu entrichten ist, so gebührt ihm der volle auf den Zeitabschnitt entfallende Betrag.

§ 760 B.G.B.

Geldrente bei Körperverletzungen.

Wird in Folge einer Verletzung des Körpers oder der Gesundheit die Erwerbsfähigkeit des Verletzten aufgehoben oder gemindert oder tritt eine Vermehrung seiner Bedürfnisse ein, so ist dem Verletzten durch Entrichtung einer Geldrente Schadensersatz zu leisten.

3 Monate voraus

Auf die Rente finden die Vorschriften des § 760 (siehe oben unter „Geldrente bei Leibrente") entsprechende Anwendung.

Statt der Rente kann der Verletzte eine Abfindung in Kapital verlangen, wenn ein wichtiger Grund vorliegt.

Der Anspruch wird nicht dadurch ausgeschlossen, daß ein Anderer dem Verletzten Unterhalt zu gewähren hat.

§ 843 B.G.B.

Geldrente der geschiedenen Ehefrau.

Der allein für schuldig erklärte Mann hat der geschiedenen Frau den standesmäßigen Unterhalt insoweit zu gewähren, als sie ihn nicht aus den Einkünften ihres Vermögens und, sofern nach den Verhältnissen, in denen die Ehegatten gelebt haben, Erwerb durch Arbeit der Frau üblich ist, aus dem Ertrag ihrer Arbeit bestreiten kann.

Die allein für schuldig erklärte Frau hat dem geschiedenen Manne den standesgemäßen Unterhalt insoweit zu gewähren, als er außer Stande ist, sich selbst zu unterhalten.

§ 1578 B.G.B.

3 Monate voraus

Der Unterhalt ist durch Entrichtung einer Geldrente nach Maßgabe des § 760 (siehe oben unter „Geldrente bei Leibrente") zu gewähren. Ob, in welcher Art und für welchen Betrag der Unterhaltspflichtige Sicherheit zu leisten hat, bestimmt sich nach den Umständen.

Statt der Rente kann der Berechtigte eine Abfindung in Kapital verlangen, wenn ein wichtiger Grund vorliegt.

§ 1580 Abs. I, II B.G.B.

Die Unterhaltspflicht erlischt mit der Wiederverheiratung des Berechtigten.

§ 1581 Abs. I B.G.B.

Geldrente
eines Ehegatten während des getrennten Lebens.

Leben die Ehegatten getrennt, so ist, solange einer von ihnen die Herstellung des ehelichen Lebens verweigern darf und verweigert, der Unterhalt durch Entrichtung einer Geldrente zu gewähren; auf die Rente finden die Vorschriften des § 760 (siehe oben unter „Geldrente bei Leibrenten") Anwendung. 3 Monate voraus
Der Mann hat der Frau auch die zur Führung eines abgesonderten Haushalts erforderlichen Sachen aus dem gemeinschaftlichen Haushalte zum Gebrauche herauszugeben, es sei denn, daß die Sachen für ihn unentbehrlich sind oder daß sich solche Sachen in dem der Verfügung der Frau unterliegenden Vermögen befinden.

Die Unterhaltspflicht des Mannes fällt weg oder beschränkt sich auf die Zahlung eines Beitrags, wenn der Wegfall oder die Beschränkung mit Rücksicht auf die Bedürfnisse sowie auf die Vermögens- und Erwerbsverhältnisse der Ehegatten der Billigkeit entspricht.

§ 1361 B.G.B.

Gemeinschaft, Aufhebung derselben.

Jeder Teilhaber kann jederzeit die Aufhebung der Gemeinschaft verlangen. jederzeit

Wird das Recht, die Aufhebung zu verlangen, durch Vereinbarung für immer oder auf Zeit ausgeschlossen, so kann die Aufhebung gleichwohl verlangt werden, wenn ein wichtiger Grund vorliegt. Unter der gleichen Voraussetzung kann, wenn eine Kündigungsfrist bestimmt wird, die Aufhebung ohne Einhaltung der Frist verlangt werden.

Eine Vereinbarung, durch welche das Recht, die Aufhebung zu verlangen, diesen Vorschriften zuwider ausgeschlossen oder beschränkt wird, ist nichtig.

§ 749 B.G.B.

Haben die Teilhaber das Recht, die Aufhebung der Gemeinschaft zu verlangen, auf Zeit ausgeschlossen, so tritt die Vereinbarung im Zweifel mit dem Tode eines Teilhabers außer Kraft.

§ 750 B.G.B.

Genehmigung des gesetzlichen Vertreters eines Minderjährigen zum Vertragsabschlusse desselben.

Schließt der Minderjährige einen Vertrag ohne die erforderliche Einwilligung des gesetzlichen Vertreters, so hängt die Wirksamkeit des Vertrags von der Genehmigung des Vertreters ab.

Fordert der andere Teil den Vertreter zur Erklärung über die Genehmigung auf, so kann die Erklärung nur ihm gegenüber erfolgen; eine vor der Aufforderung dem Minderjährigen gegenüber erklärte Genehmigung oder Ver-
2 Wochen weigerung der Genehmigung wird unwirksam. Die Genehmigung kann nur bis zum Ablaufe von zwei Wochen nach dem Empfange der Aufforderung erklärt werden; wird sie nicht erklärt, so gilt sie als verweigert.

Ist der Minderjährige unbeschränkt geschäftsfähig geworden, so tritt seine Genehmigung an die Stelle der Genehmigung des Vertreters.

§ 108 B.G.B.

Genehmigung eines ohne Vollmacht abgeschlossenen Vertrages.

Siehe unter: „Vertragsabschluß ohne Vollmacht".

Genehmigung des Gläubigers bei Schuldübernahmen.

Eine Schuld kann von einem Dritten durch Vertrag mit dem Gläubiger in der Weise übernommen werden, daß der Dritte an die Stelle des bisherigen Schuldners tritt.

§ 414 B.G.B.

Wird die Schuldübernahme von dem Dritten mit dem Schuldner vereinbart, so hängt ihre Wirksamkeit von der Genehmigung des Gläubigers ab. Die Genehmigung kann erst erfolgen, wenn der Schuldner oder der Dritte dem Gläubiger die Schuldübernahme mitgeteilt hat. Bis zur Genehmigung können die Parteien den Antrag ändern oder aufheben.

Wird die Genehmigung verweigert, so gilt die Schuldübernahme als nicht erfolgt. Fordert der Schuldner oder der Dritte den Gläubiger unter Bestimmung einer Frist zur Erklärung über die Genehmigung auf, so kann die Genehmigung nur bis zum Ablaufe der Frist erklärt werden; wird sie nicht erklärt, so gilt sie als verweigert. Frist

So lange nicht der Gläubiger die Genehmigung erteilt hat, ist im Zweifel der Uebernehmer dem Schuldner gegenüber verpflichtet, den Gläubiger rechtzeitig zu befriedigen. Das Gleiche gilt, wenn der Gläubiger die Genehmigung verweigert.

§ 415 B.G.B.

Uebernimmt der Erwerber eines Grundstückes durch Vertrag mit dem Veräußerer eine Schuld des Veräußerers, für die eine Hypothek an dem Grundstücke besteht, so kann der Gläubiger die Schuldübernahme nur genehmigen, wenn der Veräußerer sie ihm mitteilt. Sind seit dem Empfange der Mitteilung sechs Monate verstrichen, so gilt die Genehmigung als erteilt, wenn nicht der Gläubiger sie dem Veräußerer gegenüber vorher verweigert hat; die Vorschrift des § 415 Absatz 2 Satz 2 (siehe oben) findet keine Anwendung. 6 Monate

Die Mitteilung des Veräußerers kann erst erfolgen, wenn der Erwerber als Eigentümer im Grundbuch eingetragen ist. Sie muß schriftlich geschehen und den Hinweis enthalten, daß der Uebernehmer an die Stelle des bisherigen Schuldners tritt, wenn nicht der Gläubiger die Verweigerung innerhalb der sechs Monate erklärt. 6 Monate

Der Veräußerer hat auf Verlangen des Erwerbers dem Gläubiger die Schuldübernahme mitzuteilen. Sobald die Erteilung oder Verweigerung der Genehmigung feststeht, hat der Veräußerer den Erwerber zu benachrichtigen.

§ 416 B.G.B.

Genehmigung
eines im Wege der Zwangsvollstreckung u. s. w. erfolgten Verkaufs.

Bei einem Verkauf im Wege der Zwangsvollstreckung dürfen der mit der Vornahme oder Leitung des Verkaufs Beauftragte und die von ihm zugezogenen Gehülfen, mit Einschluß des Protokollführers, den zum Verkauf gestellten Gegenstand weder für sich persönlich oder durch einen Anderen noch als Vertreter eines Anderen kaufen.

§ 456 B.G.B.

Die Vorschrift des § 456 (siehe oben) gilt auch bei einem Verkauf außerhalb der Zwangsvollstreckung, wenn der Auftrag zu dem Verkauf auf Grund einer gesetzlichen Vorschrift erteilt worden ist, die den Auftraggeber ermächtigt, den Gegenstand für Rechnung eines Andern verkaufen zu lassen, insbesondere in den Fällen des Pfandverkaufs und des in den §§ 383, 385 zugelassenen Verkaufs [wenn die geschuldete bewegliche Sache zur Hinterlegung nicht geeignet ist oder wenn der Verderb der Sache zu besorgen ist], sowie bei einem Verkaufe durch den Konkursverwalter.

§ 457 B.G.B.

Die Wirksamkeit eines den Vorschriften der §§ 456, 457 (siehe oben) zuwider erfolgten Kaufes und der Uebertragung des gekauften Gegenstandes hängt von der Zustimmung der bei dem Verkauf als Schuldner, Eigentümer oder Gläubiger Beteiligten ab. Fordert der Käufer einen Beteiligten zur Erklärung über die Genehmigung auf, so finden die Vorschriften des § 177 Absatz 2 (siehe unten) entsprechende Anwendung.

Wird in Folge der Verweigerung der Genehmigung ein neuer Verkauf vorgenommen, so hat der frühere Käufer für die Kosten des neuen Verkaufs sowie für einen Mindererlös aufzukommen.

§ 458 B.G.B.

Der oben zitierte § 177 lautet:

„Schließt Jemand ohne Vertretungsmacht im Namen eines Anderen einen Vertrag, so hängt die Wirksamkeit des Vertrages für und gegen den Vertretenen von dessen Genehmigung ab.

Fordert der andere Teil den Vertretenen zur Erklärung über die Genehmigung auf, so kann die Erklärung nur ihm gegenüber erfolgen; eine vor der Aufforderung dem Vertreter gegenüber erklärte Genehmigung oder Verweigerung der Genehmigung wird unwirksam. Die Genehmigung kann nur bis zum Ablaufe von zwei Wochen nach dem Empfange der Aufforderung erklärt werden; wird sie nicht erklärt, so gilt sie als verweigert.“ 2 Wochen

Genehmigung des Ehemannes zu Verfügungen der Frau über eingebrachtes Gut (bei gesetzlichem Güterrechte).

Die Frau bedarf zur Verfügung über eingebrachtes Gut der Einwilligung des Mannes.

§ 1395 B.G.B.

Verfügt die Frau durch Vertrag ohne Einwilligung des Mannes über eingebrachtes Gut, so hängt die Wirksamkeit des Vertrags von der Genehmigung des Mannes ab.

Fordert der andere Teil den Mann zur Erklärung über die Genehmigung auf, so kann die Erklärung nur ihm gegenüber erfolgen; eine vor der Aufforderung der Frau gegenüber erklärte Genehmigung oder Verweigerung der Genehmigung wird unwirksam. Die Genehmigung kann nur bis zum Ablaufe von zwei Wochen nach dem Empfange der Aufforderung erklärt werden; wird sie nicht erklärt, so gilt sie als verweigert. 2 Wochen

Verweigert der Mann die Genehmigung, so wird der Vertrag nicht dadurch wirksam, daß die Verwaltung und Nutznießung aufhört.

§ 1396 B.G.B.

Bis zur Genehmigung des Vertrags ist der andere Teil zum Widerrufe berechtigt. Der Widerruf kann auch der Frau gegenüber erklärt werden. Widerruf

Hat der andere Teil gewußt, daß die Frau Ehefrau ist, so kann er nur widerrufen, wenn die Frau der Wahrheit zuwider die Einwilligung des Mannes behauptet hat; er kann auch in diesem Falle nicht widerrufen, wenn ihm das Fehlen der Einwilligung bei dem Abschlusse des Vertrags bekannt war.

§ 1397 B.G.B.

Ein einseitiges Rechtsgeschäft, durch das die Frau ohne Einwilligung des Mannes über eingebrachtes Gut verfügt, ist unwirksam.

§ 1398 B.G.B.

Zu Rechtsgeschäften, durch die sich die Frau zu einer Leistung verpflichtet, ist die Zustimmung des Mannes nicht erforderlich.

Stimmt der Mann einem solchen Rechtsgeschäfte zu, so ist es in Ansehung des eingebrachten Gutes ihm gegenüber wirksam. Stimmt er nicht zu, so muß er das Rechtsgeschäft, soweit das eingebrachte Gut bereichert wird, nach den Vorschriften über die Herausgabe einer ungerechtfertigten Bereicherung gegen sich gelten lassen.

§ 1399 B.G.B.

Führt die Frau einen Rechtsstreit ohne Zustimmung des Mannes, so ist das Urteil dem Manne gegenüber in Ansehung des eingebrachten Gutes unwirksam.

Ein zum eingebrachten Gute gehörendes Recht kann die Frau im Wege der Klage nur mit Zustimmung des Mannes geltend machen.

§ 1400 B.G.B.

keine Zustimmung

Die Zustimmung des Mannes ist in den Fällen der §§ 1395 bis 1398 (siehe oben), des § 1399 Abs. 2 (siehe oben) und des § 1400 (siehe oben) nicht erforderlich, wenn der Mann durch Krankheit oder durch Abwesenheit an der Abgabe der Erklärung verhindert und mit dem Aufschube Gefahr verbunden ist.

§ 1401 B.G.B.

Genehmigung
der Frau zu Rechtsgeschäften des Ehemannes bei allgemeiner Gütergemeinschaft.

Das Gesammtgut unterliegt der Verwaltung des Mannes. Der Mann ist insbesondere berechtigt, die zu dem Gesammtgute gehörenden Sachen in Besitz zu nehmen, über das Gesammtgut zu verfügen sowie Rechtsstreitigkeiten, die sich auf das Gesammtgut beziehen, im eigenen Namen zu führen.

Die Frau wird durch die Verwaltungshandlungen des Mannes weder Dritten noch dem Manne gegenüber persönlich verpflichtet.

§ 1443 B.G.B.

Der Mann bedarf der Einwilligung der Frau zu einem Rechtsgeschäfte, durch das er sich zu einer Verfügung über das

Gesammtgut im Ganzen verpflichtet, sowie zu einer Verfügung über Gesammtgut, durch die eine ohne Zustimmung der Frau eingegangene Verpflichtung dieser Art erfüllt werden soll.

§ 1444 B.G.B.

Der Mann bedarf der Einwilligung der Frau zur Verfügung über ein zu dem Gesammtgute gehörendes Grundstück sowie zur Eingehung der Verpflichtung zu einer solchen Verfügung.

§ 1445 B.G.B.

Der Mann bedarf der Einwilligung der Frau zu einer Schenkung aus dem Gesammtgute sowie zu einer Verfügung über Gesammtgut, durch welche das ohne Zustimmung der Frau erteilte Versprechen einer solchen Schenkung erfüllt werden soll. Das Gleiche gilt von einem Schenkungsversprechen, das sich nicht auf das Gesammtgut bezieht.

Ausgenommen sind Schenkungen, durch die einer sittlichen Pflicht oder einer auf den Anstand zu nehmenden Rücksicht entsprochen wird.

§ 1446 B.G.B.

Nimmt der Mann ohne Einwilligung der Frau ein Rechtsgeschäft der in den §§ 1444 bis 1446 (siehe oben) bezeichneten Art vor, so finden die für die Verfügung der Frau über eingebrachtes Gut geltenden Vorschriften des § 1396 Absatz 1, 3 und der §§ 1397, 1398 (siehe hierüber oben bei: „Genehmigung des Ehemannes zu Verfügungen der Frau über eingebrachtes Gut bei gesetzlichem Güterrechte") entsprechende Anwendung.

Fordert bei einem Vertrage der andere Teil den Mann auf, die Genehmigung der Frau zu beschaffen, so kann die Erklärung über die Genehmigung nur ihm gegenüber erfolgen; eine vor der Aufforderung dem Manne gegenüber erklärte Genehmigung oder Verweigerung der Genehmigung wird unwirksam. Die Genehmigung kann nur bis zum Ablaufe von zwei Wochen nach dem Empfange der Aufforderung erklärt **2 Wochen**
werden; wird sie nicht erklärt, so gilt sie als verweigert.

Wird die Genehmigung der Frau durch das Vormundschaftsgericht ersetzt, so ist im Falle einer Aufforderung nach Absatz 2 der Beschluß nur wirksam, wenn der Mann ihn dem andern Teile mitteilt; die Vorschriften des Absatz 2 Satz 2 finden entsprechende Anwendung.

§ 1448 B.G.B.

Genehmigung
des einen Teiles bei fortgesetzter Gütergemeinschaft auf Ableben eines Eheteils.

Die Rechte und Verbindlichkeiten des überlebenden Ehegatten sowie der anteilsberechtigten Abkömmlinge in Ansehung des Gesammtguts der fortgesetzten Gütergemeinschaft bestimmen sich nach den für die eheliche Gütergemeinschaft geltenden Vorschriften der §§ 1442 bis 1449 (siehe oben unter „Genehmigung der Frau zu Rechtsgeschäften des Mannes bei allgemeiner Gütergemeinschaft") 1455 bis 1457, 1466; der überlebende Ehegatte hat die rechtliche Stellung des Mannes, die anteilsberechtigten Abkömmlinge haben die rechtliche Stellung der Frau.

Was der überlebende Ehegatte zu dem Gesammtgute schuldet oder aus dem Gesammtgute zu fordern hat, ist erst nach der Beendigung der fortgesetzten Gütergemeinschaft zu leisten.

§ 1487 B.G.B.

Genehmigung
der Frau zu Rechtsgeschäften des Mannes bei Errungenschaftsgemeinschaft.

Was der Mann oder die Frau während der Errungenschaftsgemeinschaft erwirbt, wird gemeinschaftliches Vermögen beider Ehegatten (Gesammtgut).

Auf das Gesammtgut finden die für die allgemeine Gütergemeinschaft geltenden Vorschriften des § 1438 Absatz 2, 3 [nämlich: „die einzelnen Gegenstände werden gemeinschaftlich, ohne daß es einer Uebertragung durch Rechtsgeschäft bedarf. Wird ein Recht gemeinschaftlich, das im Grundbuch eingetragen ist oder in das Grundbuch eingetragen werden kann, so kann jeder Ehegatte von dem anderen die Mitwirkung zur Berichtigung des Grundbuchs verlangen."] und der §§ 1442 bis 1453, 1455 bis 1457 Anwendung. — (Ueber § 1448 siehe oben unter „Genehmigung der Frau zu Rechtsgeschäften des Mannes bei allgemeiner Gütergemeinschaft".)

§ 1519 B.G.B.

Genehmigung des Vormundschaftsgerichts zu Handlungen des Vormunds.

Der Vormund bedarf der Genehmigung des Vormundschaftsgerichts:

5) zu einem Miet- oder Pachtvertrag oder einem anderen Vertrage, durch den der Mündel zu wiederkehrenden Leistungen verpflichtet wird, wenn das Vertragsverhältnis länger als ein Jahr nach der Vollendung des ein und zwanzigsten Lebensjahrs des Mündels fortdauern soll: 1 Jahr

6) zu einem Lehrvertrage, der für längere Zeit als ein Jahr geschlossen wird; 1 Jahr

7) zu einem auf die Eingehung eines Dienst- oder Arbeitsverhältnisses gerichteten Vertrage, wenn der Mündel zu persönlichen Leistungen für längere Zeit als ein Jahr verpflichtet werden soll; 1 Jahr

§ 1822 Ziffer 5—7 B.G.B.

Generalversammlung einer Aktiengesellschaft.

Die Berufung der Generalversammlung hat in der durch den Gesellschaftsvertrag bestimmten Weise mindestens zwei Wochen vor dem Tage der Versammlung zu erfolgen. Der Tag der Berufung und der Tag der Generalversammlung ist hierbei nicht mitzurechnen. 2 Wochen

Ist im Gesellschaftsvertrage die Ausübung des Stimmrechtes davon abhängig gemacht, daß die Aktien bis zu einem bestimmten Zeitpunkte vor der Generalversammlung hinterlegt werden, so ist die Frist derart zu bemessen, daß für die Hinterlegung mindestens zwei Wochen frei bleiben. In diesem Falle genügt auch die Hinterlegung bei einem Notar. 2 Wochen

Ist im Gesellschaftsvertrage eine Bestimmung der im Absatz 2 bezeichneten Art nicht getroffen, so müssen die Anmeldungen zur Teilnahme an der Generalversammlung zugelassen werden, wenn sie nicht später als am dritten Tage vor der Versammlung erfolgen. 3 Tage

§ 255 H.G.B.

Der Zweck der Generalversammlung soll bei der Berufung bekannt gemacht werden. Jedem Aktionär ist auf Verlangen eine Abschrift der Anträge zu erteilen.

Ueber Gegenstände, deren Verhandlung nicht ordnungsmäßig mindestens eine Woche vor dem Tage der Generalversammlung angekündigt ist, können Beschlüsse nicht gefaßt werden; ist für die Beschlußfassung nach den Vorschriften dieses Gesetzbuchs oder des Gesellschaftsvertrags die einfache Stimmenmehrheit nicht ausreichend, so muß die Ankündigung mindestens zwei Wochen vor dem Tage der Generalversammlung erfolgen. An die Stelle des Tages der Generalversammlung tritt, falls die Ausübung des Stimmrechts von der Hinterlegung der Aktien abhängig ist, der Tag, bis zu dessen Ablaufe die Hinterlegung zu geschehen hat.

1 Woche

2 Wochen

Zur Beschlußfassung über den in der Generalversammlung gestellten Antrag auf Berufung einer außerordentlichen Generalversammlung sowie zur Stellung von Anträgen und zu Verhandlungen ohne Beschlußfassung bedarf es der Ankündigung nicht.

§ 256 H.G.B.

Die Generalversammlung beschließt über die Genehmigung der Jahresbilanz und die Gewinnverteilung sowie über die Entlastung des Vorstandes und des Aufsichtsrats.

3 Monate Der Vorstand hat in den ersten drei Monaten des Geschäftsjahrs für das verflossene Geschäftsjahr eine Bilanz, eine Gewinn- und Verlustrechnung sowie einen den Vermögensstand und die Verhältnisse der Gesellschaft entwickelnden Bericht dem Aufsichtsrat und mit dessen Bemerkungen der Generalversammlung vorzulegen. Im Gesellschaftsvertrage kann eine andere Frist, jedoch nicht über die Dauer von sechs Monaten hinaus, bestimmt werden.

6 Monate

§ 260 H.G.B.

Die im § 260 Absatz 2 (siehe oben) bezeichneten Vorlagen sind mindestens während der letzten zwei Wochen vor dem Tage der Generalversammlung in dem Geschäftsraume der Gesellschaft zur Einsicht der Aktionäre auszulegen.

2 Wochen

2 Wochen Auf Verlangen ist jedem Aktionär spätestens zwei Wochen vor dem Tage der Generalversammlung eine Abschrift der Bilanz, der Gewinn- und Verlustrechnung, der Bemerkungen des Aufsichtsrats und des Geschäftsberichts zu erteilen.

An die Stelle des Tages der Generalversammlung tritt, falls die Ausübung des Stimmrechts von der Hinterlegung der

Aktien abhängig ist, der Tag, bis zu dessen Ablauf die Hinterlegung zu geschehen hat.

§ 263 H.G.B.

Generalversammlung bei Erwerbs- und Wirtschaftsgenossenschaften.

Die Generalversammlung muß ohne Verzug berufen ohne Verzug werden, wenn der zehnte Teil oder der im Statut hierfür bezeichnete geringere Teil der Genossen in einer von ihnen unterschriebenen Eingabe unter Anführung des Zwecks und der Gründe die Berufung verlangt.

In gleicher Weise sind die Genossen berechtigt, zu verlangen, daß Gegenstände zur Beschlußfassung einer Generalversammlung angekündigt werden.

Wird dem Verlangen nicht entsprochen, so kann das Gericht die Genossen, welche das Verlangen gestellt haben, zur Berufung der Generalversammlung oder zur Ankündigung des Gegenstandes ermächtigen. Mit der Berufung oder Ankündigung ist die gerichtliche Ermächtigung bekannt zu machen.

§ 45 des Erwerbs- und Wirtschaftsgenossenschaftsgesetzes.

Die Berufung der Generalversammlung muß in der durch das Statut bestimmten Weise mit einer Frist von mindestens einer Woche erfolgen. 1 Woche

Der Zweck der Generalversammlung soll jederzeit bei der Berufung bekannt gemacht werden. Ueber Gegenstände, deren Verhandlung nicht in der durch das Statut oder durch § 45 Absatz 3 (siehe oben) vorgesehenen Weise mindestens drei Tage 3 Tage vor der Generalversammlung angekündigt ist, können Beschlüsse nicht gefaßt werden; hiervon sind jedoch Beschlüsse über die Leitung der Versammlung, sowie über Anträge auf Berufung einer außerordentlichen Generalversammlung ausgenommen.

Zur Stellung von Anträgen und zu Verhandlungen ohne Beschlußfassung bedarf es der Ankündigung nicht.

§ 46 des Erwerbs- und Wirtschaftsgenossenschaftsgesetzes.

Geschäftsbilanz des Kaufmannes.

Jeder Kaufmann hat bei dem Beginne seines Handelsgewerbes seine Grundstücke, seine Forderungen und Schulden, den Betrag seines baaren Geldes und seine sonstigen Vermögensgegenstände genau zu verzeichnen, dabei den Wert der einzelnen Vermögensgegenstände anzugeben und einen das Verhältnis des Vermögens und der Schulden darstellenden Abschluß zu machen.

jedes Jahr Er hat demnächst für den Schluß eines jeden Geschäftsjahrs ein solches Inventar und eine solche Bilanz aufzustellen; 12 Monate die Dauer des Geschäftsjahrs darf zwölf Monate nicht überschreiten. Die Aufstellung des Inventars und der Bilanz ist innerhalb der einem ordnungsmäßigen Geschäftsgang entsprechenden Zeit zu bewirken.

Hat der Kaufmann ein Waarenlager, bei dem nach der Beschaffenheit des Geschäfts die Aufnahme des Inventars nicht füglich in jedem Jahre geschehen kann, so genügt es, wenn sie 2 Jahre alle zwei Jahre erfolgt. Die Verpflichtung zur jährlichen Aufstellung der Bilanz wird hierdurch nicht berührt.

§ 39 H.G.B.

Geschäftsguthaben
bei Erwerbs- und Wirtschaftsgenossenschaften; hier: Auszahlung desselben.

Die Auseinandersetzung des Ausgeschiedenen mit der Genossenschaft bestimmt sich nach der Vermögenslage derselben und dem Bestande der Mitglieder zur Zeit seines Ausscheidens.

Die Auseinandersetzung erfolgt auf Grund der Bilanz. 6 Monate Das Geschäftsguthaben des Genossen ist binnen sechs Monaten nach dem Ausscheiden auszuzahlen; an den Reservefonds und das sonstige Vermögen der Genossenschaft hat er keinen Anspruch. Reicht das Vermögen einschließlich des Reservefonds und aller Geschäftsguthaben zur Deckung der Schulden nicht aus, so hat der Ausgeschiedene von dem Fehlbetrage den ihn treffenden Anteil an die Genossenschaft zu zahlen; der Anteil wird in Ermangelung einer anderen Bestimmung des Statuts nach der Kopfzahl der Mitglieder berechnet.

§ 73 des Erwerbs- und Wirtschaftsgenossenschaftsgesetzes.

Die Klage des ausgeschiedenen Genossen auf Auszahlung 2 Jahre des Geschäftsguthabens verjährt in zwei Jahren.

§ 74 desselben Gesetzes.

Wird die Genossenschaft binnen sechs Monaten nach dem Ausscheiden des Genossen aufgelöst, so gilt dasselbe als nicht erfolgt. 6 Monate

§ 75 Abs. 4 l. c.

Geschäftsunfähigkeit.

Geschäftsunfähig ist:

1) wer nicht das siebente Lebensjahr vollendet hat; 7 Jahre
2) wer sich in einem die freie Willensbestimmung ausschließenden Zustande krankhafter Störung der Geistesthätigkeit befindet, sofern nicht der Zustand seiner Natur nach ein vorübergehender ist;
3) wer wegen Geisteskrankheit entmündigt ist.

§ 104 B.G.B.

Geschenke, hier: Herausgabe derselben.

Der Anspruch auf Herausgabe des Geschenkes ist ausgeschlossen, wenn der Schenker seine Bedürftigkeit vorsätzlich oder durch grobe Fahrlässigkeit herbeigeführt hat oder wenn zur Zeit des Eintritts seiner Bedürftigkeit seit der Leistung des geschenkten Gegenstandes zehn Jahre verstrichen sind. 10 Jahre

Das Gleiche gilt, soweit der Beschenkte bei Berücksichtigung seiner sonstigen Verpflichtungen außer Stande ist, das Geschenk herauszugeben, ohne daß sein standesmäßiger Unterhalt oder die Erfüllung der ihm kraft Gesetzes obliegenden Unterhaltspflichten gefährdet wird.

§ 529 B.G.B.

Geschiedene Ehe, hier: Sorge für die Kinder.

Ist die Ehe aus einem der in den §§ 1565 bis 1568 bestimmten Gründe [Bigamie, Sodomie, Bestialität, Trachten nach dem Leben, bösliches Verlassen, Verletzung der ehelichen Pflichten, ehrloses oder unsittliches Verhalten] geschieden, so steht, so lange die geschiedenen Ehegatten leben, die Sorge für die Person des Kindes, wenn ein Ehegatte allein für schuldig erklärt ist, dem andern Ehegatten zu; sind beide Ehegatten für schuldig erklärt, so steht die Sorge für einen Sohn unter sechs Jahren oder für eine Tochter der Mutter, für einen Sohn, der über sechs Jahre alt ist, dem Vater zu. Das Vormund- 6 Jahre schaftsgericht kann eine abweichende Anordnung treffen, wenn eine solche aus besonderen Gründen im Interesse des Kindes geboten ist; es kann die Anordnung aufheben, wenn sie nicht mehr erforderlich ist.

Das Recht des Vaters zur Vertretung des Kindes bleibt unberührt.

§ 1635 B.G.B.

Gesellschafterinnen, deren Dienstverhältnis, insbesondere die Kündigung betreffend.

Das Dienstverhältnis der mit festen Bezügen zur Leistung von Diensten höherer Art Angestellten, deren Erwerbsthätigkeit durch das Dienstverhältnis vollständig oder hauptsächlich in Anspruch genommen wird, insbesondere der Lehrer, Erzieher, Privatbeamten, Gesellschafterinnen, kann nur für den Schluß eines Kalendervierteljahrs und nur unter Einhaltung einer Kündigungsfrist von sechs Wochen gekündigt werden, auch wenn die Vergütung nach kürzeren Zeitabschnitten als Vierteljahren bemessen ist.

6 Wochen

§ 622 B.G.B.

Gesellschaft, hier: Kündigung derselben.

Ist die Gesellschaft nicht für eine bestimmte Zeit eingegangen, so kann jeder Gesellschafter sie jederzeit kündigen. Ist eine Zeitdauer bestimmt, so ist die Kündigung vor dem Ablaufe der Zeit zulässig, wenn ein wichtiger Grund vorliegt; ein solcher Grund ist insbesondere vorhanden, wenn ein anderer Gesellschafter eine ihm nach dem Gesellschaftsvertrag obliegende wesentliche Verpflichtung vorsätzlich oder aus grober Fahrlässigkeit verletzt oder wenn die Erfüllung einer solchen Verpflichtung unmöglich wird. Unter der gleichen Voraussetzung ist, wenn eine Kündigungsfrist bestimmt ist, die Kündigung ohne Einhaltung der Frist zulässig.

jederzeit

ohne Frist

ohne Frist

§ 723 Abs. I B.G.B.

Gesellschaftsverträge der Aktiengesellschaften, hier deren Abänderung.

Eine Abänderung des Gesellschaftsvertrags kann nur durch die Generalversammlung beschlossen werden. Die Vornahme von Aenderungen, die nur die Fassung betreffen, kann durch Beschluß der Generalversammlung dem Aufsichtsrat übertragen werden.

§ 274 Abs. I H.G.B.

In Ermangelung einer anderen Bestimmung des Gesellschaftsvertrags bedürfen die im § 274 Absatz 1 (siehe oben) bezeichneten Beschlüsse der Generalversammlung einer Mehrheit, die mindestens drei Vierteile des bei der Beschlußfassung vertretenen Grundkapitals umfaßt.

Für eine Abänderung des Gegenstandes des Unternehmens muß diese Mehrheit erreicht sein; der Gesellschaftsvertrag kann noch andere Erfordernisse aufstellen.

Soll das bisherige Verhältnis mehrerer Gattungen von Aktien mit verschiedener Berechtigung zum Nachteil einer Gattung geändert werden, so bedarf es neben dem Beschlusse der Generalversammlung eines in gesonderter Abstimmung gefaßten Beschlusses der benachteiligten Aktionäre; auf diese Beschlußfassung findet die Vorschrift des Absatz 1 Anwendung. Die Beschlußfassung der benachteiligten Aktionäre kann nur stattfinden, wenn sie gemäß § 256 Abs. 2 (siehe unten) ausdrücklich unter den Zwecken der Generalversammlung angekündigt worden ist.

§ 275 H.G.B.

Der oben zitierte § 256 Absatz 2 lautet:

„Ueber Gegenstände, deren Verhandlung nicht ordnungsgemäß mindestens eine Woche vor dem Tage der Generalversammlung angekündigt ist, können Beschlüsse nicht gefaßt werden; ist für die Beschlußfassung nach den Vorschriften dieses Gesetzbuchs oder des Gesellschaftsvertrags die einfache Stimmenmehrheit nicht ausreichend, so muß die Ankündigung mindestens zwei Wochen vor dem Tage der Generalversammlung erfolgen. An die Stelle des Tages der Generalversammlung tritt, falls die Ausübung des Stimmrechts von der Hinterlegung der Aktien abhängig ist, der Tag, bis zu dessen Ablaufe die Hinterlegung zu geschehen hat."

1 Woche

2 Wochen

Gewährfristen.

Der Verkäufer (von Pferden, Eseln, Mauleseln und Maultieren, von Rindvieh, Schafen und Schweinen) hat nur bestimmte Fehler (Hauptmängel) und diese nur dann zu vertreten, wenn sie sich innerhalb bestimmter Fristen (Gewährfristen) zeigen.

Die Hauptmängel und die Gewährfristen werden durch eine mit Zustimmung des Bundesrats zu erlassende Kaiserliche Verordnung bestimmt. [Siehe hierüber unten.] Die Bestimmung kann auf demselben Wege ergänzt und abgeändert werden.

§ 482 B.G.B.

Die Gewährfrist beginnt mit dem Ablaufe des Tages, an welchem die Gefahr auf den Käufer übergeht.

§ 483 B.G.B.

Zeigt sich ein Hauptmangel innerhalb der Gewährfrist, so wird vermutet, daß der Mangel schon zu der Zeit vorhanden gewesen sei, zu welcher die Gefahr auf den Käufer übergegangen ist.

§ 484 B.G.B.

Der Käufer verliert die ihm wegen des Mangels zu-
2 Tage stehenden Rechte, wenn er nicht spätestens zwei Tage nach dem Ablaufe der Gewährfrist oder, falls das Tier vor dem Ablaufe der Frist getötet worden oder sonst verendet ist, nach dem Tode des Tieres den Mangel dem Verkäufer anzeigt oder die Anzeige an ihn absendet oder wegen des Mangels Klage gegen den Verkäufer erhebt oder diesem den Streit verkündet oder gerichtliche Beweisaufnahme zur Sicherung des Beweises beantragt. Der Rechtsverlust tritt nicht ein, wenn der Verkäufer den Mangel arglistig verschwiegen hat.

§ 485 B.G.B.

Frist Die Gewährfrist kann durch Vertrag verlängert oder abgekürzt werden. Die vereinbarte Frist tritt an die Stelle der gesetzlichen Frist.

§ 486 B.G.B.

Der Käufer kann nur Wandelung, nicht Minderung verlangen.

§ 487 Absatz I B.G.B.

Der Anspruch auf Wandelung sowie der Anspruch auf Schadensersatz wegen eines Hauptmangels, dessen Nichtvorhanden-
6 Wochen sein der Verkäufer zugesichert hat, verjährt in sechs Wochen von dem Ende der Gewährfrist an. Im Uebrigen bleiben die Vorschriften des § 477 [siehe unten] unberührt.

An die Stelle der in den §§ 210, 212, 215 [siehe sub IIa „Verjährungsabschnitt des B.G.B.“] bestimmten Fristen tritt eine Frist von sechs Wochen. 6 Wochen

Der Käufer kann auch nach der Verjährung des Anspruchs auf Wandelung die Zahlung des Kaufpreises verweigern ꝛc.

§ 490 B.G.B.

Der oben zitierte § 477 lautet:

„Der Anspruch auf Wandelung oder auf Minderung sowie der Anspruch auf Schadensersatz wegen Mangels einer zugesicherten Eigenschaft verjährt, sofern nicht der Verkäufer den Mangel arglistig verschwiegen hat, bei beweglichen Sachen in sechs Monaten von der Ablieferung, 6 Monate bei Grundstücken in einem Jahre von der Uebergabe an. 1 Jahr Die Verjährungsfrist kann durch Vertrag verlängert werden. Beantragt der Käufer gerichtliche Beweisaufnahme zur Sicherung des Beweises, so wird die Verjährung unterbrochen. Die Unterbrechung dauert bis zur Beendigung des Verfahrens fort. Die Vorschriften des § 211 Abs. 2 und des § 212 [siehe sub IIa „Verjährungsabschnitt des B.G.B.“] finden entsprechende Anwendung.

Die Hemmung oder Unterbrechung der Verjährung eines der im Absatz 1 bezeichneten Ansprüche bewirkt auch die Hemmung oder Unterbrechung der Verjährung der anderen Ansprüche.“

Uebernimmt der Verkäufer die Gewährleistung wegen eines nicht zu den Hauptmängeln gehörenden Fehlers oder sichert er eine Eigenschaft des Tieres zu, so finden die Vorschriften der §§ 487 bis 491 und, wenn eine Gewährfrist vereinbart wird, auch die Vorschriften der §§ 483 bis 485 (siehe oben) entsprechende Anwendung. Die im § 490 (siehe oben) bestimmte Verjährung beginnt, wenn eine Gewährfrist nicht vereinbart wird, mit der Ablieferung des Tieres.

§ 492 B.G.B.

Die Gewährfristen der Kaiserlichen Verordnung vom 27. März 1899 sind die folgenden:

§ 1. Für den Verkauf von Nutz- und Zuchttieren gelten als Hauptmängel:

I. bei Pferden, Eseln, Mauleseln und Maultieren:

1) Rotz (Wurm). 14 Tage

2) Dummkoller (Koller, Dummsein). 14 Tage

14 Tage 3) Dämpfigkeit (Dampf, Hartschlägigkeit, Bauchschlägigkeit).

14 Tage 4) Kehlkopfpfeifen (Pfeiferdampf, Hartschnaufigkeit, Rohren).

14 Tage 5) periodische Augenentzündung (innere Augenentzündung, Mondblindheit).

14 Tage 6) Koppen (Krippensetzen, Aufsetzen, Freikoppen, Luftschnappen, Windschnappen).

II. bei Rindvieh:

14 Tage 1) tuberkulöse Erkrankung, sofern infolge dieser Erkrankung eine allgemeine Beeinträchtigung des Nährzustandes des Tieres herbeigeführt ist;

28 Tage 2) Lungenseuche.

III. bei Schafen:

14 Tage Räude.

IV. bei Schweinen:

3 Tage 1) Rotlauf.

10 Tage 2) Schweineseuche (einschließlich Schweinepest).

§ 2. Für den Verkauf solcher Tiere, die alsbald geschlachtet werden sollen und bestimmt sind, als Nahrungsmittel für Menschen zu dienen (Schlachttiere), gelten als Hauptmängel mit den beigesetzten Fristen:

I. bei Pferden, Eseln, Mauleseln und Maultieren:

14 Tage Rotz.

II. bei Rindvieh:

14 Tage tuberkulöse Erkrankung.

III. bei Schafen:

14 Tage allgemeine Wassersucht.

IV. bei Schweinen:

14 Tage 1) tuberkulöse Erkrankung, sofern infolge dieser Erkrankung eine allgemeine Beeinträchtigung des Nährzustandes des Tieres herbeigeführt ist;

14 Tage 2) Trichinen;

14 Tage 3) Finnen.

§§ 1 u. 2 der Kaiserlichen Verordnung vom 27. März 1899 betreffend die Hauptmängel und Gewährfristen beim Viehhandel.

Gewalt, elterliche Gewalt.

21 Jahre Das Kind steht, so lange es minderjährig ist, unter elterlicher Gewalt.

§ 1626 B.G.B.

Der Vater hat kraft der elterlichen Gewalt das Recht und die Pflicht, für die Person und das Vermögen des Kindes zu sorgen.

§ 1627 B.G.B.

Gewinnanteilscheine.

Der Anspruch aus einer Schuldverschreibung auf den Inhaber erlischt mit dem Ablaufe von dreißig Jahren nach 30 Jahre
dem Eintritte der für die Leistung bestimmten Zeit, wenn nicht die Urkunde vor dem Ablaufe der dreißig Jahre dem Aussteller zur Einlösung vorgelegt wird. Erfolgt die Vorlegung, so verjährt der Anspruch in zwei Jahren von dem Ende der 2 Jahre
Vorlegungsfrist an. Der Vorlegung steht die gerichtliche Geltendmachung des Anspruchs aus der Urkunde gleich.

Bei Zins-, Renten- und **Gewinnanteilscheinen** beträgt die Vorlegungsfrist vier Jahre. Die Frist beginnt mit 4 Jahre
dem Schlusse des Jahres, in welchem die für die Leistung bestimmte Zeit eintritt.

Die Dauer und der Beginn der Vorlegungsfrist können von dem Aussteller in der Urkunde anders bestimmt werden.

§ 801 B.G.B.

Der Beginn und der Lauf der Vorlegungsfrist sowie der Verjährung werden durch die Zahlungssperre zu Gunsten des Antragstellers gehemmt. Die Hemmung beginnt mit der Stellung des Antrags auf Zahlungssperre; sie endigt mit der Erledigung des Aufgebotsverfahrens und, falls die Zahlungssperre vor der Einleitung des Verfahrens verfügt worden ist, auch dann, wenn seit der Beseitigung des der Einleitung entgegenstehenden Hindernisses sechs Monate verstrichen sind und 6 Monate
nicht vorher die Einleitung beantragt worden ist. Auf diese Frist finden die Vorschriften der §§ 203, 206, 207 (siehe unten bei IIa „Verjährungsabschnitt des B.G.B.") entsprechende Anwendung.

§ 802 B.G.B.

Ist ein Zins-, Renten- oder **Gewinnanteilschein** abhanden gekommen oder vernichtet und hat der bisherige Inhaber den Verlust dem Aussteller vor dem Ablaufe der Vorlegungsfrist angezeigt, so kann der bisherige Inhaber nach dem Ablaufe der Frist die Leistung von dem Aussteller verlangen. Frist
Der Anspruch ist ausgeschlossen, wenn der abhanden gekommene Schein dem Aussteller zur Einlösung vorgelegt oder der An-

spruch aus dem Scheine gerichtlich geltend gemacht worden ist, es sei denn, daß die Vorlegung oder die gerichtliche Geltendmachung nach dem Ablaufe der Frist erfolgt ist. Der An-
4 Jahre spruch verjährt in vier Jahren.

In dem Zins-, Renten- oder Gewinnanteilscheine kann der im Absatz 1 bestimmte Anspruch ausgeschlossen werden.

§ 804 B.G.B.

Gläubigerversammlung, erste, im Konkurse.

Bei der Eröffnung des Konkursverfahrens ernennt das Gericht den Konkursverwalter, verordnet einen nicht über einen
1 Monat Monat hinauszusetzenden Termin zur Beschlußfassung über die Wahl eines anderen Verwalters, sowie über die Bestellung eines Gläubigerausschusses, erläßt den offenen Arrest und bestimmt die Anmeldefrist und den allgemeinen Prüfungstermin.

Das Gericht kann die Termine verbinden, wenn die Konkursmasse von geringerem Betrage oder der Kreis der Konkursgläubiger von geringerem Umfange ist, oder wenn der Gemeinschuldner einen Zwangsvergleichsvorschlag eingereicht hat.

§ 110 R.K.O.

Grundstückmiete.

Bei Grundstücken ist die Kündigung nur für den Schluß eines Kalendervierteljahrs zulässig; sie hat spätestens am
1 Vierteljahr dritten Werktage des Vierteljahrs zu erfolgen. Ist der Mietzins nach Monaten bemessen, so ist die Kündigung nur für den Schluß eines Kalendermonats zulässig; sie hat spätestens am fünfzehnten des Monats zu erfolgen. Ist der Mietzins nach Wochen bemessen, so ist die Kündigung nur für den Schluß einer Kalenderwoche zulässig; sie hat spätestens am ersten Werktage der Woche zu erfolgen.

Bei beweglichen Sachen hat die Kündigung spätestens am dritten Tage vor dem Tage zu erfolgen, an welchem das Mietverhältnis endigen soll.

Ist der Mietzins für ein Grundstück oder für eine bewegliche Sache nach Tagen bemessen, so ist die Kündigung an jedem Tage für den folgenden Tag zulässig.

Die Vorschriften des Absatz 1 Satz 1, Absatz 2 gelten auch für die Fälle, in denen das Mietverhältnis unter Einhaltung der gesetzlichen Frist vorzeitig gekündigt werden kann.

§ 565 B.G.B.

Ein Mietvertrag über ein Grundstück, der für längere Zeit als ein Jahr geschlossen wird, bedarf der schriftlichen Form. Wird die Form nicht beobachtet, so gilt der Vertrag als für unbestimmte Zeit geschlossen; die Kündigung ist jedoch nicht für eine frühere Zeit als für den Schluß des ersten Jahres zulässig. 1 Jahr 1 Jahr

§ 566 B.G.B.

Wird ein Mietvertrag für eine längere Zeit als dreißig Jahre geschlossen, so kann nach dreißig Jahren jeder Teil das Mietverhältnis unter Einhaltung der gesetzlichen Frist kündigen. Die Kündigung ist unzulässig, wenn der Vertrag für die Lebenszeit des Vermieters oder des Mieters geschlossen ist. 30 Jahre

§ 567 B.G.B.

Wird nach dem Ablaufe der Mietzeit der Gebrauch der Sache von dem Mieter fortgesetzt, so gilt das Mietverhältnis als auf unbestimmte Zeit verlängert, sofern nicht der Vermieter oder der Mieter seinen entgegenstehenden Willen binnen einer Frist von zwei Wochen dem anderen Teile gegenüber erklärt. Die Frist beginnt für den Mieter mit der Fortsetzung des Gebrauchs, für den Vermieter mit dem Zeitpunkt, in welchem er von der Fortsetzung Kenntnis erlangt. 2 Wochen

§ 568 B.G.B.

Stirbt der Mieter, so ist sowohl der Erbe als der Vermieter berechtigt, das Mietverhältnis unter Einhaltung der gesetzlichen Frist zu kündigen. Die Kündigung kann nur für den ersten Termin erfolgen, für den sie zulässig ist. Frist

§ 569 B.G.B.

Militärpersonen, Beamte, Geistliche und Lehrer an öffentlichen Unterrichtsanstalten können im Falle der Versetzung nach einem anderen Orte das Mietverhältnis in Ansehung der Räume, welche sie für sich oder ihre Familie an dem bisherigen Garnison- oder Wohnorte gemietet haben, unter Einhaltung der gesetzlichen Frist kündigen. Die Kündigung kann nur für den ersten Termin erfolgen, für den sie zulässig ist. Frist

§ 570 B.G.B.

Gültigkeit der Ehe.

Die Ehe wird dadurch geschlossen, daß die Verlobten vor einem Standesbeamten persönlich und bei gleichzeitiger

Anwesenheit erklären, die Ehe mit einander eingehen zu wollen. Der Standesbeamte muß zur Entgegennahme der Erklärungen bereit sein.

Die Erklärungen können nicht unter einer Bedingung oder einer Zeitbestimmung abgegeben werden.

§ 1317 B.G.B.

Eine Ehe ist nichtig, wenn bei der Eheschließung die im § 1317 (siehe oben) vorgeschriebene Form nicht beobachtet worden ist.

Ist die Ehe in das Heiratsregister eingetragen worden
10 Jahre und haben die Ehegatten nach der Eheschließung zehn Jahre oder, falls einer von ihnen vorher gestorben ist, bis zu dessen
3 Jahre Tode, jedoch mindestens drei Jahre, als Ehegatten mit einander gelebt, so ist die Ehe als von Anfang an gültig anzusehen. Diese Vorschrift findet keine Anwendung, wenn bei dem Ablaufe der zehn Jahre oder zur Zeit des Todes des einen Ehegatten die Nichtigkeitsklage erhoben ist.

§ 1324 B.G.B.

Guter Glaube bei dem Erwerbe eines Inhaberpapieres.

Wird ein Inhaberpapier, das dem Eigentümer gestohlen worden, verloren gegangen oder sonst abhanden gekommen ist, an einen Kaufmann, der Bankier- oder Geldwechslergeschäfte betreibt, veräußert oder verpfändet, so gilt dessen guter Glaube als ausgeschlossen, wenn zur Zeit der Veräußerung oder Verpfändung der Verlust des Papiers von einer öffentlichen Behörde oder von dem aus der Urkunde Verpflichteten im deutschen Reichsanzeiger bekannt gemacht und seit dem Ablaufe des Jahres, in welchem die Veröffentlichung erfolgt ist,
1 Jahr nicht mehr als ein Jahr verstrichen war.

Der gute Glaube des Erwerbers wird durch die Veröffentlichung im deutschen Reichsanzeiger nicht ausgeschlossen, wenn der Erwerber die Veröffentlichung infolge besonderer Umstände weder kannte noch kennen mußte.

Auf Zins-, Renten- und Gewinnanteilscheine, die nicht später als in dem nächsten auf die Veräußerung oder Verpfändung folgenden Einlösungstermine fällig werden, sowie auf Banknoten und andere auf Sicht zahlbare unverzinsliche Inhaberpapiere finden diese Vorschriften keine Anwendung.

§ 367 H.G.B.

Haftpflicht bei Gesellschaften mit beschränkter Haftung.

Wegen des von dem ausgeschlossenen Gesellschafter nicht bezahlten Betrages der Stammeinlage ist der Gesellschaft der letzte und jeder frühere, bei der Gesellschaft angemeldete Rechtsvorgänger des Ausgeschlossenen verhaftet.

Ein früherer Rechtsvorgänger haftet nur, soweit die Zahlung von dessen Rechtsnachfolger nicht zu erlangen ist; dies ist bis zum Beweise des Gegenteils anzunehmen, wenn der letztere die Zahlung nicht bis zum Ablaufe eines Monats geleistet hat, nachdem an ihn die Zahlungsaufforderung und an den Rechtsvorgänger die Benachrichtigung von derselben erfolgt ist. 1 Monat

Die Haftpflicht des Rechtsvorgängers ist auf die innerhalb der Frist von fünf Jahren auf die Stammeinlage eingeforderten Einzahlungen beschränkt. Die Frist beginnt mit dem Tage, an welchem der Uebergang des Geschäftsanteils auf den Rechtsnachfolger ordnungsmäßig angemeldet ist. 5 Jahre

Der Rechtsvorgänger erwirbt gegen Zahlung des rückständigen Betrages den Geschäftsanteil des ausgeschlossenen Gesellschafters.

§ 22 des Erwerbs- und Wirtschaftsgenossenschaftsgesetzes.

Haftung bei Ankündigung von Aktien.

Wer vor der Eintragung der Gesellschaft in das Handelsregister oder in den ersten zwei Jahren nach der Eintragung eine öffentliche Ankündigung der Aktien erläßt, um sie in den Verkehr einzuführen, ist der Gesellschaft im Falle der Unrichtigkeit oder Unvollständigkeit von Angaben, welche die Gründer in Ansehung der Zeichnung oder Einzahlung des Grundkapitals oder in Ansehung der im § 186 vorgesehenen Festsetzungen (siehe unten) zum Zwecke der Eintragung der Gesellschaft in das Handelsregister machen, sowie im Falle einer böslichen Schädigung der Gesellschaft durch Einlagen oder Uebernahmen für den Ersatz des ihr daraus entstehenden Schadens mit den im § 202 bezeichneten Personen 2 Jahre

[nämlich: die Gründer und ferner: mit den Gründern sind der Gesellschaft zum Schadensersatz als Gesammtschuldner verpflichtet: 1) wenn eine Vergütung nicht unter den zu bezeichnenden Gründungsaufwand aufgenommen ist, der Empfänger, welcher zur Zeit des Empfanges wußte oder nach den Umständen annehmen mußte, daß die Verheimlichung beabsichtigt oder erfolgt war, und jeder Dritte, welcher zur Verheimlichung wissentlich mitgewirkt hat; 2) im Falle einer böslichen Schädigung durch Einlagen oder Uebernahmen jeder Dritte, welcher zu dieser Schädigung wissentlich mitgewirkt hat.]

als Gesammtschuldner **verhaftet**, wenn er die Unrichtigkeit oder Unvollständigkeit der Angaben oder die bösliche Schädigung kannte oder bei Anwendung der Sorgfalt eines ordentlichen Geschäftsmanns kennen mußte.

§ 203 H.G.B.

Der oben zitierte § 186 lautet:

Jeder zu Gunsten einzelner Aktionäre bedungene besondere Vorteil muß im Gesellschaftsvertrag unter Bezeichnung des Berechtigten festgesetzt werden.

Werden auf das Grundkapital von Aktionären Einlagen gemacht, die nicht durch Barzahlung zu leisten sind, oder werden vorhandene oder herzustellende Anlagen oder sonstige Vermögensgegenstände von der zu errichtenden Gesellschaft übernommen, so müssen der Gegenstand der Einlage oder der Uebernahme, die Person, von welcher die Gesellschaft den Gegenstand erwirbt, und der Betrag der für die Einlage zu gewährenden Aktien oder die für den übernommenen Gegenstand zu gewährende Vergütung im Gesellschaftsvertrage festgesetzt werden.

Von diesen Festsetzungen gesondert ist der Gesammtaufwand, welcher zu Lasten der Gesellschaft an Aktionäre oder Andere als Entschädigung oder Belohnung für die Gründung oder deren Vorbereitung gewährt wird, im Gesellschaftsvertrage festzusetzen.

Jedes Abkommen über die vorbezeichneten Gegenstände, welches nicht die vorgeschriebene Festsetzung im Gesellschaftsvertrage gefunden hat, ist der Gesellschaft gegenüber unwirksam.

Haftung des Mieters.

Die Ersatzansprüche des Vermieters wegen Veränderungen oder Verschlechterungen der vermieteten Sache sowie die Ansprüche des Mieters auf Ersatz von Verwendungen oder auf Gestattung der Wegnahme einer Einrichtung verjähren in sechs Monaten. *6 Monate*

Die Verjährung der Ersatzansprüche des Vermieters beginnt mit dem Zeitpunkt, in welchem er die Sache zurückerhält, die Verjährung der Ansprüche des Mieters beginnt mit der Beendigung des Mietverhältnisses.

Mit der Verjährung des Anspruchs des Vermieters auf Rückgabe der Sache verjähren auch die Ersatzansprüche des Vermieters.

§ 558 B.G.B.

Haftung des Vermieters bei Eigentumsübergang.

Wird das vermietete Grundstück nach der Ueberlassung an den Mieter von dem Vermieter an einen Dritten veräußert, so tritt der Erwerber an Stelle des Vermieters in die sich während der Dauer seines Eigentums aus dem Mietverhältnis ergebenden Rechte und Verpflichtungen ein.

Erfüllt der Erwerber die Verpflichtungen nicht, so haftet der Vermieter für den von dem Erwerber zu ersetzenden Schaden wie ein Bürge, der auf die Einrede der Vorausklage verzichtet hat. Erlangt der Mieter von dem Uebergange des Eigentums durch Mitteilung der Vermieters Kenntnis, so wird der Vermieter von der Haftung befreit, wenn nicht der Mieter das Mietverhältnis für den ersten Termin kündigt, für den die Kündigung zulässig ist. Termin

§ 571 B.G.B.

Haftung des Miterben für Nachlaßverbindlichkeiten.

Nach der Teilung des Nachlasses haftet jeder Miterbe nur für den seinem Erbteile entsprechenden Teil einer Nachlaßverbindlichkeit.

— —

2) wenn der Gläubiger seine Forderung später als fünf Jahre nach dem im § 1974 Absatz 1 bestimmten Zeitpunkte (siehe unten) geltend macht, es sei denn, daß die Forderung vor dem Ablaufe der fünf Jahre dem Miterben bekannt geworden oder im Aufgebotsverfahren angemeldet worden ist; die Vorschrift findet keine Anwendung, soweit der Gläubiger nach § 1971 (siehe unten) von dem Aufgebote nicht betroffen wird. 5 Jahre

— —

§ 2060 B.G.B.

Der oben zitierte § 1974 Abs. 1 lautet:

Ein Nachlaßgläubiger, der seine Forderung später als fünf Jahre nach dem Erbfalle dem Erben gegenüber geltend macht, steht einem ausgeschlossenen Gläubiger gleich, es sei denn, daß die Forderung dem Erben vor dem Ablaufe der fünf Jahre bekannt geworden oder im Aufgebotsverfahren angemeldet worden ist. Wird der Erblasser für tot erklärt, so beginnt die Frist nicht vor der Erlassung des die Todeserklärung aussprechenden Urteils. 5 Jahre

Der oben zitierte § 1971 lautet:

Pfandgläubiger und Gläubiger, die im Konkurse den Pfandgläubigern gleichstehen, sowie Gläubiger, die bei der Zwangsvollstreckung in das unbewegliche Vermögen ein Recht auf Befriedigung aus diesem Vermögen haben, werden, soweit es sich um die Befriedigung aus den ihnen haftenden Gegenständen handelt, durch das Aufgebot nicht betroffen. Das Gleiche gilt von Gläubigern, deren Ansprüche durch eine Vormerkung gesichert sind oder denen im Konkurs ein Aussonderungsrecht zusteht in Ansehung des Gegenstands ihres Rechts.

Handelsbücher, deren Aufbewahrung.

Die Kaufleute sind verpflichtet, ihre Handelsbücher bis
10 Jahre zum Ablaufe von zehn Jahren, von dem Tage der darin vorgenommenen letzten Eintragung an gerechnet, aufzubewahren.

Dasselbe gilt in Ansehung der empfangenen Handelsbriefe und der Abschriften der abgesendeten Handelsbriefe sowie in Ansehung der Inventare und Bilanzen.

§ 44 H.G.B.

Handelsgeschäft, dessen Fortführung von den Erben.

Wer ein unter Lebenden erworbenes Handelsgeschäft unter der bisherigen Firma mit oder ohne Beifügung eines das Nachfolgeverhältnis andeutenden Zusatzes fortführt, haftet für alle im Betriebe des Geschäfts begründeten Verbindlichkeiten des früheren Inhabers. Die in dem Betriebe begründeten Forderungen gelten den Schuldnern gegenüber als auf den Erwerber übergegangen, falls der bisherige Inhaber oder seine Erben in die Fortführung der Firma gewilligt haben.

Eine abweichende Vereinbarung ist einem Dritten gegenüber nur wirksam, wenn sie in das Handelsregister eingetragen und bekannt gemacht oder von dem Erwerber oder dem Veräußerer dem Dritten mitgeteilt worden ist.

Wird die Firma nicht fortgeführt, so haftet der Erwerber eines Handelsgeschäfts für die früheren Geschäftsverbindlichkeiten nur, wenn ein besonderer Verpflichtungsgrund vorliegt, insbesondere, wenn die Uebernahme der Verbindlichkeiten in handelsüblicher Weise von dem Erwerber bekannt gemacht worden ist.

§ 25 H.G.B.

Wird ein zu einem Nachlasse gehörendes Handelsgeschäft von dem Erben fortgeführt, so finden auf die Haftung des Erben für die früheren Geschäftsverbindlichkeiten die Vorschriften des § 25 (siehe oben) entsprechende Anwendung.

Die unbeschränkte Haftung nach § 25 Abs. 1 (siehe oben) tritt nicht ein, wenn die Fortführung des Geschäfts vor dem Ablaufe von drei Monaten nach dem Zeitpunkt, in welchem der Erbe von dem Anfalle der Erbschaft Kenntnis erlangt hat, eingestellt wird. Auf den Lauf der Frist finden die für die Verjährung geltenden Vorschriften des § 206 des Bürgerlichen Gesetzbuchs (siehe unten bei IIa Verjährungsabschnitt des B.G.B.) entsprechende Anwendung. Ist bei dem Ablaufe der drei Monate das Recht zur Ausschlagung der Erbschaft noch nicht verloren, so endigt die Frist nicht vor dem Ablaufe der Ausschlagungsfrist. 3 Monate

§ 27 H.G.B.

Handelskauf.

Ist bei dem Kaufe einer beweglichen Sache dem Käufer die nähere Bestimmung über Form, Maß oder ähnliche Verhältnisse vorbehalten, so ist der Käufer verpflichtet, die vorbehaltene Bestimmung zu treffen.

Ist der Käufer mit der Erfüllung dieser Verpflichtung im Verzuge, so kann der Verkäufer die Bestimmung statt des Käufers vornehmen oder gemäß § 326 B.G.B. (siehe unten) Schadensersatz wegen Nichterfüllung fordern oder vom Vertrage zurücktreten. Im ersteren Falle hat der Verkäufer die von ihm getroffene Bestimmung dem Käufer mitzuteilen und ihm zugleich eine angemessene Frist zur Vornahme einer anderweitigen Bestimmung zu setzen. Wird eine solche innerhalb der Frist von dem Käufer nicht vorgenommen, so ist die von dem Verkäufer getroffene Bestimmung maßgebend. Frist

§ 375 H.G.B.

Der oben zitierte § 326 B.G.B. lautet:

Ist bei einem gegenseitigen Vertrage der eine Teil mit der ihm obliegenden Leistung im Verzuge, so kann ihm der andere Teil zur Bewirkung der Leistung eine angemessene Frist mit der Erklärung bestimmen, daß er die Annahme der Leistung nach dem Ablaufe der Frist ablehne. Nach dem Ablaufe der Frist ist er berechtigt, Schadensersatz wegen Nichterfüllung zu verlangen oder von dem Vertrage zurückzutreten, wenn nicht die Leistung rechtzeitig erfolgt ist; der Anspruch auf Erfüllung ist ausgeschlossen. Wird die Leistung bis zum Ablaufe der Frist teilweise nicht bewirkt, so findet die Vorschrift des § 325 Abs. 1 Satz 2 [nämlich: „Bei teilweiser Unmöglichkeit ist er, wenn die teilweise Erfüllung des Vertrags für ihn kein Interesse hat, berechtigt, Schadens- Frist ersatz wegen Nichterfüllung der ganzen Verbindlichkeit nach Maßgabe des § 280 Abs. 2 zu verlangen oder von dem ganzen Vertrage zurückzutreten."] entsprechende Anwendung.

Hat die Erfüllung des Vertrags in Folge des Verzugs für den anderen Teil kein Interesse, so stehen ihm die im Absatz 1 bezeichneten Rechte zu, ohne daß es der Bestimmung einer Frist bedarf.

Handelsmäkler.

Der Handelsmäkler hat, sofern nicht die Parteien ihm dies erlassen oder der Ortsgebrauch mit Rücksicht auf die unverzüglich Gattung der Waare davon entbindet, unverzüglich nach dem Abschlusse des Geschäfts jeder Partei eine von ihm unterzeichnete Schlußnote zuzustellen, welche die Parteien, den Gegenstand und die Bedingungen des Geschäfts, insbesondere bei Verkäufen von Waaren oder Wertpapieren deren Gattung und Menge, sowie den Preis und die Zeit der Lieferung, enthält.

Bei Geschäften, die nicht sofort erfüllt werden sollen, ist die Schlußnote den Parteien zu ihrer Unterschrift zuzustellen und jeder Partei die von der anderen unterschriebene Schlußnote zu übersenden.

Verweigert eine Partei die Annahme oder Unterschrift der Schlußnote, so hat der Handelsmäkler davon der anderen unverzüglich Partei unverzüglich Anzeige zu machen.

§ 94 H.G.B.

Nimmt eine Partei eine Schlußnote an, in der sich der Handelsmäkler die Bezeichnung der anderen Partei vorbehalten hat, so ist sie an das Geschäft mit der Partei, welche ihr nachträglich bezeichnet wird, gebunden, es sei denn, daß gegen diese begründete Einwendungen zu erheben sind.

Die Bezeichnung der anderen Partei hat innerhalb der ortsüblichen Frist, in Ermangelung einer solchen innerhalb einer Frist den Umständen nach angemessenen Frist zu erfolgen.

Unterbleibt die Bezeichnung oder sind gegen die bezeichnete Person oder Firma begründete Einwendungen zu erheben, so ist die Partei befugt, den Handelsmäkler auf die Erfüllung des Geschäfts in Anspruch zu nehmen. Der Anspruch ist ausgeschlossen, wenn sich die Partei auf die Aufforderung des unverzüglich Handelsmäklers nicht unverzüglich darüber erklärt, ob sie Erfüllung verlange.

§ 95 H.G.B.

Der Handelsmäkler ist verpflichtet, ein Tagebuch zu führen und in dieses alle abgeschlossenen Geschäfte täglich einzutragen. Die Eintragungen sind nach der Zeitfolge zu bewirken; sie haben die im § 94 Abs. 1 (siehe oben) bezeichneten Angaben zu enthalten. Das Eingetragene ist von dem Handelsmäkler täglich zu unterzeichnen.

Die Vorschriften der §§ 43, 44 [nämlich: zehn Jahre Frist für die Aufbewahrung der Bücher] über die Einrichtung und Aufbewahrung der Handelsbücher finden auf das Tagebuch des Handelsmäklers Anwendung. 10 Jahre

§ 100 H.G.B.

Handlungsagenten, deren Provision.

Soweit nicht über die dem Handlungsagenten zu gewährende Vergütung ein Anderes vereinbart ist, gebührt ihm eine Provision für jedes zur Ausführung gelangte Geschäft, welches durch seine Thätigkeit zu Stande gekommen ist. Besteht die Thätigkeit des Handlungsagenten in der Vermittelung oder Abschließung von Verkäufen, so ist im Zweifel der Anspruch auf die Provision erst nach dem Eingange der Zahlung und nur nach dem Verhältnisse des eingegangenen Betrags erworben.

Ist die Ausführung eines Geschäfts in Folge des Verhaltens des Geschäftsherrn ganz oder teilweise unterblieben, ohne daß hiefür wichtige Gründe in der Person desjenigen vorlagen, mit welchem das Geschäft abgeschlossen ist, so hat der Handlungsagent die volle Provision zu beanspruchen.

Ist die Höhe der Provision nicht bestimmt, so ist die übliche Provision zu entrichten.

Die Abrechnung über die zu zahlenden Provisionen findet, soweit nicht ein Anderes vereinbart ist, am Schlusse eines jeden Kalenderhalbjahrs statt. halbjährlich

§ 88 H.G.B.

Handlungsgehülfen, deren Gehalt.

Wird der Handlungsgehülfe durch unverschuldetes Unglück an der Leistung der Dienste verhindert, so behält er seinen Anspruch auf Gehalt und Unterhalt, jedoch nicht über die Dauer von sechs Wochen hinaus. 6 Wochen

Der Handlungsgehülfe ist nicht verpflichtet, sich den Betrag anrechnen zu lassen, der ihm für die Zeit der Verhinderung aus einer Kranken- oder Unfallversicherung zukommt. Eine Vereinbarung, welche dieser Vorschrift zuwiderläuft, ist nichtig.

§ 63 H.G.B.

monatlich Die Zahlung des dem Handlungsgehülfen zukommenden Gehalts hat am Schlusse jedes Monats zu erfolgen. Eine Vereinbarung, nach der die Zahlung des Gehalts später erfolgen soll, ist nichtig.

§ 64 H.G.B.

Handlungsgehülfen, hier deren Kündigung.

6 Wochen Das Dienstverhältnis zwischen dem Prinzipal und dem Handlungsgehülfen kann, wenn es für unbestimmte Zeit eingegangen ist, von jedem Teile für den Schluß eines Kalendervierteljahrs unter Einhaltung einer Kündigungsfrist von sechs Wochen gekündigt werden.

§ 66 H.G.B.

1 Monat Wird durch Vertrag eine kürzere oder längere Kündigungsfrist bedungen, so muß sie für beide Teile gleich sein; sie darf nicht weniger als einen Monat betragen.

Die Kündigung kann nur für den Schluß eines Kalendermonats zugelassen werden.

Die Vorschriften des Absatz 1 finden auch in dem Falle Anwendung, wenn das Dienstverhältnis für bestimmte Zeit mit der Vereinbarung eingegangen wird, daß es in Ermangelung einer vor dem Ablaufe der Vertragszeit erfolgten Kündigung als verlängert gelten soll.

Eine Vereinbarung, die diesen Vorschriften zuwiderläuft, ist nichtig.

§ 67 H.G.B.

Die Vorschriften des § 67 (siehe oben) finden keine Anwendung, wenn der Handlungsgehülfe einen Gehalt von mindestens fünftausend Mark für das Jahr bezieht.

Sie bleiben ferner außer Anwendung, wenn der Handlungsgehülfe für eine außereuropäische Handelsniederlassung angenommen ist und nach dem Vertrage der Prinzipal für den Fall, daß er das Dienstverhältnis kündigt, die Kosten der Rückreise des Handlungsgehülfen zu tragen hat.

§ 68 H.G.B.

Wird ein Handlungsgehülfe nur zu vorübergehender Aushülfe angenommen, so finden die Vorschriften des § 67 (siehe oben) keine Anwendung, es sei denn, daß das Dienstverhältnis über die Zeit von drei Monaten hinaus fortgesetzt wird. Die Kündigungsfrist muß jedoch auch in einem solchen Falle für beide Teile gleich sein. 3 Monate

§ 69 H.G.B.

Handlungsgehülfen, hier Konkurrenzverbot.

Eine Vereinbarung zwischen dem Prinzipal und dem Handlungsgehülfen, durch welche dieser für die Zeit nach der Beendigung des Dienstverhältnisses in seiner gewerblichen Thätigkeit beschränkt wird, ist für den Handlungsgehülfen nur insoweit verbindlich, als die Beschränkung nach Zeit, Ort und Gegenstand nicht die Grenzen überschreitet, durch welche eine unbillige Erschwerung des Fortkommens des Handlungsgehülfen ausgeschlossen wird.

Die Beschränkung kann nicht auf einen Zeitraum von mehr als drei Jahren von der Beendigung des Dienstverhältnisses an erstreckt werden. 3 Jahre

Die Vereinbarung ist nichtig, wenn der Handlungsgehülfe zur Zeit des Abschlusses minderjährig ist.

§ 74 H.G.B.

Handlungslehrlinge

siehe unter: Lehrlinge.

Hartschlägigkeit und Hartschnaufigkeit.

Der Verkäufer hat nur bestimmte Fehler (Hauptmängel) und diese nur dann zu vertreten, wenn sie sich innerhalb bestimmter Fristen (Gewährfristen) zeigen.

Die Hauptmängel und die Gewährfristen werden durch eine mit Zustimmung des Bundesrats zu erlassende Kaiserliche Verordnung bestimmt. Die Bestimmung kann auf demselben Wege ergänzt und abgeändert werden.

§ 482 B.G.B.

Für den Verkauf von Nutz- und Zuchttieren gelten als Hauptmängel:

I. bei Pferden, Eseln, Mauleseln und Maultieren:

— —

14 Tage 3) Dämpfigkeit (Dampf, Hartschlägigkeit, Bauchschlägigkeit) mit einer Gewährfrist von vierzehn Tagen; als Dämpfigkeit ist anzusehen die Athembeschwerde, die durch einen chronischen, unheilbaren Krankheitszustand der Lungen oder des Herzens bewirkt wird;

14 Tage 4) Kehlkopfpfeifen (Pfeiferdampf, Hartschnaufigkeit, Rohren) mit einer Gewährfrist von vierzehn Tagen; als Kehlkopfpfeifen ist anzusehen die durch einen chronischen und unheilbaren Krankheitszustand des Kehlkopfs oder der Luftröhre verursachte und durch ein hörbares Geräusch gekennzeichnete Athemstörung.

— —

§ 1 Ziffer 1 u. 3 der Kais. V.O. vom 27. März 1899 betr. die Hauptmängel u. Gewährfristen beim Viehhandel.

Herabsetzung
des Grundkapitals bei Aktiengesellschaften.

Der Beschluß über die Herabsetzung des Grundkapitals ist von sämtlichen Mitgliedern des Vorstandes zur Eintragung in das Handelsregister anzumelden.

Der Vorstand hat unter Hinweis auf die beschlossene Herabsetzung des Grundkapitals nach der Eintragung des Beschlusses die Gläubiger der Gesellschaft aufzufordern, ihre Ansprüche anzumelden. Die Aufforderung ist dreimal in den Gesellschaftsblättern zu veröffentlichen. Bekannte Gläubiger sind durch besondere Mitteilung zur Anmeldung aufzufordern.

Den Gläubigern, deren Forderungen vor der letzten öffentlichen Aufforderung begründet sind, ist Befriedigung zu gewähren oder Sicherheit zu leisten, sofern sie sich zu diesem Zwecke melden.

Zahlungen an die Aktionäre dürfen auf Grund der Herabsetzung des Grundkapitals erst erfolgen, nachdem seit dem Tage, an welchem die im Abs. 2 vorgeschriebene öffentliche Aufforderung zum dritten Male stattgefunden hat, ein Jahr (1 Jahr) verstrichen ist und nachdem die Gläubiger, die sich gemeldet haben, befriedigt oder sichergestellt worden sind. Eine durch die Herabsetzung bezweckte Befreiung der Aktionäre von der

Verpflichtung zur Leistung von Einlagen auf die Aktien tritt nicht vor dem bezeichneten Zeitpunkt in Wirksamkeit.

§ 289 H.G.B.

Herabsetzung des Stammkapitals bei Gesellschaften mit beschränkter Haftung.

Eine Herabsetzung des Stammkapitals kann nur unter Beobachtung der nachstehenden Bestimmungen erfolgen:

1. Der Beschluß auf Herabsetzung des Stammkapitals muß von den Geschäftsführern zu drei verschiedenen Malen durch die im § 30 Abs. 2 bezeichneten Blätter [nämlich: „durch die im Gesellschaftsvertrage für die Bekanntmachungen der Gesellschaft bestimmten öffentlichen Blätter und in Ermanglung solcher durch die für die Bekanntmachungen aus dem Handelsregister bestimmten öffentlichen Blätter"] bekannt gemacht werden; in diesen Bekanntmachungen sind zugleich die Gläubiger der Gesellschaft aufzufordern, sich bei derselben zu melden; die aus den Handelsbüchern der Gesellschaft ersichtlichen oder in anderer Weise bekannten Gläubiger sind durch besondere Mitteilung zur Anmeldung aufzufordern;

2) die Gläubiger, welche sich bei der Gesellschaft melden und der Herabsetzung nicht zustimmen, sind wegen der erhobenen Ansprüche zu befriedigen oder sicher zu stellen;

3) die Anmeldung des Herabsetzungsbeschlusses zur Eintragung in das Handelsregister erfolgt nicht vor Ablauf eines Jahres seit dem Tage, an welchem die Aufforderung der Gläubiger in den öffentlichen Blättern zum dritten Male stattgefunden hat; 1 Jahr

4) mit der Anmeldung sind die Bekanntmachungen des Beschlusses einzureichen; zugleich haben die Geschäftsführer die Versicherung abzugeben, daß die Gläubiger, welche sich bei der Gesellschaft gemeldet und der Herabsetzung nicht zugestimmt haben, befriedigt oder sicher gestellt sind.

— —

§ 58 des Ges. betr. die Ges. mit beschr. Haftung.

Herausgabe eines Geschenkes.

Der Anspruch auf Herausgabe des Geschenkes ist ausgeschlossen, wenn der Schenker seine Bedürftigkeit vorsätzlich oder durch grobe Fahrlässigkeit herbeigeführt hat oder wenn zur Zeit des Eintritts seiner Bedürftigkeit seit der Leistung
10 Jahre des geschenkten Gegenstandes zehn Jahre verstrichen sind.

Das Gleiche gilt, soweit der Beschenkte bei Berücksichtigung seiner sonstigen Verpflichtungen außer Stande ist, das Geschenk herauszugeben, ohne daß sein standesmäßiger Unterhalt oder die Erfüllung der ihm kraft Gesetzes obliegenden Unterhaltspflichten gefährdet wird.

§ 529 B.G.B.

Hinterlegung.

Das Recht des Gläubigers auf den hinterlegten Betrag
30 Jahre erlischt mit dem Ablaufe von dreißig Jahren nach dem Empfange der Anzeige von der Hinterlegung, wenn nicht der Gläubiger sich vorher bei der Hinterlegungsstelle meldet; der Schuldner ist zur Rücknahme berechtigt, auch wenn er auf das Recht zur Rücknahme verzichtet hat. —

§ 382 B.G.B.

Hypothekübernahme.

Wird die Schuldübernahme von dem Dritten mit dem Schuldner vereinbart, so hängt ihre Wirksamkeit von der Genehmigung des Gläubigers ab. Die Genehmigung kann erst erfolgen, wenn der Schuldner oder der Dritte dem Gläubiger die Schuldübernahme mitgeteilt hat. Bis zur Genehmigung können die Parteien den Vertrag ändern oder aufheben.

Wird die Genehmigung verweigert, so gilt die Schuldübernahme als nicht erfolgt. Fordert der Schuldner oder
Frist der Dritte den Gläubiger unter Bestimmung einer Frist zur Erklärung über die Genehmigung auf, so kann die Genehmigung nur bis zum Ablaufe der Frist erklärt werden; wird sie nicht erklärt, so gilt sie als verweigert.

So lange nicht der Gläubiger die Genehmigung erteilt hat, ist im Zweifel der Uebernehmer dem Schuldner gegenüber verpflichtet, den Gläubiger rechtzeitig zu befriedigen. Das Gleiche gilt, wenn der Gläubiger die Genehmigung verweigert.

§ 415 B.G.B.

Uebernimmt der Erwerber eines Grundstücks durch Vertrag mit dem Veräußerer eine Schuld des Veräußerers, für die eine Hypothek an dem Grundstücke besteht, so kann der Gläubiger die Schuldübernahme nur genehmigen, wenn der Veräußerer sie ihm mitteilt. Sind seit dem Empfange der Mitteilung sechs Monate verstrichen, so gilt die Genehmigung als erteilt, 6 Monate wenn nicht der Gläubiger sie dem Veräußerer gegenüber vorher verweigert hat; die Vorschrift des § 415 Absatz 2 Satz 2 (siehe oben) findet keine Anwendung.

Die Mitteilung des Veräußerers kann erst erfolgen, wenn der Erwerber als Eigentümer im Grundbuch eingetragen ist. Sie muß schriftlich geschehen und den Hinweis enthalten, daß der Uebernehmer an die Stelle des bisherigen Schuldners tritt, wenn nicht der Gläubiger die Verweigerung innerhalb der sechs 6 Monate Monate erklärt.

Der Veräußerer hat auf Verlangen des Erwerbers dem Gläubiger die Schuldübernahme mitzuteilen. Sobald die Erteilung oder Verweigerung der Genehmigung feststeht, hat der Veräußerer den Erwerber zu benachrichtigen.

§ 416 B.G.B.

Inhaber einer Schuldverschreibung.

siehe unten: Schuldverschreibung.

Inhaberpapiere, hier: guter Glaube bei dessen Erwerb.

Wird ein Inhaberpapier, das dem Eigentümer gestohlen worden, verloren gegangen oder sonst abhanden gekommen ist, an einen Kaufmann, der Bankier- oder Geldwechslergeschäfte betreibt, veräußert oder verpfändet, so gilt dessen guter Glaube als ausgeschlossen, wenn zur Zeit der Veräußerung oder Verpfändung der Verlust des Papiers von einer öffentlichen Behörde oder von dem aus der Urkunde Verpflichteten im Deutschen Reichsanzeiger bekannt gemacht und seit dem Ablaufe des Jahres, in welchem die Veröffentlichung erfolgt ist, nicht mehr als ein 1 Jahr Jahr verstrichen war.

Der gute Glaube des Erwerbers wird durch die Veröffentlichung im Deutschen Reichsanzeiger nicht ausgeschlossen, wenn der Erwerber die Veröffentlichung in Folge besonderer Umstände weder kannte noch kennen mußte.

Auf Zins-, Renten- und Gewinnanteilscheine, die nicht später als in dem nächsten auf die Veräußerung oder Verpfändung folgenden Einlösungstermine fällig werden, sowie auf Banknoten und andere auf Sicht zahlbare unverzinsliche Inhaberpapiere finden diese Vorschriften keine Anwendung.

§ 367 H.G.B.

Intervention bei Wechseln

siehe unter: Ehrenaccept.

Inventarfrist.

Der Erbe ist berechtigt, ein Verzeichnis des Nachlasses (Inventar) bei dem Nachlaßgericht einzureichen (Inventarerrichtung).

§ 1993 B.G.B.

Das Nachlaßgericht hat dem Erben auf Antrag eines Frist Nachlaßgläubigers zur Errichtung des Inventars eine Frist (Inventarfrist) zu bestimmen. Nach dem Ablaufe der Frist haftet der Erbe für die Nachlaßverbindlichkeiten unbeschränkt, wenn nicht vorher das Inventar errichtet wird.

Der Antragsteller hat seine Forderung glaubhaft zu machen. Auf die Wirksamkeit der Fristbestimmung ist es ohne Einfluß, wenn die Forderung nicht besteht.

§ 1994 B.G.B.

1 Monat Die Inventarfrist soll mindestens einen Monat, höchstens 3 Monate drei Monate betragen. Sie beginnt mit der Zustellung des Beschlusses, durch den die Frist bestimmt wird.

Wird die Frist vor der Annahme der Erbschaft bestimmt, so beginnt sie erst mit der Annahme der Erbschaft.

Auf Antrag des Erben kann das Nachlaßgericht die Frist nach seinem Ermessen verlängern.

§ 1995 B.G.B.

Ist der Erbe durch höhere Gewalt verhindert worden, das Inventar rechtzeitig zu errichten oder die nach den Umständen gerechtfertigte Verlängerung der Inventarfrist zu beantragen, so hat ihm auf seinen Antrag das Nachlaßgericht neue Frist eine neue Inventarfrist zu bestimmen. Das Gleiche gilt, wenn der Erbe von der Zustellung des Beschlusses, durch den die

Inventarfrist bestimmt worden ist, ohne sein Verschulden Kenntnis nicht erlangt hat.

Der Antrag muß binnen zwei Wochen nach der Beseitigung des Hindernisses und spätestens vor dem Ablauf eines Jahres nach dem Ende der zuerst bestimmten Frist gestellt werden. 2 Wochen 1 Jahr

Vor der Entscheidung soll der Nachlaßgläubiger, auf dessen Antrag die erste Frist bestimmt worden ist, wenn thunlich gehört werden.

§ 1996 B.G.B.

Auf den Lauf der Inventarfrist und der im § 1996 Abs. 2 (siehe oben) bestimmten Frist von zwei Wochen finden die für die Verjährung geltenden Vorschriften des § 203 Abs. 1 und des § 206 (siehe unten bei IIa „Verjährungsabschnitt des B.G.B.") entsprechende Anwendung. 2 Wochen

§ 1997 B.G.B.

Stirbt der Erbe vor dem Ablaufe der Inventarfrist oder der im § 1996 Abs. 2 (siehe oben) bestimmten Frist von zwei Wochen, so endigt die Frist nicht vor dem Ablaufe der für die Erbschaft des Erben vorgeschriebenen Ausschlagungsfrist. 2 Wochen

§ 1998 B.G.B.

Ist eine Ehefrau die Erbin und gehört die Erbschaft zum eingebrachten Gute oder zum Gesammtgute, so ist die Bestimmung der Inventarfrist nur wirksam, wenn sie auch dem Manne gegenüber erfolgt. So lange nicht die Frist dem Manne gegenüber verstrichen ist, endigt sie auch nicht der Frau gegenüber. Die Errichtung des Inventars durch den Mann kommt der Frau zu Statten. Frist

Gehört die Erbschaft zum Gesammtgute, so gelten diese Vorschriften auch nach der Beendigung der Gütergemeinschaft.

§ 2008 B.G.B.

Irrtum, hier: Anfechtung einer Willenserklärung in Folge Irrtums

siehe unter: „Willenserklärung".

Kauf im Wege der Zwangsvollstreckung hier: Genehmigung.

Bei einem Verkauf im Wege der Zwangsvollstreckung dürfen der mit der Vornahme oder Leitung des Verkaufs

Beauftragte und die von ihm zugezogenen Gehülfen, mit Einschluß des Protokollführers, den zum Verkauf gestellten Gegenstand weder für sich persönlich oder durch einen Anderen noch als Vertreter eines Andern kaufen.

§ 456 B.G.B.

Die Vorschrift des § 456 (siehe oben) gilt auch bei einem Verkauf außerhalb der Zwangsvollstreckung, wenn der Auftrag zu dem Verkauf auf Grund einer gesetzlichen Vorschrift erteilt worden ist, die den Auftraggeber ermächtigt, den Gegenstand für Rechnung eines Anderen verkaufen zu lassen, insbesondere in den Fällen des Pfandverkaufs und des in den §§ 383, 385 zugelassenen Verkaufs (nämlich: wenn sich die bewegliche Sache nicht zur Hinterlegung eignet oder wenn der Verderb der Sache zu besorgen ist oder wenn die Sache einen Börsen- oder Marktpreis hat), sowie bei einem Verkaufe durch den Konkursverwalter.

§ 457 B.G.B.

Die Wirksamkeit eines den Vorschriften der §§ 456, 457 (siehe oben) zuwider erfolgten Kaufes und der Uebertragung des gekauften Gegenstandes hängt von der Zustimmung der bei dem Verkauf als Schuldner, Eigentümer oder Gläubiger Beteiligten ab. Fordert der Käufer einen Beteiligten zur Erklärung über die Genehmigung auf, so finden die Vorschriften des § 177 Abs. 2 [nämlich: „Fordert der andere Teil den Vertretenen zur Erklärung über die Genehmigung auf, so kann die Erklärung nur ihm gegenüber erfolgen; eine vor der Aufforderung dem Vertreter gegenüber erklärte Genehmigung oder Verweigerung der Genehmigung wird unwirksam. Die Geneh-
2 Wochen migung kann nur bis zum Ablaufe von zwei Wochen nach dem Empfange der Aufforderung erklärt werden; wird sie nicht erklärt, so gilt sie als verweigert"] entsprechende Anwendung.

Wird in Folge der Verweigerung der Genehmigung ein neuer Verkauf vorgenommen, so hat der frühere Käufer für die Kosten des neuen Verkaufs sowie für einen Mindererlös aufzukommen.

§ 458 B.G.B.

Kauf auf Probe, hier: dessen Billigung.

Die Billigung eines auf Probe oder auf Besicht gekauften
Frist Gegenstandes kann nur innerhalb der vereinbarten Frist und in Er-

mangelung einer solchen nur bis zum Ablauf einer dem Käufer von dem Verkäufer bestimmten angemessenen Frist erklärt werden. War die Sache dem Käufer zum Zwecke der Probe oder der Besichtigung übergeben, so gilt sein Schweigen als Billigung. angemessene Frist

§ 496 B.G.B.

Kehlkopfpfeifen.

Der Verkäufer hat nur bestimmte Fehler (Hauptmängel) und diese nur dann zu vertreten, wenn sie sich innerhalb bestimmter Fristen (Gewährfristen) zeigen.

Die Hauptmängel und die Gewährfristen werden durch eine mit Zustimmung des Bundesrats zu erlassende Kaiserliche Verordnung bestimmt. Die Bestimmung kann auf demselben Wege ergänzt und abgeändert werden.

§ 482 B.G.B.

Für den Verkauf von Nutz- und Zuchttieren gelten als Hauptmängel:

I. bei Pferden, Eseln, Mauleseln und Maultieren:

— —

4. Kehlkopfpfeifen (Pfeiferdampf, Hartschnaufigkeit, Rohren) mit einer Gewährfrist von vierzehn Tagen. 14 Tage

Als Kehlkopfpfeifen ist anzusehen die durch einen chronischen und unheilbaren Krankheitszustand des Kehlkopfs oder der Luftröhre verursachte und durch ein hörbares Geräusch gekennzeichnete Atemstörung.

§ 1 Abs. I Ziffer 4 der Kaiserl. V.O. vom 27. März 1899 betr. die Hauptmängel und Gewährfristen beim Viehhandel.

Kinder, eheliche oder uneheliche.

Ein Kind, das nach der Eingehung der Ehe geboren wird, ist ehelich, wenn die Frau es vor oder während der Ehe empfangen und der Mann innerhalb der Empfängniszeit der Frau beigewohnt hat. Das Kind ist nicht ehelich, wenn es den Umständen nach offenbar unmöglich ist, daß die Frau das Kind von dem Manne empfangen hat.

Es wird vermutet, daß der Mann innerhalb der Empfängniszeit der Frau beigewohnt habe. Soweit die Empfängniszeit in die Zeit vor der Ehe fällt, gilt die Vermutung nur, wenn der Mann gestorben ist, ohne die Ehelichkeit des Kindes angefochten zu haben.

§ 1591 B.G.B.

181 Tage Als Empfängniszeit gilt die Zeit von dem einhundert
302 Tage ein und achtzigsten bis zu dem dreihundert und zweiten Tage vor dem Tage der Geburt des Kindes, mit Einschluß sowohl des einhundert ein und achtzigsten als des dreihundert und zweiten Tages.

Steht fest, daß das Kind innerhalb eines Zeitraums
302 Tage empfangen worden ist, der weiter als dreihundert und zwei Tage vor dem Tage der Geburt zurückliegt, so gilt zu Gunsten der Ehelichkeit des Kindes dieser Zeitraum als Empfängniszeit.

§ 1592 B.G.B.

Die Unehelichkeit eines Kindes, das während der Ehe oder
302 Tage innerhalb dreihundert und zwei Tagen nach der Auflösung der Ehe geboren ist, kann nur geltend gemacht werden, wenn der Mann die Ehelichkeit angefochten hat oder, ohne das Anfechtungsrecht verloren zu haben, gestorben ist.

§ 1593 B.G.B.

1 Jahr Die Anfechtung der Ehelichkeit kann nur binnen Jahresfrist erfolgen.

Die Frist beginnt mit dem Zeitpunkt, in welchem der Mann die Geburt des Kindes erfährt.

Auf den Lauf der Frist finden die für die Verjährung geltenden Vorschriften der §§ 203, 206 entsprechende Anwendung (siehe unten bei IIa Verjährungsabschnitt des B.G.B.).

§ 1594 B.G.B.

Kinder, zweiteheliche.

Wird von einer Frau, die sich nach der Auflösung ihrer Ehe wieder verheiratet hat, ein Kind geboren, das nach den §§ 1591 bis 1599 (siehe oben) ein eheliches Kind sowohl des ersten als des zweiten Mannes sein würde, so gilt das Kind, wenn
270 Tage es innerhalb zweihundert und siebzig Tagen nach der Auflösung der früheren Ehe geboren wird, als Kind des ersten Mannes, wenn es später geboren wird, als Kind des zweiten Mannes.

§ 1600 B.G.B.

Kindsmutter, deren Ansprüche an den Kindsvater.

Der Vater ist verpflichtet, der Mutter die Kosten der Entbindung sowie die Kosten des Unterhalts für die ersten
6 Wochen sechs Wochen nach der Entbindung und, falls in Folge der Schwangerschaft oder der Entbindung weitere Aufwendungen

notwendig werden, auch die dadurch entstehenden Kosten zu ersetzen. Den gewöhnlichen Betrag der zu ersetzenden Kosten kann die Mutter ohne Rücksicht auf den wirklichen Aufwand verlangen.

Der Anspruch steht der Mutter auch dann zu, wenn der Vater vor der Geburt des Kindes gestorben oder wenn das Kind tot geboren ist.

Der Anspruch verjährt in vier Jahren. Die Verjährung beginnt mit dem Ablaufe von sechs Wochen nach der Geburt des Kindes. 4 Jahre 6 Wochen

§ 1715 B.G.B.

Schon vor der Geburt des Kindes kann auf Antrag der Mutter durch einstweilige Verfügung angeordnet werden, daß der Vater den für die ersten drei Monate dem Kinde zu gewährenden Unterhalt alsbald nach der Geburt an die Mutter oder an den Vormund zu zahlen und den erforderlichen Betrag angemessene Zeit vor der Geburt zu hinterlegen hat. In gleicher Weise kann auf Antrag der Mutter die Zahlung des gewöhnlichen Betrags der nach § 1715 Absatz 1 (siehe oben) zu ersetzenden Kosten an die Mutter und die Hinterlegung des erforderlichen Betrags angeordnet werden. 3 Monate angemessene Zeit

Zur Erlassung der einstweiligen Verfügung ist nicht erforderlich, daß eine Gefährdung des Anspruchs glaubhaft gemacht wird.

§ 1716 B.G.B.

Kindsvater, illegitimer.

Der Vater des unehelichen Kindes ist verpflichtet, dem Kinde bis zur Vollendung des sechzehnten Lebensjahrs den der Lebensstellung der Mutter entsprechenden Unterhalt zu gewähren. Der Unterhalt umfaßt den gesammten Lebensbedarf sowie die Kosten der Erziehung und der Vorbildung zu einem Berufe. 16 Jahre

Ist das Kind zur Zeit der Vollendung des sechzehnten Lebensjahrs in Folge körperlicher oder geistiger Gebrechen außer Stande, sich selbst zu unterhalten, so hat ihm der Vater auch über diese Zeit hinaus Unterhalt zu gewähren; die Vorschrift des § 1603 Absatz 1 findet Anwendung [nämlich: Unterhaltspflichtig ist nicht, wer bei Berücksichtigung seiner sonstigen

Verpflichtungen außer Stande ist, ohne Gefährdung seines standesmäßigen Unterhalts den Unterhalt zu gewähren."].

§ 1708 B.G.B.

Der Unterhalt ist durch Entrichtung einer Geldrente zu gewähren.

3 Monate Die Rente ist für drei Monate vorauszuzahlen. Durch eine Vorausleistung für eine spätere Zeit wird der Vater nicht befreit.

Hat das Kind den Beginn des Vierteljahrs erlebt, so gebührt ihm der volle, auf das Vierteljahr entfallende Betrag.

§ 1710 B.G.B.

Als Vater des unehelichen Kindes im Sinne der §§ 1708 bis 1716 (siehe oben) gilt, wer der Mutter innerhalb der Empfängniszeit beigewohnt hat, es sei denn, daß auch ein Anderer ihr innerhalb dieser Zeit beigewohnt hat. Eine Beiwohnung bleibt jedoch außer Betracht, wenn es den Umständen nach offenbar unmöglich ist, daß die Mutter das Kind aus dieser Beiwohnung empfangen hat.

181 Tage
302 Tage Als Empfängniszeit gilt die Zeit von dem einhundert ein und achtzigsten bis zu dem dreihundert und zweiten Tage vor dem Tage der Geburt des Kindes, mit Einschluß sowohl des einhundert ein und achtzigsten als des dreihundert und zweiten Tages.

§ 1717 B.G.B.

Koller.

Der Verkäufer hat nur bestimmte Fehler (Hauptmängel) und diese nur dann zu vertreten, wenn sie sich innerhalb bestimmter Fristen (Gewährfristen) zeigen.

Die Hauptmängel und die Gewährfristen werden durch eine mit Zustimmung des Bundesrats zu erlassende Kaiserliche Verordnung bestimmt. Die Bestimmung kann auf demselben Wege ergänzt und abgeändert werden.

§ 482 B.G.B.

Für den Verkauf von Nutz- und Zuchttieren gelten als Hauptmängel:

I. bei Pferden, Eseln, Mauleseln und Maultieren:

— —

14 Tage 2. Dummkoller (Koller, Dummsein) mit einer Gewährfrist von vierzehn Tagen.

Als Dummkoller ist anzusehen die allmählich oder in Folge der akuten Gehirnwassersucht entstandene, unheilbare Krankheit des Gehirns, bei der das Bewußtsein des Pferdes herabgesetzt ist.

§ 1 Abs. I Ziff. 2 der Kais. V.O. vom 27. März 1899 betr. die Hauptmängel und Gewährfristen beim Viehhandel.

Kommissionsgeschäft.

Hat der Kommissionär unter dem ihm gesetzten Preise verkauft oder hat er den ihm für den Einkauf gesetzten Preis überschritten, so muß der Kommittent, falls er das Geschäft als nicht für seine Rechnung abgeschlossen zurückweisen will, dies unverzüglich auf die Anzeige von der Ausführung des Geschäfts erklären; anderenfalls gilt die Abweichung von der Preisbestimmung als genehmigt. unverzüglich

Erbietet sich der Kommissionär zugleich mit der Anzeige von der Ausführung des Geschäfts zur Deckung des Preisunterschieds, so ist der Kommittent zur Zurückweisung nicht berechtigt. Der Anspruch des Kommittenten auf den Ersatz eines den Preisunterschied übersteigenden Schadens bleibt unberührt.

§ 386 H.G.B.

Befindet sich das Gut, welches dem Kommissionär zugesendet ist, bei der Ablieferung in einem beschädigten oder mangelhaften Zustande, der äußerlich erkennbar ist, so hat der Kommissionär die Rechte gegen den Frachtführer oder Schiffer zu wahren, für den Beweis des Zustandes zu sorgen und dem Kommittenten unverzüglich Nachricht zu geben; im Falle der Unterlassung ist er zum Schadensersatze verpflichtet. unverzüglich

Ist das Gut dem Verderb ausgesetzt oder treten später Veränderungen an dem Gute ein, die dessen Entwertung befürchten lassen, und ist keine Zeit vorhanden, die Verfügung des Kommittenten einzuholen oder ist der Kommittent in der Erteilung der Verfügung säumig, so kann der Kommissionär den Verkauf des Gutes nach Maßgabe der Vorschriften des § 373 H.G.B. (siehe unten) bewirken.

§ 388 H.G.B.

Ist der Käufer mit der Annahme der Waare im Verzuge, so kann der Verkäufer die Waare auf Gefahr und Kosten des Käufers in einem öffentlichen Lagerhaus oder sonst in sicherer Weise hinterlegen.

Er ist ferner befugt, nach vorgängiger Androhung die Waare öffentlich versteigern zu lassen; er kann, wenn die Waare einen Börsen- oder Marktpreis hat, nach vorgängiger Androhung den Verkauf auch aus freier Hand durch einen zu solchen Verkäufen öffentlich ermächtigten Handelsmäkler oder durch eine zur öffentlichen Versteigerung befugte Person zum laufenden Preise bewirken. Ist die Waare dem Verderb ausgesetzt und Gefahr im Verzuge, so bedarf es der vorgängigen Androhung nicht; dasselbe gilt, wenn die Androhung aus anderen Gründen unthunlich ist.

Der Selbsthülfeverkauf erfolgt für Rechnung des säumigen Käufers.

Der Verkäufer und der Käufer können bei der öffentlichen Versteigerung mitbieten.

Im Falle der öffentlichen Versteigerung hat der Verkäufer den Käufer von der Zeit und dem Orte der Versteigerung vorher zu benachrichtigen; von dem vollzogenen Verkaufe
unverzüglich hat er bei jeder Art des Verkaufs dem Käufer unverzüglich Nachricht zu geben. Im Falle der Unterlassung ist er zum Schadensersatze verpflichtet. Die Benachrichtigungen dürfen unterbleiben, wenn sie unthunlich sind.

§ 373 H.G.B.

Konkurrenzverbot.

Eine Vereinbarung zwischen dem Prinzipal und dem Handlungsgehülfen, durch welche dieser für die Zeit nach der Beendigung des Dienstverhältnisses in seiner gewerblichen Thätigkeit beschränkt wird, ist für den Handlungsgehülfen nur insoweit verbindlich, als die Beschränkung nach Zeit, Ort und Gegenstand nicht die Grenzen überschreitet, durch welche eine unbillige Erschwerung des Fortkommens des Handlungsgehülfen ausgeschlossen wird.

Die Beschränkung kann nicht auf einen Zeitraum von
3 Jahre mehr als drei Jahren von der Beendigung des Dienstverhältnisses an erstreckt werden.

Die Vereinbarung ist nichtig, wenn der Handlungsgehülfe zur Zeit des Abschlusses minderjährig ist.

§ 74 H.G.B.

Koppen.

Der Verkäufer hat nur bestimmte Fehler (Hauptmängel) und diese nur dann zu vertreten, wenn sie sich innerhalb bestimmter Fristen (Gewährfristen) zeigen.

Die Hauptmängel und die Gewährfristen werden durch eine mit Zustimmung des Bundesrats zu erlassende Kaiserliche Verordnung bestimmt. Die Bestimmung kann auf demselben Wege ergänzt und abgeändert werden.

§ 482 B.G.B.

Für den Verkauf von Nutz- und Zuchttieren gelten als Hauptmängel:

I. Bei Pferden, Eseln, Mauleseln und Maultieren:

— —

6. Koppen (Krippensetzen, Aufsetzen, Freikoppen, Luftschnappen, Windschnappen) mit einer Gewährfrist von vierzehn Tagen. 14 Tage

§ 1 Abs. I Ziff. 6 der Kais. V.O. vom 27. März 1899 betr. die Hauptmängel und Gewährfristen beim Viehhandel.

Körperverletzung.

Wird in Folge einer Verletzung des Körpers oder der Gesundheit die Erwerbsfähigkeit des Verletzten aufgehoben oder gemindert oder tritt eine Vermehrung seiner Bedürfnisse ein, so ist dem Verletzten durch Entrichtung einer Geldrente Schadensersatz zu leisten.

Auf die Rente finden die Vorschriften des § 760 (siehe unten) Anwendung. Ob, in welcher Art und für welchen Betrag der Ersatzpflichtige Sicherheit zu leisten hat, bestimmt sich nach den Umständen.

Statt der Rente kann der Verletzte eine Abfindung in Kapital verlangen, wenn ein wichtiger Grund vorliegt.

Der Anspruch wird nicht dadurch ausgeschlossen, daß ein Anderer dem Verletzten Unterhalt zu gewähren hat.

§ 843 B.G.B.

Die Leibrente ist im voraus zu entrichten.

Eine Geldrente ist für drei Monate vorauszuzahlen; bei 3 Monate
einer anderen Rente bestimmt sich der Zeitabschnitt, für den sie im voraus zu entrichten ist, nach der Beschaffenheit und dem Zwecke der Rente.

Hat der Gläubiger den Beginn des Zeitabschnitts erlebt, für den die Rente im voraus zu entrichten ist, so gebührt ihm der volle auf den Zeitabschnitt entfallende Betrag.

§ 760 B.G.B.

Kraftloserklärung eines Erbscheines.

Ergiebt sich, daß der erteilte Erbschein unrichtig ist, so hat ihn das Nachlaßgericht einzuziehen. Mit der Einziehung wird der Erbschein kraftlos.

Kann der Erbschein nicht sofort erlangt werden, so hat ihn das Nachlaßgericht durch Beschluß für kraftlos zu erklären. Der Beschluß ist nach den für die öffentliche Zustellung einer Ladung geltenden Vorschriften der Zivilprozeßordnung bekannt
1 Monat zu machen. Mit dem Ablaufe eines Monats nach der letzten Einrückung des Beschlusses in die öffentlichen Blätter wird die Kraftloserklärung wirksam.

Das Nachlaßgericht kann von Amtswegen über die Richtigkeit eines erteilten Erbscheins Ermittelungen veranstalten.

§ 2361 B.G.B.

Kraftloserklärung einer Vollmachtsurkunde.

Der Vollmachtgeber kann die Vollmachtsurkunde durch eine öffentliche Bekanntmachung für kraftlos erklären; die Kraftloserklärung muß nach den für die öffentliche Zustellung einer Ladung geltenden Vorschriften der Civilprozeßordnung
Monat veröffentlicht werden. Mit dem Ablauf eines Monats nach der letzten Einrückung in die öffentlichen Blätter wird die Kraftloserklärung wirksam.

Zuständig für die Bewilligung der Veröffentlichung ist sowohl das Amtsgericht, in dessen Bezirke der Vollmachtgeber seinen allgemeinen Gerichtsstand hat, als das Amtsgericht, welches für die Klage auf Rückgabe der Urkunde, abgesehen von dem Werte des Streitgegenstandes, zuständig sein würde.

Die Kraftloserklärung ist unwirksam, wenn der Vollmachtgeber die Vollmacht nicht widerrufen kann.

§ 176 B.G.B.

Krippensetzen.

Der Verkäufer hat nur bestimmte Fehler (Hauptmängel) und diese nur dann zu vertreten, wenn sie sich innerhalb bestimmter Fristen (Gewährfristen) zeigen.

Die Hauptmängel und die Gewährfristen werden durch eine mit Zustimmung des Bundesrats zu erlassende Kaiserliche Verordnung bestimmt. Die Bestimmung kann auf demselben Wege ergänzt und abgeändert werden.

§ 482 B.G.B.

Für den Verkauf von Nutz- und Zuchttieren gelten als Hauptmängel:

I. Bei Pferden, Eseln, Mauleseln und Maultieren:

— —

6. Koppen (Krippensetzen, Aufsetzen, Freikoppen, Luftschnappen, Windschnappen) mit einer Gewährfrist von vierzehn Tagen. — — 14 Tage

§ 1 Ziff. 6 der Kais. V.O. vom 27. März 1899 betr. die Hauptmängel und Gewährfristen beim Viehhandel.

Kündigung bei beweglichen Sachen.

Bei beweglichen Sachen hat die Kündigung spätestens am dritten Tage vor dem Tage zu erfolgen, an welchem das Mietverhältnis endigen soll. 3 Tage

Ist der Mietzins für ein Grundstück oder für eine bewegliche Sache nach Tagen bemessen, so ist die Kündigung an jedem Tage für den folgenden Tag zulässig. jeden Tag

§ 565 B.G.B. Absatz II und III.

Kündigung bei Darlehen

siehe bei: „Darlehen".

Kündigung bei Dienstverhältnissen.

Das Dienstverhältnis endigt mit dem Ablaufe der Zeit, für die es eingegangen ist.

Ist die Dauer des Dienstverhältnisses weder bestimmt noch aus der Beschaffenheit oder dem Zwecke der Dienste zu entnehmen, so kann jeder Teil das Dienstverhältnis nach Maßgabe der §§ 621 bis 623 kündigen. (siehe unten).

§ 620 B.G.B.

Ist die Vergütung nach Tagen bemessen, so ist die Kündigung an jedem Tage für den folgenden Tag zulässig. jeden Tag

Ist die Vergütung nach Wochen bemessen, so ist die Kündigung nur für den Schluß einer Kalenderwoche zulässig; sie hat spätestens am ersten Werktage der Woche zu erfolgen.

Ist die Vergütung nach Monaten bemessen, so ist die Kündigung nur für den Schluß eines Kalendermonats zulässig; sie hat spätestens am fünfzehnten des Monats zu erfolgen.

Ist die Vergütung nach Vierteljahren oder längeren Zeitabschnitten bemessen, so ist die Kündigung nur für den Schluß eines Kalendervierteljahrs und nur unter Einhaltung
6 Wochen einer Kündigungsfrist von sechs Wochen zulässig.

§ 621 B.G.B.

Das Dienstverhältnis der mit festen Bezügen zur Leistung von Diensten höherer Art Angestellten, deren Erwerbsthätigkeit durch das Dienstverhältnis vollständig oder hauptsächlich in Anspruch genommen wird, insbesondere der Lehrer, Erzieher, Privatbeamten, Gesellschafterinnen, kann nur für den Schluß eines Kalendervierteljahrs und nur unter Einhaltung einer
6 Wochen Kündigungsfrist von sechs Wochen gekündigt werden, auch wenn die Vergütung nach kürzeren Zeitabschnitten als Vierteljahren bemessen ist.

§ 622 B.G.B.

Ist die Vergütung nicht nach Zeitabschnitten bemessen, so kann das Dienstverhältnis jeder Zeit gekündigt werden; bei einem die Erwerbsthätigkeit des Verpflichteten vollständig oder hauptsächlich in Anspruch nehmenden Dienstverhältnis ist jedoch
2 Wochen eine Kündigungsfrist von zwei Wochen einzuhalten.

§ 623 B.G.B.

über
5 Jahre
Ist das Dienstverhältnis für die Lebenszeit einer Person oder für längere Zeit als fünf Jahre eingegangen, so kann es von dem Verpflichteten nach dem Ablaufe von fünf Jahren
6 Monate gekündigt werden. Die Kündigungsfrist beträgt sechs Monate.

§ 624 B.G.B.

Kündigung bei Erwerbs- und Wirtschaftsgenossenschaften

siehe unter: „Aufkündigung bei Erwerbs- und Wirtschaftsgenossenschaften.“

Kündigung einer Gesellschaft.

Ist die Gesellschaft nicht für eine bestimmte Zeit ein-
jederzeit gegangen, so kann jeder Gesellschafter sie jederzeit kündigen. Ist eine Zeitdauer bestimmt, so ist die Kündigung vor dem Ablaufe

der Zeit zulässig, wenn ein wichtiger Grund vorliegt; ein solcher Grund ist insbesondere vorhanden, wenn ein anderer Gesellschafter eine ihm nach dem Gesellschaftsvertrag obliegende wesentliche Verpflichtung vorsätzlich oder aus grober Fahrlässigkeit verletzt oder wenn die Erfüllung einer solchen Verpflichtung unmöglich wird. Unter der gleichen Voraussetzung ist, wenn eine Kündigungsfrist bestimmt ist, die Kündigung ohne Einhaltung der Frist zulässig. Frist

Die Kündigung darf nicht zur Unzeit geschehen, es sei denn, daß ein wichtiger Grund für die unzeitige Kündigung vorliegt. Kündigt ein Gesellschafter ohne solchen Grund zur Unzeit, so hat er den übrigen Gesellschaftern den daraus entstehenden Schaden zu ersetzen.

Eine Vereinbarung, durch welche das Kündigungsrecht ausgeschlossen oder diesen Vorschriften zuwider beschränkt wird, ist nichtig.

§ 723 B.G.B.

Kündigung der Gesellschaft bei offener Handelsgesellschaft.

Die Kündigung eines Gesellschafters kann, wenn die Gesellschaft für unbestimmte Zeit eingegangen ist, nur für den Schluß eines Geschäftsjahrs erfolgen; sie muß mindestens sechs Monate vor diesem Zeitpunkte stattfinden. 6 Monate

§ 132 H.G.B.

Kündigung bei Grundstücken.

Bei Grundstücken ist die Kündigung nur für den Schluß eines Kalendervierteljahrs zulässig; sie hat spätestens am dritten Werktage des Vierteljahrs zu erfolgen. Ist der Mietzins nach Monaten bemessen, so ist die Kündigung nur für den Schluß eines Kalendermonats zulässig; sie hat spätestens am fünfzehnten des Monats zu erfolgen. Ist der Mietzins nach Wochen bemessen, so ist die Kündigung nur für den Schluß einer Kalenderwoche zulässig; sie hat spätestens am ersten Werktage der Woche zu erfolgen. ¼ Jahr

§ 565 Absatz I B.G.B.

Kündigung der Handlungsagenten.

Das Vertragsverhältnis zwischen dem Geschäftsherrn und dem Handlungsagenten kann, wenn es für unbestimmte Zeit

eingegangen ist, von jedem Teile für den Schluß eines Kalender-
6 Wochen vierteljahrs unter Einhaltung einer Kündigungsfrist von sechs Wochen gekündigt werden.

Das Vertragsverhältnis kann von jedem Teile ohne Einhaltung einer Kündigungsfrist gekündigt werden, wenn ein wichtiger Grund vorliegt.

§ 92 H.G.B.

Kündigung der Handlungsgehülfen.

Das Dienstverhältnis zwischen dem Prinzipal und dem Handlungsgehülfen kann, wenn es für unbestimmte Zeit eingegangen ist, von jedem Teile für den Schluß eines Kalender-
6 Wochen vierteljahrs unter Einhaltung einer Kündigungsfrist von sechs Wochen gekündigt werden.

§ 66 H.G.B.

Wird durch Vertrag eine kürzere oder längere Kündigungsfrist bedungen, so muß sie für beide Teile gleich sein; sie darf
1 Monat nicht weniger als einen Monat betragen.

Die Kündigung kann nur für den Schluß eines Kalendermonats zugelassen werden.

Die Vorschriften des Absatz 1 finden auch in dem Falle Anwendung, wenn das Dienstverhältnis für bestimmte Zeit mit der Vereinbarung eingegangen wird, daß es in Ermangelung einer vor dem Ablaufe der Vertragszeit erfolgten Kündigung als verlängert gelten soll.

Eine Vereinbarung, die diesen Vorschriften zuwiderläuft, ist nichtig.

§ 67 H.G.B.

Die Vorschriften des § 67 (siehe oben) finden keine Anwendung, wenn der Handlungsgehülfe einen Gehalt von mindestens fünftausend Mark für das Jahr bezieht.

Sie bleiben ferner außer Anwendung, wenn der Handlungsgehülfe für eine außereuropäische Handelsniederlassung angenommen ist und nach dem Vertrage der Prinzipal für den Fall, daß er das Dienstverhältnis kündigt, die Kosten der Rückreise des Handlungsgehülfen zu tragen hat.

§ 68 H.G.B.

Wird ein Handlungsgehülfe nur zu vorübergehender Aushülfe angenommen, so finden die Vorschriften des § 67 (siehe oben) keine Anwendung, es sei denn, daß das Dienstverhältnis über die Zeit von drei Monaten hinaus fortgesetzt wird. Die Kündigungsfrist muß jedoch auch in einem solchen Falle für beide Teile gleich sein. 3 Monate

§ 69 H.G.B.

Kündigung der Handlungslehrlinge.

Die Dauer der Lehrzeit bestimmt sich nach dem Lehrvertrag, in Ermangelung vertragsmäßiger Festsetzung nach den örtlichen Verordnungen oder dem Ortsgebrauche.

Das Lehrverhältnis kann, sofern nicht eine längere Probezeit vereinbart ist, während des ersten Monats nach dem Beginne der Lehrzeit ohne Einhaltung einer Kündigungsfrist gekündigt werden. Eine Vereinbarung, nach der die Probezeit mehr als drei Monate betragen soll, ist nichtig. 1 Monat 3 Monate

Nach dem Ablaufe der Probezeit finden auf die Kündigung des Lehrverhältnisses die Vorschriften der §§ 70 bis 72 [betreffen die „wichtigen Gründe" zur Kündigung] Anwendung. Als ein wichtiger Grund zur Kündigung durch den Lehrling ist es insbesondere auch anzusehen, wenn der Lehrherr seine Verpflichtungen gegen den Lehrling in einer dessen Gesundheit, Sittlichkeit oder Ausbildung gefährdenden Weise vernachlässigt.

Im Falle des Todes des Lehrherrn kann das Lehrverhältnis innerhalb eines Monats ohne Einhaltung einer Kündigungsfrist gekündigt werden. 1 Monat

§ 77 H.G.B.

Wird von dem gesetzlichen Vertreter des Lehrlings oder, sofern dieser volljährig ist, von ihm selbst dem Lehrherrn die schriftliche Erklärung abgegeben, daß der Lehrling zu einem anderen Gewerbe oder zu einem anderen Berufe übergehen werde, so endigt, wenn nicht der Lehrling früher entlassen wird, das Lehrverhältnis nach dem Ablauf eines Monats. 1 Monat

Tritt der Lehrling der abgegebenen Erklärung zuwider vor dem Ablaufe von neun Monaten nach der Beendigung des Lehrverhältnisses in ein anderes Geschäft als Handlungslehrling oder als Handlungsgehülfe ein, so ist er dem Lehrherrn zum Ersatze des diesem durch die Beendigung des Lehrverhältnisses entstandenen Schadens verpflichtet. Mit ihm haftet als Gesamtschuldner der neue Lehrherr oder Prinzipal, sofern er von dem Sachverhalte Kenntnis hatte. 9 Monate

§ 78 H.G.B.

Kündigung des Mietverhältnisses.

Wird dem Mieter der vertragsmäßige Gebrauch der gemieteten Sache ganz oder zum Teil nicht rechtzeitig gewährt oder wiederentzogen, so kann der Mieter ohne Einhaltung einer Kündigungsfrist das Mietverhältnis kündigen. Die Kündigung ist erst zulässig, wenn der Vermieter eine ihm von angemessene Frist dem Mieter bestimmte angemessene Frist hat verstreichen lassen, ohne Abhülfe zu schaffen. Der Bestimmung einer Frist bedarf es nicht, wenn die Erfüllung des Vertrags in Folge des die Kündigung rechtfertigenden Umstandes für den Mieter kein Interesse hat.

Wegen einer unerheblichen Hinderung oder Vorenthaltung des Gebrauchs ist die Kündigung nur zulässig, wenn sie durch ein besonderes Interesse des Mieters gerechtfertigt wird.

Bestreitet der Vermieter die Zulässigkeit der erfolgten Kündigung, weil er den Gebrauch der Sache rechtzeitig gewährt oder vor dem Ablauf der Frist die Abhülfe bewirkt habe, so trifft ihn die Beweislast.

§ 542 B.G.B.

Kündigung der Mitgliedschaft bei einem Vereine.

Durch die Satzung kann bestimmt werden, daß der Austritt (aus dem Vereine) nur am Schlusse eines Geschäftsjahrs Frist oder erst nach dem Ablauf einer Kündigungsfrist zulässig ist; 2 Jahre die Kündigungsfrist kann höchstens zwei Jahre betragen.

§ 39 Abs. II B.G.B.

Kündigung eines Pachtverhältnisses.

Ist bei der Pacht eines Grundstücks oder eines Rechtes die Pachtzeit nicht bestimmt, so ist die Kündigung nur für den Schluß eines Pachtjahrs zulässig; sie hat spätestens am ersten ½ Jahr Werktage des halben Jahres zu erfolgen, mit dessen Ablaufe die Pacht endigen soll.

Diese Vorschriften gelten bei der Pacht eines Grundstücks oder eines Rechtes auch für die Fälle, in denen das Pachtverhältnis unter Einhaltung der gesetzlichen Frist vorzeitig gekündigt werden kann.

§ 595 B.G.B.

Kündigung einer stillen Gesellschaft.

Auf die Kündigung der Gesellschaft durch einen der Gesellschafter oder durch einen Gläubiger des stillen Gesellschafters finden die Vorschriften der §§ 132, 134, 135 (siehe unten) entsprechende Anwendung. Die Vorschriften des § 723 des Bürgerlichen Gesetzbuchs (siehe unten) über das Recht, die Gesellschaft aus wichtigen Gründen ohne Einhaltung einer Frist zu kündigen, bleiben unberührt.

Durch den Tod des stillen Gesellschafters wird die Gesellschaft nicht aufgelöst.

§ 339 H.G.B.

Die Kündigung eines Gesellschafters kann, wenn die Gesellschaft für unbestimmte Zeit eingegangen ist, nur für den Schluß eines Geschäftsjahrs erfolgen; sie muß mindestens sechs 6 Monate
Monate vor diesem Zeitpunkte stattfinden.

§ 132 H.G.B.

Eine Gesellschaft, die für die Lebenszeit eines Gesellschafters eingegangen ist oder nach dem Ablaufe der für ihre Dauer bestimmten Zeit stillschweigend fortgesetzt wird, steht im Sinne der Vorschriften der §§ 132, 133 (siehe oben) einer für unbestimmte Zeit eingegangenen Gesellschaft gleich.

§ 134 H.G.B.

Hat ein Privatgläubiger eines Gesellschafters, nachdem innerhalb der letzten sechs Monate eine Zwangsvollstreckung in 6 Monate
das bewegliche Vermögen des Gesellschafters ohne Erfolg versucht ist, auf Grund eines nicht blos vorläufig vollstreckbaren Schuldtitels die Pfändung und Ueberweisung des Anspruchs auf dasjenige erwirkt, was dem Gesellschafter bei der Auseinandersetzung zukommt, so kann er die Gesellschaft, ohne Rücksicht darauf, ob sie für bestimmte oder unbestimmte Zeit eingegangen ist, sechs Monate vor dem Ende des Geschäftsjahrs für diesen 6 Monate
Zeitpunkt kündigen.

§ 135 H.G.B.

Ist die Gesellschaft nicht für eine bestimmte Zeit eingegangen, so kann jeder Gesellschafter sie jederzeit kündigen. Ist eine Zeit- jederzeit
dauer bestimmt, so ist die Kündigung vor dem Ablaufe der Zeit zulässig, wenn ein wichtiger Grund vorliegt; ein solcher Grund ist insbesondere vorhanden, wenn ein anderer Gesell-

schafter eine ihm nach dem Gesellschaftsvertrag obliegende wesentliche Verpflichtung vorsätzlich oder aus grober Fahrlässigkeit verletzt oder wenn die Erfüllung einer solchen Verpflichtung unmöglich wird. Unter der gleichen Voraussetzung ist, wenn eine Kündigungsfrist bestimmt ist, die Kündigung ohne Einhaltung der Frist zulässig.

Die Kündigung darf nicht zur Unzeit geschehen, es sei denn, daß ein wichtiger Grund für die unzeitige Kündigung vorliegt. Kündigt ein Gesellschafter ohne solchen Grund zur Unzeit, so hat er den übrigen Gesellschaftern den daraus entstehenden Schaden zu ersetzen.

Eine Vereinbarung, durch welche das Kündigungsrecht ausgeschlossen oder diesen Vorschriften zuwider beschränkt wird, ist nichtig.

§ 723 B.G.B.

Kündigung eines Werkvertrages.

jederzeit Der Besteller kann bis zur Vollendung des Werkes jederzeit den Vertrag kündigen. Kündigt der Besteller, so ist der Unternehmer berechtigt, die vereinbarte Vergütung zu verlangen; er muß sich jedoch dasjenige anrechnen lassen, was er in Folge der Aufhebung des Vertrags an Aufwendungen erspart oder durch anderweitige Verwendung seiner Arbeitskraft erwirbt oder zu erwerben böswillig unterläßt.

§ 649 B.G.B.

Lagerhalter, dessen Rechte und Pflichten sowie dessen Ansprüche.

Auf die Rechte und Pflichten des Lagerhalters in Ansehung der Empfangnahme, Aufbewahrung und Versicherung des Gutes finden die für den Kommissionär geltenden Vorschriften der §§ 388 bis 390 Anwendung (siehe unten).

Treten Veränderungen an dem Gute ein, welche dessen Entwertung befürchten lassen, so hat der Lagerhalter den Einunverzüglich lagerer hiervon unverzüglich zu benachrichtigen. Versäumt er dies, so hat er den daraus entstehenden Schaden zu ersetzen.

§ 417 H.G.B.

Befindet sich das Gut, welches dem Kommissionär zugesendet ist, bei der Ablieferung in einem beschädigten oder mangelhaften Zustande, der äußerlich erkennbar ist, so hat der

Kommissionär die Rechte gegen den Frachtführer oder Schiffer zu wahren, für den Beweis des Zustandes zu sorgen und dem Kommittenten unverzüglich Nachricht zu geben; im Falle der unverzüglich Unterlassung ist er zum Schadensersatze verpflichtet.

Ist das Gut dem Verderb ausgesetzt oder treten später Veränderungen an dem Gute ein, die dessen Entwertung befürchten lassen, und ist keine Zeit vorhanden, die Verfügung des Kommittenten einzuholen, oder ist der Kommittent in der Erteilung der Verfügung säumig, so kann der Kommissionär den Verkauf des Gutes nach Maßgabe der Vorschriften des § 373 bewirken (siehe unten).

§ 388 H.G.B.

Unterläßt der Kommittent über das Gut zu verfügen, obwohl er dazu nach der Lage der Sache verpflichtet ist, so hat der Kommissionär die nach § 373 (siehe unten) dem Verkäufer zustehenden Rechte.

§ 389 H.G.B.

Der Kommissionär ist für den Verlust und die Beschädigung des in seiner Verwahrung befindlichen Gutes verantwortlich, es sei denn, daß der Verlust oder die Beschädigung auf Umständen beruht, die durch die Sorgfalt eines ordentlichen Kaufmanns nicht abgewendet werden konnten.

Der Kommissionär ist wegen der Unterlassung der Versicherung des Gutes nur verantwortlich, wenn er von dem Kommittenten angewiesen war, die Versicherung zu bewirken.

§ 390 H.G.B.

Ist der Käufer mit der Annahme der Waare im Verzuge, so kann der Verkäufer die Waare auf Gefahr und Kosten des Käufers in einem öffentlichen Lagerhaus oder sonst in sicherer Weise hinterlegen.

Er ist ferner befugt, nach vorgängiger Androhung die Waare öffentlich versteigern zu lassen; er kann, wenn die Waare einen Börsen- oder Marktpreis hat, nach vorgängiger Androhung den Verkauf auch aus freier Hand durch einen zu solchen Verkäufen öffentlich ermächtigten Handelsmäkler oder durch eine zur öffentlichen Versteigerung befugte Person zum laufenden Preise bewirken. Ist die Waare dem Verderb ausgesetzt und Gefahr im Verzuge, so bedarf es der vorgängigen Androhung nicht; dasselbe gilt, wenn die Androhung aus anderen Gründen unthunlich ist.

Der Selbsthülfeverkauf erfolgt für Rechnung des säumigen Käufers.

Der Verkäufer und der Käufer können bei der öffentlichen Versteigerung mitbieten.

Im Falle der öffentlichen Versteigerung hat der Verkäufer den Käufer von der Zeit und dem Orte der Versteigerung vorher zu be-

nachrichtigen; von dem vollzogenen Verkaufe hat er bei jeder Art des
unverzüglich Verkaufs dem Käufer unverzüglich Nachricht zu geben. Im Falle der Unterlassung ist er zum Schadensersatze verpflichtet. Die Benachrichtigungen dürfen unterbleiben, wenn sie unthunlich sind.

§ 373 H.G.B.

Der Lagerhalter hat Anspruch auf das bedungene oder ortsübliche Lagergeld sowie auf Erstattung der Auslagen für Fracht und Zölle und der sonst für das Gut gemachten Aufwendungen, soweit er sie den Umständen nach für erforderlich halten durfte.

Von den hiernach dem Lagerhalter zukommenden Beträgen (Lagerkosten) sind die baaren Auslagen sofort zu erstatten. Die
3 Monate sonstigen Lagerkosten sind nach dem Ablaufe von je drei Monaten seit der Einlieferung oder, wenn das Gut in der Zwischenzeit zurückgenommen wird, bei der Rücknahme zu erstatten; wird das Gut teilweise zurückgenommen, so ist nur ein entsprechender Teil zu berichtigen, es sei denn, daß das auf dem Lager verbleibende Gut zur Sicherung des Lagerhalters nicht ausreicht.

§ 420 H.G.B.

Der Lagerhalter kann nicht verlangen, daß der Einlagerer das Gut vor dem Ablaufe der bedungenen Lagerzeit und, falls eine solche nicht bedungen ist, daß er es vor dem Ab-
3 Monate laufe von drei Monaten nach der Einlieferung zurücknehme. Ist eine Lagerzeit nicht bedungen oder behält der Lagerhalter nach dem Ablaufe der bedungenen Lagerzeit das Gut auf dem Lager, so kann er die Rücknahme nur nach vorgängiger Kündigung unter Einhaltung einer Kündigungsfrist von einem
1 Monat Monate verlangen.

Der Lagerhalter ist berechtigt, die Rücknahme des Gutes vor dem Ablaufe der Lagerzeit und ohne Einhaltung einer Kündigungsfrist zu verlangen, wenn ein wichtiger Grund vorliegt.

§ 422 H.G.B.

Auf die Verjährung der Ansprüche gegen den Lagerhalter wegen Verlustes, Minderung, Beschädigung oder verspäteter Ablieferung des Gutes finden die Vorschriften des § 414 (siehe unten) entsprechende Anwendung. Im Falle des gänzlichen Verlustes beginnt die Verjährung mit dem Ablaufe des Tages, an welchem der Lagerhalter dem Einlagerer Anzeige von dem Verluste macht.

§ 423 H.G.B.

Die Ansprüche gegen den Spediteur wegen Verlustes, Minderung, Beschädigung oder verspäteter Ablieferung des Gutes verjähren in einem Jahre. Die Verjährungsfrist kann durch Vertrag verlängert werden. 1 Jahr

Die Verjährung beginnt im Falle der Beschädigung oder Minderung mit dem Ablaufe des Tages, an welchem die Ablieferung stattgefunden hat, im Falle des Verlustes oder der verspäteten Ablieferung mit dem Ablaufe des Tages, an welchem die Ablieferung hätte bewirkt sein müssen.

Die im Absatz 1 bezeichneten Ansprüche können nach der Vollendung der Verjährung nur aufgerechnet werden, wenn vorher der Verlust, die Minderung, die Beschädigung oder die verspätete Ablieferung dem Spediteur angezeigt oder die Anzeige an ihn abgesendet worden ist. Der Anzeige an den Spediteur steht es gleich, wenn gerichtliche Beweisaufnahme zur Sicherung des Beweises beantragt oder in einem zwischen dem Versender und dem Empfänger oder einem späteren Erwerber des Gutes wegen des Verlustes, der Minderung der Beschädigung oder der verspäteten Ablieferung anhängigen Rechtsstreite dem Spediteur der Streit verkündet wird.

Diese Vorschriften finden keine Anwendung, wenn der Spediteur den Verlust, die Minderung, die Beschädigung oder die verspätete Ablieferung des Gutes vorsätzlich herbeigeführt hat.

§ 414 H.G.B.

Legat.

Ist ein als Erbe berufener Pflichtteilsberechtigter durch die Einsetzung eines Nacherben, die Ernennung eines Testamentsvollstreckers oder eine Teilungsanordnung beschränkt oder ist er mit einem Vermächtnis oder einer Auflage beschwert, so gilt die Beschränkung oder die Beschwerung als nicht angeordnet, wenn der ihm hinterlassene Erbteil die Hälfte des gesetzlichen Erbteils nicht übersteigt. Ist der hinterlassene Erbteil größer, so kann der Pflichtteilsberechtigte den Pflichtteil verlangen, wenn er den Erbteil ausschlägt; die Ausschlagungsfrist beginnt erst, wenn der Pflichtteilsberechtigte von der Beschränkung oder der Beschwerung Kenntnis erlangt. Frist

Einer Beschränkung der Erbeinsetzung steht es gleich, wenn der Pflichtteilsberechtigte als Nacherbe eingesetzt ist.

§ 2306 B.G.B.

Ist ein Pflichtteilsberechtigter mit einem Vermächtnisse bedacht, so kann er den Pflichtteil verlangen, wenn er das Vermächtnis ausschlägt. Schlägt er nicht aus, so steht ihm ein Recht auf den Pflichtteil nicht zu, soweit der Wert des Vermächtnisses reicht; bei der Berechnung des Wertes bleiben Beschränkungen und Beschwerungen der im § 2306 (siehe oben) bezeichneten Art außer Betracht.

angemessene Frist Der mit dem Vermächtnisse beschwerte Erbe kann den Pflichtteilsberechtigten unter Bestimmung einer angemessenen Frist zur Erklärung über die Annahme des Vermächtnisses auffordern. Mit dem Ablaufe der Frist gilt das Vermächtnis als ausgeschlagen, wenn nicht vorher die Annahme erklärt wird.

§ 2307 B.G.B.

Hat ein Pflichtteilsberechtigter, der als Erbe oder als Vermächtnisnehmer in der im § 2306 (siehe oben) bezeichneten Art beschränkt oder beschwert ist, die Erbschaft oder das Vermächtnis ausgeschlagen, so kann er die Ausschlagung anfechten, wenn die Beschränkung oder die Beschwerung zur Zeit der Ausschlagung weggefallen oder der Wegfall ihm nicht bekannt war.

Fristen Auf die Anfechtung der Ausschlagung eines Vermächtnisses finden die für die Anfechtung der Ausschlagung einer Erbschaft geltenden Vorschriften [siehe oben Seite 8: „Anfechtung der Annahme oder Ausschlagung einer Erbschaft."] entsprechende Anwendung. Die Anfechtung erfolgt durch Erklärung gegenüber dem Beschwerten.

§ 2308 B.G.B.

Lehrer, deren Dienstverhältnis.

6 Wochen Das Dienstverhältnis der mit festen Bezügen zur Leistung von Diensten höherer Art Angestellten, deren Erwerbsthätigkeit durch das Dienstverhältnis vollständig oder hauptsächlich in Anspruch genommen wird, insbesondere der Lehrer, Erzieher, Privatbeamten, Gesellschafterinnen kann nur für den Schluß eines Kalendervierteljahrs und nur unter Einhaltung einer Kündigungsfrist von sechs Wochen gekündigt werden, auch wenn die Vergütung nach kürzeren Zeitabschnitten als Vierteljahren bemessen ist.

§ 622 B.G.B.

Ist die Vergütung nicht nach Zeitabschnitten bemessen, so kann das Dienstverhältnis jederzeit gekündigt werden; bei einem die Erwerbsthätigkeit des Verpflichteten vollständig oder hauptsächlich in Anspruch nehmenden Dienstverhältnis ist jedoch eine Kündigungsfrist von zwei Wochen einzuhalten. 2 Wochen

§ 623 B.G.B.

Ist das Dienstverhältnis für die Lebenszeit einer Person oder für längere Zeit als fünf Jahre eingegangen, so kann es 5 Jahre von dem Verpflichteten nach dem Ablaufe von fünf Jahren gekündigt werden. Die Kündigungsfrist beträgt sechs Monate. 6 Monate

§ 624 B.G.B.

Lehrlinge im Handelsgewerbe.

Die Vorschriften der §§ 60 bis 63, 74, 75 [siehe unten] finden auch auf Handlungslehrlinge Anwendung.

Der Lehrherr ist verpflichtet, dafür zu sorgen, daß der Lehrling in den bei dem Betriebe des Geschäfts vorkommenden käufmännischen Arbeiten unterwiesen wird; er hat die Ausbildung des Lehrlings entweder selbst oder durch einen geeigneten, ausdrücklich dazu bestimmten Vertreter zu leiten. Die Unterweisung hat in der durch den Zweck der Ausbildung gebotenen Reihenfolge und Ausdehnung zu geschehen.

Der Lehrherr darf dem Lehrlinge die zu seiner Ausbildung erforderliche Zeit und Gelegenheit durch Verwendung zu anderen Dienstleistungen nicht entziehen; auch hat er ihm die zum Besuche des Gottesdienstes an Sonntagen und Festtagen erforderliche Zeit und Gelegenheit zu gewähren. Er hat den Lehrling zur Arbeitsamkeit und zu guten Sitten anzuhalten.

§ 76 Abs. I—III H.G.B.

Die Dauer der Lehrzeit bestimmt sich nach dem Lehrvertrag, in Ermangelung vertragsmäßiger Festsetzung nach den örtlichen Verordnungen oder dem Ortsgebrauche.

Das Lehrverhältnis kann, sofern nicht eine längere Probezeit vereinbart ist, während des ersten Monats nach dem Be- 1 Monat ginne der Lehrzeit ohne Einhaltung einer Kündigungsfrist gekündigt werden. Eine Vereinbarung, nach der die Probezeit mehr als drei Monate betragen soll, ist nichtig. 3 Monate

Nach dem Ablaufe der Probezeit finden auf die Kündigung des Lehrverhältnisses die Vorschriften der §§ 70 bis 72 (siehe unten) Anwendung. Als ein wichtiger Grund zur Kündigung durch den Lehrling ist es insbesondere auch anzusehen, wenn der Lehrherr seine Verpflichtungen gegen den Lehrling in einer dessen Gesundheit, Sittlichkeit oder Ausbildung gefährdenden Weise vernachlässigt.

Im Falle des Todes des Lehrherrn kann das Lehr-
1 Monat verhältnis innerhalb eines Monats ohne Einhaltung einer Kündigungsfrist gekündigt werden.

§ 77 H.G.B.

Wird von dem gesetzlichen Vertreter des Lehrlings oder, sofern dieser volljährig ist, von ihm selbst dem Lehrherrn die schriftliche Erklärung abgegeben, daß der Lehrling zu einem anderen Gewerbe oder zu einem anderen Beruf übergehen werde, so endigt, wenn nicht der Lehrling früher entlassen
1 Monat wird, das Lehrverhältnis nach dem Ablauf eines Monats.

Tritt der Lehrling der abgegebenen Erklärung zuwider
9 Monate vor dem Ablaufe von neun Monaten nach der Beendigung des Lehrverhältnisses in ein anderes Geschäft als Handlungslehrling oder als Handlungsgehülfe ein, so ist er dem Lehrherrn zum Ersatze des diesem durch die Beendigung des Lehrverhältnisses entstandenen Schadens verpflichtet. Mit ihm haftet als Gesamtschuldner der neue Lehrherr oder Prinzipal, sofern er von dem Sachverhalte Kenntnis hatte.

§ 78 H.G.B.

Der Handlungsgehülfe darf ohne Einwilligung des Prinzipals weder ein Handelsgewerbe betreiben noch in dem Handelszweige des Prinzipals für eigene oder fremde Rechnung Geschäfte machen.

Die Einwilligung zum Betrieb eines Handelsgewerbes gilt als erteilt, wenn dem Prinzipal bei der Anstellung des Gehülfen bekannt ist, daß er das Gewerbe betreibt, und der Prinzipal die Aufgabe des Betriebs nicht ausdrücklich vereinbart.

§ 60 H.G.B.

Verletzt der Handlungsgehülfe die ihm nach § 60 (siehe oben) obliegende Verpflichtung, so kann der Prinzipal Schadensersatz fordern; er kann statt dessen verlangen, daß der Handlungsgehülfe die für eigene Rechnung gemachten Geschäfte als für Rechnung des Prinzipals eingegangen gelten lasse und die aus Geschäften für fremde Rechnung bezogene Vergütung herausgebe oder seinen Anspruch auf die Vergütung abtrete.

Die Ansprüche verjähren in drei Monaten von dem Zeitpunkt an, in welchem der Prinzipal Kenntnis von dem Abschlusse des Geschäfts erlangt; sie verjähren ohne Rücksicht auf diese Kenntnis in fünf Jahren von dem Abschlusse des Geschäfts an. 3 Monate 5 Jahre

§ 61 H.G.B.

Eine Vereinbarung zwischen dem Prinzipal und dem Handlungsgehülfen, durch welche dieser für die Zeit nach der Beendigung des Dienstverhältnisses in seiner gewerblichen Thätigkeit beschränkt wird, ist für den Handlungsgehülfen nur insoweit verbindlich, als die Beschränkung nach Zeit, Ort und Gegenstand nicht die Grenzen überschreitet, durch welche eine unbillige Erschwerung des Fortkommens des Handlungsgehülfen ausgeschlossen wird.

Die Beschränkung kann nicht auf einen Zeitraum von mehr als drei Jahren von der Beendigung des Dienstverhältnisses an erstreckt werden. 3 Jahre

Die Vereinbarung ist nichtig, wenn der Handlungsgehülfe zur Zeit des Abschlusses minderjährig ist.

§ 74 H.G.B.

Giebt der Prinzipal durch vertragswidriges Verhalten dem Handlungsgehülfen Grund, das Dienstverhältnis gemäß den Vorschriften der §§ 70, 71 [nämlich: wenn ein wichtiger Grund vorliegt] aufzulösen, so kann er aus einer Vereinbarung der im § 74 (siehe oben) bezeichneten Art Ansprüche nicht geltend machen. Das Gleiche gilt, wenn der Prinzipal das Dienstverhältnis kündigt, es sei denn, daß für die Kündigung ein erheblicher Anlaß vorliegt, den er nicht verschuldet hat, oder daß während der Dauer der Beschränkung dem Handlungsgehülfen das zuletzt von ihm bezogene Gehalt fortbezahlt wird.

§ 75 Abs. I H.G.B.

Lehrlinge im Handwerksbetriebe.

I. Der Lehrvertrag ist binnen vier Wochen nach Beginn der Lehre schriftlich abzuschließen. Derselbe muß enthalten: 4 Wochen

1. Die Bezeichnung des Gewerbes oder des Zweiges der gewerblichen Thätigkeit, in welchem die Ausbildung erfolgen soll;

2. die Angabe der Dauer der Lehrzeit;
3. die Angabe der gegenseitigen Leistungen;
4. die gesetzlichen und sonstigen Voraussetzungen, unter welchen die einseitige Auflösung des Vertrags zulässig ist.

II. ꝛc. ꝛc.

IV. Der Lehrvertrag wird durch den Tod des Lehrlings aufgehoben. Durch den Tod des Lehrherrn gilt der Lehrvertrag
4 Wochen als aufgehoben, sofern die Aufhebung binnen vier Wochen geltend gemacht wird.

§ 126 b Gew.-O.

I. Das Lehrverhältnis kann, wenn eine längere Frist
4 Wochen nicht vereinbart ist, während der ersten vier Wochen nach Beginn der Lehrzeit durch einseitigen Rücktritt aufgelöst werden. Eine
3 Monate Vereinbarung, wonach diese Probezeit mehr als drei Monate betragen soll, ist nichtig.

II. ꝛc. ꝛc.

§ 127 b Gew.-O.

Verläßt der Lehrling in einem durch dies Gesetz nicht vorgesehenen Fall ohne Zustimmung des Lehrherrn die Lehre, so kann letzterer den Anspruch auf Rückkehr des Lehrlinges nur geltend machen, wenn der Lehrvertrag schriftlich geschlossen ist. Die Polizeibehörde kann in diesem Falle auf Antrag des Lehrherrn den Lehrling anhalten, so lange in der Lehre zu verbleiben, als durch gerichtliches Urteil das Lehrverhältnis nicht für aufgelöst erklärt ist, oder dem Lehrling durch einstweilige Verfügung eines Gerichts gestattet ist, der Lehre fern zu bleiben.
1 Woche Der Antrag ist nur zulässig, wenn er binnen einer Woche nach dem Austritte des Lehrlinges gestellt ist. Im Falle unbegründeter Weigerung der Rückkehr hat die Ortspolizeibehörde den Lehrling zwangsweise zurückführen zu lassen oder durch Androhung von Geldstrafe bis zu fünfzig Mark oder Haft bis zu fünf Tagen zur Rückkehr anzuhalten.

§ 127 d Gew.-O.

I. Wird von dem Vater oder Vormunde für den Lehrling oder, sofern der letztere volljährig ist, von ihm selbst dem Lehrherrn die schriftliche Erklärung abgegeben, daß der Lehrling zu einem anderen Gewerbe oder anderen Beruf übergehen werde, so gilt das Lehrverhältnis, wenn der Lehrling nicht früher entlassen wird, nach Ablauf von vier Wochen als aufgelöst. Den Grund der Auflösung hat der Lehrherr in dem Arbeitsbuche zu vermerken. 4 Wochen

II. Binnen neun Monaten nach der Auflösung darf der Lehrling in demselben Gewerbe von einem anderen Arbeitgeber ohne Zustimmung des früheren Lehrherrn nicht beschäftigt werden. 9 Monate

§ 127e Gew.-O.

I. Erreicht das Lehrverhältnis vor Ablauf der verabredeten Lehrzeit sein Ende, so kann von dem Lehrherrn oder von dem Lehrling ein Anspruch anf Entschädigung nur geltend gemacht werden, wenn der Lehrvertrag schriftlich geschlossen ist. In den Fällen des § 127b Absatz I und IV (siehe oben) kann der Anspruch nur geltend gemacht werden, wenn dieses in dem Lehrvertrag unter Festsetzung der Art und Höhe der Entschädigung vereinbart ist.

II. Der Anspruch der Entschädigung erlischt, wenn er nicht innerhalb vier Wochen nach Auflösung des Lehrverhältnisses im Wege der Klage oder Einrede geltend gemacht ist. 4 Wochen

§ 127f Gew.-O.

I. Ist von dem Lehrherrn das Lehrverhältnis aufgelöst worden, weil der Lehrling die Lehre unbefugt verlassen hat, so ist die von dem Lehrherrn beanspruchte Entschädigung, wenn in dem Lehrvertrage nicht ein geringerer Betrag ausbedungen ist, auf einen Betrag festzusetzen, welcher für jeden auf den Tag des Vertragsbruchs folgenden Tag der Lehrzeit, höchstens aber für sechs Monate, bis auf die Hälfte des in dem Gewerbe des Lehrherrn den Gesellen oder Gehilfen ortsüblich gezahlten Lohnes sich belaufen darf. 6 Monate

II. Für die Zahlung der Entschädigung sind als Selbstschuldner mitverhaftet der Vater des Lehrlinges sowie derjenige Arbeitgeber, welcher den Lehrling zum Verlassen der Lehre verleitet oder welcher ihn in Arbeit genommen hat, obwohl er wußte, daß der Lehrling zur Fortsetzung eines Lehrverhältnisses noch verpflichtet war. Hat der Entschädigungsberechtigte erst nach Auflösung des Lehrverhältnisses von der Person des Arbeitgebers, welcher den Lehrling verleitet oder in Arbeit genommen hat, Kenntnis erhalten, so erlischt gegen diese der

4 Wochen Entschädigungsanspruch erst, wenn derselbe nicht innerhalb vier Wochen nach erhaltener Kenntnis geltend gemacht ist.

§ 127 g Gew.-O.

I. In Handwerksbetrieben steht die Befugnis zur Anleitung von Lehrlingen nur denjenigen Personen zu, welche das vierundzwanzigste Lebensjahr vollendet haben und in dem Gewerbe oder in dem Zweige des Gewerbes, in welchem die Anleitung der Lehrlinge erfolgen soll,

entweder die von der Handwerkskammer vorgeschriebene Lehrzeit, oder solange die Handwerkskammer eine Vorschrift über 3 Jahre die Dauer der Lehrzeit nicht erlassen hat, mindestens eine dreijährige Lehrzeit zurückgelegt und die Gesellenprüfung bestanden haben,

5 Jahre oder fünf Jahre hindurch persönlich das Handwerk selbständig ausgeübt haben oder als Werkmeister oder in ähnlicher Stellung thätig gewesen sind.

II. 2c. 2c.

§ 129 Gew.-O.

I. Gehört der Lehrherr einer Innung an, so ist er ver- 14 Tage pflichtet, eine Abschrift des Lehrvertrags binnen vierzehn Tagen nach Abschluß desselben der Innung einzureichen; er kann hiezu durch die Ortspolizeibehörde angehalten werden.

II. 2c. 2c.

§ 129 b Gew.-O.

3 Jahre I. Die Lehrzeit soll in der Regel drei Jahre dauern;
4 Jahre sie darf den Zeitraum von vier Jahren nicht übersteigen.

II. 2c. 2c.

§ 130 a Gew.-O.

Leibrente.

Wer zur Gewährung einer Leibrente verpflichtet ist, hat Lebensdauer die Rente im Zweifel für die Lebensdauer des Gläubigers zu entrichten.

Der für die Rente bestimmte Betrag ist im Zweifel der Jahresbetrag Jahresbetrag der Rente.

§ 759 B.G.B.

Die Leibrente ist im voraus zu entrichten.

3 Monate Eine Geldrente ist für drei Monate vorauszuzahlen; bei einer anderen Rente bestimmt sich der Zeitabschnitt, für den

sie im voraus zu entrichten ist, nach der Beschaffenheit und dem Zwecke der Rente.

Hat der Gläubiger den Beginn des Zeitabschnitts erlebt, für den die Rente im voraus zu entrichten ist, so gebührt ihm der volle auf den Zeitabschnitt entfallende Betrag.

§ 760 B.G.B.

Leistung einer Schuld.

Ist eine Zeit für die Leistung weder bestimmt noch aus den Umständen zu entnehmen, so kann der Gläubiger die Leistung sofort verlangen, der Schuldner sie sofort bewirken. sofort

Ist eine Zeit bestimmt, so ist im Zweifel anzunehmen, daß der Gläubiger die Leistung nicht vor dieser Zeit verlangen, der Schuldner aber sie vorher bewirken kann.

§ 271 B.G.B.

Ist der Schuldner rechtskräftig verurteilt, so kann der Gläubiger ihm zur Bewirkung der Leistung eine angemessene Frist mit der Erklärung bestimmen, daß er die Annahme der Leistung nach dem Ablaufe der Frist ablehne. Nach dem Ablaufe der Frist kann der Gläubiger Schadensersatz wegen Nichterfüllung verlangen, soweit nicht die Leistung rechtzeitig bewirkt wird; der Anspruch auf Erfüllung ist ausgeschlossen. Die Verpflichtung zum Schadensersatze tritt nicht ein, wenn die Leistung in Folge eines Umstandes unmöglich wird, den der Schuldner nicht zu vertreten hat. angemessene Frist

Wird die Leistung bis zum Ablaufe der Frist nur teilweise nicht bewirkt, so steht dem Gläubiger auch das im § 280 Abs. 2 bestimmte Recht zu. [nämlich: „im Falle teilweiser Unmöglichkeit kann der Gläubiger unter Ablehnung des noch möglichen Teiles der Leistung Schadensersatz wegen Nichterfüllung der ganzen Verbindlichkeit verlangen, wenn die teilweise Erfüllung für ihn kein Interesse hat. Die für das vertragsmäßige Rücktrittsrecht geltenden Vorschriften finden entsprechende Anwendung."] Frist

§ 283 B.G.B.

Liquidation einer Aktiengesellschaft.

Die Liquidation geschieht durch die Mitglieder des Vorstands als Liquidatoren, sofern nicht durch den Gesellschaftsvertrag oder durch Beschluß der Generalversammlung andere Personen dazu bestimmt werden.

Auf Antrag des Aufsichtsrats oder von Aktionären, deren Anteile zusammen den zwanzigsten Teil des Grundkapitals erreichen, kann aus wichtigen Gründen die Ernennung von Liquidatoren durch das Gericht erfolgen, in dessen Bezirke die Gesellschaft ihren Sitz hat. Die Aktionäre haben bei Stellung des Antrags glaubhaft zu machen, daß sie seit mindestens sechs
6 Monate Monaten Besitzer der Aktien sind.

§ 295 Abs. I, II H.G.B.

Löschung einer Firma im Handelsregister.

Soll nach § 31 Absatz 2 des Handelsgesetzbuches das Erlöschen einer Firma von Amtswegen in das Handelsregister eingetragen werden, so hat das Registergericht den eingetragenen Inhaber der Firma oder dessen Rechtsnachfolger von der beabsichtigten Löschung zu benachrichtigen und ihm zugleich eine
Frist angemessene Frist zur Geltendmachung eines Widerspruchs zu
3 Monate bestimmen. Die Frist darf nicht weniger als drei Monate betragen.

Sind die bezeichneten Personen oder deren Aufenthalt nicht bekannt, so erfolgt die Benachrichtigung und die Bestimmung der Frist durch Einrückung in diejenigen Blätter, welche für die Bekanntmachungen der Eintragungen in das Handelsregister bestimmt sind. Es kann angeordnet werden, daß die Bekanntmachung noch in andere Blätter eingerückt wird.

Wird Widerspruch erhoben, so entscheidet über ihn das Gericht. Gegen die den Widerspruch zurückweisende Verfügung
14 Tage findet die sofortige Beschwerde statt.

Die Löschung darf nur erfolgen, wenn Widerspruch nicht erhoben oder wenn die den Widerspruch zurückweisende Verfügung rechtskräftig geworden ist.

§ 141 des Reichsgesetzes vom 20. Mai 1898 betr. die Angelegenheiten der freiwilligen Gerichtsbarkeit.

Ist eine Eintragung in das Handelsregister bewirkt, obgleich sie wegen Mangels einer wesentlichen Voraussetzung unzulässig war, so kann das Registergericht sie von amtswegen löschen. Die Löschung geschieht durch Eintragung eines Vermerks.

Das Gericht hat den Beteiligten von der beabsichtigten Löschung zu benachrichtigen und ihm zugleich eine angemessene
Frist Frist zur Geltendmachung eines Widerspruchs zu bestimmen.

Auf das weitere Verfahren finden die Vorschriften des § 141 Abs. 3, 4 (siehe oben) Anwendung.

§ 142 des RGes. betr. die Angel. d. freiw. Ger.

Die Löschung einer Eintragung kann gemäß den Vorschriften des § 142 (siehe oben) auch von dem Landgerichte verfügt werden, welches dem Registergericht im Instanzenzuge vorgeordnet ist. Die Vorschrift des § 30 Absatz 1 Satz 2 findet Anwendung [nämlich: „Ist bei einem Landgerichte eine Kammer für Handelssachen gebildet, so tritt für Handelssachen diese Kammer an die Stelle der Civilkammer".].

Gegen die einen Widerspruch zurückweisende Verfügung des Landgerichts findet die sofortige Beschwerde an das Oberlandesgericht mit der Maßgabe statt, daß die Vorschriften des § 28 Abs. 2, 3 [nämlich: „Will das Oberlandesgericht bei der Auslegung einer reichsgesetzlichen Vorschrift, welche eine der im § 1 bezeichneten Angelegenheiten betrifft (nämlich diejenigen Angelegenheiten der freiwilligen Gerichtsbarkeit, welche durch Reichsgesetz den Gerichten übertragen sind) von der auf weitere Beschwerde ergangenen Entscheidung eines anderen Oberlandesgerichts, falls aber über die Rechtsfrage bereits eine Entscheidung des Reichsgerichts ergangen ist, von dieser abweichen, so hat es die weitere Beschwerde unter Begründung seiner Rechtsauffassung dem Reichsgerichte vorzulegen. Der Beschluß über die Vorlegung ist dem Beschwerdeführer bekannt zu machen. In den Fällen dieses Absatz 2 entscheidet über die weitere Beschwerde das Reichsgericht."] zur entsprechenden Anwendung kommen. Die weitere Beschwerde ist ausgeschlossen.

§ 143 des RGes. betr. die Angel. d. freiw. Ger.

Eine in das Handelsregister eingetragene Aktiengesellschaft oder Kommanditgesellschaft auf Aktien kann gemäß den Vorschriften der §§ 142, 143 (siehe oben) als nichtig gelöscht werden, wenn die Voraussetzungen vorliegen, unter denen nach den §§ 309, 310 des Handelsgesetzbuchs die Nichtigkeitsklage erhoben werden kann. Das Gleiche gilt für eine in das Handelsregister eingetragene Gesellschaft mit beschränkter Haftung, wenn die Voraussetzungen vorliegen, unter denen nach den §§ 75, 76 des Gesetzes, betreffend die Gesellschaften mit beschränkter Haftung, die Nichtigkeitsklage erhoben werden kann.

Ein in das Handelsregister eingetragener Beschluß der Generalversammlung oder Versammlung der Gesellschafter einer der im Absatz 1 bezeichneten Gesellschaften kann gemäß den Vorschriften der §§ 142, 143 (siehe oben) als nichtig gelöscht werden, wenn er durch seinen Inhalt zwingende Vorschriften des Gesetzes verletzt und seine Beseitigung im öffentlichen Interesse erforderlich erscheint.

3 Monate In den Fällen des Absatz 1, 2 soll die nach § 142 Abs. 2 (siehe oben) zu bestimmende Frist mindestens drei Monate betragen.

§ 144 des RGes. betr. die Angel. d. freiw. Ger.

Löschung eines Rechts im Grundbuche.

Ein Recht, das auf die Lebenszeit des Berechtigten beschränkt ist, darf nach dessen Tode, falls Rückstände von Leistungen nicht ausgeschlossen sind, nur mit Bewilligung des Rechtsnachfolgers gelöscht werden, wenn die Löschung vor dem
1 Jahr Ablaufe eines Jahres nach dem Tode des Berechtigten erfolgen soll oder wenn der Rechtsnachfolger der Löschung bei dem Grundbuchamte widersprochen hat; der Widerspruch ist von amtswegen in das Grundbuch einzutragen. Ist der Berechtigte
Frist für tot erklärt, so beginnt die einjährige Frist mit der Erlassung des die Todeserklärung aussprechenden Urteils.

Der im Absatz 1 vorgesehenen Bewilligung des Rechtsnachfolgers bedarf es nicht, wenn im Grundbuch eingetragen ist, daß zur Löschung des Rechtes der Nachweis des Todes des Berechtigten genügen soll.

§ 23 der Grundbuchordnung.

Die Vorschriften des § 23 (siehe oben) finden entsprechende Anwendung, wenn das Recht mit der Erreichung eines bestimmten Lebensalters des Berechtigten oder mit dem Eintritt eines sonstigen bestimmten Zeitpunkts oder Ereignisses erlischt.

§ 24 der Grundbuchordnung.

Löschzeit bei der Binnenschiffahrt.

Sobald der Frachtführer zum Löschen bereit ist, hat er dies dem Empfänger anzuzeigen.

Die Anzeige hat an einem Werktage vor dem Schlusse der ortsüblichen Geschäftsstunden zu erfolgen. Eine später oder an einem Sonntage oder allgemeinen Feiertage erfolgte Anzeige gilt als am nächsten Werktage erfolgt.

Weigert sich der Empfänger, den Zeitpunkt des Empfangs der Anzeige zu bescheinigen, so ist der Frachtführer befugt, eine öffentliche Urkunde darüber auf Kosten des anderen Teils errichten zu lassen.

Wenn der Empfänger nicht zu ermitteln ist, so muß die Anzeige der Löschbereitschaft durch öffentliche Bekanntmachung in ortsüblicher Weise erfolgen.

§ 47 des Binnenschiffahrtsgesetzes.

Mit dem auf die Anzeige der Löschbereitschaft folgenden Tage beginnt die Löschzeit.

Die Dauer der Löschzeit bestimmt sich nach der auf die Ladezeit bezüglichen Vorschrift im § 29 Abs. 2 (siehe unten).

Bei der Berechnung kommen auch diejenigen Tage in Ansatz, an welchen der Empfänger, wenngleich ohne sein Verschulden, die Ladung abzunehmen verhindert ist. Nicht in Ansatz kommen die Sonntage und allgemeinen Feiertage sowie die Tage, an welchen durch zufällige Umstände, insbesondere durch Hochwasser oder Eisgefahr die Löschung nicht nur der verladenen, sondern jeder Art von Gütern verhindert ist.

Die Vorschrift im Absatz 2 findet nur insoweit Anwendung, als nicht durch Vereinbarung oder Verordnung der höheren Verwaltungsbehörde ein Anderes bestimmt ist.

§ 48 des Binnenschiffahrtsgesetzes.

Der oben zitierte § 29 des Binnenschiffahrtsgesetzes lautet:

Mit dem auf die Anzeige der Ladebereitschaft folgenden Tage beginnt die Ladezeit.

Die Ladezeit beträgt bei Ladungen
bis zu 30,000 Kilogramm zwei Tage 2 Tage
„ „ 50,000 „ drei Tage 3 Tage
„ „ 100,000 „ vier Tage 4 Tage
und so fort in Stufen von 50 000 Kilogramm je einen Tag mehr für jede höhere Stufe bis zu Ladungen von 500 000 Kilogramm; von da ab steigt die Ladezeit für je 100 000 Kilogramm um je einen Tag. Bei Ladungen über 1 000 000 Kilogramm beträgt die Ladezeit achtzehn Tage. 18 Tage

Bei der Berechnung kommen auch diejenigen Tage in Ansatz, an welchen der Absender, wenngleich ohne sein Verschulden, an der Lieferung der Ladung verhindert ist. Nicht in Ansatz kommen die Sonntage und allgemeinen Feiertage sowie die Tage, an welchen durch zufällige Umstände, insbesondere durch Hochwasser oder Eisgefahr, die Verladung nicht nur der bedungenen, sondern jeder Art von Gütern auf das Schiff verhindert ist.

Die Vorschriften im Absatz 2 finden nur insoweit Anwendung, als nicht durch Vereinbarung oder Verordnung der höheren Verwaltungsbehörde ein Anderes bestimmt ist.

Nach Ablauf der Löschzeit oder der etwa vereinbarten Ueberliegezeit ist der Frachtführer nicht verpflichtet, auf die Löschung noch länger zu warten. Er muß jedoch seinen Willen, nicht länger zu warten,

1 Tag bei Ladungen bis zu 10 000 Kilogr. spätestens einen Werktag
2 Tage „ „ „ „ 50 000 „ „ zwei Werktage
3 Tage „ „ über 50 000 „ „ drei Werktage

vor Ablauf der Löschzeit oder der Ueberliegezeit dem Empfänger erklären. Ist dies nicht geschehen, so läuft die Wartezeit nicht eher ab, als bis die Erklärung nachgeholt ist und seit dem Tage, an dem sie erfolgt ist, die vorstehend bezeichneten Fristen verstrichen sind. Auf die Erklärung finden die Bestimmungen im § 47 Absatz 2, 3 [siehe oben] entsprechende Anwendung.

Frist Die Wartezeit läuft in keinem Falle ab, bevor eine der Löschzeit gleichkommende Frist seit dem Tage, an welchem das Schiff den Löschplatz errichtet hat, verstrichen ist.

§ 51 des Binnenschiffahrtsgesetzes.

Nach Ablauf der Wartezeit ist der Frachtführer berechtigt, die Löschung selbst vorzunehmen und die Güter in einem öffentlichen Lagerhause oder in anderer sicherer Weise zu hinterlegen.

Ist der Empfänger des Guts nicht zu ermitteln oder verweigert er die Annahme oder ergiebt sich ein sonstiges Ablieferungshindernis, so hat der Frachtführer den Absender unverzüglich (unverzüglich) hiervon in Kenntnis zu setzen und dessen Anweisung einzuholen. Ist dies den Umständen nach nicht thunlich oder ist der Absender mit der Erteilung der Anweisung säumig oder die Anweisung nicht ausführbar, so kann der Frachtführer nach der Bestimmung im Absatz 1 verfahren, auch wenn die Wartezeit noch nicht abgelaufen ist. Er kann, falls das Gut dem Verderben ausgesetzt und Gefahr im Verzuge ist, das Gut auch gemäß § 373 Absatz 2 bis 4 des Handelsgesetzbuches verkaufen lassen.

Von der Hinterlegung und dem Verkaufe des Guts hat der Frachtführer den Absender und den Empfänger unverzüglich (unverzüglich) zu benachrichtigen; im Falle der Unterlassung ist er zum Schadensersatze verpflichtet. Ist der Empfänger nicht zu ermitteln, so hat die Benachrichtigung von der Hinterlegung durch öffentliche Bekanntmachung in ortsüblicher Weise zu erfolgen; im Uebrigen dürfen die Benachrichtigungen unterbleiben, soweit sie unthunlich sind.

§ 52 des Binnenschiffahrtsgesetzes.

Die §§ 47 bis 52 (siehe oben) kommen auch dann zur Anwendung, wenn ein verhältnismäßiger Teil oder ein bestimmt bezeichneter Raum des Schiffes verfrachtet ist oder der Frachtvertrag Stückgüter im Gewichte von 10 000 Kilogramm oder mehr zum Gegenstande hat.

Die Löschzeit beträgt für den einzelnen Empfänger bei einer von ihm abzunehmenden Ladung

bis zu 50 000 Kilogramm einen Tag, 1 Tag
" " 100 000 " zwei Tage 2 Tage

und so fort in Stufen von 50 000 Kilogramm je einen Tag mehr für jede höhere Stufe bis zu Ladungen von 500 000 Kilogramm; von da ab steigt die Löschzeit für je 100 000 Kilogramm um je einen Tag; bei Ladungen über 1 000 000 Kilogramm beträgt die Löschzeit sechzehn Tage 2c. 2c. 16 Tage

§ 53 des Binnenschiffahrtsgesetzes.

Lohn des Schiffsmannes.

Wenn über die Zeit der Lohnzahlung nichts Anderes vereinbart ist, so kann der Schiffsmann am Schlusse jeder zweiten Woche die Auszahlung des verdienten Lohnes verlangen. 2 Wochen

§ 24 des Binnenschiffahrtsgesetzes.

Luftschnappen und Lungenseuche.

Der Verkäufer hat nur bestimmte Fehler (Hauptmängel) und diese nur dann zu vertreten, wenn sie sich innerhalb bestimmter Fristen (Gewährfristen) zeigen. Frist

Die Hauptmängel und die Gewährfristen werden durch eine mit Zustimmung des Bundesrats zu erlassende Kaiserliche Verordnung bestimmt. Die Bestimmung kann auf demselben Wege ergänzt und abgeändert werden.

§ 482 B.G.B.

Für den Verkauf von Nutz- und Zuchtthieren gelten als Hauptmängel:

I. bei Pferden, Eseln, Mauleseln und Maulthieren.

— —

6. Koppen (Krippensetzen, Aufsetzen, Freikoppen, Luft-
14 Tage schnappen, Windschnappen) mit einer Gewährfrist von vierzehn Tagen;

II. bei Rindvieh:

— —

28 Tage 2. Lungenseuche mit einer Gewährfrist von acht und zwanzig Tagen.

§ 1 Abs. I Ziff. 6 und Abs. II Ziff. 2 der Kais. V.O. vom 27. März 1899, betr. die Hauptmängel und Gewährfristen beim Viehhandel.

Mandatsannahme.

Wer zur Besorgung gewisser Geschäfte öffentlich bestellt ist oder sich öffentlich erboten hat, ist, wenn er einen auf solche Geschäfte gerichteten Auftrag nicht annimmt, verpflichtet, die
unverzüglich Ablehnung dem Auftraggeber unverzüglich anzuzeigen. Das Gleiche gilt, wenn sich Jemand dem Auftraggeber gegenüber zur Besorgung gewisser Geschäfte erboten hat.

§ 663 B.G.B.

Mangel bei Werkverträgen.

Der Unternehmer ist verpflichtet, das Werk so herzustellen, daß es die zugesicherten Eigenschaften hat und nicht mit Fehlern behaftet ist, die den Wert oder die Tauglichkeit zu dem gewöhnlichen oder dem nach dem Vertrage vorausgesetzten Gebrauch aufheben oder mindern.

Ist das Werk nicht von dieser Beschaffenheit, so kann der Besteller die Beseitigung des Mangels verlangen. Der Unternehmer ist berechtigt, die Beseitigung zu verweigern, wenn sie einen unverhältnismäßigen Aufwand erfordert.

Ist der Unternehmer mit der Beseitigung des Mangels im Verzuge, so kann der Besteller den Mangel selbst beseitigen und Ersatz der erforderlichen Aufwendungen verlangen.

§ 633 B.G.B.

Zur Beseitigung eines Mangels der im § 633 (siehe oben) bezeichneten Art kann der Besteller dem Unternehmer
Frist eine angemessene Frist mit der Erklärung bestimmen, daß er die Beseitigung des Mangels nach dem Ablaufe der Frist ablehne. Zeigt sich schon vor der Ablieferung des Werkes ein

Mangel, so kann der Besteller die Frist sofort bestimmen; die Frist muß so bemessen werden, daß sie nicht vor der für die Ablieferung bestimmten Frist abläuft. Nach dem Ablaufe der Frist kann der Besteller Rückgängigmachung des Vertrags (Wandelung) oder Herabsetzung der Vergütung (Minderung) verlangen, wenn nicht der Mangel rechtzeitig beseitigt worden ist; der Anspruch auf Beseitigung des Mangels ist ausgeschlossen. Frist

Der Bestimmung einer Frist bedarf es nicht, wenn die Beseitigung des Mangels unmöglich ist oder von dem Unternehmer verweigert wird oder wenn die sofortige Geltendmachung des Anspruchs auf Wandelung oder auf Minderung durch ein besonderes Interesse des Bestellers gerechtfertigt wird.

Die Wandelung ist ausgeschlossen, wenn der Mangel den Wert oder die Tauglichkeit des Werkes nur unerheblich mindert.

Auf die Wandelung und die Minderung finden die für den Kauf geltenden Vorschriften der §§ 465 bis 467, 469 bis 475 entsprechende Anwendung.

§ 634 B.G.B.

Mängelanzeige bei der Binnenschiffahrt.

Nach der Annahme des Guts durch den Empfangsberechtigten können wegen einer Beschädigung oder Minderung des Gutes, die bei der Annahme äußerlich erkennbar ist, Ansprüche nur geltend gemacht werden, wenn vor der Annahme der Zustand des Gutes durch amtlich bestellte Sachverständige festgestellt ist.

Wegen einer Beschädigung oder Minderung des Gutes, die bei der Annahme äußerlich nicht erkennbar ist, kann der Frachtführer auch nach der Annahme des Gutes in Anspruch genommen werden, wenn der Mangel in der Zeit zwischen der Uebernahme des Guts durch den Frachtführer und der Ablieferung entstanden ist und die Feststellung des Mangels durch amtlich bestellte Sachverständige unverzüglich nach der Entdeckung und spätestens binnen einer Woche nach der Annahme beantragt wird. Ist dem Frachtführer der Mangel unverzüglich nach der Entdeckung und binnen der bezeichneten Frist angezeigt, so genügt es, wenn die Feststellung unverzüglich nach dem Zeitpunkte beantragt wird, bis zu welchem der Eingang einer Antwort des Frachtführers unter regelmäßigen Umständen erwartet werden darf. unverzüglich 1 Woche

§ 61 Abs. I, II des Binnenschiffahrtsgesetzes.

Mängelanzeige bei Handelsgeschäften.

Ist der Kauf für beide Teile ein Handelsgeschäft, so hat unverzüglich der Käufer die Waare unverzüglich nach der Ablieferung durch den Verkäufer, soweit dies nach ordnungsmäßigem Geschäftsgang thunlich ist, zu untersuchen und, wenn sich ein Mangel zeigt, dem Verkäufer unverzüglich Anzeige zu machen.

Unterläßt der Käufer die Anzeige, so gilt die Waare als genehmigt, es sei denn, daß es sich um einen Mangel handelt, der bei der Untersuchung nicht erkennbar war.

Zeigt sich später ein solcher Mangel, so muß die Anzeige unverzüglich unverzüglich nach der Entdeckung gemacht werden; andernfalls gilt die Waare auch in Ansehung dieses Mangels als genehmigt.

Zur Erhaltung der Rechte des Käufers genügt die rechtzeitige Absendung der Anzeige.

Hat der Verkäufer den Mangel arglistig verschwiegen, so kann er sich auf diese Vorschriften nicht berufen.

§ 377 H.G.B.

Mängelanzeige bei Viehkäufen.

Der Käufer verliert die ihm wegen des Mangels zu- 2 Tage stehenden Rechte, wenn er nicht spätestens zwei Tage nach dem Ablaufe der Gewährfrist oder, falls das Tier vor dem Ablaufe der Frist getötet worden oder sonst verendet ist, nach dem Tode des Tieres den Mangel dem Verkäufer anzeigt oder die Anzeige an ihn absendet oder wegen des Mangels Klage gegen den Verkäufer erhebt oder diesem den Streit verkündet oder gerichtliche Beweisaufnahme zur Sicherung des Beweises beantragt. Der Rechtsverlust tritt nicht ein, wenn der Verkäufer den Mangel arglistig verschwiegen hat.

§ 485 B.G.B.

Die Gewährfrist kann durch Vertrag verlängert oder abgekürzt werden. Die vereinbarte Frist tritt an die Stelle der gesetzlichen Frist.

§ 486 B.G.B.

Mietverhältnisse.

Wird dem Mieter der vertragsmäßige Gebrauch der gemietheten Sache ganz oder zum Teil nicht rechtzeitig gewährt oder wiederentzogen, so kann der Mieter ohne Einhaltung einer Kündigungsfrist das Mietverhältnis kündigen. Die Kündigung ist erst zulässig, wenn der Vermieter eine ihm von dem Mieter bestimmte angemessene Frist hat verstreichen lassen, ohne Abhülfe zu schaffen. Der Bestimmung einer Frist bedarf es nicht, wenn die Erfüllung des Vertrags in Folge des die Kündigung rechtfertigenden Umstandes für den Mieter kein Interesse hat. angemessene Frist

Wegen einer unerheblichen Hinderung oder Vorenthaltung des Gebrauchs ist die Kündigung nur zulässig, wenn sie durch ein besonderes Interesse des Mieters gerechtfertigt wird.

Bestreitet der Vermieter die Zulässigkeit der erfolgten Kündigung, weil er den Gebrauch der Sache rechtzeitig gewährt oder vor dem Ablaufe der Frist die Abhülfe bewirkt habe, so trifft ihn die Beweislast.

§ 542 B.G.B.

Zeigt sich im Laufe der Miete ein Mangel der gemieteten Sache oder wird eine Vorkehrung zum Schutze der Sache gegen eine nicht vorhergesehene Gefahr erforderlich, so hat der Mieter dem Vermieter unverzüglich Anzeige zu machen. Das Gleiche gilt, wenn sich ein Dritter ein Recht an der Sache anmaßt. unverzüglich

Unterläßt der Mieter die Anzeige, so ist er zum Ersatze des daraus entstehenden Schadens verpflichtet; ꝛc. ꝛc.

§ 545 B.G.B.

Der Mieter ist ohne die Erlaubnis des Vermieters nicht berechtigt, den Gebrauch der gemieteten Sache einem Dritten zu überlassen, insbesondere die Sache weiter zu vermieten. Verweigert der Vermieter die Erlaubnis, so kann der Mieter das Mietverhältnis unter Einhaltung der gesetzlichen Frist kündigen, sofern nicht in der Person des Dritten ein wichtiger Grund vorliegt. Frist

§ 549 Abs. I B.G.B.

Der Mietzins ist am Ende der Mietzeit zu entrichten. Ist der Mietzins nach Zeitabschnitten bemessen, so ist er nach dem Ablaufe der einzelnen Zeitabschnitte zu entrichten.

Der Mietzins für ein Grundstück ist, sofern er nicht nach kürzeren Zeitabschnitten bemessen ist, nach dem Ablaufe

¼ Jahr je eines Kalendervierteljahres am ersten Werktage des folgenden Monats zu entrichten.

§ 551 B.G.B.

Der Vermieter darf die Entfernung der seinem Pfandrechte unterliegenden Sachen, soweit er ihr zu widersprechen berechtigt ist, auch ohne Anrufen des Gerichts verhindern und, wenn der Mieter auszieht, die Sachen in seinen Besitz nehmen.

Sind die Sachen ohne Wissen oder unter Widerspruch des Vermieters entfernt worden, so kann er die Herausgabe zum Zwecke der Zurückschaffung in das Grundstück und, wenn der Mieter ausgezogen ist, die Ueberlassung des Besitzes ver-
1 Monat langen. Das Pfandrecht erlischt mit dem Ablaufe eines Monats, nachdem der Vermieter von der Entfernung der Sachen Kenntnis erlangt hat, wenn nicht der Vermieter diesen Anspruch vorher gerichtlich geltend gemacht hat.

§ 561 B.G.B.

Bei Grundstücken ist die Kündigung nur für den
¼ Jahr Schluß eines Kalendervierteljahres zulässig; sie hat spätestens am dritten Werktage des Vierteljahres zu erfolgen. Ist der Mietzins nach Monaten bemessen, so ist die Kündigung nur
1 Monat für den Schluß eines Kalendermonats zulässig; sie hat spätestens am fünfzehnten des Monats zu erfolgen. Ist der Mietzins nach Wochen bemessen, so ist die Kündigung nur für den Schluß einer Kalenderwoche zulässig; sie hat spätestens am
1 Woche ersten Werktage der Woche zu erfolgen.

Bei beweglichen Sachen hat die Kündigung spätestens
3 Tage am dritten Tage vor dem Tage zu erfolgen, an welchem das Mietverhältnis endigen soll.

Ist der Mietzins für ein Grundstück oder für eine bewegliche Sache nach Tagen bemessen, so ist die Kündigung an
täglich jedem Tage für den folgenden Tag zulässig.

Die Vorschriften des Absatz 1 Satz 1, Abs. 2 gelten auch für die Fälle, in denen das Mietverhältnis unter Einhaltung der gesetzlichen Frist vorzeitig gekündigt werden kann.

§ 565 B.G.B.

Ein Mietvertrag über ein Grundstück, der für längere
1 Jahr Zeit als ein Jahr geschlossen wird, bedarf der schriftlichen Form. Wird die Form nicht beobachtet, so gilt der Vertrag als für unbestimmte Zeit geschlossen; die Kündigung ist jedoch

nicht für eine frühere Zeit als für den Schluß des ersten Jahres zulässig.

§ 566 B.G.B.

Wird ein Mietvertrag für eine längere Zeit als dreißig Jahre geschlossen, so kann nach dreißig Jahren jeder Teil das Mietverhältnis unter Einhaltung der gesetzlichen Frist kündigen. Die Kündigung ist unzulässig, wenn der Vertrag für die Lebenszeit des Vermieters oder des Mieters geschlossen ist. 30 Jahre

§ 567 B.G.B.

Wird nach dem Ablaufe der Mietzeit der Gebrauch der Sache von dem Mieter fortgesetzt, so gilt das Mietverhältnis als auf unbestimmte Zeit verlängert, sofern nicht der Vermieter oder der Mieter seinen entgegenstehenden Willen binnen einer Frist von zwei Wochen dem andern Teile gegenüber erklärt. 2 Wochen Die Frist beginnt für den Mieter mit der Fortsetzung des Gebrauchs, für den Vermieter mit dem Zeitpunkte, in welchem er von der Fortsetzung Kenntnis erlangt.

§ 568 B.G.B.

Miterben.

Jeder Miterbe kann über seinen Anteil an dem Nachlasse verfügen. Der Vertrag, durch den ein Miterbe über seinen Anteil verfügt, bedarf der gerichtlichen oder notariellen Beurkundung.

Ueber seinen Anteil an den einzelnen Nachlaßgegenständen kann ein Miterbe nicht verfügen.

§ 2033 B.G.B.

Verkauft ein Miterbe seinen Anteil an einen Dritten, so sind die übrigen Miterben zum Vorkaufe berechtigt.

Die Frist für die Ausübung des Vorkaufsrechts beträgt zwei Monate. Das Vorkaufsrecht ist vererblich. 2 Monate

§ 2034 B.G.B.

Jeder Miterbe kann die Nachlaßgläubiger öffentlich auffordern, ihre Forderungen binnen sechs Monaten bei ihm oder 6 Monate bei dem Nachlaßgericht anzumelden. Ist die Aufforderung erfolgt, so haftet nach der Teilung jeder Miterbe nur für den seinem Erbteil entsprechenden Teil einer Forderung, soweit nicht vor dem Ablaufe der Frist die Anmeldung erfolgt oder die Forderung ihm zur Zeit der Teilung bekannt ist.

Die Aufforderung ist durch den Deutschen Reichsanzeiger und durch das für die Bekanntmachungen des Nachlaßgerichts Frist bestimmte Blatt zu veröffentlichen. Die Frist beginnt mit der letzten Einrückung. Die Kosten fallen dem Erben zur Last, der die Aufforderung erläßt.

§ 2061 B.G.B.

Nach der Teilung des Nachlasses haftet jeder Miterbe nur für den seinem Erbteil entsprechenden Teil einer Nachlaßverbindlichkeit:

— —

5 Jahre 2) Wenn der Gläubiger seine Forderung später als fünf Jahre nach dem im § 1974 Abs. 1 bestimmten Zeitpunkte [siehe unten] geltend macht, es sei denn, daß die Forderung vor dem Ablaufe der fünf Jahre dem Miterben bekannt geworden oder im Aufgebotsverfahren angemeldet worden ist; die Vorschrift findet keine Anwendung, soweit der Gläubiger nach § 1971 (siehe unten) von dem Aufgebote nicht betroffen wird.

§ 2060 B.G.B.

Der oben zitierte Absatz 1 des § 1974 lautet:

5 Jahre „Ein Nachlaßgläubiger, der seine Forderung später als fünf Jahre nach dem Erbfalle dem Erben gegenüber geltend macht, steht einem ausgeschlossenen Gläubiger gleich, es sei denn, daß die Forderung dem Erben vor dem Ablaufe der fünf Jahre bekannt geworden oder im Aufgebotsverfahren angemeldet worden ist. Wird der Erblasser für tot erklärt, so beginnt die Frist nicht vor der Erlassung des die Todeserklärung aussprechenden Urteils."

Der oben zitierte § 1971 lautet:

„Pfandgläubiger und Gläubiger, die im Konkurse den Pfandgläubigern gleichstehen, sowie Gläubiger, die bei der Zwangsvollstreckung in das unbewegliche Vermögen ein Recht auf Befriedigung aus diesem Vermögen haben, werden, soweit es sich um die Befriedigung aus den ihnen haftenden Gegenständen handelt, durch das Aufgebot nicht betroffen. Das Gleiche gilt von Gläubigern, deren Ansprüche durch eine Vormerkung gesichert sind oder denen im Konkurs ein Aussonderungsrecht zusteht, in Ansehung des Gegenstandes ihres Rechtes."

Mitgliedschaft bei einem Vereine,
hier: Kündigungsfrist.

Die Mitglieder sind zum Austritt aus dem Vereine berechtigt.

Durch die Satzung kann bestimmt werden, daß der Austritt nur am Schlusse eines Geschäftsjahres oder erst nach dem Ablaufe einer Kündigungsfrist zulässig ist; die Kündigungsfrist kann höchstens zwei Jahre betragen. 2 Jahre

§ 39 B.G.B.

Mondblindheit.

Der Verkäufer hat nur bestimmte Fehler (Hauptmängel) und diese nur dann zu vertreten, wenn sie sich innerhalb bestimmter Fristen (Gewährfristen) zeigen.

Die Hauptmängel und die Gewährfristen werden durch eine mit Zustimmung des Bundesrats zu erlassende Kaiserliche Verordnung bestimmt. Die Bestimmung kann auf demselben Wege ergänzt und abgeändert werden.

§ 482 B.G.B.

Für den Verkauf von Nutz- und Zuchttieren gelten als Hauptmängel:

I. bei Pferden, Eseln, Mauleseln und Maultieren:

— —

5) Periodische Augenentzündung (innere Augenentzündung, Mondblindheit) mit einer Gewährfrist von vierzehn Tagen; als periodische Augenentzündung ist anzusehen die auf inneren Einwirkungen beruhende entzündliche Veränderung an den inneren Organen des Auges; 14 Tage

§ 1 Abs. 1 Ziff. 5 der Kais. Verordnung vom 27. März 1899, betr. die Hauptmängel und Gewährfristen beim Viehhandel.

Muster- und Modellschutz.

Der Urheber eines Musters oder Modells genießt den Schutz gegen Nachbildung nur dann, wenn er dasselbe zur Eintragung in das Musterregister angemeldet und ein Exemplar oder eine Abbildung des Musters ꝛc. bei der mit Führung des Musterregisters beauftragten Behörde niedergelegt hat.

Die Anmeldung und Niederlegung muß erfolgen, bevor ein nach dem Muster oder Modelle gefertigtes Erzeugnis verbreitet wird.

§ 7 des Reichsgesetzes vom 11. Januar 1876, betr. das Urheberrecht an Mustern und Modellen.

Der Schutz des gegenwärtigen Gesetzes gegen Nachbildung wird dem Urheber des Musters oder Modells nach

1–3 Jahre seiner Wahl ein bis drei Jahre lang, vom Tage der Anmeldung (§ 7, siehe oben) ab, gewährt.

Der Urheber ist berechtigt, gegen Zahlung der im § 12 Abs. 3 (siehe unten) bestimmten Gebühr, eine Ausdehnung der 15 Jahre Schutzfrist bis auf höchstens fünfzehn Jahre zu verlangen. Die Verlängerung der Schutzfrist wird in dem Musterregister eingetragen.

Der Urheber kann das ihm nach Absatz 2 zustehende Recht außer bei der Anmeldung auch bei Ablauf der dreijährigen und der zehnjährigen Schutzfrist ausüben.

§ 8 des Muster- und Modellschutzgesetzes vom 11. Januar 1876.

Alle Eingaben, Verhandlungen, Atteste, Beglaubigungen, Zeugnisse, Auszüge rc., welche die Eintragung in das Musterregister betreffen, sind stempelfrei.

Für jede Eintragung und Niederlegung eines einzelnen Musters oder eines Pakets mit Mustern rc. wird, insofern 3 Jahre die Schutzfrist auf nicht länger als drei Jahre beansprucht wird, eine Gebühr von 1 Mark für jedes Jahr erhoben.

Nimmt der Urheber in Gemäßheit des § 8 Abs. 2 (siehe oben) eine längere Schutzfrist in Anspruch, so hat er für jedes 10 Jahre weitere Jahr bis zum zehnten Jahre einschließlich eine Gebühr 11–15 Jahre von 2 Mark, von elf bis fünfzehn Jahren eine Gebühr von 3 Mark für jedes einzelne Muster oder Modell zu entrichten. Für jeden Eintragungsschein, sowie für jeden sonstigen Auszug aus dem Musterregister wird eine Gebühr von je 1 Mark erhoben.

§ 12 desselben Gesetzes.

Mutter, uneheliche, deren Ansprüche.

Der Vater ist verpflichtet, der Mutter die Kosten der Entbindung sowie die Kosten des Unterhalts für die ersten 6 Wochen sechs Wochen nach der Entbindung und, falls in Folge der Schwangerschaft oder der Entbindung weitere Aufwendungen notwendig werden, auch die dadurch entstehenden Kosten zu ersetzen. Den gewöhnlichen Betrag der zu ersetzenden Kosten kann die Mutter ohne Rücksicht auf den wirklichen Aufwand verlangen.

Der Anspruch steht der Mutter auch dann zu, wenn der Vater vor der Geburt des Kindes gestorben oder wenn das Kind tot geboren ist.

Der Anspruch verjährt in vier Jahren. Die Verjährung beginnt mit dem Ablaufe von sechs Wochen nach der Geburt des Kindes. 4 Jahre 6 Wochen

§ 1715 B.G.B.

Schon vor der Geburt des Kindes kann auf Antrag der Mutter durch einstweilige Verfügung angeordnet werden, daß der Vater den für die ersten drei Monate dem Kinde zu gewährenden Unterhalt alsbald nach der Geburt an die Mutter oder an den Vormund zu zahlen und den erforderlichen Betrag angemessene Zeit vor der Geburt zu hinterlegen hat. In gleicher Weise kann auf Antrag der Mutter die Zahlung des gewöhnlichen Betrags der nach § 1715 Abs. 1 (siehe oben) zu ersetzenden Kosten an die Mutter und die Hinterlegung des erforderlichen Betrags angeordnet werden. 3 Monate angemessene Zeit

Zur Erlassung der einstweiligen Verfügung ist nicht erforderlich, daß eine Gefährdung des Anspruchs glaubhaft gemacht wird.

§ 1716 B.G.B.

Nachbildung von Mustern und Modellen

siehe unter „Muster und Modellschutz".

Nachbildung von Photographien.

Der Schutz des gegenwärtigen Gesetzes gegen Nachbildung wird dem Verfertiger des photographischen Werkes fünf Jahre gewährt. Diese Frist wird vom Ablaufe desjenigen Kalenderjahres ab gerechnet, in welchem die rechtmäßigen photographischen oder sonstigen mechanischen Abbildungen der Originalaufnahme zuerst erschienen sind. 5 Jahre

Wenn solche Abbildungen nicht erscheinen, so wird die fünfjährige Frist von dem Ablaufe desjenigen Kalenderjahres ab gerechnet, in welchem das Negativ der photographischen Aufnahme entstanden ist.

Bei Werken, die in mehreren Bänden oder Abteilungen erscheinen, findet der § 14 des Gesetzes vom 11. Juni 1870, betreffend das Urheberrecht an Schriftstücken 2c., Anwendung. (siehe unten.)

§ 6 des Ges., betr. den Schutz der Photographien gegen unbefugte Nachbildung vom 10. Januar 1876.

Der oben zitierte § 14 des Gesetzes vom 11. Juni 1870 lautet:

„Bei Werken, die in mehreren Bänden oder Abteilungen erscheinen, wird die Schutzfrist von dem ersten Erscheinen eines jeden Bandes oder einer jeden Abteilung an berechnet.

Bei Werken jedoch, die in einem oder mehreren Bänden eine einzige Aufgabe behandeln und mithin als in sich zusammenhängend zu betrachten sind, beginnt die Schutzfrist erst nach dem Erscheinen des letzten Bandes oder der letzten Abteilung.

3 Jahre Wenn indessen zwischen der Herausgabe einzelner Bände oder Abteilungen ein Zeitraum von mehr als drei Jahren verflossen ist, so sind die vorher erschienenen Bände, Abteilungen rc. rc. als ein für sich bestehendes Werk und ebenso die nach Ablauf der drei Jahre erscheinenden weiteren Fortsetzungen als ein neues Werk zu behandeln."

Nachdruck von Schriftwerken rc. rc.

Das Recht, ein Schriftwerk auf mechanischem Wege zu vervielfältigen, steht dem Urheber desselben ausschließlich zu.

§ 1 des Reichsges. vom 11. Juni 1870, betr. das Urheberecht an Schriftwerken, Abbildungen, musikalischen Kompositionen und dramatischen Werken.

Dem Urheber wird in Beziehung auf den durch das gegenwärtige Gesetz gewährten Schutz der Herausgeber eines aus Beiträgen Mehrerer bestehenden Werkes gleich geachtet, wenn dieses ein einheitliches Ganzes bildet.

Das Urheberrecht an den einzelnen Beiträgen steht den Urhebern derselben zu.

§ 2 des oben zitierten Gesetzes vom 11. Juni 1870.

Jede mechanische Vervielfältigung eines Schriftwerkes, welche ohne Genehmigung des Berechtigten hergestellt wird, heißt Nachdruck und ist verboten.

Hinsichtlich dieses Verbots macht es keinen Unterschied, ob das Schriftwerk ganz oder nur teilweise vervielfältigt wird.

Als mechanische Vervielfältigung ist auch das Abschreiben anzusehen, wenn es dazu bestimmt ist, den Druck zu vertreten.

§ 4 des oben zit. Ges. vom 11. Juni 1870.

Uebersetzungen ohne Genehmigung des Urhebers gelten als Nachdruck:

a) wenn von einem, zuerst in einer toten Sprache erschienenen Werke eine Uebersetzung in einer lebenden Sprache herausgegeben wird;

b) wenn von einem gleichzeitig in verschiedenen Sprachen herausgegebenen Werke eine Uebersetzung in einer dieser Sprachen veranstaltet wird;

c) wenn der Urheber sich das Recht der Uebersetzung auf dem Titelblatte oder an der Spitze des Werkes vorbehalten hat, vorausgesetzt, daß die Veröffentlichung der vorbehaltenen Uebersetzung nach dem Erscheinen des Originalwerkes binnen einem Jahre begonnen und binnen drei Jahren beendet wird. Das Kalenderjahr, in welchem das Originalwerk erschienen ist, wird hierbei nicht mitgerechnet. 1 Jahr 3 Jahre

Bei Originalwerken, welche in mehreren Bänden oder Abteilungen erscheinen, wird jeder Band oder jede Abteilung im Sinne dieses Paragraphen als ein besonderes Werk angesehen, und muß der Vorbehalt der Uebersetzung auf jedem Bande oder jeder Abteilung wiederholt werden.

Bei dramatischen Werken muß die Uebersetzung innerhalb sechs Monaten, vom Tage der Veröffentlichung des Originals an gerechnet, vollständig erschienen sein. 6 Monate

Der Beginn und beziehungsweise die Vollendung der Uebersetzung muß zugleich innerhalb der angegebenen Fristen zur Eintragung in die Eintragungsrolle [bei dem Stadtrate zu Leipzig] angemeldet werden, widrigenfalls der Schutz gegen neue Uebersetzungen erlischt.

— — rc. rc.

§ 6 des oben zitierten Gesetzes vom 11. Juni 1870.

Der Schutz des gegenwärtigen Gesetzes gegen Nachdruck wird, vorbehaltlich der folgenden besonderen Bestimmungen, für die Lebensdauer des Urhebers und dreißig Jahre nach dem Tode desselben gewährt. Lebensdauer 30 Jahre

§ 8 leg. cit.

Bei einem von mehreren Personen als Miturheber verfaßten Werke erstreckt sich die Schutzfrist auf die Dauer von dreißig Jahren nach dem Tode des Letztlebenden derselben. 30 Jahre

Bei Werken, welche durch Beiträge mehrerer Mitarbeiter gebildet werden, richtet sich die Schutzfrist für die einzelnen Beiträge danach, ob die Urheber derselben genannt sind oder nicht.

§ 9 leg. cit.

Einzelne Aufsätze, Abhandlungen rc. rc., welche in periodischen Werken, als: Zeitschriften, Taschenbüchern, Kalendern rc. rc. erschienen sind, darf der Urheber, falls nicht Anderes

verabredet ist, auch ohne Einwilligung des Herausgebers oder Verlegers des Werkes, in welches dieselben aufgenommen sind,
2 Jahre nach zwei Jahren vom Ablaufe des Jahres des Erscheinens an gerechnet, anderweitig abdrucken.

§ 10 leg. cit.

Bei Schriftwerken, welche bereits veröffentlicht sind, ist die im § 8 (siehe oben) vorgeschriebene Dauer des Schutzes an die Bedingung geknüpft, daß der wahre Name des Urhebers auf dem Titelblatte oder unter der Zueignung oder unter der Vorrede angegeben ist.

Bei Werken, welche durch Beiträge mehrerer Mitarbeiter gebildet werden, genügt es für den Schutz der Beiträge, wenn der Name des Urhebers an der Spitze oder am Schluß des Beitrags angegeben ist.

Ein Schriftwerk, welches entweder unter einem anderen als dem wahren Namen des Urhebers veröffentlicht, oder bei
30 Jahre welchem ein Urheber gar nicht angegeben ist, wird dreißig Jahre lang, von der ersten Herausgabe an gerechnet, gegen Nachdruck geschützt.

Wird innerhalb dreißig Jahre, von der ersten Herausgabe an gerechnet, der wahre Name des Urhebers von ihm selbst oder seinen hierzu legitimierten Rechtsnachfolgern zur Eintragung in die Eintragsrolle angemeldet, so wird dadurch dem Werke die im § 8 (siehe oben) bestimmte längere Dauer des Schutzes erworben.

§ 11 leg. cit.

Die erst nach dem Tode des Urhebers erschienenen Werke
30 Jahre werden dreißig Jahre lang, vom Tode des Urhebers an gerechnet, gegen Nachdruck geschützt.

§ 12 leg. cit.

Akademien, Universitäten, sonstige juristische Personen, öffentliche Unterrichtsanstalten, sowie gelehrte oder andere Gesellschaften, wenn sie als Herausgeber dem Urheber gleich zu achten sind, genießen für die von ihnen herausgegebenen Werke
30 Jahre einen Schutz von dreißig Jahren nach deren Erscheinen.

§ 13 leg. cit.

Bei Werken, die in mehreren Bänden oder Abteilungen erscheinen, wird die Schutzfrist von dem ersten Erscheinen eines jeden Bandes oder einer jeden Abteilung an berechnet.

Bei Werken jedoch, die in einem oder mehreren Bänden eine einzige Aufgabe behandeln und mithin als in sich zusammenhängend zu betrachten sind, beginnt die Schutzfrist erst nach dem Erscheinen des letzten Bandes oder der letzten Abteilung.

Wenn indessen zwischen der Herausgabe einzelner Bände oder Abteilungen ein Zeitraum von mehr als drei Jahren verflossen ist, so sind die vorher erschienenen Bände, Abteilungen 2c. 2c. als ein für sich bestehendes Werk und ebenso die nach Ablauf der drei Jahre erscheinenden weiteren Fortsetzungen als ein neues Werk zu behandeln. 3 Jahre

§ 14 leg. cit.

Das Verbot der Herausgabe von Uebersetzungen dauert in dem Falle des § 6 lit. b (siehe oben) fünf Jahre vom Erscheinen des Originalwerkes in dem Falle des § 6 lit. c fünf Jahre vom ersten Erscheinen der rechtmäßigen Uebersetzung ab gerechnet. 5 Jahre

§ 15 leg. cit.

Nacherben, deren Einsetzung.

Die Einsetzung eines Nacherben wird mit dem Ablaufe von dreißig Jahren nach dem Erbfall unwirksam, wenn nicht vorher der Fall der Nacherbfolge eingetreten ist. Sie bleibt auch nach dieser Zeit wirksam: 30 Jahre

1) wenn die Nacherbfolge für den Fall angeordnet ist, daß in der Person des Vorerben oder des Nacherben ein bestimmtes Ereignis eintritt, und derjenige, in dessen Person das Ereignis eintreten soll, zur Zeit des Erbfalls lebt;

2) wenn dem Vorerben oder einem Nacherben für den Fall, daß ihm ein Bruder oder eine Schwester geboren wird, der Bruder oder die Schwester als Nacherbe bestimmt ist.

Ist der Vorerbe oder der Nacherbe, in dessen Person das Ereignis eintreten soll, eine juristische Person, so bewendet es bei der dreißigjährigen Frist.

§ 2109 B.G.B.

Nachfrist zur Einzahlung, bei Gesellschaften mit beschränkter Haftung.

Im Falle verzögerter Einzahlung (der Stammeinlage) kann an den säumigen Gesellschafter eine erneute Aufforderung zur Zahlung binnen einer zu bestimmenden Nachfrist unter Androhung seines Ausschlusses mit dem Geschäftsanteil, auf wel-

12*

chen die Zahlung zu erfolgen hat, erlassen werden. Die Aufforderung erfolgt mittelst eingeschriebenen Briefes. Die Nach-
1 Monat frist muß mindestens einen Monat betragen.

Nach fruchtlosem Ablauf der Frist ist der säumige Gesellschafter seines Geschäftsanteils und der geleisteten Teilzahlungen zu Gunsten der Gesellschaft verlustig zu erklären. Die Erklärung erfolgt mittelst eingeschriebenen Briefes.

Wegen des Ausfalls, welchen die Gesellschaft an dem rückständigen Betrage oder den später auf den Geschäftsanteil eingeforderten Beträgen der Stammeinlage erleidet, bleibt ihr der ausgeschlossene Gesellschafter verhaftet.

§ 21 des Gesetzes vom 20. Mai 1898, betr. die Gesellschaften mit beschr. Haftung.

Nachlaßforderungen, deren Anmeldung.

Der Erbe kann die Befriedigung eines im Aufgebotsverfahren ausgeschlossenen Nachlaßgläubigers insoweit verweigern, als der Nachlaß durch die Befriedigung der nicht ausgeschlossenen Gläubiger erschöpft wird. Der Erbe hat jedoch den ausgeschlossenen Gläubiger vor den Verbindlichkeiten aus Pflichtteilsrechten, Vermächtnissen und Auflagen zu befriedigen, es sei denn, daß der Gläubiger seine Forderung erst nach der Berichtigung dieser Verbindlichkeiten geltend macht.

Einen Ueberschuß hat der Erbe zum Zwecke der Befriedigung des Gläubigers im Wege der Zwangsvollstreckung nach den Vorschriften über die Herausgabe einer ungerechtfertigten Bereicherung herauszugeben. Er kann die Herausgabe der noch vorhandenen Nachlaßgegenstände durch Zahlung des Wertes abwenden. Die rechtskräftige Verurteilung des Erben zur Befriedigung eines ausgeschlossenen Gläubigers wirkt einem anderen Gläubiger gegenüber wie die Befriedigung.

§ 1973 B.G.B.

Ein Nachlaßgläubiger, der seine Forderung später als fünf
5 Jahre Jahre nach dem Erbfalle dem Erben gegenüber geltend macht, steht einem ausgeschlossenen Gläubiger gleich, es sei denn, daß die Forderung dem Erben vor dem Ablaufe der fünf Jahre bekannt geworden oder im Aufgebotsverfahren angemeldet worden ist. Wird der Erblasser für tot erklärt, so beginnt die Frist nicht vor der Erlassung des die Todeserklärung aussprechenden Urteils.

Die dem Erben nach § 1973 Abs. 1 Satz 2 (siehe oben) obliegende Verpflichtung tritt im Verhältnisse von Verbindlichkeiten aus Pflichtteilsrechten, Vermächtnissen und Auflagen zu einander nur insoweit ein, als der Gläubiger im Falle des Nachlaßkonkurses im Range vorgehen würde.

Soweit ein Gläubiger nach § 1971 (Pfandgläubiger rc. rc.) von dem Aufgebote nicht betroffen wird, finden die Vorschriften des Absatz 1 auf ihn keine Anwendung.

§ 1974 B.G.B.

Nachlaßverbindlichkeiten, hier: Haftung der Erben und Miterben.

Der Erbe ist berechtigt, die Berichtigung einer Nachlaßverbindlichkeit bis zum Ablaufe der ersten drei Monate nach der Annahme der Erbschaft, jedoch nicht über die Errichtung des Inventars hinaus, zu verweigern. 3 Monate

§ 2014 B.G.B.

Hat der Erbe den Antrag auf Erlassung des Aufgebots der Nachlaßgläubiger innerhalb eines Jahres nach der Annahme der Erbschaft gestellt und ist der Antrag zugelassen, so ist der Erbe berechtigt, die Berichtigung einer Nachlaßverbindlichkeit bis zur Beendigung des Aufgebotsverfahrens zu verweigern. 1 Jahr

Der Beendigung des Aufgebotsverfahrens steht es gleich, wenn der Erbe in dem Aufgebotstermine nicht erschienen ist und nicht binnen zwei Wochen die Bestimmung eines neuen Termins beantragt oder wenn er auch in dem neuen Termine nicht erscheint. 2 Wochen

Wird das Ausschlußurteil erlassen oder der Antrag auf Erlassung des Urteils zurückgewiesen, so ist das Verfahren nicht vor dem Ablauf einer mit der Verkündung der Entscheidung beginnenden Frist von zwei Wochen und nicht vor der Erledigung einer rechtzeitig eingelegten Beschwerde als beendigt anzusehen. 2 Wochen

§ 2015 B.G.B.

Die Vorschriften der §§ 2014, 2015 (siehe oben) finden keine Anwendung, wenn der Erbe unbeschränkt haftet.

Das Gleiche gilt, soweit ein Gläubiger nach § 1971 (als Pfandgläubiger rc. rc.) von dem Aufgebote der Nachlaßgläubiger nicht betroffen wird, mit der Maßgabe, daß ein erst nach dem Eintritte des Erbfalls im Wege der Zwangsvollstreckung oder der Arrestvollziehung erlangtes Recht sowie eine erst nach diesem Zeitpunkt im Wege der einstweiligen Verfügung erlangte Vormerkung außer Betracht bleibt.

§ 2016 B.G.B.

Wird vor der Annahme der Erbschaft zur Verwaltung des Nachlasses ein Nachlaßpfleger bestellt, so beginnen die im §§ 2014 und 2015 Abs. 1 bestimmten Fristen mit der Bestellung.

§ 2017 B.G.B.

Die Erben haften für die gemeinschaftlichen Nachlaßverbindlichkeiten als Gesammtschuldner.

§ 2058 B.G.B.

Bis zur Teilung des Nachlasses kann jeder Miterbe die Berichtigung der Nachlaßverbindlichkeiten aus dem Vermögen, das er außer seinem Anteil an dem Nachlasse hat, verweigern. Haftet er für eine Nachlaßverbindlichkeit unbeschränkt, so steht ihm dieses Recht in Ansehung des seinem Erbteil entsprechenden Teiles der Verbindlichkeit nicht zu.

Das Recht der Nachlaßgläubiger, die Befriedigung aus dem ungeteilten Nachlasse von sämmtlichen Miterben zu verlangen, bleibt unberührt.

§ 2059 B.G.B

Nach der Teilung des Nachlasses haftet jeder Miterbe nur für den seinem Erbteil entsprechenden Teil einer Nachlaßverbindlichkeit:

1) wenn der Gläubiger im Aufgebotsverfahren ausgeschlossen ist; das Aufgebot erstreckt sich insoweit auch auf die im § 1972 bezeichneten Gläubiger [betr. Pflichtteilsrechte, Vermächtnisse und Auflagen] sowie auf die Gläubiger, denen der Miterbe unbeschränkt haftet;

5 Jahre 2) wenn der Gläubiger seine Forderung später als fünf Jahre nach dem im § 1974 Abs. I bestimmten Zeitpunkte (siehe oben unter „Nachlaßforderung") geltend macht, es sei denn, daß die Forderung vor dem Ablaufe der fünf Jahre dem Miterben bekannt geworden oder im Aufgebotsverfahren angemeldet worden ist; die Vorschrift findet keine Anwendung, soweit der Gläubiger nach § 1971 (Pfandgläubiger rc. rc.) von dem Aufgebote nicht betroffen wird;

3) wenn der Nachlaßkonkurs eröffnet und durch Verteilung der Masse oder durch Zwangsvergleich beendigt worden ist.

§ 2060 B.G.B.

Jeder Miterbe kann die Nachlaßgläubiger öffentlich auffordern, ihre Forderungen binnen sechs Monaten bei ihm oder bei dem Nachlaßgericht anzumelden. Ist die Aufforderung erfolgt, so haftet nach der Teilung jeder Miterbe nur für den seinem Erbteil entsprechenden Teil einer Forderung, soweit nicht vor dem Ablaufe der Frist die Anmeldung erfolgt oder die Forderung ihm zur Zeit der Teilung bekannt ist. 6 Monate

Die Aufforderung ist durch den Deutschen Reichsanzeiger und durch das für die Bekanntmachungen des Nachlaßgerichts bestimmte Blatt zu veröffentlichen. Die Frist beginnt mit der letzten Einrückung. Die Kosten fallen dem Erben zur Last, der die Aufforderung erläßt.

§ 2061 B.G.B.

Nachlaßverwaltung.

Die Nachlaßverwaltung ist von dem Nachlaßgericht anzuordnen, wenn der Erbe die Anordnung beantragt.

Auf Antrag eines Nachlaßgläubigers ist die Nachlaßverwaltung anzuordnen, wenn Grund zu der Annahme besteht, daß die Befriedigung der Nachlaßgläubiger aus dem Nachlasse durch das Verhalten oder die Vermögenslage des Erben gefährdet wird. Der Antrag kann nicht mehr gestellt werden, wenn seit der Annahme der Erbschaft zwei Jahre verstrichen sind. 2 Jahre

§ 1981 B.G.B.

Nachschüsse des ausscheidenden Genossen bei Erwerbs- und Wirtschaftsgenossenschaften.

Ein Genosse kann zu jeder Zeit, auch im Laufe des Geschäftsjahrs, sein Geschäftsguthaben mittelst schriftlicher Uebereinkunft einem Anderen übertragen und hiedurch aus der Genossenschaft ohne Auseinandersetzung mit ihr austreten, sofern der Erwerber an seiner Stelle Genosse wird oder sofern derselbe schon Genosse ist und dessen bisheriges Guthaben mit dem ihm zuzuschreibenden Betrage den Geschäftsanteil nicht übersteigt. Das Statut kann eine solche Uebertragung ausschließen oder an weitere Voraussetzungen knüpfen.

Der Vorstand hat die Uebereinkunft dem Gerichte ohne Verzug einzureichen und, falls der Erwerber schon Genosse ist, zugleich die schriftliche Versicherung abzugeben, daß dessen bisheriges Guthaben mit dem zuzuschreibenden Betrage den Geschäftsanteil nicht übersteigt.

Die Uebertragung ist in die Liste bei dem veräußernden
unverzüglich Genossen unverzüglich einzutragen. Als Zeitpunkt des Ausscheidens gilt der Tag der Eintragung. Dieselbe darf, falls der Erwerber noch nicht Genosse ist, nur zugleich mit der Eintragung des letzteren erfolgen. ꝛc. ꝛc.

6 Monate Wird die Genossenschaft binnen sechs Monaten nach dem Ausscheiden des Genossen aufgelöst, so hat dieser im Falle der Eröffnung des Konkursverfahrens die Nachschüsse, zu deren Zahlung er verpflichtet gewesen sein würde, insoweit zu leisten, als zu derselben der Erwerber unvermögend ist.

§ 76 des Reichsges. vom 20. Mai 1898, betr. die Erwerbs- und Wirtschaftsgenossenschaften.

Nachschußpflicht bei Gesellschaften mit beschränkter Haftung.

Ist die Nachschußpflicht nicht auf einen bestimmten Betrag beschränkt, so hat jeder Gesellschafter, falls er die Stammeinlage vollständig eingezahlt hat, das Recht, sich von der Zahlung des auf den Geschäftsanteil eingeforderten Nachschusses
1 Monat dadurch zu befreien, daß er innerhalb eines Monats nach der Aufforderung zur Einzahlung den Geschäftsanteil der Gesellschaft zur Befriedigung aus demselben zur Verfügung stellt. Ebenso kann die Gesellschaft, wenn der Gesellschafter binnen der angegebenen Frist weder von der bezeichneten Befugnis Gebrauch macht, noch die Einzahlung leistet, demselben mittelst eingeschriebenen Briefes erklären, daß sie den Geschäftsanteil als zur Verfügung gestellt betrachte.

Die Gesellschaft hat den Geschäftsanteil innerhalb eines
1 Monat Monats nach der Erklärung des Gesellschafters oder der Gesellschaft im Wege öffentlicher Versteigerung verkaufen zu lassen. Eine andere Art des Verkaufs ist nur mit Zustimmung des Gesellschafters zulässig. Ein nach Deckung der Verkaufskosten und des rückständigen Nachschusses verbleibender Ueberschuß gebührt dem Gesellschafter.

Ist die Befriedigung der Gesellschaft durch den Verkauf nicht zu erlangen, so fällt der Geschäftsanteil der Gesellschaft zu. Dieselbe ist befugt, den Anteil für eigene Rechnung zu veräußern.

Im Gesellschaftsvertrage kann die Anwendung der vorstehenden Bestimmungen auf den Fall beschränkt werden, daß die auf den Geschäftsanteil eingeforderten Nachschüsse einen bestimmten Betrag überschreiten.

§ 27 des Ges. vom 20. Mai 1898, betr. die Gesellschaften mit beschränkter Haftung.

Nichtigerklärung einer Aktiengesellschaft.

Der Inhalt des Gesellschaftvertrags muß von mindestens fünf Personen, welche Aktien übernehmen, in gerichtlicher oder notarieller Verhandlung festgestellt werden. In der Verhandlung ist der Betrag und, wenn verschiedene Gattungen von Aktien ausgegeben werden, die Gattung der von Jedem übernommenen Aktien anzugeben.

Der Gesellschaftsvertrag muß bestimmen:

1) die Firma und den Sitz der Gesellschaft;
2) den Gegenstand des Unternehmens;
3) die Höhe des Grundkapitals und der einzelnen Aktien;
4) die Art der Bestellung und Zusammensetzung des Vorstandes;
5) die Form, in der die Berufung der Generalversammlung der Aktionäre geschieht;
6) die Form, in der die von der Gesellschaft ausgehenden Bekanntmachungen erfolgen.

Bekanntmachungen, die durch öffentliche Blätter erfolgen sollen, sind in den Deutschen Reichsanzeiger einzurücken. Andere Blätter außer diesem bestimmt der Gesellschaftsvertrag.

§ 182 H.G.B.

Enthält der Gesellschaftsvertrag nicht die nach § 182 Abs. 2 (siehe oben) wesentlichen Bestimmungen oder ist eine dieser Bestimmungen nichtig, so kann jeder Gesellschafter und jedes Mitglied des Vorstandes und des Aufsichtsrats im Wege der Klage beantragen, daß die Gesellschaft für n i c h t i g erklärt werde. Die Vorschriften der §§ 272, 273 (siehe unten) finden entsprechende Anwendung.

§ 309 H.G.B.

Die soeben zitierten §§ 272 und 273 des Handelsgesetzbuches lauten:

§ 272: „Die Klage ist gegen die Gesellschaft zu richten. Die Gesellschaft wird durch den Vorstand, sofern dieser nicht selbst klagt, und durch den Aufsichtsrat vertreten.

Zuständig für die Klage ist ausschließlich das Landgericht, in dessen Bezirke die Gesellschaft ihren Sitz hat. Die mündliche Verhandlung erfolgt nicht vor dem Ablaufe der im § 271
1 Monat Abs. 2 bezeichneten Frist (nämlich von einem Monat). Mehrere Anfechtungsprozesse sind zur gleichzeitigen Verhandlung und Entscheidung zu verbinden.

Das Gericht kann auf Verlangen anordnen, daß der Gesellschaft wegen der ihr drohenden Nachteile von dem klagenden Aktionär Sicherheit zu leisten ist. Art und Höhe der Sicherheit bestimmt das Gericht nach freiem Ermessen. Die Vorschriften der Civilprozeßordnung über die Festsetzung einer
Frist Frist zur Sicherheitsleistung und über die Folgen der Versäumung der Frist finden Anwendung.

Die Erhebung der Klage und der Termin zur mündlichen Verhandlung sind unverzüglich von dem Vorstand in den Gesellschaftsblättern bekannt zu machen."

§ 273: „Soweit der Beschluß durch rechtskräftiges Urteil für nichtig erklärt ist, wirkt das Urteil auch für und gegen die Aktionäre, die nicht Partei sind. Das Urteil ist von dem Vorstand un-
unverzüglich verzüglich zum Handelsregister einzureichen. War der Beschluß in das Handelsregister eingetragen, so ist auch das Urteil einzutragen; die Eintragung des Urteils ist in gleicher Weise wie die des Beschlusses zu veröffentlichen.

Für einen durch unbegründete Anfechtung des Beschlusses der Gesellschaft entstehenden Schaden haften ihr die Kläger, welchen eine bösliche Handlungsweise zur Last fällt, als Gesammtschuldner."

Nichtigerklärung bei Gesellschaften mit beschränkter Haftung.

Der Gesellschaftsvertrag muß enthalten:

1) die Firma und den Sitz der Gesellschaft,
2) den Gegenstand des Unternehmens,
3) den Betrag des Stammkapitals,
4) den Betrag der von jedem Gesellschafter auf das Stammkapital zu leistenden Einlage (Stammeinlage).

Soll das Unternehmen auf eine gewisse Zeit beschränkt sein oder sollen den Gesellschaftern außer der Leistung von Kapitaleinlagen noch andere Verpflichtungen gegenüber der Gesellschaft auferlegt werden, so bedürfen auch diese Bestimmungen der Aufnahme in den Gesellschaftsvertrag.

§ 3 des Ges. vom 20. Mai 1898, betr. die Gesellschaften mit beschränkter Haftung.

Enthält der Gesellschaftsvertrag nicht die nach § 3 Abs. 1 (siehe oben) wesentlichen Bestimmungen oder ist eine dieser Bestimmungen nichtig, so kann jeder Gesellschafter, jeder Geschäftsführer und, wenn ein Aufsichtsrat bestellt ist, jedes Mitglied des Aufsichtsrats im Wege der Klage beantragen, daß die Gesellschaft für nichtig erklärt werde.

Die Vorschriften der §§ 272, 273 des Handelsgesetzbuchs [siehe oben unter „Nichtigerklärung einer Aktiengesellschaft"] finden entsprechende Anwendung.

§ 75 des Ges. vom 20. Mai 1898, betr. die Gesellschaften mit beschränkter Haftung.

Nichtigerklärung bei Wirtschaftsgenossenschaften.

Enthält das Statut nicht die für dasselbe wesentlichen Bestimmungen oder ist eine dieser Bestimmungen nichtig, so kann jeder Genosse und jedes Mitglied des Vorstands und des Aufsichtsrats im Wege der Klage beantragen, daß die Genossenschaft für nichtig erklärt werde.

§ 94 des Reichsges. vom 20. Mai 1898, betr. die Erwerbs- und Wirthschaftsgenossenschaften.

Das Verfahren über die Klage auf Nichtigkeitserklärung und die Wirkungen des Urteils bestimmen sich nach den Vorschriften des § 51 Abs. 3 bis 5 und des § 52 (siehe unten).

§ 96 des Erwerbs- u. Wirtschaftsgenossensch.Ges.

Die soeben zitierten beiden §§ 51 u. 52 des Erwerbs- und Wirtschaftsgenossenschaftsgesetzes lauten:

§ 51: „Ein Beschluß der Generalversammlung kann wegen Verletzung des Gesetzes oder des Statuts im Wege der Klage angefochten werden. Die Klage muß binnen einem Monat erhoben werden. 1 Monat

Zur Anfechtung befugt ist jeder in der Generalversammlung erschienene Genosse, sofern er gegen den Beschluß Widerspruch zum Protokoll erklärt hat, und jeder nicht erschienene Genosse, sofern er zu der Generalversammlung unberechtigter Weise nicht zugelassen worden ist oder sofern er die Anfechtung darauf gründet, daß die Berufung der Versammlung oder die Ankündigung des Gegenstandes der Beschlußfassung nicht gehörig erfolgt sei. Außerdem ist der Vorstand und, wenn der Beschluß eine Maßregel zum Gegenstande hat, durch deren Ausführung sich die Mitglieder des Vorstandes und des Aufsichtsrats strafbar oder den Gläubigern der Genossenschaft haftbar machen würden, jedes Mitglied des Vorstandes und des Aufsichtsrats zur Anfechtung befugt.

Die Klage ist gegen die Genossenschaft zu richten. Die Genossenschaft wird durch den Vorstand, sofern dieser nicht selbst klagt, und durch den Aufsichtsrat vertreten. Zuständig für die Klage ist ausschließlich das Landgericht, in dessen Bezirk die Genossenschaft ihren Sitz hat. Die mündliche Verhandlung erfolgt nicht vor Ablauf der im ersten Absatz bezeichneten Frist. Mehrere Anfechtungsprozesse sind zur gleichzeitigen Verhandlung und Entscheidung zu verbinden.

Die Erhebung der Klage sowie der Termin zur mündlichen Verhandlung sind ohne Verzug von dem Vorstande in den für die Bekanntmachungen der Genossenschaft bestimmten Blättern zu veröffentlichen.

Soweit durch ein Urteil rechtskräftig der Beschluß für nichtig erklärt ist, wirkt es auch gegenüber den Genossen, welche nicht Partei sind. War der Beschluß in das Genossenschaftsregister eingetragen, so hat der Vorstand dem Gerichte das Urteil behufs der Eintragung einzureichen. Die öffentliche Bekanntmachung der letzteren erfolgt, soweit der eingetragene Beschluß veröffentlicht war."

§ 52: „Für einen durch unbegründete Anfechtung des Beschlusses der Genossenschaft entstandenen Schaden haften ihr solidarisch die Kläger, welchen bei Erhebung der Klage eine bösliche Handlungsweise zur Last fällt."

Nichtigkeit der Ehe.

Die Ehe wird dadurch geschlossen, daß die Verlobten vor einem Standesbeamten persönlich und bei gleichzeitiger Anwesenheit erklären, die Ehe mit einander eingehen zu wollen. Der Standesbeamte muß zur Entgegennahme der Erklärungen bereit sein.

Die Erklärungen können nicht unter einer Bedingung oder einer Zeitbestimmung abgegeben werden.

§ 1317 B.G.B.

Eine Ehe ist nichtig, wenn bei der Eheschließung die im § 1317 (siehe oben) vorgeschriebene Form nicht beobachtet worden ist.

Ist die Ehe in das Heiratsregister eingetragen worden
10 Jahre und haben die Ehegatten nach der Eheschließung zehn Jahre oder, falls einer von ihnen vorher gestorben ist, bis zu dessen
3 Jahre Tode, jedoch mindestens drei Jahre, als Ehegatten mit einander gelebt, so ist die Ehe als von Anfang an gültig anzusehen. Diese Vorschrift findet keine Anwendung, wenn bei dem Ablaufe der zehn Jahre oder zur Zeit des Todes des einen Ehegatten die Nichtigkeitsklage erhoben ist.

§ 1324 B.G.B.

Nottestament.

Ein nach § 2249, § 2250 oder § 2251 errichtetes Testament [vor dem Vorsteher und zwei Zeugen, oder mündlich vor drei Zeugen, wenn der Tod nahe ist, oder der Wohnort abgesperrt ist in Folge Pestilenz oder sonstiger außerordentlicher Umstände, oder wenn der Testant sich auf einer Seereise befindet und an Bord eines nicht zur kaiserlichen Marine gehörigen Fahrzeugs außerhalb eines inländischen Hafens ist] gilt als nicht errichtet, wenn seit der Errichtung drei Monate verstrichen sind und der Erblasser noch lebt. 3 Monate

Beginn und Lauf der Frist sind gehemmt, solange der Erblasser außer stande ist, ein Testament vor einem Richter oder vor einem Notar zu errichten.

Tritt im Falle des § 2251 der Erblasser vor dem Ablaufe der Frist eine neue Seereise an, so wird die Frist dergestalt unterbrochen, daß nach der Beendigung der neuen Reise die volle Frist von neuem zu laufen beginnt.

Wird der Erblasser nach dem Ablaufe der Frist für tot erklärt, so behält das Testament seine Kraft, wenn die Frist zu der Zeit, zu welcher der Erblasser den vorhandenen Nachrichten zufolge noch gelebt hat, noch nicht verstrichen war.

§ 2252 B.G.B.

Offene Handelsgesellschaft, deren Kündigung.

Die Kündigung eines Gesellschafters kann, wenn die Gesellschaft für unbestimmte Zeit eingegangen ist, nur für den Schluß eines Geschäftsjahrs erfolgen; sie muß mindestens sechs Monate vor diesem Zeitpunkte stattfinden. 6 Monate

§ 132 H.G.B.

Pachtverhältnisse.

Ist bei der Pacht eines Grundstücks oder eines Rechtes die Pachtzeit nicht bestimmt, so ist die Kündigung nur für den Schluß eines Pachtjahrs zulässig; sie hat spätestens am ersten Werktage des halben Jahres zu erfolgen, mit dessen Ablauf die Pacht endigen soll. ½ Jahr

Diese Vorschriften gelten bei der Pacht eines Grundstücks oder eines Rechts auch für die Fälle, in denen das Pachtverhältnis unter Einhaltung der gesetzlichen Frist vorzeitig gekündigt werden kann.

§ 595 B.G.B.

Ist bei der Pacht eines landwirtschaftlichen Grundstücks der Pachtzins nach Jahren bemessen, so ist er nach dem Ab-
jährlich laufe je eines Pachtjahrs am ersten Werktage des folgenden Jahres zu entrichten.

§ 584 B.G.B.

Pest, siehe unten „Schweinepest".

Pfandgegenstände, deren Verkauf.

Bei dem Verkauf eines Pfandes tritt, wenn die Verpfändung auf der Seite des Pfandgläubigers und des Verpfänders ein Handelsgeschäft ist, an die Stelle der im § 1234 des B.G.B. (siehe unten) bestimmten Frist von einem Monat
1 Woche eine solche von einer Woche.

Diese Vorschrift findet auf das gesetzliche Pfandrecht des Kommissionärs, des Spediteurs, des Lagerhalters und des Frachtführers entsprechende Anwendung, auf das Pfandrecht des Spediteurs und des Frachtführers auch dann, wenn nur auf ihrer Seite der Speditions- oder Frachtvertrag ein Handelsgeschäft ist.

§ 368 H.G.B.

Der Pfandgläubiger hat dem Eigentümer den Verkauf vorher anzudrohen und dabei den Geldbetrag zu bezeichnen, wegen dessen der Verkauf stattfinden soll. Die Androhung kann erst nach dem Eintritte der Verkaufsberechtigung erfolgen; sie darf unterbleiben, wenn sie unthunlich ist.

1 Monat Der Verkauf darf nicht vor dem Ablauf eines Monats (siehe dagegen oben!) nach der Androhung erfolgen. Ist die Androhung unthunlich, so wird der Monat von dem Eintritte der Verkaufsberechtigung an berechnet.

§ 1234 B.G.B.

Pfandrecht des Frachtführers.

Der Frachtführer hat wegen aller durch den Frachtvertrag begründeten Forderungen, insbesondere der Fracht- und Liegegelder, der Zollgelder und anderer Auslagen, sowie wegen der auf das Gut geleisteten Vorschüsse ein Pfandrecht an dem Gute.

Das Pfandrecht besteht, so lange der Frachtführer das Gut noch im Besitze hat, insbesondere mittels Konnossements, Ladescheins oder Lagerscheins darüber verfügen kann.

Auch nach der Ablieferung dauert das Pfandrecht fort,
3 Tage sofern der Frachtführer es binnen drei Tagen nach der Ab-

lieferung gerichtlich geltend macht und das Gut noch im Besitze des Empfängers ist.

Die im § 1234 Abs. 1 des B.G.B. [siehe oben unter „Pfandgegenstände, deren Verkauf"] bezeichnete Androhung des Pfandverkaufs sowie die in den §§ 1237, 1241 des B.G.B. [siehe unten] vorgesehenen Benachrichtigungen sind an den Empfänger zu richten. Ist dieser nicht zu ermitteln oder verweigert er die Annahme des Gutes, so hat die Androhung und Benachrichtigung gegenüber dem Absender zu erfolgen.

§ 440 H.G.B.

Der letzte Frachtführer hat, falls nicht im Frachtbrief ein Anderes bestimmt ist, bei der Ablieferung auch die Forderungen der Vormänner sowie die auf dem Gute haftenden Nachnahmen einzuziehen und die Rechte der Vormänner, insbesondere auch das Pfandrecht, auszuüben. Das Pfandrecht der Vormänner besteht so lange als das Pfandrecht des letzten Frachtführers.

Wird der vorhergehende Frachtführer von dem nachfolgenden befriedigt, so gehen seine Forderung und sein Pfandrecht auf den letzteren über.

In gleicher Art gehen die Forderung und das Pfandrecht des Spediteurs auf den nachfolgenden Spediteur und den nachfolgenden Frachtführer über.

§ 441 H.G.B.

Der Frachtführer, welcher das Gut ohne Bezahlung abliefert und das Pfandrecht nicht binnen drei Tagen nach der Ablieferung gerichtlich geltend macht, ist den Vormännern verantwortlich. Er wird, ebenso wie die vorhergehenden Frachtführer und Spediteure, des Rückgriffs gegen die Vormänner verlustig. Der Anspruch gegen den Empfänger bleibt in Kraft. **3 Tage**

§ 442 H.G.B.

Die oben zitierten §§ 1237 und 1241 B.G.B. lauten:

§ 1237: „Zeit und Ort der Versteigerung sind unter allgemeiner Bezeichnung des Pfandes öffentlich bekannt zu machen. Der Eigentümer und Dritte, denen Rechte an dem Pfande zustehen, sind besonders zu benachrichtigen; die Benachrichtigung darf unterbleiben, wenn sie unthunlich ist."

§ 1241: „Der Pfandgläubiger hat den Eigentümer von dem Verkaufe des Pfandes und dem Ergebnis unverzüglich zu benachrichtigen, sofern nicht die Benachrichtigung unthunlich ist." **unverzüglich**

Pfandrecht des Gastwirts.

Der Gastwirt hat für seine Forderungen für Wohnung und andere dem Gaste zur Befriedigung seiner Bedürfnisse gewährte Leistungen, mit Einschluß der Auslagen, ein Pfandrecht an den eingebrachten Sachen des Gastes. Die für das Pfandrecht des Vermieters geltenden Vorschriften des § 559 Satz 3 und der §§ 560—563 finden entsprechende Anwendung. [Siehe hierüber unter „Pfandrecht des Vermieters."]

§ 704 B.G.B.

Pfandrecht des Vermieters.

Der Vermieter eines Grundstücks hat für seine Forderungen aus dem Mietverhältnis ein Pfandrecht an den eingebrachten Sachen des Mieters. Für künftige Entschädigungsforderungen und für den Mietzins für eine spätere Zeit als das laufende und das folgende Mietjahr kann das Pfandrecht nicht geltend gemacht werden. Es erstreckt sich nicht auf die der Pfändung nicht unterworfenen Sachen.

§ 559 B.G.B.

Das Pfandrecht des Vermieters erlischt mit der Entfernung der Sachen von dem Grundstück, es sei denn, daß die Entfernung ohne Wissen oder unter Widerspruch des Vermieters erfolgt. Der Vermieter kann der Entfernung nicht widersprechen, wenn sie im regelmäßigen Betriebe des Geschäfts des Mieters oder den gewöhnlichen Lebensverhältnissen entsprechend erfolgt oder wenn die zurückbleibenden Sachen zur Sicherung des Vermieters offenbar ausreichen.

§ 560 B.G.B.

Der Vermieter darf die Entfernung der seinem Pfandrecht unterliegenden Sachen, soweit er ihr zu widersprechen berechtigt ist, auch ohne Anrufen des Gerichts verhindern und, wenn der Mieter auszieht, die Sachen in seinen Besitz nehmen.

Sind die Sachen ohne Wissen oder unter Widerspruch des Vermieters entfernt worden, so kann er die Herausgabe zum Zwecke der Zurückschaffung in das Grundstück und, wenn der Mieter ausgezogen ist, die Überlassung des Besitzes ver-
1 Monat langen. Das Pfandrecht erlischt mit dem Ablauf eines Monats, nachdem der Vermieter von der Entfernung der Sachen Kennt-

nis erlangt hat, wenn nicht der Vermieter diesen Anspruch vorher gerichtlich geltend gemacht hat.

§ 561 B.G.B.

Der Mieter kann die Geltendmachung des Pfandrechts des Vermieters durch Sicherheitsleistung abwenden; er kann jede einzelne Sache dadurch von dem Pfandrechte befreien, daß er in Höhe ihres Wertes Sicherheit leistet.

§ 562 B.G.B.

Wird eine dem Pfandrechte des Vermieters unterliegende Sache für einen anderen Gläubiger gepfändet, so kann diesem gegenüber das Pfandrecht nicht wegen des Mietzinses für eine frühere Zeit als das letzte Jahr vor der Pfändung geltend gemacht werden. 1 Jahr

§ 563 B.G.B.

Pfandverkauf.

Siehe unter: „Pfandgegenstände, deren Verkauf"

Pfeiferdampf.

Der Verkäufer hat nur bestimmte Fehler (Hauptmängel) und diese nur dann zu vertreten, wenn sie sich innerhalb bestimmter Fristen (Gewährfristen) zeigen.

Die Hauptmängel und die Gewährfristen werden durch eine mit Zustimmung des Bundesrats zu erlassende Kaiserliche Verordnung bestimmt. Die Bestimmung kann auf demselben Wege ergänzt und abgeändert werden.

§ 482 B.G.B.

Für den Verkauf von Nutz- und Zuchttieren gelten als Hauptmängel:

I. bei Pferden, Eseln, Mauleseln und Maultieren:

4) Kehlkopfpfeifen (Pfeiferdampf, Hartschnaufigkeit, Rohren) mit einer Gewährfrist von vierzehn Tagen. 14 Tage

Als Kehlkopfpfeifen ist anzusehen die durch einen chronischen und unheilbaren Krankheitszustand des Kehlkopfs oder der Luftröhre verursachte und durch ein hörbares Geräusch gekennzeichnete Atemstörung;

§ 1 Abs. I Ziff. 4 der Kaiserl. V.O. vom 27. März 1899, betr. die Hauptmängel und Gewährfristen beim Viehhandel.

Pflichtteil.

Hat der Erblasser einem Dritten eine Schenkung gemacht, so kann der Pflichtteilsberechtigte als Ergänzung des Pflichtteils den Betrag verlangen, um den sich der Pflichtteil erhöht, wenn der verschenkte Gegenstand dem Nachlasse hinzugerechnet wird.

Eine verbrauchbare Sache kommt mit dem Werte in Ansatz, den sie zur Zeit der Schenkung hatte. Ein anderer Gegenstand kommt mit dem Werte in Ansatz, den er zur Zeit des Erbfalls hat; hatte er zur Zeit der Schenkung einen geringeren Wert, so wird nur dieser in Ansatz gebracht.

Die Schenkung bleibt unberücksichtigt, wenn zur Zeit des
10 Jahre Erbfalls zehn Jahre seit der Leistung des verschenkten Gegenstandes verstrichen sind; ist die Schenkung an den Ehegatten des Erblassers erfolgt, so beginnt die Frist nicht vor der Auflösung der Ehe.

§ 2325 B.G.B.

Hat sich ein Abkömmling in solchem Maße der Verschwendung ergeben oder ist er in solchem Maße überschuldet, daß sein späterer Erwerb erheblich gefährdet wird, so kann der Erblasser das Pflichtteilsrecht des Abkömmlinges durch die Anordnung beschränken, daß nach dem Tode des Abkömmlinges dessen gesetzliche Erben das ihm Hinterlassene oder den ihm gebührenden Pflichtteil als Nacherben oder als Nachvermächtnisnehmer nach dem Verhältnis ihrer gesetzlichen Erbteile erhalten sollen. Der Erblasser kann auch für die Lebenszeit des Abkömmlinges die Verwaltung einem Testamentsvollstrecker übertragen; der Abkömmling hat in einem solchen Falle Anspruch
jährlich auf den jährlichen Reinertrag.

Auf Anordnungen dieser Art finden die Vorschriften des § 2336 Abs. 1—3 (siehe unten) entsprechende Anwendung. Die Anordnungen sind unwirksam, wenn zur Zeit des Erbfalls der Abkömmling sich dauernd von dem verschwenderischen Leben abgewendet hat oder die den Grund der Anordnung bildende Überschuldung nicht mehr besteht.

§ 2338 B.G.B.

Die Entziehung des Pflichtteils erfolgt durch letztwillige Verfügung.

Der Grund der Entziehung muß zur Zeit der Errichtung bestehen und in der Verfügung angegeben werden.

Der Beweis des Grundes liegt demjenigen ob, welcher die Entziehung geltend macht.

Im Falle des § 2333 Nr. 5 [nämlich, wenn der Abkömmling einen ehrlosen oder unsittlichen Lebenswandel wider den Willen des Erblassers führt] ist die Entziehung unwirksam, wenn sich der Abkömmling zur Zeit des Erbfalls von dem ehrlosen oder unsittlichen Lebenswandel dauernd abgewendet hat.

§ 2336 B.G.B.

Photographien,
hier Schutz gegen unbefugte Nachbildung.

Das Recht, ein durch Photographie hergestelltes Werk ganz oder teilweise auf mechanischem Wege nachzubilden, steht dem Verfertiger der photographischen Aufnahme ausschließlich zu.

Auf Photographien von solchen Werken, welche gesetzlich gegen Nachdruck und Nachbildung noch geschützt sind, findet das gegenwärtige Gesetz keine Anwendung.

§ 1 des Reichsges. vom 10. Januar 1876,
betr. den Schutz der Photographien gegen unbefugte Nachbildung.

Als Nachbildung ist nicht anzusehen die freie Benutzung eines durch Photographie hergestellten Werkes zur Hervorbringung eines neuen Werkes.

§ 2 desselben Gesetzes.

Der Schutz des gegenwärtigen Gesetzes gegen Nachbildung wird dem Verfertiger des photographischen Werkes fünf Jahre gewährt. Diese Frist wird vom Ablaufe desjenigen Kalenderjahres ab gerechnet, in welchem die rechtmäßigen photographischen oder sonstigen mechanischen Abbildungen der Originalaufnahme zuerst erschienen sind. 5 Jahre

Wenn solche Abbildungen nicht erscheinen, so wird die fünfjährige Frist von dem Ablaufe desjenigen Kalenderjahres ab gerechnet, in welchem das Negativ der photographischen Aufnahme entstanden ist.

Bei Werken, die in mehreren Bänden oder Abteilungen erscheinen, findet der § 14 des Gesetzes vom 11. Juni 1870, betreffend das Urheberrecht an Schriftwerken 2c., [siehe unten] Anwendung.

§ 6 desselben Gesetzes.

Das im § 1 (siehe oben) bezeichnete Recht des Verfertigers eines photographischen Werkes geht auf dessen Erben über. Auch kann dieses Recht von dem Verfertiger oder dessen Erben ganz oder teilweise durch Vertrag oder durch Verfügung von Todes wegen auf Andere übertragen werden. Bei photographischen Bildnissen (Portraits) geht das Recht auch ohne Vertrag von selbst auf den Besteller über.

§ 7 desselben Gesetzes.

Der oben zitierte § 14 des Gesetzes vom 11. Juni 1870, betreffend das Urheberrecht an Schriftwerken rc. lautet:

„Bei Werken, die in mehreren Bänden oder Abteilungen erscheinen, wird die Schutzfrist von dem ersten Erscheinen eines jeden Bandes oder einer jeden Abteilung an berechnet.

Bei Werken jedoch, die in einem oder mehreren Bänden eine einzige Aufgabe behandeln und mithin als in sich zusammenhängend zu betrachten sind, beginnt die Schutzfrist erst nach dem Erscheinen des letzten Bandes oder der letzten Abteilung.

Wenn indessen zwischen der Herausgabe einzelner Bände oder
3 Jahre Abteilungen ein Zeitraum von mehr als drei Jahren verflossen ist, so sind die vorher erschienenen Bände, Abteilungen rc. als ein für sich bestehendes Werk und ebenso die nach Ablauf der drei Jahre erscheinenden weiteren Fortsetzungen als ein neues Werk zu behandeln."

Präsentation von Wechseln.

Der Inhaber eines Wechsels ist berechtigt, den Wechsel
sofort dem Bezogenen sofort zur Annahme zu präsentieren und in Ermangelung der Annahme Protest erheben zu lassen. Eine entgegenstehende Übereinkunft hat keine wechselrechtliche Wirkung. Nur bei Meß- oder Marktwechseln findet eine Ausnahme dahin statt, daß solche Wechsel erst in der an dem Meß- oder Marktorte gesetzlich bestimmten Präsentationszeit zur Annahme präsentiert und in Ermangelung derselben protestiert werden können. Der bloße Besitz des Wechsels ermächtigt zur Präsentation des Wechsels und zur Erhebung des Protestes Mangels Annahme.

Art. 18 der Wechselordnung.

Eine Verpflichtung des Inhabers, den Wechsel zur Annahme zu präsentieren, findet nur bei Wechseln statt, welche auf eine bestimmte Zeit nach Sicht lauten. Solche Wechsel müssen, bei Verlust des wechselmäßigen Anspruchs gegen die Indossanten und den Aussteller, nach Maßgabe der besonderen im Wechsel enthaltenen Bestimmung und in Ermangelung der-
2 Jahre selben binnen zwei Jahren nach der Ausstellung zur Annahme präsentiert werden. Hat ein Indossant auf einen Wechsel dieser Art seinem Indossamente eine besondere Präsentations-
Frist frist hinzugefügt, so erlischt seine wechselmäßige Verpflichtung,

wenn der Wechsel nicht innerhalb dieser Frist zur Annahme präsentiert worden ist.

Art. 19 der Wechselordnung.

Wenn die Annahme eines auf bestimmte Zeit nach Sicht gestellten Wechsels nicht zu erhalten ist, oder der Bezogene die Datierung seines Acceptes verweigert, so muß der Inhaber bei Verlust des wechselmäßigen Anspruchs gegen die Indossanten und den Aussteller die rechtzeitige Präsentation des Wechsels durch einen innerhalb der Präsentationsfrist (siehe oben Artikel 19) erhobenen Protest feststellen lassen. Frist

Der Protesttag gilt in diesem Falle für den Tag der Präsentation.

Ist die Protesterhebung unterblieben, so wird gegen den Acceptanten, welcher die Datierung seines Acceptes unterlassen hat, die Verfallzeit des Wechsels vom letzten Tage der Präsentationsfrist an gerechnet.

Art. 20 der Wechselordnung.

Ein auf Sicht gestellter Wechsel ist bei der Vorzeigung fällig. Ein solcher Wechsel muß bei Verlust des wechselmäßigen Anspruchs gegen die Indossanten und den Aussteller nach Maßgabe der besonderen im Wechsel enthaltenen Bestimmung und in Ermangelung derselben binnen zwei Jahren nach der Ausstellung zur Zahlung präsentiert werden. Hat ein Indossant auf einem Wechsel dieser Art seinem Indossamente eine besondere Präsentationsfrist hinzugefügt, so erlischt seine wechselmäßige Verpflichtung, wenn der Wechsel nicht innerhalb dieser Frist präsentiert worden ist. 2 Jahre Frist

Art. 31 der Wechselordnung.

Bei Wechseln, welche mit dem Ablaufe einer bestimmten Frist nach Sicht oder nach Dato zahlbar sind, tritt die Verfallzeit ein:

1) wenn die Frist nach Tagen bestimmt ist, an dem letzten Tage der Frist; bei Berechnung der Frist wird der Tag, an welchem der nach Dato zahlbare Wechsel ausgestellt oder der nach Sicht zahlbare zur Annahme präsentiert worden ist, nicht mitgerechnet; Frist

2) wenn die Frist nach Wochen, Monaten oder einem mehrere Monate umfassenden Zeitraume (Jahr, halbes Jahr, Vierteljahr) bestimmt ist, an demjenigen Tage der Zahlungswoche oder des Zahlungsmonats, der durch seine Benennung oder Zahl dem Tage der Ausstellung oder Präsentation ent-

spricht; fehlt dieser Tag in dem Zahlungsmonate, so tritt die Verfallzeit am letzten Tage des Zahlungsmonats ein.

Der Ausdruck „halber Monat“ wird einem Zeitraum 15 Tage von fünfzehn Tagen gleichgeachtet. Ist der Wechsel auf einen oder mehrere ganze Monate und einen halben Monat gestellt, so sind die fünfzehn Tage zuletzt zu zählen.

Art. 32 der Wechselordnung.

Zur Ausübung des bei nicht erlangter Zahlung statthaften Regresses gegen den Aussteller und die Indossanten ist erforderlich:

1) daß der Wechsel zur Zahlung präsentiert worden ist, und
2) daß sowohl diese Präsentation, als die Nichterlangung der Zahlung durch einen rechtzeitig darüber aufgenommenen Protest dargethan wird.

Die Erhebung des Protestes ist am Zahlungstage zu- 2 Tage lässig, sie muß aber spätestens am zweiten Werktage nach dem Zahlungstage geschehen.

Art. 41 der Wechselordnung.

Die Aufforderung, keinen Protest erheben zu lassen („ohne Protest“, „ohne Kosten“ ꝛc.), gilt als Erlaß des Protestes, nicht aber als Erlaß der Pflicht zur rechtzeitigen Präsentation. Der Wechselverpflichtete, von welchem jene Aufforderung ausgeht, muß die Beweislast übernehmen, wenn er die rechtzeitig geschehene Präsentation in Abrede stellt. Gegen die Pflicht zum Ersatze der Protestkosten schützt jene Aufforderung nicht.

Art. 42 der Wechselordnung.

Domizilierte Wechsel sind dem Domiziliaten, oder wenn ein solcher nicht benannt ist, dem Bezogenen selbst an demjenigen Orte, wohin der Wechsel domiziliert ist, zur Zahlung zu präsentieren, und wenn die Zahlung unterbleibt, dort zu protestieren. Wird die rechtzeitige Protesterhebung beim Domiziliaten verabsäumt, so geht dadurch der wechselmäßige Anspruch nicht nur gegen den Aussteller und die Indossanten, sondern auch gegen den Acceptanten verloren.

Art. 43 der Wechselordnung.

Privatbeamte,
deren Dienstverhältnis und Kündigung.

Das Dienstverhältnis der mit festen Bezügen zur Leistung von Diensten höherer Art Angestellten, deren Erwerbsthätigkeit durch das Dienstverhältnis vollständig oder hauptsächlich in Anspruch genommen wird, insbesondere der Lehrer, Erzieher, Privatbeamten, Gesellschafterinnen, kann nur für den Schluß eines Kalendervierteljahrs und nur unter Einhaltung einer Kündi- ¼ jährlich gungsfrist von sechs Wochen gekündigt werden, auch wenn die Ver- 6 Wochen gütung nach kürzeren Zeitabschnitten als Vierteljahren bemessen ist.

§ 622 B.G.B.

Ist die Vergütung nicht nach Zeitabschnitten bemessen, so kann das Dienstverhältnis jederzeit gekündigt werden; bei jederzeit einem die Erwerbsthätigkeit des Verpflichteten vollständig oder hauptsächlich in Anspruch nehmenden Dienstverhältnis ist jedoch eine Kündigungsfrist von zwei Wochen einzuhalten. 2 Wochen

§ 623 B.G.B.

Ist das Dienstverhältnis für die Lebenszeit einer Person Lebenszeit oder für längere Zeit als fünf Jahre eingegangen, so kann es 5 Jahre von dem Verpflichteten nach dem Ablaufe von fünf Jahren gekündigt werden. Die Kündigungsfrist beträgt sechs Monate. 6 Monate

§ 624 B.G.B.

Wird das Dienstverhältnis nach dem Ablaufe der Dienstzeit von dem Verpflichteten mit Wissen des anderen Teiles fortgesetzt, so gilt es als auf unbestimmte Zeit verlängert, unbestimmt sofern nicht der andere Teil unverzüglich widerspricht. unverzüglich

§ 625 B.G.B.

Das Dienstverhältnis kann von jedem Teile ohne Einhaltung einer Kündigungsfrist gekündigt werden, wenn ein wichtiger Grund vorliegt.

§ 626 B.G.B.

Privatgläubiger eines offenen Handelsgesellschafters.

Hat ein Privatgläubiger eines Gesellschafters, nachdem innerhalb der letzten sechs Monate eine Zwangsvollstreckung 6 Monate in das bewegliche Vermögen des Gesellschafters ohne Erfolg versucht ist, auf Grund eines nicht blos vorläufig vollstreckbaren Schuldtitels die Pfändung und Überweisung des Anspruchs auf dasjenige erwirkt, was dem Gesellschafter bei der Auseinandersetzung zukommt, so kann er die Gesellschaft ohne Rücksicht darauf, ob sie für bestimmte oder unbestimmte Zeit eingegangen ist, sechs Monate vor dem Ende des Geschäftsjahrs 6 Monate für diesen Zeitpunkt kündigen.

§ 135 H.G.B.

Privilegienschutz im Urheberrecht.

Die Erteilung von Privilegien zum Schutze des Urheberrechts ist nicht mehr zulässig.

Dem Inhaber eines vor dem Inkrafttreten des gegenwärtigen Gesetzes von den Regierungen einzelner deutscher Staaten erteilten Privilegiums steht es frei, ob er von diesem Privilegium Gebrauch machen oder den Schutz des gegenwärtigen Gesetzes anrufen will.

Der Privilegienschutz kann indes nur für den Umfang derjenigen Staaten geltend gemacht werden, von welchen derselbe erteilt worden ist.

Die Berufung auf den Privilegienschutz ist dadurch bedingt, daß das Privilegium entweder ganz oder dem wesentlichen Inhalte nach dem Werke vorgedruckt oder auf oder hinter dem Titelblatt desselben bemerkt ist. Wo dieses nach der Natur des Gegenstandes nicht stattfinden kann oder bisher nicht geschehen ist, muß das Privilegium, bei Vermeidung des
3 Monate Erlöschens, binnen drei Monaten nach dem Inkrafttreten dieses Gesetzes zur Eintragung in die Eintragsrolle angemeldet werden. Das Kuratorium der Eintragsrolle hat das Privilegium öffentlich bekannt zu machen.

§ 19 des Reichsgesetzes vom 9. Januar 1876, betr. das Urheberrecht an Werken der bildenden Künste.

Probekauf.

Bei einem Kaufe auf Probe oder auf Besicht steht die Billigung des gekauften Gegenstandes im Belieben des Käufers. Der Kauf ist im Zweifel unter der aufschiebenden Bedingung der Billigung geschlossen.

Der Verkäufer ist verpflichtet, dem Käufer die Untersuchung des Gegenstandes zu gestatten.

§ 495 B.G.B.

Die Billigung eines auf Probe oder auf Besicht gekauften Gegenstandes kann nur innerhalb der vereinbarten Frist und in Ermangelung einer solchen nur bis zum Ablauf einer dem Käufer von dem Verkäufer bestimmten angemessenen Frist erklärt werden. War die Sache dem Käufer zum Zwecke der Probe oder der Besichtigung übergeben, so gilt sein Schweigen als Billigung.

Frist

§ 496 B.G.B.

Probezeit der Handlungslehrlinge.

Die Dauer der Lehrzeit bestimmt sich nach dem Lehrvertrag, in Ermangelung vertragsmäßiger Festsetzung nach den örtlichen Verordnungen oder dem Ortsgebrauche.

Das Lehrverhältnis kann, sofern nicht eine längere Probezeit vereinbart ist, während des ersten Monats nach dem Beginne der Lehrzeit ohne Einhaltung einer Kündigungsfrist gekündigt werden. Eine Vereinbarung, nach der die Probezeit mehr als drei Monate betragen soll, ist nichtig. im 1. Monat 3 Monate

Nach dem Ablaufe der Probezeit finden auf die Kündigung des Lehrverhältnisses die Vorschriften der §§ 70—72 („wichtige Gründe") Anwendung. Als ein wichtiger Grund zur Kündigung durch den Lehrling ist es insbesondere auch anzusehen, wenn der Lehrherr seine Verpflichtungen gegen den Lehrling in einer dessen Gesundheit, Sittlichkeit oder Ausbildung gefährdenden Weise vernachlässigt.

Im Falle des Todes des Lehrherrn kann das Lehrverhältnis innerhalb eines Monats ohne Einhaltung einer Kündigungsfrist gekündigt werden. 1 Monat

§ 77 H.G.B.

Probezeit der Lehrlinge im Gewerbe.

Das Lehrverhältnis kann, wenn eine längere Frist nicht vereinbart ist, während der ersten vier Wochen nach Beginn der Lehrzeit durch einseitigen Rücktritt aufgelöst werden. Eine Vereinbarung, wonach diese Probezeit mehr als drei Monate betragen soll, ist nichtig. 4 Wochen

§ 127 b Abs. 1 der Reichs-Gewerbeordnung.

Protest Mangels Zahlung des Wechsels.

Zur Ausübung des bei nicht erlangter Zahlung statthaften Regresses gegen den Aussteller und die Indossanten ist erforderlich: 1) daß der Wechsel zur Zahlung präsentiert worden ist, und 2) daß sowohl diese Präsentation, als die Nichterlangung der Zahlung durch einen rechtzeitig darüber aufgenommenen Protest dargethan wird.

Die Erhebung des Protestes ist am Zahlungstage zulässig, sie muß aber spätestens am zweiten Werktage nach dem Zahlungstage geschehen. 2 Tage

Art. 41 der Wechselordnung.

Der Inhaber eines Mangels Zahlung protestierten Wechsels
2 Tage ist verpflichtet, seinen unmittelbaren Vormann innerhalb zweier Tage nach dem Tage der Protesterhebung von der Nichtzahlung des Wechsels schriftlich zu benachrichtigen, zu welchem Ende es genügt, wenn das Benachrichtigungsschreiben innerhalb dieser
Frist Frist zur Post gegeben ist. Jeder benachrichtigte Vormann muß binnen derselben, vom Tage des empfangenen Berichts zu berechnenden Frist seinen nächsten Vormann in gleicher Weise benachrichtigen. Der Inhaber oder Indossator, welcher die Benachrichtigung unterläßt oder dieselbe nicht an den unmittelbaren Vormann ergehen läßt, wird hiedurch den sämtlichen oder den übersprungenen Vormännern zum Ersatze des aus der unterlassenen Benachrichtigung entstandenen Schadens verpflichtet. Auch verliert derselbe gegen diese Personen den Anspruch auf Zinsen und Kosten, so daß er nur die Wechselsumme zu fordern berechtigt ist.

Art. 45 der Wechselordnung.

Prüfungen der Handwerkerlehrlinge.

Die Prüfungsausschüsse bestehen aus einem Vorsitzenden und mindestens zwei Beisitzern.

Der Vorsitzende des Prüfungsausschusses wird von der Handwerkskammer bestellt. Von den Beisitzern wird bei dem Prüfungsausschuß einer Innung die Hälfte durch diese, die andere Hälfte aus der Zahl der Gesellen, welche eine Gesellenprüfung bestanden haben, durch den Gesellenausschuß bestellt. Bei den von der Handwerkskammer errichteten Prüfungsausschüssen werden auch die Beisitzer von der Handwerkskammer bestellt, die Hälfte der Beisitzer muß aus Gesellen bestehen.

Die Bestellung der Mitglieder der Prüfungsausschüsse
3 Jahre erfolgt in der Regel auf drei Jahre.

6 Jahre Während der ersten sechs Jahre nach dem Inkrafttreten dieser Bestimmungen können auch Gesellen (Gehilfen), welche die Gesellenprüfung nicht abgelegt haben, gewählt werden, wenn
2 Jahre sie eine Lehrzeit von mindestens zwei Jahren zurückgelegt haben.

§ 131 a der Gewerbeordnung (Novelle vom 26. Juli 1897).

Prüfungstermin im Konkurse.

Die Frist zur Anmeldung der Konkursforderungen beträgt
2 Wochen zwei Wochen bis drei Monate. Der Zeitraum zwischen dem

Ablaufe der Anmeldefrist und dem allgemeinen Prüfungstermine soll mindestens eine Woche und höchstens zwei Monate betragen. bis 3 Monate 1 Woche bis 2 Monate

§ 138 K.O.

Pseudonyme Autoren.

Anonyme und pseudonyme Werke, welche zur Zeit ihrer ersten rechtmäßigen öffentlichen Aufführung noch nicht durch den Druck veröffentlicht sind, werden dreißig Jahre vom Tage der ersten rechtmäßigen Aufführung an, posthume Werke dreißig Jahre vom Tode des Urhebers an gegen unbefugte öffentliche Aufführung geschützt. 30 Jahre 30 Jahre

Wenn der Urheber des anonymen oder pseudonymen Werkes oder sein hiezu legitimierter Rechtsnachfolger innerhalb der Frist von dreißig Jahren den wahren Namen des Urhebers vermittelst Eintragung in die Eintragsrolle bekannt macht, oder wenn der Urheber das Werk innerhalb derselben Frist unter seinem wahren Namen veröffentlicht, so gelangt die Bestimmung des § 8 zur Anwendung [siehe unten]. 30 Jahre

§ 52 Absatz II u. III des R.G. vom 11. Juni 1870, betr. das Urheberrecht an Schriftwerken, Abbildungen, musikalischen Kompositionen und dramatischen Werken.

Der Schutz des gegenwärtigen Gesetzes gegen Nachdruck wird, vorbehaltlich der folgenden besonderen Bestimmungen, für die Lebensdauer des Urhebers und dreißig Jahre nach dem Tode des Urhebers gewährt. 30 Jahre

§ 8 desselben Gesetzes.

Räude.

Der Verkäufer hat nur bestimmte Fehler (Hauptmängel) und diese nur dann zu vertreten, wenn sie sich innerhalb bestimmter Fristen (Gewährfristen) zeigen.

Die Hauptmängel und die Gewährfristen werden durch eine mit Zustimmung des Bundesrats zu erlassende Kaiserliche Verordnung bestimmt. Die Bestimmung kann auf demselben Wege ergänzt und abgeändert werden.

§ 482 B.G.B.

Für den Verkauf von Nutz- und Zuchttieren gelten als Hauptmängel:

III. bei Schafen:

14 Tage Räude mit einer Gewährfrist von vierzehn Tagen.

§ 1 Abs. III der Kaiserl. V.O. vom 27. März 1899, betr. die Hauptmängel und Gewährfristen beim Viehhandel.

Rangordnung der Konkursgläubiger.

Die Konkursforderungen werden nach folgender Rangordnung, bei gleichem Rang nach Verhältnis ihrer Beträge, berichtigt:

1 Jahr 1) die für das letzte Jahr vor der Eröffnung des Verfahrens oder dem Ableben des Gemeinschuldners rückständigen Forderungen an Lohn, Kostgeld oder anderen Dienstbezügen der Personen, welche sich dem Gemeinschuldner für dessen Haushalt, Wirtschaftsbetrieb oder Erwerbsgeschäft zur Leistung von Diensten verdungen hatten;

2) die Forderungen der Reichskasse, der Staatskassen und der Gemeinden, sowie der Amts-, Kreis- und Provinzialverbände
1 Jahr wegen öffentlicher Abgaben, welche im letzten Jahre vor der Eröffnung des Verfahrens fällig geworden sind oder nach § 65 als fällig gelten (nämlich die betagten Forderungen); es macht hierbei keinen Unterschied, ob der Steuererheber die Abgabe bereits vorschußweise zur Kasse entrichtet hat;

3) die Forderungen der Kirchen und Schulen, der öffentlichen Verbände und der öffentlichen, zur Annahme der Versicherung verpflichteten Feuerversicherungsanstalten wegen der nach Gesetz oder Verfassung zu entrichtenden Abgaben und
1 Jahr Leistungen aus dem letzten Jahre vor der Eröffnung des Verfahrens;

4) die Forderungen der Ärzte, Wundärzte, Tierärzte, Apotheker, Hebammen und Krankenpfleger wegen Kur- und
1 Jahr Pflegekosten aus dem letzten Jahre vor der Eröffnung des Verfahrens, insoweit der Betrag der Forderungen den Betrag der taxmäßigen Gebührnisse nicht übersteigt;

5) die Forderungen der Kinder, der Mündel und der Pflegebefohlenen des Gemeinschuldners in Ansehung ihres gesetzlich der Verwaltung desselben unterworfenen Vermögens; das Vorrecht steht ihnen nicht zu, wenn die Forderung nicht
2 Jahre binnen zwei Jahren nach Beendigung der Vermögensverwaltung gerichtlich geltend gemacht und bis zur Eröffnung des Verfahrens verfolgt worden ist;

6) alle übrigen Konkursforderungen.

§ 61 K.O.

Rechenschaft gegenüber dem aus einer Gesellschaft Ausgeschiedenen.

Der Ausgeschiedene nimmt an dem Gewinn und dem Verluste teil, welcher sich an den zur Zeit seines Ausscheidens schwebenden Geschäften ergibt. Die übrigen Gesellschafter sind berechtigt, diese Geschäfte so zu beendigen, wie es ihnen am vorteilhaftesten erscheint.

Der Ausgeschiedene kann am Schlusse jedes Geschäftsjahrs Rechenschaft über die inzwischen beendigten Geschäfte, Auszahlung des ihm gebührenden Betrags und Auskunft über den Stand der noch schwebenden Geschäfte verlangen. jährlich

§ 740 B.G.B.

Rechnungslegung des Testamentsvollstreckers.

Auf das Rechtsverhältnis zwischen dem Testamentsvollstrecker und dem Erben finden die für den Auftrag geltenden Vorschriften der §§ 664, 666 bis 668, 670, des § 673 Satz 2 und des § 674 [enthalten keine Fristen!] entsprechende Anwendung.

Bei einer länger dauernden Verwaltung kann der Erbe jährlich Rechnungslegung verlangen. jährlich

§ 2218 B.G.B.

Rechnungslegung des Vormunds.

Der Vormund hat über seine Vermögensverwaltung dem Vormundschaftsgerichte Rechnung zu legen.

Die Rechnung ist jährlich zu legen. Das Rechnungsjahr wird von dem Vormundschaftsgerichte bestimmt. jährlich

Ist die Verwaltung von geringem Umfange, so kann das Vormundschaftsgericht, nachdem die Rechnung für das erste Jahr gelegt worden ist, anordnen, daß die Rechnung für längere, höchstens dreijährige Zeitabschnitte zu legen ist. 3 Jahre

§ 1840 B.G.B.

Der Vater kann den von ihm benannten Vormund von der Verpflichtung entbinden, während der Dauer seines Amtes Rechnung zu legen.

Der Vormund hat in einem solchen Falle nach dem Ab-
2 Jahre laufe von je zwei Jahren eine Übersicht über den Bestand des seiner Verwaltung unterliegenden Vermögens dem Vormundschaftsgericht einzureichen. Das Vormundschaftsgericht kann an-
5 Jahre ordnen, daß die Übersicht in längeren, höchstens fünfjährigen Zwischenräumen einzureichen ist.

Ist ein Gegenvormund vorhanden oder zu bestellen, so hat ihm der Vormund die Übersicht unter Nachweisung des Vermögensbestandes vorzulegen. Der Gegenvormund hat die Übersicht mit den Bemerkungen zu versehen, zu denen die Prüfung ihm Anlaß gibt.

§ 1854 B.G.B.

Benennt die eheliche Mutter einen Vormund, so kann sie die gleichen Anordnungen treffen wie nach den §§ 1852 bis 1854 der Vater.

§ 1855 B.G.B.

Registersachen, hier Frist zur Klageerhebung.

Das Registergericht kann, wenn eine von ihm zu erlassende Verfügung von der Beurteilung eines streitigen Rechtsverhältnisses abhängig ist, die Verfügung aussetzen, bis über das Verhältnis im Wege des Rechtsstreits entschieden ist. Es kann, wenn der Rechtsstreit nicht anhängig ist, einem der
Frist Beteiligten eine Frist zur Erhebung der Klage bestimmen.

§ 127 des R.G. vom 17. Mai 1898, betr. die Angelegenheiten der freiwilligen Gerichtsbarkeit.

Regreß auf Sicherstellung der Wechselsumme.

Wenn die Annahme eines Wechsels überhaupt nicht oder unter Einschränkungen oder nur auf eine geringere Summe erfolgt ist, so sind die Indossanten und der Aussteller wechselmäßig verpflichtet, gegen Aushändigung des Mangels Annahme aufgenommenen Protestes genügende Sicherheit dahin zu leisten, daß die Bezahlung der im Wechsel verschriebenen Summe oder des nicht angenommenen Betrages, sowie die Erstattung der durch die Nichtannahme veranlaßten Kosten am Verfalltage erfolgen werde.

Jedoch sind diese Personen auch befugt, auf ihre Kosten die schuldige Summe bei Gericht oder bei einer anderen, zur Annahme von Depositen ermächtigten Behörde oder Anstalt niederzulegen.

Art. 25 der Wechselordnung.

Die bestellte Sicherheit muß zurückgegeben werden:

1) sobald die vollständige Annahme des Wechsels nachträglich erfolgt ist;
2) wenn gegen den Regreßpflichtigen, welcher sie bestellt hat, binnen Jahresfrist, vom Verfalltage des Wechsels an gerechnet, auf Zahlung aus dem Wechsel nicht geklagt worden ist; 1 Jahr
3) wenn die Zahlung des Wechsels erfolgt oder die Wechselkraft desselben erloschen ist.

Art. 28 der Wechselordnung.

Reisegepäck, Haftung der Bahn für Verlust desselben.

Für den Verlust von Reisegepäck, das zur Beförderung aufgegeben ist, haftet die Eisenbahn nur, wenn das Gepäck binnen acht Tagen nach der Ankunft des Zuges, zu welchem es aufgegeben ist, auf der Bestimmungsstation abgefordert wird. 8 Tage

Inwieweit für den Fall des Verlustes oder der Beschädigung von Reisegepäck, das zur Beförderung aufgegeben ist, die zu leistende Entschädigung auf einen Höchstbetrag beschränkt werden kann, bestimmt die Eisenbahnverkehrsordnung. Ist der Schaden durch Vorsatz oder grobe Fahrlässigkeit der Eisenbahn herbeigeführt, so kann die Beschränkung auf den Höchstbetrag nicht geltend gemacht werden.

Für den Verlust oder die Beschädigung von Reisegepäck, das nicht zur Beförderung aufgegeben ist, sowie von Gegenständen, die in beförderten Fahrzeugen belassen sind, haftet die Eisenbahn nur, wenn ihr ein Verschulden zur Last fällt.

§ 465 H.G.B.

Rentenanteilscheine.

Der Anspruch aus einer Schuldverschreibung auf den Inhaber erlischt mit dem Ablaufe von dreißig Jahren nach dem Eintritte der für die Leistung bestimmten Zeit, wenn nicht die Urkunde vor dem Ablaufe der dreißig Jahre dem Aussteller zur Einlösung vorgelegt wird. Erfolgt die Vorlegung, so verjährt der Anspruch in zwei Jahren von dem Ende der Vorlegungsfrist an. Der Vorlegung steht die gerichtliche Geltendmachung des Anspruchs aus der Urkunde gleich. 30 Jahre 2 Jahre

Bei Zins-, Renten- und Gewinnanteilscheinen beträgt die Vorlegungsfrist vier Jahre. Die Frist beginnt mit 4 Jahre dem Schlusse des Jahres, in welchem die für die Leistung bestimmte Zeit eintritt.

Die Dauer und der Beginn der Vorlegungsfrist können von dem Aussteller in der Urkunde anders bestimmt werden.

§ 801 B.G.B.

Ist ein Zins-, Renten- oder Gewinnanteilschein abhanden gekommen oder vernichtet und hat der bisherige Inhaber den Verlust dem Aussteller vor dem Ablaufe der Vorlegungsfrist angezeigt, so kann der bisherige Inhaber nach dem
Frist Ablaufe der Frist (siehe oben) die Leistung von dem Aussteller verlangen. Der Anspruch ist ausgeschlossen, wenn der abhanden gekommene Schein dem Aussteller zur Einlösung vorgelegt oder der Anspruch aus dem Scheine gerichtlich geltend gemacht worden ist, es sei denn, daß die Vorlegung oder die gerichtliche Geltendmachung nach dem Ablaufe der Frist erfolgt ist.
4 Jahre Der Anspruch verjährt in vier Jahren.

In dem Zins-, Renten- oder Gewinnanteilscheine kann der im Absatz 1 bestimmte Anspruch ausgeschlossen werden.

§ 804 B.G.B.

Revisoren bei einer Aktiengesellschaft, Ernennung derselben.

Die Generalversammlung kann mit einfacher Stimmenmehrheit die Bestellung von Revisoren zur Prüfung der Bilanz oder zur Prüfung von Vorgängen bei der Gründung oder der Geschäftsführung beschließen.

Ist in der Generalversammlung ein Antrag auf Bestellung von Revisoren zur Prüfung eines Vorganges bei der
2 Jahre Gründung oder eines nicht länger als zwei Jahre zurückliegenden Vorganges bei der Geschäftsführung abgelehnt worden, so können auf Antrag von Aktionären, deren Anteile zusammen den zehnten Teil des Grundkapitals erreichen, Revisoren durch das Gericht, in dessen Bezirke die Gesellschaft ihren Sitz hat, ernannt werden.

Dem Antrag ist nur stattzugeben, wenn glaubhaft gemacht wird, daß bei dem Vorgange Unredlichkeiten oder grobe Verletzungen des Gesetzes oder des Gesellschaftsvertrags stattgefunden haben. Die Antragsteller haben die Aktien bis zur Entscheidung über den Antrag zu hinterlegen und glaubhaft
6 Monate zu machen, daß sie seit mindestens sechs Monaten von der Generalversammlung zurückgerechnet, Besitzer der Aktien sind.

Vor der Ernennung sind der Vorstand und der Aufsichtsrat zu hören. Die Ernennung kann auf Verlangen von einer nach freiem Ermessen zu bestimmenden Sicherheitsleistung abhängig gemacht werden.

§ 266 H.G.B.

Revisoren bei einer Erwerbs- und Wirtschaftsgenossenschaft.

Die Einrichtungen der Genossenschaft und die Geschäftsführung derselben in allen Zweigen der Verwaltung sind mindestens in jedem zweiten Jahre der Prüfung durch einen der Genossenschaft nicht angehörigen, sachverständigen Revisor zu unterwerfen. 2 Jahre

§ 53 des Erwerbs- und Wirtschaftsgenossenschaftsgesetzes vom 20. Mai 1898.

Rohren, Rotlauf, Rotz.

Der Verkäufer hat nur bestimmte Fehler (Hauptmängel) und diese nur dann zu vertreten, wenn sie sich innerhalb bestimmter Fristen (Gewährfristen) zeigen.

Die Hauptmängel und die Gewährfristen werden durch eine mit Zustimmung des Bundesrats zu erlassende Kaiserliche Verordnung bestimmt. Die Bestimmung kann auf demselben Wege ergänzt und abgeändert werden.

§ 482 B.G.B.

Für den Verkauf von Nutz- und Zuchttieren gelten als Hauptmängel:

I. bei Pferden, Eseln, Mauleseln und Maultieren:

1) Rotz (Wurm) mit einer Gewährfrist von vierzehn Tagen; 14 Tage

— —

4) Kehlkopfpfeifen (Pfeiferdampf, Hartschnaufigkeit, Rohren) mit einer Gewährfrist von vierzehn Tagen; als Kehlkopfpfeifen ist anzusehen die durch einen chronischen und unheilbaren Krankheitszustand des Kehlkopfs oder der Luftröhre verursachte und durch ein hörbares Geräusch gekennzeichnete Atemstörung; 14 Tage

— —

IV. bei Schweinen:

1) Rotlauf mit einer Gewährfrist von drei Tagen; 3 Tage

§ 1 der Kaiserl. Verordnung vom 27. März 1899, betr. die Hauptmängel und Gewährfristen beim Viehhandel.

Für den Verkauf solcher Tiere, die alsbald geschlachtet werden sollen und bestimmt sind, als Nahrungsmittel für Menschen zu dienen (Schlachttiere), gelten als Hauptmängel:

I. bei Pferden, Eseln, Mauleseln und Maultieren:

14 Tage Rotz (Wurm) mit einer Gewährfrist von vierzehn Tagen;

— —

§ 2 der Kaiserl. Verordnung vom 27. März 1899, betr. die Hauptmängel und Gewährfristen beim Viehhandel.

Rücktritt von einem Vertrage.

Kommt der Berechtigte mit der Rückgewähr des empfangenen Gegenstandes oder eines erheblichen Teiles des Gegenstandes in Verzug, so kann ihm der andere Teil eine angemessene Frist mit der Erklärung bestimmen, daß er die Annahme nach dem Ablaufe der Frist ablehne. Der Rücktritt wird unwirksam, wenn nicht die Rückgewähr vor dem Ablaufe der Frist erfolgt. (Frist)

§ 354 B.G.B.

Ist für die Ausübung des Rücktrittsrechts eine Frist nicht vereinbart, so kann dem Berechtigten von dem anderen Teile für die Ausübung eine angemessene Frist bestimmt werden. Das Rücktrittsrecht erlischt, wenn nicht der Rücktritt vor dem Ablaufe der Frist erklärt wird. (Frist)

§ 355 B.G.B.

Hat sich in einem Vertrag ein Teil den Rücktritt vorbehalten, so sind die Parteien, wenn der Rücktritt erfolgt, verpflichtet, einander die empfangenen Leistungen zurückzugewähren. Für geleistete Dienste sowie für die Überlassung der Benutzung einer Sache ist der Wert zu vergüten oder, falls in dem Vertrag eine Gegenleistung in Geld bestimmt ist, diese zu entrichten.

§ 346 B.G.B.

Wird die aus einem gegenseitigen Vertrage dem einen Teile obliegende Leistung in Folge eines Umstandes, den er zu vertreten hat, unmöglich, so kann der andere Teil Schadensersatz wegen Nichterfüllung verlangen oder von dem Vertrage zurücktreten. Bei teilweiser Unmöglichkeit ist er, wenn die teilweise Erfüllung des Vertrags für ihn kein Interesse hat, berechtigt, Schadensersatz wegen Nichterfüllung der ganzen Verbindlichkeit nach Maßgabe des § 280 Abs. 2 (siehe unten) zu verlangen oder von dem ganzen Vertrage zurückzutreten. Statt des Anspruchs auf Schadensersatz und des Rücktrittsrechts kann er auch die für den Fall des § 323 [siehe unten] bestimmten Rechte geltend machen.

Das Gleiche gilt in dem Falle des § 283 (siehe unten), wenn nicht die Leistung bis zum Ablaufe der Frist bewirkt wird oder wenn sie zu dieser Zeit teilweise nicht bewirkt ist. Frist

§ 325 B.G.B.

Ist bei einem gegenseitigen Vertrage der eine Teil mit der ihm obliegenden Leistung im Verzuge, so kann ihm der andere Teil zur Bewirkung der Leistung eine angemessene Frist mit der Erklärung bestimmen, daß er die Annahme der Leistung nach dem Ablaufe der Frist ablehne. Nach dem Ablaufe der Frist ist er berechtigt, Schadensersatz wegen Nichterfüllung zu verlangen oder von dem Vertrage zurückzutreten, wenn nicht die Leistung rechtzeitig erfolgt ist; der Anspruch auf Erfüllung ist ausgeschlossen. Wird die Leistung bis zum Ablaufe der Frist teilweise nicht bewirkt, so findet die Vorschrift des § 325 Abs. 1 Satz 2 [siehe oben] entsprechende Anwendung. Frist

Hat die Erfüllung des Vertrags in Folge des Verzugs für den andern Teil kein Interesse, so stehen ihm die im Abs. 1 bezeichneten Rechte zu, ohne daß es der Bestimmung einer Frist bedarf.

§ 326 B.G.B.

Ist der Schuldner rechtskräftig verurteilt, so kann der Gläubiger ihm zur Bewirkung der Leistung eine angemessene Frist mit der Erklärung bestimmen, daß er die Annahme der Leistung nach dem Ablaufe der Frist ablehne. Nach dem Ablaufe der Frist kann der Gläubiger Schadensersatz wegen Nichterfüllung verlangen, soweit nicht die Leistung rechtzeitig bewirkt wird; der Anspruch auf Erfüllung ist ausgeschlossen. Die Verpflichtung zum Schadensersatze tritt nicht ein, wenn die Leistung in Folge eines Umstandes unmöglich wird, den der Schuldner nicht zu vertreten hat. Frist

Wird die Leistung bis zum Ablaufe der Frist nur teilweise nicht bewirkt, so steht dem Gläubiger auch das im § 280 Abs. 2 (siehe unten) bestimmte Recht zu.

§ 283 B.G.B.

Soweit die Leistung in Folge eines von dem Schuldner zu vertretenden Umstandes unmöglich wird, hat der Schuldner dem Gläubiger den durch die Nichterfüllung entstehenden Schaden zu ersetzen.

Im Falle teilweiser Unmöglichkeit kann der Gläubiger unter Ablehnung des noch möglichen Teiles der Leistung Schadensersatz wegen Nichterfüllung der ganzen Verbindlichkeit verlangen, wenn die teilweise Erfüllung für ihn kein Interesse hat. Die für das vertragsmäßige Rücktrittsrecht geltenden Vorschriften der §§ 346 bis 356 (siehe oben) finden entsprechende Anwendung.

§ 280 B.G.B.

Wird die aus einem gegenseitigen Vertrage dem einen Teile obliegende Leistung in Folge eines Umstandes unmöglich, den weder er noch der andere Teil zu vertreten hat, so verliert er den Anspruch auf die Gegenleistung; bei teilweiser Unmöglichkeit mindert sich die Gegenleistung nach Maßgabe der §§ 472, 473.

Verlangt der andere Teil nach § 281 Herausgabe des für den geschuldeten Gegenstand erlangten Ersatzes oder Abtretung des Ersatzanspruches, so bleibt er zur Gegenleistung verpflichtet; diese mindert sich jedoch nach Maßgabe der §§ 472, 473 insoweit, als der Wert des Ersatzes oder des Ersatzanspruches hinter dem Werte der geschuldeten Leistung zurückbleibt.

Soweit die nach diesen Vorschriften nicht geschuldete Gegenleistung bewirkt ist, kann das Geleistete nach den Vorschriften über die Herausgabe einer ungerechtfertigten Bereicherung zurückgefordert werden.

§ 323 B.G.B.

Ist bei dem Kaufe einer beweglichen Sache dem Käufer die nähere Bestimmung über Form, Maß oder ähnliche Verhältnisse vorbehalten, so ist der Käufer verpflichtet, die vorbehaltene Bestimmung zu treffen.

Ist der Käufer mit der Erfüllung dieser Verpflichtung im Verzuge, so kann der Verkäufer die Bestimmung statt des Käufers vornehmen oder gemäß § 326 des B.G.B. (siehe oben) Schadensersatz wegen Nichterfüllung fordern oder vom Vertrage zurückzutreten. Im ersteren Falle hat der Verkäufer die von ihm getroffene Bestimmung dem Käufer mitzuteilen und
Frist ihm zugleich eine angemessene Frist zur Vornahme einer anderweitigen Bestimmung zu setzen. Wird eine solche innerhalb der gesetzlichen Frist von dem Käufer nicht vorgenommen, so ist die von dem Verkäufer getroffene Bestimmung maßgebend.

§ 375 H.G.B.

Ist bedungen, daß die Leistung des einen Teiles genau zu einer festbestimmten Zeit oder innerhalb einer festbestimmten Frist bewirkt werden soll, so kann der andere Teil, wenn die Leistung nicht zu der bestimmten Zeit oder nicht innerhalb der bestimmten Frist erfolgt, von dem Vertrage zurücktreten oder, falls der Schuldner im Verzug ist, statt der Erfüllung Schadensersatz wegen Nichterfüllung verlangen. Erfüllung kann er nur beanspruchen, wenn er sofort nach dem Ablaufe der Zeit oder der Frist dem Gegner anzeigt, daß er auf Erfüllung bestehe. Frist sofort

§ 376 Abs. I H.G.B.

Schadensersatz.

Wer zum Schadensersatze verpflichtet ist, hat den Zustand herzustellen, der bestehen würde, wenn der zum Ersatze verpflichtende Umstand nicht eingetreten wäre. Ist wegen Verletzung einer Person oder wegen Beschädigung einer Sache Schadensersatz zu leisten, so kann der Gläubiger statt der Herstellung den dazu erforderlichen Geldbetrag verlangen.

§ 249 B.G.B.

Der Gläubiger kann dem Ersatzpflichtigen zur Herstellung eine angemessene Frist mit der Erklärung bestimmen, daß er die Herstellung nach dem Ablaufe der Frist ablehne. Nach dem Ablaufe der Frist kann der Gläubiger den Ersatz in Geld verlangen, wenn nicht die Herstellung rechtzeitig erfolgt; der Anspruch auf die Herstellung ist ausgeschlossen. Frist

§ 250 B.G.B.

Ist der Schuldner rechtskräftig verurteilt, so kann der Gläubiger ihm zur Bewirkung der Leistung eine angemessene Frist mit der Erklärung bestimmen, daß er die Annahme der Leistung nach dem Ablaufe der Frist ablehne. Nach dem Ablaufe der Frist kann der Gläubiger Schadensersatz wegen Nichterfüllung verlangen, soweit nicht die Leistung rechtzeitig bewirkt wird; der Anspruch auf Erfüllung ist ausgeschlossen. Die Verpflichtung zum Schadensersatze tritt nicht ein, wenn die Leistung in Folge eines Umstandes unmöglich wird, den der Schuldner nicht zu vertreten hat. Frist

Wird die Leistung bis zum Ablaufe der Frist nur teilweise nicht bewirkt, so steht dem Gläubiger auch das im § 280 Abs. 2 bestimmte Recht zu (siehe unten).

§ 283 B.G.B.

Soweit die Leistung in Folge eines von dem Schuldner zu vertretenden Umstandes unmöglich wird, hat der Schuldner dem Gläubiger den durch die Nichterfüllung entstehenden Schaden zu ersetzen.

Im Falle teilweiser Unmöglichkeit kann der Gläubiger unter Ablehnung des noch möglichen Teiles der Leistung Schadensersatz wegen Nichterfüllung der ganzen Verbindlichkeit verlangen, wenn die teilweise Erfüllung für ihn kein Interesse hat. Die für das vertragsmäßige Rücktrittsrecht geltenden Vorschriften der §§ 346 bis 356 [siehe oben unter Rücktritt vom Vertrage] finden entsprechende Anwendung.

§ 280 B.G.B.

Wird durch den Einsturz eines Gebäudes oder eines anderen mit einem Grundstücke verbundenen Werkes oder durch die Ablösung von Teilen des Gebäudes oder des Werkes ein Mensch getötet, der Körper oder die Gesundheit eines Menschen verletzt oder eine Sache beschädigt, so ist der Besitzer des Grundstücks, sofern der Einsturz oder die Ablösung die Folge fehlerhafter Errichtung oder mangelhafter Unterhaltung ist, verpflichtet, dem Verletzten den daraus entstehenden Schaden zu ersetzen. Die Ersatzpflicht tritt nicht ein, wenn der Besitzer zum Zwecke der Abwendung der Gefahr die im Verkehr erforderliche Sorgfalt beobachtet hat.

Ein früherer Besitzer des Grundstücks ist für den Schaden verantwortlich, wenn der Einsturz oder die Ablösung innerhalb
1 Jahr eines Jahres nach Beendigung seines Besitzes eintritt, es sei denn, daß er während seines Besitzes die im Verkehr erforderliche Sorgfalt beobachtet hat oder ein späterer Besitzer durch Beobachtung dieser Sorgfalt die Gefahr hätte abwenden können.

Besitzer im Sinne dieser Vorschriften ist der Eigenbesitzer.

§ 836 B.G.B.

Besitzt Jemand auf einem fremden Grundstück in Ausübung eines Rechtes ein Gebäude oder ein anderes Werk, so trifft ihn an Stelle des Besitzers des Grundstücks die im § 836 (siehe oben) bestimmte Verantwortlichkeit.

§ 837 B.G.B.

Wer die Unterhaltung eines Gebäudes oder eines mit einem Grundstück verbundenen Werkes für den Besitzer übernimmt oder das Gebäude oder das Werk vermöge eines ihm zustehenden Nutzungsrechts zu unterhalten hat, ist für den durch den Einsturz oder die Ablösung von Teilen verursachten Schaden in gleicher Weise verantwortlich wie der Besitzer.

§ 838 B.G.B.

Scheidung der Ehe.

Ein Ehegatte kann auf Scheidung klagen, wenn der andere Ehegatte sich des Ehebruchs oder einer nach den §§ 171, 175 des St.G.B. [siehe unten] strafbaren Handlung schuldig macht.

Das Recht des Ehegatten auf Scheidung ist ausgeschlossen, wenn er dem Ehebruch oder der strafbaren Handlung zustimmt oder sich der Teilnahme schuldig macht.

§ 1565 B.G.B.

Ein Ehegatte, welcher eine neue Ehe eingeht, bevor seine Ehe aufgelöst oder für nichtig erklärt worden ist, ingleichen eine unverheiratete Person, welche mit einem Ehegatten, wissend, daß er verheiratet ist, eine Ehe eingeht, wird mit Zuchthaus bis zu fünf Jahren bestraft.

Sind mildernde Umstände vorhanden, so tritt Gefängnisstrafe nicht unter sechs Monaten ein.

Die Verjährung der Strafverfolgung beginnt mit dem Tage, an welchem eine der beiden Ehen aufgelöst oder für nichtig erklärt worden ist.

§ 171 des R.St.G.B.

Die widernatürliche Unzucht, welche zwischen Personen männlichen Geschlechts oder von Menschen mit Tieren begangen wird, ist mit Gefängnis zu bestrafen; auch kann auf Verlust der bürgerlichen Ehrenrechte erkannt werden.

§ 175 des R.St.G.B.

Ein Ehegatte kann auf Scheidung klagen, wenn der andere Ehegatte ihm nach dem Leben trachtet.

§ 1566 B.G.B.

Ein Ehegatte kann auf Scheidung klagen, wenn der andere Ehegatte ihn böslich verlassen hat.

Bösliche Verlassung liegt nur vor:

1) wenn ein Ehegatte, nachdem er zur Herstellung der häuslichen Gemeinschaft rechtskräftig verurteilt worden ist, ein

1 Jahr Jahr lang gegen den Willen des andern Ehegatten in böslicher Absicht dem Urteile nicht Folge geleistet hat;

1 Jahr 2) wenn ein Ehegatte sich ein Jahr lang gegen den Willen des anderen Ehegatten in böslicher Absicht von der häuslichen Gemeinschaft fern gehalten hat und die Voraussetzungen
1 Jahr für die öffentliche Zustellung seit Jahresfrist gegen ihn bestanden haben.

Die Scheidung ist im Falle des Absatz 2 Nr. 2 unzulässig, wenn die Voraussetzungen für die öffentliche Zustellung am Schlusse der mündlichen Verhandlung, auf die das Urteil ergeht, nicht mehr bestehen.

§ 1567 B.G.B.

Ein Ehegatte kann auf Scheidung klagen, wenn der andere Ehegatte durch schwere Verletzung der durch die Ehe begründeten Pflichten oder durch ehrloses oder unsittliches Verhalten eine so tiefe Zerrüttung des ehelichen Verhältnisses verschuldet hat, daß dem Ehegatten die Fortsetzung der Ehe nicht zugemutet werden kann. Als schwere Verletzung der Pflichten gilt auch grobe Mißhandlung.

§ 1568 B.G.B.

Die Scheidungsklage muß in den Fällen der §§ 1565
6 Monate bis 1568 (siehe oben) binnen sechs Monaten von dem Zeitpunkt an erhoben werden, in dem der Ehegatte von dem Scheidungsgrunde Kenntnis erlangt. Die Klage ist ausge-
10 Jahre schlossen, wenn seit dem Eintritte des Scheidungsgrundes zehn Jahre verstrichen sind.

Die Frist läuft nicht, solange die häusliche Gemeinschaft der Ehegatten aufgehoben ist. Wird der zur Klage berechtigte Ehegatte von dem anderen Ehegatten aufgefordert, entweder die häusliche Gemeinschaft herzustellen oder die Klage zu erheben, so läuft die Frist von dem Empfange der Aufforderung an.

Der Erhebung der Klage steht die Ladung zum Sühnetermine gleich. Die Ladung verliert ihre Wirkung, wenn der zur Klage berechtigte Ehegatte im Sühnetermine nicht erscheint
3 Monate oder wenn drei Monate nach der Beendigung des Sühneverfahrens verstrichen sind und nicht vorher die Klage erhoben worden ist.

Auf den Lauf der sechsmonatigen oder der dreimonatigen
Frist Frist finden die für die Verjährung geltenden Vorschriften der

§§ 203, 206 [siehe sub IIa „Verjährungsabschnitt" des B.G.B.] entsprechende Anwendung.

§ 1571 B.G.B.

Ein Scheidungsgrund kann, auch wenn die für seine Geltendmachung im § 1571 (siehe oben) bestimmte Frist verstrichen ist, im Laufe des Rechtsstreits geltend gemacht werden, sofern die Frist zur Zeit der Erhebung der Klage noch nicht verstrichen war. Frist

§ 1572 B.G.B.

Ein Ehegatte kann auf Scheidung klagen, wenn der andere Ehegatte in Geisteskrankheit verfallen ist, die Krankheit während der Ehe mindestens drei Jahre gedauert und einen solchen Grad erreicht hat, daß die geistige Gemeinschaft zwischen den Ehegatten aufgehoben, auch jede Aussicht auf Wiederherstellung dieser Gemeinschaft ausgeschlossen ist. 3 Jahre

§ 1569 B.G.B.

Das Recht auf Scheidung erlischt in den Fällen der §§ 1565 bis 1568 (siehe oben) durch Verzeihung.

§ 1570 B.G.B.

Schenkung.

Eine Zuwendung, durch die Jemand aus seinem Vermögen einen Anderen bereichert, ist Schenkung, wenn beide Teile darüber einig sind, daß die Zuwendung unentgeltlich erfolgt.

Ist die Zuwendung ohne den Willen des Anderen erfolgt, so kann ihn der Zuwendende unter Bestimmung einer angemessenen Frist zur Erklärung über die Annahme auffordern. Nach dem Ablaufe der Frist gilt die Schenkung als angenommen, wenn nicht der Andere sie vorher abgelehnt hat. Im Falle der Ablehnung kann die Herausgabe des Zugewendeten nach den Vorschriften über die Herausgabe einer ungerechtfertigten Bereicherung gefordert werden. Frist

§ 516 B.G.B.

Soweit der Schenker nach der Vollziehung der Schenkung außer Stande ist, seinen standesgemäßen Unterhalt zu bestreiten und die ihm seinen Verwandten, seinem Ehegatten oder seinem früheren Ehegatten gegenüber gesetzlich obliegende Unterhaltspflicht zu erfüllen, kann er von dem Beschenkten die Herausgabe des Geschenkes nach den Vorschriften über die Herausgabe einer ungerechtfertigten Bereicherung fordern. Der Beschenkte kann die Herausgabe durch Zahlung des für den Unterhalt erforderlichen Betrags abwenden. Auf die Verpflichtung des Beschenkten finden die Vorschriften des § 760 (siehe unten) sowie die für die Unterhaltspflicht der Verwandten geltende Vorschrift des § 1613 (siehe unten) und im Falle des Todes des Schenkers auch die Vorschriften des § 1615 (siehe unten) entsprechende Anwendung.

Unter mehreren Beschenkten haftet der früher Beschenkte nur insoweit, als der später Beschenkte nicht verpflichtet ist.

§ 528 B.G.B.

Der Anspruch auf Herausgabe des Geschenkes ist ausgeschlossen, wenn der Schenker seine Bedürftigkeit vorsätzlich oder durch grobe Fahrlässigkeit herbeigeführt hat oder wenn zur Zeit des Eintritts seiner Bedürftigkeit seit der Leistung des
10 Jahre geschenkten Gegenstandes zehn Jahre verstrichen sind.

Das Gleiche gilt, soweit der Beschenkte bei Berücksichtigung seiner sonstigen Verpflichtungen außer Stande ist, das Geschenke herauszugeben, ohne daß sein standesmäßiger Unterhalt oder die Erfüllung der ihm kraft Gesetzes obliegenden Unterhaltspflichten gefährdet wird.

§ 529 B.G.B.

Eine Schenkung kann widerrufen werden, wenn sich der Beschenkte durch eine schwere Verfehlung gegen den Schenker oder einen nahen Angehörigen des Schenkers groben Undankes schuldig macht.

Dem Erben des Schenkers steht das Recht des Widerrufs nur zu, wenn der Beschenkte vorsätzlich und widerrechtlich den Schenker getötet oder am Widerrufe gehindert hat.

§ 530 B.G.B.

Der Widerruf erfolgt durch Erklärung gegenüber dem Beschenkten.

Ist die Schenkung widerrufen, so kann die Herausgabe des Geschenkes nach den Vorschriften über die Herausgabe einer ungerechtfertigten Bereicherung gefordert werden.

§ 531 B.G.B.

Der Widerruf ist ausgeschlossen, wenn der Schenker dem Beschenkten verziehen hat oder wenn seit dem Zeitpunkt, in welchem der Widerrufsberechtigte von dem Eintritte der Voraussetzungen seines Rechtes Kenntnis erlangt hat, ein Jahr verstrichen ist. Nach dem Tode des Beschenkten ist der Widerruf nicht mehr zulässig. 1 Jahr

§ 532 B.G.B.

Die Leibrente ist im voraus zu entrichten.

Eine Geldrente ist für drei Monate vorauszuzahlen; bei einer anderen Rente bestimmt sich der Zeitabschnitt, für den sie im voraus zu entrichten ist, nach der Beschaffenheit und dem Zwecke der Rente. 3 Monate

Hat der Gläubiger den Beginn des Zeitabschnitts erlebt, für den die Rente im voraus zu entrichten ist, so gebührt ihm der volle auf den Zeitabschnitt entfallende Betrag.

§ 760 B.G.B.

Für die Vergangenheit kann der Berechtigte Erfüllung oder Schadensersatz wegen Nichterfüllung nur von der Zeit an fordern, zu welcher der Verpflichtete in Verzug gekommen oder der Unterhaltsanspruch rechtshängig geworden ist.

§ 1613 B.G.B.

Der Unterhaltsanspruch erlischt mit dem Tode des Berechtigten oder des Verpflichteten, soweit er nicht auf Erfüllung oder Schadensersatz wegen Nichterfüllung für die Vergangenheit oder auf solche im voraus zu bewirkende Leistungen gerichtet ist, die zur Zeit des Todes des Berechtigten oder des Verpflichteten fällig sind.

Im Falle des Todes des Berechtigten hat der Verpflichtete die Kosten der Beerdigung zu tragen, soweit ihre Bezahlung nicht von den Erben zu erlangen ist.

§ 1615 B.G.B.

Ist ein Ehegatte allein für schuldig erklärt, so kann der andere Ehegatte Schenkungen, die er ihm während des Brautstandes oder während der Ehe gemacht hat, widerrufen. Die Vorschriften des § 531 (siehe oben) finden Anwendung.

Der Widerruf ist ausgeschlossen, wenn seit der Rechtskraft des Scheidungsurteils ein Jahr verstrichen oder wenn der Beschenkte gestorben ist. 1 Jahr

§ 1584 B.G.B.

Schlußnote der Handelsmäkler.

Der Handelsmäkler hat, sofern nicht die Parteien ihm dies erlassen oder der Ortsgebrauch mit Rücksicht auf die Gattung der Waare davon entbindet, unverzüglich nach dem unverzüglich

Abschlusse des Geschäfts jeder Partei eine von ihm unterzeichnete Schlußnote zuzustellen, welche die Parteien, den Gegenstand und die Bedingungen des Geschäfts, insbesondere bei Verkäufen von Waaren oder Wertpapieren deren Gattung und Menge sowie den Preis und die Zeit der Lieferung enthält.

Bei Geschäften, die nicht sofort erfüllt werden sollen, ist die Schlußnote den Parteien zu ihrer Unterschrift zuzustellen und jeder Partei die von der andern unterschriebene Schlußnote zu übersenden.

Verweigert eine Partei die Annahme oder Unterschrift der Schlußnote, so hat der Handelsmäkler davon der andern unverzüglich Partei unverzüglich Anzeige zu machen.

§ 94 H.G.B.

Nimmt eine Partei eine Schlußnote an, in der sich der Handelsmäkler die Bezeichnung der andern Partei vorbehalten hat, so ist sie an das Geschäft mit der Partei, welche ihr nachträglich bezeichnet wird, gebunden, es sei denn, daß gegen diese begründete Einwendungen zu erheben sind.

Die Bezeichnung der anderen Partei hat innerhalb der Frist ortsüblichen Frist, in Ermangelung einer solchen innerhalb einer den Umständen nach angemessenen Frist zu erfolgen.

Unterbleibt die Bezeichnung oder sind gegen die bezeichnete Person oder Firma begründete Einwendungen zu erheben, so ist die Partei befugt, den Handelsmäkler auf die Erfüllung des Geschäfts in Anspruch zu nehmen. Der Anspruch ist ausgeschlossen, wenn sich die Partei auf die Aufforderung unverzüglich des Handelsmäklers nicht unverzüglich darüber erklärt, ob sie Erfüllung verlange.

§ 95 H.G.B.

Schlußrechnung im Konkurse.

Der Verwalter hat bei der Beendigung seines Amts einer Glaubigerversammlung Schlußrechnung zu legen. Die Rechnung muß mit den Belegen und, wenn ein Gläubigeraus-3 Tage schuß bestellt ist, mit dessen Bemerkungen spätestens drei Tage vor dem Termine auf der Gerichtsschreiberei zur Einsicht der Beteiligten niedergelegt werden. Die Gemeinschuldner, jeder Konkursgläubiger und der nachfolgende Verwalter sind berechtigt, Einwendungen gegen die Rechnung zu erheben. Soweit in dem Termine Einwendungen nicht erhoben werden, gilt die Rechnung als anerkannt.

§ 86 K.O.

Zur Abnahme der Schlußrechnung, zur Erhebung von Einwendungen gegen das Schlußverzeichnis und zur Beschlußfassung der Gläubiger über die nicht verwertbaren Vermögensstücke bestimmt das Gericht einen Schlußtermin, welcher nicht unter drei Wochen und nicht über einen Monat hinaus anzuberaumen ist. 3 Wochen bis 1 Monat

Die Bestimmungen des § 158 Abs. 3 [nämlich: „Das Gericht entscheidet über die Einwendungen. Die Entscheidung, durch welche eine Berichtigung des Verzeichnisses angeordnet wird, ist auf der Gerichtsschreiberei niederzulegen. Die Beschwerdefrist beginnt mit dem Tage, an welchem die Niederlegung der Entscheidung erfolgt ist"] finden auf die Schlußverteilung Anwendung.

§ 162 K.O.

Schuldübernahme.

Eine Schuld kann von einem Dritten durch Vertrag mit dem Gläubiger in der Weise übernommen werden, daß der Dritte an die Stelle des bisherigen Schuldners tritt.

§ 414 B.G.B.

Wird die Schuldübernahme von dem Dritten mit dem Schuldner vereinbart, so hängt ihre Wirksamkeit von der Genehmigung des Gläubigers ab. Die Genehmigung kann erst erfolgen, wenn der Schuldner oder der Dritte dem Gläubiger die Schuldübernahme mitgeteilt hat. Bis zur Genehmigung können die Parteien den Vertrag ändern oder aufheben.

Wird die Genehmigung verweigert, so gilt die Schuldübernahme als nicht erfolgt. Fordert der Schuldner oder der Dritte den Gläubiger unter Bestimmung einer Frist zur Erklärung über die Genehmigung auf, so kann die Genehmigung nur bis zum Ablaufe der Frist erklärt werden; wird sie nicht erklärt, so gilt sie als verweigert. Frist

Solange nicht der Gläubiger die Genehmigung erteilt hat, ist im Zweifel der Uebernehmer dem Schuldner gegenüber verpflichtet, den Gläubiger rechtzeitig zu befriedigen. Das Gleiche gilt, wenn der Gläubiger die Genehmigung verweigert.

§ 415 B.G.B.

Uebernimmt der Erwerber eines Grundstücks durch Vertrag mit dem Veräußerer eine Schuld des Veräußerers, für die eine Hypothek an dem Grundstücke besteht, so kann der

Gläubiger die Schuldübernahme nur genehmigen, wenn der Veräußerer sie ihm mitteilt. Sind seit dem Empfange der
6 Monate Mitteilung sechs Monate verstrichen, so gilt die Genehmigung als erteilt, wenn nicht der Gläubiger sie dem Veräußerer gegenüber vorher verweigert hat; die Vorschrift des § 415 Abs. 2 Satz 2 (siehe oben) findet keine Anwendung.

Die Mitteilung des Veräußerers kann erst erfolgen, wenn der Erwerber als Eigenthümer im Grundbuch eingetragen ist. Sie muß schriftlich geschehen und den Hinweis enthalten, daß der Uebernehmer an die Stelle des bisherigen Schuldners tritt, wenn nicht der Gläubiger die Verweigerung innerhalb
6 Monate der sechs Monate erklärt.

Der Veräußerer hat auf Verlangen des Erwerbers dem Gläubiger die Schuldübernahme mitzuteilen. Sobald die Erteilung oder Verweigerung der Genehmigung feststeht, hat der Veräußerer den Erwerber zu benachrichtigen.

§ 416 B.G.B.

Schuldverschreibung auf den Inhaber.

Hat Jemand eine Urkunde ausgestellt, in der er dem Inhaber der Urkunde eine Leistung verspricht (Schuldverschreibung auf den Inhaber), so kann der Inhaber von ihm die Leistung nach Maßgabe des Versprechens verlangen, es sei denn, daß er zur Verfügung über die Urkunde nicht berechtigt ist. Der Aussteller wird jedoch auch durch die Leistung an einen nicht zur Verfügung berechtigten Inhaber befreit.

Die Gültigkeit der Unterzeichnung kann durch eine in die Urkunde aufgenommene Bestimmung von der Beobachtung einer besonderen Form abhängig gemacht werden. Zur Unterzeichnung genügt eine im Wege der mechanischen Vervielfältigung hergestellte Namensunterschrift.

§ 793 B.G.B.

Der Anspruch aus einer Schuldverschreibung auf den
30 Jahre Inhaber erlischt mit dem Ablaufe von dreißig Jahren nach dem Eintritte der für die Leistung bestimmten Zeit, wenn nicht die Urkunde vor dem Ablaufe der dreißig Jahre dem Aussteller zur Einlösung vorgelegt wird. Erfolgt die Vorlegung,
2 Jahre so verjährt der Anspruch in zwei Jahren von dem Ende der Vorlegungsfrist an. Der Vorlegung steht die gerichtliche Geltendmachung des Anspruchs aus der Urkunde gleich.

Bei Zins-, Renten- und Gewinnanteilscheinen beträgt die Vorlegungsfrist vier Jahre. Die Frist beginnt mit dem Schlusse des Jahres, in welchem die für die Leistung bestimmte Zeit eintritt. 4 Jahre

Die Dauer und der Beginn der Vorlegungsfrist können von dem Aussteller in der Urkunde anders bestimmt werden.

§ 801 B.G.B.

Der Beginn und der Lauf der Vorlegungs f r i s t sowie der Verjährung werden durch die Zahlungssperre zu Gunsten des Antragstellers gehemmt. Die Hemmung beginnt mit der Stellung des Antrags auf Zahlungssperre; sie endigt mit der Erledigung des Aufgebotsverfahrens und, falls die Zahlungssperre vor der Einleitung des Verfahrens verfügt worden ist, auch dann, wenn seit der Beseitigung des der Einleitung entgegenstehenden Hindernisses sechs Monate verstrichen sind und nicht vorher die Einleitung beantragt worden ist. Auf diese Frist finden die Vorschriften der §§ 203, 206, 207 [siehe sub IIa „Verjährungsabschnitt des Bürgerlichen Gesetzbuchs"] entsprechende Anwendung. 6 Monate

§ 802 B.G.B.

Ist ein Zins-, Renten- oder Gewinnanteilschein abhanden gekommen oder vernichtet und hat der bisherige Inhaber den Verlust dem Aussteller vor dem Ablaufe der Vorlegungsfrist angezeigt, so kann der bisherige Inhaber nach dem Ablaufe der F r i s t die Leistung von dem Aussteller verlangen. Der Anspruch ist ausgeschlossen, wenn der abhanden gekommene Schein dem Aussteller zur Einlösung vorgelegt oder der Anspruch aus dem Scheine gerichtlich geltend gemacht worden ist, es sei denn, daß die Vorlegung oder die gerichtliche Geltendmachung nach dem Ablaufe der Frist erfolgt ist. Der Anspruch verjährt in vier Jahren. 4 Jahre

In dem Zins-, Renten- oder Gewinnanteilscheine kann der im Absatz 1 bestimmte Anspruch ausgeschlossen werden.

§ 804 B.G.B.

Wird eine Urkunde, in welcher der Gläubiger benannt ist, mit der Bestimmung ausgegeben, daß die in der Urkunde versprochene Leistung an jeden Inhaber bewirkt werden kann, so wird der Schuldner durch die Leistung an den Inhaber der Urkunde befreit. Der Inhaber ist nicht berechtigt, die Leistung zu verlangen.

Der Schuldner ist nur gegen Aushändigung der Urkunde zur Leistung verpflichtet. Ist die Urkunde abhanden gekommen oder vernichtet, so kann sie, wenn nicht ein Anderes bestimmt ist, im Wege des Aufgebotsverfahrens für kraftlos erklärt werden. Die im § 802 (siehe oben) für die Verjährung gegebenen Vorschriften finden Anwendung.

§ 808 B.G.B.

Schutz gegen Nachdruck.

Der Schutz des gegenwärtigen Gesetzes gegen Nachdruck wird, vorbehaltlich der folgenden besonderen Bestimmungen für 30 Jahre die Lebensdauer des Urhebers und dreißig Jahre nach dem Tode desselben gewährt.

§ 8 des Reichsgesetzes vom 11. Juni 1870, betr. das Urheberrecht an Schriftwerken, Abbildungen, musikalischen Kompositionen und dramatischen Werken.

Bei einem von mehreren Personen als Miturheber verfaßten Werke erstreckt sich die Schutzfrist auf die Dauer von 30 Jahre dreißig Jahren nach dem Tode des Letztlebenden derselben.

Bei Werken, welche durch Beiträge mehrerer Mitarbeiter gebildet werden, richtet sich die Schutzfrist für die einzelnen Beiträge danach, ob die Urheber derselben genannt sind oder nicht.

§ 9 des oben zitierten Gesetzes vom 11. Juni 70.

Einzelne Aufsätze, Abhandlungen rc., welche in periodischen Werken, als Zeitschriften, Taschenbüchern, Kalendern rc. erschienen sind, darf der Urheber, falls nicht Anderes verabredet ist, auch ohne Einwilligung des Herausgebers oder Verlegers 2 Jahre des Werkes, in welches dieselben aufgenommen sind, nach zwei Jahren vom Ablaufe des Jahres des Erscheinens an gerechnet, anderweitig abdrucken.

§ 10 leg. cit.

Bei Schriftwerken, welche bereits veröffentlicht sind, ist die in § 8 (siehe oben) vorgeschriebene Dauer des Schutzes an die Bedingung geknüpft, daß der wahre Name des Urhebers auf dem Titelblatte oder unter der Zueignung oder unter der Vorrede angegeben ist.

Bei Werken, welche durch Beiträge mehrerer Mitarbeiter gebildet werden, genügt es für den Schutz der Beiträge, wenn der Name des Urhebers an der Spitze oder am Schlusse des Beitrags angegeben ist.

Ein Schriftwerk, welches entweder unter einem anderen als dem wahren Namen des Urhebers veröffentlicht, oder bei welchem ein Urheber gar nicht angegeben ist, wird dreißig Jahre lang, von der ersten Herausgabe an gerechnet, gegen Nachdruck geschützt. 30 Jahre

Wird innerhalb dreißig Jahre, von der ersten Herausgabe an gerechnet, der wahre Name des Urhebers von ihm selbst oder seinen hierzu legitimierten Rechtsnachfolgern zur Eintragung in die Eintragsrolle angemeldet, so wird dadurch dem Werke die im § 8 (siehe oben) bestimmte längere Dauer des Schutzes erworben. 30 Jahre

§ 11 leg. cit.

Die erst nach dem Tode des Urhebers erschienenen Werke werden dreißig Jahre lang, vom Tode des Urhebers an gerechnet, gegen Nachdruck geschützt. 30 Jahre

§ 12 leg. cit.

Akademien, Universitäten, sonstige juristische Personen, öffentliche Unterrichtsanstalten, sowie gelehrte oder andere Gesellschaften, wenn sie als Herausgeber dem Urheber gleich zu achten sind, genießen für die von ihnen herausgegebenen Werke einen Schutz von dreißig Jahren nach deren Erscheinen. 30 Jahre

§ 13 leg. cit.

Bei Werken, die in mehreren Bänden oder Abteilungen erscheinen, wird die Schutzfrist von dem ersten Erscheinen eines jeden Bandes oder einer jeden Abteilung an berechnet.

Bei Werken jedoch, die in einem oder mehreren Bänden eine einzige Aufgabe behandeln und mithin als in sich zusammenhängend zu betrachten sind, beginnt die Schutzfrist erst nach dem Erscheinen des letzten Bandes oder der letzten Abteilung.

Wenn indessen zwischen der Herausgabe einzelner Bände oder Abteilungen ein Zeitraum von mehr als drei Jahren verflossen ist, so sind die vorher erschienenen Bände, Abteilungen ꝛc. als ein für sich bestehendes Werk und ebenso die nach Ablauf der drei Jahre erscheinenden weiteren Fortsetzungen als ein neues Werk zu behandeln. 3 Jahre

§ 14 leg. cit.

Uebersetzungen ohne Genehmigung des Urhebers des Originalwerks gelten als Nachdruck:

a) wenn von einem, zuerst in einer toten Sprache erschienenen Werke eine Uebersetzung in einer lebenden Sprache herausgegeben wird;

b) wenn von einem gleichzeitig in verschiedenen Sprachen herausgegebenen Werke eine Uebersetzung in einer dieser Sprachen veranstaltet wird;

c) wenn der Urheber sich das Recht der Uebersetzung auf dem Titelblatte oder an der Spitze des Werkes vorbehalten hat, vorausgesetzt, daß die Veröffentlichung der vorbehaltenen Uebersetzung nach dem Erscheinen des Originalwerks binnen 1 Jahr 3 Jahre einem Jahre begonnen und binnen drei Jahren beendet wird. Das Kalenderjahr, in welchem das Originalwerk erschienen ist, wird hierbei nicht mitgerechnet.

Bei Originalwerken, welche in mehreren Bänden oder Abteilungen erscheinen, wird jeder Band oder jede Abteilung im Sinne dieses Paragraphen als ein besonderes Werk angesehen, und muß der Vorbehalt der Uebersetzung auf jedem Bande oder jeder Abteilung wiederholt werden.

Bei dramatischen Werken muß die Uebersetzung innerhalb 6 Monate sechs Monaten, vom Tage der Veröffentlichung des Originals an gerechnet, vollständig erschienen sein.

Der Beginn und beziehungsweise die Vollendung der Uebersetzung muß zugleich innerhalb der angegebenen Fristen zur Eintragung in die Eintragsrolle angemeldet werden, widrigenfalls der Schutz gegen neue Uebersetzungen erlischt.

Die Uebersetzung eines noch ungedruckten gegen Nachdruck geschützten Schriftwerkes (§ 5 Litt. a. u. b., siehe unten) ist als Nachdruck anzusehen.

Uebersetzungen genießen gleich Originalwerken den Schutz dieses Gesetzes gegen Nachdruck.

§ 6 des ob. zit. Ges. v. 11. Juni 1870.

Als Nachdruck ist auch anzusehen:

a) der ohne Genehmigung des Urhebers erfolgte Abdruck von noch nicht veröffentlichten Schriftwerken (Manuskripten).

Auch der rechtmäßige Besitzer eines Manuskriptes oder einer Abschrift desselben bedarf der Genehmigung des Urhebers zum Abdruck;

b) der ohne Genehmigung des Urhebers erfolgte Abdruck von Vorträgen, welche zum Zwecke der Erbauung, der Belehrung oder der Unterhaltung gehalten sind;
c) der neue Abdruck von Werken, welchen der Urheber oder der Verleger dem unter ihnen bestehenden Vertrage zuwider veranstaltet;
d) die Anfertigung einer größeren Anzahl von Exemplaren eines Werkes seitens des Verlegers, als demselben vertragsmäßig oder gesetzlich gestattet ist.

§ 5 leg. cit.

Das Verbot der Herausgabe von Uebersetzungen dauert in dem Falle des § 6 lit. b (siehe oben) fünf Jahre vom Erscheinen des Originalwerkes, in dem Falle des § 6 lit. c (siehe oben) fünf Jahre vom ersten Erscheinen der rechtmäßigen Uebersetzung ab gerechnet. 5 Jahre 5 Jahre

§ 15 leg. cit.

Schutzfrist bei Werken der bildenden Künste.

Der Schutz des gegenwärtigen Gesetzes gegen Nachbildung wird für die Lebensdauer des Urhebers und dreißig Jahre nach dem Tode desselben gewährt. Lebensdauer 30 Jahre

Bei Werken, welche veröffentlicht sind, ist diese Dauer des Schutzes an die Bedingung geknüpft, daß der wahre Name des Urhebers auf dem Werke vollständig genannt oder durch kenntliche Zeichen ausgedrückt ist.

Werke, welche entweder unter einem anderen, als dem wahren Namen des Urhebers veröffentlicht, oder bei welchen ein Urheber gar nicht angegeben ist, werden dreißig Jahre lang, von der Veröffentlichung an, gegen Nachbildung geschützt. Wird innerhalb dieser dreißig Jahre der wahre Name des Urhebers von ihm selbst oder seinen hierzu legitimierten Rechtsnachfolgern zur Eintragung in die Eintragsrolle (in Leipzig) angemeldet, so wird dadurch dem Werke die im Abs. 1 bestimmte längere Dauer des Schutzes erworben. 30 Jahre

§ 9 des Reichsgesetzes vom 9. Januar 1876, betr. das Urheberrecht an Werken der bildenden Künste.

Bei Werken, die in mehreren Bänden oder Abteilungen erscheinen, wird die Schutzfrist vom ersten Erscheinen eines jeden Bandes oder einer jeden Abteilung an berechnet.

Bei Werken jedoch, die in einem oder mehreren Bänden eine einzige Aufgabe behandeln und mithin als in sich zusammenhängend zu betrachten sind, beginnt die Schutzfrist erst nach dem Erscheinen des letzten Bandes oder der letzten Abteilung.

Wenn indessen zwischen der Herausgabe einzelner Bände
3 Jahre oder Abteilungen ein Zeitraum von mehr als drei Jahren verflossen ist, so sind die vorher erschienenen Bände, Abteilungen ꝛc. als ein für sich bestehendes Werk und ebenso die nach Ablauf der drei Jahre erscheinenden weiteren Fortsetzungen als ein neues Werk zu behandeln.

§ 10 leg. cit.

Die erst nach dem Tode des Urhebers veröffentlichten
30 Jahre Werke werden dreißig Jahre lang, vom Tode des Urhebers an gerechnet, gegen Nachbildung geschützt.

§ 11 leg. cit.

Einzelne Werke der bildenden Künste, welche in periodischen Werken, als Zeitschriften, Taschenbüchern, Kalendern ꝛc. erschienen sind, darf der Urheber, falls nichts anderes verabredet ist, auch ohne Einwilligung des Herausgebers oder Verlegers
2 Jahre des Werkes, in welches dieselben aufgenommen sind, nach zwei Jahren, vom Ablaufe des Jahres des Erscheinens an gerechnet, anderweitig abdrucken.

§ 12 leg. cit.

Schwangerschaft.

Der Vater ist verpflichtet, der Mutter die Kosten der Entbindung sowie die Kosten des Unterhalts für die ersten sechs
6 Wochen Wochen nach der Entbindung und, falls in Folge der Schwangerschaft oder der Entbindung weitere Aufwendungen notwendig werden, auch die dadurch entstehenden Kosten zu ersetzen. Den gewöhnlichen Betrag der zu ersetzenden Kosten kann die Mutter ohne Rücksicht auf den wirklichen Aufwand verlangen.

Der Anspruch steht der Mutter auch dann zu, wenn der Vater vor der Geburt des Kindes gestorben oder wenn das Kind tot geboren ist.

4 Jahre Der Anspruch verjährt in vier Jahren. Die Verjährung beginnt mit dem Ablaufe von sechs Wochen nach der Geburt des Kindes.

§ 1715 B.G.B.

Schon vor der Geburt des Kindes kann auf Antrag der Mutter durch einstweilige Verfügung angeordnet werden, daß der Vater den für die ersten drei Monate dem Kinde zu gewährenden Unterhalt alsbald nach der Geburt an die Mutter oder an den Vormund zu zahlen und den erforderlichen Betrag angemessene Zeit vor der Geburt zu hinterlegen hat. In gleicher Weise kann auf Antrag der Mutter die Zahlung des gewöhnlichen Betrags der nach § 1715 Abs. 1 (siehe oben) zu ersetzenden Kosten an die Mutter und die Hinterlegung des erforderlichen Betrags angeordnet werden. 3 Monate angemessene Zeit

Zur Erlassung der einstweiligen Verfügung ist nicht erforderlich, daß eine Gefährdung des Anspruchs glaubhaft gemacht wird.

§ 1716 B.G.B.

Schweinepest, Schweineseuche.

Der Verkäufer hat nur bestimmte Fehler (Hauptmängel) und diese nur dann zu vertreten, wenn sie sich innerhalb bestimmter Fristen (Gewährfristen) zeigen.

Die Hauptmängel und die Gewährfristen werden durch eine mit Zustimmung des Bundesrats zu erlassende Kaiserliche Verordnung bestimmt. Die Bestimmung kann auf demselben Wege ergänzt und abgeändert werden.

§ 482 B.G.B.

Für den Verkauf von Nutz- und Zuchttieren gelten als Hauptmängel:

I. ꝛc. II. ꝛc. III. ꝛc.

IV. Bei Schweinen:

— —

2) Schweineseuche (einschließlich Schweinepest) zehn Tage. 10 Tage

§ 1 Abs. IV Ziff. 2 der Kais. B.O. vom 27. März 1899, betr. die Hauptmängel u. Gewährfristen beim Viehhandel.

Seuche.

Der Veräußerer eines der nachbenannten Tiere haftet bei Nutz- und Zuchttieren für folgende Hauptmängel laut der oben zitierten Kaiserlichen Verordnung vom 27. März 1899 innerhalb der beigesetzten Fristen:

— —

II. Bei Rindvieh:

1) — —

28 Tage 2) Lungenseuche, acht und zwanzig Tage.

IV. Bei Schweinen:

1) —

10 Tage 2) Schweineseuche (einschließlich Schweinepest) zehn Tage.

§ 1 der ob. zit. Kais. V.O.

Soldatentestament.

In Kriegszeiten oder während eines Belagerungszustandes können die im § 38 (siehe unten) bezeichneten und die nach §§ 155 bis 158 des Militärstrafgesetzbuchs vom 20. Juni 1872 (siehe unten) den Militärgesetzen unterworfenen Personen letztwillige Verordnungen unter besonders erleichterten Formen gültig errichten (privilegierte militärische letztwillige Verfügungen). Die Vorrechte der Militärpersonen in Beziehung auf diese letztwilligen Verordnungen bestehen allein darin, daß sie nach Maßgabe der nachstehenden Bestimmungen den für ordentliche letztwillige Verfügungen vorgeschriebenen Förmlichkeiten nicht unterworfen sind. Es sind dabei die folgenden Bestimmungen zu beobachten:

1. Die Befugnis, in Kriegszeiten oder während des Belagerungszustandes privilegierte militärische letztwillige Verfügungen zu errichten, beginnt für die oben bezeichneten Personen von der Zeit, wo sie entweder ihre Standquartiere oder, im Fall ihnen solche nicht angewiesen sind, ihre bisherigen Wohnorte im Dienste verlassen oder in denselben angegriffen oder belagert werden.

   Kriegsgefangene oder Geißeln haben diese Befugnis, so lange sie sich in Gewalt des Feindes befinden.

2. Privilegierte militärische letztwillige Verfügungen sind in gültiger Form errichtet:
   a) wenn sie von dem Testator eigenhändig geschrieben und unterschrieben sind;
   b) wenn sie von dem Testator eigenhändig unterschrieben und von zwei Zeugen oder einem Auditeur oder Offizier mitunterzeichnet sind;
   c) wenn von einem Auditeur oder Offizier, unter Zuziehung zweier Zeugen oder noch eines Auditeurs oder

Offiziers, über die mündliche Erklärung des Testators eine schriftliche Verhandlung aufgenommen und diese dem Testator vorgelesen, sowie von dem Auditeur oder Offizier und den Zeugen, bezw. von den Auditeuren oder Offizieren unterschrieben ist.

Bei verwundeten oder kranken Militärpersonen können die unter b) und c) erwähnten Auditeure und Offiziere durch Militärärzte oder höhere Lazarethbeamte oder Militärgeistliche vertreten werden.

3. Die sub 2 erwähnten Zeugen sind Beweiszeugen; sie brauchen nicht die Eigenschaft von Instrumentszeugen zu haben und es kann die Aussage eines derselben als vollständig beweisend angenommen werden.

4. Die nach Vorschrift sub 2c aufgenommene Verhandlung hat in Betreff ihres Inhalts und der in ihr angegebenen Zeit der Aufnahme die Beweiskraft einer öffentlichen Urkunde.

Ist in der eigenhändig geschriebenen und unterschriebenen, oder in der eigenhändig unterschriebenen letztwilligen Verfügung (2 a. b.) die Zeit der Errichtung angegeben, so streitet die Vermutung bis zum Beweise des Gegenteils für die Richtigkeit dieser Angabe.

Eine gleiche Vermutung streitet dafür, daß die letztwillige Verfügung während des die privilegierte Form zulassenden Ausnahmezustandes errichtet ist, wenn dieselbe während dieser Zeit oder innerhalb vierzehn Tage nach 14 Tage
deren Aufhören einer vorgesetzten Militärbehörde zur Aufbewahrung übergeben ist, oder wenn dieselbe in dem Feldnachlaß des Testators aufgefunden wird.

5. Privilegierte militärische letztwillige Verfügungen verlieren ihre Gültigkeit mit dem Ablaufe eines Jahres von dem 1 Jahr
Tage ab, an welchem der Truppenteil, zu dem der Testator gehört, demobil gemacht ist, oder der Testator aufgehört hat, zu dem mobilen Truppenteil zu gehören, oder als Kriegsgefangener oder Geißel aus der Gewalt des Feindes entlassen ist.

Der Lauf dieser Frist wird jedoch suspendiert durch anhaltende Unfähigkeit des Testators zur Errichtung einer anderweiten letztwilligen Verordnung.

Wenn der Testator innerhalb des Jahres vermißt und in dem Verfahren auf Todeserklärung oder auf Abwesenheitserklärung festgestellt wird, daß er seit jener Zeit verschollen ist, so tritt die Ungültigkeit der letztwilligen Verfügung nicht ein.

§ 44 des Reichs-Militärgesetzes vom 2. Mai 1874.

Zum aktiven Heere gehören:

A. Die Militärpersonen des Friedensstandes, und zwar

1. die Offiziere, Ärzte und Militärbeamten des Friedensstandes vom Tage ihrer Anstellung bis zum Zeitpunkte ihrer Entlassung aus dem Dienste;
2. die Kapitulanten vom Beginn bis zum Ablauf oder bis zur Aufhebung der abgeschlossenen Kapitulation;
3. die Freiwilligen und die ausgehobenen Rekruten von dem Tage, mit welchem ihre Verpflegung durch die Militärverwaltung beginnt, Einjährig-Freiwillige von dem Zeitpunkte ihrer definitiven Einstellung in einen Truppenteil an, sämtliche bis zum Ablauf des Tages ihrer Entlassung aus dem aktiven Dienste.

B. 1. Die aus dem Beurlaubtenstande zum Dienst einberufenen Offiziere, Ärzte, Militärbeamten und Mannschaften von dem Tage, zu welchem sie einberufen sind, bis zum Ablauf des Tages der Wiederentlassung;

2. alle in Kriegszeiten zum Heeresdienst aufgebotenen oder freiwillig eingetretenen Offiziere, Ärzte, Militärbeamten und Mannschaften, welche zu keiner der vorgenannten Kategorien gehören, von dem Tage, zu welchem sie einberufen sind, beziehungsweise vom Zeitpunkte des freiwilligen Eintritts an, bis zum Ablaufe des Tages der Entlassung.

C. Die Civilbeamten der Militärverwaltung, vom Tage ihrer Anstellung bis zum Zeitpunkte ihrer Entlassung aus dem Dienste.

§ 38 des Reichsmilitärgesetzes vom 2. Mai 1874.

Die oben zitierten §§ 155 bis 158 des Militär-Strafgesetzbuches für das Deutsche Reich vom 20. Juni 1872 lauten:

§ 155: Während eines gegen das Deutsche Reich ausgebrochenen Krieges sind alle Personen, welche sich in irgend einem Dienst- oder Vertragsverhältnisse bei dem kriegführenden Heere befinden, oder sonst sich bei demselben aufhalten oder ihm folgen, den Strafvorschriften dieses Gesetzes, insbesondere den Kriegsgesetzen unterworfen.

§ 156: Neben einer jeden Freiheitsstrafe, welche gegen eine Person verhängt wird, die sich zu den Truppen in einem Dienst-

oder Vertragsverhältnisse befindet, kann zugleich auf Aufhebung dieses Verhältnisses erkannt werden.

§ 157: Ausländische Offiziere, welche zu dem kriegführenden Heere zugelassen sind, werden, wenn der Kaiser nicht etwa besondere Bestimmungen getroffen hat, nach den für deutsche Offiziere geltenden Vorschriften beurteilt.

Auf das Gefolge solcher Offiziere findet die Vorschrift des § 155 (siehe oben) Anwendung.

§ 158: Auf strafbare Handlungen eines Kriegsgefangenen finden nach Maßgabe seines Militärranges die Vorschriften dieses Gesetzes entsprechende Anwendung.

Die Vorschriften des § 44 des Reichsmilitärgesetzes vom 2. Mai 1874 (siehe oben) finden entsprechende Anwendung auf Personen, die zur Besatzung eines in Dienst gestellten Schiffes der Kaiserlichen Marine gehören, so lange das Schiff sich außerhalb eines inländischen Hafens befindet oder die Personen als Kriegsgefangene oder Geißeln in der Gewalt des Feindes sind, ingleichen auf andere an Bord eines solchen Schiffes genommene Personen, so lange das Schiff sich außerhalb eines inländischen Hafens befindet und die Personen an Bord sind. Die Frist, mit deren Ablaufe die letztwillige Verfügung ihre Gültigkeit verliert, beginnt mit dem Zeitpunkt, in welchem das Schiff in einen inländischen Hafen zurückkehrt oder der Verfügende aufhört, zu dem Schiffe zu gehören, oder als Kriegsgefangener oder Geißel aus der Gewalt des Feindes entlassen wird. Den Schiffen stehen die sonstigen Fahrzeuge der Kaiserlichen Marine gleich. Frist

Artikel 44 des Einführungsgesetzes zum Bürgerlichen Gesetzbuche.

Sorge für Kinder aus geschiedenen Ehen.

Ist die Ehe aus einem der in den §§ 1565 bis 1568 bestimmten Gründen (siehe oben unter „Scheidung der Ehe") geschieden, so steht, so lange die geschiedenen Ehegatten leben, die Sorge für die Person des Kindes, wenn ein Ehegatte allein für schuldig erklärt ist, dem anderen Ehegatten zu; sind beide Ehegatten für schuldig erklärt, so steht die Sorge für einen Sohn unter sechs Jahren oder für eine Tochter der Mutter, für einen Sohn, der über sechs Jahre alt ist, dem Vater zu. Das Vormundschaftsgericht kann eine abweichende Anordnung treffen, wenn eine solche aus besonderen Gründen im Interesse des Kindes geboten ist; es kann die Anordnung aufheben, wenn sie nicht mehr erforderlich ist. 6 Jahre

Das Recht des Vaters zur Vertretung des Kindes bleibt unberührt.

§ 1635 B.G.B.

Speditionsgeschäft.

Spediteur ist, wer es gewerbsmäßig übernimmt, Güterversendungen durch Frachtführer oder durch Verfrachter von Seeschiffen für Rechnung eines Anderen (des Versenders) in eigenem Namen zu besorgen.

Auf die Rechte und Pflichten des Spediteurs finden, soweit dieser Abschnitt keine Vorschriften enthält, die für den Kommissionär geltenden Vorschriften, insbesondere die Vorschriften der §§ 388 bis 390 (siehe unten) über die Empfangnahme, die Aufbewahrung und die Versicherung des Gutes, Anwendung.

§ 407 H.G.B.

Befindet sich das Gut, welches dem Kommissionär zugesendet ist, bei der Ablieferung in einem beschädigten oder mangelhaften Zustande, der äußerlich erkennbar ist, so hat der Kommissionär die Rechte gegen den Frachtführer oder Schiffer zu wahren, für den Beweis des Zustandes zu sorgen und dem unverzüglich Kommittenten unverzüglich Nachricht zu geben; im Falle der Unterlassung ist er zum Schadensersatze verpflichtet.

Ist das Gut dem Verderb ausgesetzt oder treten später Veränderungen an dem Gute ein, die dessen Entwertung befürchten lassen, und ist keine Zeit vorhanden, die Verfügung des Kommittenten einzuholen, oder ist der Kommittent in der Erteilung der Verfügung säumig, so kann der Kommissionär den Verkauf des Gutes nach Maßgabe der Vorschriften des § 373 (siehe unten) bewirken. —

§ 388 H.G.B.

Unterläßt der Kommittent über das Gut zu verfügen, obwohl er dazu nach Lage der Sache verpflichtet ist, so hat der Kommissionär die nach § 373 (siehe unten) dem Verkäufer zustehenden Rechte. —

§ 389 H.G.B.

Der Kommissionär ist für den Verlust und die Beschädigung des in seiner Verwahrung befindlichen Gutes verantwortlich, es sei denn, daß der Verlust oder die Beschädigung auf Umständen beruht, die durch die Sorgfalt eines ordentlichen Kaufmannes nicht abgewendet werden konnten.

Der Kommissionär ist wegen der Unterlassung der Versicherung des Gutes nur verantwortlich, wenn er von dem Kommittenten angewiesen war, die Versicherung zu bewirken. —

§ 390 H.G.B.

Ist der Käufer mit der Annahme der Waare im Verzuge, so kann der Verkäufer die Waare auf Gefahr und Kosten des Käufers in einem öffentlichen Lagerhaus oder sonst in sicherer Weise hinterlegen.

Er ist ferner befugt, nach vorgängiger Androhung die Waare öffentlich versteigern zu lassen; er kann, wenn die Waare einen Börsen- oder Marktpreis hat, nach vorgängiger Androhung den Verkauf auch aus freier Hand durch einen zu solchen Verkäufen öffentlich ermächtigten Handelsmäkler oder durch eine zur öffentlichen Versteigerung befugte Person zum laufenden Preise bewirken. Ist die Waare dem Verderb ausgesetzt und Gefahr im Verzuge, so bedarf es der vorgängigen Androhung nicht; dasselbe gilt, wenn die Androhung aus anderen Gründen unthunlich ist.

Der Selbsthülfeverkauf erfolgt für Rechnung des säumigen Käufers.

Der Verkäufer und der Käufer können bei der öffentlichen Versteigerung mitbieten.

Im Falle der öffentlichen Versteigerung hat der Verkäufer den Käufer von der Zeit und dem Orte der Versteigerung vorher zu benachrichtigen; von dem vollzogenen Verkaufe hat er bei jeder Art des Verkaufs dem Käufer unverzüglich Nachricht zu geben. Im Falle der Unterlassung ist er zum Schadensersatze verpflichtet. Die Benachrichtigungen dürfen unterbleiben, wenn sie unthunlich sind.

§ 373 H.G.B.

Stiftungsvermögen, Ausantwortung desselben an die Anfallberechtigten.

Mit dem Erlöschen der Stiftung fällt das Vermögen an die in der Verfassung bestimmten Personen. Die Vorschriften der §§ 46 bis 53 (siehe unten) finden entsprechende Anwendung.

§ 88 B.G.B.

Fällt das Vereinsvermögen an den Fiskus, so finden die Vorschriften über eine dem Fiskus als gesetzlichem Erben anfallende Erbschaft entsprechende Anwendung. Der Fiskus hat das Vermögen thunlichst in einer den Zwecken des Vereins entsprechenden Weise zu verwenden.

§ 46 B.G.B.

Fällt das Vereinsvermögen nicht an den Fiskus, so muß eine Liquidation stattfinden.

§ 47 B.G.B.

Die Liquidation erfolgt durch den Vorstand. Zu Liquidatoren können auch andere Personen bestellt werden; für die Bestellung sind die für die Bestellung des Vorstandes geltenden Vorschriften maßgebend.

Die Liquidatoren haben die rechtliche Stellung des Vorstandes, soweit sich nicht aus dem Zwecke der Liquidation ein Anderes ergibt.

Sind mehrere Liquidatoren vorhanden, so ist für ihre Beschlüsse Übereinstimmung aller erforderlich, sofern nicht ein Anderes bestimmt ist.

§ 48 B.G.B.

Die Liquidatoren haben die laufenden Geschäfte zu beendigen, die Forderungen einzuziehen, das übrige Vermögen in Geld umzusetzen, die Gläubiger zu befriedigen und den Überschuß den Anfallberechtigten auszuantworten. Zur Beendigung schwebender Geschäfte können die Liquidatoren auch neue Geschäfte eingehen. Die Einziehung der Forderungen sowie die Umsetzung des übrigen Vermögens in Geld darf unterbleiben, soweit diese Maßregeln nicht zur Befriedigung der Gläubiger oder zur Verteilung des Überschusses unter die Anfallberechtigten erforderlich sind.

Der Verein gilt bis zur Beendigung der Liquidation als fortbestehend, soweit der Zweck der Liquidation es erfordert.

§ 49 B.G.B.

Die Auflösung des Vereins oder die Entziehung der Rechtsfähigkeit ist durch die Liquidatoren öffentlich bekannt zu machen. In der Bekanntmachung sind die Gläubiger zur Anmeldung ihrer Ansprüche aufzufordern. Die Bekanntmachung erfolgt durch das in der Satzung für Veröffentlichungen bestimmte Blatt, in Ermangelung eines solchen durch dasjenige Blatt, welches für Bekanntmachungen des Amtsgerichts bestimmt ist, in dessen Bezirke der Verein seinen Sitz hatte. Die Bekanntmachung gilt mit dem Ablaufe des zweiten Tages nach der Einrückung oder der ersten Einrückung als bewirkt. 2 Tage

Bekannte Gläubiger sind durch besondere Mitteilung zur Anmeldung aufzufordern.

§ 50 B.G.B.

Das Vermögen darf den Anfallberechtigten nicht vor dem Ablauf eines Jahres nach der Bekanntmachung der Auflösung des Vereins oder der Entziehung der Rechtsfähigkeit ausgeantwortet werden. — 1 Jahr

§ 51 B.G.B.

Tagebuch des Handelsmäklers.

Der Handelsmäkler ist verpflichtet, ein Tagebuch zu führen und in dieses alle abgeschlossenen Geschäfte täglich einzutragen. Die Eintragungen sind nach der Zeitfolge zu bewirken; sie haben die im § 94 Abs. 1 (siehe unten) bezeichneten Angaben zu enthalten. Das Eingetragene ist von dem Handelsmäkler täglich zu unterzeichnen. täglich

Die Vorschriften der §§ 43, 44 (siehe unten) über die Einrichtung und Aufbewahrung der Handelsbücher finden auf das Tagebuch des Handelsmäklers Anwendung.

§ 100 H.G.B.

Der Handelsmäkler hat, sofern nicht die Parteien ihm dies erlassen oder der Ortsgebrauch mit Rücksicht auf die Gattung der Waare davon entbindet, unverzüglich nach dem Abschlusse des Geschäfts jeder Partei eine von ihm unterzeichnete Schlußnote zuzustellen, welche die Parteien, den Gegenstand und die Bedingungen des Geschäfts, insbesondere bei Verkäufen von Waaren oder Wertpapieren deren Gattung und Menge, sowie den Preis und die Zeit der Lieferung, enthält. unverzüglich

Bei Geschäften, die nicht sofort erfüllt werden sollen, ist die Schlußnote den Parteien zu ihrer Unterschrift zuzustellen und jeder Partei die von der anderen unterschriebene Schlußnote zu übersenden.

Verweigert eine Partei die Annahme oder Unterschrift

der Schlußnote, so hat der Handelsmäkler davon der anderen Partei unverzüglich Anzeige zu machen.

§ 94 H.G.B.

Bei der Führung der Handelsbücher und bei den sonst erforderlichen Aufzeichnungen hat sich der Kaufmann einer lebenden Sprache und der Schriftzeichen einer solchen zu bedienen.

Die Bücher sollen gebunden und Blatt für Blatt oder Seite für Seite mit fortlaufenden Zahlen versehen sein.

An Stellen, die der Regel nach zu beschreiben sind, dürfen keine leeren Zwischenräume gelassen werden. Der ursprüngliche Inhalt einer Eintragung darf nicht mittelst Durchstreichens oder auf andere Weise unleserlich gemacht, es darf nichts radiert, auch dürfen solche Veränderungen nicht vorgenommen werden, deren Beschaffenheit es ungewiß läßt, ob sie bei der ursprünglichen Eintragung oder erst später gemacht worden sind.

§ 43 H.G.B.

Die Kaufleute sind verpflichtet, ihre Handelsbücher bis
10 Jahre zum Ablaufe von zehn Jahren, von dem Tage der darin vorgenommenen letzten Eintragung an gerechnet, aufzubewahren.

Dasselbe gilt in Ansehung der empfangenen Handelsbriefe und der Abschriften der abgesendeten Handelsbriefe sowie in Ansehung der Inventare und Bilanzen.

§ 44 H.G.B.

Täuschung, hier: Frist für die Anfechtung einer Willenserklärung in Folge Täuschung.

Siehe unter: „Willenserklärung“.

Teilung des Reinertrages bei Nachlaßverwaltungen.

Die Verwaltung des Nachlasses steht den Erben gemeinschaftlich zu. Jeder Miterbe ist den anderen gegenüber verpflichtet, zu Maßregeln mitzuwirken, die zur ordnungsmäßigen Verwaltung erforderlich sind; die zur Erhaltung notwendigen Maßregeln kann jeder Miterbe ohne Mitwirkung der anderen treffen.

Die Vorschriften der §§ 743, 745, 746, 748 (siehe unten) finden Anwendung. Die Teilung der Früchte erfolgt erst bei der Auseinandersetzung. Ist die Auseinandersetzung auf längere Zeit als ein Jahr ausgeschlossen, so kann jeder Miterbe am Schlusse jedes Jahres die Teilung des Reinertrags jährlich verlangen. —

§ 2038 B.G.B.

Jedem Teilhaber gebührt ein seinem Anteil entsprechender Bruchteil der Früchte.

Jeder Teilhaber ist zum Gebrauche des gemeinschaftlichen Gegenstandes insoweit befugt, als nicht der Mitgebrauch der übrigen Teilhaber beeinträchtigt wird.

§ 743 B.G.B.

Durch Stimmenmehrheit kann eine der Beschaffenheit des gemeinschaftlichen Gegenstandes entsprechende ordnungsmäßige Verwaltung und Benutzung beschlossen werden. Die Stimmenmehrheit ist nach der Größe der Anteile zu berechnen.

Jeder Teilhaber kann, sofern nicht die Verwaltung und Benutzung durch Vereinbarung oder durch Mehrheitsbeschluß geregelt ist, eine dem Interesse aller Teilhaber nach billigem Ermessen entsprechende Verwaltung und Benutzung verlangen.

Eine wesentliche Veränderung des Gegenstandes kann nicht beschlossen oder verlangt werden. Das Recht des einzelnen Teilhabers auf einen seinem Anteil entsprechenden Bruchteil der Nutzungen kann nicht ohne seine Zustimmung beeinträchtigt werden. —

§ 745 B.G.B.

Haben die Teilhaber die Verwaltung und Benutzung des gemeinschaftlichen Gegenstandes geregelt, so wirkt die getroffene Bestimmung auch für und gegen die Sondernachfolger. —

§ 746 B.G.B.

Jeder Teilhaber ist den anderen Teilhabern gegenüber verpflichtet, die Lasten des gemeinschaftlichen Gegenstandes sowie die Kosten der Erhaltung, der Verwaltung und einer gemeinschaftlichen Benutzung nach dem Verhältnisse seines Anteils zu tragen.

§ 748 B.G.B.

Testament, hier: Anfechtung eines Testaments.

Eine letztwillige Verfügung kann angefochten werden, soweit der Erblasser über den Inhalt seiner Erklärung im Irrtume war und eine Erklärung dieses Inhalts überhaupt nicht abgeben wollte und anzunehmen ist, daß er die Erklärung bei Kenntnis der Sachlage nicht abgegeben haben würde.

Das Gleiche gilt, soweit der Erblasser zu der Verfügung durch die irrige Annahme oder Erwartung des Eintritts oder Nichteintritts eines Umstandes oder widerrechtlich durch Drohung bestimmt worden ist.

Die Vorschriften des §§ 122 (siehe unten) finden keine Anwendung.

§ 2078 B.G.B.

Der soeben zitierte § 122 B.G.B. sowie die in diesem Paragraphen erwähnten §§ 118, 119 und 120 lauten:

§ 122: Ist eine Willenserklärung nach § 118 nichtig oder auf Grund der §§ 119, 120 angefochten, so hat der Erklärende, wenn die Erklärung einem Anderen gegenüber abzugeben war, diesem, anderenfalls jedem Dritten den Schaden zu ersetzen, den der Andere oder der Dritte dadurch erleidet, daß er auf die Gültigkeit der Erklärung vertraut, jedoch nicht über den Betrag des Interesses hinaus, welches der Andere oder der Dritte an der Gültigkeit der Erklärung hat.

Die Schadensersatzpflicht tritt nicht ein, wenn der Beschädigte den Grund der Nichtigkeit oder der Anfechtbarkeit kannte oder in Folge von Fahrlässigkeit nicht kannte (kennen mußte).

§ 118: Eine nicht ernstlich gemeinte Willenserklärung, die in der Erwartung abgegeben wird, der Mangel der Ernstlichkeit werde nicht verkannt werden, ist nichtig.

§ 119: Wer bei der Abgabe einer Willenserklärung über deren Inhalt im Irrtume war oder eine Erklärung dieses Inhalts überhaupt nicht abgeben wollte, kann die Erklärung anfechten, wenn anzunehmen ist, daß er sie bei Kenntnis der Sachlage und bei verständiger Würdigung des Falles nicht abgegeben haben würde.

Als Irrtum über den Inhalt der Erklärung gilt auch der Irrtum über solche Eigenschaften der Person oder der Sachen, die im Verkehr als wesentlich angesehen werden.

§ 120: Eine Willenserklärung, welche durch die zur Uebermittelung verwendete Person oder Anstalt unrichtig übermittelt worden ist, kann unter der gleichen Voraussetzung angefochten werden wie nach § 119 (siehe oben) eine irrtümlich abgegebene Willenserklärung.

Eine letztwillige Verfügung kann angefochten werden, wenn der Erblasser einen zur Zeit des Erbfalls vorhandenen Pflichtteilsberechtigten übergangen hat, dessen Vorhandensein ihm bei der Errichtung der Verfügung nicht bekannt war oder der erst nach der Errichtung geboren oder pflichtteilsberechtigt geworden ist. Die Anfechtung ist ausgeschlossen, soweit anzunehmen ist, daß der Erblasser auch bei Kenntnis der Sachlage die Verfügung getroffen haben würde.

§ 2079 B.G.B.

Zur Anfechtung ist derjenige berechtigt, welchem die Aufhebung der letztwilligen Verfügung unmittelbar zu Statten kommen würde.

Bezieht sich in den Fällen des § 2078 (siehe oben) der Irrtum nur auf eine bestimmte Person und ist diese anfechtungsberechtigt oder würde sie anfechtungsberechtigt sein, wenn sie zur Zeit des Erbfalls gelebt hätte, so ist ein Anderer zur Anfechtung nicht berechtigt.

Im Falle des § 2079 (siehe oben) steht das Anfechtungsrecht nur dem Pflichtteilsberechtigten zu.

§ 2080 B.G.B.

Die Anfechtung einer letztwilligen Verfügung, durch die ein Erbe eingesetzt, ein gesetzlicher Erbe von der Erbfolge ausgeschlossen, ein Testamentsvollstrecker ernannt oder eine Verfügung solcher Art aufgehoben wird, erfolgt durch Erklärung gegenüber dem Nachlaßgerichte.

Das Nachlaßgericht soll die Anfechtungserklärung demjenigen mitteilen, welchem die angefochtene Verfügung unmittelbar zu Statten kommt. Es hat die Einsicht der Erklärung Jedem zu gestatten, der ein rechtliches Interesse glaubhaft macht.

Die Vorschrift des Absatzes 1 gilt auch für die Anfechtung einer letztwilligen Verfügung, durch die ein Recht für einen Anderen nicht begründet wird, insbesondere für die Anfechtung einer Auflage.

§ 2081 B.G.B.

Die Anfechtung kann nur binnen Jahresfrist erfolgen. 1 Jahr

Die Frist beginnt mit dem Zeitpunkt, in welchem der Anfechtungsberechtigte von dem Anfechtungsgrunde Kenntnis erlangt. Auf den Lauf der Frist finden die für die Verjährung geltenden Vorschriften der §§ 203, 206, 207 entsprechende Anwendung [siehe sub IIa „Verjährungsabschnitt“ des B.G.B.].

Die Anfechtung ist ausgeschlossen, wenn seit dem Erb-
30 Jahre falle dreißig Jahre verstrichen sind.

§ 2082 B.G.B.

Testamentsvollstrecker, dessen Bestimmung durch einen Dritten.

Der Erblasser kann durch Testament einen oder mehrere Testamentsvollstrecker ernennen.

Der Erblasser kann für den Fall, daß der ernannte Testamentsvollstrecker vor oder nach der Annahme des Amtes wegfällt, einen anderen Testamentsvollstrecker ernennen.

§ 2197 B.G.B.

Der Erblasser kann die Bestimmung der Person des Testamentsvollstreckers einem Dritten überlassen. Die Bestimmung erfolgt durch Erklärung gegenüber dem Nachlaßgerichte; die Erklärung ist in öffentlich beglaubigter Form abzugeben.

Das Bestimmungsrecht des Dritten erlischt mit dem Ablauf einer ihm auf Antrag eines der Beteiligten von dem
Frist Nachlaßgerichte bestimmten Frist.

§ 2198 B.G.B.

Das Amt des Testamentsvollstreckers beginnt mit dem Zeitpunkt, in welchem der Ernannte das Amt annimmt.

Die Annahme sowie die Ablehnung des Amtes erfolgt durch Erklärung gegenüber dem Nachlaßgerichte. Die Erklärung kann erst nach dem Eintritte des Erbfalls abgegeben werden; sie ist unwirksam, wenn sie unter einer Bedingung oder einer Zeitbestimmung abgegeben wird.

Das Nachlaßgericht kann dem Ernannten auf Antrag
Frist eines der Beteiligten eine Frist zur Erklärung über die Annahme bestimmen. Mit dem Ablaufe der Frist gilt das Amt als abgelehnt, wenn nicht die Annahme vorher erklärt wird.

§ 2202 B.G.B.

Der Testamentsvollstrecker hat den Nachlaß zu verwalten. Er ist insbesondere berechtigt, den Nachlaß in Besitz zu nehmen und über die Nachlaßgegenstände zu verfügen. Zu unentgeltlichen Verfügungen ist er nur berechtigt, soweit sie einer sittlichen Pflicht oder einer auf den Anstand zu nehmenden Rücksicht entsprechen.

§ 2205 B.G.B.

Der Erblasser kann anordnen, daß der Testamentsvollstrecker in der Eingehung von Verbindlichkeiten für den Nachlaß nicht beschränkt sein soll. Der Testamentsvollstrecker ist auch in einem solchen Falle zu einem Schenkungsversprechen nur nach Maßgabe des § 2205 Satz 3 (siehe oben) berechtigt.

§ 2207 B.G.B.

Der Erblasser kann einem Testamentsvollstrecker die Verwaltung des Nachlasses übertragen, ohne ihm andere Aufgaben als die Verwaltung zuzuweisen; er kann auch anordnen, daß der Testamentsvollstrecker die Verwaltung nach der Erledigung der ihm sonst zugewiesenen Aufgaben fortzuführen hat. Im Zweifel ist anzunehmen, daß einem solchen Testamentsvollstrecker die im § 2207 (siehe oben) bezeichnete Ermächtigung erteilt ist.

§ 2209 B.G.B.

Eine nach § 2209 getroffene Anordnung (siehe oben) 30 Jahre
wird unwirksam, wenn seit dem Erbfalle dreißig Jahre verstrichen sind. Der Erblasser kann jedoch anordnen, daß die Verwaltung bis zum Tode des Erben oder des Testamentsvollstreckers oder bis zum Eintritt eines anderen Ereignisses in der Person des einen oder des anderen fortdauern soll. Die Vorschrift des § 2163 Abs. 2 (siehe unten) findet entsprechende Anwendung.

§ 2210 B.G.B.

Ein Vermächtnis, das unter einer aufschiebenden Bedingung oder unter Bestimmung eines Anfangstermins angeordnet ist, wird mit dem Ablaufe von dreißig Jahren nach 30 Jahre
dem Erbfall unwirksam, wenn nicht vorher die Bedingung oder der Termin eingetreten ist.

Ist der Bedachte zur Zeit des Erbfalls noch nicht erzeugt oder wird seine Persönlichkeit durch ein erst nach dem Erbfall eintretendes Ereignis bestimmt, so wird das Vermächtnis mit dem Ablaufe von dreißig Jahren nach dem Erbfall unwirksam, 30 Jahre
wenn nicht vorher der Bedachte erzeugt oder das Ereignis eingetreten ist, durch das seine Persönlichkeit bestimmt wird.

§ 2162 B.G.B.

Das Vermächtnis bleibt in den Fällen des § 2162
30 Jahre (siehe oben) auch nach dem Ablaufe von dreißig Jahren wirksam:

1. wenn es für den Fall angeordnet ist, daß in der Person des Beschwerten oder des Bedachten ein bestimmtes Ereignis eintritt, und derjenige, in dessen Person das Ereignis eintreten soll, zur Zeit des Erbfalls lebt;
2. wenn ein Erbe, ein Nacherbe oder ein Vermächtnisnehmer für den Fall, daß ihm ein Bruder oder eine Schwester geboren wird, mit einem Vermächtnisse zu Gunsten des Bruders oder der Schwester beschwert ist.

Ist der Beschwerte oder der Bedachte, in dessen Person das Ereignis eintreten soll, eine juristische Person, so bewendet
30 Jahre es bei der dreißigjährigen Frist.

§ 2163 B.G.B.

Testierfähigkeit.

Wer in der Geschäftsfähigkeit beschränkt ist, bedarf zur Errichtung eines Testaments nicht der Zustimmung seines gesetzlichen Vertreters.

Ein Minderjähriger kann ein Testament erst errichten,
16 Jahre wenn er das sechszehnte Lebensjahr vollendet hat.

Wer wegen Geistesschwäche, Verschwendung oder Trunksucht entmündigt ist, kann ein Testament nicht errichten. Die Unfähigkeit tritt schon mit der Stellung des Antrags ein, auf Grund dessen die Entmündigung erfolgt.

§ 2229 B.G.B.

Todeserklärung.

Wer verschollen ist, kann nach Maßgabe der §§ 14 bis 17 (siehe unten) im Wege des Aufgebotsverfahrens für tot erklärt werden.

§ 13 B.G.B.

10 Jahre Die Todeserklärung ist zulässig, wenn seit zehn Jahren keine Nachricht von dem Leben des Verschollenen eingegangen ist. Sie darf nicht vor dem Schlusse des Jahres erfolgen, in welchem der Verschollene das einunddreißigste Lebensjahr vollen-
31 Jahre det haben würde.

Ein Verschollener, der das siebzigste Lebensjahr vollendet haben würde, kann für tot erklärt werden, wenn seit fünf Jahren keine Nachricht von seinem Leben eingegangen ist. 70 Jahre 5 Jahre

Der Zeitraum von zehn oder fünf Jahren beginnt mit dem Schlusse des letzten Jahres, in welchem der Verschollene den vorhandenen Nachrichten zufolge noch gelebt hat.

§ 14 B.G.B.

Wer als Angehöriger einer bewaffneten Macht an einem Kriege Teil genommen hat, während des Krieges vermißt worden und seitdem verschollen ist, kann für tot erklärt werden, wenn seit dem Friedensschlusse drei Jahre verstrichen sind. 3 Jahre Hat ein Friedensschluß nicht stattgefunden, so beginnt der dreijährige Zeitraum mit dem Schlusse des Jahres, in welchem der Krieg beendigt worden ist.

Als Angehöriger einer bewaffneten Macht gilt auch derjenige, welcher sich in einem Amts- oder Dienstverhältnis oder zum Zwecke freiwilliger Hülfeleistung bei der bewaffneten Macht befindet.

§ 15 B.G.B.

Wer sich bei einer Seefahrt auf einem während der Fahrt untergegangenen Fahrzeuge befunden hat und seit dem Untergange des Fahrzeugs verschollen ist, kann für tot erklärt werden, wenn seit dem Untergang ein Jahr verstrichen ist. 1 Jahr

Der Untergang des Fahrzeugs wird vermutet, wenn es an dem Orte seiner Bestimmung nicht eingetroffen oder in Ermangelung eines festen Reiseziels nicht zurückgekehrt ist und wenn

bei Fahrten innerhalb der Ostsee ein Jahr 1 Jahr

bei Fahrten innerhalb anderer europäischer Meere, mit Einschluß sämmtlicher Teile des Mittelländischen, Schwarzen und Azowschen Meeres zwei Jahre, 2 Jahre

bei Fahrten, die über außereuropäische Meere führen, drei Jahre 3 Jahre

seit dem Antritte der Reise verstrichen sind. Sind Nachrichten über das Fahrzeug eingegangen, so ist der Ablauf des Zeitraums erforderlich, der verstrichen sein müßte, wenn das Fahrzeug von dem Orte abgegangen wäre, an dem es sich den Nachrichten zufolge zuletzt befunden hat.

§ 16 B.G.B.

Wer unter anderen als den in den §§ 15, 16 (siehe oben) bezeichneten Umständen in eine Lebensgefahr geraten und seitdem verschollen ist, kann für tot erklärt werden, wenn seit dem Ereignisse, durch welches die Lebensgefahr entstanden ist,
3 Jahre drei Jahre verstrichen sind.

§ 17 B.G.B.

Trichinen.

Der Verkäufer hat nur bestimmte Fehler (Hauptmängel) und diese nur dann zu vertreten, wenn sie sich innerhalb bestimmter Fristen (Gewährfristen) zeigen.

Die Hauptmängel und die Gewährfristen werden durch eine mit Zustimmung des Bundesrats zu erlassende Kaiserliche Verordnung bestimmt. Die Bestimmung kann auf demselben Wege ergänzt und abgeändert werden.

§ 482 B.G.B.

Für den Verkauf solcher Tiere, die alsbald geschlachtet werden sollen und bestimmt sind, als Nahrungsmittel für Menschen zu dienen (Schlachttiere), gelten als Hauptmängel:

— —

IV. bei Schweinen

14 Tage 2. Trichinen mit einer Gewährfrist von vierzehn Tagen § 2 Abs. IV Ziff. 2 der Kais. V.O. vom 27. März 1899, betr. die Hauptmängel und Gewährfristen beim Viehhandel.

Tuberkulöse Erkrankung.

Für den Verkauf solcher Tiere, die alsbald geschlachtet werden sollen und bestimmt sind, als Nahrungsmittel für Menschen zu dienen (Schlachttiere), gelten als Hauptmängel:

— —

II. bei Rindvieh:

tuberkulöse Erkrankung, sofern in Folge dieser Erkrankung mehr als die Hälfte des Schlachtgewichts nicht oder nur unter Beschränkungen als Nahrungsmittel für Menschen
14 Tage geeignet ist, mit einer Gewährfrist von vierzehn Tagen;

III. 2c. 2c.

IV. bei Schweinen:

1. tuberkulöse Erkrankung unter der in der Nr. II bezeichneten Voraussetzung mit einer Gewährfrist von vierzehn Tagen. 14 Tage

2. ꝛc. ꝛc.

§ 2 Abs. II und IV der Kais. V.O. vom 27. März 1899 obigen Betreffs.

Für den Verkauf von Nutz- und Zuchttieren gelten als Hauptmängel:

I. ꝛc. ꝛc.

II. bei Rindvieh:

1. tuberkulöse Erkrankung, sofern in Folge dieser Erkrankung eine allgemeine Beeinträchtigung des Nährzustandes des Tieres herbeigeführt ist, mit einer Gewährfrist von vierzehn Tagen; 14 Tage

2. ꝛc. ꝛc.

§ 1 Abs. II der oben zitierten Kais. V.O. vom 27. März 1899.

Uebersetzungen.

Uebersetzungen ohne Genehmigung des Urhebers des Originalwerkes gelten als Nachdruck:

a) wenn von einem, zuerst in einer toten Sprache erschienenen Werke eine Uebersetzung in einer lebenden Sprache herausgegeben wird;

b) wenn von einem gleichzeitig in verschiedenen Sprachen herausgegebenen Werke eine Uebersetzung in einer dieser Sprachen veranstaltet wird;

c) wenn der Urheber sich das Recht der Uebersetzung auf dem Titelblatte oder an der Spitze des Werkes vorbehalten hat, vorausgesetzt, daß die Veröffentlichung der vorbehaltenen Uebersetzung nach dem Erscheinen des Originalwerkes binnen einem Jahre begonnen und binnen 1 Jahr drei Jahren beendet wird. Das Kalenderjahr, in wel- 3 Jahre chem das Originalwerk erschienen ist, wird hierbei nicht mitgerechnet.

Bei Originalwerken, welche in mehreren Bänden oder Abteilungen erscheinen, wird jeder Band oder jede Abteilung im Sinne dieses Paragraphen als ein besonderes Werk angesehen, und muß der Vorbehalt der Uebersetzung auf jedem Bande oder jeder Abteilung wiederholt werden.

6 Monate Bei dramatischen Werken muß die Uebersetzung innerhalb sechs Monaten, vom Tage der Veröffentlichung des Originals an gerechnet, vollständig erschienen sein.

Der Beginn und beziehungsweise die Vollendung der Uebersetzung muß zugleich innerhalb der angegebenen Fristen zur Eintragung in die Eintragsrolle angemeldet werden, widrigenfalls der Schutz gegen neue Uebersetzungen erlischt.

Die Uebersetzung eines noch ungedruckten gegen Nachdruck geschützten Schriftwerks (§ 5 lit. a und b siehe unten) ist als Nachdruck anzusehen.

Uebersetzungen genießen gleich Originalwerken den Schutz dieses Gesetzes gegen Nachdruck.

§ 6 des Reichsges. vom 11. Juni 1870, betr. das Urheberrecht an Schriftwerken, Abbildungen, musikalischen Kompositionen und dramatischen Werken.

Das Verbot der Herausgabe von Uebersetzungen dauert
5 Jahre in dem Falle des § 6 lit. b fünf Jahre vom Erscheinen des
5 Jahre Originalwerkes, in dem Falle des § 6 lit. c fünf Jahre vom ersten Erscheinen der rechtmäßigen Uebersetzung ab gerechnet. [siehe oben.]

§ 15 des oben zitierten Reichsges. vom 11. Juni 1870.

Als Nachdruck ist auch anzusehen:

a) der ohne Genehmigung des Urhebers erfolgte Abdruck von noch nicht veröffentlichten Schriftwerken (Manuskripten).

Auch der rechtmäßige Besitzer eines Manuskripts oder einer Abschrift desselben bedarf der Genehmigung des Urhebers zum Abdruck;

b) der ohne Genehmigung des Urhebers erfolgte Abdruck von Vorträgen, welche zum Zwecke der Erbauung, der Belehrung oder der Unterhaltung gehalten sind; — —

§ 5 lit. a und b leg. cit.

Umwandlung einer Aktiengesellschaft in eine Gesellschaft mit beschränkter Haftung.

Wird eine Aktiengesellschaft zum Zwecke der Umwandlung in eine Gesellschaft mit beschränkter Haftung aufgelöst, so kann die Liquidation derselben unterbleiben, wenn hinsichtlich der Errichtung der neuen Gesellschaft den nachstehenden Bestimmungen genügt wird.

Das Stammkapital der neuen Gesellschaft darf nicht geringer sein als das Grundkapital der aufgelösten Gesellschaft.

Den Aktionären ist durch öffentliche Bekanntmachung oder in sonst geeigneter Weise Gelegenheit zu geben, mit dem auf ihre Aktien entfallenden Anteil an dem Vermögen der aufgelösten Gesellschaft sich bei der neuen Gesellschaft zu beteiligen. Die Aktien der sich beteiligenden Mitglieder müssen mindestens drei Vierteile des Grundkapitals der aufgelösten Gesellschaft darstellen.

Der auf jede Aktie entfallende Anteil an dem Vermögen der aufgelösten Gesellschaft wird auf Grund einer Bilanz berechnet, welche der Generalversammlung der Aktionäre zur Genehmigung vorzulegen ist. Der Beschluß, durch welchen die Genehmigung erfolgt, bedarf einer Mehrheit von drei Vierteilen des in der Generalversammlung vertretenen Grundkapitals.

Die neue Gesellschaft muß spätestens binnen einem Monate nach Auflösung der Aktiengesellschaft zur Eintragung in das Handelsregister angemeldet werden. Die Eintragung darf nur erfolgen, nachdem die Beobachtung der vorstehenden Bestimmungen nachgewiesen ist. 1 Monat

§ 80 des Reichsgesetzes betr. die Gesellschaften mit beschränkter Haftung vom 20. Mai 1898.

Unbeschränkte Nachschußpflicht bei Gesellschaften mit beschränkter Haftung; hier: Befreiung hievon.

Im Gesellschaftsvertrage kann bestimmt werden, daß die Gesellschafter über den Betrag der Stammeinlagen hinaus die Einforderung von weiteren Einzahlungen (Nachschüssen) beschließen können.

Die Einzahlung der Nachschüsse hat nach Verhältnis der Geschäftsanteile zu erfolgen.

Die Nachschußpflicht kann im Gesellschaftsvertrage auf einen bestimmten, nach Verhältnis der Geschäftsanteile festzusetzenden Betrag beschränkt werden.

§ 26 des eben zitierten Gesetzes betr. die Ges. mit beschr. Haftung vom 20. Mai 1898.

Ist die Nachschußpflicht nicht auf einen bestimmten Betrag beschränkt, so hat jeder Gesellschafter, falls er die Stammeinlage vollständig eingezahlt hat, das Recht, sich von der Zahlung des auf den Geschäftsanteil eingeforderten Nachschusses dadurch
1 Monat zu befreien, daß er innerhalb eines Monats nach der Aufforderung zur Einzahlung den Geschäftsanteil der Gesellschaft zur Befriedigung aus demselben zur Verfügung stellt. Ebenso kann die Gesellschaft, wenn der Gesellschafter binnen der ange-
Frist gegebenen Frist weder von der bezeichneten Befugnis Gebrauch macht, noch die Einzahlung leistet, demselben mittelst eingeschriebenen Briefes erklären, daß sie den Geschäftsanteil als zur Verfügung gestellt betrachte.

Die Gesellschaft hat den Geschäftsanteil innerhalb eines
1 Monat Monats nach der Erklärung des Gesellschafters oder der Gesellschaft im Wege öffentlicher Versteigerung verkaufen zu lassen. Eine andere Art des Verkaufs ist nur mit Zustimmung des Gesellschafters zulässig. Ein nach Deckung der Verkaufskosten und des rückständigen Nachschusses verbleibender Ueberschuß gebührt dem Gesellschafter.

Ist die Befriedigung der Gesellschaft durch den Verkauf nicht zu erlangen, so fällt der Geschäftsanteil der Gesellschaft zu. Dieselbe ist befugt, den Anteil für eigene Rechnung zu veräußern.

Im Gesellschaftsvertrage kann die Anwendung der vorstehenden Bestimmungen auf den Fall beschränkt werden, daß die auf den Geschäftsanteil eingeforderten Nachschüsse einen bestimmten Betrag überschreiten.

§ 27 leg. cit.

Unlauterer Wettbewerb

siehe unter: Veröffentlichung von Verurteilungen wegen unlauteren Wettbewerbs.

Unterhaltsansprüche.

Leben die Ehegatten getrennt, so ist, so lange einer von ihnen die Herstellung des ehelichen Lebens verweigern darf und verweigert, der Unterhalt durch Entrichtung einer Geldrente zu gewähren; auf die Rente finden die Vorschriften des § 760 (siehe unten) Anwendung. Der Mann hat der Frau auch die zur Führung eines abgesonderten Haushalts erforderlichen Sachen aus dem gemeinschaftlichen Haushalte zum Gebrauche herauszugeben, es sei denn, daß die Sachen für ihn unentbehrlich sind oder daß sich solche Sachen in dem der Verfügung der Frau unterliegenden Vermögen befinden.

Die Unterhaltspflicht des Mannes fällt weg oder beschränkt sich auf die Zahlung eines Beitrags, wenn der Wegfall oder die Beschränkung mit Rücksicht auf die Bedürfnisse sowie auf die Vermögens- und Erwerbsverhältnisse der Ehegatten der Billigkeit entspricht.

§ 1361 B.G.B.

Die Leibrente ist im voraus zu entrichten.

Eine Geldrente ist für drei Monate vorauszuzahlen; bei 3 Monate
einer anderen Rente bestimmt sich der Zeitabschnitt, für den sie im voraus zu entrichten ist, nach der Beschaffenheit und dem Zwecke der Rente.

Hat der Gläubiger den Beginn des Zeitabschnitts erlebt, für den die Rente im voraus zu entrichten ist, so gebührt ihm der volle auf den Zeitabschnitt entfallende Betrag.

§ 760 B.G.B.

Der Vater des unehelichen Kindes ist verpflichtet, dem
Kinde bis zur Vollendung des sechszehnten Lebensjahrs den 16 Jahre
der Lebensstellung der Mutter entsprechenden Unterhalt zu gewähren. Der Unterhalt umfaßt den gesammten Lebensbedarf sowie die Kosten der Erziehung und der Vorbildung zu einem Berufe.

Ist das Kind zur Zeit der Vollendung des sechszehnten Lebensjahrs in Folge körperlicher oder geistiger Gebrechen außer Stande, sich selbst zu unterhalten, so hat ihm der Vater auch über diese Zeit hinaus Unterhalt zu gewähren; die Vorschrift des § 1603 Abs. 1 findet Anwendung (nämlich: „Unterhaltspflichtig ist nicht, wer bei Berücksichtigung seiner sonstigen Verpflichtungen außer Stande ist, ohne Gefährdung seines standesmäßigen Unterhalts den Unterhalt zu gewähren").

§ 1708 B.G.B.

Der Unterhalt ist durch Entrichtung einer Geldrente zu gewähren.

Die Rente ist für drei Monate vorauszuzahlen. Durch 3 Monate
eine Vorausleistung für eine spätere Zeit wird der Vater nicht befreit.

Hat das Kind den Beginn des Vierteljahrs erlebt, so gebührt ihm der volle, auf das Vierteljahr entfallende Betrag.

§ 1710 B.G.B.

Der Erbe ist verpflichtet, Familienangehörigen des Erblassers, die zur Zeit des Todes des Erblassers zu dessen Hausstande gehört und von ihm Unterhalt bezogen haben, in den
30 Tage ersten dreißig Tagen nach dem Eintritte des Erbfalls in demselben Umfange, wie der Erblasser es gethan hat, Unterhalt zu gewähren und die Benutzung der Wohnung und der Haushaltungsgegenstände zu gestatten. Der Erblasser kann durch letztwillige Verfügung eine abweichende Anordnung treffen.

Die Vorschriften über Vermächtnisse finden entsprechende Anwendung.

§ 1969 B.G.B.

Der Vater ist verpflichtet, der Mutter die Kosten der Entbindung sowie die Kosten des Unterhalts für die ersten
6 Wochen sechs Wochen nach der Entbindung und, falls in Folge der Schwangerschaft oder der Entbindung weitere Aufwendungen notwendig werden, auch die dadurch entstehenden Kosten zu ersetzen. Den gewöhnlichen Betrag der zu ersetzenden Kosten kann die Mutter ohne Rücksicht auf den wirklichen Aufwand verlangen.

Der Anspruch steht der Mutter auch dann zu, wenn der Vater vor der Geburt des Kindes gestorben oder wenn das Kind tot geboren ist.

4 Jahre Der Anspruch verjährt in vier Jahren. Die Verjährung
6 Wochen beginnt mit dem Ablaufe von sechs Wochen nach der Geburt des Kindes.

§ 1715 B.G.B.

Schon vor der Geburt des Kindes kann auf Antrag der Mutter durch einstweilige Verfügung angeordnet werden, daß
3 Monate der Vater den für die ersten drei Monate dem Kinde zu gewährenden Unterhalt alsbald nach der Geburt an die Mutter oder an den Vormund zu zahlen und den erforderlichen Betrag
angemessene Zeit angemessene Zeit vor der Geburt zu hinterlegen hat. In gleicher Weise kann auf Antrag der Mutter die Zahlung des gewöhnlichen Betrags der nach § 1715 Abs. 1 (siehe oben) zu ersetzenden Kosten an die Mutter und die Hinterlegung des erforderlichen Betrags angeordnet werden.

Zur Erlassung der einstweiligen Verfügung ist nicht erforderlich, daß eine Gefährdung des Anspruchs glaubhaft gemacht wird.

§ 1716 B.G.B.

Der allein für schuldig erklärte Mann hat der geschiedenen Frau den standesmäßigen Unterhalt insoweit zu gewähren, als sie ihn nicht aus den Einkünften ihres Vermögens und, sofern nach den Verhältnissen, in denen die Ehegatten gelebt haben, Erwerb durch Arbeit der Frau üblich ist, aus dem Ertrag ihrer Arbeit bestreiten kann.

Die allein für schuldig erklärte Frau hat dem geschiedenen Manne den standesmäßigen Unterhalt insoweit zu gewähren, als er außer Stande ist, sich selbst zu unterhalten.

§ 1578 B.G.B.

Der Unterhalt ist durch Entrichtung einer Geldrente nach Maßgabe des § 760 (siehe oben) zu gewähren. Ob, in welcher Art und für welchen Betrag der Unterhaltspflichtige Sicherheit zu leisten hat, bestimmt sich nach den Umständen.

Statt der Rente kann der Berechtigte eine Abfindung in Kapital verlangen, wenn ein wichtiger Grund vorliegt.

Im Uebrigen finden die für die Unterhaltspflicht der Verwandten geltenden Vorschriften der §§ 1607, 1610, des § 1611 Abs. 1, des § 1613 (siehe unten) und für den Fall des Todes des Berechtigten die Vorschriften des § 1615 (siehe unten) entsprechende Anwendung.

§ 1580 B.G.B.

Unterhaltspflichtig ist nicht, wer bei Berücksichtigung seiner sonstigen Verpflichtungen außer Stande ist, ohne Gefährdung seines standesmäßigen Unterhalts den Unterhalt zu gewähren.

Befinden sich Eltern in dieser Lage, so sind sie ihren minderjährigen unverheirateten Kindern gegenüber verpflichtet, alle verfügbaren Mittel zu ihrem und der Kinder Unterhalte gleichmäßig zu verwenden. Diese Verpflichtung tritt nicht ein, wenn ein anderer unterhaltspflichtiger Verwandter vorhanden ist; sie tritt auch nicht ein gegenüber einem Kinde, dessen Unterhalt aus dem Stamme seines Vermögens bestritten werden kann.

§ 1603 B.G.B.

Soweit ein Verwandter auf Grund des § 1603 (siehe oben) nicht unterhaltspflichtig ist, hat der nach ihm haftende Verwandte den Unterhalt zu gewähren.

Das Gleiche gilt, wenn die Rechtsverfolgung gegen einen Verwandten im Inland ausgeschlossen oder erheblich erschwert ist. Der Anspruch gegen einen solchen Verwandten geht, soweit ein anderer Verwandter den Unterhalt gewährt, auf diesen über. Der Uebergang kann nicht zum Nachteile des Unterhaltsberechtigten geltend gemacht werden.

§ 1607 B.G.B.

Das Maß des zu gewährenden Unterhalts bestimmt sich nach der Lebensstellung des Bedürftigen (standesmäßiger Unterhalt).

Der Unterhalt umfaßt den gesammten Lebensbedarf, bei einer der Erziehung bedürftigen Person auch die Kosten der Erziehung und der Vorbildung zu einem Berufe.

§ 1610 B.G.B.

Wer durch sein sittliches Verschulden bedürftig geworden ist, kann nur den notdürftigen Unterhalt verlangen.

Der gleichen Beschränkung unterliegt der Unterhaltsanspruch der Abkömmlinge, der Eltern und des Ehegatten, wenn sie sich einer Verfehlung schuldig machen, die den Unterhaltspflichtigen berechtigt, ihnen den Pflichtteil zu entziehen, sowie der Unterhaltsanspruch der Großeltern und der weiteren Voreltern, wenn ihnen gegenüber die Voraussetzungen vorliegen, unter denen Kinder berechtigt sind, ihren Eltern den Pflichtteil zu entziehen.

Der Bedürftige kann wegen einer nach diesen Vorschriften eintretenden Beschränkung seines Anspruchs nicht andere Unterhaltspflichtige in Anspruch nehmen.

§ 1611 B.G.B.

Der Unterhalt ist durch Entrichtung einer Geldrente zu gewähren. Der Verpflichtete kann verlangen, daß ihm die Gewährung des Unterhalts in anderer Art gestattet wird, wenn besondere Gründe es rechtfertigen.

Haben Eltern einem unverheirateten Kinde Unterhalt zu gewähren, so können sie bestimmen, in welcher Art und für welche Zeit im voraus der Unterhalt gewährt werden soll. Aus besonderen Gründen kann das Vormundschaftsgericht auf Antrag des Kindes die Bestimmung der Eltern ändern.

Im Uebrigen finden die Vorschriften des § 760 (siehe oben) Anwendung.

§ 1612 B.G.B.

Für die Vergangenheit kann der Berechtigte Erfüllung oder Schadensersatz wegen Nichterfüllung nur von der Zeit an fordern, zu welcher der Verpflichtete in Verzug gekommen oder der Unterhaltsanspruch rechtshängig geworden ist.

§ 1613 B.G.B.

Für die Zukunft kann auf den Unterhalt nicht verzichtet werden.

Durch eine Vorausleistung wird der Verpflichtete bei erneuter Bedürftigkeit des Berechtigten nur für den im § 760 Abs. 2 (siehe oben) bestimmten Zeitabschnitt oder, wenn er selbst den Zeitabschnitt zu bestimmen hatte, für einen den Umständen nach angemessenen Zeitabschnitt befreit.

§ 1614 B.G.B.

Der Unterhaltsanspruch erlischt mit dem Tode des Berechtigten oder des Verpflichteten, soweit er nicht auf Erfüllung oder Schadensersatz wegen Nichterfüllung für die Vergangenheit oder auf solche im voraus zu bewirkende Leistungen gerichtet ist, die zur Zeit des Todes des Berechtigten oder des Verpflichteten fällig sind.

Im Falle des Todes des Berechtigten hat der Verpflichtete die Kosten der Beerdigung zu tragen, soweit ihre Bezahlung nicht von dem Erben zu erlangen ist.

§ 1615 B.G.B.

Urheberrecht an Schriftwerken ꝛc. ꝛc.

siehe unter: Nachdruck, Schutz des Nachdrucks.

Urheberrecht an Werken der bildenden Künste.

Der Schutz des gegenwärtigen Gesetzes gegen Nachbildung wird für die Lebensdauer des Urhebers und dreißig Jahre nach dem Tode desselben gewährt. Lebensdauer 30 Jahre

Bei Werken, welche veröffentlicht sind, ist diese Dauer des Schutzes an die Bedingung geknüpft, daß der wahre Name des Urhebers auf dem Werke vollständig genannt oder durch kenntliche Zeichen ausgedrückt ist.

Werke, welche entweder unter einem anderen, als dem wahren Namen des Urhebers veröffentlicht, oder bei welchen ein Urheber gar nicht angegeben ist, werden dreißig Jahre lang, von der Veröffentlichung gegen Nachbildung geschützt. Wird
30 Jahre innerhalb dieser dreißig Jahre der wahre Name des Urhebers von ihm selbst oder seinen hierzu legitimierten Rechtsnachfolgern zur Eintragung in die Eintragsrolle (in Leipzig) angemeldet, so wird dadurch dem Werke die im Absatz 1 bestimmte längere Dauer des Schutzes erworben.

§ 9 des Reichsgesetzes vom 9. Januar 1876 betr. das Urheberrecht an Werken der bildenden Künste.

Bei Werken, die in mehreren Bänden oder Abteilungen erscheinen, wird die Schutzfrist von dem ersten Erscheinen eines jeden Bandes oder einer jeden Abteilung an berechnet.

Bei Werken jedoch, die in einem oder mehreren Bänden eine einzige Aufgabe behandeln und mithin als in sich zusammenhängend zu betrachten sind, beginnt die Schutzfrist erst nach dem Erscheinen des letzten Bandes oder letzten Abteilung.

Wenn indessen zwischen der Herausgabe einzelner Bände
3 Jahre oder Abteilungen ein Zeitraum von mehr als drei Jahren verflossen ist, so sind die vorher erschienenen Bände, Abteilungen rc. rc. als ein für sich bestehendes Werk und ebenso die nach Ablauf der drei Jahre erscheinenden weiteren Fortsetzungen als ein neues Werk zu behandeln.

§ 10 leg. cit.

Die erst nach dem Tode des Urhebers veröffentlichten
30 Jahre Werke werden dreißig Jahre lang vom Tode des Urhebers an gerechnet, gegen Nachbildung geschützt.

§ 11 leg. cit.

Einzelne Werke der bildenden Künste, welche in periodischen Werken, als Zeitschriften, Taschenbüchern, Kalendern rc. rc. erschienen sind, darf der Urheber, falls nichts anderes verabredet ist, auch ohne Einwilligung des Herausgebers oder Verlegers des Werkes, in welches dieselben aufgenommen sind, nach zwei
2 Jahre Jahren vom Ablaufe des Jahres des Erscheinens an gerechnet, anderweitig abdrucken.

§ 12 leg. cit.

Vaterschaft, eheliche und uneheliche.

Ein Kind, das nach der Eingehung der Ehe geboren wird, ist ehelich, wenn die Frau es vor oder während der Ehe empfangen und der Mann innerhalb der Empfängniszeit der Frau beigewohnt hat. Das Kind ist nicht ehelich, wenn es den Umständen nach offenbar unmöglich ist, daß die Frau das Kind von dem Manne empfangen hat.

Es wird vermutet, daß der Mann innerhalb der Empfängniszeit der Frau beigewohnt habe. Soweit die Empfängniszeit in die Zeit vor der Ehe fällt, gilt die Vermutung nur, wenn der Mann gestorben ist, ohne die Ehelichkeit des Kindes angefochten zu haben.

§ 1591 B.G.B.

Als Empfängniszeit gilt die Zeit von dem einhunderteinundachzigsten bis zu dem dreihundertundzweiten Tage vor dem Tage der Geburt des Kindes, mit Einschluß sowohl des einhunderteinundachzigsten als des dreihundertundzweiten Tages. 181 bis 302 Tage

Steht fest, daß das Kind innerhalb eines Zeitraumes empfangen worden ist, der weiter als dreihundertundzwei Tage vor dem Tage der Geburt zurückliegt, so gilt zu Gunsten der Ehelichkeit des Kindes dieser Zeitraum als Empfängniszeit. 302 Tage

§ 1592 B.G.B.

Die Unehelichkeit eines Kindes, das während der Ehe oder innerhalb dreihundertundzwei Tagen nach der Auflösung der Ehe geboren ist, kann nur geltend gemacht werden, wenn der Mann die Ehelichkeit angefochten hat oder, ohne das Anfechtungsrecht verloren zu haben, gestorben ist. 302 Tage

§ 1593 B.G.B.

Die Anfechtung der Ehelichkeit kann nur binnen Jahresfrist erfolgen. 1 Jahr

Die Frist beginnt mit dem Zeitpunkt, in welchem der Mann die Geburt des Kindes erfährt.

Auf den Lauf der Frist finden die für die Verjährung geltenden Vorschriften der §§ 203, 206 [siehe sub IIa „Verjährungsabschnitt des B.G.B."] entsprechende Anwendung.

§ 1594 B.G.B.

Wird von einer Frau, die sich nach der Auflösung ihrer Ehe wieder verheiratet hat, ein Kind geboren, das nach den

§§ 1591 bis 1599 (siehe oben) ein eheliches Kind sowohl des ersten als des zweiten Mannes sein würde, so gilt das Kind,
270 Tage wenn es innerhalb zweihundertundsiebzig Tagen nach der Auflösung der früheren Ehe geboren wird, als Kind des ersten Mannes, wenn es später geboren wird, als Kind des zweiten Mannes.

§ 1600 B.G.B.

Als Vater des unehelichen Kindes im Sinne der §§ 1708 bis 1716 [betrifft die Alimentationsverbindlichkeit] gilt, wer der Mutter innerhalb der Empfängniszeit beigewohnt hat, es sei denn, daß auch ein Anderer ihr innerhalb dieser Zeit beigewohnt hat. Eine Beiwohnung bleibt jedoch außer Betracht, wenn es den Umständen nach offenbar unmöglich ist, daß die Mutter das Kind aus dieser Beiwohnung empfangen hat.

181 bis 302 Tage Als Empfängniszeit gilt die Zeit von dem einhunderteinundachtzigsten bis zu dem dreihundertundzweiten Tage vor dem Tage der Geburt des Kindes, mit Einschluß sowohl des einhunderteinundachzigsten als des dreihundertundzweiten Tages.

§ 1717 B.G.B.

Der Ehemann der Mutter gilt als Vater des Kindes, wenn er ihr innerhalb der im § 1717 Absatz 2 (siehe oben) bestimmten Empfängszeit beigewohnt hat, es sei denn, daß es den Umständen nach offenbar unmöglich ist, daß die Mutter das Kind aus dieser Beiwohnung empfangen hat.

Erkennt der Ehemann seine Vaterschaft nach der Geburt des Kindes in einer öffentlichen Urkunde an, so wird vermutet, daß er der Mutter innerhalb der Empfängniszeit beigewohnt habe.

§ 1720 B.G.B.

Verantwortlichkeit, Lebensalter hiezu.

7 Jahre Wer nicht das siebente Lebensjahr vollendet hat, ist für einen Schaden, den er einem Anderen zufügt, nicht verantwortlich.

18 Jahre Wer das siebente, aber nicht das achtzehnte Lebensjahr vollendet hat, ist für einen Schaden, den er einem Anderen zufügt, nicht verantwortlich, wenn er bei der Begehung der schädigenden Handlung nicht die zur Erkenntnis der Verantwortlichkeit erforderliche Einsicht hat. Das Gleiche gilt von einem Taubstummen.

§ 828 B.G.B.

Veräußerung oder Verpfändung von Inhaberpapieren.

Wird ein Inhaberpapier, das dem Eigentümer gestohlen worden, verloren gegangen oder sonst abhanden gekommen ist, an einen Kaufmann, der Bankier- oder Geldwechslergeschäfte betreibt, veräußert oder verpfändet, so gilt dessen guter Glaube als ausgeschlossen, wenn zur Zeit der Veräußerung oder Verpfändung der Verlust des Papiers von einer öffentlichen Behörde oder von dem aus der Urkunde Verpflichteten im deutschen Reichsanzeiger bekannt gemacht und seit dem Ablaufe des Jahres, in welchem die Veröffentlichung erfolgt ist, nicht mehr als ein Jahr verstrichen war. 1 Jahr

Der gute Glaube des Erwerbers wird durch die Veröffentlichung im deutschen Reichsanzeiger nicht ausgeschlossen, wenn der Erwerber die Veröffentlichung in Folge besonderer Umstände weder kannte noch kennen mußte.

Auf Zins-, Renten- und Gewinnanteilscheine, die nicht später als in dem nächsten auf die Veräußerung oder Verpfändung folgenden Einlösungstermine fällig werden, sowie auf Banknoten und andere auf Sicht zahlbare unverzinsliche Inhaberpapiere finden diese Vorschriften keine Anwendung.

§ 367 H.G.B.

Vereinigung
des Vermögens zweier Aktiengesellschaften.

Ist im Falle des § 305 [nämlich: wenn das Vermögen einer Aktiengesellschaft als Ganzes an eine andere Aktiengesellschaft oder an eine Kommanditgesellschaft auf Aktien gegen Gewährung von Aktien der übernehmenden Gesellschaft übertragen wird] vereinbart, daß eine Liquidation des Vermögens der aufgelösten Gesellschaft nicht stattfinden soll, so finden die Vorschriften des § 304 (siehe unten) entsprechende Anwendung; außerdem gelten die folgenden besonderen Vorschriften.

Das Vermögen der aufgelösten Gesellschaft ist durch die übernehmende Gesellschaft getrennt zu verwalten.

Der bisherige Gerichtsstand der aufgelösten Gesellschaft bleibt bis zur Vereinigung der Vermögen der beiden Gesellschaften bestehen.

Bis zu demselben Zeitpunkte gilt im Verhältnisse der Gläubiger der aufgelösten Gesellschaft zu der übernehmenden Gesellschaft und deren übrigen Gläubigern das übernommene Vermögen noch als Vermögen der aufgelösten Gesellschaft.

Die Vereinigung der beiden Vermögen darf erst erfolgen, nachdem die Gläubiger der aufgelösten Gesellschaft von der anderen Gesellschaft nach Maßgabe des § 297 (siehe unten) zur Anmeldung ihrer Forderungen aufgefordert worden sind, und nur unter Beobachtung der nach § 301 (siehe unten) für die Verteilung des Vermögens unter die Aktionäre geltenden Vorschriften.

Die Mitglieder des Vorstandes und des Aufsichtsrats der übernehmenden Gesellschaft sind den Gläubigern der aufgelösten Gesellschaft für die Ausführung der getrennten Verwaltung als Gesammtschuldner verantwortlich, die Mitglieder des Aufsichtsrats jedoch nur, soweit eine Vereinigung der Vermögen beider Gesellschaften mit ihrem Wissen und ohne ihr Einschreiten erfolgt.

§ 306 H.G.B.

Wird das Vermögen einer Aktiengesellschaft als Ganzes von dem Reiche, einem Bundesstaate oder einem inländischen Kommunalverband übernommen, so kann zugleich vereinbart werden, daß die Liquidation unterbleiben soll.

Die im § 303 Abs. 1 [„Eine Verwertung des Gesellschaftsvermögens durch Veräußerung des Vermögens im Ganzen ist nur auf Grund eines Beschlusses der Generalversammlung zulässig. Der Beschluß bedarf einer Mehrheit, die mindestens drei Vierteile des bei der Beschlußfassung vertretenen Grundkapitals umfaßt; der Gesellschaftsvertrag kann noch andere Erfordernisse aufstellen."] vorgesehene Zustimmung der Generalversammlung ist auch für eine solche Vereinbarung erforderlich.

Der Vorstand hat den Beschluß der Generalversammlung zugleich mit der Auflösung der Gesellschaft zur Eintragung in das Handelsregister anzumelden; der Anmeldung ist der mit dem Uebernehmer abgeschlossene Vertrag in Urschrift oder in öffentlich beglaubigter Abschrift beizufügen.

Der Beschluß hat keine Wirkung, bevor die Eintragung bei dem Gericht, in dessen Bezirke sich der Sitz der Gesellschaft befindet, stattgefunden hat.

Mit der Eintragung des Beschlusses gilt der Uebergang

des Vermögens der Gesellschaft einschließlich der Schulden erfolgt; die Firma der Gesellschaft erlischt.

§ 304 H.G.B.

Die Liquidatoren haben unter Hinweis auf die Auflösung der Gesellschaft die Gläubiger der Gesellschaft aufzufordern, ihre Ansprüche anzumelden. Die Aufforderung ist dreimal in den Gesellschaftsblättern zu veröffentlichen.

§ 297 H.G.B.

Die Verteilung des Vermögens darf nur erfolgen, wenn seit dem Tage, an welchem die im § 297 (siehe oben) vorgeschriebene öffentliche Aufforderung an die Gläubiger zum dritten Male stattgefunden hat, ein Jahr verstrichen ist. 1 Jahr

Meldet sich ein bekannter Gläubiger nicht, so ist der geschuldete Betrag, wenn die Berechtigung zur Hinterlegung vorhanden ist, für den Gläubiger zu hinterlegen.

Ist die Berichtigung einer Verbindlichkeit zur Zeit nicht ausführbar oder ist eine Verbindlichkeit streitig, so darf die Verteilung des Vermögens nur erfolgen, wenn dem Gläubiger Sicherheit geleistet ist.

§ 301 H.G.B.

Vereinswesen.

Die Mitglieder sind zum Austritt aus dem Vereine berechtigt.

Durch die Satzung kann bestimmt werden, daß der Austritt nur am Schlusse eines Geschäftsjahrs oder erst nach dem Ablauf einer Kündigungsfrist zulässig ist; die Kündigungsfrist kann höchstens zwei Jahre betragen. Frist 2 Jahre

§ 39 B.G.B.

Die Auflösung des Vereins oder die Entziehung der Rechtsfähigkeit ist durch die Liquidatoren öffentlich bekannt zu machen. In der Bekanntmachung sind die Gläubiger zur Anmeldung ihrer Ansprüche aufzufordern. Die Bekanntmachung erfolgt durch das in der Satzung für Veröffentlichungen bestimmte Blatt, in Ermangelung eines solchen durch dasjenige Blatt, welches für Bekanntmachungen des Amtsgerichts bestimmt ist, in dessen Bezirke der Verein seinen Sitz hatte. Die Be-

2 Tage kanntmachung gilt mit dem Ablaufe des zweiten Tages nach der Einrückung oder der ersten Einrückung als bewirkt.

Bekannte Gläubiger sind durch besondere Mitteilung zur Anmeldung aufzufordern.

§ 50 B.G.B.

Das Vermögen darf den Anfallberechtigten nicht vor dem
1 Jahr Ablauf eines Jahres nach der Bekanntmachung der Auflösung des Vereins oder der Entziehung der Rechtsfähigkeit ausgeantwort werden.

§ 51 B.G.B.

Die Eintragung [eines Vereins in das Vereinsregister] darf, sofern nicht die Verwaltungsbehörde dem Amtsgerichte mitteilt, daß Einspruch nicht erhoben werde, erst erfolgen, wenn seit der Mitteilung der Anmeldung an die Verwaltungsbehörde
6 Wochen sechs Wochen verstrichen sind und Einspruch nicht erhoben oder wenn der erhobene Einspruch endgiltig aufgehoben ist.

§ 63 B.G.B.

Sinkt die Zahl der Vereinsmitglieder unter drei herab, so hat das Amtsgericht auf Antrag des Vorstandes und, wenn
Monate der Antrag nicht binnen drei Monaten gestellt wird, von Amtswegen nach Anhörung des Vorstandes dem Vereine die Rechtsfähigkeit zu entziehen. Der Beschluß ist dem Vereine zuzustellen. Gegen den Beschluß findet die sofortige Beschwerde nach den Vorschriften der Zivilprozeßordnung statt.

Der Verein verliert die Rechtsfähigkeit mit der Rechtskraft des Beschlusses.

§ 73 B.G.B.

Verfallzeit eines Wechsels.

Ein auf Sicht gestellter Wechsel ist bei der Vorzeigung fällig. Ein solcher Wechsel muß bei Verlust des wechselmäßigen Anspruchs gegen die Indossanten und den Aussteller nach Maßgabe der besonderen im Wechsel enthaltenen Bestimmung und
Jahre in Ermangelung derselben binnen zwei Jahren nach der Ausstellung zur Zahlung präsentiert werden. Hat ein Indossant auf einem Wechsel dieser Art seinem Indossamente eine be-
Frist sondere Präsentationsfrist hinzugefügt, so erlischt seine wechselmäßige Verpflichtung, wenn der Wechsel nicht innerhalb dieser Frist präsentiert worden ist.

Art. 31 W.O.

Bei Wechseln, welche mit dem Ablaufe einer bestimmten Frist nach Sicht oder nach Dato zahlbar sind, tritt die Verfallzeit ein: Frist

1. wenn die Frist nach Tagen bestimmt ist, an dem letzten Tage der Frist; bei Berechnung der Frist wird der Tag, an welchem der nach Dato zahlbare Wechsel ausgestellt oder der nach Sicht zahlbare zur Annahme präsentiert ist, nicht mitgerechnet;
2. wenn die Frist nach Wochen, Monaten oder einem, Frist mehrere Monate umfassenden Zeitraume (Jahr, halbes Jahr, Vierteljahr) bestimmt ist, an demjenigen Tage der Zahlungswoche oder des Zahlungsmonats, der durch seine Benennung oder Zahl dem Tage der Ausstellung oder Präsentation entspricht; fehlt dieser Tag in dem Zahlungsmonate, so tritt die Verfallzeit am letzten Tage des Zahlungsmonats ein.

Der Ausdruck „halber Monat" wird einem Zeitraume von 15 Tagen gleichgeachtet. Ist der Wechsel auf einen oder mehrere ganze Monate und einen halben Monat gestellt, so sind die 15 Tage zuletzt zu zählen.

Art. 32 W.O.

Meß- oder Marktwechsel werden zu der durch die Gesetze des Meß- oder Marktortes bestimmten Zahlungszeit, und in Ermangelung einer solchen Festsetzung an dem Tage vor dem gesetzlichen Schlusse der Messe oder des Marktes fällig. Dauert die Messe oder der Markt nur einen Tag, so tritt die Verfallzeit des Wechsels an diesem Tage ein.

Art. 35 W.O.

Vergleiche,
welche Ansprüche der Aktiengesellschaften betreffen.

Vergleiche oder Verzichtleistungen, welche die der Gesellschaft aus der Gründung zustehenden Ansprüche gegen die nach den §§ 202 bis 204 (siehe unten) verpflichteten Personen betreffen, sind erst nach dem Ablaufe von fünf Jahren seit der 5 Jahre Eintragung der Gesellschaft in das Handelsregister und nur mit Zustimmung der Generalversammlung zulässig; sie sind unzulässig, soweit in der Versammlung eine Minderheit, deren Anteile den fünften Teil des Grundkapitals darstellen, Widerspruch erhebt. Die zeitliche Beschränkung findet keine Anwendung, sofern sich der Verpflichtete im Falle der Zahlungsunfähigkeit zur Abwendung oder Beseitigung des Konkursverfahrens mit seinen Gläubigern vergleicht.

§ 205 H.G.B.

Jeder zu Gunsten einzelner Aktionäre bedungene besondere Vorteil muß im Gesellschaftsvertrag unter Bezeichnung des Berechtigten festgesetzt werden.

Werden auf das Grundkapital von Aktionären Einlagen gemacht, die nicht durch Baarzahlung zu leisten sind, oder werden vorhandene oder herzustellende Anlagen oder sonstige Vermögensgegenstände von der zu errichtenden Gesellschaft übernommen, so müssen der Gegenstand der Einlage oder der Uebernahme, die Person, von welcher die Gesellschaft den Gegenstand erwirbt, und der Betrag der für die Einlage zu gewährenden Aktien oder die für den übernommenen Gegenstand zu gewährende Vergütung im Gesellschaftsvertrage festgesetzt werden.

Von diesen Festsetzungen gesondert ist der Gesammtaufwand, welcher zu Lasten der Gesellschaft an Aktionäre oder Andere als Entschädigung oder Belohnung für die Gründung oder deren Vorbereitung gewährt wird, im Gesellschaftsvertrage festzusetzen.

Jedes Abkommen über die vorbezeichneten Gegenstände, welches nicht die vorgeschriebene Festsetzung im Gesellschaftsvertrage gefunden hat, ist der Gesellschaft gegenüber unwirksam.

§ 186 H.G.B.

Der Gesellschaft sind die Gründer für die Richtigkeit und Vollständigkeit der Angaben, welche sie in Ansehung der Zeichnung und Einzahlung des Grundkapitals, sowie in Ansehung der im § 186 (siehe oben) vorgesehenen Festsetzungen zum Zwecke der Eintragung der Gesellschaft in das Handelsregister machen, als Gesammtschuldner verhaftet; sie haben, unbeschadet der Verpflichtung zum Ersatze des sonst etwa entstehenden Schadens, insbesondere einen an der Zeichnung des Grundkapitals fehlenden Betrag zu übernehmen, fehlende Einzahlungen zu leisten und eine Vergütung, die nicht unter den zu bezeichnenden Gründungsaufwand aufgenommen ist, zu ersetzen. Wird die Gesellschaft von Gründern durch Einlagen oder Uebernahmen der im § 186 (siehe oben) bezeichneten Art böslicherweise geschädigt, so sind ihr alle Gründer für den Ersatz des entstehenden Schadens als Gesammtschuldner verpflichtet.

Von dieser Verbindlichkeit ist ein Gründer befreit, wenn er die Unrichtigkeit oder Unvollständigkeit der Angabe oder die bösliche Schädigung weder kannte noch bei Anwendung der Sorgfalt eines ordentlichen Geschäftsmanns kennen mußte.

Entsteht durch Zahlungsunfähigkeit eines Aktionärs der Gesellschaft ein Ausfall, so sind ihr die Gründer, welche die Beteiligung des Aktionärs in Kenntnis seiner Zahlungsunfähigkeit angenommen haben, als Gesammtschuldner zum Ersatze verpflichtet.

Mit den Gründern sind der Gesellschaft zum Schadensersatz als Gesammtschuldner verpflichtet:

1. wenn eine Vergütung nicht unter den zu bezeichnenden Gründungsaufwand aufgenommen ist, der Empfänger, welcher zur Zeit des Empfanges wußte oder nach den Umständen annehmen mußte, daß die Verheimlichung beabsichtigt oder erfolgt war, und jeder Dritte, welcher zur Verheimlichung wissentlich mitgewirkt hat;
2. im Falle einer böslichen Schädigung durch Einlagen oder Uebernahmen jeder Dritte, welcher zu dieser Schädigung wissentlich mitgewirkt hat.

§ 202 H.G.B.

Wer vor der Eintragung der Gesellschaft in das Handelsregister oder in den ersten zwei Jahren nach der Eintragung eine öffentliche Ankündigung der Aktien erläßt, um sie in den Verkehr einzuführen, ist der Gesellschaft im Falle der Unrichtigkeit oder Unvollständigkeit von Angaben, welche die Gründer in Ansehung der Zeichnung oder Einzahlung des Grundkapitals oder in Ansehung der im § 186 (siehe oben) vorgesehenen Festsetzungen zum Zwecke der Eintragung der Gesellschaft in das Handelsregister machen, sowie im Falle einer böslichen Schädigung der Gesellschaft durch Einlagen oder Uebernahmen für den Ersatz des ihr daraus entstehenden Schadens mit den im § 202 (siehe oben) bezeichneten Personen als Gesammtschuldner verhaftet, wenn er die Unrichtigkeit oder Unvollständigkeit der Angaben oder die bösliche Schädigung kannte oder bei Anwendung der Sorgfalt eines ordentlichen Geschäftsmanns kennen mußte. 2 Jahre

§ 203 H.G.B.

Mitglieder des Vorstands und des Aufsichtsrats, die bei der ihnen durch die §§ 192, 193 (siehe unten) auferlegten Prüfung die Sorgfalt eines ordentlichen Geschäftsmannes außer Acht lassen, haften der Gesellschaft als Gesammtschuldner für den ihr daraus entstehenden Schaden, soweit der Ersatz des Schadens von den nach den §§ 202, 203 (siehe oben) verpflichteten Personen nicht zu erlangen ist.

§ 204 H.G.B.

Die Gründer haben im Falle des § 186 Abs. 2 (siehe oben) in einer schriftlichen Erklärung die wesentlichen Umstände darzulegen, von welchen die Angemessenheit der für die eingelegten oder übernommenen Gegenstände gewährten Beträge abhängt.

Sie haben hierbei die vorausgegangenen Rechtsgeschäfte, die auf den Erwerb durch die Gesellschaft hingezielt haben, ferner die Erwerbs- und Herstellungspreise aus den letzten beiden
2 Jahre Jahren und im Falle des Ueberganges eines Unternehmens auf die Gesellschaft die Betriebserträgnisse aus den letzten beiden Geschäftsjahren anzugeben.

§ 191 H.G.B.

Die Mitglieder des Vorstandes und des Aufsichtsrats haben den Hergang der Gründung zu prüfen.

Gehört ein Mitglied des Vorstandes oder des Aufsichtsrats zu den Gründern oder hat sich ein Mitglied einen besonderen Vorteil oder für die Gründung oder deren Vorbereitung eine Entschädigung oder Belohnung ausbedungen oder liegt ein Fall des § 186 Abs. 2 (siehe oben) vor, so hat außerdem eine Prüfung durch besondere Revisoren stattzufinden.

Die Revisoren werden durch das für die Vertretung des Handelsstandes berufene Organ, in Ermangelung eines solchen durch das Gericht bestellt, in dessen Bezirke die Gesellschaft ihren Sitz hat.

§ 192 H.G.B.

Die Prüfung hat sich insbesondere auf die Richtigkeit und Vollständigkeit der Angaben zu erstrecken, die in Ansehung der Zeichnung und Einzahlung des Grundkapitals sowie in Ansehung der im § 186 (siehe oben) vorgesehenen Festsetzungen von den Gründern gemacht sind. Der Inhalt der im § 191 (siehe oben) bestimmten Erklärung ist auch in der Richtung zu prüfen, ob bezüglich der Angemessenheit der für die eingelegten oder übernommenen Gegenstände gewährten Beträge Bedenken obwalten.

Ueber die Prüfung ist unter Darlegung der im Abs. 1 bezeichneten Umstände schriftlich Bericht zu erstatten.

Sind die Revisoren durch das für die Vertretung des Handelsstandes berufene Organ bestellt, so haben sie diesem ein Exemplar des Berichts einzureichen. Die Einsicht des eingereichten Berichts ist Jedem gestattet.

§ 193 H.G.B.

Vergütung
aus Dienstverträgen sowie aus Werkverträgen.

Ist die Vergütung nach Tagen bemessen, so ist die Kündigung an jedem Tage für den folgenden Tag zulässig. **täglich**

Ist die Vergütung nach Wochen bemessen, so ist die Kündigung nur für den Schluß einer Kalenderwoche zulässig; sie hat spätestens am ersten Werktage der Woche zu erfolgen.

Ist die Vergütung nach Monaten bemessen, so ist die Kündigung nur für den Schluß eines Kalendermonats zulässig; sie hat spätestens am fünfzehnten des Monats zu erfolgen.

Ist die Vergütung nach Vierteljahren oder längeren Zeitabschnitten bemessen, so ist die Kündigung nur für den Schluß eines Kalendervierteljahres und nur unter Einhaltung einer Kündigungsfrist von sechs Wochen zulässig. **6 Wochen**

§ 621 B.G.B.

Das Dienstverhältnis der mit festen Bezügen zur Leistung von Diensten höherer Art Angestellten, deren Erwerbsthätigkeit durch das Dienstverhältnis vollständig oder hauptsächlich in Anspruch genommen wird, insbesondere der Lehrer, Erzieher, Privatbeamten, Gesellschafterinnen, kann nur für den Schluß eines Kalendervierteljahrs und nur unter Einhaltung einer Kündigungsfrist von sechs Wochen gekündigt werden, auch wenn die Vergütung nach kürzeren Zeitabschnitten als Vierteljahren bemessen ist.

§ 622 B.G.B.

Ist die Vergütung nicht nach Zeitabschnitten bemessen, so kann das Dienstverhältnis jederzeit gekündigt werden; bei einem die Erwerbsthätigkeit des Verpflichteten vollständig oder

hauptsächlich in Anspruch nehmenden Dienstverhältnis ist jedoch
2 Wochen eine Kündigungsfrist von zwei Wochen einzuhalten.

§ 623 B.G.B.

Ist das Dienstverhältnis für die Lebenszeit einer Person
5 Jahre oder für längere Zeit als fünf Jahre eingegangen, so kann es von dem Verpflichteten nach dem Ablaufe von fünf Jahren ge-
6 Monate kündigt werden. Die Kündigungsfrist beträgt sechs Monate.

§ 624 B.G.B.

Die Vergütung (eines Werkvertrages) ist bei der Abnahme des Werkes zu entrichten. Ist das Werk in Teilen abzunehmen und die Vergütung für die einzelnen Teile bestimmt, so ist die Vergütung für jeden Teil bei dessen Abnahme zu entrichten.

Eine in Geld festgesetzte Vergütung hat der Besteller von der Abnahme des Werkes an zu verzinsen, sofern nicht die Vergütung gestundet ist.

§ 641 B.G.B.

Ist bei der Herstellung des Werkes eine Handlung des Bestellers erforderlich, so kann der Unternehmer, wenn der Besteller durch das Unterlassen der Handlung in Verzug der Annahme kommt, eine angemessene Entschädigung verlangen.

Die Höhe der Entschädigung bestimmt sich einerseits nach der Dauer des Verzugs und der Höhe der vereinbarten Vergütung, andrerseits nach demjenigen, was der Unternehmer in Folge des Verzugs an Aufwendungen erspart oder durch anderweitige Verwendung seiner Arbeitskraft erwerben kann.

§ 642 B.G.B.

Der Unternehmer ist im Falle des § 642 (siehe oben) berechtigt, dem Besteller zur Nachholung der Handlung eine angemessene Frist mit der Erklärung zu bestimmen, daß er den Vertrag kündige, wenn die Handlung nicht bis zum Ablaufe der
Frist Frist vorgenommen werde. Der Vertrag gilt als aufgehoben, wenn nicht die Nachholung bis zum Ablaufe der Frist erfolgt.

§ 643 B.G.B.

Der Unternehmer trägt die Gefahr bis zur Abnahme des Werkes. Kommt der Besteller in Verzug der Annahme, so geht die Gefahr auf ihn über. Für den zufälligen Untergang und eine zufällige Verschlechterung des von dem Besteller gelieferten Stoffes ist der Unternehmer nicht verantwortlich.

Versendet der Unternehmer das Werk auf Verlangen des Bestellers nach einem anderen Orte als dem Erfüllungsorte, so finden die für den Kauf geltenden Vorschriften des § 447 (siehe unten) entsprechende Anwendung.

§ 644 B.G.B.

Ist das Werk vor der Abnahme infolge eines Mangels des von dem Besteller gelieferten Stoffes oder infolge einer von dem Besteller für die Ausführung erteilten Anweisung untergegangen, verschlechtert oder unausführbar geworden, ohne daß ein Umstand mitgewirkt hat, den der Unternehmer zu vertreten hat, so kann der Unternehmer einen der geleisteten Arbeit entsprechenden Teil der Vergütung und Ersatz der in der Vergütung nicht inbegriffenen Auslagen verlangen. Das Gleiche gilt, wenn der Vertrag in Gemäßheit des § 643 (siehe oben) aufgehoben wird.

Eine weitergehende Haftung des Bestellers wegen Verschuldens bleibt unberührt.

§ 645 B.G.B.

Versendet der Verkäufer auf Verlangen des Käufers die verkaufte Sache nach einem andern Orte als dem Erfüllungsorte, so geht die Gefahr auf den Käufer über, sobald der Verkäufer die Sache dem Spediteur, dem Frachtführer oder der sonst zur Ausführung der Versendung bestimmten Person oder Anstalt ausgeliefert hat.

Hat der Käufer eine besondere Anweisung über die Art der Versendung erteilt und weicht der Verkäufer ohne dringenden Grund von der Anweisung ab, so ist der Verkäufer dem Käufer für den daraus entstehenden Schaden verantwortlich.

§ 447 B.G.B.

Verkauf eines Pfandes.

Der Pfandgläubiger hat dem Eigentümer den Verkauf vorher anzudrohen und dabei den Geldbetrag zu bezeichnen, wegen dessen der Verkauf stattfinden soll. Die Androhung kann erst nach dem Eintritte der Verkaufsberechtigung erfolgen; sie darf unterbleiben, wenn sie unthunlich ist.

Der Verkauf darf nicht vor dem Ablauf eines Monats 1 Monat
nach der Androhung erfolgen. Ist die Androhung unthunlich,

so wird der Monat von dem Eintritte der Verkaufsberechtigung an berechnet.

§ 1234 B.G.B.

Bei dem Verkauf eines Pfandes tritt, wenn die Verpfändung auf der Seite des Pfandgläubigers und des Verpfänders ein Handelsgeschäft ist, an die Stelle der im § 1234 des Bürgerlichen Gesetzbuchs (siehe oben) bestimmten Frist von
1 Woche einem Monat eine solche von einer Woche.

Diese Vorschrift findet auf das gesetzliche Pfandrecht des Kommissionärs, des Spediteurs, des Lagerhalters und des Frachtführers entsprechende Anwendung, auf das Pfandrecht des Spediteurs und des Frachtführers auch dann, wenn nur auf ihrer Seite der Speditions- oder Frachtvertrag ein Handelsgeschäft ist.

§ 368 H.G.B.

Verlängerung von Fristen.

Der Anspruch auf Wandelung oder auf Minderung sowie der Anspruch auf Schadensersatz wegen Mangels einer zugesicherten Eigenschaft verjährt, sofern nicht der Verkäufer den Mangel arglistig verschwiegen hat, bei beweglichen Sachen in
6 Monate sechs Monaten von der Ablieferung, bei Grundstücken in einem
1 Jahr Jahre von der Uebergabe an. Die Verjährungsfrist kann durch Vertrag verlängert werden.

Beantragt der Käufer gerichtliche Beweisaufnahme zur Sicherung des Beweises, so wird die Verjährung unterbrochen. Die Unterbrechung dauert bis zur Beendigung des Verfahrens fort. Die Vorschriften des § 211 Abs. 2 und des § 212 [siehe unten IIa „Verjährungsabschnitt des Bürgerlichen Gesetzbuches"] finden entsprechende Anwendung.

Die Hemmung oder Unterbrechung der Verjährung eines der im Abs. 1 bezeichneten Ansprüche bewirkt auch die Hemmung oder Unterbrechung der Verjährung der anderen Ansprüche.

§ 477 B.G.B.

Der Verkäufer hat nur bestimmte Fehler (Hauptmängel) und diese nur dann zu vertreten, wenn sie sich innerhalb bestimmter Fristen (Gewährfristen) zeigen. [Siehe oben unter „Gewährfristen".]

Die Hauptmängel und die Gewährfristen werden durch eine mit Zustimmung des Bundesrats zu erlassende Kaiserliche Verordnung bestimmt. Die Bestimmung kann auf demselben Wege ergänzt und abgeändert werden.

§ 482 B G.B

Die Gewährfrist beginnt mit dem Ablaufe des Tages, an welchem die Gefahr auf den Käufer übergeht.

§ 483 B.G.B.

Zeigt sich ein Hauptmangel innerhalb der Gewährfrist, so wird vermutet, daß der Mangel schon zu der Zeit vorhanden gewesen sei, zu welcher die Gefahr auf den Käufer übergegangen ist.

§ 484 B.G.B.

Der Käufer verliert die ihm wegen des Mangels zustehenden Rechte, wenn er nicht spätestens zwei Tage nach dem 2 Tage
Ablaufe der Gewährfrist oder, falls das Tier vor dem Ablaufe der Frist getötet worden oder sonst verendet ist, nach dem Tode des Tieres den Mangel dem Verkäufer anzeigt oder die Anzeige an ihn absendet oder wegen des Mangels Klage gegen den Verkäufer erhebt oder diesem den Streit verkündet oder gerichtliche Beweisaufnahme zur Sicherung des Beweises beantragt. Der Rechtsverlust tritt nicht ein, wenn der Verkäufer den Mangel arglistig verschwiegen hat.

§ 485 B.G.B.

Die Gewährfrist kann durch Vertrag verlängert oder abgekürzt werden. Die vereinbarte Frist tritt an die Stelle der gesetzlichen Frist.

§ 486 B.G.B.

Vermächtnis.

Ein Vermächtnis, das unter einer aufschiebenden Bedingung oder unter Bestimmung eines Anfangstermins angeordnet ist, wird mit dem Ablaufe von dreißig Jahren nach dem Erbfall 30 Jahre
unwirksam, wenn nicht vorher die Bedingung oder der Termin eingetreten ist.

Ist der Bedachte zur Zeit des Erbfalls noch nicht erzeugt oder wird seine Persönlichkeit durch ein erst nach dem Erbfall

eintretendes Ereignis bestimmt, so wird das Vermächtnis mit
30 Jahre dem Ablaufe von dreißig Jahren nach dem Erbfall unwirksam, wenn nicht vorher der Bedachte erzeugt oder das Ereignis eingetreten ist, durch das seine Persönlichkeit bestimmt wird.

§ 2162 B.G.B.

Das Vermächtnis bleibt in den Fällen des § 2162
30 Jahre (siehe oben) auch nach dem Ablaufe von 30 Jahren wirksam:

1. wenn es für den Fall angeordnet ist, daß in der Person des Beschwerten oder des Bedachten ein bestimmtes Ereignis eintritt, und derjenige, in dessen Person das Ereignis eintreten soll, zur Zeit des Erbfalls lebt;
2. wenn ein Erbe, ein Nacherbe oder ein Vermächtnisnehmer für den Fall, daß ihm ein Bruder oder eine Schwester geboren wird, mit einem Vermächtnisse zu Gunsten des Bruders oder der Schwester beschwert ist.

Ist der Beschwerte oder der Bedachte, in dessen Person das Ereignis eintreten soll, eine juristische Person, so bewendet
30 Jahre es bei der dreißigjährigen Frist.

§ 2163 B.G.B.

Ist ein als Erbe berufener Pflichtteilsberechtigter durch die Einsetzung eines Nacherben, die Ernennung eines Testamentsvollstreckers oder eine Teilungsanordnung beschränkt oder ist er mit einem Vermächtnis oder einer Auflage beschwert, so gilt die Beschränkung oder die Beschwerung als nicht angeordnet, wenn der ihm hinterlassene Erbteil die Hälfte des gesetzlichen Erbteils nicht übersteigt. Ist der hinterlassene Erbteil größer, so kann der Pflichtteilsberechtigte den Pflichtteil verlangen, wenn er den Erbteil ausschlägt; die Ausschlagungsfrist beginnt erst, wenn der Pflichtteilsberechtigte von der Beschränkung oder der Beschwerung Kenntnis erlangt.

Einer Beschränkung der Erbeinsetzung steht es gleich, wenn der Pflichtteilsberechtigte als Nacherbe eingesetzt ist.

§ 2306 B.G.B.

Ist ein Pflichtteilsberechtigter mit einem Vermächtnisse bedacht, so kann er den Pflichtteil verlangen, wenn er das Vermächtnis ausschlägt. Schlägt er nicht aus, so steht ihm ein Recht auf den Pflichtteil nicht zu, soweit der Wert des Vermächtnisses reicht; bei der Berechnung des Wertes bleiben

Beschränkungen und Beschwerungen der im § 2306 (siehe oben) bezeichneten Art außer Betracht.

Der mit dem Vermächtnisse beschwerte Erbe kann den Pflichtteilsberechtigten unter Bestimmung einer angemessenen Frist zur Erklärung über die Annahme des Vermächtnisses auffordern. Mit dem Ablaufe der Frist gilt das Vermächtnis als ausgeschlagen, wenn nicht vorher die Annahme erklärt wird. Frist

§ 2307 B.G.B.

Hat ein Pflichtteilsberechtigter, der als Erbe oder als Vermächtnisnehmer in der im § 2306 (siehe oben) bezeichneten Art beschränkt oder beschwert ist, die Erbschaft oder das Vermächtnis ausgeschlagen, so kann er die Ausschlagung anfechten, wenn die Beschränkung oder die Beschwerung zur Zeit der Ausschlagung weggefallen und der Wegfall ihm nicht bekannt war.

§ 2308 Abs. I B.G.B.

Der Erblasser kann Mehrere mit einem Vermächtnis in der Weise bedenken, daß der Beschwerte oder ein Dritter zu bestimmen hat, wer von den Mehreren das Vermächtnis erhalten soll.

Die Bestimmung des Beschwerten erfolgt durch Erklärung gegenüber demjenigen, welcher das Vermächtnis erhalten soll; die Bestimmung des Dritten erfolgt durch Erklärung gegenüber dem Beschwerten.

Kann der Beschwerte oder der Dritte die Bestimmung nicht treffen, so sind die Bedachten Gesamtgläubiger. Das Gleiche gilt, wenn das Nachlaßgericht dem Beschwerten oder dem Dritten auf Antrag eines der Beteiligten eine Frist zur Abgabe der Erklärung bestimmt hat und die Frist verstrichen ist, sofern nicht vorher die Erklärung erfolgt. Der Bedachte, der das Vermächtnis erhält, ist im Zweifel nicht zur Teilung verpflichtet. Frist

§ 2151 B.G.B.

Gegen eine Verfügung, durch die nach den §§ 2151 (siehe oben), 2153 bis 2155 (siehe unten), 2192, 2193 und dem § 2198 Abs. 2 [betreffen die Auflage] des B.G.B. dem Beschwerten oder einem Dritten eine Frist zur Erklärung bestimmt wird, findet die sofortige Beschwerde statt. 14 Tage

§ 80 des Reichsgesetzes vom 17. Mai 1898, betr. die Angelegenheiten der freiwilligen Gerichtsbarkeit.

Hat der Erblasser Mehrere mit einem Vermächtnis in der Weise bedacht, daß nur der Eine oder der Andere das Vermächtnis erhalten soll, so ist anzunehmen, daß der Beschwerte bestimmen soll, wer von ihnen das Vermächtnis erhält.

§ 2152 B.G.B.

Der Erblasser kann Mehrere mit einem Vermächtnis in der Weise bedenken, daß der Beschwerte oder ein Dritter zu bestimmen hat, was jeder von dem vermachten Gegenstand erhalten soll. Die Bestimmung erfolgt nach § 2151 Abs. 2 (siehe oben).

Kann der Beschwerte oder der Dritte die Bestimmung nicht treffen, so sind die Bedachten zu gleichen Teilen berechtigt. Die Vorschrift des § 2151 Abs. 2 Satz 2 (siehe oben) findet entsprechende Anwendung.

§ 2153 B.G.B.

Der Erblasser kann ein Vermächtnis in der Art anordnen, daß der Bedachte von mehreren Gegenständen nur den einen oder den anderen erhalten soll. Ist in einem solchen Falle die Wahl einem Dritten übertragen, so erfolgt sie durch Erklärung gegenüber dem Beschwerten.

Kann der Dritte die Wahl nicht treffen, so geht das Wahlrecht auf den Beschwerten über. Die Vorschrift des
Frist § 2151 Abs. 3 Satz 2 (siehe oben) findet entsprechende Anwendung.

§ 2154 B.G.B.

Hat der Erblasser die vermachte Sache nur der Gattung nach bestimmt, so ist eine den Verhältnissen des Bedachten entsprechende Sache zu leisten.

Ist die Bestimmung der Sache dem Bedachten oder einem Dritten übertragen, so finden die nach § 2154 (siehe oben) für die Wahl des Dritten geltenden Vorschriften Anwendung.

Entspricht die von dem Bedachten oder dem Dritten getroffene Bestimmung den Verhältnissen des Bedachten offenbar nicht, so hat der Beschwerte so zu leisten, wie wenn der Erblasser über die Bestimmung der Sache keine Anordnung getroffen hätte.

§ 2155 B.G.B.

Der Erblasser kann bei der Anordnung eines Vermächtnisses, dessen Zweck er bestimmt hat, die Bestimmung der

Leistung dem billigen Ermessen des Beschwerten oder eines Dritten überlassen. Auf ein solches Vermächtnis finden die Vorschriften der §§ 315 bis 319 (siehe unten) entsprechende Frist Anwendung.

§ 2156 B.G.B.

Soll die Leistung durch einen der Vertragschließenden bestimmt werden, so ist im Zweifel anzunehmen, daß die Bestimmung nach billigem Ermessen zu treffen ist.

Die Bestimmung erfolgt durch Erklärung gegenüber dem anderen Teile.

Soll die Bestimmung nach billigem Ermessen erfolgen, so ist die getroffene Bestimmung für den anderen Teil nur verbindlich, wenn sie der Billigkeit entspricht. Entspricht sie nicht der Billigkeit, so wird die Bestimmung durch Urteil getroffen; das Gleiche gilt, wenn die Bestimmung verzögert wird.

§ 315 B.G.B.

Ist der Umfang der für eine Leistung versprochenen Gegenleistung nicht bestimmt, so steht die Bestimmung im Zweifel demjenigen Teile zu, welcher die Gegenleistung zu fordern hat.

§ 316 B.G.B.

Ist die Bestimmung der Leistung einem Dritten überlassen, so ist im Zweifel anzunehmen, daß sie nach billigem Ermessen zu treffen ist.

Soll die Bestimmung durch mehrere Dritte erfolgen, so ist im Zweifel Uebereinstimmung aller erforderlich; soll eine Summe bestimmt werden, so ist, wenn verschiedene Summen bestimmt werden, im Zweifel die Durchschnittssumme maßgebend.

§ 317 B.G.B.

Die einem Dritten überlassene Bestimmung der Leistung erfolgt durch Erklärung gegenüber einem der Vertragschließenden.

Die Anfechtung der getroffenen Bestimmung wegen Irrtums, Drohung oder arglistiger Täuschung steht nur den Vertragschließenden zu; Anfechtungsgegner ist der andere Teil. Die Anfechtung muß unverzüglich erfolgen, nachdem der An- unverzüglich fechtungsberechtigte von dem Anfechtungsgrunde Kenntnis erlangt hat. Sie ist ausgeschlossen, wenn dreißig Jahre verstrichen sind, 30 Jahre nachdem die Bestimmung getroffen worden ist.

§ 318 B.G.B.

Soll der Dritte die Leistung nach billigem Ermessen bestimmen, so ist die getroffene Bestimmung für die Vertragschließenden nicht verbindlich, wenn sie offenbar unbillig ist. Die Bestimmung erfolgt in diesem Falle durch Urteil; das Gleiche gilt, wenn der Dritte die Bestimmung nicht treffen kann oder will oder wenn er sie verzögert.

Soll der Dritte die Bestimmung nach freiem Belieben treffen, so ist der Vertrag unwirksam, wenn der Dritte die Bestimmung nicht treffen kann oder will oder wenn er sie verzögert.

§ 319 B.G.B.

Veröffentlichung
der Verurteilungen wegen unlauteren Wettbewerbs.

Wird in den Fällen des § 4 (siehe unten) auf Strafe erkannt, so kann angeordnet werden, daß die Verurteilung auf Kosten des Schuldigen öffentlich bekannt zu machen sei.

Wird in den Fällen des § 7 (siehe unten) auf Strafe erkannt, so ist zugleich dem Verletzten die Befugnis zuzusprechen, Frist die Verurteilung innerhalb bestimmter Frist auf Kosten des Verurteilten öffentlich bekannt zu machen.

Auf Antrag des freigesprochenen Angeschuldigten kann das Gericht die öffentliche Bekanntmachung der Freisprechung anordnen; die Staatskasse trägt die Kosten, insofern dieselben nicht dem Anzeigenden oder dem Privatkläger auferlegt worden sind.

Ist in den Fällen der §§ 1, 6 und 8 (siehe unten) auf Unterlassung Klage erhoben, so kann in dem Urteile der obsiegenden Partei die Befugnis zugesprochen werden, den verfügenden Teil des Urteils innerhalb bestimmter Frist auf Frist Kosten der unterliegenden Partei öffentlich bekannt zu machen. Die Art der Bekanntmachung ist im Urteil zu bestimmen.

§ 13 des Reichsgesetzes vom 27. Mai 1896 zur Bekämpfung des unlauteren Wettbewerbes.

Wer in der Absicht, den Anschein eines besonders günstigen Angebots hervorzurufen, in öffentlichen Bekanntmachungen oder in Mitteilungen, welche für einen größeren Kreis von Personen bestimmt sind, über die Beschaffenheit, die Herstellungsart oder die Preisbemessung von Waaren oder gewerblichen Leistungen, über die Art des Bezugs oder die Bezugsquelle von Waaren, über den Besitz von Auszeichnungen, über den Anlaß oder den Zweck des Verkaufs wissentlich unwahre und zur Irreführung geeignete Angaben thatsächlicher Art macht, wird mit Geldstrafe bis zu eintausendfünfhundert Mark bestraft.

Ist der Thäter bereits einmal wegen einer Zuwiderhandlung gegen die vorstehende Vorschrift bestraft, so kann neben oder statt der Geldstrafe auf Haft oder auf Gefängnis bis zu sechs Monaten erkannt werden; die Bestimmungen des § 245 des Strafgesetzbuchs (siehe unten) finden entsprechende Anwendung.

§ 4 leg. cit.

Wer wider besseres Wissen über das Erwerbsgeschäft eines Anderen, über die Person des Inhabers oder Leiters des Geschäftes, über die Waaren oder gewerblichen Leistungen eines Anderen unwahre Behauptungen thatsächlicher Art aufstellt oder verbreitet, welche geeignet sind, den Betrieb des Geschäfts zu schädigen, wird mit Geldstrafe bis zu eintausendfünfhundert Mark oder mit Gefängnis bis zu einem Jahre bestraft.

§ 7 leg. cit.

Wer in öffentlichen Bekanntmachungen oder in Mitteilungen, welche für einen größeren Kreis von Personen bestimmt sind, über geschäftliche Verhältnisse, insbesondere über die Beschaffenheit, die Herstellungsart oder die Preisbemessung von Waaren oder gewerblichen Leistungen, über die Art des Bezuges oder die Bezugsquelle von Waaren, über den Besitz von Auszeichnungen, über den Anlaß oder den Zweck des Verkaufs unrichtige Angaben thatsächlicher Art macht, welche geeignet sind, den Anschein eines besonders günstigen Angebots hervorzurufen, kann auf Unterlassung der unrichtigen Angaben in Anspruch genommen werden. Dieser Anspruch kann von jedem Gewerbetreibenden, der Waaren oder Leistungen gleicher oder verwandter Art herstellt oder in den geschäftlichen Verkehr bringt, oder von Verbänden zur Förderung gewerblicher Interessen geltend gemacht werden, soweit die Verbände als solche in bürgerlichen Rechtsstreitigkeiten klagen können.

Neben dem Anspruch auf Unterlassung der unrichtigen Angaben haben die vorerwähnten Gewerbetreibenden auch Anspruch auf Ersatz des durch die unrichtigen Angaben verursachten Schadens gegen denjenigen, der die Angaben gemacht hat, falls dieser ihre Unrichtigkeit kannte oder kennen mußte. Der Anspruch auf Schadensersatz kann gegen Redakteure, Verleger, Drucker oder Verbreiter von periodischen Druckschriften nur geltend gemacht werden, wenn dieselben die Unrichtigkeit der Angaben kannten.

Die Verwendung von Namen, welche nach dem Handelsgebrauch zur Benennung gewisser Waaren dienen, ohne deren Herkunft bezeichnen zu sollen, fällt unter die vorstehenden Bestimmungen nicht.

Im Sinne der Bestimmungen des Absatzes 1 und 2 sind den Angaben thatsächlicher Art bildliche Darstellungen und sonstige Veranstaltungen gleich zu achten, die darauf berechnet und geeignet sind, solche Angaben zu ersetzen.

Unter Waaren im Sinne dieses Gesetzes sind auch landwirtschaftliche Erzeugnisse, unter gewerblichen Leistungen auch landwirtschaftliche zu verstehen.

§ 1 leg. cit.

Wer zu Zwecken des Wettbewerbes über das Erwerbsgeschäft eines Anderen, über die Person des Inhabers oder Leiters des Geschäfts, über die Waaren oder gewerblichen Leistungen eines Anderen Behauptungen thatsächlicher Art aufstellt oder verbreitet, welche geeignet sind, den Betrieb des Geschäfts oder den Kredit des Inhabers zu schädigen, ist, sofern die Behauptungen nicht erweislich wahr sind, dem Verletzten zum Ersatze des entstandenen Schadens verpflichtet. Auch kann der Verletzte den Anspruch geltend machen, daß die Wiederholung oder Verbreitung der Behauptungen unterbleibe.

Die Bestimmungen des ersten Absatzes finden keine Anwendung, wenn der Mitteilende oder der Empfänger der Mitteilung an ihr ein berechtigtes Interesse hat.

§ 6 leg. cit.

Wer im geschäftlichen Verkehr einen Namen, eine Firma oder die besondere Bezeichnung eines Erwerbsgeschäfts, eines gewerblichen Unternehmens oder einer Druckschrift in einer Weise benutzt, welche darauf berechnet und geeignet ist, Verwechslungen mit dem Namen, der Firma oder der besonderen Bezeichnung hervorzurufen, deren sich ein Anderer befugterweise bedient, ist diesem zum Ersatze des Schadens verpflichtet. Auch kann der Anspruch auf Unterlassung der mißbräuchlichen Art der Benutzung geltend gemacht werden.

§ 8 leg. cit.

Die beiden §§ 244 und 245 des Reichsstrafgesetzbuches, welche für obigen § 4 des Gesetzes betr. den unlauteren Wettbewerb in Betracht kommen, lauten wie folgt:

§ 244: „Wer im Inlande als Dieb, Räuber oder gleich einem Räuber oder als Hehler bestraft worden ist, darauf abermals eine dieser Handlungen begangen hat, und wegen derselben bestraft worden ist, wird, wenn er einen einfachen Diebstahl (§ 242) begeht, mit Zuchthaus bis zu zehn Jahren, wenn er einen schweren Diebstahl (§ 243) begeht, mit Zuchthaus nicht unter zwei Jahren bestraft.

Sind mildernde Umstände vorhanden, so tritt beim einfachen Diebstahl Gefängnisstrafe nicht unter drei Monaten, beim schweren Diebstahl Gefängnisstrafe nicht unter einem Jahre ein."

§ 245: „Die Bestimmungen des § 244 finden Anwendung, auch wenn die früheren Strafen nur teilweise verbüßt oder ganz oder teilweise erlassen sind, bleiben jedoch ausgeschlossen, wenn seit der Verbüßung oder dem Erlasse der letzten Strafe bis zur Begehung des neuen Diebstahls zehn Jahre verflossen sind."

Veröffentlichung bei Gesellschaften mit beschränkter Haftung.

Auf die Anmeldung der Gesellschaft zur Eintragung in das Handelsregister eines Gerichts, in dessen Bezirke sie eine Zweigniederlassung besitzt, finden die Bestimmungen im § 8 Abs. 1 und 2 (siehe unten) keine Anwendung. Der Anmeldung ist eine von dem Gerichte der Hauptniederlassung beglaubigte Abschrift des Gesellschaftsvertrages und der Liste der Gesellschafter beizufügen.

Die Eintragung hat die im § 10 Absatz 1 und 2 (siehe unten) bezeichneten Angaben zu enthalten. In die Veröffentlichung, durch welche die Eintragung bekannt gemacht wird, sind auch die § 10 Abs. 3 (siehe unten) bezeichneten Bestimmungen aufzunehmen, die nach § 5 Absatz 4 (siehe unten) getroffenen Festsetzungen jedoch nur dann, wenn die Eintragung innerhalb der ersten zwei Jahre nach der Eintragung in das Handelsregister des Sitzes der Gesellschaft erfolgt. 2 Jahre

§ 12 des R.Ges. v. 20. Mai 1898, betreffend die Gesellschaften mit beschränkter Haftung.

Der Anmeldung müssen beigefügt sein:

1. der Gesellschaftsvertrag und im Falle des § 2 Abs. 2 [nämlich: „die Unterzeichnung durch Bevollmächtigte ist nur auf Grund einer gerichtlich oder notariell errichteten oder beglaubigten Vollmacht zulässig"] die Vollmachten der Vertreter, welche den Gesellschaftsvertrag unterzeichnet haben, oder eine beglaubigte Abschrift dieser Urkunden,
2. die Legitimation der Geschäftsführer, sofern dieselben nicht im Gesellschaftsvertrage bestellt sind,
3. eine von den Anmeldenden unterschriebene Liste der Gesellschafter, aus welcher Name, Vorname, Stand und Wohnort der letzteren, sowie der Betrag der von einem jeden derselben übernommenen Stammeinlage ersichtlich ist,
4. in dem Falle, daß der Gegenstand des Unternehmens der staatlichen Genehmigung bedarf, die Genehmigungsurkunde.

In der Anmeldung ist die Versicherung abzugeben, daß die im § 7 Absatz 2 bezeichneten Leistungen auf die Stammeinlagen [nämlich: „die Anmeldung darf nur erfolgen, nachdem von jeder Stammeinlage, soweit nicht andere als in Geld zu leistende Einlagen auf das Stammkapital gemacht sind, ein Viertel, mindestens aber der Betrag von zweihundertundfünfzig Mark eingezahlt ist"] bewirkt sind, und daß der Gegenstand der Leistungen sich in der freien Verfügung der Geschäftsführer befindet.

Die Geschäftsführer haben ihre Unterschrift zur Aufbewahrung bei dem Gerichte zu zeichnen.

§ 8 leg. cit.

Bei der Eintragung in das Handelsregister sind die Firma und der Sitz der Gesellschaft, der Gegenstand des Unternehmens, die Höhe des Stammkapitals, der Tag des Abschlusses des Gesellschaftsvertrags und die Personen der Geschäftsführer anzugeben.

Enthält der Gesellschaftsvertrag besondere Bestimmungen über die Zeitdauer der Gesellschaft oder über die Befugnis der Geschäftsführer oder der Liquidatoren zur Vertretung der Gesellschaft, so sind auch diese Bestimmungen einzutragen.

In die Veröffentlichung, durch welche die Eintragung bekannt gemacht wird, sind außer dem Inhalte der Eintragung die nach § 5 Abs. 4 (siehe unten) getroffenen Festsetzungen und, sofern der Gesellschaftsvertrag besondere Bestimmungen über die Form enthält, in welcher öffentliche Bekanntmachungen der Gesellschaft erlassen werden, auch diese Bestimmungen aufzunehmen.

§ 10 leg. cit.

Sollen von Gesellschaftern Einlagen, welche nicht in Geld zu leisten sind, auf das Stammkapital gemacht oder soll die Vergütung für Vermögensgegenstände, welche die Gesellschaft übernimmt, auf Stammeinlagen angerechnet werden, so muß die Person des Gesellschafters, der Gegenstand der Einlage oder Uebernahme sowie der Geldwert, für welchen die Einlage angenommen wird, oder die für die übernommenen Gegenstände zu gewährende Vergütung im Gesellschaftsvertrage festgesetzt werden.

§ 5 Abs. 4 leg. cit.

Verpfändung von gestohlenen und verlorenen Inhaberpapieren

siehe oben unter: „Guter Glaube bei dem Erwerbe eines Inhaberpapiers".

Verpflegung der Bediensteten.

Ist bei einem dauernden Dienstverhältnisse, welches die Erwerbsthätigkeit des Verpflichteten vollständig oder hauptsächlich in Anspruch nimmt, der Verpflichtete in die häusliche Gemeinschaft aufgenommen, so hat der Dienstberechtigte ihm im Falle der Erkrankung die erforderliche Verpflegung und ärztliche Behandlung bis zur Dauer von sechs Wochen, jedoch nicht über 6 Wochen
die Beendigung des Dienstverhältnisses hinaus, zu gewähren, sofern nicht die Erkrankung von dem Verpflichteten vorsätzlich oder durch grobe Fahrlässigkeit herbeigeführt worden ist. Die Verpflegung und ärztliche Behandlung kann durch Aufnahme des Verpflichteten in eine Krankenanstalt gewährt werden. Die Kosten können auf die für die Zeit der Erkrankung geschuldete Vergütung angerechnet werden. Wird das Dienstverhältnis wegen der Erkrankung von dem Dienstberechtigten nach § 626

(siehe unten) gekündigt, so bleibt die dadurch herbeigeführte Beendigung des Dienstverhältnisses außer Betracht.

Die Verpflichtung des Dienstberechtigten tritt nicht ein, wenn für die Verpflegung und ärztliche Behandlung durch eine Versicherung oder durch eine Einrichtung der öffentlichen Krankenpflege Vorsorge getroffen ist.

§ 617 B.G.B.

Das Dienstverhältnis kann von jedem Teile ohne Einhaltung einer Kündigungsfrist gekündigt werden, wenn ein wichtiger Grund vorliegt.

§ 626 B G B

Verteilung des Vermögens bei in Liquidation befindlichen Aktiengesellschaften.

Die Verteilung des Vermögens darf nur erfolgen, wenn seit dem Tage, an welchem die im § 297 (siehe unten) vorgeschriebene öffentliche Aufforderung an die Gläubiger zum
1 Jahr dritten Male stattgefunden hat, ein Jahr verstrichen ist.

Meldet sich ein bekannter Gläubiger nicht, so ist der geschuldete Betrag, wenn die Berechtigung zur Hinterlegung vorhanden ist, für den Gläubiger zu hinterlegen.

Ist die Berichtigung einer Verbindlichkeit zur Zeit nicht ausführbar oder ist eine Verbindlichkeit streitig, so darf die Verteilung des Vermögens nur erfolgen, wenn dem Gläubiger Sicherheit geleistet ist

§ 301 H G.B

Die Liquidatoren haben unter Hinweis auf die Auflösung der Gesellschaft die Gläubiger der Gesellschaft aufzufordern, ihre Ansprüche anzumelden. Die Aufforderung ist dreimal in den Gesellschaftsblättern zu veröffentlichen.

§ 297 H.G.B.

Verteilung des Vermögens bei in Liquidation befindlichen Erwerbs- und Wirtschaftsgenossenschaften.

Die Auflösung der Genossenschaft ist von dem Gerichte ohne Verzug in das Genossenschaftsregister einzutragen.

Sie muß von den Liquidatoren zu drei verschiedenen Malen durch die für die Bekanntmachungen der Genossenschaft bestimmten Blätter bekannt gemacht werden. Durch die Bekanntmachung sind zugleich die Gläubiger aufzufordern, sich bei der Genossenschaft zu melden.

§ 82 des Reichsgesetzes vom 20. Mai 1898, betreffend die Erwerbs- und Wirtschaftsgenossenschaften.

Eine Verteilung des Vermögens unter die Genossen darf nicht vor Tilgung oder Deckung der Schulden und nicht vor Ablauf eines Jahres seit dem Tage vollzogen werden, an welchem die Aufforderung der Gläubiger in den hierzu bestimmten Blättern [§ 82 Abs. 2 siehe oben] zum dritten Male erfolgt ist. 1 Jahr

Meldet sich ein bekannter Gläubiger nicht, so ist der geschuldete Betrag, wenn die Berechtigung zur Hinterlegung vorhanden ist, für den Gläubiger zu hinterlegen. Ist die Berichtigung einer Verbindlichkeit zur Zeit nicht ausführbar oder ist eine Verbindlichkeit streitig, so darf die Verteilung des Vermögens nur erfolgen, wenn dem Gläubiger Sicherheit geleistet ist.

Liquidatoren, welche diesen Vorschriften zuwiderhandeln, sind außer der Genossenschaft den Gläubigern zum Ersatze des ihnen daraus erwachsenden Schadens persönlich und solidarisch verpflichtet. Die gleiche Verpflichtung trifft die Mitglieder des Aufsichtsrats, wenn die Zuwiderhandlung mit ihrem Wissen und ohne ihr Einschreiten geschieht. Die Verpflichtung wird den Gläubigern gegenüber dadurch nicht aufgehoben, daß die Zuwiderhandlung auf einem Beschlusse der Generalversammlung beruht.

§ 90 leg. cit.

Verteilung
des Vermögens bei in Liquidation befindlichen Gesellschaften mit beschränkter Haftung.

Die Verteilung darf nicht vor Tilgung oder Sicherstellung der Schulden der Gesellschaft und nicht vor Ablauf eines Jahres seit dem Tage vorgenommen werden, an welchem die Aufforderung an die Gläubiger in den öffentlichen Blättern zum dritten Male erfolgt ist. 1 Jahr

Meldet sich ein bekannter Gläubiger nicht, so ist der geschuldete Betrag, wenn die Berechtigung zur Hinterlegung vorhanden ist, für den Gläubiger zu hinterlegen. Ist die Berichtigung einer Verbindlichkeit zur Zeit nicht ausführbar oder ist eine Verbindlichkeit streitig, so darf die Verteilung des Vermögens nur erfolgen, wenn dem Gläubiger Sicherheit geleistet ist.

Liquidatoren, welche diesen Vorschriften zuwiderhandeln, sind zum Ersatze der verteilten Beträge solidarisch verpflichtet. Auf den Ersatzanspruch finden die Bestimmungen im § 43 Abs. 3 und 4 (siehe unten) entsprechende Anwendung.

§ 73 des Reichsgesetzes vom 20. Mai 1898, betreffend die Gesellschaften mit beschränkter Haftung.

Die Geschäftsführer haben in den Angelegenheiten der Gesellschaft die Sorgfalt eines ordentlichen Geschäftsmannes anzuwenden.

Geschäftsführer, welche ihre Obliegenheiten verletzen, haften der Gesellschaft solidarisch für den entstandenen Schaden.

Insbesondere sind sie zum Ersatze verpflichtet, wenn den
Frist Bestimmungen des § 30 (siehe unten) zuwider Zahlungen aus dem zur Erhaltung des Stammkapitals erforderlichen Vermögen der Gesellschaft gemacht oder den Bestimmungen des § 33 (siehe unten) zuwider eigene Geschäftsanteile der Gesellschaft erworben worden sind. Auf den Ersatzanspruch finden die Bestimmungen im § 9 Abs. 2 (siehe unten) entsprechende Anwendung. Soweit der Ersatz zur Befriedigung der Gläubiger der Gesellschaft erforderlich ist, wird die Verpflichtung der Geschäftsführer dadurch nicht aufgehoben, daß dieselben in Befolgung eines Beschlusses der Gesellschafter gehandelt haben.

Die Ansprüche auf Grund der vorstehenden Bestimmungen
5 Jahre verjähren in fünf Jahren.

§ 43 leg. cit.

Das zur Erhaltung des Stammkapitals erforderliche Vermögen der Gesellschaft darf an die Gesellschafter nicht ausgezahlt werden.

Eingezahlte Nachschüsse können, soweit sie nicht zur Deckung eines Verlustes am Stammkapital erforderlich sind, an die Gesellschafter zurückgezahlt werden. Die Zurückzahlung darf
3 Monate nicht vor Ablauf von drei Monaten erfolgen, nachdem der Rückzahlungsbeschluß durch die im Gesellschaftsvertrage für die Bekanntmachungen der Gesellschaft bestimmten öffentlichen Blätter und in Ermangelung solcher durch die für die Bekanntmachungen

aus dem Handelsregister bestimmten öffentlichen Blätter bekannt gemacht ist. Im Falle des § 28 Abs. 2 (siehe unten) ist die Zurückzahlung von Nachschüssen vor der Volleinzahlung des Stammkapitals unzulässig. Zurückgezahlte Nachschüsse gelten als nicht eingezogen.

§ 30 leg. cit.

Die Gesellschaft darf eigene Geschäftsanteile, auf welche die Stammeinlage noch nicht vollständig eingezahlt ist, nicht erwerben.

Sie soll auch eigene Geschäftsanteile, auf welche die Stammeinlage vollständig eingezahlt ist, nicht erwerben, sofern nicht der Erwerb aus dem über den Betrag des Stammkapitals hinaus vorhandenen Vermögen geschehen kann.

§ 33 leg. cit.

Die Anmeldenden haften der Gesellschaft solidarisch für die Richtigkeit ihrer Angaben hinsichtlich der auf die Stammeinlagen gemachten Leistungen.

Verzichtleistungen oder Vergleiche der Gesellschaft in Betreff der ihr nach Absatz 1 zustehenden Ersatzansprüche sind unwirksam, soweit der Ersatz zur Befriedigung der Gläubiger der Gesellschaft erforderlich ist. Auf einen Vergleich, welchen der Ersatzpflichtige im Falle der Zahlungsunfähigkeit zur Abwendung oder Beseitigung des Konkursverfahrens mit seinen Gläubigern abschließt, findet diese Bestimmung keine Anwendung.

Die Ansprüche auf Grund der vorstehenden Bestimmungen verjähren in fünf Jahren seit der Eintragung der Gesellschaft in das Handelsregister. 5 Jahre

§ 9 leg. cit.

Im Gesellschaftsvertrage kann bestimmt werden, daß die Einforderung von Nachschüssen, auf deren Zahlung die Vorschriften der §§ 21 bis 23 (siehe unten) Anwendung finden, schon vor vollständiger Einforderung der Stammeinlagen zulässig ist.

§ 28 Abs. II leg. cit.

Im Falle verzögerter Einzahlung kann an den säumigen Gesellschafter eine erneute Aufforderung zur Zahlung binnen einer zu bestimmenden Nachfrist unter Androhung seines Ausschlusses mit dem Geschäftsanteil, auf welchen die Zahlung zu erfolgen hat, erlassen werden. Die Aufforderung erfolgt mittelst Frist

eingeschriebenen Briefes. Die Nachfrist muß mindestens einen
1 Monat Monat betragen.

Nach fruchtlosem Ablauf der Frist ist der säumige Gesellschafter seines Geschäftsanteils und der geleisteten Teilzahlungen zu Gunsten der Gesellschaft verlustig zu erklären. Die Erklärung erfolgt mittelst eingeschriebenen Briefes.

Wegen des Ausfalls, welchen die Gesellschaft an dem rückständigen Betrage oder den später auf den Geschäftsanteil eingeforderten Beträgen der Stammeinlage erleidet, bleibt ihr der ausgeschlossene Gesellschafter verhaftet.

§ 21 leg. cit.

Wegen des von dem ausgeschlossenen Gesellschafter nicht bezahlten Betrages der Stammeinlage ist der Gesellschaft der letzte und jeder frühere, bei der Gesellschaft angemeldete Rechtsvorgänger des Ausgeschlossenen verhaftet.

Ein früherer Rechtsvorgänger haftet nur, soweit die Zahlung von dessen Rechtsnachfolger nicht zu erlangen ist; dies ist bis zum Beweise des Gegenteils anzunehmen, wenn der
1 Monat letztere die Zahlung nicht bis zum Ablauf eines Monats geleistet hat, nachdem an ihn die Zahlungsaufforderung und an den Rechtsvorgänger die Benachrichtigung von derselben erfolgt ist.

Die Haftpflicht des Rechtsvorgängers ist auf die inner-
5 Jahre halb der Frist von fünf Jahren auf die Stammeinlage ein-
Frist geforderten Einzahlungen beschränkt. Die Frist beginnt mit dem Tage, an welchem der Uebergang des Geschäftsanteils auf den Rechtsnachfolger ordnungsmäßig angemeldet ist.

Der Rechtsvorgänger erwirbt gegen Zahlung des rückständigen Betrages den Geschäftsanteil des ausgeschlossenen Gesellschafters.

§ 22 leg. cit.

Ist die Zahlung des rückständigen Betrages von Rechtsvorgängern nicht zu erlangen, so kann die Gesellschaft den Geschäftsanteil im Wege öffentlicher Versteigerung verkaufen lassen. Eine andere Art des Verkaufs ist nur mit Zustimmung des ausgeschlossenen Gesellschafters zulässig.

§ 23 leg. cit.

Verträge über Erwerbungen bei Aktiengesellschaften.

Verträge der Gesellschaft, nach denen sie vorhandene oder herzustellende Anlagen, die dauernd zu ihrem Geschäftsbetriebe bestimmt sind, oder unbewegliche Gegenstände für eine den zehnten Teil des Grundkapitals übersteigende Vergütung erwerben soll, bedürfen zu ihrer Wirksamkeit der Zustimmung der Generalversammlung, falls sie vor dem Ablaufe von zwei Jahren seit der Eintragung der Gesellschaft in das Handelsregister geschlossen werden. 2 Jahre

Vor der Beschlußfassung hat der Aufsichtsrat den Vertrag zu prüfen und über die Ergebnisse seiner Prüfung schriftlich Bericht zu erstatten.

Der Beschluß, durch welchen dem Vertrage die Zustimmung erteilt wird, bedarf einer Mehrheit, die mindestens drei Vierteile des bei der Beschlußfassung vertretenen Grundkapitals umfaßt. Wird der Vertrag im ersten Jahre nach der Eintragung der Gesellschaft in das Handelsregister geschlossen, so müssen außerdem die Anteile der zustimmenden Mehrheit mindestens ein Vierteil des gesamten Grundkapitals darstellen. 1 Jahr

Nach erfolgter Zustimmung der Generalversammlung hat der Vorstand den Vertrag in Urschrift oder in öffentlich beglaubigter Abschrift mit dem Berichte des Aufsichtsrats nebst dessen urkundlichen Grundlagen zum Handelsregister einzureichen. Zum Handelsregister einer Zweigniederlassung findet die Einreichung nicht statt.

Bildet der Erwerb von Grundstücken den Gegenstand des Unternehmens, so finden auf einen solchen Erwerb die Vorschriften des Abs. 1 bis 4 keine Anwendung. Das Gleiche gilt für den Erwerb von Grundstücken im Wege der Zwangsversteigerung.

§ 207 H.G.B.

Erwirbt die Gesellschaft vor dem Ablaufe der im § 207 Abs. 1 [siehe oben] bezeichneten Frist Vermögensgegenstände in Ausführung einer vor ihrer Eintragung in das Handelsregister von Gründern getroffenen Vereinbarung, so kommen in Betreff der Rechte der Gesellschaft auf Entschädigung und in Betreff der ersatzpflichtigen Personen die Vorschriften der §§ 202, 205, 206 (siehe unten) zur Anwendung. Frist

§ 208 H.G.B.

Hinsichtlich der Bestimmungen in den §§ 202 und 205 siehe oben unter: „Vergleiche ꝛc."

Der oben citirte § 206 H.G.B. lautet:

„Die Ansprüche der Gesellschaft gegen die nach den §§ 202 bis 204 [siehe oben unter: „Vergleiche ꝛc."] verpflichteten

Personen verjähren in fünf Jahren von der Eintragung der Gesellschaft in das Handelsregister an."

Vertragsabschluß unter Abwesenden und Anwesenden

siehe oben bei: „Annahme eines Antrags".

Vertragsabschluß einer Ehefrau.

Die Frau bedarf zur Verfügung über eingebrachtes Gut der Einwilligung des Mannes.

§ 1395 B.G.B.

Verfügt die Frau durch Vertrag ohne Einwilligung des Mannes über eingebrachtes Gut, so hängt die Wirksamkeit des Vertrags von der Genehmigung des Mannes ab.

Fordert der andere Teil den Mann zur Erklärung über die Genehmigung auf, so kann die Erklärung nur ihm gegenüber erfolgen; eine vor der Aufforderung der Frau gegenüber erklärte Genehmigung oder Verweigerung der Genehmigung wird unwirksam. Die Genehmigung kann nur bis zum Ablaufe von zwei Wochen nach dem Empfange der Aufforderung
2 Wochen erklärt werden; wird sie nicht erklärt, so gilt sie als verweigert.

Verweigert der Mann die Genehmigung, so wird der Vertrag nicht dadurch wirksam, daß die Verwaltung und Nutznießung aufhört.

§ 1396 B.G.B.

Bis zur Genehmigung des Vertrags ist der andere Teil zum Widerrufe berechtigt. Der Widerruf kann auch der Frau gegenüber erklärt werden.

Hat der andere Teil gewußt, daß die Frau Ehefrau ist, so kann er nur widerrufen, wenn die Frau der Wahrheit zuwider die Einwilligung des Mannes behauptet hat; er kann auch in diesem Falle nicht widerrufen, wenn ihm das Fehlen der Einwilligung bei dem Abschlusse des Vertrags bekannt war.

§ 1397 B.G.B.

Vertragsabschluß ohne Vollmacht.

Schließt Jemand ohne Vertretungsmacht im Namen eines Anderen einen Vertrag, so hängt die Wirksamkeit des Vertrags für und gegen den Vertretenen von dessen Genehmigung ab.

Fordert der andere Teil den Vertretenen zur Erklärung über die Genehmigung auf, so kann die Erklärung nur ihm gegenüber erfolgen; eine vor der Aufforderung dem Vertreter gegenüber erklärte Genehmigung oder Verweigerung der Genehmigung wird unwirksam. Die Genehmigung kann nur bis zum Ablaufe von zwei Wochen nach dem Empfange der Aufforderung erklärt werden; wird sie nicht erklärt, so gilt sie als verweigert. 2 Wochen

§ 177 B.G.B.

Bis zur Genehmigung des Vertrags ist der andere Teil zum Widerrufe berechtigt, es sei denn, daß er den Mangel der Vertretungsmacht bei dem Abschlusse des Vertrags gekannt hat. Der Widerruf kann auch dem Vertreter gegenüber erklärt werden.

§ 178 B.G.B.

Vertragsverhältnis der Handlungsagenten.

Das Vertragsverhältnis zwischen dem Geschäftsherrn und dem Handlungsagenten kann, wenn es für unbestimmte Zeit eingegangen ist, von jedem Teile für den Schluß eines Kalendervierteljahres unter Einhaltung einer Kündigungsfrist von sechs Wochen gekündigt werden. 6 Wochen

Das Vertragsverhältnis kann von jedem Teile ohne Einhaltung einer Kündigungsfrist gekündigt werden, wenn ein wichtiger Grund vorliegt.

§ 92 H.G.B.

Soweit nicht über die dem Handlungsagenten zu gewährende Vergütung ein Anderes vereinbart ist, gebührt ihm eine Provision für jedes zur Ausführung gelangte Geschäft, welches durch seine Thätigkeit zu Stande gekommen ist. Besteht die Thätigkeit des Handlungsagenten in der Vermittlung oder Abschließung von Verkäufen, so ist im Zweifel der Anspruch auf die Provision erst nach dem Eingange der Zahlung und nur nach dem Verhältnisse des eingegangenen Betrags erworben.

Ist die Ausführung eines Geschäfts in Folge des Verhaltens des Geschäftsherrn ganz oder teilweise unterblieben, ohne daß hierfür wichtige Gründe in der Person desjenigen vorlagen, mit welchem das Geschäft abgeschlossen ist, so hat der Handlungsagent die volle Provision zu beanspruchen.

Ist die Höhe der Provision nicht bestimmt, so ist die übliche Provision zu entrichten.

Die Abrechnung über die zu zahlenden Provisionen findet, soweit nicht ein Anderes vereinbart ist, am Schlusse eines jeden halbjährlich Kalenderhalbjahres statt.

§ 88 H.G.B.

Verwandte, deren Unterhaltspflicht.

Verwandte in gerader Linie sind verpflichtet, einander Unterhalt zu gewähren.

§ 1601 B.G.B.

Unterhaltsberechtigt ist nur, wer außer Stande ist, sich selbst zu unterhalten.

Ein minderjähriges unverheiratetes Kind kann von seinen Eltern, auch wenn es Vermögen hat, die Gewährung des Unterhalts insoweit verlangen, als die Einkünfte seines Vermögens und der Ertrag seiner Arbeit zum Unterhalte nicht ausreichen.

§ 1602 B.G.B.

Der Unterhalt ist durch Entrichtung einer Geldrente zu gewähren. Der Verpflichtete kann verlangen, daß ihm die Gewährung des Unterhalts in anderer Art gestattet wird, wenn besondere Gründe es rechtfertigen.

Haben Eltern einem unverheirateten Kinde Unterhalt zu gewähren, so können sie bestimmen, in welcher Art und für welche Zeit im voraus der Unterhalt gewährt werden soll. Aus besonderen Gründen kann das Vormundschaftsgericht auf Antrag des Kindes die Bestimmung der Eltern ändern.

Im übrigen finden die Vorschriften des § 760 (siehe Frist oben unter „Leibrente") Anwendung.

§ 1612 B.G.B.

Verwertung verpfändeter Gegenstände im Konkurse.

Der Verwalter ist berechtigt, die Verwertung eines zur Masse gehörigen beweglichen Gegenstandes, an welchem ein Gläubiger ein durch Rechtsgeschäft bestelltes Pfandrecht oder ein diesem gleichstehendes Recht beansprucht, nach Maßgabe der Vorschriften über die Zwangsvollstreckung oder über den Pfandverkauf zu betreiben. Der Gläubiger kann einer solchen Verwertung nicht widersprechen, vielmehr seine Rechte nur auf den Erlös geltend machen.

Ist der Gläubiger befugt, sich aus dem Gegenstande ohne gerichtliches Verfahren zu befriedigen, so kann auf Antrag des Verwalters das Konkursgericht dem Gläubiger nach dessen Anhörung eine Frist bestimmen, innerhalb welcher er den Gegenstand zu verwerten hat. Nach dem Ablaufe der Frist findet die Vorschrift des ersten Absatzes Anwendung. Frist

§ 127 K.O.

Verzichtleistungen von Aktiengesellschaften auf ihre Ansprüche gegen die Gründer ꝛc.

siehe oben unter: „Vergleiche ꝛc."

Verzug bei gegenseitigen Verträgen

siehe oben unter: „Gegenseitiger Vertrag".

Verzug des wahlberechtigten Gläubigers.

Werden mehrere Leistungen in der Weise geschuldet, daß nur die eine oder die andere zu bewirken ist, so steht das Wahlrecht im Zweifel dem Schuldner zu.

§ 262 B.G.B.

Die Wahl erfolgt durch Erklärung gegenüber dem anderen Teile. Die gewählte Leistung gilt als die von Anfang an allein geschuldete.

§ 263 B.G.B.

Nimmt der wahlberechtigte Schuldner die Wahl nicht vor dem Beginn der Zwangsvollstreckung vor, so kann der Gläubiger die Zwangsvollstreckung nach seiner Wahl auf die eine oder auf die andere Leistung richten; der Schuldner kann sich jedoch, so lange nicht der Gläubiger die gewählte Leistung ganz oder zum Teil empfangen hat, durch eine der übrigen Leistungen von seiner Verbindlichkeit befreien.

Ist der wahlberechtigte Gläubiger im Verzuge, so kann der Schuldner ihn unter Bestimmung einer angemessenen Frist Frist zur Vornahme der Wahl auffordern. Mit dem Ablaufe der Frist geht das Wahlrecht auf den Schuldner über, wenn nicht der Gläubiger rechtzeitig die Wahl vornimmt.

§ 264 B.G.B

Volljährigkeit.

21 Jahre Die Volljährigkeit tritt mit der Vollendung des einundzwanzigsten Lebensjahres ein.

§ 2 B.G.B.

18 Jahre Ein Minderjähriger, der das achtzehnte Lebensjahr vollendet hat, kann durch Beschluß des Vormundschaftsgerichts für volljährig erklärt werden.

Durch die Volljährigkeitserklärung erlangt der Minderjährige die rechtliche Stellung eines Volljährigen.

§ 3 B.G.B.

Vorbehalt des Wiederkaufsrechts.

Hat sich der Verkäufer in dem Kaufvertrage das Recht des Wiederkaufs vorbehalten, so kommt der Wiederkauf mit der Erklärung des Verkäufers gegenüber dem Käufer, daß er das Wiederkaufsrecht ausübe, zu Stande. Die Erklärung bedarf nicht der für den Kaufvertrag bestimmten Form.

Der Preis, zu welchem verkauft worden ist, gilt im Zweifel auch für den Wiederkauf.

§ 497 B.G.B.

Das Wiederkaufsrecht kann bei Grundstücken nur bis zum
30 Jahre Ablaufe von dreißig, bei anderen Gegenständen nur bis zum
3 Jahre Ablaufe von drei Jahren nach der Vereinbarung des Vorbehalts
Frist ausgeübt werden. Ist für die Ausübung eine Frist bestimmt, so tritt diese an die Stelle der gesetzlichen Frist.

§ 503 B.G.B.

Vorkaufsrechte.

Wer in Ansehung eines Gegenstandes zum Vorkaufe berechtigt ist, kann das Vorkaufsrecht ausüben, sobald der Verpflichtete mit einem Dritten einen Kaufvertrag über den Gegenstand geschlossen hat.

§ 504 B.G.B.

Die Ausübung des Vorkaufsrechts erfolgt durch Erklärung gegenüber dem Verpflichteten. Die Erklärung bedarf nicht der für den Kaufvertrag bestimmten Form.

Mit der Ausübung des Vorkaufsrechts kommt der Kauf zwischen dem Berechtigten und dem Verpflichteten unter den Bestimmungen zu Stande, welche der Verpflichtete mit dem Dritten vereinbart hat.

§ 505 B.G.B.

Der Verpflichtete hat dem Vorkaufsberechtigten den Inhalt des mit dem Dritten geschlossenen Vertrags unverzüglich mitzuteilen. Die Mitteilung des Verpflichteten wird durch die Mitteilung des Dritten ersetzt. unverzüglich

Das Vorkaufsrecht kann bei Grundstücken nur bis zum Ablaufe von zwei Monaten, bei anderen Gegenständen nur bis zum Ablauf einer Woche nach dem Empfang der Mitteilung ausgeübt werden. Ist für die Ausübung eine Frist bestimmt, so tritt diese an die Stelle der gesetzlichen Frist. 2 Monate 1 Woche Frist

§ 510 B.G.B.

Das Vorkaufsrecht ist nicht übertragbar und geht nicht auf die Erben des Berechtigten über, sofern nicht ein Anderes bestimmt ist. Ist das Recht auf eine bestimmte Zeit beschränkt, so ist es im Zweifel vererblich.

§ 514 B.G.B.

Jeder Miterbe kann über seinen Anteil an dem Nachlasse verfügen. Der Vertrag, durch den ein Miterbe über seinen Anteil verfügt, bedarf der gerichtlichen oder notariellen Beurkundung.

Ueber seinen Anteil an den einzelnen Nachlaßgegenständen kann ein Miterbe nicht verfügen.

§ 2033 B.G.B.

Verkauft ein Miterbe seinen Anteil an einen Dritten, so sind die übrigen Miterben zum Vorkaufe berechtigt.

Die Frist für die Ausübung des Vorkaufsrechts beträgt zwei Monate. Das Vorkaufsrecht ist vererblich. 2 Monate

§ 2034 B.G.B.

Ist der verkaufte Anteil auf den Käufer übertragen, so können die Miterben das ihnen nach § 2034 (siehe oben) dem Verkäufer gegenüber zustehende Vorkaufsrecht dem Käufer gegenüber ausüben. Dem Verkäufer gegenüber erlischt das Vorkaufsrecht mit der Uebertragung des Anteils.

unverzüglich Der Verkäufer hat die Miterben von der Uebertragung unverzüglich zu benachrichtigen.

§ 2035 B.G.B.

Vorlegungsfrist
bei Schuldverschreibungen auf den Inhaber.

30 Jahre Der Anspruch aus einer Schuldverschreibung auf den Inhaber erlischt mit dem Ablaufe von dreißig Jahren nach dem Eintritte der für die Leistung bestimmten Zeit, wenn nicht die Urkunde vor dem Ablaufe der dreißig Jahre dem Aussteller zur Einlösung vorgelegt wird. Erfolgt die Vorlegung, so verjährt der Anspruch in zwei Jahren von dem Ende der Vorlegungsfrist an. Der Vorlegung steht die gerichtliche Geltendmachung des Anspruchs aus der Urkunde gleich.

2 Jahre

4 Jahre Bei Zins-, Renten- und Gewinnanteilscheinen beträgt die Vorlegungsfrist vier Jahre. Die Frist beginnt mit dem Schlusse des Jahres, in welchem die für die Leistung bestimmte Zeit eintritt.

Die Dauer und der Beginn der Vorlegungsfrist können von dem Aussteller in der Urkunde anders bestimmt werden.

§ 801 B.G.B.

Der Beginn und der Lauf der Vorlegungsfrist sowie der Verjährung werden durch die Zahlungssperre zu Gunsten des Antragstellers gehemmt. Die Hemmung beginnt mit der Stellung des Antrags auf Zahlungssperre; sie endigt mit der Erledigung des Aufgebotsverfahrens und, falls die Zahlungssperre vor der Einleitung des Verfahrens verfügt worden ist, auch dann, wenn seit der Beseitigung des der Einleitung entgegenstehenden Hindernisses sechs Monate verstrichen sind und nicht vorher die Einleitung beantragt worden ist. Auf diese Frist finden die Vorschriften der §§ 203, 206, 207 [siehe sub II a Verjährungsabschnitt des B.G.B.] entsprechende Anwendung.

6 Monate

§ 802 B.G.B.

Vormundschaft.

Der Vormund bedarf der Genehmigung des Vormundschaftsgerichts:

1. zu einem Rechtsgeschäfte, durch das der Mündel zu einer Verfügung über sein Vermögen im Ganzen oder über eine ihm angefallene Erbschaft oder über seinen künftigen gesetzlichen Erbteil oder seinen künftigen Pflichtteil verpflichtet wird, sowie zu einer Verfügung über den Anteil des Mündels an einer Erbschaft;
2. zur Ausschlagung einer Erbschaft oder eines Vermächtnisses, zum Verzicht auf einen Pflichtteil sowie zu einem Erbteilungsvertrage;
3. zu einem Vertrage, der auf den entgeltlichen Erwerb oder die Veräußerung eines Erwerbsgeschäftes gerichtet ist, sowie zu einem Gesellschaftsvertrage, der zum Betrieb eines Erwerbsgeschäfts eingegangen wird;
4. zu einem Pachtvertrag über ein Landgut oder einen gewerblichen Betrieb;
5. zu einem Miet- oder Pachtvertrag oder einem anderen Vertrage, durch den der Mündel zu wiederkehrenden Leistungen verpflichtet wird, wenn das Vertragsverhältnis länger als ein Jahr nach der Vollendung des einundzwanzigsten Lebensjahrs des Mündels fortdauern soll; 1 Jahr
6. zu einem Lehrvertrage, der für längere Zeit als ein Jahr geschlossen wird; 1 Jahr
7. zu einem auf die Eingehung eines Dienst- oder Arbeitsverhältnisses gerichteten Vertrage, wenn der Mündel zu persönlichen Leistungen für längere Zeit als ein Jahr verpflichtet werden soll; 1 Jahr
8. zur Aufnahme von Geld auf den Kredit des Mündels;
9. zur Ausstellung einer Schuldverschreibung auf den Inhaber oder zur Eingehung einer Verbindlichkeit aus einem Wechsel oder einem anderen Papiere, das durch Indossament übertragen werden kann;
10. zur Uebernahme einer fremden Verbindlichkeit, insbesondere zur Eingehung einer Bürgschaft;
11. zur Erteilung einer Prokura;
12. zu einem Vergleich oder einem Schiedsvertrag, es sei denn, daß der Gegenstand des Streites oder der Un-

gewißheit in Geld schätzbar ist und den Wert von dreihundert Mark nicht übersteigt;

13. zu einem Rechtsgeschäfte, durch das die für eine Forderung des Mündels bestehende Sicherheit aufgehoben oder gemindert oder die Verpflichtung dazu begründet wird.

§ 1822 B.G.B.

Der Vormund bedarf der Genehmigung des Vormundschaftsgerichts:

1. zur Verfügung über ein Grundstück oder über ein Recht an einem Grundstück;
2. zur Verfügung über eine Forderung, die auf Uebertragung des Eigentums an einem Grundstück oder auf Begründung oder Uebertragung eines Rechtes an einem Grundstück oder auf Befreiung eines Grundstücks von einem solchen Rechte gerichtet ist;
3. zur Eingehung der Verpflichtung zu einer der in Nr. 1, 2 bezeichneten Verfügungen;
4. zu einem Vertrage, der auf den entgeltlichen Erwerb eines Grundstücks oder eines Rechts an einem Grundstücke gerichtet ist.

Zu den Rechten an einem Grundstück im Sinne dieser Vorschriften gehören nicht Hypotheken, Grundschulden und Rentenschulden.

§ 1821 B.G.B.

Das Vormundschaftsgericht soll den Mündel hören vor der Entscheidung über die Genehmigung eines Lehrvertrags oder eines auf die Eingehung eines Dienst- oder Arbeitsverhältnisses gerichteten Vertrags und, wenn der Mündel das vierzehnte
14 Jahre Lebensjahr vollendet hat, über die Entlassung aus dem Staatsverbande.

18 Jahre Hat der Mündel das achtzehnte Lebensjahr vollendet, so soll ihn das Vormundschaftsgericht, soweit thunlich, auch hören vor der Entscheidung über die Genehmigung eines der im § 1821 und im § 1822 Nr. 3 (siehe oben) bezeichneten Rechtsgeschäfte sowie vor der Entscheidung über die Genehmigung des Beginns oder der Auflösung eines Erwerbsgeschäfts.

§ 1827 B.G.B.

Schließt der Vormund einen Vertrag ohne die erforderliche Genehmigung des Vormundschaftsgerichts, so hängt die Wirksamkeit des Vertrags von der nachträglichen Genehmigung des Vormundschaftsgerichts ab. Die Genehmigung sowie deren Verweigerung wird dem andern Teil gegenüber erst wirksam, wenn sie ihm durch den Vormund mitgeteilt wird.

Fordert der andere Teil den Vormund zur Mitteilung darüber auf, ob die Genehmigung erteilt sei, so kann die Mitteilung der Genehmigung nur bis zum Ablaufe von zwei Wochen 2 Wochen nach dem Empfange der Aufforderung erfolgen; erfolgt sie nicht, so gilt die Genehmigung als verweigert.

Ist der Mündel volljährig geworden, so tritt seine Genehmigung an die Stelle der Genehmigung des Vormundschaftsgerichts.

§ 1829 B.G.B.

Der Vormund hat über seine Vermögensverwaltung dem Vormundschaftsgerichte Rechnung zu legen.

Die Rechnung ist jährlich zu legen. Das Rechnungsjahr jährlich wird von dem Vormundschaftsgerichte bestimmt.

Ist die Verwaltung von geringem Umfange, so kann das Vormundschaftsgericht, nachdem die Rechnung für das erste Jahr gelegt worden ist, anordnen, daß die Rechnung für längere, höchstens dreijährige Zeitabschnitte zu legen ist. 3 Jahre

§ 1840 B.G.B.

Der Vater kann den ihm benannten Vormund von der Verpflichtung entbinden, während der Dauer seines Amtes Rechnung zu legen.

Der Vormund hat in einem solchen Falle nach dem Ablaufe von je zwei Jahren eine Uebersicht über den Bestand des 2 Jahre seiner Verwaltung unterliegenden Vermögens dem Vormundschaftsgericht einzureichen. Das Vormundschaftsgericht kann anordnen, daß die Uebersicht in längeren, höchstens fünfjährigen 5 Jahre Zwischenräumen einzureichen ist.

Ist ein Gegenvormund vorhanden oder zu bestellen, so hat ihm der Vormund die Uebersicht unter Nachweisung des Vermögensbestandes vorzulegen. Der Gegenvormund hat die Uebersicht mit den Bemerkungen zu versehen, zu denen die Prüfung ihm Anlaß gibt.

§ 1854 B.G.B.

Vorschußberechnung bei Erwerbs- und Wirtschaftsgenossenschaften.

Der Konkursverwalter hat sofort, nachdem die Bilanz auf der Gerichtsschreiberei niedergelegt ist, zu berechnen, wieviel zur Deckung des in der Bilanz bezeichneten Fehlbetrags die Genossen vorschußweise beizutragen haben.

In der Berechnung (Vorschußberechnung) sind die sämmtlichen Genossen namentlich zu bezeichnen und auf sie die Beiträge zu verteilen. Die Höhe der Beiträge ist jedoch derart zu bemessen, daß durch ein vorauszusehendes Unvermögen einzelner Genossen zur Leistung von Beiträgen ein Ausfall an dem zu deckenden Gesammtbetrage nicht entsteht.

Die Berechnung ist dem Konkursgerichte mit dem Antrage einzureichen, dieselbe für vollstreckbar zu erklären. Wird das Genossenschaftsregister nicht bei dem Konkursgerichte geführt, so ist dem Antrage eine beglaubigte Abschrift des Statuts und der Liste der Genossen beizufügen.

§ 106 des Erwerbs- und Wirtschaftsgenossenschaftsgesetzes in der Fassung vom 20. Mai 1898.

Zur Erklärung über die Berechnung bestimmt das Gericht
2 Wochen einen Termin, welcher nicht über zwei Wochen hinaus anberaumt werden darf. Derselbe ist öffentlich bekannt zu machen; die in der Berechnung aufgeführten Genossen sind besonders zu laden.

3 Tage Die Berechnung ist spätestens drei Tage vor dem Termine auf der Gerichtsschreiberei zur Einsicht der Beteiligten niederzulegen. Hierauf ist in der Bekanntmachung und in den Ladungen hinzuweisen.

§ 107 leg. cit.

Im Termine sind Vorstand und Aufsichtsrat der Genossenschaft, sowie der Konkursverwalter und der Gläubigerausschuß und, soweit Einwendungen erhoben werden, die sonst Beteiligten zu hören.

Das Gericht entscheidet über die erhobenen Einwendungen, berichtigt, soweit erforderlich, die Berechnung oder ordnet die Berichtigung an und erklärt die Berechnung für vollstreckbar. Die Entscheidung ist in dem Termine oder in einem sofort
1 Woche anzuberaumenden Termine, welcher nicht über eine Woche hinaus angesetzt werden soll, zu verkünden. Die Berechnung mit der

sie für vollstreckbar erklärenden Entscheidung ist zur Einsicht der Beteiligten auf der Gerichtsschreiberei niederzulegen.

Gegen die Entscheidung findet ein Rechtsmittel nicht statt.

§ 108 leg. cit.

Wahlrecht bei Alternativobligationen.

Nimmt der wahlberechtigte Schuldner die Wahl nicht vor dem Beginne der Zwangsvollstreckung vor, so kann der Gläubiger die Zwangsvollstreckung nach seiner Wahl auf die eine oder auf die andere Leistung richten; der Schuldner kann sich jedoch, so lange nicht der Gläubiger die gewählte Leistung ganz oder zum Teil empfangen hat, durch eine der übrigen Leistungen von seiner Verbindlichkeit befreien.

Ist der wahlberechtigte Gläubiger im Verzuge, so kann der Schuldner ihn unter Bestimmung einer angemessenen Frist zur Vornahme der Wahl auffordern. Mit dem Ablaufe der Frist geht das Wahlrecht auf den Schuldner über, wenn nicht der Gläubiger rechtzeitig die Wahl vornimmt. Frist

§ 264 B.G.B.

Wandelung.

Behauptet der Käufer dem Verkäufer gegenüber einen Mangel der Sache, so kann der Verkäufer ihn unter dem Erbieten zur Wandelung und unter Bestimmung einer angemessenen Frist zur Erklärung darüber auffordern, ob er Wandelung verlange. Die Wandelung kann in diesem Falle nur bis zum Ablaufe der Frist verlangt werden. Frist

§ 466 B.G.B.

Wartezeit
bei dem Frachtgeschäfte in der Binnenschiffahrt.

Nach Ablauf der Ladezeit oder der etwa vereinbarten Ueberliegezeit ist der Frachtführer nicht verpflichtet, noch länger auf die Lieferung der Ladung zu warten. Er muß jedoch seinen Willen, nicht länger zu warten,

bei Ladungen bis zu	10 000	Kilogr. spätestens	einen Werktag	1 Werktag
„ „ „ „	50 000	„ „	zwei Werktage	2 Werktage
„ „ über	50 000	„ „	drei Werktage	3 Werktage

vor Ablauf der Ladezeit oder der Ueberliegezeit dem Absender erklären. Ist dies nicht geschehen, so läuft die Wartezeit nicht eher ab, als bis die Erklärung nachgeholt ist und seit dem Tage, an dem sie erfolgt ist, die vorstehend bezeichneten Fristen verstrichen sind. Auf die Erklärung finden die Bestimmungen im § 28 Abs. 2, 3 [siehe unten] entsprechende Anwendung.

Die Wartezeit läuft in keinem Falle ab, bevor eine der Ladezeit gleichkommende Frist seit dem Tage, an welchem das Schiff den Ladeplatz erreicht hat, verstrichen ist.

§ 33 des Reichsgesetzes vom 20. Mai 1898, betr. die privatrechtlichen Verhältnisse der Binnenschiffahrt.

Sobald der Frachtführer zur Einnahme der Ladung bereit ist, hat er dies dem Absender anzuzeigen.

Die Anzeige hat an einem Werktage vor dem Schlusse der ortsüblichen Geschäftsstunden zu erfolgen. Eine spätere oder an einem Sonntage oder allgemeinen Feiertage erfolgte Anzeige gilt als am nächsten Werktage erfolgt.

Weigert sich der Absender, den Zeitpunkt des Empfanges der Anzeige zu bescheinigen, so ist der Frachtführer befugt, auf Kosten des Absenders eine öffentliche Urkunde darüber errichten zu lassen.

§ 28 leg. cit.

Mit dem auf die Anzeige der Ladebereitschaft folgenden Tage beginnt die Ladezeit.

Die Ladezeit beträgt bei Ladungen

2 Tage bis zu 30 000 Kilogramm zwei Tage
3 Tage " " 50 000 " drei "
4 Tage " " 100 000 " vier "

und so fort in Stufen von 50 000 Kilogramm je einen Tag mehr für jede höhere Stufe bis zu Ladungen von 500 000
1 Tag Kilogramm; von da ab steigt die Ladezeit für je 100 000
18 Tage Kilogramm um je einen Tag. Bei Ladungen über 1 000 000 Kilogramm beträgt die Ladezeit achtzehn Tage.

Bei der Berechnung kommen auch diejenigen Tage in Ansatz, an welchen der Absender, wenngleich ohne sein Verschulden, an der Lieferung der Ladung verhindert ist. Nicht in Ansatz kommen die Sonntage und allgemeinen Feiertage sowie die Tage, an welchen durch zufällige Umstände, insbesondere durch Hochwasser oder Eisgefahr, die Verladung nicht nur der bedungenen, sondern jeder Art von Gütern auf das Schiff verhindert ist.

Die Vorschriften im Abs. 2 finden nur insoweit Anwendung, als nicht durch Vereinbarung oder Verordnung der höheren Verwaltungsbehörde ein Anderes bestimmt ist.

§ 29 leg. cit.

Wassersucht.

Der Verkäufer (von Pferden, Eseln, Mauleseln und Maultieren, von Rindvieh, Schafen und Schweinen) hat nur bestimmte Fehler (Hauptmängel) und diese nur dann zu vertreten, wenn sie sich innerhalb bestimmter Fristen (Gewährfristen) zeigen.

Die Hauptmängel und die Gewährfristen werden durch eine mit Zustimmung des Bundesrats zu erlassende Kaiserliche Verordnung bestimmt. Die Bestimmung kann auf demselben Wege ergänzt und abgeändert werden.

§ 482 B.G.B.

Für den Verkauf solcher Tiere, die alsbald geschlachtet werden sollen und bestimmt sind, als Nahrungsmittel für Menschen zu dienen (Schlachttiere), gelten als Hauptmängel mit den beigesetzten Fristen:

I. 2c. II 2c.

III. bei Schafen:

allgemeine Wassersucht mit einer Gewährfrist von vierzehn Tagen. 14 Tage

§ 2 Abs. III der Kais. V.O. vom 27. März 1899, betr. die Hauptmängel und Gewährfristen beim Viehhandel.

Wechsel.

Siehe unter: „Verfallzeit des Wechsels".

Werkvertrag.

Durch den Werkvertrag wird der Unternehmer zur Herstellung des versprochenen Werkes, der Besteller zur Entrichtung der vereinbarten Vergütung verpflichtet.

Gegenstand des Werkvertrages kann sowohl die Herstellung oder Veränderung einer Sache als ein anderer durch Arbeit oder Dienstleistung herbeizuführender Erfolg sein.

§ 631 B.G.B.

Der Unternehmer ist verpflichtet, das Werk so herzustellen, daß es die zugesicherten Eigenschaften hat und nicht mit Fehlern behaftet ist, die den Wert oder die Tauglichkeit zu dem gewöhnlichen oder dem nach dem Vertrage vorausgesetzten Gebrauch aufheben oder mindern.

Ist das Werk nicht von dieser Beschaffenheit, so kann der Besteller die Beseitigung des Mangels verlangen. Der Unternehmer ist berechtigt, die Beseitigung zu verweigern, wenn sie einen unverhältnismäßigen Aufwand erfordert.

Ist der Unternehmer mit der Beseitigung des Mangels im Verzuge, so kann der Besteller den Mangel selbst beseitigen und Ersatz der erforderlichen Aufwendungen verlangen.

§ 633 B.G.B.

Zur Beseitigung eines Mangels der im § 633 (siehe oben) bezeichneten Art kann der Besteller dem Unternehmer eine
Frist angemessene Frist mit der Erklärung bestimmen, daß er die Beseitigung des Mangels nach dem Ablaufe der Frist ablehne. Zeigt sich schon vor der Ablieferung des Werkes ein Mangel,
Frist so kann der Besteller die Frist sofort bestimmen; die Frist muß so bemessen werden, daß sie nicht vor der für die Ablieferung bestimmten Frist abläuft. Nach dem Ablaufe der Frist kann der Besteller Rückgängigmachung des Vertrags (Wandelung) oder Herabsetzung der Vergütung (Minderung) verlangen, wenn nicht der Mangel rechtzeitig beseitigt worden ist; der Anspruch auf Beseitigung des Mangels ist ausgeschlossen.

Der Bestimmung einer Frist bedarf es nicht, wenn
Frist die Beseitigung des Mangels unmöglich ist oder von dem Unternehmer verweigert wird oder wenn die sofortige Geltendmachung des Anspruchs auf Wandelung oder auf Minderung durch ein besonderes Interesse des Bestellers gerechtfertigt wird.

Die Wandelung ist ausgeschlossen, wenn der Mangel den Wert oder die Tauglichkeit des Werkes nur unerheblich mindert.

Auf die Wandelung und die Minderung finden die für den Kauf geltenden Vorschriften der §§ 465 bis 467, 469 bis 475 [siehe unten] entsprechende Anwendung.

§ 634 B.G.B.

Ist bei der Herstellung des Werkes eine Handlung des Bestellers erforderlich, so kann der Unternehmer, wenn der Besteller durch das Unterlassen der Handlung in Verzug der Annahme kommt, eine angemessene Entschädigung verlangen.

Die Höhe der Entschädigung bestimmt sich einerseits nach der Dauer des Verzugs und der Höhe der vereinbarten Vergütung, andererseits nach demjenigen, was der Unternehmer infolge des Verzugs an Aufwendungen erspart oder durch anderweitige Verwendung seiner Arbeitskraft erwerben kann.

§ 642 B.G.B.

Der Unternehmer ist im Falle des 642 (siehe oben) berechtigt, dem Besteller zur Nachholung der Handlung eine angemessene Frist mit der Erklärung zu bestimmen, daß er den Vertrag kündige, wenn die Handlung nicht bis zum Ablaufe der Frist vorgenommen werde. Der Vertrag gilt als aufgehoben, wenn nicht die Nachholung bis zum Ablaufe der Frist erfolgt. Frist

§ 643 B.G.B.

Die Wandelung oder die Minderung ist vollzogen, wenn sich der Verkäufer auf Verlangen des Käufers mit ihr einverstanden erklärt.

§ 465 B.G.B.

Behauptet der Käufer dem Verkäufer gegenüber einen Mangel der Sache, so kann der Verkäufer ihn unter dem Erbieten zur Wandelung und unter Bestimmung einer angemessenen Frist zur Erklärung darüber auffordern, ob er Wandelung verlange. Die Wandelung kann in diesem Falle nur bis zum Ablaufe der Frist verlangt werden. Frist

§ 466 B.G.B.

Auf die Wandelung finden die für das vertragsmäßige Rücktrittsrecht geltenden Vorschriften der §§ 346 bis 348, 350 bis 354, 356 [siehe oben unter „Rücktritt"] entsprechende Anwendung; im Falle des § 352 (nämlich: „Der Rücktritt ist ausgeschlossen, wenn der Berechtigte die empfangene Sache durch Verarbeitung oder Umbildung in eine Sache anderer Art umgestaltet hat") ist jedoch die Wandelung nicht ausgeschlossen, wenn der Mangel sich erst bei der Umgestaltung der Sache gezeigt hat. Der Verkäufer hat dem Käufer auch die Vertragskosten zu ersetzen.

§ 467 B.G.B.

Wertminderung eines Pfandes durch Versteigerung.

Die Versteigerung des Pfandes ist erst zulässig, nachdem sie dem Verpfänder angedroht worden ist; die Androhung darf unterbleiben, wenn das Pfand dem Verderb ausgesetzt und mit dem Aufschube der Versteigerung Gefahr verbunden ist. Im Falle der Wertminderung ist außer der Androhung erforderlich, daß der Pfandgläubiger dem Verpfänder zur Leistung ander-
Frist weitiger Sicherheit eine angemessene Frist bestimmt hat und diese verstrichen ist.

Der Pfandgläubiger hat den Verpfänder von der Ver-
unverzüglich steigerung unverzüglich zu benachrichtigen; im Falle der Unterlassung ist er zum Schadensersatze verpflichtet.

Die Androhung, die Fristbestimmung und die Benachrichtigung dürfen unterbleiben, wenn sie unthunlich sind.

§ 1220 B.G.B.

Widerruf.

Eine Schenkung kann widerrufen werden, wenn sich der Beschenkte durch eine schwere Verfehlung gegen den Schenker oder einen nahen Angehörigen des Schenkers groben Undankes schuldig macht.

Dem Erben des Schenkers steht das Recht des Widerrufs nur zu, wenn der Beschenkte vorsätzlich und widerrechtlich den Schenker getötet oder am Widerrufe gehindert hat.

§ 530 B.G.B.

Der Widerruf ist ausgeschlossen, wenn der Schenker dem Beschenkten verziehen hat oder wenn seit dem Zeitpunkt, in welchem der Widerrufsberechtigte von dem Eintritte der Voraus-
1 Jahr setzungen seines Rechtes Kenntnis erlangt hat, ein Jahr ver-

strichen ist. Nach dem Tode des Beschenkten ist der Widerruf nicht mehr zulässig.

§ 532 B.G.B.

Ist ein Ehegatte allein für schuldig erklärt, so kann der andere Ehegatte Schenkungen, die er ihm während des Brautstandes oder während der Ehe gemacht hat, widerrufen. Die Vorschriften des § 531 (siehe unten) finden Anwendung.

Der Widerruf ist ausgeschlossen, wenn seit der Rechtskraft des Scheidungsurteils ein Jahr verstrichen oder wenn der 1 Jahr Schenker oder der Beschenkte gestorben ist.

§ 1584 B.G.B.

Der Widerruf erfolgt durch Erklärung gegenüber dem Beschenkten.

Ist die Schenkung widerrufen, so kann die Herausgabe des Geschenkes nach den Vorschriften über die Herausgabe einer ungerechtfertigten Bereicherung gefordert werden.

§ 531 B.G.B.

Der Auftrag kann von dem Auftraggeber jederzeit jederzeit widerrufen, von dem Beauftragten jederzeit gekündigt werden.

Der Beauftragte darf nur in der Art kündigen, daß der Auftraggeber für die Besorgung des Geschäfts anderweit Fürsorge treffen kann, es sei denn, daß ein wichtiger Grund für die unzeitige Kündigung vorliegt Kündigt er ohne solchen Grund zur Unzeit, so hat er dem Auftraggeber den daraus entstehenden Schaden zu ersetzen.

Liegt ein wichtiger Grund vor, so ist der Beauftragte zur Kündigung auch dann berechtigt, wenn er auf das Kündigungsrecht verzichtet hat.

§ 671 B.G.B.

Die Frau bedarf zur Verfügung über ihr eingebrachtes Gut der Einwilligung des Mannes.

§ 1395 B.G.B.

Verfügt die Frau durch Vertrag ohne Einwilligung des Mannes über eingebrachtes Gut, so hängt die Wirksamkeit des Vertrags von der Genehmigung des Mannes ab.

Fordert der andere Teil den Mann zur Erklärung über die Genehmigung auf, so kann die Erklärung nur ihm gegenüber erfolgen; eine vor der Aufforderung der Frau gegenüber

erklärte Genehmigung oder Verweigerung der Genehmigung wird unwirksam. Die Genehmigung kann nur bis zum Ablaufe von
2 Wochen zwei Wochen nach dem Empfange der Aufforderung erklärt werden; wird sie nicht erklärt, so gilt sie als verweigert.

Verweigert der Mann die Genehmigung, so wird der Vertrag nicht dadurch wirksam, daß die Verwaltung und Nutznießung aufhört.

§ 1396 B.G.B.

Bis zur Genehmigung des Vertrags ist der andere Teil zum Widerrufe berechtigt. Der Widerruf kann auch der Frau gegenüber erklärt werden.

Hat der andere Teil gewußt, daß die Frau Ehefrau ist, so kann er nur widerrufen, wenn die Frau der Wahrheit zuwider die Einwilligung des Mannes behauptet hat; er kann auch in diesem Falle nicht widerrufen, wenn ihm das Fehlen der Einwilligung bei dem Abschlusse des Vertrags bekannt war.

§ 1397 B.G.B.

Wiederherstellung durch den Ersatzpflichtigen.

Wer zum Schadensersatze verpflichtet ist, hat den Zustand herzustellen, der bestehen würde, wenn der zum Ersatze verpflichtende Umstand nicht eingetreten wäre. Ist wegen Verletzung einer Person oder wegen Beschädigung einer Sache Schadensersatz zu leisten, so kann der Gläubiger statt der Herstellung den dazu erforderlichen Geldbetrag verlangen.

§ 249 B.G.B.

Der Gläubiger kann dem Ersatzpflichtigen zur Herstellung
Frist eine angemessene Frist mit der Erklärung bestimmen, daß er die Herstellung nach dem Ablaufe der Frist ablehne. Nach dem Ablaufe der Frist kann der Gläubiger den Ersatz in Geld verlangen, wenn nicht die Herstellung rechtzeitig erfolgt; der Anspruch auf die Herstellung ist ausgeschlossen.

§ 250 B.G.B.

Wiederkaufsrecht.

Das Wiederkaufsrecht kann bei Grundstücken nur bis zum
30 Jahre Ablaufe von dreißig, bei anderen Gegenständen nur bis zum
3 Jahre Ablaufe von drei Jahren nach der Vereinbarung des Vor-

behalts ausgeübt werden. (Siehe auch oben unter: „Vorbehalt".) Ist für die Ausübung eine Frist bestimmt, so tritt diese an die Stelle der gesetzlichen Frist. Frist

§ 503 B.G.B.

Wiederverehelichung.

Eine Frau darf erst zehn Monate nach der Auflösung oder Nichtigkeitserklärung ihrer früheren Ehe eine neue Ehe eingehen, es sei denn, daß sie inzwischen geboren hat. 10 Monate

Von dieser Vorschrift kann Befreiung bewilligt werden.

§ 1313 B.G.B.

Ist das Urteil, durch das einer der Ehegatten für tot erklärt worden ist, im Wege der Klage angefochten, so darf der andere Ehegatte nicht vor der Erledigung des Rechtsstreits eine neue Ehe eingehen, es sei denn, daß die Anfechtung erst zehn Jahre nach der Verkündung des Urteils erfolgt ist. 10 Jahre

§ 1349 B.G.B.

Jeder Ehegatte der neuen Ehe kann, wenn der für tot erklärte Ehegatte noch lebt, die neue Ehe anfechten, es sei denn, daß er bei der Eheschließung von dessen Leben Kenntnis hatte. Die Anfechtung kann nur binnen sechs Monaten von dem Zeitpunkte an erfolgen, in welchem der anfechtende Ehegatte erfährt, daß der für tot erklärte Ehegatte noch lebt. 6 Monate

Die Anfechtung ist ausgeschlossen, wenn der anfechtungsberechtigte Ehegatte die Ehe bestätigt, nachdem er von dem Leben des für tot erklärten Ehegatten Kenntnis erlangt hat, oder wenn die neue Ehe durch den Tod eines der Ehegatten aufgelöst worden ist.

§ 1350 B.G.B.

Willenserklärungen.

Eine nicht ernstlich gemeinte Willenserklärung, die in der Erwartung abgegeben wird, der Mangel der Ernstlichkeit werde nicht verkannt werden, ist nichtig.

§ 118 B.G.B.

Wer bei der Abgabe einer Willenserklärung über deren Inhalt im Irrtum war oder eine Erklärung dieses Inhalts überhaupt nicht abgeben wollte, kann die Erklärung anfechten, wenn anzunehmen ist, daß er sie bei Kenntnis der Sachlage und bei verständiger Würdigung des Falles nicht abgegeben haben würde.

Als Irrtum über den Inhalt der Erklärung gilt auch der Irrtum über solche Eigenschaften der Person oder der Sache, die im Verkehr als wesentlich angesehen werden.

§ 119 B.G.B.

Eine Willenserklärung, welche durch die zur Uebermittelung verwendete Person oder Anstalt unrichtig übermittelt worden ist, kann unter der gleichen Voraussetzung angefochten werden wie nach § 119 (siehe oben) eine irrtümlich abgegebene Willenserklärung.

§ 120 B.G.B.

Die Anfechtung muß in den Fällen der §§ 119, 120 (siehe oben) ohne schuldhaftes Zögern (unverzüglich) erfolgen, nachdem der Anfechtungsberechtigte von dem Anfechtungsgrunde Kenntnis erlangt hat. Die einem Abwesenden gegenüber erfolgte Anfechtung gilt als rechtzeitig erfolgt, wenn die Anfechtungserklärung unverzüglich abgesendet worden ist.

unverzüglich

Die Anfechtung ist ausgeschlossen, wenn seit der Abgabe der Willenserklärung dreißig Jahre verstrichen sind.

30 Jahre

§ 121 B.G.B.

Ist eine Willenserklärung nach § 118 (siehe oben) nichtig oder auf Grund der §§ 119, 120 (siehe oben) angefochten, so hat der Erklärende, wenn die Erklärung einem Anderen gegenüber abzugeben war, diesem, andernfalls jedem Dritten den Schaden zu ersetzen, den der Andere oder der Dritte dadurch erleidet, daß er auf die Gültigkeit der Erklärung vertraut, jedoch nicht über den Betrag des Interesses hinaus, welches der Andere oder der Dritte an der Gültigkeit der Erklärung hat.

Die Schadensersatzpflicht tritt nicht ein, wenn der Beschädigte den Grund der Nichtigkeit oder der Anfechtbarkeit kannte oder infolge von Fahrlässigkeit nicht kannte (kennen mußte).

§ 122 B.G.B.

Wer zur Abgabe einer Willenserklärung durch arglistige Täuschung oder widerrechtlich durch Drohung bestimmt worden ist, kann die Erklärung anfechten.

Hat ein Dritter die Täuschung verübt, so ist eine Erklärung, die einem Anderen gegenüber abgegeben war, nur dann anfechtbar, wenn dieser die Täuschung kannte oder kennen mußte. Soweit ein Anderer als derjenige, welchem gegenüber die Erklärung abzugeben war, aus der Erklärung unmittelbar ein Recht erworben hat, ist die Erklärung ihm gegenüber anfechtbar, wenn er die Täuschung kannte oder kennen mußte.

§ 123 B.G.B.

Die Anfechtung einer nach § 123 (siehe oben) anfechtbaren Willenserklärung kann nur binnen Jahresfrist erfolgen. 1 Jahr

Die Frist beginnt im Falle der arglistigen Täuschung mit dem Zeitpunkt, in welchem der Anfechtungsberechtigte die Täuschung entdeckt, im Falle der Drohung mit dem Zeitpunkt, in welchem die Zwangslage aufhört. Auf den Lauf der Frist finden die für die Verjährung geltenden Vorschriften des § 203 Abs. 2 und der §§ 206, 207 (siehe unter IIa Verjährungsabschnitt des B.G.B.) entsprechende Anwendung.

Die Anfechtung ist ausgeschlossen, wenn seit der Abgabe der Willenserklärung dreißig Jahre verstrichen sind. 30 Jahre

§ 124 B.G.B.

Windschnappen,

siehe unter „Koppen".

Wirt, Ansprüche des Gastes gegen denselben.

Ein Gastwirt, der gewerbsmäßig Fremde zur Beherbergung aufnimmt, hat einem im Betriebe dieses Gewerbes aufgenommenen Gaste den Schaden zu ersetzen, den der Gast durch den Verlust oder die Beschädigung eingebrachter Sachen erleidet. Die Ersatzpflicht tritt nicht ein, wenn der Schaden von dem Gaste, einem Begleiter des Gastes oder einer Person, die er bei sich aufgenommen hat, verursacht wird oder durch die Beschaffenheit der Sachen oder durch höhere Gewalt entsteht.

Als eingebracht gelten die Sachen, welche der Gast dem Gastwirt oder Leuten des Gastwirts, die zur Entgegennahme der Sachen bestellt oder nach den Umständen als dazu bestellt anzusehen waren, übergeben oder an einen ihm von diesen angewiesenen Ort oder in Ermangelung einer Anweisung an den hierzu bestimmten Ort gebracht hat.

Ein Anschlag, durch den der Gastwirt die Haftung ablehnt, ist ohne Wirkung.

§ 701 B.G.B.

Für Geld, Wertpapiere und Kostbarkeiten haftet der Gastwirt nach § 701 (siehe oben) nur bis zu dem Betrage von eintausend Mark, es sei denn, daß er diese Gegenstände in Kenntnis ihrer Eigenschaft als Wertsachen zur Aufbewahrung übernimmt oder die Aufbewahrung ablehnt oder daß der Schaden von ihm oder von seinen Leuten verschuldet wird.

§ 702 B.G.B.

Der dem Gaste auf Grund der §§ 701, 702 (siehe oben) unverzüglich zustehende Anspruch erlischt, wenn nicht der Gast unverzüglich, nachdem er von dem Verlust oder der Beschädigung Kenntnis erlangt hat, dem Gastwirt Anzeige macht. Der Anspruch erlischt nicht, wenn die Sachen dem Gastwirte zur Aufbewahrung übergeben waren.

§ 703 B.G.B.

Wirtschaftsgenossenschaften, deren Auflösung.

Beträgt die Zahl der Genossen weniger als sieben, so hat das Gericht [§ 10, siehe unten] auf Antrag des Vor-
6 Monate standes und, wenn der Antrag nicht binnen sechs Monaten erfolgt, von Amtswegen nach Anhörung des Vorstandes die Auflösung der Genossenschaft auszusprechen.

Der Beschluß ist der Genossenschaft zuzustellen. Gegen denselben steht ihr die sofortige Beschwerde nach Maßgabe der Civilprozeßordnung zu. Die Auflösung tritt mit der Rechtskraft des Beschlusses in Wirksamkeit.

§ 80 des Erwerbs- und Wirtschaftsgenossenschaftsgesetzes vom 20. Mai 1898.

Das Statut, sowie die Mitglieder des Vorstandes sind in das Genossenschaftsregister bei dem Gerichte einzutragen, in dessen Bezirke die Genossenschaft ihren Sitz hat.

Das Genossenschaftsregister wird bei dem zur Führung des Handelsregisters zuständigen Gerichte geführt.

§ 10 leg. cit.

Wohnung, hier **Räumungsfrist.**

Unberührt bleiben die landesgesetzlichen Vorschriften über die Fristen, bis zu deren Ablaufe gemietete Räume bei Beendigung des Mietverhältnisses zu räumen sind. Frist

Artikel 93 des Einführungsgesetzes zum B.G.B.

Wurm, siehe **Rotz.**

Zahlungen an Aktionäre auf Grund der Herabsetzung des Grundkapitals.

Der Beschluß über die Herabsetzung des Grundkapitals ist von sämmtlichen Mitgliedern des Vorstandes zur Eintragung in das Handelsregister anzumelden.

Der Vorstand hat unter Hinweis auf die beschlossene Herabsetzung des Grundkapitals nach der Eintragung des Beschlusses die Gläubiger der Gesellschaft aufzufordern, ihre Ansprüche anzumelden. Die Aufforderung ist dreimal in den Gesellschaftsblättern zu veröffentlichen. Bekannte Gläubiger sind durch besondere Mitteilung zur Anmeldung aufzufordern.

Den Gläubigern, deren Forderungen vor der letzten öffentlichen Aufforderung begründet sind, ist Befriedigung zu gewähren oder Sicherheit zu leisten, sofern sie sich zu diesem Zwecke melden.

Zahlungen an die Aktionäre dürfen auf Grund der Herabsetzung des Grundkapitals erst erfolgen, nachdem seit dem Tage, an welchem die im Abs. 2 vorgeschriebene öffentliche Aufforderung zum dritten Male stattgefunden hat, ein Jahr verstrichen ist und nachdem die Gläubiger, die sich gemeldet haben, befriedigt oder sichergestellt worden sind. Eine durch die Herabsetzung bezweckte Befreiung der Aktionäre von der Verpflichtung zur Leistung von Einlagen auf die Aktien tritt nicht vor dem bezeichneten Zeitpunkt in Wirksamkeit. 1 Jahr

§ 289 H.G.B.

Zinsanteilscheine,
siehe unter **Rentenanteilscheine.**

Zinsen, hier: **deren Fälligkeit.**

Sind für ein Darlehen Zinsen bedungen, so sind sie, sofern nicht ein Anderes bestimmt ist, nach dem Ablaufe je jährlich eines Jahres und, wenn das Darlehen vor dem Ablauf eines Jahres zurückzuerstatten ist, bei der Rückerstattung zu entrichten.

§ 608 B.G.B.

Zinsen, hier: Mietzinsen.

Der Mietzins ist am Ende der Mietzeit zu entrichten. Ist der Mietzins nach Zeitabschnitten bemessen, so ist er nach dem Ablaufe der einzelnen Zeitabschnitte zu entrichten.

Der Mietzins für ein Grundstück ist, sofern er nicht nach kürzeren Zeitabschnitten bemessen ist, nach dem Ablaufe je eines
1/4 jährlich Kalendervierteljahres am ersten Werktage des folgenden Monats zu entrichten.

§ 551 B.G.B.

Zurückgabe eines Geschenkes.

Siehe unter: „Geschenke."

Zurückzahlung von Nachschüssen bei Gesellschaften mit beschränkter Haftung.

Das zur Erhaltung des Stammkapitals erforderliche Vermögen der Gesellschaft darf an die Gesellschafter nicht ausgezahlt werden.

Eingezahlte Nachschüsse können, soweit sie nicht zur Deckung eines Verlustes am Stammkapital erforderlich sind, an die Gesellschafter zurückgezahlt werden. Die Zurückzahlung darf nicht vor
3 Monate Ablauf von drei Monaten erfolgen, nachdem der Rückzahlungsbeschluß durch die im Gesellschaftsvertrage für die Bekanntmachungen der Gesellschaft bestimmten öffentlichen Blätter und in Ermangelung solcher durch die für die Bekanntmachungen aus dem Handelsregister bestimmten öffentlichen Blätter bekannt gemacht ist. Im Falle des § 28 Abs. 2 [nämlich, wenn im Gesellschaftsvertrage bestimmt ist, daß die Einforderung von Nachschüssen schon vor vollständiger Einforderung der Stammeinlagen zulässig ist] ist die Zurückzahlung von Nachschüssen vor der Volleinzahlung des Stammkapitals unzulässig. Zurückgezahlte Nachschüsse gelten als nicht eingezogen.

§ 30 des Reichsgesetzes vom 20. Mai 1898, betr. die Gesellsch. mit beschr. Haftung.

Zusatzberechnung des Konkursverwalters bei Erwerbs- und Wirtschaftsgenossenschaften.

Soweit in Folge des Unvermögens einzelner Genossen zur Leistung von Beiträgen der zu deckende Gesammtbetrag nicht erreicht wird, oder in Gemäßheit des auf eine Anfechtungsklage ergehenden Urteils oder aus anderen Gründen die Berechnung abzuändern ist, hat der Konkursverwalter eine Zusatzberechnung aufzustellen. Rücksichtlich derselben kommen die Vorschriften in §§ 106 bis 112 (siehe unten) zur Anwendung.

Die Aufstellung einer Zusatzberechnung ist erforderlichenfalls zu wiederholen.

§ 113 des Erwerbs- und Wirtschaftsgenossenschaftsgesetzes in der Fassung vom 20. Mai 1898.

Der Konkursverwalter hat sofort, nachdem die Bilanz auf der Gerichtsschreiberei niedergelegt ist, zu berechnen, wieviel zur Deckung des in der Bilanz bezeichneten Fehlbetrages die Genossen vorschußweise beizutragen haben.

In der Berechnung (Vorschußberechnung) sind die sämmtlichen Genossen namentlich zu bezeichnen und auf sie die Beiträge zu verteilen. Die Höhe der Beiträge ist jedoch derart zu bemessen, daß durch ein vorauszusehendes Unvermögen einzelner Genossen zur Leistung von Beiträgen ein Ausfall an dem zu deckenden Gesammtbetrage nicht entsteht.

Die Berechnung ist dem Konkursgerichte mit dem Antrage einzureichen, dieselbe für vollstreckbar zu erklären. Wird das Genossenschaftsregister nicht bei dem Konkursgerichte geführt, so ist dem Antrage eine beglaubigte Abschrift des Statuts und der Liste der Genossen beizufügen.

§ 106 leg. cit.

Zur Erklärung über die Berechnung bestimmt das Gericht einen Termin, welcher nicht über zwei Wochen hinaus anberaumt werden darf. Derselbe ist öffentlich bekannt zu machen; die in der Berechnung aufgeführten Genossen sind besonders zu laden. 2 Wochen

Die Berechnung ist spätestens drei Tage vor dem Termine auf der Gerichtsschreiberei zur Einsicht der Beteiligten niederzulegen. Hierauf ist in der Bekanntmachung und den Ladungen hinzuweisen. 3 Tage

§ 107 leg. cit.

In dem Termine sind Vorstand und Aufsichtsrat der Genossenschaft, sowie der Konkursverwalter und der Gläubigerausschuß und, soweit Einwendungen erhoben werden, die sonst Beteiligten zu hören.

Das Gericht entscheidet über die erhobenen Einwendungen, berichtigt, soweit erforderlich, die Berechnung oder ordnet die Berichtigung an und erklärt die Berechnung für vollstreckbar. Die Entscheidung ist in dem Termine oder in einem sofort
1 Woche anzuberaumenden Termine, welcher nicht über eine Woche hinaus angesetzt werden soll, zu verkünden. Die Berechnung mit der für sie vollstreckbar erklärenden Entscheidung ist zur Einsicht der Beteiligten auf der Gerichtsschreiberei niederzulegen.

Gegen die Entscheidung findet ein Rechtsmittel nicht statt.

§ 108 leg. cit.

II.

Verjährungen.

A.
Verjährungsabschnitt des B.G.B
§§ 194 bis 225

nebst dem Artikel 169 des Einführungsgesetzes zum B.G.B.

§ 194: Das Recht, von einem Anderen ein Thun oder ein Unterlassen zu verlangen (Anspruch), unterliegt der Verjährung.

Der Anspruch aus einem familienrechtlichen Verhältnis unterliegt der Verjährung nicht, soweit er auf die Herstellung des dem Verhältnis entsprechenden Zustandes für die Zukunft gerichtet ist.

§ 195: Die regelmäßige Verjährungsfrist beträgt dreißig Jahre. 30 Jahre

§ 196: In zwei Jahren verjähren die Ansprüche: 2 Jahre

1. der Kaufleute, Fabrikanten, Handwerker und derjenigen, welche ein Kunstgewerbe betreiben, für Lieferung von Waaren, Ausführung von Arbeiten und Besorgung fremder Geschäfte, mit Einschluß der Auslagen, es sei denn, daß die Leistung für den Gewerbebetrieb des Schuldners erfolgt;
2. derjenigen, welche Land- oder Forstwirtschaft betreiben, für Lieferung von land- und forstwirtschaftlichen Erzeugnissen, sofern die Lieferung zur Verwendung im Haushalte des Schuldners erfolgt;
3. der Eisenbahnunternehmungen, Frachtfuhrleute, Schiffer, Lohnkutscher und Boten wegen des Fahrgeldes, der Fracht, des Fuhr- und Botenlohnes, mit Einschluß der Auslagen;
4. der Gastwirte und derjenigen, welche Speisen oder

Getränke gewerbsmäßig verabreichen, für Gewährung von Wohnung und Beköstigung sowie für andere den Gästen zur Befriedigung ihrer Bedürfnisse gewährte Leistungen, mit Einschluß der Auslagen;

5. derjenigen, welche Lotterielose vertreiben, aus dem Vertriebe der Lose, es sei denn, daß die Lose zum Weitervertriebe geliefert werden;

6. derjenigen, welche bewegliche Sachen gewerbsmäßig vermieten, wegen des Mietzinses;

7. derjenigen, welche, ohne zu den in Nr. 1 bezeichneten Personen zu gehören, die Besorgung fremder Geschäfte oder die Leistung von Diensten gewerbsmäßig betreiben, wegen der ihnen aus dem Gewerbebetriebe gebührenden Vergütungen, mit Einschluß der Auslagen;

8. derjenigen, welche im Privatdienste stehen, wegen des Gehalts, Lohnes oder anderer Dienstbezüge mit Einschluß der Auslagen, sowie der Dienstberechtigten wegen der auf solche Ansprüche gewährten Vorschüsse;

9. der gewerblichen Arbeiter — Gesellen, Gehülfen, Lehrlinge, Fabrikarbeiter — der Taglöhner und Handarbeiter wegen des Lohnes und anderer an Stelle oder als Teil des Lohnes vereinbarten Leistungen mit Einschluß der Auslagen, sowie der Arbeitgeber wegen der auf solche Ansprüche gewährten Vorschüsse;

10. der Lehrherren und Lehrmeister wegen des Lehrgeldes und anderer im Lehrvertrage vereinbarten Leistungen sowie wegen der für die Lehrlinge bestrittenen Auslagen;

11. der öffentlichen Anstalten, welche dem Unterrichte, der Erziehung, Verpflegung oder Heilung dienen, sowie der Inhaber von Privatanstalten solcher Art für Gewährung von Unterricht, Verpflegung oder Heilung und für die damit zusammenhängenden Aufwendungen;

12. derjenigen, welche Personen zur Verpflegung oder zur Erziehung aufnehmen, für Leistungen und Aufwendungen der in Nr. 11 bezeichneten Art;

13. der öffentlichen Lehrer und der Privatlehrer wegen ihrer Honorare, die Ansprüche der öffentlichen Lehrer jedoch nicht, wenn sie auf Grund besonderer Einrichtungen gestundet sind;
14. der Aerzte, insbesondere auch der Wundärzte, Geburtshelfer, Zahnärzte und Tierärzte, sowie der Hebammen für ihre Dienstleistungen, mit Einschluß der Auslagen;
15. der Rechtsanwälte, Notare und Gerichtsvollzieher sowie aller Personen, die zur Besorgung gewisser Geschäfte öffentlich bestellt oder zugelassen sind, wegen ihrer Gebühren und Auslagen, soweit nicht diese zur Staatskasse fließen;
16. der Parteien wegen der ihren Rechtsanwälten geleisteten Vorschüsse;
17. der Zeugen und Sachverständigen wegen ihrer Gebühren und Auslagen.

Soweit die im Absatz 1 Nr. 1, 2, 5 bezeichneten Ansprüche nicht der Verjährung von zwei Jahren unterliegen, verjähren sie in vier Jahren. 4 Jahre

§ 197: In vier Jahren verjähren die Ansprüche auf Rückstände von Zinsen, mit Einschluß der als Zuschlag zu den Zinsen zum Zwecke allmählicher Tilgung des Kapitals zu entrichtenden Beträge, die Ansprüche auf Rückstände von Miet- und Pachtzinsen, soweit sie nicht unter die Vorschrift des § 196 Absatz 1 Nr. 6 (siehe oben) fallen, und die Ansprüche auf Rückstände von Renten, Auszugsleistungen, Besoldungen, Wartegeldern, Ruhegehalten, Unterhaltsbeiträgen und allen anderen regelmäßig wiederkehrenden Leistungen. 4 Jahre

§ 198: Die Verjährung beginnt mit der Entstehung des Anspruchs. Geht der Anspruch auf ein Unterlassen, so beginnt die Verjährung mit der Zuwiderhandlung.

§ 199: Kann der Berechtigte die Leistung erst verlangen, wenn er dem Verpflichteten gekündigt hat, so beginnt die Verjährung mit dem Zeitpunkte, von welchem an die Kündigung zulässig ist. Hat der Verpflichtete die Leistung erst zu bewirken, wenn seit der Kündigung eine bestimmte Frist verstrichen ist, so wird der Beginn der Verjährung um die Dauer der Frist hinausgeschoben. Frist

§ 200: Hängt die Entstehung eines Anspruchs davon ab, daß der Berechtigte von einem ihm zustehenden Anfechtungsrechte Gebrauch macht, so beginnt die Verjährung mit dem Zeitpunkte, von welchem an die Anfechtung zulässig ist. Dies gilt jedoch nicht, wenn die Anfechtung sich auf ein familienrechtliches Verhältnis bezieht.

§ 201: Die Verjährung der in den §§ 196, 197 (siehe oben) bezeichneten Ansprüche beginnt mit dem Schlusse des Jahres, in welchem der nach den §§ 198 bis 200 (siehe oben) maßgebende Zeitpunkt eintritt. Kann die Leistung erst nach dem Ablauf einer über diesen Zeitpunkt hinausreichenden Frist verlangt werden, so beginnt die Verjährung mit dem Schlusse des Jahres, in welchem die Frist abläuft.

Frist

§ 202: Die Verjährung ist gehemmt, solange die Leistung gestundet oder der Verpflichtete aus einem anderen Grunde vorübergehend zur Verweigerung der Leistung berechtigt ist.

Diese Vorschrift findet keine Anwendung auf die Einrede des Zurückbehaltungsrechtes, des nicht erfüllten Vertrags, der mangelnden Sicherheitsleistung, der Vorausklage sowie auf die nach § 770 dem Bürgen und nach den §§ 2014, 2015 dem Erben zustehenden Einreden. [Siehe hierüber unten nach § 225].

§ 203: Die Verjährung ist gehemmt, solange der Berechtigte durch Stillstand der Rechtspflege innerhalb der letzten sechs Monate der Verjährungsfrist an der Rechtsverfolgung verhindert ist.

6 Monate

Das Gleiche gilt, wenn eine solche Verhinderung in anderer Weise durch höhere Gewalt herbeigeführt wird.

§ 204: Die Verjährung von Ansprüchen zwischen Ehegatten ist gehemmt, solange die Ehe besteht. Das Gleiche gilt von Ansprüchen zwischen Eltern und Kindern während der Minderjährigkeit der Kinder und von Ansprüchen zwischen dem Vormund und dem Mündel während der Dauer des Vormundschaftsverhältnisses.

§ 205: Der Zeitraum, während dessen die Verjährung gehemmt ist, wird in die Verjährungsfrist nicht eingerechnet.

§ 206: Ist eine geschäftsunfähige oder in der Geschäftsfähigkeit beschränkte Person ohne gesetzlichen Vertreter, so wird die gegen sie laufende Verjährung nicht vor dem Ablaufe von sechs Monaten nach dem Zeitpunkte vollendet, in welchem die Person unbeschränkt geschäftsfähig wird oder der Mangel der Vertretung aufhört. Ist die Verjährungsfrist kürzer als sechs Monate, so tritt der für die Verjährung bestimmte Zeitraum an die Stelle der sechs Monate. 6 Monate 6 Monate

Diese Vorschriften finden keine Anwendung, soweit eine in der Geschäftsfähigkeit beschränkte Person prozeßfähig ist.

§ 207: Die Verjährung eines Anspruchs, der zu einem Nachlasse gehört oder sich gegen einen Nachlaß richtet, wird nicht vor dem Ablaufe von sechs Monaten nach dem Zeitpunkte vollendet, in welchem die Erbschaft von dem Erben angenommen oder der Konkurs über den Nachlaß eröffnet wird oder von welchem an der Anspruch von einem Vertreter oder gegen einen Vertreter geltend gemacht werden kann. Ist die Verjährungsfrist kürzer als sechs Monate, so tritt der für die Verjährung bestimmte Zeitraum an die Stelle der sechs Monate. 6 Monate 6 Monate

§ 208: Die Verjährung wird unterbrochen, wenn der Verpflichtete dem Berechtigten gegenüber den Anspruch durch Abschlagzahlung, Zinszahlung, Sicherheitsleistung oder in anderer Weise anerkennt.

§ 209: Die Verjährung wird unterbrochen, wenn der Berechtigte auf Befriedigung oder auf Feststellung des Anspruchs, auf Erteilung der Vollstreckungsklausel oder auf Erlassung des Vollstreckungsurteils Klage erhebt.

Der Erhebung der Klage stehen gleich:

1. die Zustellung eines Zahlungsbefehls im Mahnverfahren;
2. die Anmeldung des Anspruchs im Konkurse;
3. die Geltendmachung der Aufrechnung des Anspruchs im Prozesse;
4. die Streitverkündung in dem Prozesse, von dessen Ausgange der Anspruch abhängt;
5. die Vornahme einer Vollstreckungshandlung und, soweit die Zwangsvollstreckung den Gerichten oder

anderen Behörden zugewiesen ist, die Stellung des Antrags auf Zwangsvollstreckung.

§ 210: Hängt die Zulässigkeit des Rechtswegs von der Vorentscheidung einer Behörde ab oder hat die Bestimmung des zuständigen Gerichts durch ein höheres Gericht zu erfolgen, so wird die Verjährung durch die Einreichung des Gesuchs an die Behörde oder das höhere Gericht in gleicher Weise wie durch Klagerhebung unterbrochen, wenn die Klage binnen drei Monaten nach der Erledigung des Gesuchs erhoben wird. Auf diese Frist finden die Vorschriften der §§ 202, 206, 207 (siehe oben) entsprechende Anwendung.

3 Monate

§ 211: Die Unterbrechung durch Klagerhebung dauert fort, bis der Prozeß rechtskräftig entschieden oder anderweit erledigt ist.

Gerät der Prozeß in Folge einer Vereinbarung oder dadurch, daß er nicht betrieben wird, in Stillstand, so endigt die Unterbrechung mit der letzten Prozeßhandlung der Parteien oder des Gerichts. Die nach der Beendigung der Unterbrechung beginnende neue Verjährung wird dadurch, daß eine der Parteien den Prozeß weiter betreibt, in gleicher Weise wie durch Klagerhebung unterbrochen.

§ 212: Die Unterbrechung durch Klagerhebung gilt als nicht erfolgt, wenn die Klage zurückgenommen oder durch ein nicht in der Sache selbst entscheidendes Urteil rechtskräftig abgewiesen wird.

6 Monate

Erhebt der Berechtigte binnen sechs Monaten von neuem Klage, so gilt die Verjährung als durch die Erhebung der ersten Klage unterbrochen. Auf diese Frist finden die Vorschriften der §§ 203, 206, 207 (siehe oben) entsprechende Anwendung.

§ 213: Die Unterbrechung durch Zustellung eines Zahlungsbefehls im Mahnverfahren gilt als nicht erfolgt, wenn die Wirkungen der Rechtshängigkeit erlöschen.

§ 214: Die Unterbrechung durch Anmeldung im Konkurse dauert fort, bis der Konkurs beendigt ist.

Die Unterbrechung gilt als nicht erfolgt, wenn die Anmeldung zurückgenommen wird.

Wird bei der Beendigung des Konkurses für eine Forderung, die in Folge eines bei der Prüfung erhobenen Widerspruchs im Prozeß befangen ist, ein Betrag zurückbehalten, so dauert die Unterbrechung auch nach der Beendigung des Konkurses fort; das Ende der Unterbrechung bestimmt sich nach den Vorschriften des § 211 (siehe oben).

§ 215: Die Unterbrechung durch Geltendmachung der Aufrechnung im Prozeß oder durch Streitverkündung dauert fort, bis der Prozeß rechtskräftig entschieden oder anderweit erledigt ist; die Vorschriften des § 211 Absatz 2 (siehe oben) finden Anwendung.

Die Unterbrechung gilt als nicht erfolgt, wenn nicht binnen sechs Monaten nach der Beendigung des Pro- 6 Monate
zesses Klage auf Befriedigung oder Feststellung des Anspruchs erhoben wird. Auf diese Frist finden die Vorschriften der §§ 203, 206, 207 (siehe oben) entsprechende Anwendung.

§ 216: Die Unterbrechung durch Vornahme einer Vollstreckungshandlung gilt als nicht erfolgt, wenn die Vollstreckungsmaßregel auf Antrag des Berechtigten oder wegen Mangels der gesetzlichen Voraussetzungen aufgehoben wird.

Die Unterbrechung durch Stellung des Antrags auf Zwangsvollstreckung gilt als nicht erfolgt, wenn dem Antrage nicht stattgegeben, oder der Antrag vor der Vornahme der Vollstreckungshandlung zurückgenommen oder die erwirkte Vollstreckungsmaßregel nach Absatz 1 aufgehoben wird.

§ 217: Wird die Verjährung unterbrochen, so kommt die bis zur Unterbrechung verstrichene Zeit nicht in Betracht; eine neue Verjährung kann erst nach der Beendigung der Unterbrechung beginnen.

§ 218: Ein rechtskräftig festgesetzter Anspruch verjährt in
dreißig Jahren, auch wenn er an sich einer kürzeren 30 Jahre
Verjährung unterliegt. Das Gleiche gilt von dem Anspruch aus einem vollstreckbaren Vergleich oder einer vollstreckbaren Urkunde sowie von einem Anspruche, welcher durch die im Konkurs erfolgte Feststellung vollstreckbar geworden ist.

Soweit sich die Feststellung auf regelmäßig wiederkehrende, erst künftig fällig werdende Leistungen bezieht, bewendet es bei der kürzeren Verjährungsfrist.

§ 219: Als rechtskräftige Entscheidung im Sinne des § 211 Abs. 1 und des § 218 Abs. 1 gilt auch ein unter Vorbehalt ergangenes rechtskräftiges Urteil.

§ 220: Ist der Anspruch vor einem Schiedsgericht oder einem besonderen Gerichte, vor einem Verwaltungsgericht oder einer Verwaltungsbehörde geltend zu machen, so finden die Vorschriften der §§ 209 bis 213, 215, 216, 218, 219 (siehe oben) entsprechende Anwendung.

Sind in dem Schiedsvertrage die Schiedsrichter nicht ernannt oder ist die Ernennung eines Schiedsrichters aus einem anderen Grunde erforderlich oder kann das Schiedsgericht erst nach der Erfüllung einer sonstigen Voraussetzung angerufen werden, so wird die Verjährung schon dadurch unterbrochen, daß der Berechtigte das zur Erledigung der Sache seinerseits Erforderliche vornimmt.

§ 221: Gelangt eine Sache, in Ansehung deren ein dinglicher Anspruch besteht, durch Rechtsnachfolge in den Besitz eines Dritten, so kommt die während des Besitzes des Rechtsvorgängers verstrichene Verjährungszeit dem Rechtsnachfolger zu Statten.

§ 222: Nach der Vollendung der Verjährung ist der Verpflichtete berechtigt, die Leistung zu verweigern.

Das zur Befriedigung eines verjährten Anspruchs Geleistete kann nicht zurückgefordert werden, auch wenn die Leistung in Unkenntnis der Verjährung bewirkt worden ist. Das Gleiche gilt von einem vertragsmäßigen Anerkenntnisse sowie einer Sicherheitsleistung des Verpflichteten.

§ 223: Die Verjährung eines Anspruchs, für den eine Hypothek oder ein Pfandrecht besteht, hindert den Berechtigten nicht, seine Befriedigung aus dem verhafteten Gegenstande zu suchen.

Ist zur Sicherung eines Anspruchs ein Recht übertragen worden, so kann die Rückübertragung nicht auf Grund der Verjährung des Anspruchs gefordert werden.

Diese Vorschriften finden keine Anwendung bei der Verjährung von Ansprüchen auf Rückstände von Zinsen oder anderen wiederkehrenden Leistungen.

§ 224: Mit dem Hauptanspruche verjährt der Anspruch auf die von ihm abhängenden Nebenleistungen, auch wenn die für diesen Anspruch geltende besondere Verjährung noch nicht vollendet ist.

§ 225: Die Verjährung kann durch Rechtsgeschäft weder ausgeschlossen noch erschwert werden. Erleichterung der Verjährung, insbesondere Abkürzung der Verjährungsfrist, ist zulässig.

Die oben bei § 202 zitierten §§ 770, 2014 und 2015 B.G.B. lauten:

§ 770: Der Bürge kann die Befriedigung des Gläubigers verweigern, so lange dem Hauptschuldner das Recht zusteht, das seiner Verbindlichkeit zu Grunde liegende Rechtsgeschäft anzufechten.

Die gleiche Befugnis hat der Bürge, so lange sich der Gläubiger durch Aufrechnung gegen eine fällige Forderung des Hauptschuldners befriedigen kann.

§ 2014: Der Erbe ist berechtigt, die Berichtigung einer Nachlaßverbindlichkeit bis zum Ablaufe der ersten drei Monate nach der Annahme der Erbschaft, jedoch nicht über die Errichtung des Inventars hinaus, zu verweigern. 3 Monate

§ 2015: Hat der Erbe den Antrag auf Erlassung des Aufgebots der Nachlaßgläubiger innerhalb eines Jahres nach der Annahme der Erbschaft gestellt und ist der Antrag zugelassen, so ist der Erbe berechtigt, die Berichtigung einer Nachlaßverbindlichkeit bis zur Beendigung des Aufgebotsverfahrens zu verweigern. 1 Jahr

Der Beendigung des Aufgebotsverfahrens steht es gleich, wenn der Erbe in dem Aufgebotstermine nicht erschienen ist und nicht binnen zwei Wochen die Bestimmung eines neuen Termins beantragt oder wenn er auch in dem neuen Termine nicht erscheint. 2 Wochen

Wird das Ausschlußurteil erlassen oder der Antrag auf Erlassung des Urteils zurückgewiesen, so ist das Verfahren nicht vor dem Ablauf einer mit der Verkündung der Entscheidung beginnenden Frist von zwei Wochen und nicht vor der Erledigung einer rechtzeitig eingelegten Beschwerde als beendigt anzusehen. 2 Wochen

---

Der Artikel 169 des Einführungsgesetzes zum B.G.B. lautet, wie folgt:

Die Vorschriften des Bürgerlichen Gesetzbuchs über die Verjährung finden auf die vor dem Inkrafttreten des Bürgerlichen Gesetzbuchs entstandenen, noch nicht verjährten Ansprüche Anwendung. Der Beginn sowie die Hemmung und Unterbrechung der Verjährung bestimmen sich jedoch für die Zeit vor dem Inkrafttreten des Bürgerlichen Gesetzbuchs nach den bisherigen Gesetzen.

Frist Ist die Verjährungsfrist nach dem Bürgerlichen Gesetzbuche kürzer als nach den bisherigen Gesetzen, so wird die kürzere Frist von dem Inkrafttreten des Bürgerlichen Gesetzbuchs an berechnet. Läuft jedoch die in den bisherigen Gesetzen bestimmte längere Frist früher als die im Bürgerlichen Gesetzbuche bestimmte kürzere Frist ab, so ist die Verjährung mit dem Ablaufe der längeren Frist vollendet.

B.

Zusammenstellung der Verjährungen.

Acceptanten.

3 Jahre Der wechselmäßige Anspruch gegen den Acceptanten verjährt in drei Jahren vom Verfalltage des Wechsels an gerechnet.

Artikel 77 der Wechselordnung.

Aerzte.

2 Jahre In zwei Jahren verjähren die Ansprüche:

— —

14. Der Aerzte, insbesondere auch der Wundärzte, Geburtshelfer, Zahn- und Tierärzte, sowie der Hebammen für ihre Dienstleistungen mit Einschluß der Auslagen;

§ 196 B.G.B.

Die Verjährung beginnt mit der Entstehung des Anspruchs. Geht der Anspruch auf ein Unterlassen, so beginnt die Verjährung mit der Zuwiderhandlung.

§ 198 B.G.B.

Die Verjährung der in den §§ 196, 197 (siehe oben) bezeichneten Ansprüche beginnt mit dem Schlusse des Jahres, in welchem der nach den §§ 198 bis 200 (siehe oben) maßgebende Zeitpunkt eintritt.

Kann die Leistung erst nach dem Ablauf einer über diesen Zeitpunkt hinausreichenden Frist verlangt werden, so beginnt die Verjährung mit dem Schlusse des Jahres, in welchem die Frist abläuft.

§ 201 B.G.B.

Aktiengesellschaft,

deren Ansprüche gegen Gesellschafter.

Ein persönlich haftender Gesellschafter darf ohne Einwilligung der Gesellschaft weder in dem Handelszweige der Gesellschaft Geschäfte machen noch an einer anderen gleichartigen Handelsgesellschaft als persönlich haftender Gesellschafter Teil nehmen. Die Einwilligung wird durch die übrigen persönlich haftenden Gesellschafter und, sofern nicht die Befugnis zur Erteilung durch den Gesellschaftsvertrag oder durch einen Beschluß der Generalversammlung dem Aufsichtsrat übertragen ist, durch die Generalversammlung erteilt.

Verletzt ein persönlich haftender Gesellschafter die ihm nach Absatz 1 obliegende Verpflichtung, so findet die Vorschrift des § 236 Absatz 2 (siehe unten) Anwendung.

Die Ansprüche der Gesellschaft verjähren in drei Monaten **3 Monate**
von dem Zeitpunkte an, in welchem die übrigen persönlich haftenden Gesellschafter und der Aufsichtsrat von dem Abschlusse des Geschäfts oder von der Teilnahme des persönlich haftenden Gesellschafters an der anderen Gesellschaft Kenntnis erlangen; sie verjähren ohne Rücksicht auf diese Kenntnis in fünf Jahren **5 Jahre**
von ihrer Entstehung an.

§ 326 H.G.B.

Die Mitglieder des Vorstandes dürfen ohne Einwilligung der Gesellschaft weder ein Handelsgewerbe betreiben noch in dem Handelszweige der Gesellschaft für eigene oder fremde Rechnung Geschäfte machen, auch nicht an einer anderen Handelsgesellschaft als persönlich haftende Gesellschafter Teil nehmen. Die Einwilligung wird durch dasjenige Organ der Gesellschaft erteilt, welchem die Bestellung des Vorstandes obliegt.

Verletzt ein Vorstandsmitglied die ihm nach Abs. 1 obliegende Verpflichtung, so kann die Gesellschaft Schadensersatz fordern; sie kann statt dessen von dem Mitgliede verlangen, daß es die für eigene Rechnung gemachten Geschäfte als für Rechnung der Gesellschaft eingegangen gelten lasse und die aus Geschäften für fremde Rechnung bezogene Vergütung herausgebe oder seinen Anspruch auf die Vergütung abtrete.

3 Monate Die Ansprüche der Gesellschaft verjähren in drei Monaten von dem Zeitpunkte an, in welchem die übrigen Vorstandsmitglieder und der Aufsichtsrat von dem Abschlusse des Geschäfts oder von der Teilnahme des Vorstandsmitgliedes an der anderen Gesellschaft Kenntnis erlangen; sie verjähren ohne
5 Jahre Rücksicht auf diese Kenntnis in fünf Jahren von ihrer Entstehung an.

§ 236 H.G.B.

Aktiengesellschaft,
deren Ansprüche gegen Gründer 2c.

Die Ansprüche der Gesellschaft gegen die nach den §§ 202 bis 204 [siehe unten] verpflichteten Personen verjähren in
5 Jahre fünf Jahren von der Eintragung der Gesellschaft in das Handelsregister an.

§ 206 H.G.B.

Der Gesellschaft sind die Gründer für die Richtigkeit und Vollständigkeit der Angaben, welche sie in Ansehung der Zeichnung und Einzahlung des Grundkapitals, sowie in Ansehung der im § 186 (siehe unten) vorgesehenen Festsetzungen zum Zwecke der Eintragung der Gesellschaft in das Handelsregister machen, als Gesammtschuldner verhaftet; sie haben, unbeschadet der Verpflichtung zum Ersatze des sonst etwa entstehenden Schadens, insbesondere einen an der Zeichnung des Grundkapitals fehlenden Betrag zu übernehmen, fehlende Einzahlungen zu leisten und eine Vergütung, die nicht unter den zu bezeichnenden Gründungsaufwand aufgenommen ist, zu ersetzen. Wird die Gesellschaft von Gründern durch Einlagen oder Uebernahmen der im § 186 (siehe unten) bezeichneten Art böslicherweise geschädigt, so sind ihr alle Gründer für den Ersatz des entstehenden Schadens als Gesammtschuldner verpflichtet.

Von dieser Verbindlichkeit ist ein Gründer befreit, wenn er die Unrichtigkeit oder Unvollständigkeit der Angabe oder die bösliche Schädigung weder kannte noch bei Anwendung der Sorgfalt eines ordentlichen Geschäftsmannes kennen mußte.

Entsteht durch Zahlungsunfähigkeit eines Aktionärs der Gesellschaft ein Ausfall, so sind ihr die Gründer, welche die Beteiligung des Aktionärs in Kenntnis seiner Zahlungsunfähigkeit angenommen haben, als Gesammtschuldner zum Ersatze verpflichtet.

Mit den Gründern sind der Gesellschaft zum Schadensersatz als Gesammtschuldner verpflichtet:

1. wenn eine Vergütung nicht unter den zu bezeichnenden Gründungsaufwand aufgenommen ist, der Empfänger, welcher zur Zeit des Empfanges wußte oder nach den Umständen annehmen mußte, daß die Verheimlichung beabsichtigt oder erfolgt war, und jeder Dritte, welcher zur Verheimlichung wissentlich mitgewirkt hat;
2. im Falle einer böslichen Schädigung durch Einlagen oder Uebernahmen jeder Dritte, welcher zu dieser Schädigung wissentlich mitgewirkt hat.

§ 202 H.G.B.

Wer vor der Eintragung der Gesellschaft in das Handelsregister oder in den ersten zwei Jahren nach der Eintragung 2 Jahre eine öffentliche Ankündigung der Aktien erläßt, um sie in den Verkehr einzuführen, ist der Gesellschaft im Falle der Unrichtigkeit oder Unvollständigkeit von Angaben, welche die Gründer in Ansehung der Zeichnung oder Einzahlung des Grundkapitals oder in Ansehung der im § 186 (siehe unten) vorgesehenen Festsetzungen zum Zwecke der Eintragung der Gesellschaft in das Handelsregister machen, sowie im Falle einer böslichen Schädigung der Gesellschaft durch Einlagen oder Uebernahmen für den Ersatz des ihr daraus entstehenden Schadens mit den im § 202 (siehe oben) bezeichneten Personen als Gesammtschuldner verhaftet, wenn er die Unrichtigkeit oder Unvollständigkeit der Angaben oder die bösliche Schädigung kannte oder bei Anwendung der Sorgfalt eines ordentlichen Geschäftsmannes kennen mußte.

§ 203 H.G.B.

Mitglieder des Vorstandes und des Aufsichtsrats, die bei der ihnen durch die §§ 192, 193 (siehe unten) auferlegten Prüfung die Sorgfalt eines ordentlichen Geschäftsmannes außer Acht lassen, haften der Gesellschaft als Gesammtschuldner für den ihr daraus entstehenden Schaden, soweit der Ersatz des Schadens von den nach den §§ 202, 203 (siehe oben) verpflichteten Personen nicht zu erlangen ist.

§ 204 H.G.B.

Jeder zu Gunsten einzelner Aktionäre bedungene besondere Vorteil muß im Gesellschaftsvertrage unter Bezeichnung des Berechtigten festgesetzt werden.

Werden auf das Grundkapital von Aktionären Einlagen gemacht, die nicht durch Baarzahlung zu leisten sind, oder werden vorhandene oder herzustellende Anlagen oder sonstige Vermögensgegenstände von der zu errichtenden Gesellschaft übernommen, so müssen der Gegenstand der Einlage oder der Uebernahme, die Person, von welcher die Gesellschaft den Gegenstand erwirbt, und der Betrag der für die Einlage zu gewährenden Aktien oder die für den übernommenen Gegenstand zu gewährende Vergütung im Gesellschaftsvertrage festgesetzt werden.

Von diesen Festsetzungen gesondert ist der Gesammtaufwand, welcher zu Lasten der Gesellschaft an Aktionäre oder Andere als Entschädigung oder Belohnung für die Gründung oder deren Vorbereitung gewährt wird, im Gesellschaftsvertrage festzusetzen.

Jedes Abkommen über die vorbezeichneten Gegenstände, welches nicht die vorgeschriebene Festsetzung im Gesellschaftsvertrage gefunden hat, ist der Gesellschaft gegenüber unwirksam.

§ 186 H.G.B.

Die Gründer haben im Falle des § 186 Abs. 2 [siehe oben] in einer schriftlichen Erklärung die wesentlichen Umstände darzulegen, von welchen die Angemessenheit der für die eingelegten oder übernommenen Gegenstände gewährten Beträge abhängt.

Sie haben hierbei die vorausgegangenen Rechtsgeschäfte, die auf den Erwerb durch die Gesellschaft hingezielt haben, ferner die Erwerbs- und Herstellungspreise aus den letzten beiden Jahren und im Falle des Uebergangs eines Unternehmens auf die Gesellschaft die Betriebserträgnisse aus den letzten beiden Geschäftsjahren anzugeben.

2 Jahre

§ 191 H.G.B.

Die Mitglieder des Vorstandes und des Aufsichtsrats haben den Hergang der Gründung zu prüfen.

Gehört ein Mitglied des Vorstandes oder des Aufsichtsrats zu den Gründern oder hat sich ein Mitglied einen besonderen Vorteil oder für die Gründung oder deren Vorbereitung eine Entschädigung oder Belohnung ausbedungen oder liegt ein Fall des § 186 Abs. 2 (siehe oben) vor, so hat außerdem eine Prüfung durch besondere Revisoren stattzufinden.

Die Revisoren werden durch das für die Vertretung des Handelsstandes berufene Organ, in Ermangelung eines solchen durch das Gericht bestellt, in dessen Bezirke die Gesellschaft ihren Sitz hat.

§ 192 H.G.B.

Die Prüfung hat sich insbesondere auf die Richtigkeit und Vollständigkeit der Angaben zu erstrecken, die in Ansehung der Zeichnung und Einzahlung des Grundkapitals sowie in Ansehung der im § 186 (siehe oben) vorgesehenen Festsetzungen von den Gründern gemacht sind. Der Inhalt der im § 191 (siehe oben) bestimmten Erklärung ist auch in der Richtung zu prüfen, ob bezüglich der Angemessenheit der für die eingelegten oder übernommenen Gegenstände gewährten Beträge Bedenken obwalten.

Ueber die Prüfung ist unter Darlegung der im Absatz 1 bezeichneten Umstände schriftlich Bericht zu erstatten.

Sind die Revisoren durch das für die Vertretung des Handelsstandes berufene Organ bestellt, so haben sie diesem ein Exemplar des Berichts einzureichen. Die Einsicht des eingereichten Berichts ist Jedem gestattet.

§ 193 H.G.B.

Aktionäre, deren Haftung.

Die Aktionäre haften für die Verbindlichkeiten der Gesellschaft, soweit sie den Vorschriften dieses Gesetzbuchs entgegen Zahlungen von der Gesellschaft empfangen haben. Was ein Aktionär in gutem Glauben als Gewinnanteil oder als Zinsen bezogen hat, ist er in keinem Falle zurückzuzahlen verpflichtet.

Ist über das Vermögen der Gesellschaft der Konkurs eröffnet, so wird während der Dauer des Verfahrens das den Geschäftsgläubigern gegen die Aktionäre zustehende Recht durch den Konkursverwalter ausgeübt.

Die nach diesen Vorschriften begründeten Ansprüche verjähren in fünf Jahren vom Empfange der Zahlung an. 5 Jahre

§ 217 H.G.B.

Anfechtung der ehelichen Abstammung.

Die Anfechtung der Ehelichkeit kann nur binnen Jahres- 1 Jahr
frist erfolgen.

Die Frist beginnt mit dem Zeitpunkt, in welchem der Mann die Geburt des Kindes erfährt.

Auf den Lauf der Frist finden die für die Verjährung geltenden Vorschriften der §§ 202, 206 [siehe oben sub IIa „Verjährungsabschnitt des B.G.B.“] entsprechende Anwendung.

§ 1594 B.G.B.

Die Anfechtung der Ehelichkeit erfolgt bei Lebzeiten des Kindes durch Erhebung der Anfechtungsklage. Die Klage ist gegen das Kind zu richten.

Wird die Klage zurückgenommen, so ist die Anfechtung als nicht erfolgt anzusehen. Das Gleiche gilt, wenn der Mann vor der Erledigung des Rechtsstreits das Kind als das seinige anerkennt.

Vor der Erledigung des Rechtsstreits kann die Unehelichkeit anderweit geltend gemacht werden.

§ 1596 B.G.B.

Nach dem Tode des Kindes erfolgt die Anfechtung der Ehelichkeit durch Erklärung gegenüber dem Nachlaßgerichte; die Erklärung ist in öffentlich beglaubigter Form abzugeben.

Das Nachlaßgericht soll die Erklärung sowohl demjenigen mitteilen, welcher im Falle der Ehelichkeit, als auch demjenigen, welcher im Falle der Unehelichkeit Erbe des Kindes ist. Es hat die Einsicht der Erklärung Jedem zu gestatten, der ein rechtliches Interesse glaubhaft macht. [Siehe auch oben Seite 62 unter „Eheliche Abstammung“].

§ 1597 B.G.B.

Anfechtung
der Annahme oder Ausschlagung einer Erbschaft.

Der Erbe kann die Erbschaft annehmen oder ausschlagen, sobald der Erbfall eingetreten ist.

§ 1946 B.G.B.

Der Erbe kann die Erbschaft nicht mehr ausschlagen, wenn er sie angenommen hat oder wenn die für die Ausschlagung vorgeschriebene Frist verstrichen ist; mit dem Ablaufe der Frist gilt die Erbschaft als angenommen.

§ 1943 B.G.B.

6 Wochen Die Ausschlagung kann nur binnen sechs Wochen erfolgen.

Die Frist beginnt mit dem Zeitpunkt, in welchem der Erbe von dem Anfall und dem Grunde der Berufung Kenntnis erlangt. Ist der Erbe durch Verfügung von Todeswegen berufen, so beginnt die Frist nicht vor der Verkündung der Verfügung. Auf den Lauf der Frist finden die für die Verjährung geltenden Vorschriften der §§ 203, 206 [siehe oben sub IIa „Verjährungsabschnitt des B.G.B.“] entsprechende Anwendung.

Die Frist beträgt sechs Monate, wenn der Erblasser seinen letzten Wohnsitz nur im Auslande gehabt hat oder wenn sich der Erbe bei dem Beginne der Frist im Ausland aufhält. 6 Monate

§ 1944 B.G.B.

Ist die Annahme oder die Ausschlagung (einer Erbschaft) anfechtbar, so kann die Anfechtung nur binnen sechs Wochen erfolgen. 6 Wochen

Die Frist beginnt im Falle der Anfechtbarkeit wegen Drohung mit dem Zeitpunkt, in welchem die Zwangslage aufhört, in den übrigen Fällen mit dem Zeitpunkt, in welchem der Anfechtungsberechtigte von dem Anfechtungsgrunde Kenntnis erlangt. Auf den Lauf der Frist finden die für die Verjährung geltenden Vorschriften der §§ 203, 206, 207 [siehe oben unter IIa „Verjährungsabschnitt des B.G.B.“] entsprechende Anwendung.

Die Frist beträgt sechs Monate, wenn der Erblasser seinen letzten Wohnsitz nur im Auslande gehabt hat oder wenn sich der Erbe bei dem Beginne der Frist im Ausland aufhält. 6 Monate

Die Anfechtung ist ausgeschlossen, wenn seit der Annahme oder der Ausschlagung dreißig Jahre verstrichen sind. 30 Jahre

§ 1954 B.G.B.

Anfechtung eines Testaments.

Die Anfechtung einer letztwilligen Verfügung, durch die ein Erbe eingesetzt, ein gesetzlicher Erbe von der Erbschaft ausgeschlossen, ein Testamentsvollstrecker ernannt oder eine Verfügung solcher Art aufgehoben wird, erfolgt durch Erklärung gegenüber dem Nachlaßgerichte.

Das Nachlaßgericht soll die Anfechtungserklärung demjenigen mitteilen, welchem die angefochtene Verfügung unmittelbar zu Statten kommt. Es hat die Einsicht der Erklärung Jedem zu gestatten, der ein rechtliches Interesse glaubhaft macht.

Die Vorschrift des Absatzes 1 gilt auch für die Anfechtung einer letztwilligen Verfügung, durch die ein Recht für einen Anderen nicht begründet wird, insbesondere für die Anfechtung einer Auflage.

§ 2081 B.G.B.

Zur Anfechtung (eines Testaments) ist derjenige berechtigt, welchem die Aufhebung der letztwilligen Verfügung unmittelbar zu Statten kommen würde.

Bezieht sich in den Fällen des § 2078 [nämlich: wenn der Erblasser über den Inhalt seiner Erkärung im Irrtume war oder eine Erklärung dieses Inhalts überhaupt nicht abgeben wollte und anzunehmen ist, daß er die Erklärung bei Kenntnis der Sachlage nicht abgegeben haben würde, ferner, wenn der Erblasser zu der Verfügung durch die irrige Annahme oder Erwartung des Eintritts oder Nichteintritts eines Umstandes oder widerrechtlich durch Drohung bestimmt worden ist] der Irrtum nur auf eine bestimmte Person und ist diese anfechtungsberechtigt oder würde sie anfechtungsberechtigt sein, wenn sie zur Zeit des Erbfalls gelebt hätte, so ist ein Anderer zur Anfechtung nicht berechtigt.

Im Falle des § 2079 [nämlich: wenn der Erblasser einen zur Zeit des Erbfalles vorhandenen Pflichtteilsberechtigten übergangen hat, dessen Vorhandensein ihm bei der Errichtung der Verfügung nicht bekannt war oder der erst nach der Errichtung geboren oder pflichtteilsberechtigt geworden ist] steht das Anfechtungsrecht nur dem Pflichtteilsberechtigten zu.

§ 2080 B.G.B.

1 Jahr Die Anfechtung kann nur binnen Jahresfrist erfolgen.

Die Frist beginnt mit dem Zeitpunkt, in welchem der Anfechtungsberechtigte von dem Anfechtungsgrunde Kenntnis erlangt. Auf den Lauf der Frist finden die für die Verjährung geltenden Vorschriften der §§ 203, 206, 207 entsprechende Anwendung. [Siehe oben sub IIa Verjährungsabschnitt des Bürgerlichen Gesetzbuchs.]

Die Anfechtung ist ausgeschlossen, wenn seit dem Erbfalle dreißig Jahre verstrichen sind. 30 Jahre

§ 2082 B.G.B.

Anfechtung von Rechtshandlungen eines Schuldners in und außerhalb des Konkursverfahrens.

Anfechtbar sind:

1. Rechtshandlungen, welche der Schuldner in der dem anderen Teile bekannten Absicht, seine Gläubiger zu benachteiligen, vorgenommen hat;
2. die in dem letzten Jahre vor der Anfechtung geschlossenen entgeltlichen Verträge des Schuldners 1 Jahr
   mit seinem Ehegatten, vor oder während der Ehe, mit seinen oder seines Ehegatten Verwandten in auf- und absteigender Linie, mit seinen oder seines Ehegatten voll- und halbbürtigen Geschwistern, oder mit dem Ehegatten einer dieser Personen,

   sofern durch den Abschluß des Vertrages die Gläubiger des Schuldners benachteiligt werden und der andere Teil nicht beweist, daß ihm zur Zeit des Vertragsabschlusses eine Absicht des Schuldners, die Gläubiger zu benachteiligen, nicht bekannt war;
3. die in dem letzten Jahre vor der Anfechtung von dem Schuldner vorgenommenen unentgeltlichen Verfügungen, sofern nicht dieselben gebräuchliche Gelegenheitsgeschenke zum Gegenstande hatten; 1 Jahr
4. die in den letzten zwei Jahren vor der Anfechtung von dem Schuldner vorgenommenen unentgeltlichen Verfügungen zu Gunsten seines Ehegatten. 2 Jahre

§ 3 des Reichsgesetzes, betreffend die Anfechtung von Rechtshandlungen eines Schuldners außerhalb des Konkurses in der Fassung vom 20. Mai 1898.

Die Anfechtung einer nach § 3 Nr. 1 (siehe oben) anfechtbaren Handlung kann nur binnen zehn Jahren erfolgen. 10 Jahre Auf den Lauf der Frist finden die für die Verjährung geltenden Vorschriften des § 203 Abs. 2 und der §§ 206, 207 des Bürgerlichen Gesetzbuchs [siehe oben unter IIa Verjährungsabschnitt des B.G.B.] entsprechende Anwendung.

Die Frist beginnt mit dem Zeitpunkt, in welchem der Gläubiger den vollstreckbaren Schuldtitel erlangt hatte und seine Forderung fällig war, wenn aber die Rechtshandlung nach diesem Zeitpunkte vorgenommen ist, mit der Vornahme der Handlung.

Die Anfechtung ist ausgeschlossen, wenn seit der Vor-
30 Jahre nahme der Rechtshandlung dreißig Jahre verstrichen sind.

§ 12 leg. cit.

Wird über das Vermögen des Schuldners das Konkursverfahren eröffnet, so steht die Verfolgung der von Konkursgläubigern erhobenen Anfechtungsansprüche dem Konkursverwalter zu. Aus dem Erstrittenen sind dem Gläubiger die Prozeßkosten vorweg zu erstatten.

Ist das Verfahren über den Anfechtungsanspruch noch rechtshängig, so wird dasselbe unterbrochen. Im Fall einer Verzögerung der Aufnahme kommen die Bestimmungen der Civilprozeßordnung § 239 (siehe unten) zur entsprechenden Anwendung. Der Konkursverwalter kann den Anspruch nach den Vorschriften der Konkursordnung §§ 37 bis 39, 41 (siehe unten) in Gemäßheit der §§ 268, 529 der Civilprozeßordnung (siehe unten) erweitern. Lehnt der Verwalter die Aufnahme des Rechtsstreits ab, so kann derselbe rücksichtlich der Prozeßkosten von jeder Partei aufgenommen werden. Durch die Ablehnung der Aufnahme wird die Befugnis des Verwalters, nach den Vorschriften der Konkursordnung das Anfechtungsrecht auszuüben, nicht ausgeschlossen.

Soweit der Gläubiger aus dem Zurückzugewährenden eine Sicherung oder Befriedigung erlangt hatte, finden auf die Anfechtung derselben die Vorschriften des § 30 Nr. 1 der Konkursordnung (siehe unten) entsprechende Anwendung.

Nach der Beendigung des Konkursverfahrens können Anfechtungsrechte, deren Ausübung dem Konkursverwalter zustand, von den einzelnen Gläubigern nach Maßgabe dieses Gesetzes verfolgt werden, soweit nicht dem Anspruch entgegenstehende Einreden gegen den Verwalter erlangt sind. War die Anfechtung nicht schon zur Zeit der Eröffnung des Konkursverfahrens erfolgt, so wird die im § 3 Nr. 2 bis 4 (siehe oben) bestimmte Frist von diesem Zeitpunkte berechnet, sofern die An-
1 Jahr fechtung bis zum Ablauf eines Jahres seit der Beendigung des Konkursverfahrens erfolgt.

Rechtshandlungen, welche der Gemeinschuldner rücksichtlich seines nicht zur Konkursmasse gehörigen Vermögens vorgenommen hat, können von den Konkursgläubigern auch während des Konkursverfahrens nach Maßgabe dieses Gesetzes angefochten werden.

§ 13 leg. cit.

Im Falle des Todes einer Partei tritt eine Unterbrechung des Verfahrens bis zu dessen Aufnahme durch die Rechtsnachfolger ein.

Wird die Aufnahme verzögert, so können die Rechtsnachfolger zur Aufnahme und zugleich zur Verhandlung der Hauptsache geladen werden.

Der die Ladung enthaltende Schriftsatz ist den Rechtsnachfolgern selbst zuzustellen. Die Ladungsfrist wird von dem Vorsitzenden bestimmt.

Erscheinen die Rechtsnachfolger in dem Termine nicht, so ist auf Antrag die behauptete Rechtsnachfolge als zugestanden anzunehmen und zur Hauptsache zu verhandeln.

Der Erbe ist vor der Annahme der Erbschaft zur Fortsetzung des Rechtsstreits nicht verpflichtet.

§ 239 C.P.O.

Als eine Aenderung der Klage ist es nicht anzusehen, wenn ohne Aenderung des Klagegrundes:

1. die thatsächlichen oder rechtlichen Anführungen ergänzt oder berichtigt werden;
2. der Klagantrag in der Hauptsache oder in Bezug auf Nebenforderungen erweitert oder beschränkt wird;
3. statt des ursprünglich geforderten Gegenstandes wegen einer später eingetretenen Veränderung ein anderer Gegenstand oder das Interesse gefordert wird.

§ 268 C.P.O.

Die Parteien können Angriffs- und Verteidigungsmittel, welche in erster Instanz nicht geltend gemacht sind, insbesondere neue Thatsachen und Beweismittel vorbringen.

Neue Ansprüche dürfen, abgesehen von den Fällen des § 268 Nr. 2, 3 (siehe oben) nur mit Einwilligung des Gegners erhoben werden.

Macht der Beklagte die Aufrechnung einer Gegenforderung geltend, so ist die hierauf gegründete Einwendung zurückzuweisen, wenn nicht der Kläger in die Geltendmachung einwilligt oder der Beklagte glaubhaft macht, daß er ohne sein Verschulden außer Stande gewesen ist, die Aufrechnung in erster Instanz geltend zu machen. Im Falle der Zurückweisung finden die Vorschriften der §§ 540, 541 [Vorbehalt der Geltendmachung der Verteidigungsmittel] Anwendung.

§ 529 C.P.O.

Anfechtbar sind:

1. Rechtshandlungen, welche der Gemeinschuldner in der dem anderen Teile bekannten Absicht, seine Gläubiger zu benachteiligen, vorgenommen hat;

1 Jahr 2. die in dem letzten Jahre vor der Eröffnung des Verfahrens geschlossenen, entgeltlichen Verträge des Gemeinschuldners

   mit seinem Ehegatten, vor oder während der Ehe,

   mit seinen oder seines Ehegatten Verwandten in auf- und absteigender Linie, mit seinen oder seines Ehegatten voll- und halbbürtigen Geschwistern, oder mit dem Ehegatten einer dieser Personen,

   sofern durch den Abschluß des Vertrages die Gläubiger des Gemeinschuldners benachteiligt werden und der andere Teil nicht beweist, daß ihm zur Zeit des Vertragsabschlusses eine Absicht des Gemeinschuldners, die Gläubiger zu benachteiligen, nicht bekannt war.

§ 31 der Reichskonkursordnung in der Fassung vom 20. Mai 1898.

Was durch die anfechtbare Handlung aus dem Vermögen des Gemeinschuldners veräußert, weggegeben oder aufgegeben ist, muß zur Konkursmasse zurückgewährt werden.

Der gutgläubige Empfänger einer unentgeltlichen Leistung hat dieselbe nur soweit zurückzugewähren, als er durch sie bereichert ist.

§ 37 leg. cit.

Die Gegenleistung ist aus der Konkursmasse zu erstatten, soweit sie sich in derselben befindet, oder soweit die Masse um ihren Wert bereichert ist. Darüber hinaus kann ein Anspruch nur als Konkursforderung geltend gemacht werden.

§ 38 leg. cit.

Wenn der Empfänger einer anfechtbaren Leistung das Empfangene zurückgewährt, so tritt seine Forderung wieder in Kraft.

§ 39 leg. cit.

1 Jahr Die Anfechtung kann nur binnen Jahresfrist seit der Eröffnung des Verfahrens erfolgen. Auf den Lauf der Frist finden die für die Verjährung geltenden Vorschriften des § 203 Abs. 2 und des § 207 des Bürgerlichen Gesetzbuchs (siehe oben sub II a Verjährungsabschnitt des B.G.B.) entsprechende An-

wendung. Die Anfechtung nach § 31 Nr. 1 (siehe oben) ist ausgeschlossen, wenn seit der Vornahme der Handlung dreißig Jahre verstrichen sind. 30 Jahre

Ist durch die anfechtbare Handlung eine Verpflichtung des Gemeinschuldners zu einer Leistung begründet, so kann der Konkursverwalter die Leistung verweigern, auch wenn die Anfechtung nach Absatz 1 ausgeschlossen ist.

§ 41 leg. cit.

Anfechtbar sind:

1. die nach der Zahlungseinstellung oder dem Antrage auf Eröffnung des Verfahrens von dem Gemeinschuldner eingegangenen Rechtsgeschäfte, durch deren Eingehung die Konkursgläubiger benachteiligt werden, wenn dem anderen Teile zu der Zeit, als er das Geschäft einging, die Zahlungseinstellung oder der Eröffnungsantrag bekannt war; sowie die nach der Zahlungseinstellung oder dem Eröffnungsantrage erfolgten Rechtshandlungen, welche einem Konkursgläubiger Sicherung oder Befriedigung gewähren, wenn dem Gläubiger zu der Zeit, als die Handlung erfolgte, die Zahlungseinstellung oder der Eröffnungsantrag bekannt war;
2. die nach der Zahlungseinstellung oder dem Antrage auf Eröffnung des Verfahrens oder in den letzten zehn Tagen vor der Zahlungseinstellung oder dem Eröffnungsantrage erfolgten Rechtshandlungen, welche einem Konkursgläubiger eine Sicherung oder Befriedigung gewähren, die er nicht oder nicht in der Art oder nicht zu der Zeit zu beanspruchen hatte, sofern er nicht beweist, daß ihm zur Zeit der Handlung weder die Zahlungseinstellung und der Eröffnungsantrag, noch eine Absicht des Gemeinschuldners, ihn vor den übrigen Gläubigern zu begünstigen, bekannt war. 10 Tage

§ 30 leg. cit.

Anfechtung einer Willenserklärung.

Siehe oben Seite 17 ff. unter demselben Schlagwort.

Annuitäten.

4 Jahre In vier Jahren verjähren die Ansprüche auf Rückstände von Zinsen, mit Einschluß der als Zuschlag zu den Zinsen zum Zwecke allmählicher Tilgung des Kapitals zu entrichtenden Beträge, die Ansprüche auf Rückstände von Miet- und Pachtzinsen, soweit sie nicht unter die Vorschrift des § 196 Abs. 1 Nr. 6 [siehe oben bei IIa Verjährungsabschnitt des B.G.B.] fallen, und die Ansprüche auf Rückstände von Renten, Auszugsleistungen, Besoldungen, Wartegeldern Ruhegehalten, Unterhaltsbeiträgen und allen anderen regelmäßig wiederkehrenden Leistungen.

§ 197 B.G.B.

Die Verjährung beginnt mit der Entstehung des Anspruchs. Geht der Anspruch auf ein Unterlassen, so beginnt die Verjährung mit der Zuwiderhandlung.

§ 198 B.G.B.

Die Verjährung der in den §§ 196, 197 bezeichneten Ansprüche beginnt mit dem Schlusse des Jahres, in welchem der nach den §§ 198 bis 200 maßgebende Zeitpunkt eintritt. Kann die Leistung erst nach dem Ablauf einer über diesen Zeitpunkt hinausreichenden Frist verlangt werden, so beginnt die Verjährung mit dem Schlusse des Jahres, in welchem die Frist abläuft.

§ 201 B.G.B.

Ansprüche gegen die Mitglieder des Vorstands und des Aufsichtsrats einer Aktiengesellschaft.

Die Mitglieder des Vorstandes haben bei ihrer Geschäftsführung die Sorgfalt eines ordentlichen Geschäftsmannes anzuwenden.

Mitglieder, die ihre Obliegenheiten verletzen, haften der Gesellschaft als Gesammtschuldner für den daraus entstehenden Schaden.

Insbesondere sind sie zum Ersatze verpflichtet, wenn entgegen den Vorschriften dieses Gesetzbuchs:

1. Einlagen an die Aktionäre zurückgezahlt,
2. den Aktionären Zinsen oder Gewinnanteile gezahlt,

3. eigene Aktien oder Interimsscheine der Gesellschaft erworben, zum Pfande genommen oder eingezogen,
4. Aktien vor der vollen Leistung des Nennbetrags oder, falls der Ausgabepreis höher ist, vor der vollen Leistung dieses Betrags ausgegeben werden,
5. die Verteilung des Gesellschaftsvermögens oder eine teilweise Zurückzahlung des Grundkapitals erfolgt,
6. Zahlungen geleistet werden, nachdem die Zahlungsunfähigkeit der Gesellschaft eingetreten ist oder ihre Ueberschuldung sich ergeben hat.

In den Fällen des Absatz 3 kann der Ersatzanspuch auch von den Gläubigern der Gesellschaft, soweit sie von dieser ihre Befriedigung nicht erlangen können, geltend gemacht werden. Die Ersatzpflicht wird ihnen gegenüber weder durch einen Verzicht der Gesellschaft noch dadurch aufgehoben, daß die Handlung auf einem Beschlusse der Generalversammlung beruht.

Die Ansprüche auf Grund dieser Vorschriften verjähren in fünf Jahren. 5 Jahre

§ 241 H.G.B.

Die Mitglieder des Aufsichtsrats haben bei der Erfüllung ihrer Obliegenheiten die Sorgfalt eines ordentlichen Geschäftsmanns anzuwenden.

Mitglieder, die ihre Obliegenheiten verletzen, haften der Gesellschaft mit den Vorstandsmitgliedern als Gesammtschuldner für den daraus entstehenden Schaden.

Insbesondere sind sie zum Ersatze verpflichtet, wenn mit ihrem Wissen und ohne ihr Einschreiten die im § 241 Absatz 3 (siehe oben) bezeichneten Handlungen vorgenommen werden. Auf die Geltendmachung des Ersatzanspruchs finden die Vorschriften des § 241 Abs. 4 (siehe oben) Anwendung.

Die Ansprüche auf Grund der Vorschriften der Abs. 1 bis 3 verjähren in fünf Jahren. 5 Jahre

§ 249 H.G.B.

Anspruch der Eisenbahn und gegen die Eisenbahn.

Ansprüche der Eisenbahn auf Nachzahlung zu wenig erhobener Fracht oder Gebühren sowie Ansprüche gegen die Eisenbahn auf Rückerstattung zu viel erhobener Fracht oder Gebühren verjähren in einem Jahre, sofern der Anspruch auf eine un- 1 Jahr richtige Anwendung der Tarife oder auf Fehler bei der Berechnung gestützt wird. Die Verjährung beginnt mit dem Ablaufe des Tages, an welchem die Zahlung erfolgt ist.

Die Verjährung des Anspruchs auf Rückerstattung zu viel erhobener Fracht oder Gebühren sowie die Verjährung der im § 439 Satz 1 (siehe unten) bezeichneten Ansprüche wird durch die schriftliche Anmeldung des Anspruchs bei der Eisenbahn gehemmt. Ergeht auf die Anmeldung ein abschlägiger Bescheid, so beginnt der Lauf der Verjährungsfrist wieder mit dem Tage, an welchem die Eisenbahn ihre Entscheidung dem Anmeldenden schriftlich bekannt macht und ihm die der Anmeldnng etwa angeschlossenen Beweisstücke zurückstellt. Weitere Gesuche, die an die Eisenbahn oder an die vorgesetzten Behörden gerichtet werden, bewirken keine Hemmung der Verjährung.

§ 470 H.G.B.

Auf die Verjährung der Ansprüche gegen den Frachtführer wegen Verlustes, Minderung, Beschädigung oder verspäteter Ablieferung des Gutes finden die Vorschriften des § 414 (siehe unten) entsprechende Anwendung. Dies gilt nicht für die im § 432 Abs. 3 [nämlich: „Hat auf Grund dieser Vorschriften einer der beteiligten Frachtführer Schadensersatz geleistet, so steht ihm der Rückgriff gegen denjenigen zu, welcher den Schaden verursucht hat. Kann dieser nicht ermittelt werden, so haben die beteiligten Frachtführer den Schaden nach dem Verhältnis ihrer Anteile an der Fracht gemeinsam zu tragen, soweit nicht festgestellt wird, daß der Schaden nicht auf ihrer Beförderungsstrecke entstanden ist"] bezeichneten Ansprüche.

§ 439 H.G.B.

Die Ansprüche gegen den Spediteur wegen Verlustes, Minderung, Beschädigung oder verspäteter Ablieferung des
1 Jahr Gutes verjähren in einem Jahre. Die Verjährungsfrist kann durch Vertrag verlängert werden.

Die Verjährung beginnt im Falle der Beschädigung oder Minderung mit dem Ablaufe des Tages, an welchem die Ablieferung stattgefunden hat, im Falle des Verlustes oder der verspäteten Ablieferung mit dem Ablaufe des Tages, an welchem die Ablieferung hätte bewirkt sein müssen.

Die im Abs. 1 bezeichneten Ansprüche können nach der Vollendung der Verjährung nur aufgerechnet werden, wenn vorher der Verlust, die Minderung, die Beschädigung oder die verspätete Ablieferung dem Spediteur angezeigt oder die Anzeige an ihn abgesendet worden ist. Der Anzeige an den Spediteur steht es gleich, wenn gerichtliche Beweisaufnahme zur Sicherung des Beweises beantragt oder in einem zwischen dem Versender und dem Empfänger oder einem späteren Erwerber des Gutes wegen des Verlustes, der Minderung, der Beschädigung oder der verspäteten Ablieferung anhängigen Rechtsstreite dem Spediteur der Streit verkündet wird.

Diese Vorschriften finden keine Anwendung, wenn der Spediteur den Verlust, die Minderung, die Beschädigung oder die verspätete Ablieferung des Gutes vorsätzlich herbeigeführt hat.

§ 414 H.G.B.

Die Ansprüche gegen die Eisenbahn [Reichseisenbahn] wegen Verlustes, Minderung, Beschädigung oder verspäteter Ablieferung des Gutes verjähren in einem Jahre. 1 Jahr

Die Verjährung beginnt im Falle der Beschädigung oder Minderung mit dem Ablaufe des Tages, an welchem die Ablieferung stattgefunden hat, im Falle des gänzlichen Verlustes oder der verspäteten Ablieferung mit dem Ablaufe der Lieferfrist.

Die Verjährung wird durch die schriftliche Anmeldung des Anspruchs bei der Eisenbahn gehemmt. Ergeht auf die Anmeldung ein abschlägiger Bescheid, so beginnt der Lauf der Verjährungsfrist wieder mit dem Tage, an welchem die Eisenbahn ihre Entscheidung dem Anmeldenden schriftlich bekannt macht und ihm die der Anmeldung etwa angeschlossenen Beweisstücke zurückstellt. Weitere Gesuche, die an die Eisenbahn oder an die vorgesetzten Behörden gerichtet werden, bewirken keine Hemmung der Verjährung.

Für die Unterbrechung der Verjährung bewendet es bei den allgemeinen gesetzlichen Vorschriften.

Die im Absatz 1 bezeichneten Ansprüche können nach der Vollendung der Verjährung nur aufgerechnet werden, wenn vorher der Verlust, die Minderung, die Beschädigung oder die verspätete Ablieferung der Eisenbahn angezeigt oder die Anzeige an sie abgesendet worden ist. Der Anzeige an die Eisenbahn steht es gleich, wenn gerichtliche Beweisaufnahme zur Sicherung des Beweises beantragt oder in einem zwischen dem Absender und dem Empfänger oder einem späteren Erwerber des Gutes wegen des Verlustes, der Minderung, der Beschädigung oder der verspäteten Ablieferung anhängigen Rechtsstreite der Eisenbahn der Streit verkündet wird.

Die Vorschriften dieses Paragraphen finden keine Anwendung, wenn die Eisenbahn den Verlust, die Minderung, die Beschädigung oder die verspätete Ablieferung des Gutes vorsätzlich herbeigeführt hat. Sie finden ferner keine Anwendung auf Rückgriffsansprüche der Eisenbahnen unter einander.

§ 91 der Eisenbahnverkehrsordnung vom 26. Oktober 1899.

Anspruch auf Entschädigung nach dem Gewerbeunfallversicherungsgesetze.

Entschädigungsberechtigte, für welche die Entschädigung nicht von Amtswegen festgestellt ist, haben ihren Entschädigungs-
2 Jahre anspruch bei Vermeidung des Ausschlusses vor Ablauf von zwei Jahren nach dem Eintritte des Unfalls bei derjenigen Berufsgenossenschaft anzumelden, welcher die Entschädigungspflicht obliegt. Die Frist gilt auch dann als gewahrt, wenn die Anmeldung bei einem nicht zuständigen Genossenschaftsorgan oder bei einer anderen Berufsgenossenschaft oder bei der für den Wohnort des Entschädigungsberechtigten zuständigen unteren Verwaltungsbehörde erfolgt ist. In solchem Falle ist die An-
unverzüglich meldung unverzüglich an die zuständige Stelle abzugeben und der Beteiligte davon zu benachrichtigen.

Nach Ablauf der Frist ist der Anmeldung nur dann Folge zu geben, wenn zugleich glaubhaft bescheinigt wird, daß eine einen Entschädigungsanspruch begründende Folge des Unfalls erst später bemerkbar geworden oder daß der Entschädigungsberechtigte von der Verfolgung seines Anspruchs durch außerhalb seines Willens liegende Verhältnisse abgehalten wor-
3 Monate den ist, und wenn die Anmeldung innerhalb dreier Monate, nachdem eine Unfallfolge bemerkbar geworden oder das Hindernis für die Anmeldung weggefallen, erfolgt ist.

§ 72 des Gewerbeunfallversicherungsgesetzes in der Fassung vom 30. Juni 1900.

Anspruch
gegen Vorstand, Aufsichtsrat, Genossenschaft und Genossen bei Erwerbs- und Wirtschaftsgenossenschaften.

Die Mitglieder des Vorstandes haben die Sorgfalt eines ordentlichen Geschäftsmannes anzuwenden.

Mitglieder, welche ihre Obliegenheiten verletzen, haften der Genossenschaft persönlich und solidarisch für den dadurch entstandenen Schaden.

Insbesondere sind sie zum Ersatze der Zahlung verpflichtet, wenn entgegen den Vorschriften in §§ 19, 22 (siehe unten) der Gewinn oder das Geschäftsguthaben ausgezahlt wird.

Die Ansprüche auf Grund der vorstehenden Bestimmungen verjähren in fünf Jahren. 5 Jahre

§ 34 des Erwerbs- und Wirtschaftsgenossenschaftsgesetzes in der Fassung vom 20. Mai 1898.

Der bei Genehmigung der Bilanz für die Genossen sich ergebende Gewinn oder Verlust des Geschäftsjahres ist auf diese zu verteilen. Die Verteilung geschieht für das erste Geschäftsjahr nach dem Verhältnis ihrer auf den Geschäftsanteil geleisteten Einzahlungen, für jedes folgende nach dem Verhältnis ihrer durch die Zuschreibung von Gewinn oder die Abschreibung von Verlust zum Schlusse des vorhergegangenen Geschäftsjahres ermittelten Geschäftsguthaben. Die Zuschreibung des Gewinns erfolgt solange, als nicht der Geschäftsanteil erreicht ist.

Das Statut kann einen anderen Maßstab für die Verteilung von Gewinn und Verlust aufstellen, sowie Bestimmung darüber treffen, inwieweit der Gewinn vor Erreichung des Geschäftsanteils an die Genossen auszuzahlen ist. Bis zur Wiederergänzung eines durch Verlust verminderten Guthabens findet eine Auszahlung des Gewinnes nicht statt.

§ 19 leg. cit.

Eine Herabsetzung des Geschäftsanteils oder der auf denselben zu leistenden Einzahlungen oder eine Verlängerung der für die letzteren festgesetzten Fristen kann nur unter Beobachtung der Bestimmungen erfolgen, welche für die Verteilung des Genossenschaftsvermögens im Falle der Auflösung maßgebend sind.

Das Geschäftsguthaben eines Genossen darf, solange er nicht ausgeschieden ist, von der Genossenschaft nicht ausgezahlt oder im geschäftlichen Betriebe zum Pfande genommen, eine geschuldete Einzahlung darf nicht erlassen werden.

Gegen die letztere kann der Genosse eine Aufrechnung nicht geltend machen.

§ 22 leg. cit.

Die Mitglieder des Aufsichtsrats haben die Sorgfalt eines ordentlichen Geschäftsmannes anzuwenden.

Mitglieder, welche ihre Obliegenheiten verletzen, haften der Genossenschaft persönlich und solidarisch für den dadurch entstandenen Schaden.

Insbesondere sind sie in den Fällen des § 34 Absatz 3 (siehe oben) zum Ersatze der Zahlung verpflichtet, wenn diese mit ihrem Wissen und ohne ihr Einschreiten erfolgt ist.

Die Ansprüche auf Grund der vorstehenden Bestimmungen
5 Jahre verjähren in fünf Jahren.

§ 41 leg. cit.

Jeder Genosse hat das Recht, mittelst Aufkündigung seinen Austritt aus der Genossenschaft zu erklären.

Die Aufkündigung findet nur zum Schlusse eines Ge-
3 Monate schäftsjahres statt. Sie muß mindestens drei Monate vorher schriftlich erfolgen. Durch das Statut kann eine längere, jedoch höchstens zweijährige Kündigungsfrist festgesetzt werden.

Ein den vorstehenden Bestimmungen zuwiderlaufendes Abkommen ist ohne rechtliche Wirkung.

§ 65 leg. cit.

Ein Genosse kann wegen des Verlustes der bürgerlichen Ehrenrechte, sowie wegen der Mitgliedschaft in einer anderen Genossenschaft, welche an demselben Orte ein gleichartiges Geschäft betreibt, zum Schlusse des Geschäftsjahres aus der Genossenschaft ausgeschlossen werden. Aus Vorschuß- und Kreditvereinen kann die Ausschließung wegen der Mitgliedschaft in einer anderen solchen Genossenschaft auch dann erfolgen, wenn die letztere ihr Geschäft nicht an demselben Orte betreibt.

Durch das Statut können sonstige Gründe der Ausschließung festgesetzt werden.

Der Beschluß, durch welchen der Genosse ausgeschlossen wird, ist von dem Vorstande ohne Verzug mittelst eingeschriebenen Briefes mitzuteilen.

Von dem Zeitpunkte der Absendung desselben kann der Genosse nicht mehr an der Generalversammlung teilnehmen, auch nicht Mitglied des Vorstandes oder des Aufsichtsrats sein.

§ 68 leg. cit.

Die Auseinandersetzung des Ausgeschiedenen mit der Genossenschaft bestimmt sich nach der Vermögenslage derselben und dem Bestande der Mitglieder zur Zeit seines Ausscheidens.

Die Auseinandersetzung erfolgt auf Grund der Bilanz. Das Geschäftsguthaben des Genossen ist binnen sechs Monaten nach dem Ausscheiden auszuzahlen; an den Reservefonds und das sonstige Vermögen der Genossenschaft hat er keinen Anspruch. Reicht das Vermögen einschließlich des Reservefonds und aller Geschäftsguthaben zur Deckung der Schulden nicht aus, so hat der Ausgeschiedene von dem Fehlbetrage den ihn treffenden Anteil an die Genossenschaft zu zahlen; der Anteil wird in Ermangelung einer anderen Bestimmung des Statuts nach der Kopfzahl der Mitglieder berechnet. 6 Monate

§ 73 leg. cit.

Die Klage des ausgeschiedenen Genossen auf Auszahlung des Geschäftsguthabens verjährt in zwei Jahren. 2 Jahre

§ 74 leg. cit.

Sobald die Zahlungsunfähigkeit der Genossenschaft eintritt, hat der Vorstand die Eröffnung des Konkursverfahrens zu beantragen; dasselbe gilt, wenn bei oder nach der Auflösung der Genossenschaft aus der Jahresbilanz oder aus einer im Laufe des Jahres aufgestellten Bilanz Ueberschuldung sich ergiebt. Die Mitglieder des Vorstandes sind der Genossenschaft zum Ersatze einer nach diesem Zeitpunkte geleisteten Zahlung nach Maßgabe des § 34 (siehe oben) verpflichtet.

Die Ansprüche auf Grund der vorstehenden Bestimmungen verjähren in fünf Jahren. 5 Jahre

§ 99 leg. cit.

Im Falle des Konkursverfahrens (bei Genossenschaften mit unbeschränkter Haftpflicht) sind neben der Genossenschaft die einzelnen Genossen solidarisch und mit ihrem ganzen Vermögen den Konkursgläubigern für den Ausfall verhaftet, welchen diese an ihren bei der Schlußverteilung berücksichtigten Forderungen bei derselben erleiden.

Nach Ablauf von drei Monaten seit dem Termine, in welchem die Nachschußberechnung für vollstreckbar erklärt ist, können die Gläubiger, soweit sie bisher nicht befriedigt sind, die einzelnen Genossen in Anspruch nehmen.

Festgestellte Forderungen, welche im Prüfungstermine von dem Vorstande oder den Liquidatoren nicht ausdrücklich bestritten sind, können auch von den in Anspruch genommenen Genossen nicht bestritten werden.

Das rechtskräftige Urteil, welches in dem Prozeß über eine im Prüfungstermine von dem Vorstande oder den Liquidatoren bestrittene Forderung für oder gegen dieselben ergeht, wirkt gegenüber allen Genossen.

In Ansehung einer im Konkursverfahren streitig gebliebenen Forderung kann, solange dieselbe nicht festgestellt ist, eine Verurteilung der Genossen nicht erfolgen.

§ 122 leg. cit.

Die Klage der Gläubiger gegen die einzelnen Genossen verjährt, sofern nicht nach Beschaffenheit der Forderung eine
2 Jahre kürzere Verjährungsfrist gesetzlich eintritt, in zwei Jahren seit Ablauf der im § 122 Abs. 2 (siehe oben) bestimmten Frist.

Die Verjährung zu Gunsten eines Genossen wird durch Rechtshandlungen unterbrochen, welche gegen die Genossenschaft oder von derselben vorgenommen werden; sie wird nicht unterbrochen durch Rechtshandlungen, welche gegen einen anderen Genossen oder von demselben vorgenommen werden.

§ 123 leg. cit.

Anspruch gegen einen früheren Firmeninhaber.

Wer ein unter Lebenden erworbenes Handelsgeschäft unter der bisherigen Firma mit oder ohne Beifügung eines das Nachfolgeverhältnis andeutenden Zusatzes fortführt, haftet für alle im Betriebe des Geschäfts begründeten Verbindlichkeiten des früheren Inhabers. Die in dem Betriebe begründeten Forderungen gelten den Schuldnern gegenüber als auf den Erwerber übergegangen, falls der bisherige Inhaber oder seine Erben in die Fortführung der Firma gewilligt haben.

Eine abweichende Vereinbarung ist einem Dritten gegenüber nur wirksam, wenn sie in das Handelsregister eingetragen und bekannt gemacht oder von dem Erwerber oder dem Veräußerer dem Dritten mitgeteilt worden sind.

Wird die Firma nicht fortgeführt, so haftet der Erwerber eines Handelsgeschäfts für die früheren Geschäftsverbindlichkeiten nur, wenn ein besonderer Verpflichtungsgrund vorliegt, insbesondere wenn die Uebernahme der Verbindlichkeiten in handelsüblicher Weise von dem Erwerber bekannt gemacht worden ist.

§ 25 H.G.B.

Ist der Erwerber des Handelsgeschäfts auf Grund der Fortführung der Firma oder auf Grund der im § 25 Abs. 3 (siehe oben) bezeichneten Bekanntmachung für die früheren Geschäftsverbindlichkeiten haftbar, so verjähren die Ansprüche der Gläubiger gegen den früheren Inhaber mit dem Ablaufe von fünf Jahren, falls nicht nach den allgemeinen Vorschriften die Verjährung schon früher eintritt. 5 Jahre

Die Verjährung beginnt im Falle des § 25 Abs. 1 (siehe oben) mit dem Ende des Tages, an welchem der neue Inhaber der Firma in das Handelsregister des Gerichts der Hauptniederlassung eingetragen worden ist, im Falle des § 25 Abs. 3 (siehe oben) mit dem Ende des Tages, an welchem die Kundmachung der Uebernahme stattgefunden hat. Konnte der Gläubiger die Leistung erst in einem späteren Zeitpunkte verlangen, so beginnt die Verjährung mit diesem Zeitpunkte.

§ 26 H.G.B.

Anspruch gegen einen Frachtführer.

Auf die Verjährung der Ansprüche gegen den Frachtführer wegen Verlustes, Minderung, Beschädigung oder verspäteter Ablieferung des Gutes finden die Vorschriften des § 414 (siehe unten) entsprechende Anwendung. Dies gilt nicht für die im § 432 Abs. 3 bezeichneten Ansprüche [nämlich der § 432 Abs. 3 lautet: „Hat auf Grund dieser Vorschriften einer der beteiligten Frachtführer Schadensersatz geleistet, so steht ihm der Rückgriff gegen denjenigen zu, welcher den Schaden verschuldet hat. Kann dieser nicht ermittelt werden, so haben die beteiligten Frachtführer den Schaden nach dem Verhältnis ihrer Anteile an der Fracht gemeinsam zu tragen, soweit nicht festgestellt wird, daß der Schaden nicht auf ihrer Beförderungsstrecke entstanden ist].

§ 439 H.G.B.

Die Ansprüche gegen den Spediteur wegen Verlustes, Minderung, Beschädigung oder verspäteter Ablieferung des Gutes verjähren in einem Jahre. Die Verjährungsfrist kann durch Vertrag verlängert werden. 1 Jahr

Die Verjährung beginnt im Falle der Beschädigung oder Minderung mit dem Ablaufe des Tages, an welchem die Ablieferung stattgefunden hat, im Falle des Verlustes oder der verspäteten Ablieferung mit dem Ablaufe des Tages, an welchem die Ablieferung hätte bewirkt sein müssen.

Die im Absatz 1 bezeichneten Ansprüche können nach der Vollendung der Verjährung nur aufgerechnet werden, wenn vorher der Verlust, die Minderung, die Beschädigung oder die verspätete Ablieferung dem Spediteur angezeigt oder die Anzeige an ihn abgesendet worden ist. Der Anzeige an den Spediteur steht es gleich, wenn gerichtliche Beweisaufnahme zur Sicherung des Beweises beantragt oder in einem zwischen dem Versender und dem Empfänger oder einem späteren Erwerber des Gutes wegen des Verlustes, der Minderung, der Beschädigung oder der verspäteten Ablieferung anhängigen Rechtsstreite dem Spediteur der Streit verkündet wird.

Diese Vorschriften finden keine Anwendung, wenn der Spediteur den Verlust, die Minderung, die Beschädigung oder die verspätete Ablieferung des Gutes vorsätzlich herbeigeführt hat.

§ 414 H.G.B.

Anspruch gegen den Geschäftsführer einer Gesellschaft mit beschränkter Haftung.

Die Geschäftsführer haben in den Angelegenheiten der Gesellschaft die Sorgfalt eines ordentlichen Geschäftsmannes anzuwenden.

Geschäftsführer, welche ihre Obliegenhenheiten verletzen, haften der Gesellschaft solidarisch für den entstandenen Schaden.

Insbesondere sind sie zum Ersatze verpflichtet, wenn den Bestimmungen des § 30 (siehe unten) zuwider Zahlungen aus dem zur Erhaltung des Stammkapitals erforderlichen Vermögen der Gesellschaft gemacht oder den Bestimmungen des § 33 (siehe unten) zuwider eigene Geschäftsanteile der Gesellschaft erworben worden sind. Auf den Ersatzanspruch finden die Bestimmungen im § 9 Abs. 2 (siehe unten) entsprechende Anwendung. Soweit der Ersatz zur Befriedigung der Gläubiger der Gesellschaft erforderlich ist, wird die Verpflichtung der Geschäftsführer dadurch nicht aufgehoben, daß dieselben in Befolgung eines Beschlusses der Gesellschafter gehandelt haben.

Die Ansprüche auf Grund der vorstehenden Bestimmungen
5 Jahre verjähren in fünf Jahren.

§ 43 des Reichsgesetzes, betreffend die Gesellschaften mit beschränkter Haftung vom 20. Mai 1898.

Das zur Erhaltung des Stammkapitals erforderliche Vermögen der Gesellschaft darf an die Gesellschafter nicht ausgezahlt werden.

Eingezahlte Nachschüsse können, soweit sie nicht zur Deckung eines Verlustes am Stammkapital erforderlich sind, an die Gesellschafter zurückgezahlt werden. Die Zurückzahlung darf nicht vor Ablauf von drei Monaten erfolgen, nachdem der Rückzahlungsbeschluß durch die im Gesellschaftsvertrage für die Bekanntmachungen der Gesellschaft bestimmten öffentlichen Blätter und in Ermangelung solcher durch die für die Bekanntmachungen aus dem Handelsregister bestimmten öffentlichen Blätter bekannt gemacht ist. Im Falle des § 28 Absatz 2 [nämlich, wenn im Gesellschaftsvertrage bestimmt ist, daß die Einforderung von Nachschüssen schon vor vollständiger Einforderung der Stammeinlagen zulässig ist] ist die Zurückzahlung von Nachschüssen vor der Volleinzahlung des Stammkapitals unzulässig. Zurückgezahlte Nachschüsse gelten als nicht eingezogen.

§ 30 leg. cit.

Die Gesellschaft darf eigene Geschäftsanteile, auf welche die Stammeinlage noch nicht vollständig eingezahlt ist, nicht erwerben.

Sie soll auch eigene Geschäftsanteile, auf welche die Stammeinlage vollständig eingezahlt ist, nicht erwerben, sofern nicht der Erwerb aus dem über den Betrag des Stammkapitals hinaus vorhandenen Vermögen geschehen kann.

§ 33 leg. cit.

Die Anmeldenden haften der Gesellschaft solidarisch für die Richtigkeit ihrer Angaben hinsichtlich der auf die Stammeinlagen gemachten Leistungen.

Verzichtleistungen oder Vergleiche der Gesellschaft in Betreff der ihr nach Absatz 1 zustehenden Ersatzansprüche sind unwirksam, soweit der Ersatz zur Befriedigung der Gläubiger der Gesellschaft erforderlich ist. Auf einen Vergleich, welchen der Ersatzpflichtige im Falle der Zahlungsunfähigkeit zur Abwendung oder Beseitigung des Konkursverfahrens mit seinen Gläubigern abschließt, findet diese Bestimmung keine Anwendung.

Die Ansprüche auf Grund der vorstehenden Bestimmungen verjähren in fünf Jahren seit der Eintragung der Gesellschaft in das Handelsregister. 5 Jahre

§ 9 leg. cit.

Ansprüche der Gesellschaften mit beschränkter Haftung.

Zahlungen, welche den Vorschriften des § 30 [siehe oben bei: Ansprüche gegen den Geschäftsführer einer Gesellschaft mit beschränkter Haftung] zuwider geleistet sind, müssen der Gesellschaft erstattet werden.

War der Empfänger in gutem Glauben, so kann die Erstattung nur insoweit verlangt werden, als sie zur Befriedigung der Gesellschaftsgläubiger erforderlich ist.

Ist die Erstattung von dem Empfänger nicht zu erlangen, so haften für den zu erstattenden Betrag, soweit er zur Befriedigung der Gesellschaftsgläubiger erforderlich ist, die übrigen Gesellschafter nach Verhältnis ihrer Geschäftsanteile; Beiträge, welche von einzelnen Gesellschaftern nicht zu erlangen sind, werden nach dem bezeichneten Verhältnis auf die übrigen verteilt.

Zahlungen, welche auf Grund der vorstehenden Bestimmungen zu leisten sind, können den Verpflichteten nicht erlassen werden.

Die Ansprüche der Gesellschaft verjähren in fünf
5 Jahre Jahren; die Verjährung beginnt mit dem Ablaufe des Tages, an welchem die Zahlung, deren Erstattung beansprucht wird, geleistet ist. Fällt dem Verpflichteten eine bösliche Handlungsweise zur Last, so findet die Bestimmung keine Anwendung.

Für die in den Fällen des Absatz 3 geleistete Erstattung einer Zahlung sind den Gesellschaftern die Geschäftsführer, welchen in Betreff der geleisteten Zahlung ein Verschulden zur Last fällt, solidarisch zum Ersatze verpflichtet [siehe auch § 9 oben unter: „Anspruch gegen den Geschäftsführer einer Gesellschaft mit beschränkter Haftung"].

§ 31 des Reichsgesetzes, betr. die Gesellschaften mit beschränkter Haftung in der Fassung vom 20. Mai 1900.

Anspruch gegen Handlungsgehülfen und Handlungslehrlinge.

Der Handlungsgehülfe darf ohne Einwilligung des Prinzipals weder ein Handelsgewerbe betreiben noch in dem Handelszweige des Prinzipals für eigene oder fremde Rechnung Geschäfte machen.

Die Einwilligung zum Betrieb eines Handelsgewerbes gilt als erteilt, wenn dem Prinzipal bei der Anstellung des Gehülfen bekannt ist, daß er das Gewerbe betreibt, und der Prinzipal die Aufgabe des Betriebs nicht ausdrücklich vereinbart.

§ 60 H.G.B.

Verletzt der Handlungsgehülfe die ihm nach § 60 (siehe oben) obliegende Verpflichtung, so kann der Prinzipal Schadensersatz fordern; er kann statt dessen verlangen, daß der Handlungsgehülfe die für eigene Rechnung gemachten Geschäfte als für Rechnung des Prinzipals eingegangen gelten lasse und die aus Geschäften für fremde Rechnung bezogene Vergütung herausgebe oder seinen Anspruch auf die Vergütung abtrete.

Die Ansprüche verjähren in drei Monaten von dem Zeitpunkte an, in welchem der Prinzipal Kenntnis von dem Abschlusse des Geschäfts erlangt; sie verjähren ohne Rücksicht auf diese Kenntnis in fünf Jahren von dem Abschlusse des Geschäfts an. 3 Monate 5 Jahre

§ 61 H.G.B.

Die Vorschriften der §§ 60—63 (siehe oben) 74, 75 (hier belanglos) finden auch auf Handlungslehrlinge Anwendung.

§ 76 Abs. I H.G.B.

Anspruch gegen Lagerhalter.

Auf die Verjährung der Ansprüche gegen den Lagerhalter wegen Verlustes, Minderung, Beschädigung oder verspäteter Ablieferung des Gutes finden die Vorschriften des § 414 (siehe unten) entsprechende Anwendung. Im Falle des gänzlichen Verlustes beginnt die Verjährung mit dem Ablaufe des Tages, an welchem der Lagerhalter dem Einlagerer Anzeige von dem Verluste macht.

§ 423 H.G.B.

Die Ansprüche gegen den Spediteur wegen Verlustes, Minderung, Beschädigung oder verspäteter Ablieferung des Gutes, verjähren in einem Jahre. Die Verjährungsfrist kann durch Vertrag verlängert werden. 1 Jahr

Die Verjährung beginnt im Falle der Beschädigung oder Minderung mit dem Ablaufe des Tages, an welchem die

Ablieferung stattgefunden hat, im Falle des Verlustes oder der verspäteten Ablieferung mit dem Ablaufe des Tages, an welchem die Ablieferung hätte bewirkt sein müssen.

Die im Absatz 1 bezeichneten Ansprüche können nach der Vollendung der Verjährung nur aufgerechnet werden, wenn vorher der Verlust, die Minderung, die Beschädigung oder die verspätete Ablieferung dem Spediteur angezeigt oder die Anzeige an ihn abgesendet worden ist. Der Anzeige an den Spediteur steht es gleich, wenn gerichtliche Beweisaufnahme zur Sicherung des Beweises beantragt oder in einem zwischen dem Versender und dem Empfänger oder einem späteren Erwerber des Gutes wegen des Verlustes, der Minderung, der Beschädigung oder der verspäteten Ablieferung anhängigen Rechtsstreite dem Spediteur der Streit verkündet wird.

Diese Vorschriften finden keine Anwendung, wenn der Spediteur den Verlust, die Minderung, die Beschädigung oder die verspätete Ablieferung des Gutes vorsätzlich herbeigeführt hat.

§ 414 H.G.B.

Anspruch
gegen die Liquidatoren einer Aktiengesellschaft.

Der Geschäftskreis der Liquidatoren sowie die Form, in welcher sie die Firma zu zeichnen haben, bestimmt sich nach den Vorschriften der §§ 149, 151, 153 [hier belanglos].

Im Uebrigen haben die Liquidatoren innerhalb ihres Geschäftskreises die Rechte und Pflichten des Vorstandes [siehe unten § 241 H.G.B.]; sie unterliegen gleich diesem der Ueberwachung durch den Aufsichtsrat.

In Ansehung der Mitwirkung sämmtlicher Liquidatoren bei Willenserklärungen für die Gesellschaft findet die Vorschrift des § 232 Absatz 1 Satz 1 [nämlich: „Zu Willenserklärungen, insbesondere zur Zeichnung des Vorstandes für die Gesellschaft, bedarf es der Mitwirkung sämmtlicher Mitglieder des Vorstandes, sofern nicht im Gesellschaftsvertrag ein Anderes bestimmt ist"] nur insoweit Anwendung, als nicht für die Liquidatoren im Gesellschaftsvertrag oder bei ihrer Ernennung ein Anderes bestimmt ist.

Eine Bestellung von Prokuristen findet nicht statt. Die Vorschriften des § 236 [betrifft das Verbot, wonach die Mitglieder des Vorstandes ohne Einwilligung der Gesellschaft weder ein Handelsgewerbe betreiben noch in dem Handelszweige der Gesellschaft für eigene oder fremde Rechnung Geschäfte machen, auch nicht an einer anderen Handelsgesellschaft als persönlich haftende Gesellschafter Teil nehmen dürfen] bleiben außer Anwendung.

§ 298 H.G.B.

Die Mitglieder des Vorstandes haben bei ihrer Geschäftsführung die Sorgfalt eines ordentlichen Geschäftsmannes anzuwenden.

Mitglieder, die ihre Obliegenheiten verletzen, haften der Gesellschaft als Gesammtschuldner für den daraus entstehenden Schaden.

Insbesondere sind sie zum Ersatze verpflichtet, wenn entgegen den Vorschriften dieses Gesetzbuchs:

1. Einlagen an die Aktionäre zurückgezahlt,
2. den Aktionären Zinsen oder Gewinnanteile gezahlt,
3. eigene Aktien oder Interimsscheine der Gesellschaft erworben, zum Pfande genommen oder eingezogen,
4. Aktien vor der vollen Leistung des Nennbetrags oder, falls der Ausgabepreis höher ist, vor der vollen Leistung dieses Betrags ausgegeben werden,
5. die Verteilung des Gesellschaftsvermögens oder eine teilweise Zurückzahlung des Grundkapitals erfolgt,
6. Zahlungen geleistet werden, nachdem die Zahlungsunfähigkeit der Gesellschaft eingetreten ist oder ihre Ueberschuldung sich ergeben hat.

In den Fällen des Absatz 3 kann der Ersatzanspruch auch von den Gläubigern der Gesellschaft, soweit sie von dieser ihre Befriedigung nicht erlangen können, geltend gemacht werden. Die Ersatzpflicht wird ihnen gegenüber weder durch einen Verzicht der Gesellschaft noch dadurch aufgehoben, daß die Handlung auf einem Beschlusse der Generalversammlung beruht.

Die Ansprüche auf Grund dieser Vorschriften verjähren in fünf Jahren. 5 Jahre

§ 241 H.G.B.

Ueber die Verjährung von Ansprüchen gegen die Liquidatoren wegen Pflichtwidrigkeit (5 Jahre) vergleiche auch Seufferts Archiv 48 Nr. 53.

Anspruch
gegen einen Gesellschafter bei offener Handelsgesellschaft.

Die Ansprüche gegen einen Gesellschafter aus Verbind-
5 Jahre lichkeiten der Gesellschaft verjähren in fünf Jahren nach der Auflösung der Gesellschaft oder nach dem Ausscheiden des Gesellschafters, sofern nicht der Anspruch gegen die Gesellschaft einer kürzeren Verjährung unterliegt.

Die Verjährung beginnt mit dem Ende des Tages, an welchem die Auflösung der Gesellschaft oder das Ausscheiden des Gesellschafters in das Handelsregister des für den Sitz der Gesellschaft zuständigen Gerichts eingetragen wird.

Wird der Anspruch des Gläubigers gegen die Gesellschaft erst nach der Eintragung fällig, so beginnt die Verjährung mit dem Zeitpunkte der Fälligkeit.

§ 159 H.G.B.

Die Unterbrechung der Verjährung gegenüber der aufgelösten Gesellschaft wirkt auch gegenüber den Gesellschaftern, welche der Gesellschaft zur Zeit der Auflösung angehört haben.

§ 160 H.G.B.

Anspruch der Kommanditgesellschaft auf Aktien gegen einen persönlich haftenden Gesellschafter.

Ein persönlich haftender Gesellschafter darf ohne Einwilligung der Gesellschaft weder in dem Handelszweige der Gesellschaft Geschäfte machen noch an einer anderen gleichartigen Handelsgesellschaft als persönlich haftender Gesellschafter Teil nehmen. Die Einwilligung wird durch die übrigen persönlich haftenden Gesellschafter und, sofern nicht die Befugnis zur Erteilung durch den Gesellschaftsvertrag oder durch einen Beschluß der Generalversammlung dem Aufsichtsrat übertragen ist, durch die Generalversammlung erteilt.

Verletzt ein persönlich haftender Gesellschafter die ihm nach Absatz 1 obliegende Verpflichtung, so findet die Vorschrift des § 236 Absatz 2 (siehe unten) Anwendung.

3 Monate Die Ansprüche der Gesellschaft verjähren in drei Monaten von dem Zeitpunkte an, in welchem die übrigen persönlich haftenden Gesellschafter und der Aufsichtsrat von dem Abschlusse des Geschäfts oder von der Teilnahme des persön-

lich haftenden Gesellschafters an der anderen Gesellschaft Kenntnis erlangen; sie verjähren ohne Rücksicht auf diese Kenntnis in fünf Jahren von ihrer Entstehung an. 5 Jahre

§ 326 H.G.B.

Die Mitglieder des Vorstandes [einer Aktiengesellschaft] dürfen ohne Einwilligung der Gesellschaft weder ein Handelsgewerbe betreiben noch in dem Handelszweige der Gesellschaft für eigene oder fremde Rechnung Geschäfte machen, auch nicht an einer anderen Handelsgesellschaft als persönlich haftende Gesellschafter Teil nehmen. Die Einwilligung wird durch dasjenige Organ der Gesellschaft erteilt, welchem die Bestellung des Vorstandes obliegt.

Verletzt ein Vorstandsmitglied die ihm nach Absatz 1 obliegende Verpflichtung, so kann die Gesellschaft Schadensersatz fordern; sie kann statt dessen von dem Mitgliede verlangen, daß es die für eigene Rechnung gemachten Geschäfte als für Rechnung der Gesellschaft eingegangen gelten lasse und die aus Geschäften für fremde Rechnung bezogene Vergütung herausgebe oder seinen Anspruch auf die Vergütung abtrete.

Die Ansprüche der Gesellschaft verjähren in drei Monaten von dem Zeitpunkte an, in welchem die übrigen Vorstandsmitglieder und der Aufsichtsrat von dem Abschlusse des Geschäfts oder von der Teilnahme des Vorstandsmitgliedes an der anderen Gesellschaft Kenntnis erlangen; sie verjähren ohne Rücksicht auf diese Kenntnis in fünf Jahren von ihrer Entstehung an. 3 Monate 5 Jahre

§ 236 H.G.B.

Anspruch gegen einen Spediteur.

Siehe: § 414 H.G.B. oben unter: „Anspruch gegen einen Lagerhalter."

Anstalten.

Siehe: „öffentliche Anstalten."

Anteilschein.

Hat Jemand eine Urkunde ausgestellt, in der er dem Inhaber der Urkunde eine Leistung verspricht (Schuldverschreibung auf den Inhaber), so kann der Inhaber von ihm die Leistung nach Maßgabe des Versprechens verlangen, es sei denn, daß er zur Verfügung über die Urkunde nicht berechtigt ist. Der Aussteller wird jedoch auch durch die Leistung an einen nicht zur Verfügung berechtigten Inhaber befreit.

Die Gültigkeit der Unterzeichnung kann durch eine in die Urkunde aufgenommene Bestimmung von der Beobachtung einer besonderen Form abhängig gemacht werden. Zur Unterzeichnung genügt eine im Wege der mechanischen Vervielfältigung hergestellte Namensunterschrift.

§ 793 B.G.B.

Der Aussteller wird aus einer Schuldverschreibung auf den Inhaber auch dann verpflichtet, wenn sie ihm gestohlen worden oder verloren gegangen oder wenn sie sonst ohne seinen Willen in den Verkehr gelangt ist.

Auf die Wirksamkeit einer Schuldverschreibung auf den Inhaber ist es ohne Einfluß, wenn die Urkunde ausgegeben wird, nachdem der Aussteller gestorben oder geschäftsunfähig geworden ist.

§ 794 B.G.B.

Der Anspruch aus einer Schuldverschreibung auf den
30 Jahre Inhaber erlischt mit dem Ablaufe von dreißig Jahren nach dem Eintritte der für die Leistung bestimmten Zeit, wenn nicht die Urkunde vor dem Ablaufe der dreißig Jahre dem Aussteller zur Einlösung vorgelegt wird. Erfolgt die Vor-
2 Jahre legung, so verjährt der Anspruch in zwei Jahren von dem Ende der Vorlegungsfrist an. Der Vorlegung steht die gerichtliche Geltendmachung des Anspruches aus der Urkunde gleich.

Bei Zins-, Renten- und Gewinnanteilscheinen beträgt
4 Jahre die Vorlegungsfrist vier Jahre. Die Frist beginnt mit dem Schlusse des Jahres, in welchem die für die Leistung bestimmte Zeit eintritt.

Die Dauer und der Beginn der Vorlegungsfrist können von dem Aussteller in der Urkunde anders bestimmt werden.

§ 801 B.G.B.

Der Beginn und der Lauf der Vorlegungsfrist sowie der Verjährung werden durch die Zahlungssperre zu Gunsten des Antragstellers gehemmt. Die Hemmung beginnt mit der

Stellung des Antrags auf Zahlungssperre; sie endigt mit der Erledigung des Aufgebotsverfahrens und, falls die Zahlungssperre vor der Einleitung des Verfahrens verfügt worden ist, auch dann, wenn seit der Beseitigung des der Einleitung entgegenstehenden Hindernisses sechs Monate verstrichen sind und nicht vorher die Einleitung beantragt worden ist. Auf diese Frist finden die Vorschriften der §§ 203, 206, 207 (siehe oben sub IIa Verjährungsabschnitt des B.G.B.) entsprechende Anwendung. 6 Monate

§ 802 B.G.B.

Ist ein Zins-, Renten- oder Gewinnanteilschein abhanden gekommen oder vernichtet und hat der bisherige Inhaber den Verlust dem Aussteller vor dem Ablaufe der Vorlegungsfrist angezeigt, so kann der bisherige Inhaber nach dem Ablaufe der Frist die Leistung von dem Aussteller verlangen. Der Anspruch ist ausgeschlossen, wenn der abhanden gekommene Schein dem Aussteller zur Einlösung vorgelegt oder der Anspruch aus dem Scheine gerichtlich geltend gemacht worden ist, es sei denn, daß die Vorlegung oder die gerichtliche Geltendmachung nach dem Ablaufe der Frist erfolgt ist. Der Anspruch verjährt in vier Jahren. 4 Jahre

In dem Zins-, Renten- oder Gewinnanteilscheine kann der im Absatz 1 bestimmte Anspruch ausgeschlossen werden.

§ 804 B.G.B.

Anweisung.

Händigt Jemand eine Urkunde, in der er einen Anderen anweist, Geld, Wertpapiere oder andere vertretbare Sachen an einen Dritten zu leisten, dem Dritten aus, so ist dieser ermächtigt, die Leistung bei dem Angewiesenen im eigenen Namen zu erheben; der Angewiesene ist ermächtigt, für Rechnung des Anweisenden an den Anweisungsempfänger zu leisten.

§ 783 B.G.B.

Nimmt der Angewiesene die Anweisung an, so ist er dem Anweisungsempfänger gegenüber zur Leistung verpflichtet; er kann ihm nur solche Einwendungen entgegensetzen, welche die Gültigkeit der Annahme betreffen oder sich aus dem Inhalte der Anweisung oder dem Inhalte der Annahme ergeben oder dem Angewiesenen unmittelbar gegen den Anweisungsempfänger zustehen.

Die Annahme erfolgt durch einen schriftlichen Vermerk auf der Anweisung. Ist der Vermerk auf die Anweisung vor der Aushändigung an den Anweisungsempfänger gesetzt worden, so wird die Annahme diesem gegenüber erst mit der Aushändigung wirksam.

§ 784 B.G.B.

Der Angewiesene ist nur gegen Aushändigung der Anweisung zur Leistung verpflichtet.

§ 785 B.G.B.

Der Anspruch des Anweisungsempfängers gegen den An-
3 Jahre gewiesenen aus der Annahme verjährt in drei Jahren.

§ 786 B.G.B.

Arglist, hier Anfechtungsverjährung hinsichtlich einer Willenserklärung wegen Arglist.

Wer zur Abgabe einer Willenserklärung durch arglistige Täuschung oder widerrechtlich durch Drohung bestimmt worden ist, kann die Erklärung anfechten.

Hat ein Dritter die Täuschung verübt, so ist eine Erklärung, die einem Anderen gegenüber abzugeben war, nur dann anfechtbar, wenn dieser die Täuschung kannte oder kennen mußte. Soweit ein Anderer als derjenige, welchem gegenüber die Erklärung abzugeben war, aus der Erklärung unmittelbar ein Recht erworben hat, ist die Erklärung ihm gegenüber anfechtbar, wenn er die Täuschung kannte oder kennen mußte.

§ 123 B.G.B.

Die Anfechtung einer nach § 123 (siehe oben) anfecht-
1 Jahr baren Willenserklärung kann nur binnen Jahresfrist erfolgen.

Die Frist beginnt im Falle der arglistigen Täuschung mit dem Zeitpunkte, in welchem der Anfechtungsberechtigte die Täuschung entdeckt, im Falle der Drohung mit dem Zeitpunkt, in welchem die Zwangslage aufhört. Auf den Lauf der Frist finden die für die Verjährung geltenden Vorschriften des § 203 Absatz 2 und der §§ 206, 207 (siehe oben sub II a Verjährungsabschnitt des B.G.B.) entsprechende Anwendung.

Die Anfechtung ist ausgeschlossen, wenn seit der Abgabe der Willenserklärung dreißig Jahre verstrichen sind. 30 Jahre

§ 124 B.G.B.

Aufhebung der Gemeinschaft.

Der Anspruch auf Aufhebung der Gemeinschaft unterliegt nicht der Verjährung.

§ 758 B.G.B.

Auflösung eines Verlöbnisses.

Aus einem Verlöbnisse kann nicht auf Eingehung der Ehe geklagt werden.

Das Versprechen einer Strafe für den Fall, daß die Eingehung der Ehe unterbleibt, ist nichtig.

§ 1297 B.G.B.

Tritt ein Verlobter von dem Verlöbnisse zurück, so hat er dem anderen Verlobten und dessen Eltern sowie dritten Personen, welche an Stelle der Eltern gehandelt haben, den Schaden zu ersetzen, der daraus entstanden ist, daß sie in Erwartung der Ehe Aufwendungen gemacht haben oder Verbindlichkeiten eingegangen sind. Dem anderen Verlobten hat er auch den Schaden zu ersetzen, den dieser dadurch erleidet, daß er in Erwartung der Ehe sonstige sein Vermögen oder seine Erwerbsstellung berührende Maßnahmen getroffen hat.

Der Schaden ist nur insoweit zu ersetzen, als die Aufwendungen, die Eingehung der Verbindlichkeiten und die sonstigen Maßnahmen den Umständen nach angemessen waren.

Die Ersatzpflicht tritt nicht ein, wenn ein wichtiger Grund für den Rücktritt vorliegt.

§ 1298 B.G.B.

Veranlaßt ein Verlobter den Rücktritt des anderen durch ein Verschulden, das einen wichtigen Grund für den Rücktritt bildet, so ist er nach Maßgabe des § 1298 Absatz 1, 2 (siehe oben) zum Schadensersatze verpflichtet.

§ 1299 B.G.B.

Hat eine unbescholtene Verlobte ihrem Verlobten die Beiwohnung gestattet, so kann sie, wenn die Voraussetzungen des § 1298 oder des § 1299 (sie oben) vorliegen, auch wegen des Schadens, der nicht Vermögensschaden ist, eine billige Entschädigung in Geld verlangen.

Der Anspruch ist nicht übertragbar und geht nicht auf die Erben über, es sei denn, daß er durch Vertrag anerkannt oder daß er rechtshängig geworden ist.

§ 1300 B.G.B.

Unterbleibt die Eheschließung, so kann jeder Verlobte von dem anderen die Herausgabe desjenigen, was er ihm geschenkt oder zum Zeichen des Verlöbnisses gegeben hat, nach den Vorschriften über die Herausgabe einer ungerechtfertigten Bereicherung fordern. Im Zweifel ist anzunehmen, daß die Rückforderung ausgeschlossen sein soll, wenn das Verlöbnis durch den Tod eines der Verlobten aufgelöst wird.

§ 1301 B.G.B.

Die in den §§ 1298 bis 1301 (siehe oben) bestimmten
2 Jahre Ansprüche verjähren in zwei Jahren von der Auflösung des Verlöbnisses an.

§ 1302 B.G.B.

Aufnahme,

hier Verjährung der Ansprüche wegen Aufnahme.

2 Jahre In zwei Jahren verjähren die Ansprüche:

— —

11. der öffentlichen Anstalten, welche dem Unterrichte, der Erziehung, Verpflegung oder Heilung dienen, sowie der Inhaber von Privatanstalten solcher Art für Gewährung von Unterricht, Verpflegung oder Heilung und für die damit zusammenhängenden Aufwendungen;
12. derjenigen, welche Personen zur Verpflegung oder zur Erziehung aufnehmen, für Leistungen und Aufwendungen der in Nr. 11 (siehe oben) bezeichneten Art.

§ 196 Ziff. 11/12 B.G.B.

Die Verjährung beginnt mit der Entstehung des Anspruchs. Geht der Anspruch auf ein Unterlassen, so beginnt die Verjährung mit der Zuwiderhandlung.

§ 198 B.G.B.

Die Verjährung der in den §§ 196, 197 (siehe oben) bezeichneten Ansprüche beginnt mit dem Schlusse des Jahres, in welchem der nach den §§ 198 bis 200 (siehe oben) maßgebende Zeitpunkt eintritt. Kann die Leistung erst nach dem Ablauf einer über diesen Zeitpunkt hinausreichenden Frist verlangt werden, so beginnt die Verjährung mit dem Schlusse des Jahres, in welchem die Frist abläuft.

§ 201 B.G.B.

Aufrechnung.

Schulden zwei Personen einander Leistungen, die ihrem Gegenstande nach gleichartig sind, so kann jeder Teil seine Forderung gegen die Forderung des anderen Teiles aufrechnen, sobald er die ihm gebührende Leistung fordern und die ihm obliegende Leistung bewirken kann.

§ 387 B.G.B.

Die Aufrechnung erfolgt durch Erklärung gegenüber dem anderen Teile. Die Erklärung ist unwirksam, wenn sie unter einer Bedingung oder einer Zeitbestimmung abgegeben wird.

§ 388 B.G.B.

Die Aufrechnung bewirkt, daß die Forderungen, soweit sie sich decken, als in dem Zeitpunkt erloschen gelten, in welchem sie zur Aufrechnung geeignet einander gegenüber getreten sind.

§ 389 B.G.B.

Eine Forderung, der eine Einrede entgegensteht, kann nicht aufgerechnet werden. Die Verjährung schließt die Aufrechnung nicht aus, wenn die verjährte Forderung zu der Zeit, zu welcher sie gegen die andere Forderung aufgerechnet werden konnte, noch nicht verjährt war.

§ 390 B.G.B.

Ausschlagung einer Erbschaft.

Der Erbe kann die Erbschaft nicht mehr ausschlagen, wenn er sie angenommen hat oder wenn die für die Ausschlagung vorgeschriebene Frist verstrichen ist; mit dem Ablaufe der Frist gilt die Erbschaft als angenommen.

§ 1943 B.G.B.

6 Wochen Die Ausschlagung kann nur binnen sechs Wochen erfolgen.

Die Frist beginnt mit dem Zeitpunkte, in welchem der Erbe von dem Anfall und dem Grunde der Berufung Kenntnis erlangt. Ist der Erbe durch Verfügung von Todeswegen berufen, so beginnt die Frist nicht vor der Verkündung der Verfügung. Auf den Lauf der Frist finden die für die Verjährung geltenden Vorschriften der §§ 203, 206 [siehe oben sub IIa Verjährungsabschnitt des B.G.B.] entsprechende Anwendung.

6 Monate Die Frist beträgt sechs Monate, wenn der Erblasser seinen letzten Wohnsitz nur im Auslande gehabt hat oder wenn sich der Erbe bei dem Beginne der Frist im Ausland aufhält.

§ 1944 B.G.B.

Aussteuer.

Der Vater ist verpflichtet, einer Tochter im Falle ihrer Verheiratung zur Einrichtung des Haushaltes eine angemessene Aussteuer zu gewähren, soweit er bei Berücksichtigung seiner sonstigen Verpflichtungen ohne Gefährdung seines standesmäßigen Unterhaltes dazu im Stande ist und nicht die Tochter ein zur Beschaffung der Aussteuer ausreichendes Vermögen hat. Die gleiche Verpflichtung trifft die Mutter, wenn der Vater zur Gewährung der Aussteuer außer Stande oder wenn er gestorben ist.

Die Vorschriften des § 1604 und des § 1607 Abs. 2 (siehe unten) finden entsprechende Anwendung.

§ 1620 B.G.B.

Der Vater und die Mutter können die Aussteuer verweigern, wenn sich die Tochter ohne die erforderliche elterliche Einwilligung verheiratet.

Das Gleiche gilt, wenn sich die Tochter einer Verfehlung schuldig gemacht hat, die den Verpflichteten berechtigt, ihr den Pflichtteil zu entziehen.

§ 1621 B.G.B.

Die Tochter kann eine Aussteuer nicht verlangen, wenn sie für eine frühere Ehe von dem Vater oder der Mutter eine Aussteuer erhalten hat.

§ 1622 B.G.B.

Der Anspruch auf die Aussteuer ist nicht übertragbar. Er verjährt in einem Jahre von der Eingehung der Ehe an. 1 Jahr

§ 1623 B.G.B.

Unterhaltspflichtig ist nicht, wer bei Berücksichtigung seiner sonstigen Verpflichtungen außer Stande ist, ohne Gefährdung seines standesmäßigen Unterhalts den Unterhalt zu gewähren.

Befinden sich Eltern in dieser Lage, so sind sie ihren minderjährigen unverheirateten Kindern gegenüber verpflichtet, alle verfügbaren Mittel zu ihrem und der Kinder Unterhalte gleichmäßig zu verwenden. Diese Verpflichtung tritt nicht ein, wenn ein anderer unterhaltspflichtiger Verwandter vorhanden ist; sie tritt auch nicht ein gegenüber einem Kinde, dessen Unterhalt aus dem Stamme seines Vermögens bestritten werden kann.

§ 1603 B.G.B.

Soweit die Unterhaltspflicht einer Frau ihren Verwandten gegenüber davon abhängt, daß sie zur Gewährung des Unterhalts im Stande ist, kommt die dem Manne an dem eingebrachten Gute zustehende Verwaltung und Nutznießung nicht in Betracht.

Besteht allgemeine Gütergemeinschaft, Errungenschaftsgemeinschaft oder Fahrnisgemeinschaft, so bestimmt sich die Unterhaltspflicht des Mannes oder der Frau Verwandten gegenüber so, wie wenn das Gesammtgut dem unterhaltspflichtigen Ehegatten gehörte. Sind bedürftige Verwandte beider Ehegatten vorhanden, so ist der Unterhalt aus dem Gesammtgute so zu gewähren, wie wenn die Bedürftigen zu beiden Ehegatten in dem Verwandtschaftsverhältnisse ständen, auf dem die Unterhaltspflicht des verpflichteten Ehegatten beruht.

§ 1604 B.G.B.

Soweit ein Verwandter auf Grund des § 1603 (siehe oben) nicht unterhaltspflichtig ist, hat der nach ihm haftende Verwandte den Unterhalt zu gewähren.

Das Gleiche gilt, wenn die Rechtsverfolgung gegen einen Verwandten im Inland ausgeschlossen oder erheblich erschwert ist. Der Anspruch gegen einen solchen Verwandten geht, soweit ein anderer Verwandter den Unterhalt gewährt, auf diesen über. Der Uebergang kann nicht zum Nachteile des Unterhaltsberechtigten geltend gemacht werden.

§ 1607 B.G.B.

Auszahlung des Geschäftsguthabens bei Erwerbs- und Wirtschaftsgenossenschaften.

Die Auseinandersetzung des Ausgeschiedenen mit der Genossenschaft bestimmt sich nach der Vermögenslage derselben und dem Bestande der Mitglieder zur Zeit seines Ausscheidens.

Die Auseinandersetzung erfolgt auf Grund der Bilanz.
6 Monate Das Geschäftsguthaben des Genossen ist binnen sechs Monaten nach dem Ausscheiden auszuzahlen; an den Reservefonds und das sonstige Vermögen der Genossenschaft hat er keinen Anspruch. Reicht das Vermögen einschließlich des Reservefonds und aller Geschäftsguthaben zur Deckung der Schulden nicht aus, so hat der Ausgeschiedene von dem Fehlbetrage den ihn treffenden Anteil an die Genossenschaft zu zahlen; der Anteil wird in Ermangelung einer anderen Bestimmung des Statuts nach der Kopfzahl der Mitglieder berechnet.

§ 73 des Reichsgesetzes, betreffend die Erwerbs- und Wirtschaftsgenossenschaften in der Fassung vom 20. Mai 1898.

Die Klage des ausgeschiedenen Genossen auf Auszahlung
2 Jahre des Geschäftsguthabens verjährt in zwei Jahren.

§ 74 leg. cit.

Auszugsleistungen.

4 Jahre In vier Jahren verjähren die Ansprüche auf Rückstände von Zinsen, mit Einschluß der als Zuschlag zu den Zinsen zum Zwecke allmählicher Tilgung des Kapitals zu entrichtenden Beträge, die Ansprüche auf Rückstände von Miet- und Pachtzinsen, soweit sie nicht unter die Vorschrift des § 196 Absatz 1 Nr. 6 [betrifft die Ansprüche derjenigen, welche bewegliche Sachen gewerbsmäßig vermieten] fallen, und die Ansprüche auf Rückstände von Renten, Auszugsleistungen, Besoldungen, Wartegeldern, Ruhegehalten, Unterhaltsbeiträgen und allen anderen regelmäßig wiederkehrenden Leistungen.

§ 197 B.G.B.

Die Verjährung beginnt mit der Entstehung des Anspruchs. Geht der Anspruch auf ein Unterlassen, so beginnt die Verjährung mit der Zuwiderhandlung.

§ 198 B.G.B.

Bauunfallversicherung.

Diejenigen Betriebsunternehmer, Bevollmächtigten oder Repräsentanten, Betriebs- oder Arbeiteraufseher, gegen welche durch strafgerichtliches Urteil festgestellt worden ist, daß sie den Unfall vorsätzlich oder durch Fahrlässigkeit mit Außerachtlassung derjenigen Aufmerksamkeit, zu der sie vermöge ihres Amtes, Berufs oder Gewerbes besonders verpflichtet sind, oder dadurch herbeigeführt haben, daß sie bei der Leitung oder Ausführung eines Baues wider die allgemein anerkannten Regeln der Baukunst verstießen, haften für alle Aufwendungen, welche in Folge des Unfalls auf Grund dieses Gesetzes oder des Krankenversicherungsgesetzes von den Kommunalverbänden [§ 25 Abs. 1 des Gewerbeunfallversicherungsgesetzes, § 10 Abs. 2, 5 dieses Gesetzes — siehe unten] oder Krankenkassen gemacht worden sind. Dieselben Personen haften der Genossenschaft für deren Aufwendungen auch ohne Feststellung durch strafgerichtliches Urteil. Ist der Unfall durch Fahrlässigkeit mit Außerachtlassung derjenigen Aufmerksamkeit, zu der sie vermöge ihres Amtes, Berufs oder Gewerbes besonders verpflichtet sind, herbeigeführt, so ist die Genossenschaftsversammlung befugt, von der Verfolgung des Anspruchs abzusehen. Durch Statut kann diese Befugnis auf den Vorstand übertragen werden.

In gleicher Weise haftet als Betriebsunternehmer eine Aktiengesellschaft, eine Innung oder eingetragene Genossenschaft für die durch ein Mitglied ihres Vorstandes sowie eine Handelsgesellschaft, eine Innung oder eingetragene Genossenschaft für die durch einen der Liquidatoren herbeigeführten Unfälle.

Als Ersatz für die Rente kann in diesen Fällen deren Kapitalwert gefordert werden.

§ 46 des Bauunfallversicherungsgesetzes in der Fassung vom 30. Juni 1900.

Will der Vorstand den Ersatzanspruch aus § 46 Abs. 1 Satz 3 [siehe oben] geltend machen, so hat er den Beschluß dem Ersatzpflichtigen schriftlich mitzuteilen. Der Ersatzpflichtige kann hiergegen die Beschlußfassung der Genossenschaftsversammlung anrufen.

Die Klage darf nicht vor Ablauf eines Monats nach der Zustellung dieser Mitteilung und nur dann angestellt werden, wenn nicht innerhalb dieser Frist die Beschlußfassung seitens des Ersatzpflichtigen angerufen ist. Ist letzteres der Fall, so ist die Beschlußfassung der Genossenschaftsversammlung abzuwarten.

§ 47 leg. cit.

Der Anspruch (§ 46 Abs. 1 Satz 1 — siehe oben) ver-
18 Monate jährt in achtzehn Monaten von dem Tage, an welchem das strafgerichtliche Urteil rechtskräftig geworden ist, im Uebrigen
2 Jahre in zwei Jahren nach dem Unfalle. Die Anrufung der Beschlußfassung der Genossenschaftsversammlung [§ 47 Absatz 1 — siehe oben] unterbricht die Verjährung.

Für das über einen solchen Anspruch erkennende ordentliche Gericht ist die Entscheidung bindend, welche in dem durch dieses Gesetz geordneten Verfahren über die Frage ergeht, ob ein Unfall vorliegt, für welchen aus der Unfallversicherung Entschädigung zu leisten ist, und in welchem Betrag Entschädigung zu gewähren ist.

§ 48 leg. cit.

Die oben zitierten § 10 Abs. 2 u. 5 des Bauunfallversicherungsgesetzes und § 25 Abs. 1 des Gewerbeunfallversicherungsgesetzes lauten:

a. § 10 Abs. II u. V des Bauunf.Vers.Ges.

„Bei solchen Unfällen [nämlich bei Unfällen eines Arbeiters, welche sich bei Bauarbeiten, deren Ausführung entweder von anderen Verbänden und Korporationen als dem Reiche oder einem Bundesstaate oder deren Ausführung nicht gewerbsmäßig erfolgt, ereignen,] hat die Gemeinde, in deren Bezirke der verletzte Arbeiter beschäftigt war, demselben während der ersten dreizehn Wochen nach dem Unfalle die im § 6 Abs. 1 Ziff. 1 des Krankenversicherungsgesetzes bezeichneten Leistungen (nämlich vom Beginn der Krankheit ab freie ärztliche Behandlung, Arznei sowie Brillen, Bruchbänder und ähnliche Heilmittel) zu gewähren, sofern nicht der verletzte Arbeiter sich im Auslande aufhält oder auf Grund der Krankenversicherung oder anderer Rechtsverhältnisse Anspruch auf eine mindestens gleiche Fürsorge hat. Soweit solchen Personen diese Leistungen von den zunächst Verpflichteten nicht gewährt werden, hat die Gemeinde dieselben zu übernehmen. Die zu diesem Zwecke gemachten Aufwendungen sind von den Verpflichteten zu ersetzen."

„Der weitere Kommunalverband ist befugt, statutarische Anordnungen zu erlassen, nach welchen den Gemeinden die ihnen durch Abs. 2 auferlegten Kosten des Heilverfahrens aus Mitteln des weiteren Kommunalverbandes zu ersetzen sind."

b. § 25 Abs. 1 des Gewerbe-Unfall-Vers.Ges.

„Die Verpflichtung der eingeschriebenen Hülfskassen sowie der sonstigen Kranken-, Sterbe-, Invaliden- und anderen Unterstützungskassen, den von Unfällen betroffenen Arbeitern und Betriebsbeamten sowie deren Angehörigen und Hinterbliebenen Unterstützungen zu gewähren, sowie die Verpflichtung von Gemeinden oder Armenverbänden zur Unterstützung hülfsbedürftiger Personen wird durch dieses Gesetz nicht berührt."

Beiträge,
rückständige, bei der Gewerbeunfallversicherung.

Die Mittel zur Deckung der von den Berufsgenossenschaften zu leistenden Entschädigungen und der Verwaltungskosten werden durch Beiträge aufgebracht, welche auf die Mitglieder nach Maßgabe der in ihren Betrieben von den Versicherten verdienten Gehälter und Löhne beziehungsweise des nach § 10 Abs. 4 (siehe unten) anzurechnenden ortsüblichen Tagelohns gewöhnlicher erwachsener Tagearbeiter sowie der statutenmäßigen Gefahrentarife (§ 49 — siehe unten) jährlich umgelegt werden.

Gehälter und Löhne, welche während der Beitragsperiode den Jahresbetrag von fünfzehnhundert Mark übersteigen, kommen hierbei mit dem überschießenden Betrage nur zu einem Drittel in Anrechnung.

§ 29 des Gewerbeunfallversicherungsgesetzes in der Fassung vom 30. Juni 1900.

Rückständige Beiträge, Vorschüsse auf die Beiträge (§ 32, siehe unten) sowie Kautionsbeträge [§§ 33, 37 Ziff. 7 — siehe unten] werden in derselben Weise beigetrieben wie Gemeindeabgaben.

Der Anspruch auf rückständige Beiträge verjährt, soweit nicht eine absichtliche Hinterziehung vorliegt, in zwei Jahren nach Ablauf des Kalenderjahres, in welchem sie hätten gezahlt werden müssen. 2 Jahre

Uneinziehbare Beiträge fallen der Gesammtheit der Berufsgenossen zur Last. Sie sind vorschußweise aus dem Betriebsfonds (§ 31 Abs. 2 — siehe unten) oder erforderlichen Falles aus dem Reservefonds der Berufsgenossenschaft zu decken und bei dem Umlageverfahren des nächsten Rechnungsjahrs zu berücksichtigen.

§ 103 leg. cit.

Die Mitglieder der Genossenschaften können gegen die Feststellung ihrer Beiträge binnen zwei Wochen nach Zustellung des Auszugs aus der Heberolle, unbeschadet der Verpflichtung zur vorläufigen Zahlung, Widerspruch bei dem Genossenschaftsvorstand erheben. Wird demselben entweder überhaupt nicht, oder nicht in dem beantragten Umfange Folge gegeben, so steht ihnen innerhalb zweier Wochen nach der Zustellung der Entscheidung des Genossenschaftsvorstandes die Beschwerde an das Reichs-Versicherungsamt zu.

Die Beschwerde ist nur zulässig, wenn dieselbe sich entweder auf Rechenfehler oder auf die unrichtige Feststellung des anrechnungsfähigen Betrags der Gehälter und Löhne oder auf den irrtümlichen Ansatz einer anderen Gefahrenklasse, als wozu der Betrieb eingeschätzt ist, gründet.

Aus den letzteren beiden Gründen ist die Beschwerde jedoch nicht zulässig, wenn die Feststellung in dem Falle der von dem Genossenschaftsmitglied unterlassenen Einsendung der Nachweisung durch den Vorstand bewirkt worden war (§ 99 Abs. 4 — siehe unten).

Tritt in Folge des erhobenen Widerspruchs oder der erhobenen Beschwerde eine Herabminderung des Beitrags ein, so ist der Ausfall bei dem Umlageverfahren des nächsten Rechnungsjahrs zu decken.

Ergiebt sich nachträglich, daß ein ohne Widerspruch (Abs. 1) bezahlter Beitrag zu Unrecht oder in zu hohem Betrag erhoben worden ist, so kann die Rückerstattung auf dem im Abs. 1 bezeichneten Wege verlangt werden. Der Anspruch
6 Monate verjährt in sechs Monaten nach der Zustellung des Auszugs aus der Heberolle.

§ 102 leg. cit.

Bei versicherten Personen, welche keinen Lohn oder weniger als den dreihundertfachen Betrag des für ihren Beschäftigungsort festgestellten ortsüblichen Tagelohns gewöhnlicher erwachsener Tagearbeiter beziehen, gilt als Jahresarbeitsverdienst das Dreihundertfache dieses ortsüblichen Tagelohns.

§ 10 Abs. 4 leg. cit.

Durch die Genossenschaftsversammlung sind für die zur Genossenschaft gehörenden Betriebe je nach dem Grade der mit denselben verbundenen Unfallgefahr entsprechende Gefahrenklassen zu bilden und über die Höhe der in denselben zu leistenden Beiträge (Gefahrentarif) Bestimmungen zu treffen.

Durch Beschluß der Genossenschaftsversammlung kann die Aufstellung und Aenderung des Gefahrentarifs einem Ausschuß oder dem Vorstand übertragen werden.

Die Aufstellung und Abänderung des Gefahrentarifs bedarf der Genehmigung des Reichsversicherungsamts. Wird ein Gefahrentarif von der Genossenschaft innerhalb einer vom Reichsversicherungsamte zu bestimmenden Frist nicht aufgestellt, oder dem aufgestellten die Genehmigung versagt, so hat das Reichsversicherungsamt nach Anhörung der mit der Aufstellung beauftragten Organe der Genossenschaft den Tarif selbst festzusetzen.

Die Veranlagung der Betriebe zu den einzelnen Gefahrenklassen liegt nach näherer Bestimmung des Statuts den Organen der Genossenschaft ob. Gegen die Veranlagung steht dem Betriebsunternehmer binnen einer Frist von zwei Wochen die Be- 2 Wochen
schwerde an das Reichsversicherungsamt zu. Nach der Veranlagung kann die Genossenschaft einen Betrieb während der Tarifperiode neu veranlagen, wenn die vorige Veranlagung auf unrichtigen Angaben des Betriebsunternehmers beruht. Auf die erneute Veranlagung finden die für die vorige Veranlagung maßgebenden Vorschriften Anwendung.

Der Gefahrentarif ist nach Ablauf von längstens zwei Rechnungsjahren und sodann mindestens von fünf zu fünf Jahren unter Berücksichtigung der in den einzelnen Betrieben vorgekommenen Unfälle einer Revision zu unterziehen. Die Ergebnisse derselben sind mit dem Verzeichnisse der in den einzelnen Betriebszweigen vorgekommenen, auf Grund dieses Gesetzes zu entschädigenden Unfälle der Genossenschaftsversammlung zur Beschlußfassung über die Beibehaltung oder Aenderung der bisherigen Gefahrenklassen oder Gefahrentarife vorzulegen. Die über die Aenderung der bisherigen Gefahrenklassen oder Gefahrentarife gefaßten Beschlüsse bedürfen zu ihrer Giltigkeit der Genehmigung des Reichsversicherungsamtes; demselben ist das Verzeichnis der vorgekommenen Unfälle vorzulegen.

Die Genossenschaftsversammlung kann den Unternehmern nach Maßgabe der in ihren Betrieben vorgekommenen Unfälle für die nächste Periode Zuschläge auflegen oder Nachlässe bewerkstelligen.

§ 49 leg. cit.

Auf die Beiträge können von den Mitgliedern nach Bestimmung des Statuts viertel- oder halbjährliche Vorschüsse erfordert werden. Dieselben bemessen sich für die einzelnen Mitglieder nach der Höhe der für das letztvergangene Rechnungsjahr auf sie umgelegten oder nach § 30 Abs. 2 [dieser lautet: „Für Betriebe, in welchen regelmäßig nicht mehr als fünf Arbeiter beschäftigt werden, kann durch Statut ferner bestimmt werden, daß und nach welchen Grundsätzen mit Zustimmung des Betriebsunternehmers ein Pauschbetrag statt der Einzellöhne bei der Berechnung der Beträge zu Grunde zu legen ist oder daß ein einheitlicher Mindestbetrag, der vier Mark jährlich nicht übersteigen darf, zu entrichten ist."] gezahlten Beiträge und betragen jedesmal den vierten Teil beziehungsweise die Hälfte der letzteren, solange nicht die Genossenschaftsversammlung einen niedrigeren Betrag festgesetzt hat. Für neu eintretende Mitglieder sind die Vorschüsse nach demjenigen Betrage zu bemessen, welchen diese Mitglieder nach dem Umfang ihres Betriebs zu den Jahreslasten des letztvergangenen Rechnungsjahrs hätten beitragen müssen, wenn sie in demselben schon Mitglieder der Berufsgenossenschaft gewesen wären.

2 Wochen Die Vorschüsse sind binnen zwei Wochen nach den durch das Statut oder die Genossenschaftsversammlung bestimmten Fälligkeitsterminen an den Vorstand einzuzahlen.

§ 32 leg. cit.

Unternehmer von Betrieben, deren Sitz sich im Auslande befindet, können, wenn sie vorübergehend im Inland einen versicherungspflichtigen Betrieb ausüben, vom Genossenschaftsvorstande mit Beiträgen bis zur doppelten Höhe und zur Sicherheitsleistung herangezogen werden.

§ 33 leg. cit.

Das Genossenschaftsstatut muß Bestimmung treffen:

— —

7. über die Folgen der Betriebseinstellungen oder eines Wechsels der Betriebsunternehmer, insbesondere über die Sicherstellung der Beiträge der Unternehmer, welche den Betrieb einstellen;

§ 37 Ziff. 4 leg. cit.

Behufs Bestreitung der Verwaltungskosten können die Berufsgenossenschaften von den Mitgliedern für das erste Jahr einen Beitrag im voraus erheben. Falls das Statut hierüber nichts Anderes bestimmt, erfolgt die Aufbringung dieser Mittel nach Maßgabe der Zahl der von den Mitgliedern in ihren Betrieben beschäftigten versicherungspflichtigen Personen.

§ 31 Abs. 2 leg. cit.

Für Genossenschaftsmitglieder, welche mit der rechtzeitigen Einsendung der Nachweisung im Rückstande sind, erfolgt deren Aufstellung durch den Genossenschafts- beziehungsweise Sektionsvorstand.

§ 99 Abs. 4 leg. cit.

Beseitigung des Mangels bei einem Werkvertrage.

Der Unternehmer ist verpflichtet, das Werk so herzustellen, daß es die zugesicherten Eigenschaften hat und nicht mit Fehlern behaftet ist, die den Wert oder die Tauglichkeit zu dem gewöhnlichen oder dem nach dem Vertrage vorausgesetzten Gebrauch aufheben oder mindern.

Ist das Werk nicht von dieser Beschaffenheit, so kann der Besteller die Beseitigung des Mangels verlangen. Der Unternehmer ist berechtigt, die Beseitigung zu verweigern, wenn sie einen unverhältnismäßigen Aufwand erfordert.

Ist der Unternehmer mit der Beseitigung des Mangels im Verzuge, so kann der Besteller den Mangel selbst beseitigen und Ersatz der erforderlichen Aufwendungen verlangen.

§ 633 B.G.B.

Der Anspruch des Bestellers auf Beseitigung eines Mangels des Werkes sowie die wegen des Mangels dem Besteller zustehenden Ansprüche auf Wandelung, Minderung oder Schadensersatz verjähren, sofern nicht der Unternehmer den Mangel arglistig verschwiegen hat, in sechs Monaten, bei Ar- 6 Monate
beiten an einem Grundstück in einem Jahre, bei Bauwerken in 1 Jahr
fünf Jahren. Die Verjährung beginnt mit der Abnahme des 5 Jahre
Werkes.

Die Verjährungsfrist kann durch Vertrag verlängert werden.

§ 638 B.G.B.

Besoldungen.

4 Jahre In vier Jahren verjähren die Ansprüche auf Rückstände von Zinsen, mit Einschluß der als Zuschlag zu den Zinsen zum Zwecke allmählicher Tilgung des Kapitals zu entrichtenden Beträge, die Ansprüche auf Rückstände von Miet- und Pachtzinsen, soweit sie nicht unter die Vorschrift des § 196 Abs. 1 Nr. 6 fallen [betrifft die Ansprüche derjenigen, welche bewegliche Sachen gewerbsmäßig vermieten], und die Ansprüche auf Rückstände von Renten, Auszugsleistungen, Besoldungen, Wartegeldern, Ruhegehalten, Unterhaltsbeiträgen und allen anderen regelmäßig wiederkehrenden Leistungen.

§ 197 B.G.B.

Betriebsleiter, deren Haftung bei Bauunfällen.

Siehe oben unter: „Bauunfallversicherung".

Betriebsunternehmer, Haftung derselben bei Gewerbeunfällen.

Diejenigen Betriebsunternehmer, Bevollmächtigten oder Repräsentanten, Betriebs- oder Arbeiteraufseher, gegen welche durch strafgerichtliches Urteil festgestellt worden ist, daß sie den Unfall vorsätzlich oder durch Fahrlässigkeit mit Außerachtlassung derjenigen Aufmerksamkeit, zu der sie vermöge ihres Amtes, Berufs oder Gewerbes besonders verpflichtet sind, herbeigeführt haben, haften für alle Aufwendungen, welche in Folge des Unfalls auf Grund dieses Gesetzes oder des Krankenversicherungsgesetzes von den Gemeinden, Armenverbänden, Krankenkassen und sonstigen Unterstützungskassen gemacht worden sind. Dieselben Personen haften der Genossenschaft für deren Aufwendungen auch ohne Feststellung durch strafgerichtliches Urteil. Ist der Unfall durch Fahrlässigkeit mit Außerachtlassung derjenigen Aufmerksamkeit, zu der sie vermöge ihres Amtes, Berufs oder Gewerbes verpflichtet sind, herbeigeführt, so ist die Genossenschaftsversammlung befugt, von der Verfolgung des Anspruchs abzusehen. Durch das Statut kann diese Befugnis auf den Vorstand übertragen werden.

In gleicher Weise haftet als Betriebsunternehmer eine Aktiengesellschaft, eine Innung oder eingetragene Genossenschaft für die durch ein Mitglied ihres Vorstandes sowie eine Handelsgesellschaft, eine Innung oder eingetragene Genossenschaft für die durch einen der Liquidatoren herbeigeführten Unfälle.

Als Ersatz für die Rente kann in diesen Fällen deren Kapitalwert gefordert werden.

§ 136 des Gewerbeunfallversicherungsgesetzes in der Fassung vom 30. Juni 1900.

Will der Vorstand den Ersatzanspruch aus § 136 Abs. 1 Satz 3 (siehe oben) geltend machen, so hat er den Beschluß dem Ersatzpflichtigen schriftlich mitzuteilen. Der Ersatzpflichtige kann hingegen die Beschlußfassung der Genossenschaftsversammlung anrufen.

Die Klage darf nicht vor Ablauf eines Monats nach der Zustellung dieser Mitteilung und nur dann angestellt werden, wenn nicht innerhalb dieser Frist die Beschlußfassung seitens des Ersatzpflichtigen angerufen ist. Ist letzteres der Fall, so ist die Beschlußfassung der Genossenschaftsversammlung abzuwarten.

§ 137 leg. cit.

Der Anspruch [§ 136 Abs. 1 Satz 1 — siehe oben] verjährt in achtzehn Monaten von dem Tage, an welchem das strafgerichtliche Urteil rechtskräftig geworden ist, im Uebrigen in zwei Jahren nach dem Unfalle. Die Anrufung der Beschlußfassung der Genossenschaftsversammlung (§ 137 Abs. 1 — siehe oben) unterbricht die Verjährung.

18 Monate

2 Jahre

§ 138 Abs. 1 leg. cit.

Betriebsunternehmer, deren Haftung bei land- und forstwirtschaftlichen Unfällen.

Diejenigen Betriebsunternehmer, Bevollmächtigten oder Repräsentanten, Betriebs- oder Arbeiteraufseher, gegen welche durch strafgerichtliches Urteil festgestellt worden ist, daß sie den Unfall vorsätzlich oder durch Fahrlässigkeit mit Außerachtlassung derjenigen Aufmerksamkeit, zu der sie vermöge ihres Amtes, Berufs oder Gewerbes besonders verpflichtet sind, herbeigeführt haben, haften für alle Aufwendungen, welche in Folge des Unfalls auf Grund dieses Gesetzes oder des Krankenversicherungsgesetzes von den Gemeinden, Armenverbänden oder von Kranken- und anderen Unterstützungskassen gemacht worden sind. Dieselben Personen haften der Genossenschaft für deren Aufwendungen auch ohne Feststellung durch strafgerichtliches Urteil. Ist der Unfall durch Fahrlässigkeit mit Außerachtlassung derjenigen Aufmerksamkeit, zu der sie vermöge ihres Amtes, Berufs oder Gewerbes verpflichtet sind, herbeigeführt, so ist die Genossenschaftsversammlung befugt, von der Verfolgung des Anspruchs abzusehen. Durch das Statut kann diese Befugnis auf den Vorstand übertragen werden.

In gleicher Weise haftet als Betriebsunternehmer eine Aktiengesellschaft, eine Innung oder eingetragene Genossenschaft für die durch ein Mitglied ihres Vorstandes sowie eine Handelsgesellschaft, eine Innung oder eingetragene Genossenschaft für die durch einen der Liquidatoren herbeigeführten Unfälle.

Als Ersatz für die Rente kann in diesen Fällen deren Kapitalwert gefordert werden.

§ 147 des Unfallversicherungsgesetzes für Land- und Forstwirtschaft in der Fassung vom 30. Juni 1900.

Will der Vorstand den Ersatzanspruch aus § 147 Abs. 1 Satz 3 (siehe oben) geltend machen, so hat er den Beschluß dem Ersatzpflichtigen schriftlich mitzuteilen. Der Ersatzpflichtige kann hiergegen die Beschlußfassung der Genossenschaftsversammlung anrufen.

1 Monat Die Klage darf nicht vor Ablauf eines Monats nach der Zustellung dieser Mitteilung, und nur dann angestellt werden, wenn nicht innerhalb dieser Frist die Beschlußfassung seitens des Ersatzpflichtigen angerufen ist. Ist letzteres der Fall, so ist die Beschlußfassung der Genossenschaftsversammlung abzuwarten.

§ 148 leg. cit.

Der Anspruch [§ 147 Abs. 1 Satz 1 -- siehe oben]
18 Monate verjährt in achtzehn Monaten von dem Tage, an welchem das strafgerichtliche Urteil rechtskräftig geworden ist, im Uebrigen
1 Jahre in zwei Jahren nach dem Unfalle. Die Anrufung der Beschlußfassung der Genossenschaftsversammlung (§ 148 Abs. 1 — siehe oben) unterbricht die Verjährung.

§ 149 Abs. I leg. cit.

Betriebsunternehmer,
deren Haftung bei Seeunfällen.

Diejenigen Betriebsunternehmer, Mitrheder, Lootsen, Bevollmächtigten oder Repräsentanten, Betriebs- oder Arbeiteraufseher oder Personen der Schiffsbesatzung, gegen welche durch strafgerichtliches Urteil festgestellt worden ist, daß sie den Unfall vorsätzlich oder durch Fahrlässigkeit mit Außerachtlassung derjenigen Aufmerksamkeit, zu der sie vermöge ihres Amtes, Berufs oder Gewerbes besonders verpflichtet sind, herbeigeführt haben, haften für alle Aufwendungen, welche in Folge des Unfalls auf Grund dieses Gesetzes oder des Krankenversicherungsgesetzes von den Gemeinden, Armenverbänden, Krankenkassen und sonstigen Unterstützungskassen gemacht worden sind. Dieselben Personen haften der Genossenschaft für deren Aufwendungen auch ohne Feststellung durch strafgerichtliches Urteil. Ist der Unfall durch Fahrlässigkeit mit Außerachtlassung derjenigen Aufmerksamkeit, zu der sie vermöge ihres Amtes, Berufs oder Gewerbes verpflichtet sind, herbeigeführt, so ist die Genossenschaftsversammlung befugt, von der Verfolgung des Anspruches abzusehen. Durch das Statut kann diese Befugnis auf den Vorstand übertragen werden.

In gleicher Weise haftet als Betriebsunternehmer eine Aktiengesellschaft, eine Innung oder eingetragene Genossenschaft für die durch ein Mitglied ihres Vorstandes sowie eine Handelsgesellschaft, eine Innung oder eingetragene Genossenschaft für die durch einen der Liquidatoren herbeigeführten Unfälle.

Als Ersatz für die Rente kann in diesen Fällen deren Kapitalwert gefordert werden.

§ 134 des See-Unfallversicherungsgesetzes vom 30. Juni 1900.

Will der Vorstand den Ersatzanspruch aus § 134 Abs. 1 Satz 3 (siehe oben) geltend machen, so hat er den Beschluß dem Ersatzpflichtigen schriftlich mitzuteilen. Der Ersatzpflichtige kann hiergegen die Beschlußfassung der Genossenschaftsversammlung anrufen.

Die Klage darf nicht vor Ablauf eines Monats nach der Zustellung dieser Mitteilung und nur dann angestellt werden, wenn nicht innerhalb dieser Frist die Beschlußfassung seitens des Ersatzpflichtigen angerufen ist. Ist letzteres der Fall, so ist die Beschlußfassung der Genossenschaftsversammlung abzuwarten.

§ 135 Abs. I leg. cit.

Der Anspruch (§ 134 Abs. 1 Satz 1, siehe oben) verjährt in achtzehn Monaten von dem Tage, an welchem das
18 Monate strafgerichtliche Urteil rechtskräftig geworden ist, im Uebrigen
2 Jahre in zwei Jahren nach dem Unfalle. Die Anrufung der Beschlußfassung der Genossenschaftsversammlung (§ 135 Abs. 1, siehe oben) unterbricht die Verjährung.

§ 136 Abs. I leg. cit.

Binnenschiffahrt.

1 Jahr Mit dem Ablaufe eines Jahres verjähren:

1. die öffentlichen Schiffs- und Schiffahrtsabgaben, insbesondere die Brücken-, Schleusen-, Kanal- und Hafengelder;
2. die aus den Dienstverträgen herrührenden Forderungen der Schiffsbesatzung;
3. die Lootsengelder;
4. die Bergungs- und Hülfskosten einschließlich des Berge- und Hülfslohnes;
5. die Beiträge zur großen Haverei;
6. die Forderungen aus Geschäften, welche der Schiffer kraft seiner gesetzlichen Befugnisse (§§ 15, 16 — siehe unten) und nicht mit Bezug auf eine Vollmacht geschlossen hat;
7. die Forderungen aus dem Verschulden einer Person der Schiffsbesatzung (§ 3, § 4 Nr. 3, §§ 7, 92 — siehe unten).

§ 117 des Reichsgesetzes, betreffend die privatrechtlichen Verhältnisse der Binnenschiffahrt vom 20. Mai 1898.

Die Verjährung beginnt mit dem Schlusse des Jahres, in welchem die Forderung fällig geworden ist.

§ 118 leg. cit.

Auf das Frachtgeschäft zur Beförderung von Gütern auf Flüssen und sonstigen Binnengewässern finden die Vorschriften der §§ 425 bis 427, 430 bis 436, 439 bis 443, 445 bis

451 des Handelsgesetzbuchs (siehe unten, soweit hier einschlägig) Anwendung.

§ 26 leg. cit.

Auf die Verjährung der Ansprüche gegen Frachtführer wegen Verlustes, Minderung, Beschädigung oder verspäteter Ablieferung des Gutes finden die Vorschriften des § 414 (siehe unten) entsprechende Anwendung. Dies gilt nicht für die im § 432 Abs. 3 bezeichneten Ansprüche [nämlich: „Hat auf Grund dieser Vorschriften einer der beteiligten Frachtführer Schadensersatz geleistet, so steht ihm der Rückgriff gegen denjenigen zu, welcher den Schaden verschuldet hat. Kann dieser nicht ermittelt werden, so haben die beteiligten Frachtführer den Schaden nach dem Verhältnis ihrer Anteile an der Fracht gemeinsam zu tragen, soweit nicht festgestellt wird, daß der Schaden nicht auf ihrer Beförderungsstrecke entstanden ist.]

§ 439 H.G.B.

Die Ansprüche gegen den Spediteur wegen Verlustes, Minderung, Beschädigung oder verspäteter Ablieferung des Gutes verjähren in einem Jahre. Die Verjährungsfrist kann durch Vertrag verlängert werden. 1 Jahr

Die Verjährung beginnt im Falle der Beschädigung oder Minderung mit dem Ablaufe des Tages, an welchem die Ablieferung stattgefunden hat, im Falle des Verlustes oder der verspäteten Ablieferung mit dem Ablaufe des Tages, an welchem die Ablieferung hätte bewirkt sein müssen.

Die im Absatz 1 bezeichneten Ansprüche können nach der Vollendung der Verjährung nur aufgerechnet werden, wenn vorher der Verlust, die Minderung, die Beschädigung oder die verspätete Ablieferung dem Spediteur angezeigt oder die Anzeige an ihn abgesendet worden ist. Der Anzeige an den Spediteur steht es gleich, wenn gerichtliche Beweisaufnahme zur Sicherung des Beweises beantragt oder in einem zwischen dem Versender und dem Empfänger oder einem späteren Erwerber des Gutes wegen des Verlustes, der Minderung, der Beschädigung oder der verspäteten Ablieferung anhängigen Rechtsstreite dem Spediteur der Streit verkündet wird.

Diese Vorschriften finden keine Anwendung, wenn der Spediteur den Verlust, die Minderung, die Beschädigung oder die verspätete Ablieferung des Gutes vorsätzlich herbeigeführt hat.

§ 414 H.G.B.

Börse.

Sind in einem Prospekt, auf Grund dessen Wertpapiere zum Börsenhandel zugelassen sind, Angaben, welche für die Beurteilung des Wertes erheblich sind, unrichtig, so haften diejenigen, welche den Prospekt erlassen haben, sowie diejenigen, von denen der Erlaß des Prospektes ausgeht, wenn sie die Unrichtigkeit gekannt haben oder ohne grobes Verschulden hätten kennen müssen, als Gesammtschuldner jedem Besitzer eines solchen Wertpapiers für den Schaden, welcher demselben aus der von den gemachten Angaben abweichenden Sachlage erwächst. Das Gleiche gilt, wenn der Prospekt in Folge der Fortlassung wesentlicher Thatsachen unvollständig ist und diese Unvollständigkeit auf böslichem Verschweigen oder auf der böslichen Unterlassung einer ausreichenden Prüfung seitens derjenigen, welche den Prospekt erlassen haben, oder derjenigen, von denen der Erlaß des Prospektes ausgeht, beruht.

Die Ersatzpflicht wird dadurch nicht ausgeschlossen, daß der Prospekt die Angaben als von einem Dritten herrührend bezeichnet.

§ 43 des Börsengesetzes vom 22. Juni 1896.

Die Ersatzpflicht erstreckt sich nur auf diejenigen Stücke, welche auf Grund des Prospekts zugelassen und von dem Besitzer auf Grund eines im Inlande abgeschlossenen Geschäfts erworben sind.

Der Ersatzpflichtige kann der Ersatzpflicht dadurch genügen, daß er das Wertpapier gegen Erstattung des von dem Besitzer nachgewiesenen Erwerbspreises oder desjenigen Kurswertes übernimmt, den die Wertpapiere zur Zeit der Einführung hatten.

Die Ersatzpflicht ist ausgeschlossen, wenn der Besitzer des Papiers die Unrichtigkeit oder Unvollständigkeit der Angaben des Prospekts bei dem Erwerbe kannte. Gleiches gilt, wenn der Besitzer des Papiers bei dem Erwerbe die Unrichtigkeit der Angaben des Prospekts bei Anwendung derjenigen Sorgfalt, welche er in eigenen Angelegenheiten beobachtet, kennen mußte, es sei denn, daß die Ersatzpflicht durch bösliches Verhalten begründet ist.

§ 44 leg. cit.

5 Jahre Der Ersatzanspruch verjährt in fünf Jahren seit der Zulassung der Wertpapiere.

§ 45 leg. cit.

Ein Vereinbarung, durch welche die nach den §§ 43 bis 45 (siehe oben) begründete Haftung ermäßigt oder erlassen wird, ist unwirksam.

Weiter gehende Ansprüche, welche nach den Vorschriften des bürgerlichen Rechts auf Grund von Verträgen erhoben werden können, bleiben unberührt.

§ 46 leg. cit.

Botenlöhne.

In zwei Jahren verjähren die Ansprüche: 2 Jahre

— —

3. der Eisenbahnunternehmungen, Frachtfuhrleute, Schiffer, Lohnkutscher und Boten wegen des Fahrgeldes, der Fracht, des Fuhr- und Botenlohns, mit Einschluß der Auslagen;

§ 196 Ziff. 3 B.G.B.

Die Verjährung beginnt mit der Entstehung des Anspruchs. Geht der Anspruch auf ein Unterlassen, so beginnt die Verjährung mit der Zuwiderhandlung.

§ 198 B.G.B.

Vergleiche auch § 201 B.G.B. oben bei IIa Verjährungsabschnitt des Bürgerlichen Gesetzbuchs.

Compensation.

Schulden zwei Personen einander Leistungen, die ihrem Gegenstande nach gleichartig sind, so kann jeder Teil seine Forderung gegen die Forderung des anderen Teiles aufrechnen, sobald er die ihm gebührende Leistung fordern und die ihm obliegende Leistung bewirken kann.

§ 387 B.G.B.

Die Aufrechnung erfolgt durch Erklärung gegenüber dem anderen Teile. Die Erklärung ist unwirksam, wenn sie unter einer Bedingung oder einer Zeitbestimmung abgegeben wird.

§ 388 B.G.B.

Die Aufrechnung bewirkt, daß die Forderungen, soweit sie sich decken, als in dem Zeitpunkte erloschen gelten, in welchem sie zur Aufrechnung geeignet einander gegenüber getreten sind.

§ 389 B.G.B.

Eine Forderung, der eine Einrede entgegensteht, kann nicht aufgerechnet werden. Die Verjährung schließt die Aufrechnung nicht aus, wenn die verjährte Forderung zu der Zeit, zu welcher sie gegen die andere Forderung aufgerechnet werden konnte, noch nicht verjährt war.

§ 390 B.G.B.

Delikte.

Der Anspruch auf Ersatz des aus einer unerlaubten
3 Jahre Handlung entstandenen Schadens verjährt in drei Jahren von dem Zeitpunkte an, in welchem der Verletzte von dem Schaden und der Person des Ersatzpflichtigen Kenntnis erlangt,
30 Jahre ohne Rücksicht auf diese Kenntnis in dreißig Jahren von der Begehung der Handlung an.

Hat der Ersatzpflichtige durch die unerlaubte Handlung auf Kosten des Verletzten etwas erlangt, so ist er auch nach der Vollendung der Verjährung zur Herausgabe nach den Vorschriften über die Herausgabe einer ungerechtfertigten Bereicherung verpflichtet.

§ 852 B.G.B.

Deposition (Hinterlegung).

Geld, Wertpapiere und sonstige Urkunden sowie Kostbarkeiten kann der Schuldner bei einer dazu bestimmten öffentlichen Stelle für den Gläubiger hinterlegen, wenn der Gläubiger im Verzuge der Annahme ist. Das Gleiche gilt, wenn der Schuldner aus einem anderen in der Person des Gläubigers liegenden Grunde oder in Folge einer nicht auf Fahrlässigkeit beruhenden Ungewißheit über die Person des Gläubigers seine Verbindlichkeit nicht oder nicht mit Sicherheit erfüllen kann.

§ 372 B.G.B.

Die Hinterlegung hat bei der Hinterlegungsstelle des Leistungsortes zu erfolgen; hinterlegt der Schuldner bei einer anderen Stelle, so hat er dem Gläubiger den daraus entstehenden Schaden zu ersetzen.

Der Schuldner hat dem Gläubiger die Hinterlegung unverzüglich anzuzeigen; im Falle der Unterlassung ist er zum Schadensersatze verpflichtet. Die Anzeige darf unterbleiben, wenn sie unthunlich ist.

§ 374 B.G.B.

Das Recht des Gläubigers auf den hinterlegten Betrag erlischt mit dem Ablaufe von dreißig Jahren nach dem Empfange der Anzeige von der Hinterlegung, wenn nicht der Gläubiger sich vorher bei der Hinterlegungsstelle meldet; der Schuldner ist zur Rücknahme berechtigt, auch wenn er auf das Recht zur Rücknahme verzichtet hat. 30 Jahre

§ 382 B.G.B.

Depositum (Verwahrung).

Durch den Verwahrungsvertrag wird der Verwahrer verpflichtet, eine ihm von dem Hinterleger übergebene bewegliche Sache aufzubewahren.

§ 688 B.G.B.

Der Hinterleger kann die hinterlegte Sache jederzeit zurückfordern, auch wenn für die Aufbewahrung eine Zeit bestimmt ist.

§ 695 B.G.B.

Der Verwahrer kann, wenn eine Zeit für die Aufbewahrung nicht bestimmt ist, jederzeit die Rücknahme der hinterlegten Sache verlangen. Ist eine Zeit bestimmt, so kann er die vorzeitige Rücknahme nur verlangen, wenn ein wichtiger Grund vorliegt.

§ 696 B.G.B.

Werden vertretbare Sachen in der Art hinterlegt, daß das Eigentum auf den Verwahrer übergehen und dieser verpflichtet sein soll, Sachen von gleicher Art, Güte und Menge zurückzugewähren, so finden die Vorschriften über das Darlehen Anwendung. Gestattet der Hinterleger dem Verwahrer, hinterlegte vertretbare Sachen zu verbrauchen, so finden die Vorschriften über das Darlehen von dem Zeitpunkte an Anwendung, in welchem der Verwahrer sich die Sachen aneignet. In beiden Fällen bestimmen sich jedoch Zeit und Ort der Rückgabe im Zweifel nach den Vorschriften über den Verwahrungsvertrag.

Bei der Hinterlegung von Wertpapieren ist eine Vereinbarung der im Absatz 1 bezeichneten Art nur gültig, wenn sie ausdrücklich getroffen wird.

§ 700 B.G.B.

Dienstbezüge der in Privatdiensten stehenden Personen.

2 Jahre In zwei Jahren verjähren die Ansprüche:

— — —

8. derjenigen, welche im Privatdienste stehen, wegen des Gehalts, Lohnes oder anderer Dienstbezüge, mit Einschluß der Auslagen, sowie der Dienstberechtigten wegen der auf solche Ansprüche gewährten Vorschüsse;

§ 196 Ziff. 8 B.G.B.

Vergleiche auch die §§ 198 u. 201 B.G.B. oben bei IIa Verjährungsabschnitt des B.G.B.

Dienstmänner.

2 Jahre In zwei Jahren verjähren die Ansprüche:

1. der Kaufleute, Fabrikanten, Handwerker und derjenigen, welche ein Kunstgewerbe betreiben, für Lieferung von Waaren, Ausführung von Arbeiten und Besorgung fremder Geschäfte, mit Einschluß der Auslagen, es sei denn, daß die Leistung für den Gewerbebetrieb des Schuldners erfolgt;
7. derjenigen, welche, ohne zu den in Nr. 1 bezeichneten Personen zu gehören, die Besorgung fremder Geschäfte oder die Leistung von Diensten gewerbsmäßig betreiben, wegen der ihnen aus dem Gewerbebetriebe

gebührenden Vergütungen, mit Einschluß der Auslagen.

§ 196 Ziff. 1 u. 7 B.G.B.

Drohung,
hier Anfechtungsverjährung hinsichtlich einer unter dem Einflusse von Drohung abgegebenen Willenserklärung.

Wer zur Abgabe einer Willenserklärung durch arglistige Täuschung oder widerrechtlich durch Drohung bestimmt worden ist, kann die Erklärung anfechten.

Hat ein Dritter die Täuschung verübt, so ist eine Erklärung, die einem Anderen gegenüber abzugeben war, nur dann anfechtbar, wenn dieser die Täuschung kannte oder kennen mußte. Soweit ein Anderer als derjenige, welchem gegenüber die Erklärung abzugeben war, aus der Erklärung unmittelbar ein Recht erworben hat, ist die Erklärung ihm gegenüber anfechtbar, wenn er die Täuschung kannte oder kennen mußte.

§ 123 B.G.B.

Die Anfechtung einer nach § 123 (siehe oben) anfechtbaren Willenserklärung kann nur binnen Jahresfrist erfolgen. 1 Jahr

Die Frist beginnt im Falle der arglistigen Täuschung mit dem Zeitpunkte, in welchem der Anfechtungsberechtigte die Täuschung entdeckt, im Falle der Drohung mit dem Zeitpunkte, in welchem die Zwangslage aufhört. Auf den Lauf der Frist finden die für die Verjährung geltenden Vorschriften des § 203 Abs. 2 und der §§ 206, 207 (siehe sub IIa Verjährungsabschnitt des B.G.B.) entsprechende Anwendung.

Die Anfechtung ist ausgeschlossen, wenn seit der Abgabe der Willenserklärung dreißig Jahre verstrichen sind. 30 Jahre

§ 124 B.G.B.

Eheliche Abstammung, hier Anfechtungsverjährung hinsichtlich der Ehelichkeit.

Ein Kind, das nach der Eingehung der Ehe geboren wird, ist ehelich, wenn die Frau es vor oder während der Ehe empfangen und der Mann innerhalb der Empfängniszeit der Frau beigewohnt hat. Das Kind ist nicht ehelich, wenn es den Umständen nach offenbar unmöglich ist, daß die Frau das Kind von dem Manne empfangen hat.

Es wird vermutet, daß der Mann innerhalb der Empfängniszeit der Frau beigewohnt habe. Soweit die Empfängniszeit in die Zeit vor der Ehe fällt, gilt die Vermutung nur, wenn der Mann gestorben ist, ohne die Ehelichkeit des Kindes angefochten zu haben.

§ 1591 B.G.B.

1 Jahr Die Anfechtung der Ehelichkeit kann nur binnen Jahresfrist erfolgen.

Die Frist beginnt mit dem Zeitpunkt, in welchem der Mann die Geburt des Kindes erfährt.

Auf den Lauf der Frist finden die für die Verjährung geltenden Vorschriften der §§ 203, 206 (siehe oben sub IIa Verjährungsabschnitt des B.G.B.) entsprechende Anwendung.

§ 1594 B.G.B.

Vergleiche auch oben Seite 62 unter „Eheliche Abstammung."

Ehescheidungsklage.

Das Recht auf Scheidung erlischt in den Fällen der §§ 1565 bis 1568 (siehe oben Seite 65 unter Ehescheidung wegen böslichen Verlassens 2c.) durch Verzeihung.

§ 1570 B.G.B.

Die Scheidungsklage muß in den Fällen der §§ 1565 bis 1568 (vergleiche hierüber oben Seite 66 unter Ehescheidung)
6 Monate binnen sechs Monaten von dem Zeitpunkte an erhoben werden, in dem der Ehegatte von dem Scheidungsgrunde Kenntnis erlangt. Die Klage ist ausgeschlossen, wenn seit dem Eintritte
10 Jahre des Scheidungsgrundes zehn Jahre verstrichen sind.

Die Frist läuft nicht, solange die häusliche Gemeinschaft der Ehegatten aufgehoben ist. Wird der zur Klage berechtigte Ehegatte von dem anderen Ehegatten aufgefordert, entweder die häusliche Gemeinschaft herzustellen oder die Klage zu erheben, so läuft die Frist von dem Empfange der Aufforderung an.

Der Erhebung der Klage steht die Ladung zum Sühnetermine gleich. Die Ladung verliert ihre Wirkung, wenn der zur Klage berechtigte Ehegatte im Sühnetermine nicht erscheint
3 Monate oder wenn drei Monate nach der Beendigung des Sühnever-

fahrens verstrichen sind und nicht vorher die Klage erhoben worden ist.

Auf den Lauf der sechsmonatigen und der dreimonatigen Frist finden die für die Verjährung geltenden Vorschriften der §§ 203, 206 (siehe oben sub IIa Verjährungsabschnitt des B.G.B.) entsprechende Anwendung.

§ 1571 B.G.B.

Eisenbahn.

In zwei Jahren verjähren die Ansprüche: 2 Jahre

— —

3. der Eisenbahnunternehmungen, Frachtfuhrleute, Schiffer, Lohnkutscher und Boten wegen des Fahrgeldes, der Fracht, des Fuhr- und Botenlohns, mit Einschluß der Auslagen;

§ 196 Ziff. 3 B.G.B.

Die Ansprüche gegen die Eisenbahn wegen Verlustes, Minderung, Beschädigung oder verspäteter Ablieferung des Gutes verjähren in einem Jahre. 1 Jahr

Die Verjährung beginnt im Falle der Beschädigung oder Minderung mit dem Ablaufe des Tages, an welchem die Ablieferung stattgefunden hat, im Falle des gänzlichen Verlustes oder der verspäteten Ablieferung mit dem Ablaufe der Lieferfrist.

Die Verjährung wird durch die schriftliche Anmeldung des Anspruchs bei der Eisenbahn gehemmt. Ergeht auf die Anmeldung ein abschlägiger Bescheid, so beginnt der Lauf der Verjährungsfrist wieder mit dem Tage, an welchem die Eisenbahn ihre Entscheidung dem Anmeldenden schriftlich bekannt macht und ihm die der Anmeldung etwa angeschlossenen Beweisstücke zurückstellt. Weitere Gesuche, die an die Eisenbahn oder an die vorgesetzten Behörden gerichtet werden, bewirken keine Hemmung der Verjährung

Für die Unterbrechung der Verjährung bewendet es bei den allgemeinen gesetzlichen Vorschriften.

Die im Abs. 1 bezeichneten Ansprüche können nach der Vollendung der Verjährung nur aufgerechnet werden, wenn vorher der Verlust, die Minderung, die Beschädigung oder die verspätete Ablieferung der Eisenbahn angezeigt oder die Anzeige an sie abgesendet worden ist. Der Anzeige an die

Eisenbahn steht es gleich, wenn gerichtliche Beweisaufnahme zur Sicherung des Beweises beantragt oder in einem zwischen dem Absender und dem Empfänger oder einem späteren Erwerber des Gutes wegen des Verlustes, der Minderung, der Beschädigung oder der verspäteten Ablieferung anhängigen Rechtsstreite der Eisenbahn der Streit verkündet wird.

Die Vorschriften dieses Paragraphen finden keine Anwendung, wenn die Eisenbahn den Verlust, die Minderung, die Beschädigung oder die verspätete Ablieferung des Gutes vorsätzlich herbeigeführt hat. Sie finden ferner keine Anwendung auf Rückgriffsansprüche der Eisenbahnen unter einander.

§ 91 der Reichseisenbahn-Verkehrsordnung vom 26. Oktober 1899.

Entbindungskosten bei illegitimen Geburten.

Der Vater ist verpflichtet, der Mutter die Kosten der Entbindung sowie die Kosten des Unterhalts für die ersten sechs Wochen nach der Entbindung und, falls in Folge der Schwangerschaft oder der Entbindung weitere Aufwendungen notwendig werden, auch die dadurch entstehenden Kosten zu ersetzen. Den gewöhnlichen Betrag der zu ersetzenden Kosten kann die Mutter ohne Rücksicht auf den wirklichen Aufwand verlangen.

Der Anspruch steht der Mutter auch dann zu, wenn der Vater vor der Geburt des Kindes gestorben oder wenn das Kind tot geboren ist.

4 Jahre Der Anspruch verjährt in vier Jahren. Die Verjährung beginnt mit dem Ablaufe von sechs Wochen nach der Geburt des Kindes.

§ 1715 B.G.B.

Schon vor der Geburt des Kindes kann auf Antrag der Mutter durch einstweilige Verfügung angeordnet werden, daß der Vater den für die ersten drei Monate dem Kinde zu gewährenden Unterhalt alsbald nach der Geburt an die Mutter oder an den Vormund zu zahlen und den erforderlichen Betrag angemessene Zeit vor der Geburt zu hinterlegen hat. In gleicher Weise kann auf Antrag der Mutter die Zahlung des gewöhnlichen Betrags der nach § 1715 Absatz 1 (siehe oben) zu ersetzenden Kosten an die Mutter und die Hinterlegung des erforderlichen Betrags angeordnet werden.

Zur Erlassung der einstweiligen Verfügung ist nicht erforderlich, daß eine Gefährdung des Anspruchs glaubhaft gemacht wird.

§ 1716 B.G.B.

Entschädigung bei Gewerbeunfällen.

Entschädigungsberechtigte, für welche die Entschädigung nicht von Amtswegen festgestellt ist, haben ihren Entschädigungsanspruch bei Vermeidung des Ausschlusses vor Ablauf von zwei Jahren nach dem Eintritte des Unfalls bei derjenigen Berufsgenossenschaft anzumelden, welcher die Entschädigungspflicht obliegt. Die Frist gilt auch dann als gewahrt, wenn die Anmeldung bei einem nicht zuständigen Genossenschaftsorgan oder bei einer anderen Berufsgenossenschaft oder bei der für den Wohnort des Entschädigungsberechtigten zuständigen unteren Verwaltungsbehörde erfolgt ist. In solchem Falle ist die Anmeldung unverzüglich an die zuständige Stelle abzugeben und der Beteiligte davon zu benachrichtigen. 2 Jahre

Nach Ablauf der Frist ist der Anmeldung nur dann Folge zu geben, wenn zugleich glaubhaft bescheinigt wird, daß eine einen Entschädigungsanspruch begründende Folge des Unfalls erst später bemerkbar geworden oder daß der Entschädigungsberechtigte von der Verfolgung seines Anspruchs durch außerhalb seines Willens liegende Verhältnisse abgehalten worden ist, und wenn die Anmeldung innerhalb dreier Monate, nachdem eine Unfallfolge bemerkbar geworden oder das Hindernis für die Anmeldung weggefallen, erfolgt ist.

§ 72 des Gewerbeunfallversicherungsgesetzes in der Fassung vom 30. Juni 1900.

Wird der angemeldete Entschädigungsanspruch anerkannt, so ist die Entschädigung sofort festzustellen. Ist die Berufsgenossenschaft der Ansicht, daß ein entschädigungspflichtiger Unfall nicht vorliegt, so ist der Anspruch durch schriftlichen Bescheid abzulehnen. Der Bescheid ist mit Gründen zu versehen.

Ist die Genossenschaft der Ansicht, daß zwar ein entschädigungspflichtiger Unfall vorliegt, die Entschädigung aber von einer anderen Genossenschaft zu gewähren ist, so hat der Genossenschaftsvorstand dem Entschädigungsberechtigten eine vorläufige Fürsorge zuzuwenden und sich unter Mitteilung der gepflogenen Verhandlungen wegen Anerkennung der Entschädigungspflicht mit dem Vorstande der anderen Genossenschaft ins Benehmen zu setzen. Wird von diesem die Enschädigungspflicht abgelehnt oder innerhalb einer Frist von sechs Wochen eine Erklärung nicht abgegeben, so ist die Entscheidung des Reichs-Versicherungsamts darüber herbeizuführen, welche Berufsgenossenschaft entschädigungspflichtig ist. Die Entscheidung ist auch dem Entschädigungsberechtigten zuzustellen.

§ 73 leg. cit.

Ist der Verletzte, für welchen eine Entschädigung festgestellt war, in Folge der Verletzung gestorben, so muß der Anspruch auf Gewährung einer Entschädigung für die Hinterbliebenen, falls diese Entschädigung nicht von Amtswegen festgestellt ist, bei Vermeidung des Ausschlusses vor Ablauf von
2 Jahre zwei Jahren nach dem Tode des Verletzten bei dem zuständigen Vorstand oder bei der für den Wohnort des Entschädigungsberechtigten zuständigen unteren Verwaltungsbehörde angemeldet werden. Nach Ablauf dieser Frist ist der Anmeldung nur dann Folge zu geben, wenn zugleich glaubhaft bescheinigt wird, daß der Entschädigungsberechtigte von der Verfolgung seines Anspruchs durch außerhalb seines Willens liegende Verhältnisse abgehalten worden ist, und die Anmeldung innerhalb dreier Monate, nachdem das Hindernis weggefallen, erfolgt ist. Im Uebrigen finden auf das Verfahren die Vorschriften der §§ 69 bis 87 entsprechende Anwendung.

§ 92 leg. cit.

Entschädigung
bei land- und forstwirtschaftlichen Unfällen.

Entschädigungsberechtigte, für welche die Entschädigung nicht von Amtswegen festgestellt ist, haben ihren Entschädigungsanspruch bei Vermeidung des Ausschlusses vor Ablauf von zwei
2 Jahre Jahren nach dem Eintritte des Unfalls bei derjenigen Berufsgenossenschaft anzumelden, welcher die Entschädigungspflicht obliegt. Die Frist gilt auch dann als gewahrt, wenn die Anmeldung bei einem nicht zuständigen Genossenschaftsorgan oder bei einer anderen Berufsgenossenschaft oder bei der für den Wohnort des Entschädigungsberechtigten zuständigen unteren Verwaltungsbehörde erfolgt ist. In solchem Falle ist die An-

meldung unverzüglich an die zuständige Stelle abzugeben und der Beteiligte davon zu benachrichtigen.

Nach Ablauf der Frist ist der Anmeldung nur dann Folge zu geben, wenn zugleich glaubhaft bescheinigt wird, daß eine einen Entschädigungsanspruch begründende Folge des Unfalls erst später bemerkbar geworden oder daß der Entschädigungsberechtigte von der Verfolgung seines Anspruchs durch außerhalb seines Willens liegende Verhältnisse abgehalten worden ist, und wenn die Anmeldung innerhalb dreier Monate, nachdem eine Unfallfolge bemerkbar geworden oder das Hindernis für die Anmeldung weggefallen, erfolgt ist.

§ 78 des Unfallversicherungsgesetzes für Land- und Forstwirtschaft in der Fassung vom 30. Juni 1900.

Wird der angemeldete Entschädigungsanspruch anerkannt, so ist die Entschädigung sofort festzustellen. Ist die Berufsgenossenschaft der Ansicht, daß ein entschädigungspflichtiger Unfall nicht vorliegt, so ist der Anspruch durch schriftlichen Bescheid abzulehnen. Der Bescheid ist mit Gründen zu versehen.

Ist die Genossenschaft der Ansicht, daß zwar ein entschädigungspflichtiger Unfall vorliegt, die Entschädigung aber von einer anderen Genossenschaft zu gewähren ist, so hat der Genossenschaftsvorstand dem Entschädigungsberechtigten eine vorläufige Fürsorge zuzuwenden und sich unter Mitteilung der gepflogenen Verhandlungen wegen Anerkennung der Entschädigungspflicht mit dem Vorstande der anderen Genossenschaft ins Benehmen zu setzen. Wird von diesem die Enschädigungspflicht abgelehnt oder innerhalb einer Frist von sechs Wochen 6 Wochen eine Erklärung nicht abgegeben, so ist die Entscheidung des Reichsversicherungsamts darüber herbeizuführen, welche Berufsgenossenschaft entschädigungspflichtig ist. Die Entscheidung ist auch dem Entschädigungsberechtigten zuzustellen.

§ 79 leg. cit.

Ist der Verletzte, für welchen eine Entschädigung festgestellt war, in Folge der Verletzung gestorben, so muß der Anspruch auf Gewährung einer Entschädigung für die Hinterbliebenen, falls diese Entschädigung nicht von Amtswegen festgestellt ist, bei Vermeidung des Ausschlusses, vor Ablauf von zwei Jahren 2 Jahre nach dem Tode des Verletzten bei dem zuständigen Vorstand oder bei der für den Wohnort des Entschädigungsberechtigten zuständigen unteren Verwaltungsbehörde angemeldet werden.

Nach Ablauf dieser Frist ist der Anmeldung nur dann Folge zu geben, wenn zugleich glaubhaft bescheinigt wird, daß der Entschädigungsberechtigte von der Verfolgung seines Anspruchs durch außerhalb seines Willens liegende Verhältnisse abgehalten worden ist und die Anmeldung innerhalb dreier Monate, nachdem das Hindernis weggefallen, erfolgt ist. Im Uebrigen finden auf das Verfahren die Vorschriften der §§ 75 bis 93 entsprechende Anwendung.

§ 98 leg. cit.

Entschädigung wegen unbefugten Nachdrucks.

Jede mechanische Vervielfältigung eines Schriftwerkes, welche ohne Genehmigung des Berechtigten hergestellt wird, heißt Nachdruck und ist verboten.

Hinsichtlich dieses Verbotes macht es keinen Unterschied, ob das Schriftwerk ganz oder nur teilweise vervielfältigt wird.

Als mechanische Vervielfältigung ist auch das Abschreiben anzusehen, wenn es dazu bestimmt ist, den Druck zu vertreten.

§ 4 des Reichsgesetzes vom 11. Juni 1870, betreffend das Urheberrecht an Schriftwerken, Abbildungen, musikalischen Kompositionen und dramatischen Werken.

Wer vorsätzlich oder aus Fahrlässigkeit einen Nachdruck in der Absicht, denselben innerhalb oder außerhalb des Norddeutschen Bundes (jetzt: Deutschen Reiches) zu verbreiten, veranstaltet, ist den Urheber oder dessen Rechtsnachfolger zu entschädigen verpflichtet und wird außerdem mit einer Geldstrafe bis zu Eintausend Thalern bestraft.

Die Bestrafung des Nachdrucks bleibt jedoch ausgeschlossen, wenn der Veranstalter desselben auf Grund entschuldbaren, thatsächlichen oder rechtlichen Irrtums in gutem Glauben gehandelt hat.

Kann die verwirkte Geldstrafe nicht beigetrieben werden, so wird dieselbe nach Maßgabe der allgemeinen Strafgesetze in eine entsprechende Freiheitsstrafe bis zu sechs Monaten umgewandelt.

Statt jeder aus diesem Gesetze entspringenden Entschädigung kann auf Verlangen des Beschädigten neben der Strafe auf eine an den Beschädigten zu erlegende Geldbuße bis zum Betrage von zweitausend Thalern erkannt werden. Für diese Buße haften die zu derselben Verurteilten als Gesammtschuldner.

Eine erkannte Buße schließt die Geltendmachung eines weiteren Entschädigungsanspruchs aus.

Wenn den Veranstalter des Nachdrucks kein Verschulden trifft, so haftet er dem Urheber oder dessen Rechtsnachfolger für den entstandenen Schaden nur bis zur Höhe seiner Bereicherung.

§ 18 leg. cit.

Sowohl die Entscheidung über den Enschädigungsanspruch, als auch die Verhängung der im gegenwärtigen Gesetze angedrohten Strafen und die Einziehung der Nachdrucks-Exemplare &c. gehört zur Kompetenz der ordentlichen Gerichte.

Die Einziehung der Nachdrucks-Exemplare &c. kann sowohl im Strafrechtswege beantragt, als im Civilrechtswege verfolgt werden.

§ 26 leg. cit.

Die Strafverfolgung des Nachdrucks und die Klage auf Entschädigung wegen Nachdrucks einschließlich der Klage wegen Bereicherung (§ 18, siehe oben) verjähren in drei Jahren. 3 Jahre

Der Lauf der Verjährung beginnt mit dem Tage, an welchem die Verbreitung der Nachdrucks-Exemplare zuerst stattgefunden hat.

§ 33 leg. cit.

Die Strafverfolgung der Verbreitung von Nachdrucks-Exemplaren und die Klage auf Entschädigung wegen dieser Verbreitung (§ 25, siehe unten) verjähren ebenfalls in drei Jahren. 3 Jahre

Der Lauf der Verjährung beginnt mit dem Tage, an welchem die Verbreitung zuletzt stattgefunden hat.

§ 34 leg. cit.

Die allgemeinen gesetzlichen Vorschriften (siehe sub II a Verjährungsabschnitt des B.G.B.) bestimmen durch welche Handlungen die Verjährung unterbrochen wird.

Die Einleitung des Strafverfahrens unterbricht die Verjährung der Entschädigungsklage nicht, und ebensowenig unterbricht die Anstellung der Entschädigungsklage die Verjährung des Strafverfahrens.

§ 38 leg. cit.

Wer vorsätzlich Exemplare eines Werkes, welche den Vorschriften des gegenwärtigen Gesetzes zuwider angefertigt worden sind, innerhalb oder außerhalb des Norddeutschen Bundes (jetzt Deutschen Reiches) gewerbemäßig feilhält, verkauft oder in sonstiger Weise verbreitet, ist nach Maßgabe des von ihm verursachten Schadens den Urheber oder dessen Rechtsnachfolger zu entschädigen verpflichtet und wird außerdem mit Geldstrafe nach § 18 (siehe oben) bestraft.

Die Einziehung der zur gewerbemäßigen Verbreitung bestimmten Nachdrucks-Exemplare nach Maßgabe des § 21 (siehe unten) findet auch dann statt, wenn der Verbreiter nicht vorsätzlich gehandelt hat.

Der Entschädigungspflicht sowie der Bestrafung wegen Verbreitung unterliegen auch der Veranstalter und Veranlasser des Nachdrucks, wenn sie nicht schon als solche entschädigungspflichtig und strafbar sind.

§ 25 leg. cit.

Darüber, ob ein Schaden entstanden ist, und wie hoch sich derselbe beläuft, desgleichen über den Bestand und die Höhe einer Bereicherung, entscheidet das Gericht unter Würdigung aller Umstände nach freier Ueberzeugung.

§ 19 leg. cit.

Wer vorsätzlich oder aus Fahrlässigkeit einen Anderen zur Veranstaltung eines Nachdrucks veranlaßt, hat die im § 18 (siehe oben) festgesetzte Strafe verwirkt, und ist den Urheber oder dessen Rechtsnachfolger nach Maßgabe der §§ 18 und 19 (siehe oben) zu entschädigen verpflichtet, und zwar selbst dann, wenn der Veranstalter des Nachdrucks nach § 18 (siehe oben) nicht strafbar oder ersatzverbindlich sein sollte.

Wenn der Veranstalter des Nachdrucks ebenfalls vorsätzlich oder aus Fahrlässigkeit gehandelt hat, so haften Beide dem Berechtigten solidarisch.

Die Strafbarkeit und die Ersatzverbindlichkeit der übrigen Teilnehmer am Nachdruck richtet sich nach den allgemeinen gesetzlichen Vorschriften.

§ 20 leg. cit.

Die vorrätigen Nachdruckseremplare und die zur widerrechtlichen Vervielfältigung ausschließlich bestimmten Vorrichtungen, wie Formen, Platten, Steine, Stereotypabgüsse ꝛc., unterliegen der Einziehung. Dieselben sind, nachdem die Einziehung dem Eigentümer gegenüber rechtskräftig erkannt ist, entweder zu vernichten oder ihrer gefährdenden Form zu entkleiden und alsdann dem Eigentümer zurückzugeben.

Wenn nur ein Teil des Werkes als Nachdruck anzusehen ist, so erstreckt sich die Einziehung nur auf den als Nachdruck erkannten Teil des Werkes und die Vorrichtungen zu diesem Teile.

Die Einziehung erstreckt sich auf alle diejenigen Nachdrucks-Exemplare und Vorrichtungen, welche sich im Eigentum des Veranstalters des Nachdrucks, des Druckers, der Sortimentsbuchhändler, der gewerbsmäßigen Verbreiter und desjenigen, welcher den Nachdruck veranlaßt hat, befinden.

Die Einziehung tritt auch dann ein, wenn der Veranstalter oder Veranlasser des Nachdrucks weder vorsätzlich noch fahrlässig gehandelt hat. Sie erfolgt auch gegen die Erben desselben.

Es steht dem Beschädigten frei, die Nachdrucks-Exemplare und Vorrichtungen ganz oder teilweise gegen die Herstellungskosten zu übernehmen, insofern nicht die Rechte eines Dritten dadurch verletzt oder gefährdet werden.

§ 21 leg. cit.

Die Bestimmungen in den §§ 18--42 des Gesetzes vom 11. Juni 1870, betreffend das Urheberrecht an Schriftwerken 2c. finden auch auf die Nachbildung von Werken der bildenden Künste entsprechende Anwendung.

Die Sachverständigen-Vereine, welche nach Maßgabe des § 31 des genannten Gesetzes Gutachten über die Nachbildung von Werken der bildenden Künste abzugeben haben, sollen aus Künstlern verschiedener Kunstzweige, aus Kunsthändlern, Kunstgewerbetreibenden und aus anderen Kunstverständigen bestehen.

§ 16 des Reichsgesetzes vom 9. Januar 1876, betr. das Urheberrecht an Werken der bildenden Künste.

Vergleiche auch oben Seite 255 unter „Urheberrecht".

Entschädigung bei Seeunfällen.

Entschädigungsberechtigte, für welche die Entschädigung nicht von Amtswegen festgestellt ist, haben ihren Entschädigungsanspruch bei Vermeidung des Ausschlusses vor Ablauf von zwei

2 Jahre Jahren nach dem Eintritte des Unfalls, oder falls der Anspruch von Hinterbliebenen solcher Versicherten erhoben wird, welche auf einem für verschollen zu erachtenden Schiffe gefahren sind, vor Ablauf von zwei Jahren nach Ablauf der Verschollenheitsfrist (§§ 862, 863 des Handelsgesetzbuchs — siehe unten) bei dem Genossenschaftsvorstand anzumelden. Die Frist gilt auch dann als gewahrt, wenn die Anmeldung bei einem nicht zuständigen Genossenschaftsorgan oder bei einer anderen Berufsgenossenschaft oder bei der für den Wohnort des Entschädigungsberechtigten zuständigen unteren Verwaltungsbehörde erfolgt ist. In solchem Falle ist die Anmeldung unverzüglich an die zuständige Stelle abzugeben und der Beteiligte davon zu benachrichtigen.

Nach Ablauf der Frist ist der Anmeldung nur dann Folge zu geben, wenn zugleich glaubhaft bescheinigt wird, daß eine einen Entschädigungsanspruch begründende Folge des Unfalls erst später bemerkbar geworden oder daß der Entschädigungsberechtigte von der Verfolgung seines Anspruchs durch außerhalb seines Willens liegende Verhältnisse abgehalten worden ist,
3 Monate und wenn die Anmeldung innerhalb dreier Monate, nachdem eine Unfallfolge bemerkbar geworden oder das Hindernis für die Anmeldung weggefallen, erfolgt ist.

§ 77 des Seeunfallversicherungsgesetzes in der Fassung vom 30. Juni 1900.

Wird der angemeldete Entschädigungsanspruch anerkannt, so ist die Entschädigung sofort festzustellen. Ist die Berufsgenossenschaft der Ansicht, daß ein entschädigungspflichtiger Unfall nicht vorliegt, so ist der Anspruch durch schriftlichen Bescheid abzulehnen. Der Bescheid ist mit Gründen zu versehen.

Ist die Genossenschaft der Ansicht, daß zwar ein entschädigungspflichtiger Unfall vorliegt, die Entschädigung aber von einer anderen Genossenschaft zu gewähren ist, so hat der Genossenschaftsvorstand dem Entschädigungsberechtigten eine vorläufige Fürsorge zuzuwenden und sich unter Mitteilung der gepflogenen Verhandlungen wegen Anerkennung der Entschädigungspflicht mit dem Vorstande der anderen Genossenschaft ins Benehmen zu setzen. Wird von diesem die Entschädigungs-
6 Wochen pflicht abgelehnt oder innerhalb einer Frist von sechs Wochen eine Erklärung nicht abgegeben, so ist die Entscheidung des Reichs-Versicherungsamts darüber herbeizuführen, welche Berufsgenossenschaft entschädigungspflichtig ist. Die Entscheidung ist auch dem Entschädigungsberechtigten zuzustellen.

§ 78 leg. cit.

Ist der Verletzte, für welchen eine Entschädigung festgestellt war, in Folge der Verletzung gestorben, so muß der Anspruch auf Gewährung einer Entschädigung für die Hinterbliebenen, falls diese Entschädigung nicht von Amtswegen festgestellt ist, bei Vermeidung des Ausschlusses vor Ablauf von zwei Jahren nach dem Tode des Verletzten bei dem zuständigen Vorstand oder bei der für den Wohnort des Entschädigungsberechtigten zuständigen unteren Verwaltungsbehörde angemeldet werden. Nach Ablauf dieser Frist ist der Anmeldung nur dann Folge zu geben, wenn zugleich glaubhaft bescheinigt wird, daß der Entschädigungsberechtigte von der Verfolgung seines Anspruchs durch außerhalb seines Willens liegende Verhältnisse abgehalten worden ist, und die Anmeldung innerhalb dreier Monate, nachdem das Hindernis weggefallen, erfolgt ist. Im Uebrigen finden auf das Verfahren die Vorschriften der §§ 74 bis 91 entsprechende Anwendung. 2 Jahre 3 Monate

§ 96 leg. cit.

Ein Schiff, welches eine Reise angetreten hat, ist als verschollen anzusehen, wenn es innerhalb der Verschollenheitsfrist den Bestimmungshafen nicht erreicht hat, auch innerhalb dieser Frist den Beteiligten keine Nachrichten über das Schiff zugegangen sind.

Die Verschollenheitsfrist beträgt:

1. wenn sowohl der Abgangshafen als Bestimmungshafen ein europäischer Hafen ist, bei Segelschiffen sechs, bei Dampfschiffen vier Monate; 6 Monate 4 Monate
2. wenn entweder nur der Abgangshafen oder nur der Bestimmungshafen ein europäischer Hafen ist, falls er diesseits des Vorgebirges der guten Hoffnung und des Kap Horn belegen ist, bei Segel- und Dampfschiffen neun Monate, falls er jenseits des einen jener Vorgebirge belegen ist, bei Segel- und Dampfschiffen zwölf Monate; 9 Monate 12 Monate
3. wenn sowohl der Abgangs- als der Bestimmungshafen ein außereuropäischer Hafen ist, bei Segel- und Dampfschiffen sechs, neun oder zwölf Monate, je nachdem die Durchschnittsdauer der Reise nicht über zwei oder nicht über drei oder mehr als drei Monate beträgt. 2 Monate 3 Monate

Im Zweifel ist die längere Frist abzuwarten.

§ 862 H.G.B.

Die Verschollenheitsfrist wird von dem Tage an berechnet, an welchem das Schiff die Reise angetreten hat. Sind jedoch seit dessen Abgange Nachrichten von ihm angelangt, so wird von dem Tage an, bis zu welchem die letzte Nachricht reicht, diejenige Frist berechnet, welche maßgebend sein würde, wenn das Schiff von dem Punkte, an welchem es sich nach sicherer Nachricht zuletzt befunden hat, abgegangen wäre.

§ 863 H.G.B.

Erbmasse, hier Anspruchsverjährung.

Die Verjährung eines Anspruchs, der zu einem Nachlasse gehört oder sich gegen einen Nachlaß richtet, wird nicht vor
6 Monate dem Ablaufe von sechs Monaten nach dem Zeitpunkte vollendet, in welchem die Erbschaft von dem Erben angenommen oder der Konkurs über den Nachlaß eröffnet wird oder von welchem an der Anspruch von einem Vertreter oder gegen einen Vertreter geltend gemacht werden kann. Ist die Verjährungsfrist kürzer als sechs Monate, so tritt der für die Verjährung bestimmte Zeitraum an die Stelle der sechs Monate.

§ 207 B.G.B.

Erbunwürdigkeit.

Die Erbunwürdigkeit wird durch Anfechtung des Erbschaftserwerbes geltend gemacht.

Die Anfechtung ist erst nach dem Anfalle der Erbschaft zulässig. Einem Nacherben gegenüber kann die Anfechtung erfolgen, sobald die Erbschaft dem Vorerben angefallen ist.

Die Anfechtung kann nur innerhalb der im § 2082 (siehe unten) bestimmten Fristen erfolgen.

§ 2340 B.G.B.

1 Jahr Die Anfechtung kann nur binnen Jahresfrist erfolgen.

Die Frist beginnt mit dem Zeitpunkte, in welchem der Anfechtungsberechtigte von dem Anfechtungsgrunde Kenntnis erlangt. Auf den Lauf der Frist finden die für die Verjährung geltenden Vorschriften der §§ 203, 206, 207 [siehe oben sub II a Verjährungsabschnitt des Bürgerlichen Gesetzbuchs] entsprechende Anwendung.

Die Anfechtung ist ausgeschlossen, wenn seit dem Erbfalle dreißig Jahre verstrichen sind. 30 Jahre

§ 2082 B.G.B.

Erbunwürdig ist:
1. wer den Erblasser vorsätzlich und widerrechtlich getötet oder zu töten versucht oder in einen Zustand versetzt hat, in Folge dessen der Erblasser bis zu seinem Tode unfähig war, eine Verfügung von Todeswegen zu errichten oder aufzuheben;
2. wer den Erblasser vorsätzlich und widerrechtlich verhindert hat, eine Verfügung von Todeswegen zu errichten oder aufzuheben;
3. wer den Erblasser durch arglistige Täuschung oder widerrechtlich durch Drohung bestimmt hat, eine Verfügung von Todeswegen zu errichten oder aufzuheben;
4. wer sich in Ansehung einer Verfügung des Erblassers von Todeswegen einer nach den Vorschriften der §§ 267 bis 274 des Strafgesetzbuchs [betrifft das Delikt „Urkundenfälschung"] strafbaren Handlung schuldig gemacht hat.

Die Erbunwürdigkeit tritt in den Fällen des Abs. 1 Nr. 3, 4 nicht ein, wenn vor dem Eintritte des Erbfalls die Verfügung, zu deren Errichtung der Erblasser bestimmt oder in Ansehung deren die strafbare Handlung begangen worden ist, unwirksam geworden ist, oder die Verfügung, zu deren Aufhebung er bestimmt worden ist, unwirksam geworden sein würde.

§ 2339 B.G.B.

Ersatzanspruch nach dem Börsengesetze.

Sind in einem Prospekt, auf Grund dessen Wertpapiere zum Börsenhandel zugelassen sind, Angaben, welche für die Beurteilung des Wertes erheblich sind, unrichtig, so haften diejenigen, welche den Prospekt erlassen haben, sowie diejenigen, von denen der Erlaß des Prospekts ausgeht, wenn sie die Unrichtigkeit gekannt haben oder ohne grobes Verschulden hätten kennen müssen, als Gesammtschuldner jedem Besitzer eines solchen

Wertpapiers für den Schaden, welcher demselben aus der von den gemachten Angaben abweichenden Sachlage erwächst. Das Gleiche gilt, wenn der Prospekt in Folge der Fortlassung wesentlicher Thatsachen unvollständig ist und diese Unvollständigkeit auf böslichem Verschweigen oder auf der böslichen Unterlassung einer ausreichenden Prüfung seitens derjenigen, welche den Prospekt erlassen haben, oder derjenigen, von denen der Erlaß des Prospektes ausgeht, beruht.

Die Ersatzpflicht wird dadurch nicht ausgeschlossen, daß der Prospekt die Angaben als von einem Dritten herrührend bezeichnet.

§ 43 des Börsengesetzes vom 22. Juni 1896.

Die Ersatzpflicht erstreckt sich nur auf diejenigen Stücke, welche auf Grund des Prospekts zugelassen und von dem Besitzer auf Grund eines im Inlande abgeschlossenen Geschäfts erworben sind.

Der Ersatzpflichtige kann der Ersatzpflicht dadurch genügen, daß er das Wertpapier gegen Erstattung des von dem Besitzer nachgewiesenen Erwerbspreises oder desjenigen Kurswertes übernimmt, den die Wertpapiere zur Zeit der Einführung hatten.

Die Ersatzpflicht ist ausgeschlossen, wenn der Besitzer des Papiers die Unrichtigkeit oder Unvollständigkeit der Angaben des Prospekts bei dem Erwerbe kannte. Gleiches gilt, wenn der Besitzer des Papiers bei dem Erwerbe die Unrichtigkeit der Angaben des Prospekts bei Anwendung derjenigen Sorgfalt, welche er in eigenen Angelegenheiten beobachtet, kennen mußte, es sei denn, daß die Ersatzpflicht durch bösliches Verhalten begründet ist.

§ 44 leg. cit.

5 Jahre Der Ersatzanspruch verjährt in fünf Jahren seit der Zulassung der Wertpapiere.

§ 45 leg. cit.

Eine Vereinbarung, durch welche die nach den §§ 43 bis 45 begründete Haftung ermäßigt oder erlassen wird, ist unwirksam.

Weitergehende Ansprüche, welche nach den Vorschriften des bürgerlichen Rechts auf Grund von Verträgen erhoben werden können, bleiben unberührt.

§ 46 leg. cit.

Ersatzansprüche
bei land- und forstwirtschaftlichen Unfällen.

Diejenigen Betriebsunternehmer, Bevollmächtigten oder Repräsentanten, Betriebs- und Arbeiteraufseher, gegen welche durch strafgerichtliches Urteil festgestellt worden ist, daß sie den Unfall vorsätzlich oder durch Fahrlässigkeit mit Außerachtlassung derjenigen Aufmerksamkeit, zu der sie vermöge ihres Amtes, Berufs oder Gewerbes besonders verpflichtet sind, herbeigeführt haben, haften für alle Aufwendungen, welche in Folge des Unfalls auf Grund dieses Gesetzes oder des Krankenversicherungsgesetzes von den Gemeinden, Armenverbänden oder von Kranken- und anderen Unterstützungskassen gemacht worden sind. Dieselben Personen haften der Genossenschaft für deren Aufwendungen auch ohne Feststellung durch strafgerichtliches Urteil. Ist der Unfall durch Fahrlässigkeit mit Außerachtlassung derjenigen Aufmerksamkeit, zu der sie vermöge ihres Amtes, Berufs oder Gewerbes verpflichtet sind, herbeigeführt, so ist die Genossenschaftsversammlung befugt, von der Verfolgung des Anspruchs abzusehen. Durch das Statut kann diese Befugnis auf den Vorstand übertragen werden.

In gleicher Weise haftet als Betriebsunternehmer eine Aktiengesellschaft, eine Innung oder eingetragene Genossenschaft für die durch ein Mitglied ihres Vorstandes sowie eine Handelsgesellschaft, eine Innung oder eingetragene Genossenschaft für die durch einen der Liquidatoren herbeigeführten Unfälle.

Als Ersatz für die Rente kann in diesen Fällen deren Kapitalwert gefordert werden.

§ 147 des Unfallversicherungsgesetzes für Land- und Forstwirtschaft in der Fassung vom 30. Juni 1900.

Will der Vorstand den Ersatzanspruch aus § 147 Abs. 1 Satz 3 (siehe oben) geltend machen, so hat er den Beschluß dem Ersatzpflichtigen schriftlich mitzuteilen. Der Ersatzpflichtige kann hiergegen die Beschlußfassung der Genossenschaftsversammlung anrufen.

1 Monat Die Klage darf nicht vor Ablauf eines Monats nach der Zustellung dieser Mitteilung, und nur dann angestellt werden, wenn nicht innerhalb dieser Frist die Beschlußfassung seitens des Ersatzpflichtigen angerufen ist. Ist letzteres der Fall, so ist die Beschlußfassung der Genossenschaftsversammlung abzuwarten.

§ 148 leg. cit.

Der Anspruch (§ 147 Abs. 1 Satz 1 — siehe oben)
18 Monate verjährt in achtzehn Monaten von dem Tage, an welchem das strafgerichtliche Urteil rechtskräftig geworden ist, im Uebrigen
2 Jahre in zwei Jahren nach dem Unfalle. Die Anrufung der Beschlußfassung der Genossenschaftsversammlung (§ 148 Abs. 1 — siehe oben) unterbricht die Verjährung.

Die Bestimmung des § 146 Abs. 4 [nämlich: „Für das über einen solchen Anspruch erkennende ordentliche Gericht ist die Entscheidung bindend, welche in dem durch dieses Gesetz geordneten Verfahren über die Frage ergeht, ob ein Unfall vorliegt, für welchen aus der Unfallversicherung Entschädigung zu leisten ist und in welchem Umfange Entschädigung zu gewähren ist"] findet Anwendung.

§ 149 leg. cit.

Ersatzansprüche bei Seeunfällen.

Diejenigen Betriebsunternehmer, Mitrheder, Lootsen, Bevollmächtigten oder Repräsentanten, Betriebs- oder Arbeiteraufseher oder Personen der Schiffsbesatzung, gegen welche durch strafgerichtliches Urteil festgestellt worden ist, daß sie den Unfall vorsätzlich oder durch Fahrlässigkeit mit Außerachtlassung derjenigen Aufmerksamkeit, zu der sie vermöge ihres Amtes, Berufs oder Gewerbes besonders verpflichtet sind, herbeigeführt haben, haften für alle Aufwendungen, welche in Folge des Unfalls auf Grund dieses Gesetzes oder des Krankenversicherungsgesetzes von den Gemeinden, Armenverbänden, Krankenkassen und sonstigen Unterstützungskassen gemacht worden sind. Dieselben Personen haften der Genossenschaft für deren Aufwendungen auch ohne Feststellung durch strafgerichtliches Urteil. Ist der Unfall durch Fahrlässigkeit mit Außerachtlassung derjenigen Aufmerksamkeit, zu der sie vermöge ihres Amtes, Berufs oder Gewerbes verpflichtet sind, herbeigeführt, so ist die Genossenschaftsversammlung befugt, von der Verfolgung des Anspruchs abzusehen. Durch das Statut kann diese Befugnis auf den Vorstand übertragen werden.

In gleicher Weise haftet als Betriebsunternehmer eine Aktiengesellschaft, eine Innung oder eingetragene Genossenschaft für die durch ein Mitglied ihres Vorstandes sowie eine Handelsgesellschaft, eine Innung oder eingetragene Genossenschaft für die durch einen der Liquidatoren herbeigeführten Unfälle.

Als Ersatz für die Rente kann in diesen Fällen deren Kapitalwert gefordert werden.

§ 134 des Seeunfallversicherungsgesetzes vom 30. Juni 1900.

Will der Vorstand den Ersatzanspruch aus § 134 Abs. 1 Satz 3 (siehe oben) geltend machen, so hat er den Beschluß dem Ersatzpflichtigen schriftlich mitzuteilen. Der Ersatzpflichtige kann hiergegen die Beschlußfassung der Genossenschaftsversammlung anrufen.

Die Klage darf nicht vor Ablauf eines Monats nach der Zustellung dieser Mitteilung und nur dann angestellt werden, wenn nicht innerhalb dieser Frist die Beschlußfassung seitens des Ersatzpflichtigen angerufen ist. Ist letzteres der Fall, so ist die Beschlußfassung der Genossenschaftsversammlung abzuwarten. 1 Monat

§ 135 leg. cit.

Der Anspruch (§ 134 Abs. 1 Satz 1 — siehe oben) verjährt in achtzehn Monaten von dem Tage, an welchem das strafgerichtliche Urteil rechtskräftig geworden ist, im Uebrigen in zwei Jahren nach dem Unfalle. Die Anrufung der Beschlußfassung der Genossenschaftsversammlung (§ 135 Abs. 1 siehe oben) unterbricht die Verjährung. 18 Monat 2 Jahre

§ 136 Abs. I leg. cit.

Ersatzansprüche des Verleihers und Vermieters.

Die Ersatzansprüche des Vermieters wegen Veränderungen oder Verschlechterungen der vermieteten Sache sowie die Ansprüche des Mieters auf Ersatz von Verwendungen oder auf Gestattung der Wegnahme einer Einrichtung verjähren in sechs Monaten. 6 Monate

Die Verjährung der Ersatzansprüche des Vermieters beginnt mit dem Zeitpunkte, in welchem er die Sache zurückerhält, die Verjährung der Ansprüche des Mieters beginnt mit der Beendigung des Mietverhältnisses.

Mit der Verjährung des Anspruchs des Vermieters auf Rückgabe der Sache verjähren auch die Ersatzansprüche des Vermieters.

§ 558 B.G.B.

Die Ersatzansprüche des Verleihers wegen Veränderungen oder Verschlechterungen der verliehenen Sache sowie die Ansprüche des Entleihers auf Ersatz von Verwendungen oder auf Gestattung der Wegnahme einer Einrichtung verjähren in 6 Monate sechs Monaten. Die Vorschriften des § 558 Abs. 2, 3 (siehe oben) finden entsprechende Anwendung.

§ 606 B.G.B.

Erwerbs- und Wirtschaftsgenossenschaften, hier Anspruchsverjährung gegen die Mitglieder des Vorstands und Aufsichtsrats.

Die Mitglieder des Vorstands haben die Sorgfalt eines ordentlichen Geschäftsmannes anzuwenden.

Mitglieder, welche ihre Obliegenheiten verletzen, haften der Genossenschaft persönlich und solidarisch für den dadurch entstandenen Schaden.

Insbesondere sind sie zum Ersatze der Zahlung verpflichtet, wenn entgegen den Vorschriften in §§ 19, 22 (siehe unten) der Gewinn oder das Geschäftsguthaben ausgezahlt wird.

Die Ansprüche auf Grund der vorstehenden Bestimmungen 5 Jahre verjähren in fünf Jahren.

§ 34 des Erwerbs- und Wirtschaftsgenossenschaftsgesetzes in der Fassung vom 20. Mai 1898.

Die Mitglieder des Aufsichtsrats haben die Sorgfalt eines ordentlichen Geschäftsmannes anzuwenden.

Mitglieder, welche ihre Obliegenheiten verletzen, haften der Genossenschaft persönlich und solidarisch für den dadurch entstandenen Schaden.

Insbesondere sind sie in den Fällen des § 34 Abs. 3 (siehe oben) zum Ersatze der Zahlung verpflichtet, wenn diese mit ihrem Wissen und ohne ihr Einschreiten erfolgt ist.

Die Ansprüche auf Grund der vorstehenden Bestimmungen verjähren in fünf Jahren. 5 Jahre

§ 41 leg. cit.

Der bei Genehmigung der Bilanz für die Genossen sich ergebende Gewinn oder Verlust des Geschäftsjahres ist auf diese zu verteilen. Die Verteilung geschieht für das erste Geschäftsjahr nach dem Verhältnis ihrer auf den Geschäftsanteil geleisteten Einzahlungen, für jedes folgende nach dem Verhältnis ihrer durch die Zuschreibung von Gewinn oder die Abschreibung von Verlust zum Schlusse des vorhergegangenen Geschäftsjahres ermittelten Geschäftsguthaben. Die Zuschreibung des Gewinns erfolgt solange, als nicht der Geschäftsanteil erreicht ist.

Das Statut kann einen anderen Maßstab für die Verteilung von Gewinn und Verlust aufstellen, sowie Bestimmung darüber treffen, in wie weit der Gewinn vor Erreichung des Geschäftsanteils an die Genossen auszuzahlen ist. Bis zur Wiederergänzung eines durch Verlust verminderten Guthabens findet eine Auszahlung des Gewinns nicht statt.

§ 19 leg. cit.

Eine Herabsetzung des Geschäftsanteils oder der auf denselben zu leistenden Einzahlungen oder eine Verlängerung der für die letzteren festgesetzten Fristen kann nur unter Beobachtung der Bestimmungen erfolgen, welche für die Verteilung des Genossenschaftsvermögens im Falle der Auflösung maßgebend sind.

Das Geschäftsguthaben eines Genossen darf, solange er nicht ausgeschieden ist, von der Genossenschaft nicht ausgezahlt oder im geschäftlichen Betriebe zum Pfande genommen, eine geschuldete Einzahlung darf nicht erlassen werden.

Gegen die letztere kann der Genosse eine Aufrechnung nicht geltend machen.

§ 22 leg. cit.

Erziehung.

In zwei Jahren verjähren die Ansprüche: 2 Jahre

— —

11. der öffentlichen Anstalten, welche dem Unterrichte, der Erziehung, Verpflegung oder Heilung dienen,

sowie der Inhaber von Privatanstalten solcher Art für Gewährung von Unterricht, Verpflegung oder Heilung und für die damit zusammenhängenden Aufwendungen;

12. derjenigen, welche Personen zur Verpflegung oder zur Erziehung aufnehmen, für Leistungen und Aufwendungen der in Nr. 11 bezeichneten Art.

§ 196 Ziff. 11 u. 12 B.G.B.

Vergleiche auch die §§ 198 u. 201 B.G.B. unter IIa Verjährungsabschnitt des B.G.B.

Fabrikanten.

2 Jahre In zwei Jahren verjähren die Ansprüche:

1. der Kaufleute, Fabrikanten, Handwerker und derjenigen, welche ein Kunstgewerbe betreiben, für Lieferung von Waaren, Ausführung von Arbeiten und Besorgung fremder Geschäfte, mit Einschluß der Auslagen, es sei denn, daß die Leistung für den Gewerbebetrieb des Schuldners erfolgt;

— —

Soweit die im Absatz 1 Nr. 1, 2, 5 bezeichneten Ansprüche nicht der Verjährung von zwei Jahren unterliegen, 4 Jahre verjähren sie in vier Jahren.

§ 196 B.G.B.

Vergleiche noch die §§ 198 und 201 B.G.B. oben sub IIa Verjährungsabschnitt des B.G.B.

Fabrikarbeiter.

2 Jahre In zwei Jahren verjähren die Ansprüche:

— —

9. der gewerblichen Arbeiter — Gesellen, Gehülfen, Lehrlinge, Fabrikarbeiter —, der Tagelöhner und Handarbeiter wegen des Lohnes und anderer an Stelle oder als Teil des Lohnes vereinbarten Leistungen, mit Einschluß der Auslagen, sowie der Arbeitgeber wegen der auf solche Ansprüche gewährten Vorschüsse;

§ 196 Ziff. 9 B.G.B.

Siehe auch §§ 198 und 201 B.G.B. oben sub IIa Verjährungsabschnitt des Bürgerlichen Gesetzbuches.

Familienrecht.

Das Recht, von einem Anderen ein Thun oder ein Unterlassen zu verlangen (Anspruch), unterliegt der Verjährung.

Der Anspruch aus einem familienrechtlichen Verhältnis unterliegt der Verjährung nicht, soweit er auf die Herstellung des dem Verhältnis entsprechenden Zustandes für die Zukunft gerichtet ist.

§ 194 B.G.B.

Festgestellter Anspruch.

Ein rechtskräftig festgestellter Anspruch verjährt in dreißig Jahren, auch wenn er an sich einer kürzeren Verjährung unterliegt. Das Gleiche gilt von dem Anspruch aus einem vollstreckbaren Vergleich oder einer vollstreckbaren Urkunde sowie von einem Anspruche, welcher durch die im Konkurs erfolgte Feststellung vollstreckbar geworden ist. 30 Jahre

Soweit sich die Feststellung auf regelmäßig wiederkehrende, erst künftig fällig werdende Leistungen bezieht, bewendet es bei der kürzeren Verjährungsfrist.

§ 218 B.G.B.

Die Unterbrechung (der Verjährung) durch Klageerhebung dauert fort, bis der Prozeß rechtskräftig entschieden oder anderweit erledigt ist.

Gerät der Prozeß in Folge einer Vereinbarung oder dadurch, daß er nicht betrieben wird, in Stillstand, so endigt die Unterbrechung mit der letzten Prozeßhandlung der Parteien oder des Gerichts. Die nach der Beendigung der Unterbrechung beginnende neue Verjährung wird dadurch, daß eine der Parteien den Prozeß weiter betreibt, in gleicher Weise wie durch Klageerhebung unterbrochen.

§ 211 B.G.B.

Als rechtskräftige Entscheidung im Sinne des § 211 Abs. 1 (siehe oben) und des § 218 Abs 1 (siehe oben) gilt auch ein unter Vorbehalt ergangenes rechtskräftiges Urteil.

§ 219 B.G.B.

Firmeninhaber,
früherer, hier Anspruchsverjährung hinsichtlich der Forderungen der Gläubiger.

Wer ein unter Lebenden erworbenes Handelsgeschäft unter der bisherigen Firma mit oder ohne Beifügung eines das Nachfolgeverhältnis andeutenden Zusatzes fortführt, haftet für alle im Betriebe des Geschäfts begründeten Verbindlichkeiten des früheren Inhabers. Die in dem Betriebe begründeten Forderungen gelten den Schuldnern gegenüber als auf den Erwerber übergegangen, falls der bisherige Inhaber oder seine Erben in die Fortführung der Firma gewilligt haben.

Eine abweichende Vereinbarung ist einem Dritten gegenüber nur wirksam, wenn sie in das Handelsregister eingetragen und bekannt gemacht oder von dem Erwerber oder dem Veräußerer dem Dritten mitgeteilt worden ist.

Wird die Firma nicht fortgeführt, so haftet der Erwerber eines Handelsgeschäfts für die früheren Geschäftsverbindlichkeiten nur, wenn ein besonderer Verpflichtungsgrund vorliegt, insbesondere, wenn die Uebernahme der Verbindlichkeiten in handelsüblicher Weise von dem Erwerber bekannt gemacht worden ist.

§ 25 H.G.B.

Ist der Erwerber des Handelsgeschäfts auf Grund der Fortführung der Firma oder auf Grund der im § 25 Abs. 3 (siehe oben) bezeichneten Bekanntmachung für die früheren Geschäftsverbindlichkeiten haftbar, so verjähren die Ansprüche der Gläubiger gegen den früheren Inhaber mit dem Ablaufe 5 Jahre von fünf Jahren, falls nicht nach den allgemeinen Vorschriften die Verjährung schon früher eintritt.

Die Verjährung beginnt im Falle des § 25 Abs. 1 (siehe oben) mit dem Ende des Tages, an welchem der neue Inhaber der Firma in das Handelsregister des Gerichts der Hauptniederlassung eingetragen worden ist, im Falle des § 25 Abs. 3 (siehe oben) mit dem Ende des Tages, an welchem die Kundmachung der Uebernahme stattgefunden hat. Konnte der Gläubiger die Leistung erst in einem späteren Zeitpunkte verlangen, so beginnt die Verjährung mit diesem Zeitpunkte.

§ 26 H.G.B.

Forstwirte, hier: Verjährung deren Forderungen.

In zwei Jahren verjähren die Ansprüche: 2 Jahre

— —

2. derjenigen, welche Land- oder Forstwirtschaft betreiben, für Lieferung von land- od. forstwirtschaftlichen Erzeugnissen, sofern die Lieferung zur Verwendung im Haushalte des Schuldners erfolgt;

— —

Soweit die im Absatz 1 Nr. 1, 2, 5 bezeichneten Ansprüche nicht der Verjährung von zwei Jahren unterliegen, verjähren sie in vier Jahren. 4 Jahre

§ 196 B.G.B.

Siehe auch die §§ 198 und 201 B.G.B. oben sub IIa Verjährungsabschnitt des B.G.B.

Frachtfuhrleute.

In zwei Jahren verjähren die Ansprüche: 2 Jahre

— —

3. der Eisenbahnunternehmungen, Frachtfuhrleute, Schiffer, Lohnkutscher und Boten wegen des Fahrgeldes, der Fracht, des Fuhr- und Botenlohns, mit Einschluß der Auslagen;

— —

§ 196 B.G.B.

Siehe auch die §§ 198 und 201 B.G.B. oben sub IIa Verjährungsabschnitt des B.G.B.

Fremdenführer.

In zwei Jahren verjähren die Ansprüche: 2 Jahre

1. der Kaufleute, Fabrikanten, Handwerker und derjenigen, welche ein Kunstgewerbe betreiben, für Lieferung von Waaren, Ausführung von Arbeiten und Besorgung fremder Geschäfte, mit Einschluß der Auslagen, es sei denn, daß die Leistung für den Gewerbebetrieb des Schuldners erfolgt;

— —

7. derjenigen, welche, ohne zu den in Nr. 1 bezeichneten Personen zu gehören, die Besorgung fremder Geschäfte oder die Leistung von Diensten gewerbsmäßig betreiben, wegen der ihnen aus dem Gewerbebetriebe gebührenden Vergütungen, mit Einschluß der Auslagen;

§ 196 B.G.B.

Siehe auch §§ 197 und 201 B.G.B. sub IIa Verjährungsabschnitt des B.G.B.

Fuhrleute

siehe oben bei: „Frachtfuhrleute".

Gastwirte.

2 Jahre In zwei Jahren verjähren die Ansprüche:

— —

4. der Gastwirte und derjenigen, welche Speisen oder Getränke gewerbsmäßig verabreichen, für Gewährung von Wohnung und Beköstigung sowie für andere den Gästen zur Befriedigung ihrer Bedürfnisse gewährte Leistungen, mit Einschluß der Auslagen;

§ 196 B.G.B.

Siehe auch oben sub IIa Verjährungsabschnitt des B.G.B. die §§ 198 und 201 B.G.B.

Gattungskauf (Genuskauf).

Der Käufer eines nur der Gattung nach bestimmten Tieres kann statt der Wandelung verlangen, daß ihm an Stelle des mangelhaften Tieres ein mangelfreies geliefert wird. Auf diesen Anspruch finden die Vorschriften der §§ 488 bis 490 (siehe unten) entsprechende Anwendung.

§ 491 B.G.B.

Der Verkäufer hat im Falle der Wandelung dem Käufer auch die Kosten der Fütterung und Pflege, die Kosten der tierärztlichen Untersuchung und Behandlung sowie die Kosten der notwendig gewordenen Tötung und Wegschaffung des Tieres zu ersetzen.

§ 488 B.G.B.

Ist über den Anspruch auf Wandelung ein Rechtsstreit anhängig, so ist auf Antrag der einen oder anderen Partei die öffentliche Versteigerung des Tieres und die Hinterlegung des Erlöses durch einstweilige Verfügung anzuordnen, sobald die Besichtigung des Tieres nicht mehr erforderlich ist.

§ 489 B.G.B.

Der Anspruch auf Wandelung sowie der Anspruch auf Schadensersatz wegen eines Hauptmangels, dessen Nichtvorhandensein der Verkäufer zugesichert hat, verjährt in sechs Wochen von dem Ende der Gewährfrist an. (Siehe hierüber oben bei „Gewährfristen"). Im Uebrigen bleiben die Vorschriften des § 477 (siehe unten) unberührt. 6 Wochen

An die Stelle der in den §§ 210, 212, 215 (siehe oben sub IIa Verjährungsabschnitt des B.G.B.) bestimmten Fristen tritt eine Frist von sechs Wochen. 6 Wochen

Der Käufer kann auch nach der Verjährung des Anspruchs auf Wandelung die Zahlung des Kaufpreises verweigern. Die Aufrechnung des Anspruchs auf Schadensersatz unterliegt nicht der im § 479 (siehe unten) bestimmten Beschränkung.

§ 490 B.G.B.

Der Anspruch auf Wandelung oder auf Minderung sowie der Anspruch auf Schadensersatz wegen Mangels einer zugesicherten Eigenschaft verjährt, sofern nicht der Verkäufer den Mangel arglistig verschwiegen hat, bei beweglichen Sachen in sechs Monaten von der Ablieferung, bei Grundstücken in einem Jahre von der Uebergabe an. Die Verjährungsfrist kann durch Vertrag verlängert werden. 6 Monate 1 Jahr

Beantragt der Käufer gerichtliche Beweisaufnahme zur Sicherung des Beweises, so wird die Verjährung unterbrochen. Die Unterbrechung dauert bis zur Beendigung des Verfahrens fort. Die Vorschriften des § 211 Abs. 2 und des § 212 (siehe oben sub IIa Verjährungsabschnitt des B.G.B.) finden entsprechende Anwendung.

Die Hemmung oder Unterbrechung der Verjährung eines

der im Absatz 1 bezeichneten Ansprüche bewirkt auch die Hemmung oder Unterbrechung der Verjährung der anderen Ansprüche.

§ 477 B.G.B.

Hat der Käufer den Mangel dem Verkäufer angezeigt oder die Anzeige an ihn abgesendet, bevor der Anspruch auf Wandelung oder auf Minderung verjährt war, so kann er auch nach der Vollendung der Verjährung die Zahlung des Kaufpreises insoweit verweigern, als er auf Grund der Wandelung oder der Minderung dazu berechtigt sein würde. Das Gleiche gilt, wenn der Käufer vor der Vollendung der Verjährung gerichtliche Beweisaufnahme zur Sicherung des Beweises beantragt oder in einem zwischen ihm und einem späteren Erwerber der Sache wegen des Mangels anhängigen Rechtsstreite dem Verkäufer den Streit verkündet hat.

Hat der Verkäufer den Mangel arglistig verschwiegen, so bedarf es der Anzeige oder einer ihr nach Absatz 1 gleichstehenden Handlung nicht.

§ 478 B.G.B.

Der Anspruch auf Schadensersatz kann nach der Vollendung der Verjährung nur aufgerechnet werden, wenn der Käufer vorher eine der im § 478 (siehe oben) bezeichneten Handlungen vorgenommen hat. Diese Beschränkung tritt nicht ein, wenn der Verkäufer den Mangel arglistig verschwiegen hat.

§ 479 B.G.B.

Geburtshelfer.

2 Jahre In zwei Jahren verjähren die Ansprüche:

— —

14. der Aerzte, insbesondere auch der Wundärzte, Geburtshelfer, Zahnärzte und Tierärzte, sowie der Hebammen für ihre Dienstleistungen, mit Einschluß der Auslagen;

§ 196 B.G.B.

Siehe auch §§ 198 und 201 B.G.B. oben sub IIa Verjährungsabschnitt des B.G.B.

Gehülfen.

Siehe: „Gewerbliche Arbeiter“.

Gemeinschaft.

Jeder Teilhaber kann jederzeit die Aufhebung der Gemeinschaft verlangen.

Wird das Recht, die Aufhebung zu verlangen, durch Vereinbarung für immer oder auf Zeit ausgeschlossen, so kann die Aufhebung gleichwohl verlangt werden, wenn ein wichtiger Grund vorliegt. Unter der gleichen Voraussetzung kann, wenn eine Kündigungsfrist bestimmt wird, die Aufhebung ohne Einhaltung der Frist verlangt werden.

Eine Vereinbarung, durch welche das Recht, die Aufhebung zu verlangen, diesen Vorschriften zuwider ausgeschlossen oder beschränkt wird, ist nichtig.

§ 749 B.G.B.

Der Anspruch auf Aufhebung der Gemeinschaft unterliegt nicht der Verjährung.

§ 758 B.G.B.

Genehmigungserlöschung auf Grund des Rayongesetzes.

Siehe unter: „Rayongesetz".

Gerichtsvollzieher.

In zwei Jahren verjähren die Ansprüche: 2 Jahre

— —

15. der Rechtsanwälte, Notare und Gerichtsvollzieher sowie aller Personen, die zur Besorgung gewisser Geschäfte öffentlich bestellt oder zugelassen sind, wegen ihrer Gebühren und Auslagen, soweit nicht diese zur Staatskasse fließen;

§ 196 B.G.B.

Siehe auch die §§ 198 und 201 B.G.B. oben sub IIa Verjährungsabschnitt des Bürgerlichen Gesetzbuches.

Geschäftsbeschränkte und geschäftsunfähige Personen.

Ist eine geschäftsunfähige oder in der Geschäftsfähigkeit beschränkte Person ohne gesetzlichen Vertreter, so wird die gegen

6 Monate sie laufende Verjährung nicht vor dem Ablaufe von sechs Monaten nach dem Zeitpunkte vollendet, in welchem die Person unbeschränkt geschäftsfähig wird oder der Mangel der Vertretung aufhört. Ist die Verjährungsfrist kürzer als sechs Monate, so tritt der für die Verjährung bestimmte Zeitraum an die Stelle der sechs Monate.

Diese Vorschriften finden keine Anwendung, soweit eine in der Geschäftsfähigkeit beschränkte Person prozeßfähig ist.

§ 206 B.G.B.

Geschäftsguthaben

eines ausgeschiedenen Genossen bei Erwerbs- und Wirtschaftsgenossenschaften, hier Klageverjährung.

Jeder Genosse hat das Recht, mittelst Aufkündigung seinen Austritt aus der Genossenschaft zu erklären.

Die Aufkündigung findet nur zum Schlusse eines Ge-
3 Monate schäftsjahres statt. Sie muß mindestens drei Monate vorher schriftlich erfolgen. Durch das Statut kann eine längere,
2 Jahre jedoch höchstens zweijährige Kündigungsfrist festgesetzt werden.

Ein den vorstehenden Bestimmungen zuwiderlaufendes Abkommen ist ohne rechtliche Wirkung.

§ 65 des Erwerbs- und Wirtschaftsgenossenschaftsgesetzes in der Fassung vom 20. Mai 1898.

Die Auseinandersetzung des Ausgeschiedenen mit der Genossenschaft bestimmt sich nach der Vermögenslage derselben und dem Bestande der Mitglieder zur Zeit seines Ausscheidens.

Die Auseinandersetzung erfolgt auf Grund der Bilanz.
6 Monate Das Geschäftsguthaben des Genossen ist binnen sechs Monaten nach dem Ausscheiden auszuzahlen; an den Reservefonds und das sonstige Vermögen der Genossenschaft hat er keinen Anspruch. Reicht das Vermögen einschließlich des Reservefonds und aller Geschäftsguthaben zur Deckung der Schulden nicht aus, so hat der Ausgeschiedene von dem Fehlbetrage den ihn treffenden Anteil an die Genossenschaft zu zahlen; der Anteil wird in Ermangelung einer anderen Bestimmung des Statuts nach der Kopfzahl der Mitglieder berechnet.

§ 73 leg. cit.

Die Klage des ausgeschiedenen Genossen auf Auszahlung des Geschäftsguthabens verjährt in zwei Jahren. 2 Jahre

§ 74 leg. cit.

Wird die Genossenschaft binnen sechs Monaten nach dem Ausscheiden des Genossen aufgelöst, so gilt dasselbe als nicht erfolgt. 6 Monate

§ 75 leg. cit.

Geschäftsschulden eines früheren Firmeninhabers, hier Anspruchsverjährung der Gläubiger.

Wer ein unter Lebenden erworbenes Handelsgeschäft unter der bisherigen Firma mit oder ohne Beifügung eines das Nachfolgeverhältnis andeutenden Zusatzes fortführt, haftet für alle im Betriebe des Geschäfts begründeten Verbindlichkeiten des früheren Inhabers. Die in dem Betriebe begründeten Forderungen gelten den Schuldnern gegenüber als auf den Erwerber übergegangen, falls der bisherige Inhaber oder seine Erben in die Fortführung der Firma gewilligt haben.

Eine abweichende Vereinbarung ist einem Dritten gegenüber nur wirksam, wenn sie in das Handelsregister eingetragen und bekannt gemacht oder von dem Erwerber oder dem Veräußerer dem Dritten mitgeteilt worden ist.

Wird die Firma nicht fortgeführt, so haftet der Erwerber eines Handelsgeschäfts für die früheren Geschäftsverbindlichkeiten nur, wenn ein besonderer Verpflichtungsgrund vorliegt, insbesondere wenn die Uebernahme der Verbindlichkeiten in handelsüblicher Weise von dem Erwerber bekannt gemacht worden ist.

§ 25 H.G.B.

Ist der Erwerber des Handelsgeschäfts auf Grund der Fortführung der Firma oder auf Grund der im § 25 Abs. 3 (siehe oben) bezeichneten Bekanntmachung für die früheren Geschäftsverbindlichkeiten haftbar, so verjähren die Ansprüche der Gläubiger gegen den früheren Inhaber mit dem Ablaufe von fünf Jahren, falls nicht nach den allgemeinen Vorschriften die Verjährung schon früher eintritt. 5 Jahre

Die Verjährung beginnt im Falle des § 25 Abs. 1 (siehe oben) mit dem Ende des Tages, an welchem der neue

Inhaber der Firma in das Handelsregister des Gerichts der Hauptniederlassung eingetragen worden ist, im Falle des § 25 Abs. 3 (siehe oben) mit dem Ende des Tages, an welchem die Kundmachung der Uebernahme stattgefunden hat. Konnte der Gläubiger die Leistung erst in einem späteren Zeitpunkte verlangen, so beginnt die Verjährung mit diesem Zeitpunkte.

§ 26 H.G.B.

Wird ein zu einem Nachlasse gehörendes Handelsgeschäft von dem Erben fortgeführt, so finden auf die Haftung des Erben für die früheren Geschäftsverbindlichkeiten die Vorschriften des § 25 (siehe oben) entsprechende Anwendung.

Die unbeschränkte Haftung nach § 25 Abs. 1 (siehe oben) tritt nicht ein, wenn die Fortführung des Geschäfts vor
3 Monate dem Ablaufe von drei Monaten nach dem Zeitpunkt, in welchem der Erbe von dem Anfalle der Erbschaft Kenntnis erlangt hat, eingestellt wird. Auf den Lauf der Frist finden die für die Verjährung geltenden Vorschriften des § 206 des Bürgerlichen Gesetzbuches (siehe oben sub IIa Verjährungsabschnitt des B.G.B.) entsprechende Anwendung. Ist bei dem Ablaufe der drei Monate das Recht zur Ausschlagung der Erbschaft noch nicht verloren, so endigt die Frist nicht vor dem Ablaufe der Ausschlagungsfrist.

§ 27 H.G.B.

Gesellen.

Siehe: „Gewerbliche Arbeiter".

Gesindeverdinger.

2 Jahre In zwei Jahren verjähren die Ansprüche:

1. der Kaufleute, Fabrikanten, Handwerker und derjenigen, welche ein Kunstgewerbe betreiben, für Lieferung von Waaren, Ausführung von Arbeiten und Besorgung fremder Geschäfte, mit Einschluß der Auslagen, es sei denn, daß die Leistung für den Gewerbebetrieb des Schuldners erfolgt;

— —

7. derjenigen, welche, ohne zu den in Nr. 1 bezeichneten Personen zu gehören, die Besorgung fremder Geschäfte

oder die Leistung von Diensten gewerbsmäßig betreiben, wegen der ihnen aus dem Gewerbebetriebe gebührenden Vergütungen, mit Einschluß der Auslagen;

§ 196 Ziff. 1 u. 7 B.G.B.

Siehe auch die §§ 198 u. 201 B.G.B. oben sub IIa Verjährungsabschnitt des B.G.B.

Getränke.

Siehe oben unter „Gastwirte".

Gewährschaft.

Der Anspruch auf Wandelung sowie der Anspruch auf Schadensersatz wegen eines Hauptmangels, dessen Nichtvorhandensein der Verkäufer zugesichert hat, verjährt in sechs Wochen 6 Wochen
von dem Ende der Gewährfrist an. (Siehe oben unter: „Gewährfristen"). Im Uebrigen bleiben die Vorschriften des § 477 (siehe unten) unberührt.

An die Stelle der in den §§ 210, 212, 215 (siehe oben sub IIa Verjährungsabschnitt des B.G.B.) bestimmten Fristen tritt eine Frist von sechs Wochen. 6 Wochen

Der Käufer kann auch nach der Verjährung des Anspruchs auf Wandelung die Zahlung des Kaufpreises verweigern. Die Aufrechnung des Anspruchs auf Schadensersatz unterliegt nicht der im § 479 (siehe unten) bestimmten Beschränkung.

§ 490 B.G.B.

Der Anspruch auf Wandelung oder auf Minderung, sowie der Anspruch auf Schadensersatz wegen Mangels einer zugesicherten Eigenschaft verjährt, sofern nicht der Verkäufer den Mangel arglistig verschwiegen hat, bei beweglichen Sachen in sechs Monaten von der Ablieferung, bei Grundstücken in 6 Monate
einem Jahre von der Uebergabe an. Die Verjährungsfrist 1 Jahr
kann durch Vertrag verlängert werden.

Beantragt der Käufer gerichtliche Beweisaufnahme zur Sicherung des Beweises, so wird die Verjährung unterbrochen. Die Unterbrechung dauert bis zur Beendigung des Verfahrens fort. Die Vorschriften des § 211 Abs. 2 und des § 212 (siehe oben sub IIa Verjährungsabschnitt des B.G.B.) finden entsprechende Anwendung.

Die Hemmung oder Unterbrechung der Verjährung eines der im Absatz 1 bezeichneten Ansprüche bewirkt auch die Hemmung oder Unterbrechung der Verjährung der anderen Ansprüche.

§ 477 B.G.B.

Hat der Käufer den Mangel dem Verkäufer angezeigt oder die Anzeige an ihn abgesendet, bevor der Anspruch auf Wandelung oder auf Minderung verjährt war, so kann er auch nach der Vollendung der Verjährung die Zahlung des Kaufpreises insoweit verweigern, als er auf Grund der Wandelung oder der Minderung dazu berechtigt sein würde. Das Gleiche gilt, wenn der Käufer vor der Vollendung der Verjährung gerichtliche Beweisaufnahme zur Sicherung des Beweises beantragt oder in einem zwischen ihm und einem späteren Erwerber der Sache wegen des Mangels anhängigen Rechtsstreite dem Verkäufer den Streit verkündet hat.

Hat der Verkäufer den Mangel arglistig verschwiegen, so bedarf es der Anzeige oder einer ihr nach Abs. 1 gleichstehenden Handlung nicht.

§ 478 B.G.B.

Der Anspruch auf Schadensersatz kann nach der Vollendung der Verjährung nur aufgerechnet werden, wenn der Käufer vorher eine der im § 478 (siehe oben) bezeichneten Handlungen vorgenommen hat. Diese Beschränkung tritt nicht ein, wenn der Verkäufer den Mangel arglistig verschwiegen hat.

§ 479 B.G.B.

Gewerbebetrieb, verbotener, hier Schadensersatz.

Der Handlungsgehülfe darf ohne Einwilligung des Prinzipals weder ein Handelsgewerbe betreiben noch in dem Handelszweige des Prinzipals für eigene oder fremde Rechnung Geschäfte machen.

Die Einwilligung zum Betrieb eines Handelsgewerbes gilt als erteilt, wenn dem Prinzipal bei der Anstellung des Gehülfen bekannt ist, daß er das Gewerbe betreibt, und der Prinzipal die Aufgabe des Betriebs nicht ausdrücklich vereinbart.

§ 60 H.G.B.

Verletzt der Handlungsgehülfe die ihm nach § 60 (siehe oben) obliegende Verpflichtung, so kann der Prinzipal Schadensersatz fordern; er kann statt dessen verlangen, daß der Handlungsgehülfe die für eigene Rechnung gemachten Geschäfte als für Rechnung des Prinzipals eingegangen gelten lasse und die aus Geschäften für fremde Rechnung bezogene Vergütung herausgebe oder seinen Anspruch auf die Vergütung abtrete.

Die Ansprüche verjähren in drei Monaten von dem Zeitpunkt an, in welchem der Prinzipal Kenntnis von dem Abschlusse des Geschäfts erlangt; sie verjähren ohne Rücksicht auf diese Kenntnis in fünf Jahren von dem Abschlusse des Geschäfts an. 3 Monate 5 Jahre

§ 61 H.G.B.

Gewerbliche Arbeiter.

In zwei Jahren verjähren die Ansprüche: 2 Jahre

— —

9. der gewerblichen Arbeiter — Gesellen, Gehülfen, Lehrlinge, Fabrikarbeiter —, der Tagelöhner und Handarbeiter wegen des Lohnes und anderer an Stelle oder als Teil des Lohnes vereinbarter Leistungen, mit Einschluß der Auslagen, sowie der Arbeitgeber wegen der auf solche Ansprüche gewährten Vorschüsse.

§ 196 Ziff. 9 B.G.B.

Vergleiche auch die §§ 198 u. 201 B.G.B. oben sub IIa Verjährungsabschnitt des B.G.B.

Gewerbetreibende.

In zwei Jahren verjähren die Ansprüche: 2 Jahre

1. der Kaufleute, Fabrikanten, Handwerker und derjenigen, welche ein Kunstgewerbe betreiben, für Lieferung von Waaren, Ausführung von Arbeiten und Besorgung fremder Geschäfte, mit Einschluß der Auslagen, es sei denn, daß die Leistung für den Gewerbebetrieb des Schuldners erfolgt;

— —

7. derjenigen, welche, ohne zu den in Nr. 1 bezeichneten Personen zu gehören, die Besorgung fremder Geschäfte oder die Leistung von Diensten gewerbsmäßig betreiben, wegen der ihnen aus dem Gewerbebetriebe gebührenden Vergütungen, mit Einschluß der Auslagen;

— —

Soweit die im Absatz 1 Nr. 1, 2, 5 bezeichneten Ansprüche nicht der Verjährung von zwei Jahren unterliegen,
4 Jahre verjähren sie in 4 Jahren.

§ 196 Abs. 1 Ziff. 1 u. 7 sowie Abs. 2 B.G.B.

Siehe auch die §§ 198 u. 201 B.G.B. oben sub II a Verjährungsabschnitt des B.G.B.

Gewinnanteilscheine.

Der Anspruch aus einer Schuldverschreibung auf den
30 Jahre Inhaber erlischt mit dem Ablaufe von dreißig Jahren nach dem Eintritte der für die Leistung bestimmten Zeit, wenn nicht die Urkunde vor dem Ablauf der dreißig Jahre dem Aussteller zur Einlösung vorgelegt wird. Erfolgt die Vorlegung, so
2 Jahre verjährt der Anspruch in zwei Jahren von dem Ende der Vorlegungsfrist an. Der Vorlegung steht die gerichtliche Geltendmachung des Anspruchs aus der Urkunde gleich.

Bei Zins-, Renten- und Gewinnanteilscheinen beträgt die
4 Jahre Vorlegungsfrist vier Jahre. Die Frist beginnt mit dem Schlusse des Jahres, in welchem die für die Leistung bestimmte Zeit eintritt.

Die Dauer und der Beginn der Vorlegungsfrist können von dem Aussteller in der Urkunde anders bestimmt werden.

§ 801 B.G.B.

Der Beginn und der Lauf der Vorlegungsfrist sowie der Verjährung werden durch die Zahlungssperre zu Gunsten des Antragstellers gehemmt. Die Hemmung beginnt mit der Stellung des Antrags auf Zahlungssperre; sie endigt mit der Erledigung des Aufgebotverfahrens und, falls die Zahlungssperre vor der Einleitung des Verfahrens verfügt worden ist, auch dann, wenn seit der Beseitigung des der Einleitung
6 Monate entgegenstehenden Hindernisses sechs Monate verstrichen sind und nicht vorher die Einleitung beantragt worden ist. Auf diese Frist finden die Vorschriften der §§ 203, 206, 207 (siehe oben sub II a Verjährungsabschnitt des B.G.B.) entsprechende Anwendung.

§ 802 B.G.B.

Werden für eine Schuldverschreibung auf den Inhaber Zinsscheine ausgegeben, so bleiben die Scheine, sofern sie nicht eine gegenteilige Bestimmung enthalten, in Kraft, auch wenn die Hauptforderung erlischt oder die Verpflichtung zur Verzinsung aufgehoben oder geändert wird.

Werden solche Zinsscheine bei der Einlösung der Hauptschuldverschreibung nicht zurückgegeben, so ist der Aussteller berechtigt, den Betrag zurückzubehalten, den er nach Absatz 1 für die Scheine zu zahlen verpflichtet ist.

§ 803 B.G.B.

Ist ein Zins-, Renten- oder Gewinnanteilschein abhanden gekommen oder vernichtet und hat der bisherige Inhaber den Verlust dem Aussteller vor dem Ablaufe der Vorlegungsfrist angezeigt, so kann der bisherige Inhaber nach dem Ablaufe der Frist die Leistung von dem Aussteller verlangen. Der Anspruch ist ausgeschlossen, wenn der abhanden gekommene Schein dem Aussteller zur Einlösung vorgelegt oder der Anspruch aus dem Scheine gerichtlich geltend gemacht worden ist, es sei denn, daß die Vorlegung oder die gerichtliche Geltendmachung nach dem Ablaufe der Frist erfolgt ist. Der Anspruch verjährt in vier Jahren. 4 Jahre

In dem Zins-, Renten- oder Gewinnanteilscheine kann der im Absatz 1 bestimmte Anspruch ausgeschlossen werden.

§ 804 B.G.B.

Haftpflicht bei Tötungen und Körperverletzungen, welche im Betriebe von Eisenbahnen, Bergwerken rc. herbeigeführt wurden.

Wenn bei dem Betriebe einer Eisenbahn ein Mensch getötet oder körperlich verletzt wird, so haftet der Betriebs-Unternehmer für den dadurch entstandenen Schaden, sofern er nicht beweist, daß der Unfall durch höhere Gewalt oder durch eigenes Verschulden des Getöteten oder Verletzten verursacht ist.

§ 1 des Reichshaftpflichtgesetzes vom 7. Juni 1871.

Wer ein Bergwerk, einen Steinbruch, eine Gräberei (Grube) oder eine Fabrik betreibt, haftet, wenn ein Bevollmächtigter oder ein Repräsentant oder eine zur Leitung oder Beaufsichtigung des Betriebs oder der Arbeiter angenommene Person durch ein Verschulden in Ausführung der Dienstverrichtungen den Tod oder die Körperverletzung eines Menschen herbeigeführt hat, für den dadurch entstandenen Schaden.

§ 2 des Reichshaftpflichtgesetzes vom 7. Juni 1871.

Im Falle der Tötung ist der Schadensersatz (§§ 1 und 2) durch Ersatz der Kosten einer versuchten Heilung sowie des Vermögensnachteils zu leisten, den der Getötete dadurch erlitten hat, daß während der Krankheit seine Erwerbsfähigkeit aufgehoben oder gemindert oder eine Vermehrung seiner Bedürfnisse eingetreten war. Der Ersatzpflichtige hat außerdem die Kosten der Beerdigung demjenigen zu ersetzen, dem die Verpflichtung obliegt, diese Kosten zu tragen.

Stand der Getötete zur Zeit der Verletzung zu einem Dritten in einem Verhältnisse, vermöge dessen er diesem gegenüber Kraft Gesetzes unterhaltspflichtig war oder unterhaltspflichtig werden konnte, und ist dem Dritten in Folge der Tötung das Recht auf den Unterhalt entzogen, so hat der Ersatzpflichtige dem Dritten insoweit Schadensersatz zu leisten, als der Getötete während der mutmaßlichen Dauer seines Lebens zur Gewährung des Unterhalts verpflichtet gewesen sein würde. Die Ersatzpflicht tritt auch dann ein, wenn der Dritte zur Zeit der Verletzung erzeugt, aber noch nicht geboren war.

§ 3 leg. cit.

Im Falle einer Körperverletzung ist der Schadensersatz (§§ 1 und 2) durch Ersatz der Kosten der Heilung sowie des Vermögensnachteils zu leisten, den der Verletzte dadurch erleidet, daß in Folge der Verletzung zeitweise oder dauernd seine Erwerbsfähigkeit aufgehoben oder gemindert oder eine Vermehrung seiner Bedürfnisse eingetreten ist.

§ 3a leg. cit.

Die Forderungen auf Schadensersatz (§§ 1 bis 3a) verjähren in zwei Jahren von dem Unfall an. Gegen denjenigen, welchem der Getötete Unterhalt zu gewähren hatte (§ 3 Abs. 2), beginnt die Verjährung mit dem Tode. Im Uebrigen finden die Vorschriften des Bürgerlichen Gesetzbuchs über die Verjährung [siehe oben sub IIa Verjährungsabschnitt des B.G.B.] Anwendung.

2 Jahre

§ 8 leg. cit.

Haftung der Aktionäre.

Die Aktionäre haften für die Verbindlichkeiten der Gesellschaft, soweit sie den Vorschriften dieses Gesetzbuchs entgegen Zahlungen von der Gesellschaft empfangen haben. Was ein

Aktionär im guten Glauben als Gewinnanteil oder als Zinsen bezogen hat, ist er in keinem Falle zurückzuzahlen verpflichtet.

Ist über das Vermögen der Gesellschaft der Konkurs eröffnet, so wird während der Dauer des Verfahrens das den Gesellschaftsgläubigern gegen die Aktionäre zustehende Recht durch den Konkursverwalter ausgeübt.

Die nach diesen Vorschriften begründeten Ansprüche verjähren in fünf Jahren vom Empfange der Zahlung an. 5 Jahre

§ 217 H.G.B.

Haftung der Betriebsunternehmer rc. rc.

Siehe oben unter: „Betriebsleiter, Betriebsunternehmer rc. rc."

Handarbeiter.

Siehe oben: „Gewerbliche Arbeiter".

Handlungsgehilfen, hier: deren eigener Gewerbebetrieb.

Siehe oben unter: „Gewerbebetrieb, verbotener".

Handwerker.

Siehe oben unter: „Fabrikanten".

Hebammen.

Siehe oben unter: „Aerzte".

Heilung.

In zwei Jahren verjähren die Ansprüche: 2 Jahre

11. der öffentlichen Anstalten, welche dem Unterrichte, der Erziehung, Verpflegung oder Heilung dienen, sowie der Inhaber von Privatanstalten solcher Art für Gewährung von Unterricht, Verpflegung oder Heilung und für die damit zusammenhängenden Aufwendungen;

12. derjenigen, welche Personen zur Verpflegung oder zur Erziehung aufnehmen, für Leistungen und Aufwendungen der in Nr. 11 bezeichneten Art.

§ 196 Ziff. 11 und 12 B.G.B.

Siehe auch oben §§ 198 und 201 B.G.B. sub IIa Verjährungsabschnitt des B.G.B.

Hemmung der Verjährung.

Siehe oben die §§ 202 bis 205 B.G.B. sub IIa Verjährungsabschnitt des Bürgerlichen Gesetzbuchs.

Herausgabe einer Schenkung.

Hat der Erblasser in der Absicht, den Vertragserben zu beeinträchtigen, eine Schenkung gemacht, so kann der Vertragserbe, nachdem ihm die Erbschaft angefallen ist, von dem Beschenkten die Herausgabe des Geschenkes nach den Vorschriften über die Herausgabe einer ungerechtfertigten Bereicherung fordern.

3 Jahre Der Anspruch verjährt in drei Jahren von dem Anfalle der Erbschaft an.

§ 2287 B.G.B.

Der Anspruch auf Herausgabe des Geschenkes ist ausgeschlossen, wenn der Schenker seine Bedürftigkeit vorsätzlich oder durch grobe Fahrlässigkeit herbeigeführt hat oder wenn zur Zeit des Eintritts seiner Bedürftigkeit seit der Leistung
10 Jahre des geschenkten Gegenstandes zehn Jahre verstrichen sind.

Das Gleiche gilt, soweit der Beschenkte bei Berücksichtigung seiner sonstigen Verpflichtungen außer Stande ist, das Geschenk herauszugeben, ohne daß sein standesmäßiger Unterhalt oder die Erfüllung der ihm kraft Gesetzes obliegenden Unterhaltspflichten gefährdet wird.

§ 529 B.G.B.

Hinterlegung.

Geld, Wertpapiere und sonstige Urkunden sowie Kostbarkeiten kann der Schuldner bei einer dazu bestimmten öffentlichen Stelle für den Gläubiger hinterlegen, wenn der Gläubiger im Verzuge der Annahme ist. Das Gleiche gilt, wenn der Schuldner aus einem anderen in der Person des Gläubigers liegenden Grunde oder in Folge einer nicht auf Fahrlässigkeit beruhenden Ungewißheit über die Person des Gläubigers seine Verbindlichkeit nicht oder nicht mit Sicherheit erfüllen kann.

§ 372 B.G.B.

Die Hinterlegung hat bei der Hinterlegungsstelle des Leistungsortes zu erfolgen; hinterlegt der Schuldner bei einer anderen Stelle, so hat er dem Gläubiger den daraus entstehenden Schaden zu ersetzen.

Der Schuldner hat dem Gläubiger die Hinterlegung unverzüglich anzuzeigen; im Falle der Unterlassung ist er zum Schadensersatze verpflichtet. Die Anzeige darf unterbleiben, wenn sie unthunlich ist.

§ 374 B.G.B.

Das Recht des Gläubigers auf den hinterlegten Betrag erlischt mit dem Ablaufe von 30 Jahren nach dem Empfange der Anzeige von der Hinterlegung, wenn nicht der Gläubiger sich vorher bei der Hinterlegungsstelle meldet; der Schuldner ist zur Rücknahme berechtigt, auch wenn er auf das Recht zur Rücknahme verzichtet hat. 30 Jahre

§ 382 B.G.B.

Honorar für ärztliche Behandlung.

Siehe unter: „Aerzte".

Honorar für Unterricht.

In zwei Jahren verjähren die Ansprüche: 2 Jahr

13. der öffentlichen Lehrer und der Privatlehrer wegen ihrer Honorare, die Ansprüche der öffentlichen Lehrer jedoch nicht, wenn sie auf Grund besonderer Einrichtungen gestundet sind.

§ 196 Ziff. 13 B.G.B.

Siehe auch oben die §§ 198 und 201 B.G.B. sub IIa Verjährungsabschnitt des Bürgerlichen Gesetzbuchs.

Indossant, hier: Verjährung der Regreßansprüche desselben.

Der Indossant, welcher den Wechsel eingelöst oder als Rimesse erhalten hat, ist von einem früheren Indossanten oder von dem Aussteller zu fordern berechtigt:

1. die von ihm gezahlte oder durch Rimesse berichtigte Summe nebst sechs Prozent jährlichen Zinsen vom Tage der Zahlung,
2. die ihm erstandenen Kosten,
3. eine Provision von einem Drittel Prozent.

Die vorstehenden Beträge müssen, wenn der Regreßpflichtige an einem anderen Orte als der Regreßnehmer wohnt, zu demjenigen Kurse gezahlt werden, welchen ein vom Wohnorte des Regreßnehmers auf den Wohnort des Regreßpflichtigen gezogener Wechsel auf Sicht hat. Besteht im Wohnorte des Regreßnehmers kein Kurs auf den Wohnort des Regreßpflichtigen, so wird der Kurs nach demjenigen Platze genommen, welcher dem Wohnorte des Regreßpflichtigen am nächsten liegt. Wegen der Bescheinigung des Kurses kommt die Bestimmung des Artikel 50 (siehe unten) zur Anwendung.

Art. 51 W.O.

Die Regreßansprüche des Inhabers, welcher den Wechsel Mangels Zahlung hat protestieren lassen, beschränken sich auf:

1. die nicht bezahlte Wechselsumme nebst sechs Prozent jährlicher Zinsen vom Verfalltage ab,
2. die Protestkosten und anderen Auslagen,
3. eine Provision von ein Drittel Prozent.

Die vorstehenden Beträge müssen, wenn der Regreßpflichtige an einem anderen Orte als dem Zahlungsorte wohnt, zu demjenigen Kurse gezahlt werden, welchen ein vom Zahlungsorte auf den Wohnort des Regreßpflichtigen gezogener Wechsel auf Sicht hat. Besteht am Zahlungsorte kein Kurs auf jenen Wohnort, so wird der Kurs nach demjenigen Platze genommen, welcher dem Wohnorte des Regreßpflichtigen am nächsten liegt. Der Kurs ist auf Verlangen des Regreßpflichtigen durch einen unter öffentlicher Autorität ausgestellten Kurszettel oder durch das Attest eines vereideten Mäklers oder, in Ermangelung derselben, durch ein Attest zweier Kaufleute zu bescheinigen.

Art. 50 W.O.

Die Regreßansprüche des Indossanten (siehe oben Art. 51) gegen den Aussteller und die übrigen Vormänner verjähren:

1. in drei Monaten, wenn der Regreßnehmer in Europa, mit Ausnahme von Island und den Faröern, wohnt; 3 Monate
2. in sechs Monaten, wenn der Regreßnehmer in den Küstenländern von Asien und Afrika längs des Mittelländischen und Schwarzen Meeres, oder in den dazu gehörigen Inseln dieser Meere wohnt; 6 Monate
3. in achtzehn Monaten, wenn der Regreßnehmer in einem anderen außereuropäischen Lande oder in Island oder den Faröern wohnt. 18 Monate

Gegen den Indossanten läuft die Frist, wenn er, ehe eine Wechselklage gegen ihn angestellt worden, gezahlt hat, vom Tage der Zahlung, in allen übrigen Fällen aber vom Tage der ihm geschehenen Behändigung der Klage oder Ladung.

Art. 79 W.O.

Inhaber von Schuldverschreibungen.

Siehe oben unter: „Gewinnanteilscheine".

Inhaber eines Wechsels, hier: Verjährung der Regreßansprüche desselben.

Die Regreßansprüche des Inhabers [siehe Artikel 50 der W.O. oben unter „Indossant" rc. rc.] gegen den Aussteller und die übrigen Vormänner verjähren:

1. in drei Monaten, wenn der Wechsel in Europa, mit Ausnahme von Island und den Faröern, zahlbar war; 3 Monate
2. in sechs Monaten, wenn der Wechsel in den Küstenländern von Asien und Afrika längs des Mittelländischen und Schwarzen Meeres, oder in den dazu gehörigen Inseln dieser Meere zahlbar war; 6 Monate
3. in achtzehn Monaten, wenn der Wechsel in einem anderen außereuropäischen Lande oder in Island oder den Faröern zahlbar war. 18 Monate

Die Verjährung beginnt gegen den Inhaber mit dem Tage des erhobenen Protestes.

Art. 78 W.O.

Irrtum, hier: Anfechtungsverjährung hinsichtlich einer in Folge Irrtums abgegebenen Willensäußerung.

Siehe unten bei: „Willenserklärung“.

Kaufleute.

2 Jahre In zwei Jahren verjähren die Ansprüche:

1. der Kaufleute, Fabrikanten, Handwerker und derjenigen, welche ein Kunstgewerbe betreiben, für Lieferung von Waaren, Ausführung von Arbeiten und Besorgung fremder Geschäfte, mit Einschluß der Auslagen, es sei denn, daß die Leistung für den Gewerbebetrieb des Schuldners erfolgt;

— —

Soweit die im Absatz 1, Nr. 1, 2, 5 bezeichneten Ansprüche nicht der Verjährung von zwei Jahren unterliegen,
4 Jahre verjähren sie in vier Jahren.

§ 196 Abs. I Ziff. 1 und Abs. II B.G.B.

Siehe auch die §§ 198 und 201 B.G.B. oben sub IIa Verjährungsabschnitt des Bürgerlichen Gesetzbuchs.

Krankenversicherung.

Die Gemeinden sind ferner ermächtigt, Vorschriften über die Krankenmeldung, über das Verhalten der Kranken und über die Krankenaufsicht zu erlassen und zu bestimmen, daß Versicherte, welche diesen Vorschriften oder den Anordnungen des behandelnden Arztes zuwiderhandeln, Ordnungsstrafen bis zu 20 Mark zu erlegen haben. Vorschriften dieser Art bedürfen der Genehmigung der Aufsichtsbehörde.

§ 6a Absatz II des Krankenversicherungsgesetzes in der Fassung vom 10. April 1892.

Durch Kassenstatut kann ferner bestimmt werden:

1. daß die Mitglieder verpflichtet sind, andere von ihnen eingegangene Versicherungsverhältnisse, aus welchen ihnen Ansprüche auf Krankenunterstützung zustehen, sofern sie zur Zeit des Eintritts in die Kasse bereits bestanden

binnen einer Woche nach dem Eintritte, sofern sie später abgeschlossen werden, binnen einer Woche nach dem Abschlusse, dem Kassenvorstande anzuzeigen;

— —

2a. daß Mitglieder, welche der gemäß Ziffer 1 getroffenen Bestimmung oder den durch Beschluß der Generalversammlung über die Krankenmeldung, das Verhalten der Kranken und die Krankenaufsicht erlassenen Vorschriften oder den Anordnungen des behandelnden Arztes zuwiderhandeln, Ordnungsstrafen bis zu zwanzig Mark zu erlegen haben;

— —

§ 26 Abs. II Ziff. 1 und 2a leg. cit.

Die Unterstützungsansprüche auf Grund dieses Gesetzes verjähren in zwei Jahren vom Tage ihrer Entstehung an. 2 Jahre

Die dem Unterstützungsberechtigten zustehenden Forderungen können mit rechtlicher Wirkung weder verpfändet, noch übertragen, noch für andere als die im § 749 Abs. 4 der Zivilprozeßordnung (siehe unten) bezeichneten Forderungen der Ehefrau und ehelichen Kinder und die des ersatzberechtigten Armenverbandes gepfändet werden; sie dürfen nur auf geschuldete Eintrittsgelder und Beiträge, welche von dem Unterstützungsberechtigten selbst einzuzahlen waren, sowie auf Geldstrafen, welche er durch Zuwiderhandlungen gegen die auf Grund des § 6a Absatz 2 oder § 26a Absatz 2 Ziffer 2a (siehe oben) erlassenen Vorschriften verwirkt hat, aufgerechnet werden.

§ 56 leg. cit.

Der oben zitirte § 749 Absatz 4, jetzt § 850 Absatz 4 der Zivilprozeßordnung lautet:

„In den Fällen der beiden vorhergehenden Absätze ist die Pfändung ohne Rücksicht auf den Betrag zulässig, wenn sie wegen der den Verwandten, dem Ehegatten und dem früheren Ehegatten für die Zeit nach Erhebung der Klage und für das diesem Zeitpunkte vorausgehende letzte Vierteljahr kraft Gesetzes zu entrichtenden Unterhaltungsbeiträge beantragt wird. Das Gleiche gilt in Ansehung der zu Gunsten eines unehelichen Kindes von dem Vater für den bezeichneten Zeitraum kraft Gesetzes zu entrichtenden Unterhaltsbeiträge; diese Vorschrift findet jedoch insoweit keine Anwendung, als der Schuldner zur Bestreitung seines notdürftigen Unterhalts und zur Erfüllung der ihm seinen Verwandten, seiner Ehefrau oder seiner früheren Ehefrau gegenüber gesetzlich obliegenden Unterhaltspflicht der Bezüge bedarf. Hierbei werden ausschließlich die Leistungen berücksichtigt, welche vermöge einer solchen Unterhaltungspflicht für den nämlichen Zeitraum oder, falls die Klage zu Gunsten des unehelichen Kindes nach der Klage eines Unterhaltsberechtigten erhoben ist, für die Zeit von dem Beginne des der Klage dieses Berechtigten vorausgehenden letzten Vierteljahres ab zu entrichten sind".

Die dem Absatz IV des § 759, nun 850, der Zivilprozeßordnung vorhergehenden beiden Absätze lauten, wie folgt:

„II. Uebersteigen in den Fällen Nr. 7 u. 8 (Diese lauten: Der Pfändung sind nicht unterworfen: 7. die Pensionen der Witwen und Waisen und die denselben aus Witwen- und Waisenkassen zukommenden Bezüge, die Erziehungsgelder und die Studienstipendien, sowie die Pensionen invalider Arbeiter; 8. das Diensteinkommen der Offiziere, Militärärzte und Deckoffiziere, der Beamten, der Geistlichen, sowie der Aerzte und Lehrer an öffentlichen Anstalten; die Pension dieser Personen nach deren Versetzung in einstweiligen oder dauernden Ruhestand, sowie der nach ihrem Tode den Hinterbliebenen zu gewährende Sterbe- oder Gnadengehalt.) das Diensteinkommen, die Pension oder die sonstigen Bezüge die Summe von fünfzehnhundert Mark für das Jahr, so ist der dritte Teil des Mehrbetrags der Pfändung unterworfen."

„III. Die nach § 843 des Bürgerlichen Gesetzbuchs wegen einer Verletzung des Körpers oder der Gesundheit zu entrichtende Geldrente ist nur soweit der Pfändung unterworfen, als der Gesammtbetrag die Summe von fünfzehnhundert Mark für das Jahr übersteigt".

Kunstgewerbetreibende.

Siehe oben bei: „Kaufleute".

Landwirtschaftliche Forderungen.

2 Jahre In zwei Jahren verjähren die Ansprüche:

— —

2. derjenigen, welche Land- und Forstwirtschaft betreiben, für Lieferung von land- oder forstwirtschaftlichen Erzeugnissen, sofern die Lieferung zur Verwendung im Haushalte des Schuldners erfolgt;

— —

Soweit die im Absatz 1 Nr. 1, 2, 5 bezeichneten Ansprüche nicht der Verjährung von zwei Jahren unterliegen, verjähren sie in vier Jahren. 4 Jahre

§ 196 Abs. 1 Ziff. 2 und Abs. 2 B.G.B.

Siehe auch die §§ 198 u. 201 B.G.B. oben sub IIa Verjährungsabschnitt des B.G.B.

Lehrer, öffentliche Lehrer, hier Anspruchsverjährung hinsichtlich des Honorars derselben.

In zwei Jahren verjähren die Ansprüche: 2 Jahre

— —

13. der öffentlichen Lehrer und der Privatleher wegen ihrer Honorare, die Ansprüche der öffentlichen Lehrer jedoch nicht, wenn sie auf Grund besonderer Einrichtungen gestundet sind;

§ 196 Ziff. 13 B.G.B.

Siehe auch §§ 198 u. 201 B.G.B. oben sub IIa Verjährungsabschnitt des B.G.B.

Lehrgeld.

In zwei Jahren verjähren die Ansprüche: 2 Jahre

— —

10. der Lehrherren und Lehrmeister wegen des Lehrgeldes und anderer im Lehrvertrage vereinbarten Leistungen, sowie wegen der für die Lehrlinge bestrittenen Auslagen;

§ 196 Ziff. 10 B.G.B.

Siehe auch die §§ 198 u. 201 B.G.B. oben sub IIa Verjährungsabschnitt des B.G.B.

Lehrherrn, Lehrmeister.

Siehe oben bei: „Lehrgeld".

Leistungen, wiederkehrende.

In vier Jahren verjähren die Ansprüche auf Rückstände von Zinsen, mit Einschluß der als Zuschlag zu den 4 Jahre

Zinsen zum Zwecke allmählicher Tilgung des Kapitals zu entrichtenden Beträge, die Ansprüche auf Rückstände von Miet- und Pachtzinsen, soweit sie nicht unter die Vorschrift des § 196 Abs. 1 Nr. 6 (betrifft die Ansprüche derjenigen, welche bewegliche Sachen gewerbsmäßig vermieten) fallen, und die Ansprüche auf Rückstände von Renten, Auszugsleistungen, Besoldungen, Wartegeldern, Ruhegehalten, Unterhaltungsbeiträgen und allen anderen regelmäßig wiederkehrenden Leistungen.

§ 197 B.G.B.

Lohndiener.

2 Jahre

In zwei Jahren verjähren die Ansprüche:

1. der Kaufleute, Fabrikanten, Handwerker und derjenigen, welche ein Kunstgewerbe betreiben, für Lieferung von Waren, Ausführung von Arbeiten und Besorgung fremder Geschäfte, mit Einschluß der Auslagen, es sei denn, daß die Leistung für den Gewerbebetrieb des Schuldners erfolgt:

— —

7. derjenigen, welche, ohne zu den in Nr. 1 bezeichneten Personen zu gehören, die Besorgung fremder Geschäfte oder die Leistung von Diensten gewerbsmäßig betreiben, wegen der ihnen aus dem Gewerbebetriebe gebührenden Vergütungen, mit Einschluß der Auslagen;

§ 196 Abs. 1 Ziff. 1 u. 7 B.G.B.

Siehe auch die §§ 198 u. 201 B.G.B. oben sub IIa Verjährungsabschnitt des B.G.B.

Lohnkutscher.

Siehe oben unter: „Frachtfuhrleute“.

Lotteriekollekteure.

2 Jahre

In zwei Jahren verjähren die Ansprüche:

— —

5. derjenigen, welche Lotterieloose vertreiben, aus dem Vertriebe der Loose, es sei denn, daß die Loose zum Weitervertriebe geliefert werden.

— —

Soweit die im Abs. I Nr. 1, 2, 5 bezeichneten Ansprüche nicht der Verjährung von zwei Jahren unterliegen, verjähren sie in vier Jahren. 4 Jahre

§ 196 Abs. I Ziff. 5 u. Abs. II B.G.B.

Siehe auch die §§ 198 u. 201 B.G.B. oben sub IIa Verjährungsabschnitt des B.G.B.

Mangel bei Werkverträgen.

Der Anspruch des Bestellers auf Beseitigung eines Mangels des Werkes, sowie die wegen des Mangels dem Besteller zustehenden Ansprüche auf Wandelung, Minderung oder Schadensersatz verjähren, sofern nicht der Unternehmer den Mangel arglistig verschwiegen hat, in sechs Monaten, bei 6 Monate
Arbeiten an einem Grundstück in einem Jahre, bei Bauwerken 1 Jahr
in fünf Jahren. Die Verjährung beginnt mit der Abnahme 5 Jahre
des Werkes.

Die Verjährungsfrist kann durch Vertrag verlängert werden.

§ 638 B.G.B.

Auf die Verjährung der im § 638 (siehe oben) bezeichneten Ansprüche des Bestellers finden die für die Verjährung der Ansprüche des Käufers geltenden Vorschriften des § 477 Abs. 2, 3 und der §§ 478, 479 (siehe unten) entsprechende Anwendung.

Unterzieht sich der Unternehmer im Einverständnisse mit dem Besteller der Prüfung des Vorhandenseins des Mangels oder der Beseitigung des Mangels, so ist die Verjährung so lange gehemmt, bis der Unternehmer das Ergebnis der Prüfung dem Besteller mitteilt oder ihm gegenüber den Mangel für beseitigt erklärt oder die Fortsetzung der Beseitigung verweigert.

§ 639 B.G.B.

Der Anspruch auf Wandelung oder auf Minderung sowie der Anspruch auf Schadensersatz wegen Mangels einer zugesicherten Eigenschaft verjährt, sofern nicht der Verkäufer den Mangel arglistig verschwiegen hat, bei beweglichen Sachen in sechs Monaten von der Ablieferung, bei Grundstücken in einem 6 Monate
Jahr von der Uebergabe an. Die Verjährungsfrist kann durch 1 Jahr
Vertrag verlängert werden.

Beantragt der Käufer gerichtliche Beweisaufnahme zur Sicherung des Beweises, so wird die Verjährung unterbrochen. Die Unterbrechung dauert bis zur Beendigung des Verfahrens fort. Die Vorschriften des § 211 Abs. 2 und des § 212 (siehe oben sub IIa Verjährungsabschnitt des B.G.B.) finden entsprechende Anwendung.

Die Hemmung oder Unterbrechung der Verjährung eines der im Abs. 1 bezeichneten Ansprüche bewirkt auch die Hemmung oder Unterbrechung der Verjährung der anderen Ansprüche.

§ 477 B.G.B.

Hat der Käufer den Mangel dem Verkäufer angezeigt, oder die Anzeige an ihn abgesendet, bevor der Anspruch auf Wandelung oder auf Minderung verjährt war, so kann er auch nach der Vollendung der Verjährung die Zahlung des Kaufpreises insoweit verweigern, als er auf Grund der Wandelung oder der Minderung dazu berechtigt sein würde. Das Gleiche gilt, wenn der Käufer vor der Vollendung der Verjährung gerichtliche Beweisaufnahme zur Sicherung des Beweises beantragt oder in einem zwischen ihm und einem späteren Erwerber der Sache wegen des Mangels anhängigen Rechtsstreite dem Verkäufer den Streit verkündet hat.

Hat der Verkäufer den Mangel arglistig verschwiegen, so bedarf es der Anzeige oder einer ihr nach Absatz 1 gleichstehenden Handlung nicht.

§ 478 B.G.B.

Der Anspruch auf Schadensersatz kann nach der Vollendung der Verjährung nur aufgerechnet werden, wenn der Käufer vorher eine der im § 478 bezeichneten Handlungen vorgenommen hat. Diese Beschränkung tritt nicht ein, wenn der Verkäufer den Mangel arglistig verschwiegen hat.

§ 479 B.G.B.

Mietzinsen.

2 Jahre In zwei Jahren verjähren die Ansprüche:

— —

6. derjenigen, welche bewegliche Sachen gewerbsmäßig vermieten, wegen des Mietzinses.

§ 196 Z. 6 B.G.B.

In vier Jahren verjähren die Ansprüche auf Rückstände von Zinsen, mit Einschluß der als Zuschlag zu den Zinsen zum Zwecke allmählicher Tilgung des Kapitals zu entrichtenden Beträge, die Ansprüche auf Rückstände von Miet- und Pachtzinsen, soweit sie nicht unter die Vorschrift des § 196 Abs. I Nr. 6 (siehe oben) fallen, und die Ansprüche auf Rückstände von Renten, Auszugsleistungen, Besoldungen, Wartegeldern, Ruhegehalten, Unterhaltsbeiträgen und allen anderen regelmäßig wiederkehrenden Leistungen. 4 Jahre

§ 197 B.G.B.

Minderung des Kaufpreises.

Siehe oben bei: „Mangel bei Werkverträgen".

Musterschutz

Das Recht, ein gewerbliches Muster oder Modell ganz oder teilweise nachzubilden, steht dem Urheber desselben ausschließlich zu.

Als Muster oder Modell im Sinne dieses Gesetzes werden nur neue und eigentümliche Erzeugnisse angesehen.

§ 1 des Gesetzes vom 11. Januar 1876, betreffend das Urheberrecht an Mustern und Modellen.

Jede Nachbildung eines Musters oder Modells, welche in der Absicht, dieselbe zu verbreiten, ohne Genehmigung des Berechtigten hergestellt wird, ist verboten. Als verbotene Nachbildung ist es auch anzusehen:

1. wenn bei Hervorbringung derselben ein anderes Verfahren angewendet worden ist, als bei dem Originalwerke, oder wenn die Nachbildung für einen anderen Gewerbszweig bestimmt ist, als das Original;
2. wenn die Nachbildung in anderen räumlichen Abmessungen oder Farben hergestellt wird, als das Original, oder wenn sie sich vom Original nur durch solche Abänderungen unterscheidet, welche nur bei Anwendung besonderer Aufmerksamkeit wahrgenommen werden können;
3. wenn die Nachbildung nicht unmittelbar nach dem Original-

werke, sondern mittelbar nach einer Nachbildung desselben geschaffen ist.

§ 5 leg. cit.

Als verbotene Nachbildung ist nicht anzusehen:

1. die Einzelkopie eines Musters oder Modells, sofern dieselbe ohne die Absicht der gewerbsmäßigen Verbreitung oder Verwertung angefertigt wird;
2. die Nachbildung von Mustern, welche für Flächenerzeugnisse bestimmt sind, durch plastische Erzeugnisse und umgekehrt;
3. die Aufnahme von Nachbildungen einzelner Muster oder Modelle in ein Schriftwerk.

§ 6 leg. cit.

Die Bestimmungen in den §§ 18—36, 38 des Gesetzes vom 11. Juni 1870, betreffend das Urheberrecht an Schriftwerken rc. finden auch auf das Urheberrecht an Mustern und Modellen mit der Maßgabe entsprechende Anwendung, daß die vorrätigen Nachbildungen und die zur widerrechtlichen Vervielfältigung bestimmten Vorrichtungen nicht vernichtet, sondern auf Kosten des Eigentümers und nach Wahl desselben entweder ihrer gefährdenden Form entkleidet, oder bis zum Ablauf der Schutzfrist amtlich aufbewahrt werden.

Die Sachverständigen-Vereine, welche nach § 31 des genannten Gesetzes Gutachten über die Nachbildung von Mustern oder Modellen abzugeben haben, sollen aus Künstlern, aus Gewerbetreibenden verschiedener Gewerbszweige und aus sonstigen Personen, welche mit dem Muster- und Modellwesen vertraut sind, zusammengesetzt werden.

§ 14 leg. cit.

Die Strafverfolgung des Nachdrucks und die Klage auf Entschädigung wegen Nachdrucks, einschließlich der Klage wegen

3 Jahre Bereicherung, verjähren in drei Jahren.

Der Lauf der Verjährung beginnt mit dem Tage, an welchem die Verbreitung der Nachdrucks-Exemplare zuerst stattgefunden hat.

§ 33 des Gesetzes vom 11. Juni 1870, betr. das Urheberrecht an Schriftwerken, Abbildungen, musikalischen Kompositionen und dramatischen Werken.

Die Strafverfolgung der Verbreitung von Nachdrucks-Exemplaren und die Klage auf Entschädigung wegen dieser Verbreitung verjähren ebenfalls in drei Jahren. 3 Jahre

Der Lauf der Verjährung beginnt mit dem Tage, an welchem die Verbreitung zuletzt stattgefunden hat.

§ 34 leg. cit.

Die allgemeinen gesetzlichen Vorschriften bestimmen, durch welche Handlungen die Verjährung unterbrochen wird.

Die Einleitung des Strafverfahrens unterbricht die Verjährung der Entschädigungsklage nicht, und eben so wenig unterbricht die Anstellung der Entschädigungsklage die Verjährung des Strafverfahrens.

§ 38 leg. cit.

Nachdruck.

Siehe oben bei: „Entschädigung wegen Nachdrucks".

Nacherbe.

Die Einsetzung eines Nacherben wird mit dem Ablauf von dreißig Jahren nach dem Erbfall unwirksam, wenn nicht vorher der Fall der Nacherbfolge eingetreten ist. Sie bleibt auch nach dieser Zeit wirksam: 30 Jahre

1. wenn die Nacherbfolge für den Fall angeordnet ist, daß in der Person des Vorerben oder des Nacherben ein bestimmtes Ereignis eintritt, und derjenige, in dessen Person das Ereignis eintreten soll, zur Zeit des Erbfalles lebt;
2. wenn dem Vorerben oder einem Nacherben für den Fall, daß ihm ein Bruder oder eine Schwester geboren wird, der Bruder oder die Schwester als Nacherbe bestimmt ist.

Ist der Vorerbe oder der Nacherbe, in dessen Person das Ereignis eintreten soll, eine juristische Person, so bewendet es bei der dreißigjährigen Frist.

§ 2109 B.G.B.

Nachlaß.

Die Verjährung eines Anspruchs, der zu einem Nachlasse gehört oder sich gegen einen Nachlaß richtet, wird nicht vor

6 Monate dem Ablaufe von sechs Monaten nach dem Zeitpunkte vollendet, in welchem die Erbschaft von dem Erben angenommen oder der Konkurs über den Nachlaß eröffnet wird oder von welchem an der Anspruch von einem Vertreter oder gegen einen Vertreter geltend gemacht werden kann. Ist die Verjährungsfrist kürzer als sechs Monate, so tritt der für die Verjährung bestimmte Zeitraum an die Stelle der sechs Monate.

§ 207 B.G.B.

Die Nachlaßverwaltung ist von dem Nachlaßgericht anzuordnen, wenn der Erbe die Anordnung beantragt.

Auf Antrag eines Nachlaßgläubigers ist die Nachlaßverwaltung anzuordnen, wenn Grund zu der Annahme besteht, daß die Befriedigung der Nachlaßgläubiger aus dem Nachlasse durch das Verhalten oder die Vermögenslage des Erben gefährdet wird. Der Antrag kann nicht mehr gestellt werden,
5 Jahre wenn seit der Annahme der Erbschaft zwei Jahre verstrichen sind.

Die Vorschriften des § 1785 (betrifft die Verpflichtung zur Uebernahme einer Vormundschaft) finden keine Anwendung.

§ 1981 B.G.B.

Pfandgläubiger und Gläubiger, die im Konkurse den Pfandgläubigern gleichstehen, sowie Gläubiger, die bei der Zwangsvollstreckung in das unbewegliche Vermögen ein Recht auf Befriedigung aus diesem Vermögen haben, werden, soweit es sich um die Befriedigung aus den ihnen haftenden Gegenständen handelt, durch das Aufgebot nicht betroffen. Das Gleiche gilt von Gläubigern, deren Ansprüche durch eine Vormerkung gesichert sind oder denen im Konkurs ein Aussonderungsrecht zusteht, in Ansehung des Gegenstandes ihres Rechtes.

§ 1971 B.G.B.

Der Erbe kann die Befriedigung eines im Aufgebotsverfahren ausgeschlossenen Nachlaßgläubigers insoweit verweigern, als der Nachlaß durch die Befriedigung der nicht ausgeschlossenen Nachlaßgläubiger erschöpft wird. Der Erbe hat jedoch den ausgeschlossenen Gläubiger vor den Verbindlichkeiten aus Pflichtteilsrechten, Vermächtnissen und Auflagen zu befriedigen, es sei denn, daß der Gläubiger seine Forderung erst nach der Berichtigung dieser Verbindlichkeiten geltend macht.

Einen Ueberschuß hat der Erbe zum Zwecke der Befriedigung des Gläubigers im Wege der Zwangsvollstreckung nach den Vorschriften über die Herausgabe einer ungerechtfertigten Bereicherung herauszugeben. Er kann die Herausgabe der noch vorhandenen Nachlaßgegenstände durch Zahlung des Wertes abwenden. Die rechtskräftige Verurteilung des Erben zur Befriedigung eines ausgeschlossenen Gläubigers wirkt einem anderen Gläubiger gegenüber wie die Befriedigung.

§ 1973 B.G.B.

Ein Nachlaßgläubiger, der seine Forderung später als fünf Jahre nach dem Erbfalle dem Erben gegenüber geltend 5 Jahre macht, steht einem ausgeschlossenen Gläubiger gleich, es sei denn, daß die Forderung dem Erben vor dem Ablaufe der fünf Jahre bekannt geworden oder im Aufgebotsverfahren angemeldet worden ist. Wird der Erblasser für tot erklärt, so beginnt die Frist nicht vor der Erlassung des die Todeserklärung aussprechenden Urteils.

Die dem Erben nach § 1973 Abs. 1 Satz 2 (siehe oben) obliegende Verpflichtung tritt im Verhältnisse von Verbindlichkeiten aus Pflichtteilsrechten, Vermächtnissen und Auflagen zu einander nur insoweit ein, als der Gläubiger im Falle des Nachlaßkonkurses vorgehen würde.

Soweit ein Gläubiger nach § 1971 (siehe oben) von dem Aufgebote nicht betroffen wird, finden die Vorschriften des Absatz 1 auf ihn keine Anwendung.

§ 1974 B.G.B.

Notare.

In zwei Jahren verjähren die Ansprüche: 2 Jahre

— —

15. der Rechtsanwälte, Notare und Gerichtsvollzieher, sowie aller Personen, die zur Besorgung gewisser Geschäfte öffentlich bestellt oder zugelassen sind, wegen ihrer Gebühren und Auslagen, soweit nicht diese zur Staatskasse fließen;

§ 196 Ziff. 15 B.G.B.

Oeffentliche Anstalten.

2 Jahre In zwei Jahren verjähren die Ansprüche:

— —

11. der öffentlichen Anstalten, welche dem Unterrichte, der Erziehung, Verpflegung oder Heilung dienen, sowie der Inhaber von Privatanstalten solcher Art für Gewährung von Unterricht, Verpflegung oder Heilung und für die damit zusammenhängenden Aufwendungen;

§ 196 Ziff. 11 B.G.B.

Offene Handelsgesellschaft, hier Anspruchsverjährung der Gesellschaft gegen einen Gesellschafter.

Ein Gesellschafter darf ohne Einwilligung der anderen Gesellschafter weder in dem Handelszweige der Gesellschaft Geschäfte machen, noch an einer anderen gleichartigen Handelsgesellschaft als persönlich haftender Gesellschafter Teil nehmen.

Die Einwilligung zur Teilnahme an einer anderen Gesellschaft gilt als erteilt, wenn den übrigen Gesellschaftern bei Eingehung der Gesellschaft bekannt ist, daß der Gesellschafter an einer anderen Gesellschaft als persönlich haftender Gesellschafter Teil nimmt, und gleichwohl die Aufgabe dieser Beteiligung nicht ausdrücklich bedungen wird.

§ 112 H.G.B.

Verletzt ein Gesellschafter die ihm nach § 112 (siehe oben) obliegende Verpflichtung, so kann die Gesellschaft Schadensersatz fordern; sie kann statt dessen von dem Gesellschafter verlangen, daß er die für eigene Rechnung gemachten Geschäfte als für Rechnung der Gesellschaft eingegangen gelten lasse und die aus Geschäften für fremde Rechnung bezogene Vergütung herausgebe oder seinen Anspruch auf die Vergütung abtrete.

Ueber die Geltendmachung dieser Ansprüche beschließen die übrigen Gesellschafter.

3 Monate Die Ansprüche verjähren in drei Monaten von dem Zeitpunkt an, in welchem die übrigen Gesellschafter von dem Abschlusse des Geschäfts oder von der Teilnahme des Gesellschafters an der anderen Gesellschaft Kenntnis erlangen; sie
5 Jahre verjähren ohne Rücksicht auf diese Kenntnis in fünf Jahren von ihrer Entstehung an.

Das Recht der Gesellschafter, die Auflösung der Gesellschaft zu verlangen, wird durch diese Vorschriften nicht berührt.

§ 113 H.G.B.

Pachtzinsen.

In vier Jahren verjähren die Ansprüche auf Rückstände von Zinsen, mit Einschluß der als Zuschlag zu den Zinsen zum Zwecke allmählicher Tilgung des Kapitals zu entrichtenden Beträge, die Ansprüche auf Rückstände von Miet- und Pachtzinsen, soweit sie nicht unter die Vorschrift des § 196 Abs. 1 Nr. 6 (betrifft die Ansprüche derjenigen, welche bewegliche Sachen gewerbsmäßig vermieten) fallen, und die Ansprüche auf Rückstände von Renten, Auszugsleistungen, Besoldungen, Wartegeldern, Ruhegehalten, Unterhaltsbeiträgen und allen anderen regelmäßig wiederkehrenden Leistungen. 4 Jahre

§ 197 B.G.B.

Packträger.

In zwei Jahren verjähren die Ansprüche: 2 Jahre

1. der Kaufleute, Fabrikanten, Handwerker und derjenigen, welche ein Kunstgewerbe betreiben, für Lieferung von Waaren, Ausführung von Arbeiten und Besorgung fremder Geschäfte, mit Einschluß der Auslagen, es sei denn, daß die Leistung für den Gewerbebetrieb des Schuldners erfolgt;

— —

7. derjenigen, welche, ohne zu den in Nr. 1 bezeichneten Personen zu gehören, die Besorgung fremder Geschäfte oder die Leistung von Diensten gewerbsmäßig betreiben, wegen der ihnen aus dem Gewerbebetriebe gebührenden Vergütungen, mit Einschluß der Auslagen.

§ 196 Ziff. 1 u. 7 B.G.B.

Siehe auch die §§ 198 u. 201 B.G.B. oben sub IIa Verjährungsabschnitt des B.G.B.

Parteien.

2 Jahre In zwei Jahren verjähren die Ansprüche:

— —

16. der Parteien wegen der ihren Rechtsanwälten geleisteten Vorschüsse.

§ 196 Ziff. 16 B.G.B.

Pflichtteil.

Hat der Erblasser einem Dritten eine Schenkung gemacht, so kann der Pflichtteilsberechtigte als Ergänzung des Pflichtteils den Betrag verlangen, um den sich der Pflichtteil erhöht, wenn der verschenkte Gegenstand dem Nachlasse hinzugerechnet wird.

Eine verbrauchbare Sache kommt mit dem Werte in Ansatz, den sie zur Zeit der Schenkung hatte. Ein anderer Gegenstand kommt mit dem Werte in Ansatz, den er zur Zeit des Erbfalls hat; hatte er zur Zeit der Schenkung einen geringeren Wert, so wird nur dieser in Ansatz gebracht.

Die Schenkung bleibt unberücksichtigt, wenn zur Zeit
10 Jahre des Erbfalls zehn Jahre seit der Leistung des verschenkten Gegenstandes verstrichen sind; ist die Schenkung an den Ehegatten des Erblassers erfolgt, so beginnt die Frist nicht vor der Auflösung der Ehe.

§ 2325 B.G.B.

Soweit der Erbe zur Ergänzung des Pflichtteils nicht verpflichtet ist, kann der Pflichtteilsberechtigte von dem Beschenkten die Herausgabe des Geschenkes zum Zwecke der Befriedigung wegen des fehlenden Betrages nach den Vorschriften über die Herausgabe einer ungerechtfertigten Bereicherung fordern. Ist der Pflichtteilsberechtigte der alleinige Erbe, so steht ihm das gleiche Recht zu.

Der Beschenkte kann die Herausgabe durch Zahlung des fehlenden Betrags abwenden.

Unter mehreren Beschenkten haftet der frühere Beschenkte nur insoweit, als der spätere Beschenkte nicht verpflichtet ist.

§ 2329 B.G.B.

Der Pflichtteilsanspruch verjährt in drei Jahren von dem Zeitpunkte an, in welchem der Pflichtteilsberechtigte von dem Eintritte des Erbfalls und von der ihn beeinträchtigenden Verfügung Kenntnis erlangt, ohne Rücksicht auf diese Kenntnis in dreißig Jahren von dem Eintritte des Erbfalls an. 3 Jahre 30 Jahre

Der nach § 2329 (siehe oben) dem Pflichtteilsberechtigten gegen den Beschenkten zustehende Anspruch verjährt in drei Jahren von dem Eintritte des Erbfalls an. 3 Jahre

Die Verjährung wird nicht dadurch gehemmt, daß die Ansprüche erst nach der Ausschlagung der Erbschaft oder eines Vermächtnisses geltend gemacht werden können.

§ 2332 B.G.B.

Privatanstalten.

Siehe oben unter: „Oeffentliche Anstalten".

Privatbedienstete.

In zwei Jahren verjähren die Ansprüche: 2 Jahre

— —

8. derjenigen, welche im Privatdienste stehen, wegen des Gehalts, Lohnes oder anderer Dienstbezüge, mit Einschluß der Auslagen, sowie der Dienstberechtigten wegen der auf solche Ansprüche gewährten Vorschüsse.

§ 196 Z. 8 B.G.B.

Siehe auch die §§ 198 und 201 B.G.B. oben sub II a Verjährungsabschnitt des B.G.B.

Privatlehrer.

In zwei Jahren verjähren die Ansprüche: 2 Jahre

— —

13. der öffentlichen Lehrer und der Privatlehrer wegen ihrer Honorare, die Ansprüche der öffentlichen Lehrer jedoch nicht, wenn sie auf Grund besonderer Einrichtungen gestundet sind.

§ 196 Ziff. 13 B.G.B.

Siehe auch die §§ 198 und 201 B.G.B. oben sub IIa Verjährungsabschnitt des B.G.B.

Professoren.

Siehe unter: „Privatlehrer".

Rayongesetz, hier: Erlöschen einer Baugenehmigung.

Die Benützung des Grundeigentums in der nächsten Umgebung der bereits vorhandenen, sowie der in Zukunft anzulegenden permanenten Befestigungen unterliegt nach Maßgabe dieses Gesetzes dauernden Beschränkungen.

§ 1 des Reichsgesetzes vom 21. Dezember 1871, betreffend die Beschränkungen des Grundeigentums in der Umgebung von Festungen.

Behufs Festellung dieser Beschränkungen wird die nächste Umgebung der Festungen in Rayons geteilt, und je nach der Entfernung von der äußersten Verteidigungslinie ab als erster, zweiter, dritter Rayon bezeichnet.

Wenn bei Festungen mehrere zusammenhängende Befestigungslinien vor einander liegen, so bildet der Raum zwischen denselben die Zwischen-Rayons.

Bei Festungen mit einer Citadelle heißt der Rayonbezirk von den stadtwärts gewendeten Werken derselben Esplanade.

§ 2 leg. cit.

Zu jeder Anlage, jeder Veränderung und Benutzung, die nach den §§ 13 ff. nicht ohne Genehmigung der Kommandantur zulässig ist, muß vor dem Beginne der Ausführung diese Genehmigung nachgesucht werden.

§ 26 leg. cit.

Die von der Kommandantur auszufertigende Genehmigung muß alle für den betreffenden Fall nach Maßgabe dieses Gesetzes festzustellenden speziellen Beschränkungen genau bestimmen, denen der Grundbesitzer sowie alle Besitznachfolger bezüglich des Baues, der Niederlage von Materialien, der Anlage oder des Gewerbebetriebs sich zu unterwerfen haben. Insoweit nach Maßgabe dieses Gesetzes die Genehmigung nicht zu versagen ist, darf dieselbe auch nicht an Bedingungen geknüpft werden.

Sind seit der Aushändigung der Genehmigung zwei Jahre verflossen, ohne daß davon Gebrauch gemacht worden ist, so wird sie als erloschen betrachtet. 2 Jahre

Wird die Genehmigung ganz oder teilweise versagt, so sind die Gründe der Ablehnung anzugeben.

§ 28 leg. cit.

Rechtsanwälte.

In zwei Jahren verjähren die Ansprüche: 2 Jahre

— —

15. der Rechtsanwälte, Notare und Gerichtsvollzieher sowie aller Personen, die zur Besorgung gewisser Geschäfte öffentlich bestellt oder zugelassen sind, wegen ihrer Gebühren und Auslagen, soweit nicht diese zur Staatskasse fließen.

§ 196 Ziff. 15 B.G.B.

Vergleiche auch die §§ 198 und 201 B.G.B. oben sub IIa Verjährungsabschnitt des B.G.B.

Rechtskräftig festgestellte Ansprüche.

Siehe hierüber die §§ 197 und 218 B.G.B. oben sub IIa Verjährungsabschnitt des B.G.B.

Regelmäßige Verjährungsfrist.

Die regelmäßige Verjährungsfrist beträgt dreißig Jahre. 30 Jahre

§ 195 B.G.B.

Rentenscheine.

Siehe oben unter: „Gewinnanteilscheine“.

Renten, rückständige.

Siehe oben unter: „Pachtzinsen“.

Rücktritt vom Vertrage.

Kommt der (Rücktritts-)Berechtigte mit der Rückgewähr des empfangenen Gegenstandes oder eines erheblichen Teiles des Gegenstandes in Verzug, so kann ihm der andere Teil eine
Frist angemessene Frist mit der Erklärung bestimmen, daß er die Annahme nach dem Ablaufe der Frist ablehne. Der Rücktritt wird unwirksam, wenn nicht die Rückgewähr vor dem Ablaufe der Frist erfolgt.

§ 354 B.G.B.

Ist für die Ausübung des Rücktrittsrechts eine Frist nicht vereinbart, so kann dem Berechtigten von dem anderen Teile für die Ausübung eine angemessene Frist bestimmt werden. Das Rücktrittsrecht erlischt, wenn nicht der Rücktritt vor dem
Frist Ablaufe der Frist erklärt wird.

§ 355 B.G.B.

Ruhegehalt.

Siehe oben bei: „Pachtzinsen".

Sachverständige, deren Gebühren und Auslagen.

2 Jahre In zwei Jahren verjähren die Ansprüche:

— —

17. der Zeugen und Sachverständigen wegen ihrer Gebühren und Auslagen.

§ 196 Ziff. 17 B.G.B.

Vergleiche auch die §§ 198 und 201 B.G.B. oben sub IIa Verjährungsabschnitt des Bürgerlichen Gesetzbuchs.

Schadensersatzansprüche wegen Mangels einer zugesicherten Eigenschaft.

Der Anspruch auf Wandelung oder auf Minderung sowie der Anspruch auf Schadensersatz wegen Mangels einer zugesicherten Eigenschaft verjährt, sofern nicht der Verkäufer den Mangel arglistig verschwiegen hat, bei beweglichen Sachen in sechs Monaten von der Ablieferung, bei Grundstücken in einem Jahre von der Uebergabe an. Die Verjährungsfrist kann durch Vertrag verlängert werden. 6 Monate 1 Jahr

Beantragt der Käufer gerichtliche Beweisaufnahme zur Sicherung des Beweises, so wird die Verjährung unterbrochen. Die Unterbrechung dauert bis zur Beendigung des Verfahrens fort. Die Vorschriften des § 211 Abs. 2 und des § 212 (siehe oben sub IIa Verjährungsabschnitt des B.G.B.) finden entsprechende Anwendung.

Die Hemmung oder Unterbrechung der Verjährung eines der im Absatz 1 bezeichneten Ansprüche bewirkt auch die Hemmung oder Unterbrechung der Verjährung der anderen Ansprüche.

§ 477 B.G.B.

Der Anspruch auf Wandelung sowie der Anspruch auf Schadensersatz wegen eines Hauptmangels, dessen Nichtvorhandensein der Verkäufer zugesichert hat, verjährt in sechs Wochen von dem Ende der Gewährfrist an. Im Uebrigen bleiben die Vorschriften des § 477 [siehe oben] unberührt. 6 Wochen

An die Stelle der in den §§ 210, 212, 215 (siehe oben sub II a „Verjährungsabschnitt des B.G.B.") bestimmten Fristen tritt eine Frist von sechs Wochen. 6 Wochen

Der Käufer kann auch nach der Verjährung des Anspruchs auf Wandelung die Zahlung des Kaufpreises verweigern. Die Aufrechnung des Anspruchs auf Schadensersatz unterliegt nicht der im § 479 (siehe unten) bestimmten Beschränkung.

§ 490 B.G.B.

Hat der Käufer den Mangel dem Verkäufer angezeigt oder die Anzeige an ihn abgesendet, bevor der Anspruch auf Wandelung oder auf Minderung verjährt war [siehe hierüber unten bei „Wandelung"], so kann er auch nach der Vollendung der Verjährung die Zahlung des Kaufpreises insoweit verweigern, als er auf Grund der Wandelung oder der Minderung dazu berechtigt sein würde. Das Gleiche gilt, wenn der Käufer vor der Vollendung der Verjährung gerichtliche Beweisaufnahme zur Sicherung des Beweises beantragt oder in einem zwischen ihm und einem späteren Erwerber der Sache wegen des Mangels anhängigen Rechtsstreite dem Verkäufer den Streit verkündet hat.

Hat der Verkäufer den Mangel arglistig verschwiegen, so bedarf es der Anzeige oder einer ihr nach Absatz 1 gleichstehenden Handlung nicht.

§ 478 B.G.B.

Der Anspruch auf Schadensersatz kann nach der Vollendung der Verjährung nur aufgerechnet werden, wenn der Käufer vorher eine der im § 478 (siehe oben) bezeichneten Handlungen vorgenommen hat. Diese Beschränkung tritt nicht ein, wenn der Verkäufer den Mangel arglistig verschwiegen hat.

§ 479 B.G.B.

Schadensersatzansprüche bei unerlaubten Handlungen.

Der Anspruch auf Ersatz des aus einer unerlaubten
3 Jahre Handlung entstandenen Schadens verjährt in drei Jahren von dem Zeitpunkte an, in welchem der Verletzte von dem Schaden und der Person des Ersatzpflichtigen Kenntnis erlangt,
30 Jahre ohne Rücksicht auf diese Kenntnis in dreißig Jahren von der Begehung der Handlung an.

Hat der Ersatzpflichtige durch die unerlaubte Handlung auf Kosten des Verletzten etwas erlangt, so ist er auch nach der Vollendung der Verjährung zur Herausgabe nach den Vorschriften über die Herausgabe einer ungerechtfertigten Bereicherung verpflichtet.

§ 852 B.G.B.

Schadensersatzansprüche bei Aufhebung eines Verlöbnisses.

Tritt ein Verlobter von dem Verlöbnisse zurück, so hat er dem anderen Verlobten und dessen Eltern sowie dritten Personen, welche an Stelle der Eltern gehandelt haben, den Schaden zu ersetzen, der daraus entstanden ist, daß sie in Erwartung der Ehe Aufwendungen gemacht haben oder Verbindlichkeiten eingegangen sind. Dem anderen Verlobten hat er auch den

Schaden zu ersetzen, den dieser dadurch erleidet, daß er in Erwartung der Ehe sonstige sein Vermögen oder seine Erwerbsstellung berührende Maßnahmen getroffen hat.

Der Schaden ist nur insoweit zu ersetzen, als die Aufwendungen, die Eingehung der Verbindlichkeiten und die sonstigen Maßnahmen den Umständen nach angemessen waren.

Die Ersatzpflicht tritt nicht ein, wenn ein wichtiger Grund für den Rücktritt vorliegt.

§ 1298 B.G.B.

Veranlaßt ein Verlobter den Rücktritt des anderen durch ein Verschulden, das einen wichtigen Grund für den Rücktritt bildet, so ist er nach Maßgabe des § 1298 Abs. 1, 2 (siehe oben) zum Schadensersatze verpflichtet.

§ 1299 B.G.B.

Hat eine unbescholtene Verlobte ihrem Verlobten die Beiwohnung gestattet, so kann sie, wenn die Voraussetzungen des § 1298 (siehe oben) oder des § 1299 (siehe oben) vorliegen, auch wegen des Schadens, der nicht Vermögensschaden ist, eine billige Entschädigung in Geld verlangen.

Der Anspruch ist nicht übertragbar und geht nicht auf die Erben über, es sei denn, daß er durch Vertrag anerkannt oder daß er rechtshängig geworden ist.

§ 1300 B.G.B.

Unterbleibt die Eheschließung, so kann jeder Verlobte von dem anderen die Herausgabe desjenigen, was er ihm geschenkt oder zum Zeichen des Verlöbnisses gegeben hat, nach den Vorschriften über die Herausgabe einer ungerechtfertigten Bereicherung fordern. Im Zweifel ist anzunehmen, daß die Rückforderung ausgeschlossen sein soll, wenn das Verlöbnis durch den Tod eines der Verlobten aufgelöst wird.

§ 1301 B.G.B.

Die in den §§ 1298 bis 1301 (siehe oben) bestimmten Ansprüche verjähren in zwei Jahren von der Auflösung des Verlöbnisses an. 2 Jahre

§ 1302 B.G.B.

Schadensersatzansprüche bei Werkverträgen.

Der Anspruch des Bestellers auf Beseitigung eines Mangels des Werkes, sowie die wegen des Mangels dem Besteller zustehenden Ansprüche auf Wandelung, Minderung oder Schadensersatz verjähren, sofern nicht der Unternehmer den
6 Monate Mangel arglistig verschwiegen hat, in sechs Monaten, bei
1 Jahr Arbeiten an einem Grundstück in einem Jahre, bei Bauwerken
5 Jahre in fünf Jahren. Die Verjährung beginnt mit der Abnahme des Werkes.

Die Verjährungsfrist kann durch Vertrag verlängert werden.

§ 638 B.G.B.

Siehe auch oben unter: „Schadensersatzansprüche wegen Mangels einer zugesicherten Eigenschaft".

Schadensersatzansprüche gegen Handlungsgehilfen.

Siehe oben unter: „Gewerbebetrieb verbotener".

Schadensersatzansprüche auf Grund des Haftpflichtgesetzes.

Siehe oben unter: „Haftpflicht ꝛc."

Scheidungsklage.

Die Scheidungsklage muß in den Fällen des §§ 1565 bis 1568 (siehe oben unter „Ehescheidung" Seite 66) binnen
6 Monate sechs Monaten von dem Zeitpunkte an erhoben werden, in dem der Ehegatte von dem Scheidungsgrunde Kenntnis erlangt. Die Klage ist ausgeschlossen, wenn seit dem Eintritte des
10 Jahre Scheidungsgrundes zehn Jahre verstrichen sind.

Die Frist läuft nicht, so lange die häusliche Gemeinschaft der Ehegatten aufgehoben ist. Wird der zur Klage berechtigte Ehegatte von dem anderen Ehegatten aufgefordert, entweder die häusliche Gemeinschaft herzustellen oder die Klage zu erheben, so läuft die Frist von dem Empfange der Aufforderung an.

Der Erhebung der Klage steht die Ladung zum Sühnetermine gleich. Die Ladung verliert ihre Wirkung, wenn der zur Klage berechtigte Ehegatte im Sühnetermine nicht erscheint oder wenn drei Monate nach der Beendigung des Sühneverfahrens verstrichen sind und nicht vorher die Klage erhoben worden ist. 3 Monate

Auf den Lauf der sechsmonatigen und der dreimonatigen Frist finden die für die Verjährung geltenden Vorschriften der §§ 203, 206 (siehe oben sub II a Verjährungsabschnitt des B.G.B.) entsprechende Anwendung.

§ 1571 B.G.B.

Schenkung.

Hat der Erblasser in der Absicht, den Vertragserben zu beeinträchtigen, eine Schenkung gemacht, so kann der Vertragserbe, nachdem ihm die Erbschaft angefallen ist, von dem Beschenkten die Herausgabe des Geschenkes nach den Vorschriften über die Herausgabe einer ungerechtfertigten Bereicherung fordern.

Der Anspruch verjährt in drei Jahren von dem Anfalle der Erbschaft an. 3 Jahre

§ 2287 B.G.B.

Hat der Erblasser einem Dritten eine Schenkung gemacht, so kann der Pflichtteilsberechtigte als Ergänzung des Pflichtteils den Betrag verlangen, um den sich der Pflichtteil erhöht, wenn der verschenkte Gegenstand dem Nachlasse hinzugerechnet wird.

Eine verbrauchbare Sache kommt mit dem Werte in Ansatz, den sie zur Zeit der Schenkung hatte. Ein anderer Gegenstand kommt mit dem Werte in Ansatz, den er zur Zeit des Erbfalls hat; hatte er zur Zeit der Schenkung einen geringeren Wert, so wird nur dieser in Ansatz gebracht.

Die Schenkung bleibt unberücksichtigt, wenn zur Zeit des Erbfalls zehn Jahre seit der Leistung des verschenkten Gegenstandes verstrichen sind; ist die Schenkung an den Ehegatten des Erblassers erfolgt, so beginnt die Frist nicht vor der Auflösung der Ehe. 10 Jahre

§ 2325 B.G.B.

Der Anspruch auf Herausgabe des Geschenkes ist ausgeschlossen, wenn der Schenker seine Bedürftigkeit vorsätzlich oder durch grobe Fahrlässigkeit herbeigeführt hat oder wenn zur Zeit des Eintritts seiner Bedürftigkeit seit der Leistung des geschenkten Gegenstandes zehn Jahre verstrichen sind. 10 Jahre

Das Gleiche gilt, soweit der Beschenkte bei Berücksichtigung seiner sonstigen Verpflichtungen außer Stande ist, das Geschenk herauszugeben, ohne daß sein standesmäßiger Unterhalt oder die Erfüllung der ihm kraft Gesetzes obliegenden Unterhaltspflichten gefährdet wird.

§ 529 B.G.B.

Eine Schenkung kann widerrufen werden, wenn sich der Beschenkte durch eine schwere Verfehlung gegen den Schenker oder einen nahen Angehörigen des Schenkers groben Undanks schuldig macht.

Dem Erben des Schenkers steht das Recht des Widerrufs nur zu, wenn der Beschenkte vorsätzlich und widerrechtlich den Schenker getötet oder am Widerrufe gehindert hat.

§ 530 B.G.B.

Der Widerruf ist ausgeschlossen, wenn der Schenker dem Beschenkten verziehen hat, oder wenn seit dem Zeitpunkte, in welchem der Widerrufsberechtigte von dem Eintritte der Voraus-
1 Jahr setzungen seines Rechtes Kenntnis erlangt hat, ein Jahr verstrichen ist. Nach dem Tode des Beschenkten ist der Widerruf nicht mehr zulässig.

§ 532 B.G.B.

Schifferlöhne.

2 Jahre In zwei Jahren verjähren die Ansprüche:

— —

3. der Eisenbahnunternehmungen, Frachtfuhrleute, Schiffer, Lohnkutscher und Boten wegen des Fahrgeldes, der Fracht, des Fuhr- und Botenlohnes, mit Einschluß der Auslagen.

§ 196 Ziff. 3 B.G.B.

Siehe auch die §§ 198 u. 201 B.G.B. oben sub IIa Verjährungsabschnitt des B.G.B.

Schiffsgläubiger, hier Verjährung deren Forderungen.

Die im § 754 Nr. 1 bis 9 aufgeführten Forderungen
1 Jahr (siehe unten) verjähren in einem Jahre. Es beträgt jedoch
2 Jahre die Verjährungsfrist zwei Jahre:

1. für die aus den Dienst- und Heuerverträgen herrührenden Forderungen der Schiffsbesatzung, wenn die Entlassung jenseits des Vorgebirges der guten Hoffnung oder des Kap Horn erfolgt ist;
2. für die aus dem Zusammenstoße von Schiffen hergeleiteten Entschädigungsforderungen.

§ 901 H.G.B.

Die nach § 901 (siehe oben) eintretende Verjährung bezieht sich zugleich auf die persönlichen Ansprüche, die dem Gläubiger etwa gegen den Rheder oder eine Person der Schiffsbesatzung zustehen.

§ 902 H.G.B.

Die Verjährung beginnt:

1. in Ansehung der Forderungen der Schiffsbesatzung (§ 754 Nr. 3 — siehe unten) mit dem Ablaufe des Jahres, in welchem das Dienst- oder Heuerverhältnis endet, und, falls die Anstellung der Klage früher möglich oder zulässig ist, mit dem Ablaufe des Jahres, in welchem diese Voraussetzung eintritt; jedoch kommt das Recht, Vorschuß- und Abschlagszahlungen zu verlangen, für den Beginn der Verjährung nicht in Betracht;
2. in Ansehung der Forderungen wegen Beschädigung oder verspäteter Ablieferung von Ladungsgütern und Reisegut (§ 754 Nr. 7, 9 — siehe unten) und wegen der Beiträge zur großen Haverei (§ 754 Nr. 5 — siehe unten) mit dem Ablaufe des Jahres, in welchem die Ablieferung erfolgt ist, in Ansehung der Forderungen wegen Nichtablieferung von Gütern mit dem Ablaufe des Jahres, in welchem das Schiff den Hafen erreicht, wo die Ablieferung erfolgen sollte, und wenn dieser Hafen nicht erreicht wird, mit dem Ablaufe des Jahres, in welchem der Beteiligte sowohl hiervon als auch von dem Schaden zuerst Kenntnis erlangt;
3. in Ansehung der nicht unter Nr. 2 fallenden Forderungen aus dem Verschulden einer Person der Schiffsbesatzung (§ 754 Nr. 9 — siehe unten) mit dem Ablaufe des Jahres, in welchem der Beteiligte von dem Schaden Kenntnis erlangt hat, in Ansehung der Entschädigungsforderungen wegen des Zusammenstoßes von Schiffen

jedoch mit dem Ablaufe des Jahres, in welchem der Zusammenstoß stattgefunden hat;

4. in Ansehung aller anderen Forderungen mit dem Ablaufe des Jahres, in welchem die Forderung fällig geworden ist.

§ 903 H.G.B.

1 Jahr Ferner verjähren in einem Jahre die auf den Gütern wegen der Bodmereigelder, der Beiträge zur großen Haverei und der Bergungs- und Hülfskosten haftenden Forderungen sowie die wegen dieser Gelder, Beiträge und Kosten begründeten persönlichen Ansprüche.

Die Verjährung beginnt in Ansehung der Beiträge zur großen Haverei mit dem Ablaufe des Jahres, in welchem die beitragspflichtigen Güter abgeliefert sind, in Ansehung der übrigen Forderungen mit dem Ablaufe des Jahres, in welchem die Fälligkeit eingetreten ist.

§ 904 H.G.B.

5 Jahre Es verjähren in fünf Jahren die Forderungen des Versicherers und des Versicherten aus dem Versicherungsvertrage.

Die Verjährung beginnt mit dem Ablaufe des Jahres, in welchem die versicherte Reise beendigt ist, und bei der Versicherung auf Zeit mit dem Ablaufe des Tages, an welchem die Versicherungszeit endet. Sie beginnt, wenn das Schiff verschollen ist, mit dem Ablaufe des Tages, an welchem die Verschollenheitsfrist endet.

§ 905 H.G.B.

Die nachbenannten Forderungen gewähren die Rechte eines Schiffsgläubigers:

1. die zu den Kosten der Zwangsvollstreckung nicht gehörenden Kosten der Bewachung und Verwahrung des Schiffes und seines Zubehörs seit der Einbringung des Schiffes in den letzten Hafen, falls das Schiff im Wege der Zwangsvollstreckung verkauft wird;
2. die öffentlichen Schiffs-, Schiffahrts- und Hafenabgaben, insbesondere die Tonnen-, Leuchtfeuer-, Quarantäne- und Hafengelder;
3. die aus den Dienst- und Heuerverträgen herrührenden Forderungen der Schiffsbesatzung,
4. die Lootsengelder sowie die Bergungs-, Hülfs-, Loskaufs- und Reklamekosten;

5. die Beiträge des Schiffes zur großen Haverei;
6. die Forderungen der Bodmereigläubiger, welchen das Schiff verbodmet ist, sowie die Forderungen aus sonstigen Kreditgeschäften, die der Schiffer als solcher während des Aufenthalts des Schiffs außerhalb des Heimatshafens in Notfällen abgeschlossen hat (§§ 528, 541 — siehe unten), auch wenn er Miteigentümer oder Alleineigentümer des Schiffes ist; den Forderungen aus solchen Kreditgeschäften stehen die Forderungen wegen Lieferungen oder Leistungen gleich, die ohne Gewährung eines Kredits dem Schiffer als solchem während des Aufenthalts des Schiffes außerhalb des Heimatshafens in Notfällen zur Erhaltung des Schiffes oder zur Ausführung der Reise gemacht sind, soweit diese Lieferungen oder Leistungen zur Befriedigung des Bedürfnisses erforderlich waren;
7. die Forderungen wegen Nichtablieferung oder Beschädigung der Ladungsgüter und des im § 673 Abs. 2 (siehe unten) erwähnten Reiseguts;
8. die nicht unter eine der vorigen Nummern fallenden Forderungen aus Rechtsgeschäften, die der Schiffer als solcher kraft seiner gesetzlichen Befugnisse und nicht mit Bezug auf eine besondere Vollmacht geschlossen hat (§ 486 Abs. 1 Nr. 1 — siehe unten), sowie die nicht unter eine der vorigen Nummern fallenden Forderungen wegen Nichterfüllung oder wegen unvollständiger oder mangelhafter Erfüllung eines von dem Rheder abgeschlossenen Vertrags, insofern die Ausführung des letzteren zu den Dienstobliegenheiten des Schiffers gehört hat (§ 486 Abs. 1 Nr. 2 — siehe unten);
9. die Forderungen aus dem Verschulden einer Person der Schiffsbesatzung (§ 485, § 486 Abs. 1 Nr. 3 — siehe unten), auch wenn diese Person zugleich Miteigentümer oder Alleineigentümer des Schiffes ist;
10. die Forderungen, welche der Berufsgenossenschaft nach den Vorschriften über die Unfallversicherung und der Versicherungsanstalt nach den Vorschriften über die Invalidenversicherung gegen den Rheder zustehen.

§ 754 H.G.B.

Zur Aufnahme von Darlehen, zur Eingehung von Käufen auf Borg sowie zum Abschluß ähnlicher Kreditgeschäfte ist der

Schiffer nur dann befugt, wenn es zur Erhaltung des Schiffes oder zur Ausführung der Reise notwendig, und nur insoweit, als es zur Befriedigung des Bedürfnisses erforderlich ist. Ein Bodmereigeschäft einzugehen, ist er nur dann befugt, wenn es zur Ausführung der Reise notwendig, und nur insoweit, als es zur Befriedigung des Bedürfnisses erforderlich ist.

Die Gültigkeit des Geschäfts ist weder von der wirklichen Verwendung noch von der Zweckmäßigkeit der unter mehreren Kreditgeschäften getroffenen Wahl noch von dem Umstand abhängig, ob dem Schiffer das erforderliche Geld zur Verfügung gestanden hat, es sei denn, daß der Dritte im bösen Glauben war.

§ 528 H.G.B.

Liegt ein Fall der großen Haverei nicht vor, so ist der Schiffer zur Verbodmung der Ladung oder zur Verfügung über Ladungsteile durch Verkauf oder Verwendung nur befugt, wenn er dem Bedürfnis auf anderem Wege nicht abhelfen kann oder wenn die Wahl eines anderen Mittels einen unverhältnismäßigen Schaden für den Rheder zur Folge haben würde.

Auch in diesen Fällen kann er die Ladung nur zusammen mit dem Schiffe und der Fracht verbodmen.

Er hat die Verbodmung vor dem Verkaufe zu wählen, es sei denn, daß die Verbodmung einen unverhältnismäßigen Schaden für den Rheder zur Folge haben würde.

§ 540 H.G.B.

Die Verbodmung der Ladung oder die Verfügung über Ladungsteile durch Verkauf oder Verwendung wird in den Fällen des § 540 (siehe oben) als ein für Rechnung des Rheders abgeschlossenes Kreditgeschäft angesehen.

§ 541 H.G.B.

Ist das [an Bord gebrachte] Reisegut von dem Schiffer oder einem dazu bestellten Dritten übernommen, so gelten für den Fall seines Verlustes oder seiner Beschädigung die Vorschriften der §§ 606 bis 610 (siehe unten).

§ 673 Absatz 2 H.G.B.

Der Verfrachter haftet für den Schaden, der durch Verlust oder Beschädigung der Güter in der Zeit von der Annahme bis zur Ablieferung entsteht, es sei denn, daß der Verlust oder die Beschädigung auf Umständen beruht, die durch die

Sorgfalt eines ordentlichen Verfrachters nicht abgewendet werden konnten.

§ 606 H.G.B.

Für Kostbarkeiten, Kunstgegenstände, Geld und Wertpapiere haftet der Verfrachter nur, wenn diese Beschaffenheit oder der Wert der Güter bei der Abladung dem Schiffer angegeben worden ist.

§ 607 H.G.B.

Bevor der Empfänger die Güter übernimmt, kann sowohl der Empfänger als der Schiffer, um den Zustand oder die Menge der Güter festzustellen, ihre Besichtigung durch die zuständige Behörde oder durch die zu dem Zwecke amtlich bestellten Sachverständigen bewirken lassen.

Bei diesem Verfahren ist die am Orte anwesende Gegenpartei zuzuziehen, sofern die Umstände es gestatten.

§ 608 H.G.B.

Ist die Besichtigung vor der Uebernahme nicht geschehen, so muß der Empfänger spätestens am zweiten Werktage nach 2 Tage
dem Tage der Uebernahme die nachträgliche Besichtigung der Güter nach Maßgabe des § 608 (siehe oben) erwirken, widrigenfalls alle Ansprüche wegen Beschädigung oder teilweisen Verlustes erlöschen. Es macht keinen Unterschied, ob der Verlust oder die Beschädigung äußerlich erkennbar war oder nicht.

Diese Vorschrift findet keine Anwendung auf solche Verluste und Beschädigungen, die durch Vorsatz oder grobe Fahrlässigkeit einer Person der Schiffsbesatzung entstanden sind.

§ 609 H.G.B.

Die Kosten der Besichtigung hat derjenige zu tragen, welcher sie beantragt hat.

Ist jedoch die Besichtigung von dem Empfänger beantragt und wird ein Verlust oder eine Beschädigung ermittelt, wofür der Verfrachter Ersatz zu leisten hat, so fallen diesem die Kosten zur Last.

§ 610 H.G.B.

Der Rheder ist für den Schaden verantwortlich, den eine Person der Schiffsbesatzung einem Dritten durch ihr Verschulden in Ausführung ihrer Dienstverrichtungen zufügt.

§ 485 H.G.B.

Der Rheder haftet für den Anspruch eines Dritten nicht persönlich sondern nur mit Schiff und Fracht:

1. wenn der Anspruch auf ein Rechtsgeschäft gegründet wird, welches der Schiffer als solcher kraft seiner gesetzlichen Befugnisse und nicht mit Bezug auf eine besondere Vollmacht geschlossen hat;
2. wenn der Anspruch auf die Nichterfüllung oder auf die unvollständige oder mangelhafte Erfüllung eines von dem Rheder abgeschlossenen Vertrags gegründet wird, sofern die Ausführung des Vertrags zu den Dienstobliegenheiten des Schiffers gehört hat, ohne Unterschied, ob die Nichterfüllung oder die unvollständige oder mangelhafte Erfüllung von einer Person der Schiffsbesatzung verschuldet ist oder nicht;
3. wenn der Anspruch auf das Verschulden einer Person der Schiffsbesatzung gegründet wird.

Diese Vorschrift findet in den Fällen der Nr. 1, 2 keine Anwendung, wenn den Rheder selbst in Ansehung der Vertragserfüllung ein Verschulden trifft oder wenn er die Vertragserfüllung besonders gewährleistet hat.

§ 486 H.G.B.

Schuldverschreibungen.

Ist eine Schuldverschreibung auf den Inhaber in Folge einer Beschädigung oder einer Verunstaltung zum Umlaufe nicht mehr geeignet, so kann der Inhaber, sofern ihr wesentlicher Inhalt und ihre Unterscheidungsmerkmale noch mit Sicherheit erkennbar sind, von dem Aussteller die Erteilung einer neuen Schuldverschreibung auf den Inhaber gegen Aushändigung der beschädigten oder verunstalteten verlangen. Die Kosten hat er zu tragen und vorzuschießen.

§ 798 B.G.B.

Eine abhanden gekommene oder vernichtete Schuldverschreibung auf den Inhaber kann, wenn nicht in der Urkunde das Gegenteil bestimmt ist, im Wege des Aufgebotsverfahrens für kraftlos erklärt werden. Ausgenommen sind Zins-, Renten- und Gewinnanteilscheine sowie die auf Sicht zahlbaren unverzinslichen Schuldverschreibungen.

Der Aussteller ist verpflichtet, dem bisherigen Inhaber auf Verlangen die zur Erwirkung des Aufgebots oder der

Zahlungssperre erforderliche Auskunft zu erteilen und die erforderlichen Zeugnisse auszustellen. Die Kosten der Zeugnisse hat der bisherige Inhaber zu tragen und vorzuschießen.

§ 799 B.G.B.

Ist eine Schuldverschreibung auf den Inhaber für kraftlos erklärt, so kann derjenige, welcher das Ausschlußurteil erwirkt hat, von dem Aussteller, unbeschadet der Befugnis, den Anspruch aus der Urkunde geltend zu machen, die Erteilung einer neuen Schuldverschreibung auf den Inhaber an Stelle der für kraftlos erklärten verlangen. Die Kosten hat er zu tragen und vorzuschießen.

§ 800 B.G.B.

Der Anspruch aus einer Schuldverschreibung auf den Inhaber erlischt mit dem Ablaufe von dreißig Jahren nach 30 Jahre dem Eintritte der für die Leistung bestimmten Zeit, wenn nicht die Urkunde vor dem Ablaufe der dreißig Jahre dem Aussteller zur Einlösung vorgelegt wird. Erfolgt die Vorlegung, so verjährt der Anspruch in zwei Jahren von dem Ende 2 Jahre der Vorlegungsfrist an. Der Vorlegung steht die gerichtliche Geltendmachung des Anspruchs aus der Urkunde gleich.

Bei Zins-, Renten- und Gewinnanteilscheinen beträgt die Vorlegungsfrist vier Jahre. Die Frist beginnt mit dem Schlusse 4 Jahre des Jahres, in welchem die für die Leistung bestimmte Zeit eintritt.

Die Dauer und der Beginn der Vorlegungsfrist können von dem Aussteller in der Urkunde anders bestimmt werden.

§ 801 B.G.B.

Der Beginn und der Lauf der Vorlegungsfrist sowie der Verjährung werden durch die Zahlungssperre zu Gunsten des Antragstellers gehemmt. Die Hemmung beginnt mit der Stellung des Antrags auf Zahlungssperre; sie endigt mit der Erledigung des Aufgebotsverfahrens und, falls die Zahlungssperre vor der Einleitung des Verfahrens verfügt worden ist, auch dann, wenn seit der Beseitigung des der Einleitung entgegenstehenden Hindernisses sechs Monate verstrichen sind und 6 Monate nicht vorher die Einleitung beantragt worden ist. Auf diese Frist finden die Vorschriften der §§ 203, 206, 207 [siehe oben sub IIa Verjährungsabschnitt des B.G.B.] entsprechende Anwendung.

§ 802 B.G.B.

Ist ein Zins-, Renten- oder Gewinnanteilschein abhanden gekommen oder vernichtet und hat der bisherige Inhaber den Verlust dem Aussteller vor dem Ablaufe der Vorlegungsfrist angezeigt, so kann der bisherige Inhaber nach dem Ablaufe der Frist die Leistung von dem Aussteller verlangen. Der Anspruch ist ausgeschlossen, wenn der abhanden gekommene Schein dem Aussteller zur Einlösung vorgelegt oder der Anspruch aus dem Scheine gerichtlich geltend gemacht worden ist, es sei denn, daß die Vorlegung oder die gerichtliche Geltendmachung nach dem Ablaufe der Frist erfolgt ist. Der Anspruch
4 Jahre verjährt in vier Jahren.

In dem Zins-, Renten- oder Gewinnanteilscheine kann der im Absatz 1 bestimmte Anspruch ausgeschlossen werden.

§ 804 B.G.B.

Neue Zins- oder Rentenscheine für eine Schuldverschreibung auf den Inhaber dürfen an den Inhaber der zum Empfange der Scheine ermächtigenden Urkunde (Erneuerungsschein) nicht ausgegeben werden, wenn der Inhaber der Schuldverschreibung der Ausgabe widersprochen hat. Die Scheine sind in diesem Falle dem Inhaber der Schuldverschreibung auszuhändigen, wenn er die Schuldverschreibung vorlegt.

§ 805 B.G.B.

Von den Inkrafttreten dieses Gesetzes an (nämlich vom 22. März 1900 an) gelten für die vorher ausgestellten, auf den Inhaber lautenden Schuldverschreibungen, Zinsscheine und Schatzanweisungen die Vorschriften der §§ 798 bis 802, 805 und des § 806 Satz 1 des Bürgerlichen Gesetzbuchs (siehe oben), die Vorschriften der Zivilprozeßordnung über das Aufgebotsverfahren zum Zwecke der Kraftloserklärung einer abhanden gekommenen oder vernichteten Urkunde, sowie die Vorschriften der §§ 17 bis 19 dieses Gesetzes (siehe unten).

Den vor dem Inkrafttreten dieses Gesetzes ausgestellten Schuldverschreibungen, Zinsscheinen und Schatzanweisungen stehen diejenigen Schuldverschreibungen, Zinsscheine und Schatzanweisungen gleich, welche nach dieser Zeit auf Grund einer früheren gesetzlichen Ermächtigung ausgegeben werden.

§ 21 der Reichsschuldenordnung vom 19. März 1900.

Wird der Reichsschuldenverwaltung der Verlust einer Schuldverschreibung oder Schatzanweisung von dem bisherigen

Inhaber mit der Behauptung angezeigt, daß die Schuldurkunde vernichtet sei, so hat ihm auf seinen Antrag die Reichsschuldenverwaltung eine neue Schuldverschreibung oder Schatzanweisung zu erteilen, falls sie die Vernichtung der Urkunde für nachgewiesen erachtet. Die Kosten hat der bisherige Inhaber zu tragen und vorzuschießen.

Ist ein Zinsschein abhanden gekommen oder vernichtet, so ist der im § 804 Abs. 1 (siehe oben) des Bürgerlichen Gesetzbuchs bestimmte Anspruch ausgeschlossen, ohne daß es der Ausschließung in dem Scheine bedarf.

Behauptet der bisherige Inhaber eines Zinsscheines, daß der Schein vernichtet sei, so finden die Vorschriften des Absatz 1 Anwendung.

§ 16 leg. cit.

Für das Aufgebotsverfahren zum Zwecke der Kraftloserklärung einer auf den Inhaber lautenden Schuldverschreibung oder Schatzanweisung ist dasjenige Amtsgericht ausschließlich zuständig, in dessen Bezirke die Reichsschuldenverwaltung ihren Sitz hat.

Durch Anordnung des Reichskanzlers kann die Anwendung der Vorschrift des Absatz 1 für einzelne Teile der Anleihe im voraus ausgeschlossen werden. Ueber die Ausführung einer solchen Anordnung hat der Reichskanzler dem Reichstage, wenn dieser versammelt ist, sofort, andernfalls bei dessen nächster Zusammenkunft Rechenschaft abzulegen.

§ 17 leg. cit.

Soll eine Schuldverschreibung oder Schatzanweisung für kraftlos erklärt werden, so muß die öffentliche Bekanntmachung des Aufgebots und des Ausschlußurteils, unbeschadet der Vorschriften der §§ 1009, 1017 der Zivilprozeßordnung (siehe unten) auch durch einmalige Einrückung in eine in Hamburg, eine in Leipzig, eine in Frankfurt a. M. und eine in München erscheinende Zeitung erfolgen; die Bestimmung und die Veröffentlichung dieser Zeitungen im Deutschen Reichsanzeiger sind jährlich durch den Reichskanzler zu veranlassen. jährlich

§ 18 leg. cit.

Die Reichsschuldenverwaltung hat jährlich amtliche Listen der im abgelaufenen Rechnungsjahre für kraftlos erklärten Schuldverschreibungen und Schatzanweisungen durch den Deutschen

Reichsanzeiger und die im § 18 (siehe oben) bezeichneten Blätter, sowie durch Aushang auf der Börse in Berlin und den Börsen der im § 18 (siehe oben) bezeichneten Orte zu veröffentlichen.

Die Reichsschuldenverwaltung kann noch andere Veröffentlichungen veranlassen.

§ 19 leg. cit.

Die öffentliche Bekanntmachung des Aufgebots erfolgt durch Anheftung an die Gerichtstafel und in dem Lokale der Börse, wenn eine solche am Sitze des Aufgebotsgerichts besteht, sowie durch dreimalige Einrückung in die im § 204 Abs. 2 bezeichneten Blätter (nämlich: in dasjenige Blatt, welches für den Sitz des Prozeßgerichts zur Veröffentlichung der amtlichen Bekanntmachungen bestimmt ist, sowie in den Deutschen Reichsanzeiger).

Das Gericht kann anordnen, daß die Einrückung noch in andere Blätter und zu mehreren Malen erfolge.

Betrifft das Aufgebot ein auf den Inhaber lautendes Papier und ist in der Urkunde vermerkt oder in den Bestimmungen, unter denen die erforderliche staatliche Genehmigung erteilt worden ist, vorgeschrieben, daß die öffentliche Bekanntmachung durch bestimmte andere Blätter zu erfolgen habe, so muß die Bekanntmachung auch durch Einrückung in diese Blätter erfolgen. Das Gleiche gilt bei Schuldverschreibungen, die von einem Bundesstaat ausgegeben sind, wenn die öffentliche Bekanntmachung durch bestimmte Blätter landesgesetzlich vorgeschrieben ist.

§ 1009 C.P.O.

In dem Ausschlußurteil ist die Urkunde für kraftlos zu erklären.

Das Ausschlußurteil ist seinem wesentlichen Inhalte nach durch den Deutschen Reichsanzeiger bekannt zu machen. Die Vorschriften des § 1009 Abs. 3 (siehe oben) finden entsprechende Anwendung.

In gleicher Weise hat nach eingetretener Rechtskraft die Bekanntmachung des auf die Anfechtungsklage ergangenen Urteils, soweit dadurch die Kraftloserklärung aufgehoben wird, zu erfolgen.

§ 1017 C.P.O.

Seerecht.

Siehe oben unter: „Schiffsgläubiger".

Seeunfälle, hier Verjährung der Entschädigungsansprüche.

Entschädigungsberechtigte, für welche die Entschädigung nicht von Amtswegen festgestellt ist, haben ihren Entschädigungsanspruch bei Vermeidung des Ausschlusses vor Ablauf von zwei Jahren nach dem Eintritte des Unfalls, oder falls der Anspruch von Hinterbliebenen solcher Versicherten erhoben wird, welche auf einem für verschollen zu erachtenden Schiffe gefahren sind, vor Ablauf von 2 Jahren nach Ablauf der Verschollenheitsfristen (§§ 862, 863 des H.B.G. — siehe unten bei „Seeverschollenheit") bei dem Genossenschaftsvorstand anzumelden. Die Frist gilt auch dann als gewahrt, wenn die Anmeldung bei einem nicht zuständigen Genossenschaftsorgan oder bei einer anderen Berufsgenossenschaft oder bei der für den Wohnort des Entschädigungsberechtigten zuständigen unteren Verwaltungsbehörde erfolgt ist. In solchem Falle ist die Anmeldung unverzüglich an die zuständige Stelle abzugeben und der Beteiligte davon zu benachrichtigen. **2 Jahre**

Nach Ablauf der Frist ist der Anmeldung nur dann Folge zu geben, wenn zugleich glaubhaft bescheinigt wird, daß eine einen Entschädigungsanspruch begründende Folge des Unfalls erst später bemerkbar geworden oder daß der Entschädigungsberechtigte von der Verfolgung seines Anspruchs durch außerhalb seines Willens liegende Verhältnisse abgehalten worden ist, und wenn die Anmeldung innerhalb dreier Monate, nachdem eine Unfallfolge bemerkbar geworden oder das Hindernis für die Anmeldung weggefallen, erfolgt ist. **3 Monate**

§ 77 des Seeunfallversicherungsgesetzes vom 30. Juni 1900.

Seeverschollenheit.

Ein Schiff, welches eine Reise angetreten hat, ist als verschollen anzusehen, wenn es innerhalb der Verschollenheitsfrist den Bestimmungshafen nicht erreicht hat, auch innerhalb dieser Frist den Beteiligten keine Nachrichten über das Schiff zugegangen sind.

Die Verschollenheitsfrist beträgt:

1. wenn sowohl der Abgangshafen als der Bestimmungs-
6 Monate hafen ein europäischer Hafen ist, bei Segelschiffen sechs,
4 Monate bei Dampfschiffen vier Monate;
2. wenn entweder nur der Abgangshafen oder nur der Bestimmungshafen ein außereuropäischer Hafen ist, falls er diesseits des Vorgebirges der guten Hoffnung und des Kap Horn belegen ist, bei Segel- und Dampfschiffen
9 Monate neun Monate, falls er jenseits des einen jener Vorgebirge
12 Monate belegen ist, bei Segel- und Dampfschiffen zwölf Monate;
3. wenn sowohl der Abgangs- als der Bestimmungshafen ein außereuropäischer Hafen ist, bei Segel- und Dampf-
6,9,12 Mon. schiffen sechs, neun oder zwölf Monate, je nachdem die
2 Monate Durchschnittsdauer der Reise nicht über zwei oder nicht
3 Monate über drei Monate beträgt.

Im Zweifel ist die längere Frist abzuwarten.

§ 862 H.G.B.

Die Verschollenheitsfrist wird von dem Tage an berechnet, an welchem das Schiff die Reise angetreten hat. Sind jedoch seit dessen Abgange Nachrichten von ihm angelangt, so wird von dem Tage an, bis zu welchem die letzte Nachricht reicht, diejenige Frist berechnet, welche maßgebend sein würde, wenn das Schiff von dem Punkte, an welchem es sich nach sicherer Nachricht zuletzt befunden hat, abgegangen wäre.

§ 863 H.G.B.

Spediteur, hier Verjährung der Ansprüche gegen denselben.

Die Ansprüche gegen den Spediteur wegen Verlustes, Minderung, Beschädigung oder verspäteter Ablieferung des
1 Jahr Gutes verjähren in einem Jahre. Die Verjährungsfrist kann durch Vertrag verlängert werden.

Die Verjährung beginnt im Falle der Beschädigung oder Minderung mit dem Ablaufe des Tages, an welchem die Ablieferung stattgefunden hat, im Falle des Verlustes oder der verspäteten Ablieferung mit dem Ablaufe des Tages, an welchem die Ablieferung hätte bewirkt sein müssen.

Die im Absatz 1 bezeichneten Ansprüche können nach der Vollendung der Verjährung nur aufgerechnet werden, wenn vorher der Verlust, die Minderung, die Beschädigung oder die verspätete Ablieferung dem Spediteur angezeigt oder die Anzeige an ihn abgesendet worden ist. Der Anzeige an den Spediteur steht es gleich, wenn gerichtliche Beweisaufnahme zur Sicherung des Beweises beantragt oder in einem zwischen dem Versender und dem Empfänger oder einem späteren Erwerber des Gutes wegen des Verlustes, der Minderung, der Beschädigung oder der verspäteten Ablieferung anhängigen Rechtsstreite dem Spediteur der Streit verkündet wird.

Diese Vorschriften finden keine Anwendung, wenn der Spediteur den Verlust, die Minderung, die Beschädigung oder die verspätete Ablieferung des Gutes vorsätzlich herbeigeführt hat.

§ 414 H.G.B.

Stellenvermittler.

In zwei Jahren verjähren die Ansprüche: 2 Jahre

1. der Kaufleute, Fabrikanten, Handwerker und derjenigen, welche ein Kunstgewerbe betreiben, für Lieferung von Waren, Ausführung von Arbeiten und Besorgung fremder Geschäfte mit Einschluß der Auslagen, es sei denn, daß die Leistung für den Gewerbetrieb des Schuldners erfolgt;

— —

7. derjenigen, welche, ohne zu den in Nr. 1 bezeichneten Personen zu gehören, die Besorgung fremder Geschäfte oder die Leistung von Diensten gewerbsmäßig betreiben, wegen der ihnen aus dem Gewerbebetriebe gebührenden Vergütungen, mit Einschluß der Auslagen;

— —

§ 196 Ziff. 1 und 7 B.G.B.

Siehe auch die §§ 198 und 201 B.G.B. oben sub IIa Verjährungsabschnitt des B.G.B.

Täuschung, hier Anfechtungsverjährung hinsichtlich einer in Folge arglistiger Täuschung abgegebenen Willenserklärung.

Siehe unten bei: „Willenserklärung".

Tagelöhner.

2 Jahre In zwei Jahren verjähren die Ansprüche:

— . —

9. der gewerblichen Arbeiter — Gesellen, Gehülfen, Lehrlinge, Fabrikarbeiter —, der Tagelöhner und Handarbeiter wegen des Lohnes und anderer an Stelle oder als Teil des Lohnes vereinbarter Leistungen, mit Einschluß der Auslagen, sowie der Arbeitgeber wegen der auf solche Ansprüche gewährten Vorschüsse;

§ 196 Ziff. 9 B.G.B.

Siehe auch die §§ 198 und 201 B.G.B. oben sub IIa Verjährungsabschnitt des B.G.B.

Testamente, hier Verjährung der Anfechtung und Ausschlagung.

1 Jahr Die Anfechtung kann nur binnen Jahresfrist erfolgen. Die Frist beginnt mit dem Zeitpunkt, in welchem der Anfechtungsberechtigte von dem Anfechtungsgrunde Kenntnis erlangt. Auf den Lauf der Frist finden die für die Verjährung geltenden Vorschriften der §§ 203, 206, 207 (siehe oben sub IIa Verjährungsabschnitt des B.B.G.) entsprechende Anwendung.

Die Anfechtung ist ausgeschlossen, wenn seit dem Erbfalle
30 Jahre dreißig Jahre verstrichen sind.

§ 2082 B.G.B.

6 Wochen Die Ausschlagung (der Erbschaft) kann nur binnen sechs Wochen erfolgen.

Die Frist beginnt mit dem Zeitpunkt, in welchem der Erbe von dem Anfall und dem Grunde der Berufung Kenntnis erlangt. Ist der Erbe durch Verfügung von Todeswegen berufen, so beginnt die Frist nicht vor der Verkündung der Verfügung. Auf den Lauf der Frist finden die für die Verjährung geltenden Vorschriften der §§ 203, 206 (siehe oben sub IIa Verjährungsabschnitt des B.G.B.) entsprechende Anwendung.

6 Monate Die Frist beträgt sechs Monate, wenn der Erblasser seinen letzten Wohnsitz nur im Auslande gehabt hat oder wenn sich der Erbe bei dem Beginne der Frist im Auslande aufhält.

§ 1944 B.G.B.

Tierärzte.

In zwei Jahren verjähren die Ansprüche: 2 Jahre

— —

14. der Aerzte, insbesondere auch der Wundärzte, Geburtshelfer, Zahnärzte und Tierärzte, sowie der Hebammen für ihre Dienstleistungen, mit Einschluß der Auslagen;

§ 196 Ziff. 14 B.G.B.

Siehe auch oben die §§ 198 und 201 B.G.B. sub IIa Verjährungsabschnitt des B.G.B.

Todeserklärung.

Ueberlebt eine für tot erklärte Person den Zeitpunkt, der als Zeitpunkt ihres Todes gilt, so kann sie die Herausgabe ihres Vermögens nach den für den Erbschaftsanspruch geltenden Vorschriften verlangen. So lange der für tot Erklärte noch lebt, wird die Verjährung seines Anspruchs nicht vor dem Ablauf eines Jahres nach dem Zeitpunkte vollendet, in welchem 1 Jahr er von der Todeserklärung Kenntnis erlangt.

Das Gleiche gilt, wenn der Tod einer Person ohne Todeserklärung mit Unrecht angenommen worden ist.

§ 2031 B.G.B.

Unerlaubte Handlung, hier Verjährung des Schadensersatzanspruchs.

Der Anspruch auf Ersatz des aus einer unerlaubten Handlung entstandenen Schadens verjährt in drei Jahren 3 Jahre von dem Zeitpunkt an, in welchem der Verletzte von dem Schaden und der Person des Ersatzpflichtigen Kenntnis erlangt, ohne Rücksicht auf diese Kenntnis in dreißig Jahren von der 30 Jahre Begehung der Handlung an.

Hat der Ersatzpflichtige durch die unerlaubte Handlung auf Kosten des Verletzten etwas erlangt, so ist er auch nach der Vollendung der Verjährung zur Herausgabe nach den Vorschriften über die Herausgabe einer ungerechtfertigten Bereicherung verpflichtet.

§ 852 B.G.B.

Unlauterer Wettbewerb.

Die in den §§ 1, 6, 8, 9 (siehe unten) bezeichneten Ansprüche
6 Monate auf Unterlassung oder Schadensersatz verjähren in sechs Monaten von dem Zeitpunkt an, in welchem der Anspruchsberechtigte von der Handlung und von der Person des Verpflichteten Kenntnis erlangt, ohne Rücksicht auf diese Kenntnis
3 Jahre in drei Jahren von der Begehung der Handlung an.

Für die Ansprüche auf Schadensersatz beginnt der Lauf der Verjährung nicht vor dem Zeitpunkt, in welchem ein Schaden entstanden ist.

§ 11 des Gesetzes zur Bekämpfung des unlauteren Wettbewerbs vom 27. Mai 1896.

Wer in öffentlichen Bekanntmachungen oder in Mitteilungen, welche für einen größeren Kreis von Personen bestimmt sind, über geschäftliche Verhältnisse, insbesondere über die Beschaffenheit, die Herstellungsart oder die Preisbemessung von Waren oder gewerblichen Leistungen, über die Art des Bezuges oder die Bezugsquelle von Waren, über den Besitz von Auszeichnungen, über den Anlaß oder den Zweck des Verkaufs unrichtige Angaben thatsächlicher Art macht, welche geeignet sind, den Anschein eines besonders günstigen Angebots hervorzurufen, kann auf Unterlassung der unrichtigen Angaben in Anspruch genommen werden. Dieser Anspruch kann von jedem Gewerbetreibenden, der Waren oder Leistungen gleicher oder verwandter Art herstellt oder in den geschäftlichen Verkehr bringt, oder von Verbänden zur Förderung gewerblicher Interessen geltend gemacht werden, soweit die Verbände als solche in bürgerlichen Rechtsstreitigkeiten klagen können.

Neben dem Anspruch auf Unterlassung der unrichtigen Angaben haben die vorerwähnten Gewerbetreibenden auch Anspruch auf Ersatz des durch die unrichtigen Angaben verursachten Schadens gegen denjenigen, der die Angaben gemacht hat, falls dieser ihre Unrichtigkeit kannte oder kennen mußte. Der Anspruch auf Schadensersatz kann gegen Redakteure, Verleger, Drucker oder Verbreiter von periodischen Druckschriften nur geltend gemacht werden, wenn dieselben die Unrichtigkeit der Angaben kannten.

Die Verwendung von Namen, welche nach dem Handelsgebrauch zur Benennung gewisser Waren dienen, ohne deren

Herkunft bezeichnen zu sollen, fällt unter die vorstehenden Bestimmungen nicht.

Im Sinne der Bestimmungen des Absatzes 1 und 2 sind den Angaben thatsächlicher Art bildliche Darstellungen und sonstige Veranstaltungen gleich zu achten, die darauf berechnet und geeignet sind, solche Angaben zu ersetzen.

Unter Waren im Sinne dieses Gesetzes sind auch landwirtschaftliche Erzeugnisse, unter gewerblichen Leistungen auch landwirtschaftliche zu verstehen.

§ 1 leg. cit.

Wer zu Zwecken des Wettbewerbes über das Erwerbsgeschäft eines Anderen, über die Person des Inhabers oder Leiters des Geschäfts, über die Waren oder gewerblichen Leistungen eines Anderen Behauptungen thatsächlicher Art aufstellt oder verbreitet, welche geeignet sind, den Betrieb des Geschäfts oder den Kredit des Inhabers zu schädigen, ist, sofern die Behauptungen nicht erweislich wahr sind, dem Verletzten zum Ersatze des entstandenen Schadens verpflichtet. Auch kann der Verletzte den Anspruch geltend machen, daß die Wiederholung oder Verbreitung der Behauptungen unterbleibe.

Die Bestimmungen des ersten Absatzes finden keine Anwendung, wenn der Mitteilende oder der Empfänger der Mitteilung an ihr ein berechtigtes Interesse hat.

§ 6 leg. cit.

Wer im geschäftlichen Verkehr einen Namen, eine Firma oder die besondere Bezeichnung eines Erwerbsgeschäfts, eines gewerblichen Unternehmens oder einer Druckschrift in einer Weise benutzt, welche darauf berechnet und geeignet ist, Verwechselungen mit dem Namen, der Firma oder der besonderen Bezeichnung hervorzurufen, deren sich ein Anderer befugterweise bedient, ist diesem zum Ersatze des Schadens verpflichtet. Auch kann der Anspruch auf Unterlassung der mißbräuchlichen Art der Benutzung geltend gemacht werden.

§ 8 leg. cit.

Mit Geldstrafe bis zu dreitausend Mark oder mit Gefängnis bis zu einem Jahre wird bestraft, wer als Angestellter, Arbeiter oder Lehrling eines Geschäftsbetriebs Geschäfts- oder Betriebsgeheimnisse, die ihm vermöge des Dienstverhältnisses anvertraut oder sonst zugänglich geworden sind, während der

Geltungsdauer des Dienstverhältnisses unbefugt an Andere zu Zwecken des Wettbewerbes oder in der Absicht, dem Inhaber des Geschäftsbetriebes Schaden zuzufügen, mitteilt.

Gleiche Strafe trifft denjenigen, welcher Geschäfts- oder Betriebsgeheimnisse, deren Kenntnis er durch eine der im Absatz 1 bezeichneten Mitteilungen oder durch eine gegen das Gesetz oder die guten Sitten verstoßende eigene Handlung erlangt hat, zu Zwecken des Wettbewerbes unbefugt verwertet oder an Andere mitteilt.

Zuwiderhandlungen verpflichten außerdem zum Ersatze des entstandenen Schadens. Mehrere Verpflichtete haften als Gesammtschuldner.

§ 9 leg. cit.

Unterbrechung der Verjährung; allgemeine Bestimmungen.

Siehe die §§ 208 bis 216 B.G.B. oben sub IIa Verjährungsabschnitt des B.G.B.

Unterhaltsbeiträge.

4 Jahre In vier Jahren verjähren die Ansprüche auf Rückstände von Zinsen, mit Einschluß der als Zuschlag zu den Zinsen zum Zwecke allmählicher Tilgung des Kapitals zu entrichtenden Beträge, die Ansprüche auf Rückstände von Miet- und Pachtzinsen, soweit sie nicht unter die Vorschrift des § 196 Abs. 1 Nr. 6 (betrifft die Ansprüche derjenigen, welche bewegliche Sachen gewerbsmäßig vermieten) fallen, und die Ansprüche auf Rückstände von Renten, Auszugsleistungen, Besoldungen, Wartegeldern, Ruhegehalten, Unterhaltsbeiträgen und allen anderen regelmäßig wiederkehrenden Leistungen.

§ 197 B.G.B.

Unterhaltskosten der illegitimen Mutter.

Der Vater ist verpflichtet, der Mutter die Kosten der Entbindung sowie die Kosten des Unterhalts für die ersten
6 Wochen sechs Wochen nach der Entbindung und, falls in Folge der Schwangerschaft oder der Entbindung weitere Aufwendungen notwendig werden, auch die dadurch entstehenden Kosten zu

ersetzen. Den gewöhnlichen Betrag der zu ersetzenden Kosten kann die Mutter ohne Rücksicht auf den wirklichen Aufwand verlangen.

Der Anspruch steht der Mutter auch dann zu, wenn der Vater vor der Geburt des Kindes gestorben oder wenn das Kind tot geboren ist.

Der Anspruch verjährt in vier Jahren. Die Verjährung 4 Jahre
beginnt mit dem Ablaufe von sechs Wochen nach der Geburt 6 Wochen
des Kindes.

§ 1715 B.G.B.

Unterrichtskosten.

In zwei Jahren verjähren die Ansprüche: 2 Jahre

— —

11. der öffentlichen Anstalten, welche dem Unterrichte, der Erziehung, Verpflegung oder Heilung dienen, sowie der Inhaber von Privatanstalten solcher Art für Gewährung von Unterricht, Verpflegung oder Heilung und für die damit zusammenhängenden Aufwendungen;
12. derjenigen, welche Personen zur Verpflegung oder zur Erziehung aufnehmen, für Leistungen und Aufwendungen der in Nr. 11 bezeichneten Art;
13. der öffentlichen Lehrer und der Privatlehrer wegen ihrer Honorare, die Ansprüche der öffentlichen Lehrer jedoch nicht, wenn sie auf Grund besonderer Einrichtungen gestundet sind;

§ 196 Abs. I Ziff. 11—13 B.G.B.

Siehe auch die §§ 198 und 201 B.G.B. oben sub Ziff. IIa Verjährungsabschnitt des B.G.B.

Unwürdigkeit zur Erbschaft.

Die Anfechtung kann nur binnen Jahresfrist erfolgen. 1 Jahr

Die Frist beginnt mit dem Zeitpunkt, in welchem der Anfechtungsberechtigte von dem Anfechtungsgrunde Kenntnis erlangt. Auf den Lauf der Frist finden die für die Verjährung geltenden Vorschriften der §§ 203, 206, 207 (siehe oben sub IIa Verjährungsabschnitt des B.G.B.) entsprechende Anwendung.

Die Anfechtung ist ausgeschlossen, wenn seit dem Erb-
30 Jahre falle dreißig Jahre verstrichen sind.

§ 2082 B.G.B.

Die Erbunwürdigkeit wird durch Anfechtung des Erbschaftserwerbers geltend gemacht.

Die Anfechtung ist erst nach dem Anfalle der Erbschaft zulässig. Einem Nacherben gegenüber kann die Anfechtung erfolgen, sobald die Erbschaft dem Vorerben angefallen ist.

Die Anfechtung kann nur innerhalb der im § 2082 (siehe oben) bestimmten Fristen erfolgen.

§ 2340 B.G.B.

Vergleiche auch oben unter „Erbunwürdigkeit".

Urheberrecht.

Wer vorsätzlich oder aus Fahrlässigkeit einen Nachdruck in der Absicht, denselben innerhalb oder außerhalb des Norddeutschen Bundes (jetzt: Deutschen Reiches) zu verbreiten, veranstaltet, ist den Urheber oder dessen Rechtsnachfolger zu entschädigen verpflichtet und wird außerdem mit einer Geldstrafe bis zu Eintausend Thalern bestraft.

Die Bestrafung des Nachdrucks bleibt jedoch ausgeschlossen, wenn der Veranstalter desselben auf Grund entschuldbaren thatsächlichen oder rechtlichen Irrtums in gutem Glauben gehandelt hat.

Kann die verwirkte Geldstrafe nicht beigetrieben werden, so wird dieselbe nach Maßgabe der allgemeinen Strafgesetze in eine entsprechende Freiheitsstrafe bis zu sechs Monaten umgewandelt.

Statt jeder aus diesem Gesetze entspringenden Entschädigung kann auf Verlangen des Beschädigten neben der Strafe auf eine an den Beschädigten zu erlegende Geldbuße bis zum Betrage von zweitausend Thalern erkannt werden. Für diese Buße haften die zu derselben Verurteilten als Gesammtschuldner.

Eine erkannte Buße schließt die Geltendmachung eines weiteren Entschädigungsanspruches aus.

Wenn den Veranstalter des Nachdrucks kein Verschulden trifft, so haftet er dem Urheber oder dessen Rechtsnachfolger für den entstandenen Schaden nur bis zur Höhe seiner Bereicherung.

§ 18 des Gesetzes, betr. das Urheberrecht an Schriftwerken, Abbildungen, musikalischen Kompositionen und dramatischen Werken, vom 11. Juni 1870.

Die Strafverfolgung des Nachdrucks und die Klage auf Entschädigung wegen Nachdrucks, einschließlich der Klage wegen Bereicherung (§ 18 — siehe oben) verjähren in drei Jahren. 3 Jahre

Der Lauf der Verjährung beginnt mit dem Tage, an welchem die Verbreitung der Nachdrucks-Exemplare zuerst stattgefunden hat.

§ 33 leg. cit.

Die Strafverfolgung der Verbreitung von Nachdrucks-Exemplaren und die Klage auf Entschädigung wegen dieser Verbreitung (§ 25 — siehe unten) verjähren ebenfalls in drei Jahren. 3 Jahre

Der Lauf der Verjährung beginnt mit dem Tage, an welchem die Verbreitung zuletzt stattgefunden hat.

§ 34 leg. cit.

Wer vorsätzlich Exemplare eines Werkes, welche den Vorschriften des gegenwärtigen Gesetzes zuwider angefertigt worden sind, innerhalb oder außerhalb des Norddeutschen Bundes [jetzt: Deutschen Reiches] gewerbemäßig feilhält, verkauft oder in sonstiger Weise verbreitet, ist nach Maßgabe des von ihm verursachten Schadens den Urheber oder dessen Rechtsnachfolger zu entschädigen verpflichtet und wird außerdem mit Geldstrafe nach § 18 (siehe oben) bestraft.

Die Einziehung der zur gewerbemäßigen Verbreitung bestimmten Nachdrucks-Exemplare nach Maßgabe des § 21 (betrifft lediglich die Einziehung) findet auch dann statt, wenn der Verbreiter nicht vorsätzlich gehandelt hat.

Der Entschädigungspflicht sowie der Bestrafung wegen Verbreitung unterliegen auch der Veranstalter und Veranlasser des Nachdrucks, wenn sie nicht schon als solche entschädigungspflichtig und strafbar sind.

§ 25 leg. cit.

Die allgemeinen gesetzlichen Vorschriften [siehe oben sub IIa Verjährungsabschnitt des B.G.B.] bestimmen, durch welche Handlungen die Verjährung unterbrochen wird.

Die Einleitung des Strafverfahrens unterbricht die Verjährung der Entschädigungsklage nicht, und ebenso wenig unterbricht die Anstellung der Entschädigungsklage die Verjährung des Strafverfahrens.

§ 38 leg. cit.

Die Bestimmungen in den §§ 18—42 des Gesetzes vom 11. Juni 1870, betreffend das Urheberrecht an Schriftwerken 2c. finden auch auf die Nachbildung von Werken der bildenden Künste entsprechende Anwendung.

§ 16 Abs. I des Gesetzes vom 9. Januar 1876, betr. das Urheberrecht an Werken der bildenden Künste.

Die Bestimmungen in den §§ 18 bis 38, 44, 61 Abs. 1 des Gesetzes vom 11. Juni 1870, betr. das Urheberrecht an Schriftwerken 2c. finden auch Anwendung auf das ausschließliche Nachbildungs- und Vervielfältigungsrecht des Verfertigers photographischer Werke.

§ 9 des Gesetzes vom 10. Januar 1876, betr. den Schutz der Photographien gegen unbefugte Nachbildung.

Die Bestimmungen in den §§ 18—36, 38 des Gesetzes vom 11. Juni 1870, betr. das Urheberrecht an Schriftwerken 2c. finden auch auf das Urheberrecht an Mustern und Modellen mit der Maßgabe entsprechende Anwendung, daß die vorrätigen Nachbildungen und die zur widerrechtlichen Vervielfältigung bestimmten Vorrichtungen nicht vernichtet, sondern auf Kosten des Eigentümers und nach Wahl desselben entweder ihrer gefährdenden Form entkleidet, oder bis zum Ablauf der Schutzfrist amtlich aufbewahrt werden.

§ 14 des Abs. I Gesetzes vom 11. Januar 1876, betr. das Urheberrecht an Mustern und Modellen.

Verbindlichkeiten einer offenen Handelsgesellschaft.

Die Ansprüche gegen einen Gesellschafter aus Verbindlichkeiten der Gesellschaft verjähren in fünf Jahren nach der Auflösung der Gesellschaft oder nach dem Ausscheiden des Gesellschafters, sofern nicht der Anspruch gegen die Gesellschaft einer kürzeren Verjährung unterliegt.

5 Jahre

Die Verjährung beginnt mit dem Ende des Tages, an welchem die Auflösung der Gesellschaft oder das Ausscheiden des Gesellschafters in das Handelsregister des für den Sitz der Gesellschaft zuständigen Gerichts eingetragen wird.

Wird der Anspruch des Gläubigers gegen die Gesellschaft erst nach der Eintragung fällig, so beginnt die Verjährung mit dem Zeitpunkte der Fälligkeit.

§ 159 H.G.B.

Die Unterbrechung der Verjährung gegenüber der aufgelösten Gesellschaft wirkt auch gegenüber den Gesellschaftern, welche der Gesellschaft zur Zeit der Auflösung angehört haben.

§ 160 H.G.B.

Verfügung über Nachlaßauseinandersetzung.

Der Erblasser kann durch letztwillige Verfügung die Auseinandersetzung in Ansehung des Nachlasses oder einzelner Nachlaßgegenstände ausschließen oder von der Einhaltung einer Kündigungsfrist abhängig machen. Die Vorschriften des § 749 Frist Abs. 2, 3, der §§ 750, 751 und des § 1010 Abs. 1 [siehe unten] finden entsprechende Anwendung.

Die Verfügung wird unwirksam, wenn dreißig Jahre 30 Jahre seit dem Eintritte des Erbfalles verstrichen sind. Der Erblasser kann jedoch anordnen, daß die Verfügung bis zum Eintritt eines bestimmten Ereignisses in der Person eines Miterben oder, falls er eine Nacherbfolge oder ein Vermächtnis anordnet, bis zum Eintritte der Nacherbfolge oder bis zum Anfalle des Vermächtnisses gelten soll. Ist der Miterbe, in dessen Person das Ereignis eintreten soll, eine juristische Person, so bewendet es bei der dreißigjährigen Frist.

§ 2044 B.G.B.

Jeder Teilhaber kann jederzeit die Aufhebung der Gemeinschaft verlangen.

Wird das Recht, die Aufhebung zu verlangen, durch Vereinbarung für immer oder auf Zeit ausgeschlossen, so kann die Aufhebung gleichwohl verlangt werden, wenn ein wichtiger Grund vorliegt. Unter der gleichen Voraussetzung kann, wenn eine Kündigungsfrist bestimmt wird, die Aufhebung ohne Einhaltung der Frist verlangt werden.

Eine Vereinbarung, durch welche das Recht, die Aufhebung zu verlangen, diesen Vorschriften zuwider ausgeschlossen oder beschränkt wird, ist nichtig.

§ 749 B.G.B.

Haben die Teilhaber das Recht, die Aufhebung der Gemeinschaft zu verlangen, auf Zeit ausgeschlossen, so tritt die Vereinbarung im Zweifel mit dem Tode eines Teilhabers außer Kraft.

§ 750 B.G.B.

Haben die Teilhaber das Recht, die Aufhebung der Gemeinschaft zu verlangen, für immer oder auf Zeit ausgeschlossen oder eine Kündigungsfrist bestimmt, so wirkt die Vereinbarung auch für und gegen die Sondernachfolger. Hat ein Gläubiger die Pfändung des Anteils eines Teilhabers erwirkt, so kann er ohne Rücksicht auf die Vereinbarung die Aufhebung der Gemeinschaft verlangen, sofern der Schuldtitel nicht blos vorläufig vollstreckbar ist.

§ 751 B.G.B.

Haben die Miteigentümer eines Grundstücks die Verwaltung und Benutzung geregelt oder das Recht, die Aufhebung der Gemeinschaft zu verlangen, für immer oder auf Zeit ausgeschlossen oder eine Kündigungsfrist bestimmt, so wirkt die getroffene Bestimmung gegen den Sondernachfolger eines Miteigentümers nur, wenn sie als Belastung des Anteils im Grundbuch eingetragen ist.

§ 1010 Abs. I B.G.B.

Vergleiche (vollstreckbare Vergleiche).

30 Jahre Ein rechtskräftig festgesetzter Anspruch verjährt in dreißig Jahren, auch wenn er an sich einer kürzeren Verjährung unterliegt. Das Gleiche gilt von dem Anspruch aus einem vollstreckbaren Vergleich oder einer vollstreckbaren Urkunde sowie von einem Anspruche, welcher durch die im Konkurs erfolgte Feststellung vollstreckbar geworden ist.

Soweit sich die Feststellung auf regelmäßig wiederkehrende, erst künftig fällig werdende Leistungen bezieht, bewendet es bei der kürzeren Verjährungsfrist.

§ 218 B.G.B.

Verjährung.

Das Recht, von einem Anderen ein Thun oder ein Unterlassen zu verlangen (Anspruch), unterliegt der Verjährung.

Der Anspruch aus einem familienrechtlichen Verhältnis unterliegt der Verjährung nicht, soweit er auf die Herstellung des dem Verhältnis entsprechenden Zustandes für die Zukunft gerichtet ist.

§ 194 B.G.B.

Verlängerung von Verjährungsfristen.

Der Anspruch auf Wandelung oder auf Minderung sowie der Anspruch auf Schadensersatz wegen Mangels einer zugesicherten Eigenschaft verjährt, sofern nicht der Verkäufer den Mangel arglistig verschwiegen hat, bei beweglichen Sachen in sechs Monaten von der Ablieferung, bei Grundstücken in 6 Monate
einem Jahre von der Uebergabe an. Die Verjährungsfrist 1 Jahr
kann durch Vertrag verlängert werden.

Beantragt der Käufer gerichtliche Beweisaufnahme zur Sicherung des Beweises, so wird die Verjährung unterbrochen. Die Unterbrechung dauert bis zur Beendigung des Verfahrens fort. Die Vorschriften des § 211 Abs. 2 und des § 212 [siehe oben sub IIa Verjährungsabschnitt des B.G.B.] finden entsprechende Anwendung.

Die Hemmung oder Unterbrechung der Verjährung eines der im Absatz 1 bezeichneten Ansprüche bewirkt auch die Hemmung oder Unterbrechung der Verjährung der Ansprüche.

§ 477 B.G.B.

Der Käufer verliert die ihm wegen des Mangels zustehenden Rechte, wenn er nicht spätestens zwei Tage nach dem 2 Tage
Ablaufe der Gewährfrist [siehe hierüber oben unter „Gewährfristen"] oder, falls das Thier vor dem Ablaufe der Frist getötet worden oder sonst verendet ist, nach dem Tode des Thieres den Mangel dem Verkäufer anzeigt oder die Anzeige an ihn absendet oder wegen des Mangels Klage gegen den Verkäufer erhebt oder diesem den Streit verkündet oder gerichtliche Beweisaufnahme zur Sicherung des Beweises beantragt. Der Rechtsverlust tritt nicht ein, wenn der Verkäufer den Mangel arglistig verschwiegen hat.

§ 485 B.G.B.

Die Gewährfrist kann durch Vertrag verlängert oder abgekürzt werden. Die vereinbarte Frist tritt an die Stelle der gesetzlichen Frist.

§ 486 B.G.B.

Verleiher.

Die Ersatzansprüche des Verleihers wegen Veränderungen oder Verschlechterungen der verliehenen Sache sowie die Ansprüche des Entleihers auf Ersatz von Verwendungen oder auf Gestattung der Wegnahme einer Einrichtung verjähren in
6 Monate sechs Monaten. Die Vorschriften des § 558 Abs. 2, 3 (siehe unten) finden entsprechende Anwendung.

§ 606 B.G.B.

Die Ersatzansprüche des Vermieters wegen Veränderungen oder Verschlechterungen der vermieteten Sache sowie die Ansprüche des Mieters auf Ersatz von Verwendungen oder auf Gestattung der Wegnahme einer Einrichtung verjähren in
6 Monate sechs Monaten.

Die Verjährung der Ersatzansprüche des Vermieters beginnt mit dem Zeitpunkt, in welchem er die Sache zurückerhält, die Verjährung der Ansprüche des Mieters beginnt mit der Beendigung des Mietverhältnisses.

Mit der Verjährung des Anspruchs des Vermieters auf Rückgabe der Sache verjähren auch die Ersatzansprüche des Vermieters.

§ 558 B.G.B.

Verlöbnis.

Siehe oben unter: „Schadensersatzansprüche bei Aufhebung einer Verlobung".

Vermächtnis.

Ein Vermächtnis, das unter einer aufschiebenden Bedingung oder unter Bestimmung eines Anfangstermins ange-
30 Jahre ordnet ist, wird mit dem Ablaufe von dreißig Jahren nach dem Erbfalle unwirksam, wenn nicht vorher die Bedingung oder der Termin eingetreten ist.

Ist der Bedachte zur Zeit des Erbfalls noch nicht erzeugt oder wird seine Persönlichkeit durch ein erst nach dem Erbfall eintretendes Ereignis bestimmt, so wird das Vermächtnis mit
30 Jahre dem Ablaufe von dreißig Jahren nach dem Erbfall unwirksam, wenn nicht vorher der Bedachte erzeugt oder das Er-

eignis eingetreten ist, durch das seine Persönlichkeit bestimmt wird.

§ 2162 B.G.B.

Das Vermächtnis bleibt in den Fällen des § 2162 (siehe oben) auch nach dem Ablaufe von dreißig Jahren wirksam:

1. wenn es für den Fall angeordnet ist, daß in der Person des Beschwerten oder des Bedachten ein bestimmtes Ereignis eintritt, und derjenige, in dessen Person das Ereignis eintreten soll, zur Zeit des Erbfalls lebt;
2. wenn ein Erbe, ein Nacherbe oder ein Vermächtnisnehmer für den Fall, daß ihm ein Bruder oder eine Schwester geboren wird, mit einem Vermächtnisse zu Gunsten des Bruders oder der Schwester beschwert ist.

Ist der Beschwerte oder der Bedachte, in dessen Person das Ereignis eintreten soll, eine juristische Person, so bewendet es bei der dreißigjährigen Frist. 30 Jahre

§ 2163 B.G.B.

Vermieter.

In zwei Jahren verjähren die Ansprüche: 2 Jahre

— —

6. derjenigen, welche bewegliche Sachen gewerbsmäßig vermieten, wegen des Mietzinses.

§ 196 Z. 6 B.G.B.

Siehe auch §§ 198 und 201 B.G.B. oben sub IIa Verjährungsabschnitt des B.G.B.

Siehe auch oben unter: „Pachtzinsen" und unter „Verleiher"

Der Vermieter darf die Entfernung der seinem Pfandrecht unterliegenden Sachen, soweit er ihr zu widersprechen berechtigt ist, auch ohne Anrufen des Gerichts verhindern und, wenn der Mieter auszieht, die Sachen in seinen Besitz nehmen.

Sind die Sachen ohne Wissen oder unter Widerspruch des Vermieters entfernt worden, so kann er die Herausgabe zum Zwecke der Zurückschaffung in das Grundstück und, wenn der Mieter ausgezogen ist, die Ueberlassung des Besitzes verlangen. Das Pfandrecht erlischt mit dem Ablaufe eines 1 Monat Monats, nachdem der Vermieter von der Entfernung der

Sachen Kenntnis erlangt hat, wenn nicht der Vermieter diesen Anspruch vorher gerichtlich geltend gemacht hat.

§ 561 B.G.B.

Verpflegungskosten.

Siehe oben unter: „Anstalten".

Verschollenheit.

Siehe oben unter: „Seeverschollenheit".

Viehgewährschaft.

Der Anspruch auf Wandelung sowie der Anspruch auf Schadensersatz wegen eines Hauptmangels, dessen Nichtvor-
6 Wochen handensein der Verkäufer zugesichert hat, verjährt in sechs Wochen von dem Ende der Gewährfrist an. Im Uebrigen bleiben die Vorschriften des § 477 (siehe unten) unberührt.

An die Stelle der in den §§ 210, 212, 215 (siehe oben sub IIa Verjährungsabschnitt des B.G.B.) bestimmten Fristen
6 Wochen tritt eine Frist von sechs Wochen.

Der Käufer kann auch nach der Verjährung des Anspruchs auf Wandelung die Zahlung des Kaufpreises verweigern. Die Aufrechnung des Anspruchs auf Schadensersatz unterliegt nicht der im § 479 (siehe unten) bestimmten Beschränkung.

§ 490 B.G.B.

Der Anspruch auf Wandelung oder auf Minderung sowie der Anspruch auf Schadensersatz wegen Mangels einer zugesicherten Eigenschaft verjährt, sofern nicht der Verkäufer den Mangel arglistig verschwiegen hat, bei beweglichen Sachen
6 Monate in sechs Monaten von der Ablieferung, bei Grundstücken in
1 Jahr einem Jahre von der Uebergabe an. Die Verjährungsfrist kann durch Vertrag verlängert werden.

Beantragt der Käufer gerichtliche Beweisaufnahme zur Sicherung des Beweises, so wird die Verjährung unterbrochen. Die Unterbrechung dauert bis zur Beendigung des Verfahrens fort. Die Vorschriften des § 211 Abs. 2 und des § 212 [siehe oben sub IIa Verjährungsabschnitt des B.G.B.] finden entsprechende Anwendung.

Die Hemmung oder Unterbrechung der Verjährung eines der im Absatz 1 bezeichneten Ansprüche bewirkt auch die Hemmung oder Unterbrechung der Verjährung der anderen Ansprüche.

§ 477 B.G.B.

Hat der Käufer den Mangel dem Verkäufer angezeigt oder die Anzeige an ihn abgesendet, bevor der Anspruch auf Wandelung oder auf Minderung verjährt war, so kann er auch nach der Vollendung der Verjährung die Zahlung des Kaufpreises insoweit verweigern, als er auf Grund der Wandelung oder der Minderung dazu berechtigt sein würde. Das Gleiche gilt, wenn der Käufer vor der Vollendung der Verjährung gerichtliche Beweisaufnahme zur Sicherung des Beweises beantragt oder in einem zwischen ihm und einem späteren Erwerber der Sache wegen des Mangels anhängigen Rechtsstreite dem Verkäufer den Streit verkündet hat.

Hat der Verkäufer den Mangel arglistig verschwiegen, so bedarf es der Anzeige oder einer ihr nach Absatz 1 gleichstehenden Handlung nicht.

§ 478 B.G.B.

Der Anspruch auf Schadensersatz kann nach der Vollendung der Verjährung nur aufgerechnet werden, wenn der Käufer vorher eine der im § 478 (siehe oben) bezeichneten Handlungen vorgenommen hat. Diese Beschränkung tritt nicht ein, wenn der Verkäufer den Mangel arglistig verschwiegen hat.

§ 479 B.G.B.

Vorschüsse.

In zwei Jahren verjähren die Ansprüche: 2 Jahre

— —

8. derjenigen, welche im Privatdienste stehen, wegen des Gehalts, Lohnes oder anderer Dienstbezüge, mit Einschluß der Auslagen, sowie der Dienstberechtigten wegen der auf solche Ansprüche gewährten Vorschüsse;

— —

9. der gewerblichen Arbeiter — Gesellen, Gehülfen, Lehrlinge, Fabrikarbeiter — der Tagelöhner und Handarbeiter wegen des Lohnes und anderer an Stelle oder als Teil des Lohnes vereinbarter Leistungen, mit Ein-

schluß der Auslagen, sowie der Arbeitgeber wegen der auf solche Ansprüche gewährten Vorschüsse;

— —

16. der Parteien wegen der ihren Rechtsanwälten geleisteten Vorschüsse;

— —

§ 196 Ziff. 8, 9 u. 16 B.G.B.

Siehe auch die §§ 198 und 201 B.G.B. oben sub IIa Verjährungsabschnitt des B.G.B.

Wäscherinnen.

2 Jahre In zwei Jahren verjähren die Ansprüche:

1. der Kaufleute, Fabrikanten, Handwerker und derjenigen, welche ein Kunstgewerbe betreiben, für Lieferung von Waren, Ausführung von Arbeiten und Besorgung fremder Geschäfte, mit Einschluß der Auslagen, es sei denn, daß die Leistung für den Gewerbebetrieb des Schuldners erfolgt;

— —

7. derjenigen, welche, ohne zu den in Nr. 1 bezeichneten Personen zu gehören, die Besorgung fremder Geschäfte oder die Leistung von Diensten gewerbsmäßig betreiben, wegen der ihnen aus dem Gewerbebetriebe gebührenden Vergütungen, mit Einschluß der Auslagen;

— —

§ 196 Ziff. 1 u. 7 B.G.B.

Siehe auch die §§ 198 und 201 B.G.B oben sub IIa Verjährungsabschnitt des B.G.B.

Wandelung.

Der Anspruch des Bestellers auf Beseitigung eines Mangels des Werkes sowie die wegen des Mangels dem Besteller zustehenden Ansprüche auf Wandelung, Minderung oder Schadensersatz verjähren, sofern nicht der Unternehmer den
6 Monate Mangel arglistig verschwiegen hat, in sechs Monaten, bei
1 Jahr Arbeiten an einem Grundstück in einem Jahre, bei Bauwerken
5 Jahre in fünf Jahren. Die Verjährung beginnt mit der Abnahme des Werkes.

Die Verjährungsfrist kann durch Vertrag verlängert werden.

§ 638 B.G.B.

Auf die Verjährung der im § 638 (siehe oben) bezeichneten Ansprüche des Bestellers finden die für die Verjährung der Ansprüche des Käufers geltenden Vorschriften des § 477 Abs. 2, 3 und der §§ 478, 479 B.G.B. entsprechende Anwendung (siehe unten).

Unterzieht sich der Unternehmer im Einverständnisse mit dem Besteller der Prüfung des Vorhandenseins des Mangels oder der Beseitigung des Mangels, so ist die Verjährung so lange gehemmt, bis der Unternehmer das Ergebnis der Prüfung dem Besteller mitteilt oder ihm gegenüber den Mangel für beseitigt erklärt oder die Fortsetzung der Beseitigung verweigert.

§ 639 B.G.B.

Hinsichtlich der §§ 477, 478, 479, 490 B.G.B. siehe oben unter „Viehgewährschaft".

Wartegelder.

Siehe oben unter: „Auszugsleistungen".

Wechselverjährung.

Der wechselmäßige Anspruch gegen den Akzeptanten verjährt in drei Jahren vom Verfalltage des Wechsels an gerechnet. 3 Jahre

Art. 77 W.O.

Die Regreßansprüche des Inhabers gegen den Aussteller und die übrigen Vormänner verjähren:

1. in drei Monaten, wenn der Wechsel in Europa, mit Ausnahme von Island und den Faröern, zahlbar war; 3 Monate
2. in sechs Monaten, wenn der Wechsel in den Küstenländern von Asien und Afrika längs des Mittelländischen und Schwarzen Meeres, oder in den dazu gehörigen Inseln dieser Meere zahlbar war; 6 Monate
3. in achtzehn Monaten, wenn der Wechsel in einem anderen außereuropäischen Lande oder in Island oder den Faröern zahlbar war. 18 Monate

Die Verjährung beginnt gegen den Inhaber mit dem Tage des erhobenen Protestes.

Art. 78 W.O.

Die Regreßansprüche des Indossanten gegen den Aussteller und die übrigen Vormänner verjähren:

3 Monate 1. in drei Monaten, wenn der Regreßnehmer in Europa, mit Ausnahme von Island und den Faröern, wohnt;

6 Monate 2. in sechs Monaten, wenn der Regreßnehmer in den Küstenländern von Asien und Afrika längs des Mittelländischen und Schwarzen Meeres, oder in den dazu gehörigen Inseln dieser Meere wohnt;

18 Monate 3. in achtzehn Monaten, wenn der Regreßnehmer in einem anderen außereuropäischen Lande oder den Faröern wohnt.

Gegen den Indossanten läuft die Frist, wenn er, ehe eine Wechselklage gegen ihn angestellt worden, gezahlt hat, vom Tage der Zahlung, in allen übrigen Fällen aber vom Tage der ihm geschehenen Behändigung der Klage oder Ladung.

Art. 79 W.O.

Ist die wechselmäßige Verbindlichkeit des Ausstellers oder des Akzeptanten durch Verjährung oder dadurch, daß die zur Erhaltung des Wechselrechts gesetzlich vorgeschriebenen Handlungen verabsäumt sind, erloschen, so bleiben dieselben dem Inhaber des Wechsels nur soweit, als sie sich mit dessen Schaden bereichern würden, verpflichtet. Gegen die Indossanten, deren wechselmäßige Verbindlichkeit erloschen ist, findet ein solcher Anspruch nicht statt.

Art. 83 W.O.

Werkvertrag.

Siehe oben unter: „Viehgewährschaft“ oder „Wandelung“.

Wettbewerb, unlauterer.

Siehe oben unter: „Unlauterer Wettbewerb“.

Widerruf einer Schenkung.

Der Widerruf (einer Schenkung) ist ausgeschlossen, wenn der Schenker dem Beschenkten verziehen hat oder wenn seit dem Zeitpunkt, in welchem der Widerrufsberechtigte von dem Eintritte der Voraussetzungen seines Rechtes Kenntnis erlangt hat,
1 Jahr ein Jahr verstrichen ist. Nach dem Tode des Beschenkten ist der Widerruf nicht mehr zulässig.

§ 532 B.G.B.

Eine Schenkung kann widerrufen werden, wenn sich der Beschenkte durch eine schwere Verfehlung gegen den Schenker oder einen nahen Angehörigen des Schenkers groben Undanks schuldig macht.

Dem Erben des Schenkers steht das Recht des Widerrufs nur zu, wenn der Beschenkte vorsätzlich und widerrechtlich den Schenker getötet oder am Widerrufe gehindert hat.

§ 530 B.G.B.

Wiederkehrende Leistungen.

In vier Jahren verjähren die Ansprüche auf Rückstände von Zinsen, mit Einschluß der als Zuschlag zu den Zinsen zum Zwecke allmählicher Tilgung des Kapitals zu entrichtenden Beträge, die Ansprüche auf Rückstände von Miet- und Pachtzinsen, soweit sie nicht unter die Vorschrift des § 196 Abs. I Nr. 6 (betrifft die Ansprüche derjenigen, welche bewegliche Sachen gewerbsmäßig vermieten) fallen, und die Ansprüche auf Rückstände von Renten, Auszugsleistungen, Besoldungen, Wartegeldern, Ruhegehalten, Unterhaltsbeiträgen und allen anderen regelmäßig wiederkehrenden Leistungen. 4 Jahre

§ 197 B.G.B.

Willenserklärungen.

Wer bei der Abgabe einer Willenserklärung über deren Inhalt im Irrtume war oder eine Erklärung dieses Inhalts überhaupt nicht abgeben wollte, kann die Erklärung anfechten, wenn anzunehmen ist, daß er sie bei Kenntnis der Sachlage und bei verständiger Würdigung des Falles nicht abgegeben haben würde.

Als Irrtum über den Inhalt der Erklärung gilt auch der Irrtum über solche Eigenschaften der Person oder der Sache, die im Verkehr als wesentlich angesehen werden.

§ 119 B.G.B.

Eine Willenserklärung, welche durch die zur Uebermittelung verwendete Person oder Anstalt unrichtig übermittelt worden ist, kann unter der gleichen Voraussetzung angefochten werden wie nach § 119 (siehe oben) eine irrtümlich abgegebene Willenserklärung.

§ 120 B.G.B.

Die Anfechtung muß in den Fällen der §§ 119, 120
unverzüglich (siehe oben) ohne schuldhaftes Zögern (unverzüglich) erfolgen, nachdem der Anfechtungsberechtigte von dem Anfechtungsgrunde Kenntnis erlangt hat. Die einem Abwesenden gegenüber erfolgte Anfechtung gilt als rechtzeitig erfolgt, wenn die Anfechtungserklärung unverzüglich abgesendet worden ist.

Die Anfechtung ist ausgeschlossen, wenn seit der
30 Jahre Abgabe der Willenserklärung dreißig Jahre verstrichen sind.

§ 121 B.G.B.

Eine nicht ernstlich gemeinte Willenserklärung, die in der Erwartung abgegeben wird, der Mangel der Ernstlichkeit werde nicht verkannt werden, ist nichtig.

§ 118 B.G.B.

Ist eine Willenserklärung nach § 118 (siehe oben) nichtig oder auf Grund der §§ 119, 120 (siehe oben) angefochten, so hat der Erklärende, wenn die Erklärung einem Anderen gegenüber abzugeben war, diesem, andernfalls jedem Dritten den Schaden zu ersetzen, den der Andere oder der Dritte dadurch erleidet, daß er auf die Gültigkeit der Erklärung vertraut, jedoch nicht über den Betrag des Interesses hinaus, welches der Andere oder der Dritte an der Gültigkeit der Erklärung hat.

Die Schadensersatzpflicht tritt nicht ein, wenn der Beschädigte den Grund der Nichtigkeit oder der Anfechtbarkeit kannte oder in Folge von Fahrlässigkeit nicht kannte (kennen mußte).

§ 122 B.G.B.

Wer zur Abgabe einer Willenserklärung durch arglistige Täuschung oder widerrechtlich durch Drohung bestimmt worden ist, kann die Erklärung anfechten.

Hat ein Dritter die Täuschung verübt, so ist eine Erklärung, die einem Anderen gegenüber abzugeben war, nur dann anfechtbar, wenn dieser die Täuschung kannte oder kennen mußte. Soweit ein Anderer als derjenige, welchem gegenüber die Erklärung abzugeben war, aus der Erklärung unmittelbar ein Recht erworben hat, ist die Erklärung ihm gegenüber anfechtbar, wenn er die Täuschung kannte oder kennen mußte.

§ 123 B.G.B.

Die Anfechtung einer nach § 123 (siehe oben) anfecht-
1 Jahr baren Willenserklärung kann nur binnen Jahresfrist erfolgen.

Die Frist beginnt im Falle der arglistigen Täuschung mit dem Zeitpunkt, in welchem der Anfechtungsberechtigte die Täuschung endeckt, im Falle der Drohung mit dem Zeitpunkt, in welchem die Zwangslage aufhört. Auf den Lauf der Frist finden die für die Verjährung geltenden Vorschriften des § 203 Abs. 2 und der §§ 206, 207 (siehe oben sub IIa Verjährungsabschnitt des B.G.B.) entsprechende Anwendung.

Die Anfechtung ist ausgeschlossen, wenn seit der Abgabe der Willenserklärung dreißig Jahre verstrichen sind. 30 Jahre

§ 124 B.G.B.

Wochenbett.

Siehe oben unter: „Unterhaltskosten der illegitimen Mutter".

Wundärzte, Zahnärzte.

Siehe oben unter: „Tierärzte".

Zeugen.

Siehe oben unter: „Sachverständige".

Zinsanteilscheine.

Siehe oben unter: „Gewinnanteilscheine".

Zinsrückstände.

Siehe oben unter: „Wiederkehrende Leistungen".

Zurückgabe bei Schenkungen unter Verlobten.

Siehe oben unter:

„Schadensersatz bei Aufhebung von Verlobungen".

Kolibri 360 GmbH
Ferdinand-Jühlke-Straße 7
99095 Erfurt, Deutschland
produktsicherheit@kolibri360.de